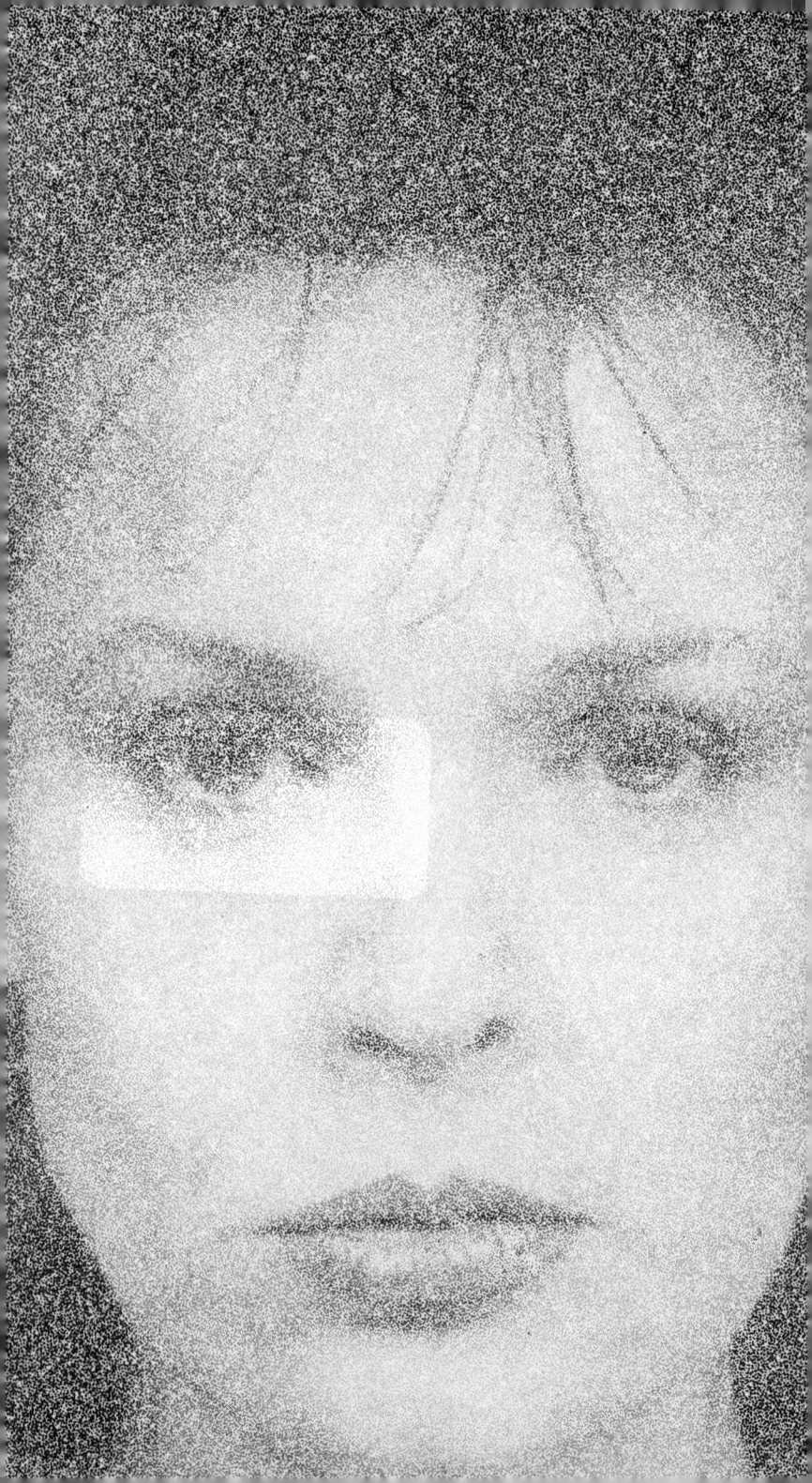

Urgência e Ruptura

Coleção Textos
Dirigida por João Alexandre Barbosa e J. Guinsburg

Equipe de realização — Revisão: Mary Amazonas Leite de Barros, Shizuka Kuchiki e Ricardo Neves; Produção: Plinio Martins Filho e Marina Mayumi Watanabe; Capa: Amaury Tozzeto.

Urgência e Ruptura
Consuelo de Castro

EDITORA PERSPECTIVA

secretaria de estado da cultura

A redução no preço deste livro foi possível
pela co-edição patrocinada pela Secretaria
de Estado da Cultura de São Paulo.

Dados de Catalogação na Publicação (CIP) Internacional
(Câmara Brasileira do Livro, SP, Brasil)

Castro, Consuelo de.
 Urgência e ruptura / Consuelo de Castro. -- São
Paulo : Perspectiva : Secretaria de Estado da Cultura, 1989. --
(Coleção textos ; 10)

 ISBN 85-273-0025-7

 1. Teatro brasileiro I. Título. II. Série.

89-1967   CDD-869.925

Índices para catálogo sistemático:

1. Século 20 : Teatro : Literatura brasileira 869.925
2. Teatro : Século 20 : Literatura brasileira 869.925

Direitos reservados à
EDITORA PERSPECTIVA S.A.
Av. Brigadeiro Luís Antônio, 3025
01401 – São Paulo – SP – Brasil
Telefones: 885-8388/885-6878
1989

A Monteiro Lobato, por uma infância infinita

*A Laercio, Pedro Paulo e Ana Carolina,
minha raça*

*E às lembranças de Affonso de Castro – meu pai –
Jorge Andrade e Flavio Rangel*

SUMÁRIO

UM BLOCO DE SULFITE – Consuelo de Castro 9
CONSUELO DE CASTRO: SEMPRE URGENTE.
SEM RUPTURAS – Yan Michalski 13
I. URGÊNCIAS 25
   Prova de Fogo 27
   À Flor da Pele 119
   Caminho de Volta 185
   O Grande Amor de Nossas Vidas 263

II. RUPTURAS 319
   Louco Circo do Desejo 321
   Script-Tease 363
   Aviso Prévio 439
   Marcha a Ré 473

III. PREFÁCIOS 513
   Um Documento Exemplar – Sábato Magaldi 515
   As Provas de Fogo – Décio de Almeida Prado 517
   Prova de Fogo: da Memória – Carlos Guilherme Mota 519
   Uma Autodestruição Desesperadamente Lúcida – Mário Schenberg 521
   À Flor da Pele – Antonio Candido 524
   Um Cavalo Estraçalhado na Hípica – Fernando Peixoto 527
   Dignidade e Indignidade – Décio de Almeida Prado . 531

Do Sexo e do Amor – Décio de Almeida Prado 535
Desnudamento Ético – Yan Michalski 539
Consuelo, sem Rede Protetora – João Roberto Faria . 545
Quem Gosta de Abismos Precisa Ter Asas – Antonio Abujamra 547
Um Depoimento Irado sobre a Condição Humana – Alberto Guzik 548
Mito e Cotidiano num Projeto de Puro Teatro – Elza Cunha de Vicenzo 551
IV. PANORAMA CRÍTICO 555

UM BLOCO DE SULFITE

— Sua profissão, por favor?
— Dramaturga.
— Como assim??!

Profissão esquisita, essa. Até pelo nome. No entanto, foi ela que me acometeu vinte anos atrás. E "acometer" é o verbo certo, pois que se trata de alguma coisa que emergiu à revelia de qualquer projeto racional, como um surto, uma febre, sei lá.

Um belo dia eu me perguntei: o que fica de um dramaturgo, depois que os cenários são desmontados e os elencos dispersos? O que ficaria de minhas noites passadas em claro, à máquina de escrever? Essas minhas claras noites de uma tão obscura paixão?

Gavetas cheias de textos – quase trinta e cinco, – dos quais vinte chegaram ao palco. Críticas. Fotos de cena. Entrevistas minhas e de meus elencos. Cartas da SBAT, dos colegas, dos atores no estudo de seus papéis. "Tijolinhos" e cartazes. Tudo isso, só isso. Mais a vaga sensação de ter me multiplicado em dezenas de criaturas, por cujas bocas eu falei – ou tentei falar.

Me veio então a imperiosa necessidade de juntar pedaços. De me fazer inteira, contida num todo único e tangível, que tivesse uma linha qualquer, ainda que difusa. Um todo sobre o qual eu pudesse lançar um olhar, além daquele úmido das estréias, dos instantes de fogo da criação, da expectativa do aplauso do público, e mesmo da perplexidade face às peças ainda inéditas – duas das quais estão aqui presentes.

Anos atrás o Jorge Andrade tinha me dado a idéia de publicar uma coletânea pela Perspectiva.

— Por que pela Perspectiva?
— Porque foi a primeira editora a levar a sério o nosso teatro. Porque

lá não tem "modismo", nem o *Marketing dos Equívocos* que forja gostos e opiniões. Lá você passa – ou não passa e azar o seu – por um crivo de qualidade rigoroso e atemporal.

Eu não conhecia o Jacó Guinsburg pessoalmente. E o Décio de Almeida Prado, bem como todo mundo que podia apresentá-lo a mim, estava viajando de férias. Para completar, sou absurdamente tímida, embora às vezes até consiga disfarçar com alguma competência.

Foi a Sheila Leirner quem desempatou o impasse.

– Ele é encantador – disse ela, simplesmente.

E, simplesmente também, eu telefonei. Marcamos nosso encontro, que durou quatro horas e deu origem a uma sólida amizade, bem como à *Urgência e Ruptura*.

Urgência é uma seleção de tudo o que escrevi entre 1968 e 1978, sob a pressa rangente dos *nossos* fatos, teimando contra o lápis vermelho dos censores, aos quais tenho o maior orgulho de ter ajudado a soterrar de trabalho, dada a abundância da matéria a ser cortada.

Rupturas é a triagem do que produzi entre 1978 e 1988, livre ao menos do dito e maldito lápis vermelho – quando mais não seja de sua presença oficial e corpórea.

Já aí eu me sentia apta a pensar e contar *além* das "urgências nacionais". A ousar traços e formas. Romper Espaço e Tempo. Virar tudo de ponta-cabeça, usando a luz, a coreografia e até a cenografia como pontuações dramáticas, sem o menor temor de me arriscar em terreno desconhecido, me distanciando cada vez mais da fórmula "exposição-desenvolvimento-desenlace" que sempre garante resultados seguros.

No entanto, ao concluir a revisão deste "catatau", do cansaço e da emoção surgem uma contradição de uma lembrança.

A contradição é que me sinto integrada – pois está quase tudo aqui. E ao mesmo tempo absolutamente desintegrada, pois não dá para acreditar que uma mesma Consuelo tenha escrito a primeira e a última peça deste livro.

Fora o diálogo – única pista para uma possível identidade – parece não haver mais nada de mim em mim, no tempo.

Quanto à lembrança, trata-se, ainda, do Jorge Andrade. Pouco antes de morrer, totalmente paralisado e incapacitado de falar, ele sinalizou insistentemente a Helena, sua esposa, que desejava escrever. Pensando que se tratava de um mero bilhete, Helena lhe deu um pedacinho de papel, onde ele rabiscou irritadíssimo: "*Quero um bloco de sulfite!*"

Enfim, integrada ou desintegrada, devo a alegria deste livro à Editora Perspectiva e ao Jacó Guinsburg. À Secretaria Estadual de Cultura, ao Fernando Moraes e ao Pedro Paulo Senna Madureira. A Yan Michalski, Décio de Almeida Prado, Antonio Candido, Sábato Magaldi, Mario Schenberg, Carlos Guilherme Mota, Fernando Peixoto, Alberto Guzik, Antonio Abujamra, João Roberto Faria e Elza Cunha de Vicenzo, que o honraram com suas análises. Ao Plinio Martins Filho, por sua primorosa direção de arte. Ao Laercio Almeida Lopes, ao Pedro Paulo e à Ana Carolina, respectivamente meu marido e meus filhos, que me perdoaram tantas ausências.

Mas, principalmente, ao Jorge Andrade, que me ensinou a desejar dessa vida quantos blocos de sulfite eu seja capaz de preencher pela força mesma de estar viva.

Consuelo de Castro

CONSUELO DE CASTRO: SEMPRE URGENTE. SEM RUPTURAS

Yan Michalski

Um dia, em 1970, encontrei no meu escaninho no *Jornal do Brasil*, onde eu então trabalhava como crítico de teatro, um amável bilhete assinado por Consuelo de Castro. Ela dizia ter achado interessante a crítica que eu havia publicado, dias antes, sobre a montagem carioca da sua peça de estréia, *À Flor da Pele*, e dava-me o número do telefone onde ela poderia ser encontrada, pedindo que a contactasse, para que tentássemos aprofundar o diálogo esboçado através das páginas do jornal. Convites como esse são excessivamente raros na rotina de um crítico: as pessoas devem achar, imagino, que eles podem ferir a ética profissional, ou que o crítico, por natureza, faz questão de permanecer trancado na sua torre de marfim. Como nunca tive esse tipo de preocupação, telefonei logo, e marcamos um encontro. Bendito telefonema – um dos telefonemas mais bem dados de toda a minha vida. O encontro durou, se não me falha a memória, pelo menos umas quatro horas. Depois de rompida, com a ajuda de alguns drinques, a timidez inicial de parte a parte, desandamos a falar compulsivamente de *À Flor da Pele*, bem entendido, mas também de teatro, de Brasil, do mundo, de escrever para teatro, de escrever sobre teatro, da vida em geral, e da vida de cada um de nós dois. Quando chegou a hora de nos separarmos, já estava no ar a sensação de uma evidente afinidade e simpatia, e o pressentimento de que esse encontro seria o ponto de partida para um encontro muito maior.

Este encontro muito maior dura até hoje. E creio, sinceramente, que poucas vezes terá havido, em toda a História do Teatro universal, um encontro mais produtivo e gratificante entre um crítico e uma criticada. É claro que há muitos anos ele ultrapassou decididamente as fronteiras de uma relação profissional e se transformou num densa amizade, na qual há espaço para milhares de outros assuntos, além dos que dizem respeito à dramaturgia de Consuelo e à minha condição de analista de teatro. Mas a relação de crítico e criticada, que serviu de ponto de partida a esse privilegiado encontro, nunca deixou de ocupar um lugar de primeiro plano nessa amizade. Há 19 anos venho recebendo, geralmente em primeira ou no máximo segunda mão, todos os textos novos que Consuelo de Castro vem caudalosamente produzindo, leio-os com a curiosidade determinada tanto pelo afeto como pela admiração que tenho pelo seu talento, e discuto-os com ela – em geral por carta, já que vivemos a 400 quilômetros de distância – até os limites da minha capacidade. Outras vezes, o processo se inverte: Consuelo passa a ser a crítica, e eu o criticado, que manda para ela os seus trabalhos ensaísticos de maior fôlego e responsabilidade, em busca de opinião e sugestões.

O convite para prefaciar este volume, no qual se acham reunidos quase todos os textos mais representativos do conjunto da obra dramatúrgica de Consuelo de Castro, vem assim como uma espécie de coroamento quase natural de todo esse longo intercâmbio. Mas a tarefa constitui também, para o prefaciador, um desafio delicado: como fazer para que a reflexão sobre a obra não seja deturpada pela interferência de elementos oriundos da familiaridade que se tem com a pessoa que criou essa obra? Ou então, como fazer para aproveitar legitimamente esses elementos para tentar jogar uma luz mais esclarecedora sobre a obra?

É verdade que não é preciso conhecer Consuelo muito de perto para identificar e interpretar algumas linhas mestras da sua dramaturgia a partir da sua história pessoal: basta ler com atenção o seu *curriculum vitae*, que é um documento público. O lugar e a data de nascimento, bem como a cidade em que ela reside, fornecem as primeiras indicações nesse sentido. Quem nasceu numa cidadezinha do interior de Minas carrega consigo, quase inevitavelmente, uma traumática herança de atávicas pressões conservadoras. Quem passou a infância morando ora no interior mineiro ora na efervescente capital paulista não pode ter deixado de sofrer um brutal choque cultural e de ter atravessado um penoso aprendizado de valores contraditórios.

Quem nasceu em 1946 faz parte de uma geração que despertou para a vida adulta sob o impacto do golpe militar de 1964, e teve a fase decisiva da sua formação intelectual, existencial, cívica e emocional fundamentalmente afetada e condicionada pelas conseqüências desse golpe.

Data fatídica e, no caso da biografia de Consuelo, densamente simbólica: a 1º de abril de 1964, enquanto os militares instalam-se no poder, ela, aos 18 anos de idade, comparece à sua primeira aula no curso de Ciências Sociais da notoriamente progressista Faculdade de Filosofia, Ciências e Letras da USP, na rua Maria Antônia. Ali, durante quatro anos, sob a orientação de alguns dos mais admiráveis *fazedores de cabeças* da época, e tendo como companheiros alguns dos mais carismáticos líderes do movimento estudantil, ela fará um decisivo curso que a deixará para o resto da vida diplomada na ciência de resistir e na arte de indignar-se. Ali participará, a 2 e 3 de outubro de 1968, dos violentos conflitos dos estudantes com a polícia, que deixarão o histórico prédio depredado e incendiado, e marcarão profundamente todos os seus participantes. Em cima do laço, como numa crise de vômito, escreverá a sua primeira peça, *Prova de Fogo*. E viverá na pele as primeiras conseqüências do AI-5, decretado dois meses e pouco depois da "batalha" da Maria Antônia: *Prova de Fogo* será imediatamente proibida pela censura, e seu contato com o público se limitará, até hoje, a clandestinas apresentações promovidas, para audiências específicas, por grupos estudantis. Pela primeira vez, e já no seu nascedouro, a dramaturgia de Consuelo confunde-se com a sua biografia.

O vírus do teatro instalado no seu sangue, Consuelo passa a conviver intensamente com estudantes e profissionais do palco e seus arredores; passa, de alguma forma, a fazer parte da "fauna" jovem do teatro. Dessa sua nova vivência resulta, meses depois de *Prova de Fogo*, a sua primeira peça a ser encenada, *À Flor da Pele*, que a transformará, aos 23 anos de idade, numa autora a ser acompanhada com atenção pelo meio. A experiência retratada em *À Flor da Pele* é radicalmente diferente daquela descrita em *Prova de Fogo*; mas não é menos crucialmente pessoal do que esta, nem incompatível com ela. Pelo contrário: as vivências que constituem a matéria-prima destas duas obras iniciais tem toda a coerência dialética dos elementos contraditórios que se completam na formação e no amadurecimento de uma personalidade.

Encerrada a etapa correspondente à condição de estudante, é preciso começar a lutar pela sobrevivência e buscar a conquista de um espaço profissional. Consuelo envereda pelo caminho da publicidade, de onde, durante longos anos, retirará o seu ganha-pão, chegando a ocupar cargos de responsabilidade e prestígio, surpreendentes para a sua pouca idade e experiência, em agências de renome. Só pode ter sido um aprendizado laborioso e sofrido, num meio profissional notoriamente supercompetitivo e aético, por onde rolam interesses financeiros e ambições de poder certamente pouco familiares a uma pessoa com os seus curtos antecedentes e a sua formação, e onde uma mulher recém-saída dos bancos universitários, com uma imagem pouco compatível com a de uma bem-sucedida executiva, presumivelmente tem de mostrar o triplo de serviço e de méritos para chegar a uma posição de destaque. Mais uma vez, a vivência pessoal servirá, de modo muito direto, de matéria-prima temática para a elaboração de uma peça, *Caminho de Volta*. Mas uma certa perda de inocência adquirida no seu dia-a-dia de publicitária continuará amargamente infiltrada em grande parte da sua obra futura, sob forma de constantes conflitos entre impulsos de idealismo e manifestações de desencanto e descrença nas possibilidades de vitória das inclinações generosas do ser humano sobre os esquemas armados pela hipocrisia, pela corrupção e pela ausência de escrúpulos.

Saber transcender os episódios da vivência individual, pessoal, como fonte temática principal, e passar a escrever sobre os outros, sobre aquilo que está em volta, é uma importante etapa de amadurecimento para o escritor. Das peças reunidas neste volume, *O Grande Amor de Nossas Vidas* é a primeira na qual Consuelo de Castro não se coloca diretamente em cena, a primeira em que ela fala de episódios que não viveu, e de gente que não faz parte da sua intimidade cotidiana. É verdade que antes desta, duas outras obras já haviam esboçado o caminho dessa *superação do egocentrismo: O Porco Ensangüentado* e *A Cidade Impossível de Pedro Santana*. É evidente, entretanto, que a biografia do criador está, de modo indireto, tão presente nessas obras quanto estava, de modo direto e tangível, nos textos anteriores. Foi essa biografia que forjou uma certa qualidade de olhar clínico que Consuelo lança, em *O Grande Amor de Nossas Vidas*, sobre pessoas que não integram o seu círculo de relações nem a sua classe social. E foi essa biografia que a compeliu a selecionar a fábula e o cenário em que essa comovente peça se apóia. Se ela não se sentisse pessoalmente sufocada pelas pressões do autoritarismo de que tantas vezes, e sob tantas formas, foi vítima, dificilmente teria sido capaz de criar, com tamanha verdade como o fez, a patética figura do patriarca que se investe na função de ditador de uma família de pequeníssima classe média. E se ela, mesmo sem nunca ter vivenciado – presumo – a experiência de passar fome, não tivesse tido várias oportunidades de conviver com pessoas que alguma vez passaram fome, dificilmente teria conseguido retratar com tamanha força de convicção o doloroso sentimento de vergonha que os miseráveis têm da sua própria miséria.

A biografia de Consuelo vai tomar novos contornos – como, em maior ou menor grau, a de todos nós – a partir da revogação do AI-5; e, por conseqüência direta, a sua dramaturgia muda imediatamente de rumo. É significativo que a organização do conjunto de peças reunido neste volume tenha dividido esse conjunto em duas partes, adotando como divisor de águas precisamente esse fato histórico, e intitulando a primeira parte de *Urgências* e a segunda de *Rupturas*. O estado de excepcionalidade institucional que prevalecia desde o início da carreira de Consuelo até o advento da chamada normalização democrática forçava a jovem autora a posicionar-se na vida através de uma dramaturgia que atendesse às *urgências* do momento e canalizasse, como uma vital válvula de escape, o seu sufocante inconformismo para com toda a violência e arbitrariedade que estavam no ar. E vale a pena frisar que, contrariamente à quase totalidade dos seus companheiros de geração e de inconformismo, ela virtualmente não recorreu à linguagem da metáfora para driblar os rigores da censura: a sua resposta às *urgências* da hostil conjuntura tinha de ser direta e franca, mesmo que isto lhe custasse – como em vários casos lhe custou – o preço de não poder ver o seu trabalho levado à cena. Já a partir do momento em que as pressões do arbítrio e a necessidade moral de opor-se a elas chegavam à extinção, a autora podia dar-se ao luxo de cogitar de *rupturas* com os esquemas de escrita até então adotados, para investigar, sem a mesma conotação de compromisso político-ético, outros caminhos de criação, fossem eles temáticos ou formais.

A primeira *ruptura* ainda é quase só temática. *Louco Circo do Desejo* é uma "peça de casal", como tantas outras de que os autores, aproximadamente na mesma época, lançaram mão para tentar, puxando pelas doloridas lembranças afetivas de um homem e de uma mulher, proceder a um primeiro acerto de contas com os traumas do recente passado político. O que distingue esta peça de Consuelo das dos seus colegas é que ela não puxa pela memória, não se ocupa de um *reencontro*, e sim de um *encontro*: ela flagra as dores e as dificuldades do relacionamento amoroso – no caso, entre uma vulnerável jovem *strip-teaser* e um não menos vulnerável próspero empresário de meia idade – no próprio momento em que essas dores e essas dificuldades se produzem. Podemos ver nisso, talvez, um provavelmente inconsciente impulso de *ruptura* com o recente passado, uma aspiração a ocupar-se de um presente não mais tão perpassado de política e de resistência, quando a política (explícita) e a resistência (implícita) deixam de constituir-se em *urgências* tão urgentes quanto o haviam sido até outro dia. E o que distingue esta peça de Consuelo dos seus textos anteriores é que aqui a sexualidade ocupa decididamente o primeiro plano. Ela estava presente, bem entendido, e com uma função importante, em todas as outras peças; mas um pouco nas entrelinhas, um pouco nos bastidores: em geral transava-se mal, sob pressão, como que roubando o sagrado tempo devido às *urgências*. Agora, não: já é possível, através de uma primeira *ruptura*, dedicar-se ao desejo carnal como a uma motivação capaz de relegar todas as outras a um nível secundário de importância. E se do ponto de vista formal não existe ainda uma real *ruptura* com a linearidade dos textos anteriores, ditada pela pressão das *urgências*, talvez valha a pena prestarmos atenção à imagem do cirquinho de brinquedo que fecha a peça: não seria este um prenúncio simbólico de um teatro mais fantasioso e alegórico, de uma escrita mais livre, que está por nascer?

Script-tease já é uma *ruptura* formal inegavelmente ousada; e do ponto de vista temático, se representa o aparente retrocesso de uma volta à inspiração autobiográfica da primeira fase – na verdade, é a peça mais densamente autobiográfica de Consuelo –, o que no fundo se dá aqui é, pelo contrário, um admirável passo para a frente: a fonte biográfica é aproveitada, até mesmo em decorrência da opção narrativa adotada, com um aprofundamento, uma lucidez, uma auto-exigência que superam tudo o que Consuelo havia até então escrito a partir da matéria-prima fornecida pela sua própria existência. Essa opção narrativa manipula, pela primeira vez, a estrutura fragmentada, e o desdobramento da ação em vários planos de tempo e de consciência. E a idéia de criar duas protagonistas/antagonistas que são duas facetas, separadas por 20 anos de distância, de uma mesma personagem, abre caminho a uma exame de consciência que assume a dimensão de uma corajosa síntese existencial e literária. Num certo sentido, esse conflito central entre a Verônica jovem e a Verônica adulta poderia ser interpretado como uma dramatização da divisão estrutural deste livro em duas partes: a Verônica jovem é, claramente, Consuelo ingressando nas *urgências*, enquanto a Verônica adulta é Consuelo em busca do caminho das *rupturas*. Obra de conquista de uma nova maturidade pessoal e dramatúrgica, *Script-tease* é também, claramente, o fechamento de um ciclo: a artista precisará, de agora em diante, de novos alimentos e de novos meios expressivos.

É significativo que os dois personagens únicos de *Aviso Prévio* se chamem Ela e Oz: agora Consuelo constrói personagens que não têm mais nomes como todo mundo, mas denominações por assim dizer arquetípicas. Personagens? Talvez a expressão, pelo menos na sua aceitação tradicional, não seja inteiramente adequada; talvez se trate mais de figuras ou de máscaras, num sentido resolutamente não psicológico, mas representativo e simbólico – um pouco como no teatro medieval, um pouco como na *commedia dell'arte*, e muito como em crescentes e respeitáveis vertentes da dramaturgia contemporânea, que questionam e desestruturam o conceito de personagem tal como foi equacionado nos últimos séculos do teatro universal. E não é para ser "moderninha" que a autora modifica radicalmente a noção de personagem: essa nova noção é funcionalmente necessária à concretização de uma proposta conteudística que não vê mais no palco o cenário para conflitos episódicos, e sim um universo atemporal no qual se joga o grande jogo da vida e da morte, e do convívio entre seres humanos que preenche a vida enquanto a morte não vem. É assim que Ela e Oz desdobram-se sucessivamente em diversos tipos de parelhas que exemplificam diferentes facetas desse jogo: patrão e empregada, marido e mulher, mãe e filho, dois internos de um asilo de loucos, psiquiatra e paciente, Jesus e Maria e, na patética cena final, a Morte e a sua próxima vítima. Dá para arriscar a hipótese de que ao alcançar o marco dos 40 anos – idade que completava quando terminava de escrever *Aviso Prévio* – Consuelo começa a deixar-se fascinar menos pelo cotidiano das suas criaturas, e a interrogar-se mais sobre o sentido do seu – do deles, do dela, do nosso – percurso; e de que para colocar no palco essa interrogação, ela precisa deixar para trás – não sei se definitivamente, mas pelo menos nesse momento do seu trabalho – o tipo de teatro que vinha cultivando, e partir em busca de uma outra escrita, presente não só na fragmentação da ação e na *despsicologização* dos personagens, mas também numa nova conceituação do espaço cênico, da cenografia, dos objetos, da luz e da trilha sonora. Neste sentido, a leitura das rubricas de *Aviso Prévio* e sua comparação com as rubricas das peças anteriores fornecem informações bastante esclarecedoras.

Em *Marcha a Ré* as rubricas tornam-se tão extensas quanto o próprio diálogo, e é fácil perceber que são elas, mais do que o diálogo, que contém tanto a linguagem quanto a essência temática da obra. Aqui, o que Consuelo escreve é uma espécie de peça-roteiro para um espetáculo audiovisual-coreográfico (contando, aliás, neste último terreno, com a colaboração do coreógrafo Emílio Alves, co-autor do texto). As rubricas, que às vezes se espalham sobre uma página inteira, veiculam minuciosas indicações de marcação, coreografia, gesto, iluminação e sonoplastia; quase como se a autora quisesse, por intermédio delas, dirigir o espetáculo que tem na cabeça. E não me surpreenderia se essa sua *ruptura* com a dramaturgia tradicional se completasse proximamente através de uma experiência na qual ela se propusesse a assinar um trabalho de encenação. Por outro lado, essa violenta quebra da forma dramatúrgica, mais uma vez, não é arbitrária, e sim coerente com a natureza da fábula que se pretendia contar. Aqui, o movimento de *despsicologização* dos personagens é levado às últimas conseqüências, na medida em que Consuelo cria dois universos paralelos: um mítico, representado por uma versão alucinadamente livre do mito de Orfeu e Eurídice, temperado com ingredientes de outros mitos da Antigüidade grega, e outro, realista e coloquial, protagonizado por uma Eurídice dona-de-casa de um subúrbio de São Paulo; e faz com que estes dois universos se interpenetrem progressivamente, com uma falta de lógica que tem, entretanto, a suprema lógica de um ousado salto para um terceiro universo, o do devaneio, do sonho, do pesadelo e da fantasia.

A consistência de um trabalho tão assumidamente experimental, e da abertura que ele possa representar para o futuro da dramaturgia de Consuelo de Castro, só poderá começar a ser avaliada a partir de uma encenação: a leitura de *Marcha a Ré* não fornece, por si só, elementos suficientes para que se possa formar uma idéia sobre um hipotético resultado teatral da experiência. Uma proposta que visa basicamente à construção de imagens, visuais e sonoras, não se completa através de descrição verbal, por mais detalhada e precisa que seja, dessas imagens. Entretanto, seria difícil imaginar, para fechar este volume, um ponto final mais rico do que *Marcha a Ré*. Ponto final, não: reticências abertas para imprevisíveis desdobramentos futuros.

Consuelo de Castro, Urgência e Ruptura é, se não me engano, a quarta "obra quase completa" de um importante dramaturgo brasileiro contemporâneo a ser publicada, depois das de Nelson Rodrigues, Jorge Andrade e Dias Gomes. O que distingue essencialmente este livro dos dedicados aos três outros ilustres dramaturgos é o fato de que no caso de Consuelo a idéia de um *ciclo* parece inteiramente inapropriada. Um *ciclo* sugere uma figura geométrica que se fecha em si mesma, ou pelo menos tende a esse fechamento. A evolução da obra de Consuelo, até o momento aleatoriamente escolhido em que a publicação do livro a surpreende, estaria mais fielmente representada por uma curva irregular mas ascendente, terminada, no ponto que corresponde a *Marcha a Ré*, por uma seta que aponta para o desconhecido.

Ainda mais porque se trata da escritora mais obsessiva e inquieta que se possa imaginar. Anos atrás, comentando não sei mais qual das suas peças, afirmei que ela escreve para teatro com a mesma espontaneidade com que respira; e estou mais do que nunca convencido de que esta imagem capta com precisão a natureza da sua relação com o seu trabalho. O seu mecanismo de criação literária é caudaloso; ela é capaz de produzir, em um dia, um número inimaginável de páginas, como também é capaz de ficar martelando a sua máquina de escrever por um número inimaginável de horas seguidas (e não é à toa que nenhuma máquina de escrever costuma resistir por muito tempo ao superaquecimento que a dona lhe impõe). O que não quer dizer que o seu trabalho seja apressado: muito pelo contrário, a prodigiosa velocidade da escrita coexiste com um exemplar gosto por uma paciente pesquisa de dados que possam enriquecer a criação, e com uma inesgotável disposição a refazer o mesmo texto inúmeras vezes antes de dá-lo como pronto. Mas a sua capacidade de produção é verdadeiramente impressionante. Se as oito peças selecionadas para figurarem neste volume são sem dúvida representativas do conjunto da sua obra e da essência da sua evolução, vale a pena frisar que ela própria avalia hoje o seu acervo dramatúrgico em nada menos de 35 peças, entre teatro e teleteatro. E que este número não esgota nem de longe a relação completa de tudo que ela escreveu até agora; pois essa relação inclui, ainda, roteiros para teatro-dança, contos, crônicas, novela; *Um Belo Dia*, texto escrito especialmente para ser montado pelos internos da FEBEM; e até um peça infantil, *A Bruxa Alto Astral*, escrita em parceria com o seu filho de 13 anos, Pedro Paulo; e inclui – coisa que, acredito, pouca gente sabe – um volume de poesias, aliás a sua primeira obra, publicada aos 16 anos de idade, e com apresentação do *príncipe dos poetas* Guilherme de Almeida. Quem tem esse avassalador fôlego de grafomania – e quero deixar bem claro que não atribuo, no caso, a essa palavra nenhuma conotação pejorativa! – e essa rara abertura a contínuas reciclagens não pode estar fechando, aos 43 anos de idade, nenhum ciclo. É evidente que Consuelo tem pela frente muitas novas *urgências* e muitas novas *rupturas*.

Voltando à biografia de Consuelo de Castro, ou melhor, à sua *ficha técnica* de dados pessoais: o seu caso sempre me pareceu um exemplo expressivo de *nomen est omen* (o nome é um signo). Não sei o que os seus pais tinham em mente quando a batizaram, mas o fato é que as conotações inconfundivelmente espanholas do nome dessa mineira de Araguari são mais do que uma simples coincidência. Lorca, se a conhecesse, faria dela a protagonista de uma de suas peças. Toda a sua maneira de estar no mundo irradia uma dramaticidade andaluza: ela reage dramaticamente aos pequenos e aos grandes incidentes do seu cotidiano, fala com acentuadas ênfases dramáticas, comporta-se como uma autêntica *passionária*; enfim, age como quem sabe perfeitamente que este mundo é um grande palco no qual devemos colocar-nos, caminhar, gesticular e lançar nossa voz com uma adequada dose de teatralidade existencial para podermos comunicar-nos eficientemente com os nossos semelhantes e fazer-lhes passar a nossa energia vital.

Essa dramaticidade do temperamento da autora – diga-se de passagem, uma dramaticidade inata, espontânea, e nunca artificialmente construída – contagia irresistivelmente os seus personagens. Eles estão sempre sob alta pressão, reagem a ela com forte poder explosivo, e canalizam grande parte das suas capacidades de reação para uma expressão verbal que é um reflexo perfeito das suas paixões à flor da pele, da sua indignação, do seu inconformismo, do seu impulso de dizer *não*. O *furor vociferante* dos personagens de Consuelo tem sido amplamente apontado por vários críticos, ao comentarem diversas de suas peças; mas a expressão, embora correta, pode resultar perigosamente simplificadora, e está longe de esgotar a caracterização do extremamente complexo diálogo da dramaturgia consueliana. Com efeito, esse é um dos mais brilhantes e ricos diálogos do teatro brasileiro. De todas as suas paixões, a que Consuelo tem pela palavra é talvez a mais fervente; mas, paradoxalmente, é a paixão sobre a qual ela exerce o mais lúcido controle. A sua relação com o verbo escrito é, sem dúvida, um caso de amor; e a delicadeza com que ela escolhe e combina as palavras, constrói e colore as frases, é francamente voluptuosa. Seu repertório verbal é mais diversificado e afiado do que o da grande maioria dos escritores que conheço. Isto a capacita a escolher, entre diversos sinônimos ou quase sinônimos, o vocábulo que com maior precisão se presta às exigências da situação dramática e das características psicossociais do personagem. Ao mesmo tempo, a sensibilidade do seu ouvido a leva a construir frases que, paralelamente à sua eficiência de lógica verbal, desencadeiam também um estímulo sonoro que amplia o seu impacto sobre o espectador. E há na sua maneira de tratar as palavras, devido justamente ao virtuosismo do seu domínio verbal, um aspecto de jogo, de brincadeira intensamente lúdica, que combina muito bem com a natureza específica do teatro.

Sem dúvida, essa facilidade de verbalização conduz Consuelo a eventuais excessos. Sua escrita tende a tornar-se às vezes prolixa, barroca e até mesmo eventualmente um tanto preciosa. Mas, aqui está um desses mistérios do teatro: estes excessos, que em tese representariam uma perda de equilíbrio teatral, acabam paradoxalmente por acrescentar mais uma dimensão ao perfil dos personagens: a caudalosa volúpia verbal com que eles costumam expressar-se acaba contribuindo para que eles adquiram um traço ligeiramente mais forte e uma estatura ligeiramente acima do tamanho real dos mortais comuns – como se estivessem sendo observados através de uma lente de aumento. E não é este, desde os coturnos usados pelos atores gregos, um dos recursos mais legítimos para caracterizar a diferença entre o teatro e *a vida como ela é*? A teatralidade sai ganhando: o que prova que ela não é automaticamente prejudicada, como se costuma pensar, pela sofisticação literária, mas pode em certos casos, muito pelo contrário, ser por ela revigorada.

Parece-me particularmente interessante que uma autora que tem essa intimidade com o verbo e essa facilidade para verbalizar, por intermédio dos seus personagens, as suas emoções e a sua visão do mundo, se esteja encaminhando, ao atingir a maturidade como ser humano e como escritora, justamente para formas de expressão dramatúrgica nas quais a primazia da palavra é cada vez mais questionada e dividida cada vez mais equitativamente com os outros recursos de que o palco dispõe. Não é que o diálogo das peças mais recentes seja literariamente menos denso ou rico do que o das peças da fase das *urgências*; ele é apenas mais sucinto e solto, o que, aliás, contribui para conferir-lhe uma qualidade poética nem sempre presente, no mesmo grau, nos textos anteriores. Mas há, inegavelmente, um relativo rebaixamento da posição que ele ocupa na escala hierárquica dos diversos elementos que compõem uma realização teatral. Isto, porém, só faz ressaltar a qualidade de autêntica "fera de teatro" que Consuelo é: ela não hesita em abrir parcialmente mão do predomínio, no seu trabalho, de um meio de expressão que sabe usar virtuosisticamente, e passa a investigar a fundo outros meios de expressão teatral, com os quais inicialmente não pode ter a mesma intimidade; porque percebe que o teatro se está encaminhando para essa síntese dos seus diversos recursos, e está mais interessada em ficar em sintonia com o rumo que o teatro está trilhando do que em continuar brilhando naquele setor específico da criação dramatúrgica que ela domina partircularmente bem. Esta é mais uma demonstração, e das mais dignas de admiração, da sua visceral paixão pelo teatro.

E outra demonstração dessa mesma paixão é o seu voraz apetite por leitura. Essa obsessiva e radical intuitiva é, paradoxalmente (ou não), uma autora extremamente culta. No campo teatral que não é, nem de longe, o único sobre o qual as suas leituras incidem – três dos seus maiores amores são Anton Tchekhov, August Strindberg e Samuel Beckett, cujas obras ela conhece a fundo e relê com freqüência. Seria em vão que procuraríamos apontar nas peças de Consuelo aquilo que pudéssemos a rigor chamar de influências recebidas destes três grandes dramaturgos. Mas não seria equivocado sentir às vezes, nas entrelinhas, fortes identificações entre a sua visão do mundo e as dos seus três ilustres colegas – por mais divergentes que possam ser, entre si, as visões do mundo de Tchekhov, Strindberg e Beckett. Tal capacidade de absorver afinidades com universos dramatúrgicos e existenciais tão díspares, sem que disso decorra qualquer quebra da sua sólida coerência pessoal, seria surpreendente em qualquer um, menos numa artista como Consuelo de Castro. Ao terminar a leitura das oito peças selecionadas para este volume, o leitor entenderá muito bem por quê.

URGÊNCIAS
(1968-1978)

Quando a liberdade explode na alma de um homem, os deuses perdem todo poder sobre ele. Este homem passa, então, a ser uma coisa puramente humana. E só os outros homens poderão matá-lo ou deixá-lo morrer.

Jean-Paul Sartre, *As Moscas*.

A *Prova de Fogo* (batizada de *Invasão dos Bárbaros*, proibida pela Censura Federal com este título, e ainda recebeu o 2º lugar do Concurso Nacional de Dramaturgia do SNT em 1974).

PROVA DE FOGO

CENÁRIO

Quatro andares.

1º – Sala do Grêmio. Enormes faixas com dizeres alusivos ao governo, pregadas por todos os cantos, cartazes de Chê, Mao, Fidel etc. Nas paredes, pichações enormes, caricaturas, papéis pelo chão. Aparência de anarquia e agitação permanentes. Apenas uma mesa enorme no centro e algumas cadeiras espalhadas.

2º – Ligado ao primeiro praticável por uma pequena escada. O praticável está dividido em duas áreas. Uma seria a sala da Congregação. Nas paredes, quadros empoeirados, antigos, com figuras de velhos catedráticos, nobres e sérios. Uma mesa barroca e duas cadeiras altas, antigas. Tudo compõe uma aparência nobre. No entanto algumas figuras de catedráticos trazem bigodes pintados e uma velha bandeira vermelha cobre a mesa barroca. No chão há travesseiros imundos, cobertores acolchoados, tudo na mais absoluta desordem e sujeira.

A segunda divisão seria uma sala de aula. Um quadro negro, com dizeres anunciando uma assembléia-geral para o dia x, algumas caricaturas de políticos. Cadeiras enfileiradas. Livros espalhados. Um violão. À esquerda desta sala há uma espécie de varanda.

3º – É a cozinha: pratos empilhados, latas de mantimentos, um balcão improvisado, onde os estudantes pegam seus pratos de comida ou café etc. Há também cadeiras espalhadas pela cozinha. Uma faixa cobre o balcão: "COMA O ESTRITAMENTE NECESSÁRIO. RESPEITE O ESTÔMAGO DE SEU CAMARADA. TEMOS POUCOS MANTIMENTOS. OBRIGADO".

4º – O telhado. Uma plataforma recoberta de telhas velhas. Uma espécie de caixa-d'água, que serve de entreposto para os estudantes em sua vigília noturna. Ali vêem-se empilhadas dezenas de garrafas de bombas *molotov*, uma caixa com os dizeres: "CUIDADO, EXPLOSIVOS". Algumas poucas armas de fogo. Cobertores e travesseiros espalhados.

NOTA: O teatro todo, inclusive as paredes da própria platéia, poderiam estar repletas de cartazes, desenhos, faixas etc. O clima deve ser de total agitação.

PERSONAGENS

ROSA PRADO
FREDERICO FONSECA
ZÉ FREITAS
JÚLIA SILVA
CEBOLINHA
VILMA

DARTAGNAN
PAULINHO
ANA
ALBERTO
LUÍS
FERNANDO
MÁRIO
TRÊS MÃES

QUADRO 1

(No escuro, o rádio em alto volume. Uma voz fanhosa com fundo de marcha patrioteira e heróica.)

RÁDIO: ESTA ANARQUIA PRECISA ACABAR. A JUVENTUDE ESTÁ SENDO CONTAMINADA POR IDÉIAS EXÓTICAS QUE ACABARÃO CONDUZINDO O PAÍS AO COMUNISMO. À ESCRAVIDÃO. SENHORES PAIS: IMPEÇAM SEUS FILHOS DE PARTICIPAR DESTES MOVIMENTOS ESTUDANTIS: PROÍBAM SEUS FILHOS DE ENGROSSAREM ESTES MOVIMENTOS DE TOMADA DAS ESCOLAS. PROÍBAM-NOS DE PARTICIPAR DESTAS PASSEATAS... *(Toma fôlego e se exalta, procurando a palavra)* DESTAS BADERNAS: *(Música de fundo. A voz do repórter torna-se exaltada)* O GOVERNO ESTÁ TOMANDO SUAS PROVIDÊNCIAS. FORAM DESOCUPADAS À FORÇA QUASE TODAS AS FACULDADES QUE SE ENCONTRAVAM TOMADAS PELOS ESTUDANTES. APENAS UMA DELAS RESISTE: A DE FILOSOFIA. PEDIMOS... *(A voz se torna piedosa)* IMPLORAMOS A ESTES INCONSCIENTES QUE AINDA SE OBSTINAM EM PERMANECER ENTRINCHEIRADOS NO RECINTO, QUE O ABANDONEM, OU ENTÃO, ELES TERÃO O QUE MERECEM: *(Exalta-se)* DENTRO DE TRÊS DIAS A

POLÍCIA.. INVADIRÁ ESTA... *(Procura a palavra)* POCILGA DE AGITADORES... *(A voz desaparece. Fica a música patrioteira, em altíssimo volume).*

(A luz se acende no cenário todo. Zé Freitas está só no palco. (No Grêmio). Ele é esguio, muito jovem, bonito, tem uma aparência de total exaustão. Joga os cabelos para trás, irrequieto o tempo todo. É uma figura desenvolta e muito agitada. Esfrega aflitivamente as magras mãos numa capa branca surrada. Bate furiosamente à mesa, presidindo uma assembléia. Os atores estão todos espalhados pela platéia, compondo junto a esta uma espécie de plenário. Não há ninguém nos outros andares, exceto um elemento da comissão de segurança, no telhado, de costas para a platéia, numa atitude de vigília permanente, recostado à caixa-d'água).

ZÉ: Colegas: Peço que se mantenham em calma. Tentem não embananar. *(Tumulto)* Temos que decidir já o que vamos fazer. Torno a repetir. A polícia nos deu um prazo de três dias para evacuar a faculdade. Isto sob pena de repressão... violenta... *(Tumulto). (Ele bate na mesa).* Ou nós encerramos a ocupação, ou eles nos massacram.
MÁRIO: Um aparte, colega.
ZÉ: A mesa não permite apartes.
FERNANDO: Quem a mesa pensa que é?
MÁRIO: Isto é ditadura do colega Freitas!
ZÉ: Não permito apartes e acabou. *(Bate na mesa. Murmúrios. Tumulto)* Pois bem, colegas. O *ultimatum* da polícia não é invenção minha, nem sensacionalismo da imprensa. *(Mostra o papel sobre a mesa)* É um fato concreto. *(Tumulto)* Silêncio.
MÁRIO: Quero o meu aparte. A mesa não pode...
ZÉ: Não vou permitir apartes nem embananações de espécie alguma, enquanto não desenvolver meu raciocínio. *(Torna a bater na mesa por causa do tumulto)* Continuando... Se permanecermos aqui, colegas... *(Tem gestos didáticos)* Eles nos massacrarão...
CEBOLINHA: *(Exaltado)* Ninguém sai daqui!
FERNANDO: Nós ocupamos isto aqui sabendo que a polícia um dia ia acabar invadindo!
MÁRIO: Questão de ordem... Questão de ordem...
ZÉ: — Silêncio no plenário! Por favor!
TODOS: Conciliador! Ditador!
— Não deixa ninguém falar!
— Pára de esmurrar a mesa, burocrata!

— Burocrata! Revisionista!

ZÉ: *(Furioso, batendo ainda na mesa)* Isto é uma assembléia, companheiros, não é um programa de televisão. Respeito: em calma, em ordem *(Tumulto)* agindo como animais racionais *(mais tumulto)* a gente poderá chegar a alguma conclusão. Mas esta baderna, nunca...

TODOS: Enrolador!

— Chega de blá-blá-blá.

— Ninguém sai daqui...

— Vamos resistir à polícia, e pronto, oras!

LUÍS: *(Berrando)* Zé... A polícia não vai massacrar ninguém, eles vão no máximo levar a gente em cana. *(Luís levanta-se e anda até bem próximo ao palco)* Termina isto aqui, Zé... Já está mais do que votada a continuidade da ocupação. Todo mundo quer resistir...

ZÉ: *(Não escutando o que Luís falou)* Silêncio: Quero advertir os colegas que sei de fonte bem informada... que haverá violência da parte dele.

JÚLIA: E da nossa parte também! *(Murmúrios, Júlia se levanta, agitada. É uma jovem muito magra, vestida de blue-jeans desbotado, blusa surrada. Usa óculos enormes e tem o ar decidido, quase masculino, de um líder)* Aqui ninguém tem medo de milico. Quem é carneiro que fique em casa.

CEBOLINHA: *(Enquanto Zé bate na mesa furiosamente, agita os braços, fazendo um sinal qualquer para os outros estudantes. Cebolinha é esguio e tem um ar exaltado. Também ele parece ser um líder, pela maneira como se comportam os estudantes quando ele agita as mãos)* Vamos responder à altura, eles invadiram mais de dez escolas, prenderam os nossos companheiros... *(Faz um gesto satírico)* Sabe-se lá o que fizeram com eles... *(Exalta-se. Todos se calam para ouvi-lo, Júlia assente com a cabeça. Zé, desalentado, joga os cabelos para trás)* Colegas... Se não resistirmos, eles nos massacram de outras maneiras... Acabam com o nosso Grêmio, mandam os professores de esquerda pro olho da rua. *(Exalta-se. Todos batem palma, Zé continua atirando os cabelos para trás. Desalentado, exausto)* É... *(Ri)*... É isto mesmo. E depois... O governo e aquele filho da mãe do ministro da educação mandam para cá um bando de gringos para cagar regras pra cima da gente. O acordo MEC-USAID. *(Ao ouvir as palavras MEC-USAID o alvoroço aumenta).*

TODOS: Abaixo o MEC-USAID...

— Fora os gringos...

— A reforma educacional é nossa.

ZÉ: *(Furioso, tentando se conter, bate na mesa)* Não pedi aparte. Aliás... *(Tentando ser irônico)* Não concedi aparte ao colega. Tem que haver uma certa organização nos trabalhos dessa assembléia... Senão é o caos!

CEBOLINHA: Burocratinha cretino!

ROSA: *(Rosa é bonita. Veste-se sobriamente, mas vê-se que destoa do resto dos estudantes. Tem uma voz calma, educada, suave)* Não deixe baixar o nível do debate, por favor... As acusações pessoais só atrapalham o andamento dos trabalhos.

JÚLIA: Nós ocupamos esta escola conscientemente. Não saímos dela nem com dez tanques de guerra. O *ultimatum* da polícia? O *ultimatum* da polícia! *(Ri).* Que é que tem isso? A polícia vai mandar *ultimatuns* pra gente a vida inteira... A não ser que nós entremos num acordo com ela, bolas. *(Risos gerais).*

ZÉ: Silêncio no plenário, por favor.

CEBOLINHA: Passou o tempo da oposição consentida, colega Freitas. *(Palmas)* Passou o tempo da *(rebusca as palavras com ironia)*... luta "parlamentar". *(Palmas).*

JÚLIA: É... Acabaram-se os conchavinhos com a burguesia nacional. *(Gesticula, ironizando)*... O imperialismo... O latifúndio...

ZÉ: A colega Júlia acabou de proclamar a República Socialista do Brasil neste momento? *(Ri muito).*

JÚLIA: Largue de bancar o palhaço e presida a assembléia que temos pouco tempo. *(Olha o relógio).*

ZÉ: Se vocês deixarem... eu presido. *(Bate na mesa)* Bem, colegas... O problema é que em três dias *(mostra o papel)* não vamos conseguir nem a reforma educacional que propusemos nem coisa alguma. E não temos como reagir ao aparato militar, que vem aqui arrancar a gente na marra. A coisa é simples como água.

TODOS: Ele quer dialogar com o governo.

— Ninguém sai daqui.

— Não podemos recuar: recuar é dar vitória ao governo.

ZÉ: Mas a reforma...

CEBOLINHA: A reforma quem faz somos nós. E aqui estamos para garantir isto.

ZÉ: Apenas uma perguntinha. Se o governo não topar a reforma que a gente quer, o que é que o colega Cebolinha propõe? Hein?

CEBOLINHA: Por que esta pergunta? Você pretendia aceitar a reforma do governo, então?

ZÉ: Quem perguntou primeiro fui eu. Apenas para saber se, no caso de o governo não topar, quais são os elementos *(irô-*

nico) de que o colega dispõe pra fazer... o governo topar? *(Tumulto, embananação geral. Júlia se agita mais que todos apontando. Zé com ódio. Cebolinha tenta fazer com que os estudantes se calem, mas apenas ao som de uma violenta bofetada que Zé desfere sobre a mesa é que a confusão cessa).*

ZÉ: Quem é que enfia na cabeça do ministro, por exemplo, que Marx não é bicho, não morde, e pode perfeitamente ser ensinado nos cursos de Filosofia?

CEBOLINHA: Na cabeça do ministro ninguém enfia NADA.

JÚLIA: E o negócio não é enfiar coisa nenhuma na cabeça de ministro nenhum.

LUÍS: O negócio é acabar com o ministro.

JÚLIA: O problema não é só enfiar ou não o Marx no *curriculum* da escola, Freitas. *(Pausa)* Pergunte aos milicos onde eles enfiam a verba que devia vir pra educação! *(Palmas)*

CEBOLINHA: Eles compram mais fardas e mais trabucos pra defender o imperialismo contra o nosso povo!

TODOS: Abaixo o imperialismo!
— Abaixo a ditadura!
— Abaixo a ditadura!

(Enquanto os estudantes batem palmas para Júlia e Cebolinha que mais ou menos comandam a situação em pé, Zé continua tentando manter a ordem batendo na mesa).

ZÉ: Os colegas estão fazendo metafísica. *(Aponta o papel, exaltado)* O problema é urgente. Mais urgente que decidir se a reforma sai ou não. O problema é de vida ou morte. Vocês não entenderam ainda? Dentro de três dias, se esta bodega não estiver vazia vamos virar presunto. Eles vão dinamitar tudo: e se tentarmos resistir, é capaz de nos fuzilarem, sei lá.

JÚLIA: Violência gera violência. Nós reagiremos à altura.

ZÉ: À altura como? Você tem tanques? Metralhadoras? Hein?

TODOS: Violência!
— Violência!
— Violência!

ZÉ: Precisamos pelo menos uma vez na vida agir com a cabeça fria. O romantismo, o quixotismo, a mania de herói que sempre tivemos nunca deu em nada. Colegas, é um momento de decisão. Sejamos lúcidos: sonhar não adianta. Nós não temos condições de manter uma guerra com a polícia. Entendam isto, companheiros, pelo amor de Deus. *(Atira os cabelos para trás).*

TODOS: Revisionista!
— Afinação!
— Conciliador!
— Russófilo!
CEBOLINHA: Colegas! Abandonar a escola é dar vitória a eles! E quando o ministro da educação declara por aí que nós não saímos das fraldas, que somos uns afinados etc. e tal... Aí é que ele tem razão.
JÚLIA: Resistiremos até o fim!
ZÉ: Faço uma pergunta ao plenário! *(Pausa longa. Ele consegue dominar os ânimos por um momento)* Se permanecermos aqui, e dentro de três dias eles invadirem, com que vamos reagir?
JÚLIA: Com o que pudermos: na marra.
CEBOLINHA: Na marra!
ZÉ: Com estilingues?
JÚLIA: Estilingues... bombinhas de São João, Molotovs...
CEBOLINHA: E idéias... E idéias...
JÚLIA: O colega Freitas esqueceu que nós temos uma ideologia?
ZÉ: Muito bem. Nós com idéias, estilingues e Molotovs que falham na maioria das vezes. E eles com tanques; é preciso fazer uma análise política da situação e ver se esse mesmo "combate"... *(Ironiza)* interessa... a longo prazo.
Se nosso suicídio não será em vão.
(Murmúrios, tumulto. Cebolinha e Júlia controlam a massa)
CEBOLINHA: Freitas!
ZÉ: Não aceito mais os apartes do colega Cebolinha!
JÚLIA: Aparte! Aparte! Quero um aparte!
ZÉ: ...Muito menos da colega Júlia! Isto é pura em-pu-lha-ção! Companheiros! Estes dois estão conchavados para embananar nossa assembléia. Se eles querem se sui-ci-dar, que se suicidem sozinhos! Nós temos uma luta! Uma perspectiva política inteira pela frente. Não é brincando de bandido e mocinho com a polícia que estaremos travando uma luta... real... contra o governo... e a repressão.
JÚLIA: Burocrata... Qual é a sua forma de luta? Palavras? Meras palavras?
CEBOLINHA: Freitas, você duvidava que a polícia ia invadir esta joça?
ZÉ: Não.
CEBOLINHA: E quando nos conduziu até aqui para ocupá-la, tinha plena consciência disto?

ZÉ: Tinha. Não sou idiota nem cego. Eu sei o que faço. Só que, como já disse, não estou a fim de comandar um ataque de mocinho e bandido. Estou cheio de porra-louquice.
MÁRIO: Aparte... Aparte...
ZÉ: Não concedo.
MÁRIO: Ditadorzinho palhaço.
ROSA: *(Sempre muito fina e suave)* Olha o nível... Tome um calmante, Mário, e depois venha discutir politicamente.
JÚLIA: Conceda o aparte ao colega Mário, ou nós evacuamos isto aqui. Quem você pensa que é? *(Ri)* Cohn Bendit subdesenvolvido...
FREDERICO: *(Também destoa do resto dos estudantes. É delicado, veste-se bem. Está de mãos dadas com Rosa. Sua voz é igualmente suave)* Olha o nível...
ZÉ: Agradeço a comparação que a colega Júlia fez. Não sou Cohn Bendit. Mas tenho a cabeça no lugar. Coisa que a colega Júlia parece que não tem. *(Tumultos)* Colegas... A função do movimento estudantil é manter a agitação política. Certo? Estudante não é vanguarda de revolução nenhuma. Correto?
LUÍS: Então vamos ficar quietinhos, estudando como o governo quer, nos livros que o governo quer, e vamos aceitar tudo... a repressão, as passeatas, a prisão dos companheiros, a repressão às greves operárias... a censura artística. Tudo. Só por que o Freitas disse que nós não somos vanguarda. Tá bem?
ANA: Se a gente não se mexe primeiro, ninguém se mexe. Se não somos vanguarda, não sei. Mas quem põe fogo na coisa é sempre a gente.
ZÉ: Justamente o que eu disse. A função do movimento é manter a agitação política. Mas virar bucha de canhão aqui dentro, bancando o mártir subdesenvolvido, isto não é fazer política. Nem é fazer história. É fazer palhaçada a troco de banana. *(Pausa, tumulto. Ele continua)* O operário não está querendo saber de derramamento de sangue. Faz greve. Protesta. Mas sangue, nunca! Não. Sangue, só nós mesmos, que temos clareza política, estamos a fim de perder. O operário ainda não tem esta clareza. E por isto, não é com a nossa morte coletiva aqui, como ratos, que vamos clarear a cabeça de ninguém. Me explico melhor...
JÚLIA: Acho bom. Está meio... *(irônica)* complicadinho...
ZÉ: Ninguém vai querer saber de perder sangue, salário, merda nenhuma, por causa de nossa linda reforma educacional...
ANA: Não são eles que têm que botar fogo. Já disse. Somos nós que devemos ir até eles, mostrar que o negócio não é pedir coisas ao governo. É *impor*!

ZÉ: Até aí muito bem. E ficando aqui, para ser massacrada, você vai conseguir transmitir ao operário isto que acabou de dizer? Ele vai é se assustar. Assustar de uma vez por todas. Sangue não é com ele. E vocês podem até atrapalhar a greve dos caras com esta atitude ridícula de suicidas.

JÚLIA: Vamos discutir nós. *(Ela e Cebolinha viram-se para os estudantes que estão aglutinados)* Deixemos o Freitas com o medão dele. Conchavos nunca mais. Um presidente que só serve pra emperrar as coisas, depõe-se. Fim de papo.

ZÉ: Continuo reafirmando. A permanência aqui, depois deste *ultimatum*, é contraproducente para os nossos objetivos. É suicida, irresponsável e até mesmo reacionária.

JÚLIA: De que objetivos o colega fala? Tenho a impressão de que está havendo uma confusão de objetivos.

ZÉ: A reforma educacional. Ou não é mais este? *(Ri)*

MÁRIO: Freitas, você perdeu a noção das coisas?

JÚLIA: Como é que pode haver uma reforma educacional, ou outra reforma qualquer, real, dentro do sistema capitalista podre em que vivemos? Zé, você acha possível?

ZÉ: Não acho. Como já repeti várias vezes, não sou cego nem idiota. *(Murmúrios, Júlia gesticula e ri como querendo comprovar que Zé é "cego e idiota". Todo o comportamento da jovem é de extrema agressividade com relação a Zé)* Acontece o seguinte: o processo é um pouco complicado, para quem tem os nervos à flor da pele... Como Júlia... A luta pela reforma educacional... deve ser a meta inicial dos estudantes. *(Pausa)* Sim. Porque é uma luta deles. Assim como a luta por aumento de salário é uma luta dos operários. Uma... reivindicação apenas. E neste momento tanto nós como eles estamos pedindo ao governo. *(Tumulto. A agitação vai recomeçar encabeçada por Júlia e Cebolinha. Mas Zé contém a massa, bate na mesa, quase desfalecido de cansaço)* Quando se percebe que a reforma ou aquilo que se *(Frisa bem a palavra)* pediu ao governo é impraticável... Quando se percebe não só que o governo não dá o que pedimos, mas reprime violentamente quem se arroga o direito de pedir... Então é que...

CEBOLINHA: Então é que se deve *impor*... a ele! Então é que se deve parar de tentar dialogar com quem fala sozinho.

ZÉ: Não falei em diálogo! Não falei em diálogo e não concedi aparte ao colega Cebolinha! *(Bate outra vez na mesa)* Continuando: Quando fica claro que o governo não vai dar nada do que se pediu e reprime quem o fez... Então é que as consciências se esclarecem. Aí é que o cara que antes pedia resolve impor... Como bem disse o colega Cebolinha. Só que esse processo é demorado. E só que o colega Cebolinha ainda não percebeu, que só nós aqui, dentro dessa escola mesmo, sabemos que a reforma que pedimos... na verdade é impraticável e é preciso impô-la. A maioria dos estudantes, principalmente os que entraram agora... não sabe disso.

JÚLIA: E daí? É provando pra eles que a reforma é um sonho que nunca vai se realizar, porque vivemos numa ditadura... que você vai botar eles na rua, protestando contra o governo?

ZÉ: Exatamente, brilhante colega Júlia! Vejo com alegria que a colega ainda não perdeu a capacidade de raciocinar. *(Ri)* É exatamente isto! Uma reforma impraticável irrita os nervos da pequena burguesia acomodada que compõe a maioria dos estudantes. Depois de irritar bem os nervos deles é que a coisa atinge a consciência. Então o pequeno-burguês começa a ver que... como dizia o colega Cebolinha, se não me engano, "dentro de um sistema capitalista podre... não pode haver reformas reais". Apenas enganos. Panos quentes. Demagogias... *(Rosa e Frederico batem palmas para Zé. Cebolinha e Júlia tentam responder, mas Zé bate na mesa e eles se calam).*

ZÉ: Quero continuar advertindo aos colegas de que esta não é bem a hora de repetir velhas teses. *(Aponta o relógio e o papel)* O negócio é urgente.

JÚLIA: Não entendi o seu raciocínio... Por favor...

ZÉ: Tome memoriol, fosfato, calmante... Faça um tratamento para o cérebro e outro para os nervos. Depois estará em condições de discutir numa assembléia. Está bem?

CEBOLINHA: Olha o nível... Olha o nível... Briguinhas pessoais só atrapalham.

ROSA: *(Sempre fina e suave)* Eu digo sempre isso.

JÚLIA: Não dou confiança a provocações. Responda, Freitas: primeiro a gente prova pro estudante que a universidade está falida. Depois, enfia na cabeça dele que a reforma universitária é inevitável. Depois, que ela é também... impraticável... Depois *(Gesticula).*

ZÉ: Depois o cara percebe que a luta é mais ampla. Que não adianta mudar o ensino. Tem que se mudar o governo. O sistema inteiro. Aí sim...

MÁRIO: Um pouco complicado o seu raciocínio. Só que no momento não é hora de discutir a reforma. O negócio é partir pro pau. Pra violência mesmo. Esperar o tal... "esclarecimento das consciências" ...pra mim é empulhação do Freitas.

ZÉ: Que é que você propõe então?

MÁRIO: Que se deixe de lado esse negócio de reforma. Nós já sabemos que isto é utopia. E pronto.

ZÉ: *(Cínico)* E então... entendi. Vocês propõem que façamos desta faculdade uma trincheira... melhor dizendo: um Foco Insurrecional! *(Alguns riem) (Zé caminha pelo palco. Com gestos teatrais gesticula ironizando Júlia, Cebolinha e Mário).* Uma trincheira onde seremos massacrados... Os treze. *(Ri)* Pena que em Sierra Maestra tenham sido apenas doze... Senão dava certinho. O Fidel fez a revolução dele com doze caras, dirão Cebolinha, Júlia e Mário: Os mais exaltados. *(Ri)* Mas eu respondo. Primeiro, não fez com doze. Depois, nas condições dele, até eu fazia. *(Tumulto)*

FERNANDO: Você está recitando poesia, fazendo metafísica, bancando o palhaço, ou o quê? Não entendi esta falação toda, juro por Deus!

ZÉ: É... É isto que eles estão propondo: Cebolinha, Júlia, Mário... Juro como é. Eles propõem que nós fechemos a universidade para balanço. Que fiquemos entrincheirados aqui, e que coloquemos uma placa na porta com os seguintes dizeres: "A universidade está fechada até o dia da revolução socialista". *(Rebuliço. Alguns riem da piada do Zé).*

FREDERICO: *(Muito fino, continuando o raciocínio de Zé, no mesmo tom)...* E revogam-se as disposições em contrário...

CEBOLA: Vamos defender a escola! Colegas, não se deixem levar por estes raciocínios reacionários... pacifistas... moscovitas...

JÚLIA: Nada se consegue sem violência na ditadura! Tudo o que nasce dentro de coisa podre é gerado com violência! *(Grita)* A história é um partooo! Não vai ser fácil a nossa luta. Mas não podemos recuar!

(Palmas. Ela está dominando completamente a situação. Ao seu lado, Cebolinha ergue os braços, como um líder absoluto no momento).

CEBOLINHA: Vamos resistir!
TODOS: Re-sis-tên-cia!
– Re-sis-tên-cia!

ZÉ: Há duas propostas sobre a mesa *(Parece prestes a desmaiar).*

ROSA: Questão de ordem!

ZÉ: Concedida a questão de ordem para a companheira Rosa! *(Risos e vaias no plenário. Rosa se enfurece, contidamente).*

ZÉ: Gostaria de saber a razão destas vaias.

JÚLIA: O colega não concedeu de livre e espontânea vontade aparte nenhum a plenário. Isto é panelinha? Por que com a Rosa foi na hora... ali... pediu, ganhou?

ZÉ: A colega está confundindo questão de ordem com aparte.

JÚLIA: E você está confundindo tudo com as suas ligações... *(Olha para Rosa)* afetivas... as suas paixões pessoais...

FREDERICO: Olha o nível... Olha o nível... Lembre-se... Isto é uma faculdade. Não é uma televisão.

ROSA: Questão de ordem. Quero lembrar aos colegas que a lista dos oradores inscritos já chega aos vinte e três. E são dez horas. Proponho que Freitas encerre a lista dos oradores e encaminhe a votação das duas propostas que estão sobre a mesa.

ZÉ: Aceito a proposta da colega. Está encerrada a lista dos oradores. E vou passar desde já à votação. *(Alguns estudantes começam a sair pela porta principal do teatro)* Peço aos colegas que estão se retirando que permaneçam até o fim da votação. *(Os estudantes a contragosto voltam e sentam-se em seus lugares)*

JÚLIA: Denuncio o colega Freitas como ditador.

ZÉ: O que você alega para esta acusação, querida companheira Júlia?

JÚLIA: Você abre o regime de encaminhamento das propostas, fecha a lista de oradores, tal e coisa... e não consulta o plenário! Que é que nós todos estamos fazendo aqui então se o... negócio é entre você, a Rosa e o Frederico?

ZÉ: *(Desalentado)* Bem. Coloco para a decisão do plenário. Os que forem favoráveis a que se passe à votação das duas propostas existentes sobre a mesa... sem mais oradores... os que estiverem a favor do encerramento da lista, levantem o braço. *(Todos levantam o braço unanimemente. Inclusive Júlia e Cebolinha, Zé faz um gesto que indica que ele achou desnecessária aquela votação)* Bem. Aprovada. Vou encaminhar a votação. Peço antes que os colegas raciocinem. A permanência aqui, depois disto... *(mostra o papel)* seria suicídio. Não seria uma atitude política. Nós não alteraremos nada no país com este heroísmo infantil.

ANA: Passe à votação e deixe de conversa mole.

ZÉ: O plenário pode votar por aclamação, se quiser. Bem... Vou ler as propostas: *(Abre outro papel)* Proposta assinada por mim, por Rosa Maria Prado e Frederico Fonseca... *(Risos)*

JÚLIA: *(Olhando, cúmplice, para Cebolinha)* A panelinha de sempre. A panelinha de sempre...

ZÉ: *(Começa a ler)* Considerando que... *a)* os objetivos do nosso movimento se restringem à reforma educacional... como tática de luta... *b)* que a permanência nesse recinto não teria significado político... *c)* que esta atitude romântica não traria resultados para os movimentos de protesto contra o governo em geral... *d)* e sobretudo que não teríamos condições militares para reagir a polícia... propomos: que se evacue a faculdade no prazo de três dias, previsto pelo *ultimatum* da polícia... *(Burburinho)* Peço que os colegas votem com a cabeça... *(Aponta a cabeça)* Pelo amor de Deus... com a cabeça... *(Pausa longa, silêncio no plenário)* Os que forem favoráveis... levantem o braço *(Ninguém levanta o braço. Timidamente Rosa e Frederico, após um momento de indecisão, levantam os braços sob vaias estrondosas)* Vou passar à votação da segunda proposta.

JÚLIA: Não é necessário, pô! A segunda proposta já ganhou! Está mais do que evidente.

ZÉ: *(Começando a ler o papel sem dar importância a Júlia, que meneia a cabeça furiosamente)* Considerando... *a)* que a desocupação da escola seria um ato de covardia... *b)* que nossas reivindicações não devem se ater apenas às lutas estudantis, mas sim operárias e camponesas... *c)* que com nossa pressão, permanecendo aqui e defendendo o que é nosso, daremos um exemplo ao operariado e campesinato em geral... *d)* que quando ocupamos esta escola estávamos conscientes de que haveria repressão policial... propomos: a permanência aqui, venha quem vier, armado como quiser. *(Palmas. Muito alarido. Clima da absoluta agitação)* Os que forem favoráveis... levantem o braço. *(Todos, menos Rosa e Frederico, levantam o braço. Zé começa a contar os votos. Vaias desdenhosas)*

CEBOLA: *(Sorrindo ironicamente)* Freitas... poupe seu trabalho. Não está na cara que estamos em maioria? Você ficou cego... ou o quê?

ZÉ: *(Observando que fora os atores, o resto da platéia evidentemente não votará, tenta um golpe)* Peço aos colegas que observem como a maioria do plenário... *(aponta a platéia toda)* se manteve neutra. Não votou nem numa nem noutra proposta. *(Risos dos atores)* Esta assembléia não pode ser considerada deliberativa. *(Vaias)* Seria antidemocrático!

TODOS MENOS ROSA E FREDERICO: Manobrista!
— Conciliador!
— Empulhador!

ZÉ: *(Desalentado, jogando os cabelos para trás)* A proposta de permanência nesse recinto foi aprovada. *(Palmas frenéticas)* Os colegas são responsáveis por este suicídio.

(Palmas. Os atores vão saindo dos seus postos e se encaminham em polvorosa para o palco onde Zé acende lentamente um cigarro. A euforia é geral. Zé continua sentado onde está, imóvel e indiferente. Todos se reúnem em torno dele).

MÁRIO: Bom. Questão de organização. Quem vai onde?

ZÉ: Não sei.

JÚLIA: É fácil. Cadê a lista da coordenação geral?

ZÉ: Não sei.

JÚLIA: Vai ficar emburradinho, é? Se você não quer ajudar na distribuição dos postos, deixa comigo.

ZÉ: Pode ficar com o abacaxi.

JÚLIA: *(Decidida)* Bom... você, você e você... *(Aponta dois estudantes)*

MÁRIO: Pois não...

FERNANDO: Eu também?

JÚLIA: Os dois. Já pra cozinha.

MÁRIO: *(Os dois riem, fingindo indignação)* Pra cozinha?

FERNANDO: Lá não é lugar de homem.

JÚLIA: Não tem nada desse negócio homem daqui, mulher dali.

MÁRIO: Homem com homem, mulher com mulher, faca sem ponta...

JÚLIA: ... galinha sem pé e vocês dois pra cozinha. Tem batata e macarrão. Podem começar a fazer a sopa.

ROSA: Ai não! Pelo amor de Deus! Aquela sopa de novo? Há vinte e três dias que estamos aqui e é todo o dia a mesma coisa?

JÚLIA: Pede pro seu pai que é rico mandar tutu pra comissão de finanças, assim a gente pode fazer *strogonoff*.

FERNANDO: *(Os dois da cozinha começam a subir a escada)* Eu vou. Pelo bem da pátria. Mas que é meio humilhante homem cozinhar, lá isto é.

FREDERICO: *(Muito fino, querendo brincar)* Guerra é guerra! *(Fingindo tristeza)* Tá bom, *(Subindo lentamente)* Adeus! Minha noivinha linda... Comporte-se bem, tá? Olha... *(Mostra a aliança)* respeite essa aliança que nos une. *(Todos riem, inclusive Zé, veladamente)*.

LUÍS: *(Cantando)* "Amor... eu partirei sem te dizer adeus... *(Recitando)* Nestas vetustas arcadas, jamais te esquecerei, oh".

ROSA: *Tchau*, Fredi!

FREDERICO: *(Já quase no segundo andar)* Camarada Júlia! Vê se não bota a minha noiva nesta maldita comissão de segurança. Não quero que ela se meta naquele telhado.

ROSA: *(Para Júlia, excitada com a idéia)* É pra lá que eu vou, Júlia! Me põe no telhado? Morro de vontade de ficar lá. Me põe lá!

JÚLIA: *(Com desprezo)* Vocês gostam de brincar de guerrilhas, não é? Calma que o dia não demora. *(Apontando Cebolinha e Dartagnan)* Vocês aí... Cebolinha!

CEBOLA: Eu?

DARTAGNAN: Fala, Júlia...

JÚLIA: Os dois, Cebolinha e Dartagnan... um em cada porta, pedindo identificação pra todo mundo que entrar.

CEBOLINHA: Naquele frio?

JÚLIA: Tem direito a pinga. Mas olhem bem: só vocês dois podem tomar esta pinga. Se eu pegar algum cururu aqui dentro de fogo vai ter.

CEBOLA: *(Animado)* E onde está a pinga?

JÚLIA: No telhado. Cuidado pra não confundir com as bombas Molotov.

ZÉ: Ih... Cebolinha? Cuidado mesmo, senão você vira monge budista.

DARTAGNAN: No telhado? Por que esta pinga está no telhado? O pessoal da segurança andou se tratando, é?

JÚLIA: Não. Ninguém bebeu pinga naquele telhado. Fui eu que escondi a pinga lá.

ZÉ: Idéia de jerico, essa sua *(Zé ri muito)* Vem a policia. Muito bem. O pessoal da segurança joga uma garrafa neles, *crente* que era a Molotov e cai justamente a garrafa de pinga. Já pensou?

ROSA: Iam pensar que nós somos todos alcoólatras.

LUÍS: E viva a resitência etílica! Viva!

(Todos riem).

JÚLIA: Eu pus a tal pinga agora pouco lá, viu Zé? Não havia polícia por perto...

ZÉ: Desculpe... Desculpe... *(Irônico, rindo, vai subindo a escada)*

CEBOLINHA: Vamos à pinga...

JÚLIA: Repito: a pinga é a garrafa branca. As outras são Molotov. A cor da Molotov é amarelada por causa da gasolina.

DARTAGNAN: *(Subindo atrás de Cebolinha)* Quer ensinar ave-maria pro vigário? Estou cansado de conhecer Molotov...

ZÉ: *(Irônico)* E pinga... E pinga...

CEBOLINHA: *(Os dois vão passando pela cozinha às gargalhadas)* UU! UU! *(Faz gestos afeminados)* Quando é que a sopa fica pronta, hein, Marieta?

MÁRIO: *(Os dois botam a cara pra fora do balcão da cozinha)* Vá a merda, Cebola!

FERNANDO: Barbicha fominha!

DARTAGNAN: Estou com fome, hein? Mas se essa sopa

não estiver igualzinha à da mamãe, não como, não como e não como.

(Sobem e começam a procurar a pinga entre as garrafas molotov). (Acham-na e descem assobiando para as portas laterais).

JÚLIA: Vocês: *(Aponta Ana e Alberto)* podem subir pro segundo andar. Ela fica encarregada do microfone. Leia de vez em quando o manifesto do Cebola. E pode ler também o noticiário do jornal. De preferência os que não forem deturpados. Tá? Se quiser variar, leia uns pedaços do livro do Guevara. Está em cima da mesa da sala 2.

ANA: Do manifesto do Cebola ao livro do Che... Haja diferença.

ZÉ: O Cebola tem mesmo pretensões de parecer com o Che, hein? *(Ri).*

JÚLIA: Você *(Aponta Alberto)* Fica encarregado de bater o outro manifesto do Zé. *(O casal sobe para o segundo andar. Ficam Rosa, Zé, Júlia e outro casal)* Vocês dois. *(Para o casal)* Onde é que vocês ficaram ontem?

LUÍS: Bem... eu fiquei no telhado. A Vilma ficou na Congregação. *(Olhando para Vilma, desconfiado)* Pelo menos foi isso o que ela me disse.

VILMA: Fiquei sim, meu bem. Quero ter um câncer na boca. Juro por Deus.

ROSA: Ei, Vilma. Não precisa exagerar. Todo mundo sabe que você é fiel.

VILMA: Dormi lá sim. Aliás aquela sala me dá um medo... Deus me livre! A gente não podia pelo menos retirar as fotografias dos catedráticos de lá? Parecem umas múmias! Cruz credo!

JÚLIA: Não tem nada de tirar coisa do lugar. Senão eles vão dizer que a gente está fazendo baderna.

LUÍS: Vilma! Por que você não tapa as caras dos catedráticos com um cobertor?

VILMA: Não adianta. A simples presença daquela velharia me dá pavor. Cada um mais velho e enrugado que o outro.

ROSA: Um dia você também vai ficar velha e enrugada.

ZÉ: Vai ficar? A Vilma nem precisa envelhecer. Mais feia do que ela... só o catedrático de grego.

LUÍS: Ah... Por falar em grego... Você vai dormir na sala do grego de novo, hein? Porque se não for você, vou eu.

ZÉ: Vou. Depende *com quem*. Aquela sala é muito triste para um *"pobre coração solitário"*.

JÚLIA: Quando mais não seja, quem distribui os postos sou eu. Bom. Vocês dois podem ir de novo para a sala da Congregação. Fiquem na varanda espiando a rua. Qualquer coisa é só avisar o cara do telhado.

(Todos olham para o telhado. O estudante que está lá acena).

ZÉ: Que foi, hein, Paulinho? Aconteceu alguma coisa?
PAULO: Vem vindo um carro estranho com dois sujeitos dentro.
JÚLIA: Que carro é?
PAULO: Espera um pouco... *(Espia a rua)* Ah, não tem nada não. É o pai de Rosa Prado.
LUÍS: De novo? Este homem vai ficar rondando a escola todo dia? Qualquer dia leva um morteiro na cuca e não vai nem saber por quê.
ROSA: É o meu pai mesmo, é? Com quem?
PAULO: Com outro velho.
ROSA: É o pai do Frederico. Paulo, dá um berro aí pra ele e diz que nem eu nem o Frederico estamos aqui.
PAULO: Como é mesmo o nome do seu pai?
ROSA: Jarbas.
PAULO: *(Olhando para fora)* Psssiu! Seu Jarbas! *(Põe a cabeça bem pra fora do telhado)* Ô! Velho patusco! Jarbas! A sua filha não está aqui. Como? Não, não... *(Pausa)* Nem ela nem o noivo dela. Não sei onde eles foram.
JÚLIA: Continuando...
ROSA: *(Para Paulo)* Ele foi embora, Paulinho?
PAULO: Foi, Ei!... quando é que vou ser substituído? Estou virando pedra de gelo aqui em cima, pô!
JÚLIA: Já vai já. *(Para Luís)* Você então. Fica no lugar do Paulo. Já sabe o que tem que fazer, né?
LUÍS: Sei. Avisar qualquer coisa que apareça na rua. Depois de receber a senha atirar duas molotovs. Só usar o revólver em caso de ataque. É isso?
JÚLIA: Certo. Pode subir. Depois eu mando outra pessoa pra ficar lá. Dois é pouco.
LUÍS: De preferência mande a Vilma.
JÚLIA: Vou pensar no seu caso.

(Luís sobe. Passando pelo segundo andar, chama Frederico, que atende com um pincel enorme na mão).

LUÍS: Olha... seu pai passou aí e disse que vai cortar a sua mesada se você não voltar hoje mesmo pra casa. O velho estava uma onça.
FREDI: Sério? E por que não me chamaram?

LUÍS: Ele estava muito bravo. Ficamos com medo de ele te dar uma surra.

FREDI: Ah... Não enrola... Sério mesmo? *(Não acreditando).*

LUÍS: Gozação, bobo. Mas que a tua mesada ainda vai pras picas um dia destes, ah isto vai. O meu velho me cortou a minha não é de hoje.

FREDERICO: *(Voltando à sala onde pintava os cartazes)* Vai amolar outro, seu chato!

JÚLIA: *(Para Vilma)* Pode ir pra Congregação.

VILMA: Isto é crueldade, Júlia. Eu já não disse que detesto aquela sala?

JÚLIA: Mas alguém tem que ficar lá.

VILMA: Na cozinha tem dois caras. Um deles pode perfeitamente ficar na Congregação. Eu quero subir pro telhado. Quero ficar com o Luís.

JÚLIA: Vai pra Congregação. Não tem conversa. Desculpe, mas tem que ser assim.

(Vilma, a contragosto, enrola-se em seu cobertor. Sobe para a Congregação. Chegando lá deita-se no chão. De repente, arranca o cobertor, cobre a cara de alguns catedráticos e pinta um bigode enorme num deles, depois, sentindo frio, enrola-se numa bandeira velha e deita outra vez no chão, cochilando)

ROSA: Bom. Agora sobramos nós.

JÚLIA: Rosa, você vai lá fora arrumar as barricadas. Eu e o Zé vamos pro telhado coordenar a segurança.

ROSA: Eu? Nas barricadas? Sozinha? *(Meneia a cabeça).*

JÚLIA: Tem uns dez caras lá.

ZÉ: Ela não vai. A Rosa não vai a lugar nenhum. E chega de brincadeira agora. Você quer fazer o favor de sumir, que eu preciso falar com ela em particular?

JÚLIA: Não vou sair daqui enquanto não resolver o que preciso resolver com você. E vai ser já.

ZÉ: Eu disse que preciso falar com a Rosa, e não tenho nada a resolver com você. Não insista.

JÚLIA: Não tem nada a resolver comigo? Não tem?

ZÉ: Não.

JÚLIA: Pois eu vou contar pra tua Rosinha, então *(Olha friamente para Rosa)* Sabia, menina, que eu estou grávida de três meses e que o pai desta criança chama-se José Freitas? Sabia?

ZÉ: A Rosa não tem nada a ver com isso.

JÚLIA: Claro que tem. Ela não é a próxima a cair na tua cantada? Precisa saber direito como você é.

ROSA: Por favor, por favor não fale assim... Eu sou noiva de aliança...

JÚLIA: À merda com a sua aliança.

ROSA: Me respeite. Você está com despeito porque eu sou noiva!

ZÉ: Como é? Você vai sair ou vamos ter que sair nós? *(Abraça Rosa).*

JÚLIA: Zé. Um dia você vai ter que resolver isto, não é? Você vai ter que resolver isto, sim. Eu não agüento mais. O meu pai me botou pra fora de casa. Quando acabar a ocupação eu não vou ter pra onde ir.

ZÉ: Muito bem. E você quer que eu faça o quê? Que eu te compre uma casa? Que eu *case* com você?

JÚLIA: Não é isso. *(Grita)* Não seja cínico!

ZÉ: Fala o que você quer, então.

JÚLIA: Eu... preciso resolver com a cabeça. E você precisa me ajudar.

ZÉ: Não tem nada que resolver. Só existe uma solução: o aborto. E isto eu estou te dizendo há três meses. Você não quis. Te dei até dinheiro. Agora estou duro. Só se a Rosa te emprestar. Ela tem.

ROSA: *(Abre a bolsa)* Eu empresto sim, quer? *(Procura alguma coisa)* Tenho um cheque aqui. Quer?

JÚLIA: Não quero esmola. Não quero caridade cristã pro meu lado.

ZÉ: Tá vendo? A tudo o que eu proponho você diz não. Se está pensando que eu vou casar pra satisfazer o teu pai pequeno-burguês e a tua vontade alienada e romântica de ser mãe... está muito enganada. Eu não entro nesta alienação, não senhora... Eu hein? Eu sou o presidente deste grêmio. Tenho responsabilidades políticas.

JÚLIA: Eu também tenho minhas responsabilidades políticas. Isto não impede que os meus problemas pessoais existam. Antes fosse.

ZÉ: Ora bolas. Problemas pessoais... problemas pessoais... muito bem. O mundo se arrebentando... a guerra do Vietnã no teu nariz. Milhões de operários ficaram em greve ontem. Estudantes são presos aos montes. Há imperialismo, analfabetismo, miséria... e a Julinha querida *cheia* dos probleminhas pessoais. Vai tomar banho. Que falta de perspectiva histórica! Que coisa nojenta! Estou cansado desta choradeira pra cima de mim. Você não estava agora pouco se esbaldando de dar ordens pro pessoal aí? Por que não continua? Assim se distrai um pouco e larga do meu pé. Oras... oras... problemas existenciais...

(Pausa longa, Rosa está desarvorada. Júlia, furiosa).

JÚLIA: Você é um covarde. Em tudo você é um covarde. Se não fosse todo mundo aqui estár cagando montes pra tua liderança, você ordenava o esvaziamento da escola. A mesma coisa com os seus problemas pessoais. Em nome da revolução você deixa o tempo passar e não resolve nenhum deles. Eu disse que fazia o aborto no começo. Disse sim. Quero que um raio me parta em duas se eu não disse!

ZÉ: Você não disse merda nenhuma. Deu uma de romântica. Ficou duas horas resmungando que "já sentia o filhinho na barriga". Ai, ai...

JÚLIA: Eu disse que fazia o aborto! Mentira sua! Você é que deu uma de romântico. Ficou até pensan... Ficou até pensando no nome que a criança teria. DEPOIS... você mudou. Depois, quando essa grã-fininha cretina... *(Aponta Rosa)* entrou na escola... Aí você caiu de quatro. Gamou nela. E resolveu me dar um pontapé. Eu sei muito bem disso.

ROSA: Me desculpe. Mas você fala como uma atriz de cinema mexicano.

JÚLIA: Fica quieta aí, menina. Não se meta.

ZÉ: Chega.

JÚLIA: Chega uma ova. Fique sabendo, Freitas, que eu estou de três meses. Não é por causa das suas oscilações emocionais que eu vou arriscar um aborto. Pra quê? Pra estrebuchar feito bicho na mesa de um charlatão qualquer? Em nome do quê? Da liberdade sexual? Do moralismo do meu pai? Da tua liberdade? *(Faz uma banana com a mão)* Aqui ó! você quis o filho. Não me deu dinheiro pra fazer o aborto. Disse que ia dar. Mas acabou não dando. Agora quer que eu tire a criança? Pra te deixar em paz, por causa da Rosinha Prado... Mas isso...

ZÉ: Eu *jamais* quis ter um filho. Mentira sua. Mentira da grossa. Além de eu não querer responsabilidade desse tipo, não tenho cara de pau meter uma criança inocente no meio desta guerra. Está entendendo? Porque eu tenho consciência. Olha. Eu tenho uma ideologia. Tenho um papel histórico a cumprir. Não quero e não vou querer tão cedo arrumar nem filho nem mulher pra me azucrinar. Compreendeu? Hein?

JÚLIA: Eu também tenho um "papel histórico" a cumprir. E é por isto que não vou arriscar a minha saúde por tua causa, ou por causa dos preconceitos pequeno-burgueses do meu pai.

ZÉ: Que é que você vai fazer então?

JÚLIA: Eu vou ter o filho.

ZÉ: Você é quem sabe. Você é livre. É maior e vacinada.

Faça o que quiser, mas não me encha mais o saco. Utilize a sua liberdade. Resolva sozinha.

JÚLIA: Você é muito covarde. Muito mesmo. E não sou só eu que acho. Ainda bem. *(Começa a subir lentamente as escadas)*

ROSA: *(Pra Júlia)* Pensa bem Júlia. Olha... não é perigoso. Eu conheço um médico... Dinheiro não é problema. Você não sabe a loucura que está fazendo!

ZÉ: *(Segurando Rosa)* Deixa ela. Cada louco com sua mania. Ela é livre pra fazer o que quiser. Faço questão de respeitar a decisão dos outros.

ROSA: Livre pra fazer besteira? Livre pra se estourar?

(Começa um barulhão na cozinha. Há um clima de animação. Júlia sobe lentamente as escadas e pára na cozinha. Luís vai acordar Vilma na Congregação. Beijam-se. Frederico vai até a cozinha. Começa a tocar violão. Alguém desce até o microfone)

MICROFONE: Colegas, a sopa está pronta! Peço aos colegas que subam até a cozinha antes que ela esfrie. Tornamos a pedir aos colegas que comam o estritamente necessário em virtude da escassez de mantimentos. Obrigado.

(Os estudantes deixam seus postos e vão subindo para a cozinha; o clima é festivo novamente. Frederico continua tocando violão)

ZÉ: Vai jantar, Rosinha?

ROSA: Não estou com fome.

ZÉ: Então vamos pro telhado. Quero conversar muito sério com você. Tá legal? Lá ninguém amola a gente.

ROSA: Mas... a Júlia... o Frederico... Eles vão se invocar.

ZÉ: *(Abraçando-a)* Deixa pra lá.

(Vão subindo. Passando pela cozinha há uma algazarra)

MÁRIO: Ei Presidente. Onde vai nessa pressa?

FREDERICO: Rosa, meu bem... vem jantar. Ei... onde é que você está indo? *(Os dois vão subindo sem responder)*

CEBOLA: Vocês vão pro telhado?

ZÉ: Cebola, avisa aí o pessoal do telhado que não precisa mais subir. Eu e a Rosa vamos dar plantão lá.

(Vaias maliciosas).

JÚLIA: *(Pra Frederico)* Você vai ficar aí parado, é?

FREDERICO: Não entendi. *(Pára de tocar. Está sério).*

JÚLIA: Na *tua* frente, a *tua* noiva com aliança e tudo sobe pro telhado com o Zé. E você nessa calma?

FREDERICO: Oras, menina! Eu tenho mais o que pensar!

Além disso tenho total confiança na minha noiva. Há quatro anos nós somos noivos. Ela merece a minha confiança, a minha admiração e o meu respeito.

JÚLIA: Não devia ter tanta confiança. Pelo menos quando ela está com o fascinante "Ronie Von das Massas"... *(Todos riem)*

CEBOLINHA: Com essa história de doutrinação política, o Zé vai comendo uma por uma. Você já viu uma coisa igual? Onde, em que país, os líderes estudantes se metem a gavião deste jeito?

FREDERICO: Vocês estão fazendo uma acusação séria. Uma calúnia.

JÚLIA: Que acusação séria! Calúnia! É a pura realidade, meu camaradinha. Você é muito ingênuo. Desde que você e Rosa entraram aqui, o Zé não pára de paquerar a menina. E olha que ele é fogo. Chegou, doutrinou, comeu. Sabe como? É simples. Ele diz que o preconceito sexual atrasa a revolução.

CEBOLINHA: Esta revolução tem quebrado tanto galho pra ele!

FREDERICO: Que é que a ideologia política tem a ver com cama?

JÚLIA: São os mistérios do mundo! Marcuse explica.

FREDERICO: Vocês são muito irresponsáveis. Se eu não tivesse tanta confiança na Rosa, vocês podiam estragar o meu noivado de quatro *anos*, com esta fofoca inconseqüente.

JÚLIA: Ei, vai ficar na fossa agora, é?

CEBOLA: Esse negócio de fossa é totalmente pequeno-burguês.

JÚLIA: E você precisa urgentemente perder esta mania de noivado. O casamento é uma instituição falida.

FREDERICO: Você é que fala? Não é você que enche o Zé o dia inteiro pra ele casar com você? Olha, eu entendo muito bem. Você percebeu que o Zé não quer mais saber de você. Morre de ciúme da Rosa. Mas pode ficar sossegada: os dois, ela e o Zé, são apenas amigos. *(Muito delicado)* O Zé é apenas... um líder. Para nós dois. Um líder lúcido. Capaz. Consciente e tranqüilo.

(Algazarra de absoluta gozação a Frederico).

TODOS: O líder? Só se for de vocês dois, que de política não entendem picas!

— Zé Freitas! O líder de cabelos longos!

— O Ronie Von das Massas!

— Deve ser muito bacana ser marxista-leninista, bonitão, e ainda por cima ter a lábia que ele tem!

FERNANDO: Cita Marx, Marcuse. Até Walt Disney, se for necessário. Mas no fim, come todas elas. Desde as mais virgens até as mais avacalhadas!

(Risos gerais, Frederico está nervoso mas tenta não se exaltar, dentro de seu sempre sóbrio comportamento)

FREDERICO: As minhas relações com o Freitas... e as de minha noiva com ele, têm um caráter menos baixo que as vossas... a coisa é noutro nível. Foi o Zé, por exemplo, que nos explicou o papel do movimento estudantil...

MÁRIO: Só por perguntar. Você é estudante DO QUÊ?

FREDI: Eu não estou estudando nada. Estou aqui para fazer companhia a Rosa, que neste ano, no vestibular de literatura entrou... entrou e de cara estava esta confusão aqui. E paciência... ela teve que participar. Fiquei com ela, apenas, isso.

MÁRIO: Ah... é sapo.

FERNANDO: *(Sorri)* Vai ver... é espião...

MÁRIO: Não. O cururu está protegendo a noiva.

FREDERICO: Foi o Freitas, como eu dizia, que nos explicou, por exemplo... *(Sorri educado)* por alto... a conjuntura política do país... nós, eu e Rosa estávamos... por fora *(Sorri tímido)*

JÚLIA: De conjuntura em conjuntura ele vai levar a sua noiva pra cama. *(Todos riem)* E o pior... *(Gesticulando)* O pior de tudo... *(Suspense)* é que é na cadeira de grego!

TODOS: *Cadeira de grego?*

— Cadeira de grego... ah... ah... ah...

FREDERICO: *(Fingindo não ligar pra avacalhação geral, tentando ser irônico também)* Que é que tem a famosa cadeira de grego?

CEBOLINHA: Não tem janelinhas pra gente fiscalizar... a moralidade do movimento. A moralidade de que o Freitas tanto fala.

MÁRIO: Outro dia, vocês viram? O Freitas teve a pachorra de proibir um cara de entrar com uma garrafa de pinga...

JÚLIA: Nisso ele tem razão. Mas moralidade é coisa de que ele não pode se dar ao luxo de cagar regras aqui dentro, pois todo mundo sabe o Dom Juan que ele é.

FREDI: *É porque pode*. Tem condições.

LUÍS: *(Perplexo)* Não é possível. O Zé enfeitiçou esse cara. Vocês viram? Ele *ainda*... defende o Freitas. As cantadas do Freitas. As posições do Freitas. Tudo!

FREDI: *(Retomando o violão, recomeça a tocar baixinho)* "Enquanto houver perdão não haverá pecado..."

JÚLIA: Ah... *(Cutuca Frederico)* e na cadeira de grego não tem tranca na porta... você não vai poder tirar a tua noiva de lá.

FERNANDO: Olha... uma aliança é uma aliança. Vestido de noiva só se usa quando a noiva ainda é pura. *(Frederico lentamente desce as escadas fingindo nem ouvir as insinuações).*

FREDERICO: Vocês só sabem fazer fofoca a respeito de sexo? E fora pichar o Freitas vocês não têm outro assunto?

(Noutro andar, Fredi sozinho continua a tocar violão baixinho: uma música triste. De vez em quando olha para o telhado meio desconfiado) (Enquanto Frederico, solitário, toca seu violão, a luz se apaga em todo o cenário, ficando apenas um foco em Cebolinha, Júlia e os estudantes, menos em Zé e Rosa que continuam no telhado acomodados)

CEBOLA: Você acha que o Zé com toda essa má fama consegue chegar a presidente da UNE?

DARTAGNAN: Nunca. A posição oportunista dele é mais do que manjada. O *bom* mesmo, o *"quente"*... é o Cebola. Você mesmo, Cebola... *(Cebolinha faz um ar de "eu hein, boi")* O QUENTE! Vai ser nosso candidato pra cabeça da UNE!

JÚLIA: Lógico!

CEBOLA: Eu, heim, boi... estou por aqui *(Faz o gesto)* de movimento estudantil. Depois dessa, quero partir pra coisa mais séria. Estou de saco cheio da pequena burguesia.

JÚLIA: Se é você ou o zebedeu quem vai pra cabeça da UNE, não importa. O que importa é que não seja o Zé.

DARTAGNAN: Óbvio. A UNE ia virar uma verdadeira festa na mão dele.

FERNANDO: Festa? Ia virar uma burocracia do cão!

JÚLIA: É. Este ano o presidente na UNE tem que saber levar a coisa. Tem que ser um cara radical mesmo. Que entenda a violência como deve ser entendida. Não adianta mais votar nesses Zés Bonitinhos, com mania de legalidade, conchavos...

LUÍS: Grupo! O cara não deve esquecer que o nosso objetivo em última análise é a revolução... não a REFORMA EDUCACIONAL! *(Todos riem, pois parece óbvio demais o que o Luís fala)* Vocês riem? Tem nego aí que já esqueceu o que é "ditadura do proletariado".

VILMA: Não querendo bancar a fofoqueira, mas Júlia... este teu ódio pelo Zé ultrapassa a divergência puramente política...

JÚLIA: Não entendi a insinuação.

VILMA: ... Me parece mais uma certa... dor de corno. Você estava gamada pelo Zé, não estava? Não vai dizer que não porque todo mundo viu o porre que você tomou o dia que ele te deu o fora. E esta história tua com ele é mais antiga que a própria UNE. *(Risos)*

JÚLIA: E se for ciúme mesmo? Você tem alguma coisa a ver com isso? *(Vilma meneia a cabeça)* Ah... bom. Mas acontece, Vilma, que não é. O problema é emi-nen-te-men-te político.

ALBERTO: Vocês sabiam que na última passeata do ano passado o Freitas foi conchavar o delegado e o governador pra ver se eles seguravam as pontas com a repressão? Oras... vocês não viram que *nada* aconteceu com a gente?

JÚLIA: Quero só ver agora. Agora que o negócio apertou. Agora, depois desse golpe, que não tem governador brincando em serviço e não existe mais a tal... "liberdade democrática"... quero ver o Freitas botar charme por cima da repressão... quero ver.

VILMA: Afinal, apenas um mérito o Freitas tem. Se foi lá se humilhar pro governador, ou o diabo... foi pelo bem da gente...

(Vaias zombeteiras)

JÚLIA: Os bons sentimentos do senhor Freitas... mais as concessões do governo não me interessam no momento, nem a ninguém aqui. *(Pausa. Vira-se para Vilma violentamente)* E... escuta aqui! O que é que te deu de defender o Freitas? Afinal quem te disse que o meu ódio por ele é ciúme, gamação, estas merdas?

VILMA: Primeiro: o porre que você tomou todo mundo viu. Você chorava feito louca de ciúme da Rosinha Prado. Segundo: todo mundo sabe que você está grávida de três meses, e que o filho é do Freitas. Você mesma espalhou. Parece até que se orgulha disso.

JÚLIA: Olha o nível! Olha o nível!

VILMA: Você não perguntou?

JÚLIA: *(Após uma pausa. Vê-se que está tensa, mas tenta se conter. Olha o telhado com apreensão)* Bem... O importante agora é discutirmos...

CEBOLINHA: ... Discutirmos como vamos derrubar o Zé da presidência do Grêmio. Correto?

JÚLIA: Corretíssimo... *(Sorri com ar quase diabólico)* Corretíssimo, companheiro Cebolinha.

(A luz se apaga no cenário todo. Há um foco apenas em Rosa e Zé, que, no telhado, estão atrás da caixa-d'água, próximo um do outro, se entreolhando, sorrindo com ternura. A cena é romântica).

ROSA: Que frio, hein?

ZÉ: Vem aqui que eu tenho uma japona. Quer? *(Puxa-a para si).*

ROSA: *(Apoiando-se no ombro dele)* Não. Assim já melhora. *(Sorri para ele. Ele corresponde. Beija-a ternamente o rosto).* Está cansado, não está?

ZÉ: Estou sim. Mas agora já estou legal. *(Ri)* Você me acalma. *(Olha-a com ternura)* Você sabe que tem os olhos mais bonitos que já vi?

ROSA: *(Rindo)* Não diga... Esta é velha...

ZÉ: *(Olha fixamente dentro dos olhos dela)* Você parece uma menina assustada. Você é linda. Linda mesmo. *(Aperta-a)* Eu estou apaixonado por você... Ridículo, não é?

ROSA: Ridículo por quê?

ZÉ: *(Indeciso)* Sei lá! Num momento destes... o que há por aí é violência, sangue, agressão... *(Sorri)* Falar em amor parece meio fora de moda... *(Joga os cabelos para trás, timidamente)* Ainda mais... *(Aponta o cenário todo)* Nestas circunstâncias...

ROSA: *(Suave)* Amor é amor em qualquer lugar. Até no meio de uma guerra como esta...

ZÉ: *(Puxando-a ainda mais para si. Ela recosta a cabeça no peito dele)* Você não entende nada de nada. Você é uma menininha romântica que acredita nos bons sentimentos, nas boas almas... Você não conhece a violência... Nunca viu maldade ou sujeira em nada. *(Ri)* Mas é isto que eu gosto em você... Esta burrice... *(Sorri)* esta alegre inconsciência... *(Beija-lhe o rosto ternamente).*

ROSA: Até parece que você é um velho vivido com duas guerras mundiais nas costas. Afinal, você tem vinte e quatro anos...

ZÉ: E já vivi o suficiente para endurecer por dentro. Pois é. Mas isto também não é verdade. Eu não estou tão duro assim. Imagine. Um líder estudantil moderno... apaixonado tal qual um poeta do século passado! *(Beijam-se)*

ROSA: Eu tenho ciúme de você com a Júlia. Ela parece tua dona... Nunca vi!

ZÉ: *(Começa a apertá-la com mais força)* Eu estou apaixonado por você, já disse. *(Quanto mais ele a aperta, mais ela se esquiva; de repente solta-se dele com violência. Fica de costas. Pausa).*

ROSA: Não podemos continuar com isso. Você já sabe que não vai dar certo. Eu venho de uma família que nunca ia te aceitar com a vida que você leva e com as idéias que você tem.

ZÉ: *(Voltando à postura fria de sempre)* Manda à merda a família. Eu mandei a minha à merda faz um montão de tempo.

ROSA: E a gente ia viver de quê? De brisa? Você toparia trabalhar para sustentar uma família?

ZÉ: *(Ele se levanta perplexo, olhando fixamente para ela, como se não estivesse acreditando no que ouviu)* O quêêê? O que você está dizendo? O que você está... pensando? Não entendi este negócio de casamento...

ROSA: Um dia a gente ia ter que pensar em casar, não ia?

ZÉ: Casar? *(Ri)* Eu não, Rosinha. O casamento é uma instituição falida! Lembre-se bem do que eu vou te dizer agora. *(Olha nos olhos dela)* Eu sou contra a família, a propriedade privada... *(Abre os braços)* e o Estado! Sou pela revolução total nas maneiras de ser e agir.

ROSA: Eu sei. Você vive me dizendo isto. Mas eu não posso, por exemplo, continuar namorando você sendo noiva do Frederico. Isto também é ser pequeno-burguesa?

ZÉ: Larga dele. Pronto. Pra que esse negócio de aliança, casamento etc... Isto acabou, Rosinha. Faz muito tempo que isto acabou.

ROSA: Se o Frederico sabe, ele me mata.

ZÉ: Que mata nada! Vocês meninas vivem cheias de fotonovelas na cabeça. A coisa é tão simples, meu Deus...

ROSA: Simples? Muito simples! Se a gente continuasse a namorar... você ia continuar dormindo cada dia com uma? Um dia com uma na cadeira de grego, outro dia comigo aqui no telhado, outro dia na sala 19...

ZÉ: São outros quinhentos. Primeiro a gente tem que ver se dá certo. *(Abraça-a. Os dois ficam abraçados, rindo. Uma garrafa de molotov cai no chão. Zé arrasta Rosa para que ela não se molhe na gasolina).*

ROSA: Cruz credo. Que foi isso?

ZÉ: Quebrou uma das bombas molotov. Só isso. Mas toma cuidado que é pura gasolina. Se você acender cigarro, é capaz de pegar fogo. *(Abraça-a novamente. Ela se esquiva, preocupada com a gasolina)* Não tem problema, já te disse. Vem cá.

ROSA: Não tem perigo desta bomba explodir?

Zé: Já disse que não. Só se mexer muito nela.

(Pausa longa. Eles se abraçam. Se beijam. Alguém colocara a Internacional tocando. Depois da pausa, em que Zé tenta avançar nas carícias e ela sempre se esquivando, ela fala baixinho)

ROSA: Zé.. *(Acaricia-lhe os cabelos olhando-o embevecida)* Você sabe que é um pão? *(Ele sorri)* O teu cabelo é genial assim comprido... *(Acaricia-lhe os cabelos cada vez mais fascinada)* Te apelidaram... *(Ri, alto)* Sabe do quê?
ZÉ: "Cohn Bendit dos pobres".
ROSA: Não... *(Ri, mais)* Ronie Von das Massas...
ZÉ: Foi a engraçadinha da Júlia. A alegria dela é me pichar.
ROSA: Meu líder querido... *(Faz charme, abraça-o maternalmente)* Meu guerrilheiro querido... *(Aproxima a boca do rosto dele)* Me dá um beijo?
ZÉ: *(Sério)* Não. Se eu te der um beijo é pra valer. Faz um mês que a gente está nesse chove-não-molha. Hoje, se começar a mesma bolinação de sempre, não tem "medo do papai, medo da mamãe..." não senhora. Se começar é pra acabar. Entende? *(Abraça-a)* É pena que tenha que ser nestas condições precárias. O telhado não é lá muito romântico. Se você quiser a gente pega a sala 19. Uma... *(Ri)* "suíte presidencial"... é lá no prédio da psicologia. Quer? *(Abraça-a novamente. Ela reluta)* Você vai ter que largar esse negócio reacionário de ser virgem. Que preconceito ridículo. Fora de moda. *(Pausa. Ela está tensa).* Como é? Resolveu?
ROSA: As coisas não são tão fáceis.
ZÉ: Muito mais fáceis do que você pensa. E muito mais gostosas do que você imagina. *(Pausa. Ela continua sentada, indecisa)* Quer ou não?
ROSA: *(Decidida)* E a minha família, se souber um dia? E o Frei Marcílio, que me confessava todo domingo? Nunca... Eu não posso largar tudo de uma hora pra outra. E o meu noivado? Não e não. Se você quiser me dar um beijo, eu quero. Mas o resto, hoje não. Não tenho coragem, estou gamada por você. Mas não tenho coragem. E já pensou se me acontece a mesma coisa que aconteceu com a Júlia? Eu não.
ZÉ: *(Virando-se para o lado)* Então boa noite.
ROSA: *(Carinhosa)* Não vai me dar nem um beijo?
ZÉ: Não.
ROSA: *(Pausa longa. Ela está inquieta).* Zé... Zé...
ZÉ: *(Virando-se para ela sobressaltado)* Que é? Vai dizer que resolveu?
ROSA: *(Assentindo com a cabeça, timidamente)* Acho que sim! Não sei! Acho que sim...
ZÉ: Então, amanhã mesmo você vai começar a tomar a pílula.

ROSA: A minha irmã, depois que casou e começou a tomar pílula, engordou dez quilos.

ZÉ: Você vai ficar linda com dez quilos a mais. *(Abraça-a)* Vem cá. Esquece o teu pai, o Frei Marcílio, tudo. Tudo!

ROSA: Zé, toma cuidado...

ZÉ: Não vai doer nada, minha bonequinha linda...

ROSA: *(Tapando a boca horrorizada)* Não foi isso que eu disse! Eu falei pra tomar cuidado com a bomba molotov!

(Abraçam-se rindo. Rolam no telhado. A Internacional continua tocando gloriosamente. A luz se apaga)

QUADRO 2

SOM OFF: Colegas! Companheiros intelectuais. Povo em geral! Convocamos a todos para uma passeata que terá início hoje às seis horas da tarde e sairá do pátio da escola, em protesto contra a prisão de dois companheiros... *(A luz se acende lentamente. No palco há uma intensa agitação. Os estudantes estão ocupados em suas tarefas, preparando a passeata: há um vozerio na rua, indicando multidão aglomerada. No Grêmio, Mário e Fernando preparam a segurança. Júlia enrola alguns canos em fita isolante. Mário e Fernando enfiam garrafas de molotov em sacolinhas. Há algumas armas de fogo empilhadas numa mesa. No segundo andar, Frederico e Rosa pintam as últimas letras da faixa onde estão os dizeres: "A VIOLÊNCIA ORGANIZADA DERRUBA A DITADURA". No mesmo andar, Ana empilha manifestos e Albero bate furiosamente à máquina. Luís, no terceiro andar, prega cartazes em pedaços de pau, empilhando-os depois de prontos. Tudo está quase em ordem, para a passeata. Vilma e Paulo distribuem panfletos na platéia. Cebolinha e Dartagnan, na Congregação, pintam outra faixa, onde está escrito: "ABAIXO A DITADURA". Eles trabalham fervorosa e apressadamente. Entra Zé, descabelado, cansado e nervoso. Ele entra pela porta principal e pára no meio do caminho).*

ZÉ: Mas o que é que está acontecendo aqui? Que significa isto? Por que é que aqueles caras lá fora me atiraram bolinha de papel e começaram a me vaiar? E que negócio é esse de passeata, que eu não estou sabendo? *(Pausa).* Que está havendo com vocês? *(Ninguém responde)* Convocaram uma passeata, e eu, que sou o presidente desta droga, não fiquei sabendo de nada? *(Pausa. Zé gesticula nervosíssimo)* Vocês estão armando alguma coisa contra mim? *(Zé vai subindo no palco. Pára perto de Mário e Fernando)* Mário... você vai me explicar, não é? Como é que vocês, dez gatos pingados, resolvem fazer uma passeata sem convocar assembléia, sem falar com o presidente do Grêmio? Sabe o que significa uma passeata vazia? Uma passeata de dez pessoas? A desmoralização do movimento! Vocês não podiam ter esperado um dia, pelo menos, até a gente convocar uma assembléia-geral?

MÁRIO: Houve uma assembléia.

ZÉ: *(Perplexo, assustado e nervoso)* Assembléia? Mas quando que eu não vi?

FERNANDO: Hoje à tarde. Enquanto você não estava aqui.

JÚLIA: A gente não podia esperar você pra decidir. Havia urgência. Prenderam dois caras.

ZÉ: Quem é que foi preso? Foi gente daqui?

JÚLIA: Não. Não sei de onde eram os caras. Só sei que foram presos antes-de-ontem. E infelizmente só se ficou sabendo da prisão deles ontem à noite. Por isso não dava tempo de esperar você chegar. A passeata tinha que sair o mais depressa possível. E vai ser hoje.

ZÉ: *(Pausa)* Mas eu não estou entendendo nada, juro, quando é que você ficou sabendo da prisão desses caras?

JÚLIA: Foi o seguinte: ontem de madrugada, enquanto você dormia, vieram dez caras perguntar por você.

ZÉ: Quem eram? E por que você não me chamou?

JÚLIA: Entre outras coisas porque eu não queria te acordar. Não queria... atrapalhar o teu romance no telhado.

ZÉ: Você vai me pagar isso. Vou convocar uma reunião disciplinar. Você está submetendo os interesses do movimento aos teus ciúmes neuróticos.

JÚLIA: Não foi só por causa do teu romance que eu não quis te acordar. Foram motivos essencialmente políticos.

ZÉ: Quais? *(Anda de um lado para o outro)* Me explica essa estória tintim por tintim!

JÚLIA: Então me deixa falar, pô! Não me interrompa! Bom. Os caras vieram aqui avisar a gente que haviam prendido dois sujeitos. O azar, como eu disse, foi que só ontem se ficou sabendo disso. Aí o tempo pra organizar a passeata era curto demais. Então eles se juntaram...

ZÉ: Mas que raio de caras eram esses?

JÚLIA: Eram presidentes de grêmio, como você. Dez presidentes de grêmio. Entendeu agora? Vieram aqui, cada um pra representar a sua escola, pra convidar a NOSSA escola pra participar da passeata de hoje. Poxa! Você é duro, hein?

ZÉ: Você percebe bem a gravidade da tua atitude em não ter me chamado?

JÚLIA: Já te disse que foram motivos políticos. Bom. Eu disse pros caras que ia ser um pé no saco se a gente tivesse que convocar assembléia pra decidir se participava ou não da passeata. Principalmente com você na presidência. Expliquei pra eles que você embananava tudo, que ia achar cedo pra sair protestando por aí contra a prisão dos caras etc. Aí, diante da urgência que havia, eles disseram...

ZÉ: Entendi tudo. Você não me chamou. Deixou que eu levantasse hoje de manhã e saísse sem saber de nada. De propósito, é claro. Você sabia que eu tinha um encontro importante e que ia ficar bom tempo fora daqui.

JÚLIA: Mais ou menos isso. Mandei os caras embora. Me encarreguei de tudo. Hoje, quando você saiu, eu convoquei uma assembléia. Veio todo mundo da escola. Foi lá no pátio. Lotou aquilo lá. Você nem imagina o tamanho da massa que havia.

ZÉ: E que foi que vocês votaram nesta droga de assembléia?

JÚLIA: Votamos duas coisas! Uma: o uso da violência na passeata. Outra: a tua destituição da presidência deste grêmio.

ZÉ: Isto é um golpe! Um golpe baixo! Um golpe nojento! Não é possível que tenham votado isto conscientemente. Eu sempre tive o maior prestígio com o pessoal da escola. Fui eleito presidente pela maioria!

JÚLIA: Mas depois acabou se destruindo.

ZÉ: Que é que vocês alegam para me destituir desse jeito?

JÚLIA: Simplesmente isso, Freitas. A maioria dos estudantes quer uma política mais radical. Todo mundo já compreendeu que o uso da violência é inevitável. É hora de agredir o governo diretamente.

ZÉ: Quer dizer que vocês vão tomar o poder hoje. Às seis horas da tarde. Munidos de idéias, estilingues e bombinhas molotov! Acho genial o romantismo de vocês. Mas será que vocês não entendem que não é que eu seja contra a violência. O problema é...

JÚLIA: Acaso não é contra a violência? SEMPRE FOI! Tá voltando atrás só por oportunismo? Só pra não ser destituído?

ZÉ: Não é isso! Me deixa falar! Só você quer falar! Eu digo e sempre disse que... *(Fala didaticamente)* Neste momento usar a violência é provocar a violência da polícia.

JÚLIA: E daí? É da polícia que você tem medo? Do exército? É claro! A gente vai fazer provocação mesmo! O exército, então, cai em cima. E pronto. Um belo dia, aí estamos nós na guerra de libertação nacional. Lembre-se do Che: UM, DOIS, TRÊS VIETNÃS...

ZÉ: Eu sei... eu sei. Ai, meu Deus...! Será que eu falo grego? Eu sei que a guerra de libertação nacional é inevitável, irreversível... a puta que pariu! Eu sei isso tudo! Mas uma guerra não se faz sem povo! SEM MASSA! Criatura de Deus, você me entende?

JÚLIA: O Fidel fez a guerra com onze caras.

ZÉ: Pra começar não fez com onze. E depois, nas condições dele até eu fazia.

JÚLIA: Eu não tenho que responder às tuas teorias reacionárias. Você é um covarde oportunista. Um apavoradão de marca maior. Nem os problemas políticos nem os TEUS problemas você enfrenta com peito.

ZÉ: *(Pausa longa)* Bom. Entendi. Vocês me destituíram... me deram um golpe, porque a ÚNICA COISA QUE ATRAPALHAVA A GUERRILHA BRASILEIRA ERA UM POBRE COITADO CHAMADO JOSÉ FREITAS.

JÚLIA: Não só você. Todos os líderes reacionários do mundo. Todos os revisionistas. Mas eles caem um dia. Um dia todos caem. Trate de fazer a sua autocrítica. Você não é mais nem nosso presidente, nem nosso líder. E a passeata vai sair. Como a massa quer. Não como as cúpulas apavoradas desejam.

ZÉ: Vocês vão arrebentar o movimento nesta passeata. Além disso, se a polícia resolve mesmo reprimir, aí vocês vão ver o que é a violência.

JÚLIA: Ah, mas pra isto, nós vamos sair armados até os dentes.

ZÉ: Armados como? Vocês vão saquear os quartéis?

JÚLIA: Armados como der! Com pau... com pedra... com estilingues! Sei lá, o importante é que desta vez nós é que vamos ficar na ofensiva.

ZÉ: *(Zé fica parado um bom tempo, na mesma posição, em silêncio. Parece não acreditar. De repente começa a gritar)* Vocês todos participaram deste golpe baixo? Venham todos aqui!

JÚLIA: *(Gritando)* Você não vai fazer drama, vai? Numa hora dessas em que todo mundo está na maior tensão? Com a repressão pela frente? Vai fazer drama pra confundir ainda mais a cuca desse pessoal?

ZÉ: *(Todos se acercam de Zé)* Vocês participaram deste golpe baixo?

MÁRIO: Não foi um golpe "baixo". Foi um golpe de morte nas lideranças pacifistas.

CEBOLINHA: Devia ter se tocado que o teu prestígio estava pifando.

FREDI: Olha, Zé... eu quero deixar bem claro que na assembléia de hoje à tarde, quando mais de mil caras votavam a tua destituição do cargo de presidente, eu fui contra. Eu achei que você devia estar presente pra se defender.

ROSA: Eu também! Fui fundamentalmente contra!

FREDI: Eu achei um desrespeito humano!

JÚLIA: Larga de ser democrata-cristão. Se uma pessoa não serve mais aos interesses do movimento, cai fora. A história mostra isso.

ZÉ: Quer dizer então, Júlia, que você e teus cupinchas conseguiram enfiar minhoca na cabeça de todo mundo pra me dar este golpe! Por isso é que estavam atirando bolinha de papel em mim lá fora! Por isso que me vaiaram sem a menor consideração. Você envenenou a massa contra mim. Por uma vingança pessoal. A mais pessoal das vinganças!

JÚLIA: Ninguém consegue convencer uma massa de mil criaturas a votar contra a vontade.

ZÉ: *(Pausa longa)* Vocês vão à passeata? Vão atirar bomba na polícia... e vão permanecer aqui, amanhã quando os tiras vierem massacrar todo mundo. Vão fazer todas as loucuras possíveis e imagináveis. *(Ri, amargo e cínico)* EU é que atrapalhava a revolução de vocês...

MÁRIO: Ora Zé, até Napoleão caiu um dia... larga de ser demagogo.

ROSA: *(Contrariada)* Vocês não vêm que o Zé está arrasado? Parem de pisar em cima dele!

VILMA: Depor o cara, vá lá... Mas esta pichação barata... Já é demais.

FREDI: Respeitem o sofrimento dele.

ZÉ: Não preciso de carpideiras. Entenderam? Isto é política, não é enterro nem novela de televisão, como sempre digo.

JÚLIA: Tem razão o Freitas. Rei morto, rei posto. E esse negócio de sofrimento é muito relativo. *(Ri)* Poesia tem hora.

ZÉ: Eu tenho a dizer uma coisa. *(Pausa, todos escutam).* Hoje fiquei tanto tempo fora... porque tinha um encontro com uns caras importantes... uns caras que estão por dentro da jogada política... em geral.

JÚLIA: Foi conchavar. Taí. Foi conchavar. Não falei? Aposto que foi falar com algum generalzinho progressista por aí, pra deixar "a juventude protestar à vontade"! Isto se sobrou algum "generalzinho progressista"... depois da limpeza que eles fizeram...

ZÉ: Não. *(Parece cansado, anestesiado, aturdido)* Mesmo porque, você sabe, isto não seria mais possível. Eles não querem saber de agitação de espécie alguma. Nem de estudantes nem de ninguém. Vão descer o pau pra valer. Sem dúvida alguma...

MÁRIO: *(Entendiado)* Tá... tá... isto TODO mundo aqui já sabe. Aqui ninguém deixa de ler jornal.

JÚLIA: Daqui a pouco nem jornal mais a gente vai ter pra se informar das coisas. Freitas... do jeito que vai... Até isso vai acabar. Até a imprensa. E você me vem com este negócio de conchavar deputado, general, delegado de polícia... governador até...

ZÉ: *(Enfurecendo-se e quase agredindo fisicamente Júlia)* Vá à merda! Porra-louca... Cretina! Nao fui conchavar delegado nenhum... OUVIU BEM? Hein? Eu não fui con-cha-var *ninguém*! Eu não sou de conchavos!

JÚLIA: *(Sentindo-se um pouco ameaçada, porém segura de si)* Na passeata do ano passado, em setembro, você foi sim! Não nega!

ZÉ: *(Violento)* Cale a boca! Cale esta boca e pare de torrar o meu saco. Você de política entende tanto quanto eu de álgebra. Chega. Não suporto mais a tua estória.

JÚLIA: E eu não suporto mais o desespero das lideranças decaídas.

MÁRIO: Ei, vai, não baixem o nível... Afinal, Freitas, que raio de reunião foi essa em que você ficou tanto tempo?

DARTAGNAN: *(Dando de ombros)* Coisa de burocrata! Coisa de burocrata. Eles precisam fazer quatrocentas reuniões pra decidir até se soltam um peido.

MÁRIO: Olha o nível... olha o nível...

ZÉ: Se interessa saber... a reunião foi com uns caras que têm clareza do que está acontecendo no país. São pessoas que não ficam enfurnadas numa trincheira idealista, brincando de *cowboy* com a polícia.

(Risos para Zé).

JÚLIA: E quem eram... essas *(ironizando)*... "CONSCIÊNCIAS ILUMINADAS"? Que é que esses caras te disseram? Chegaram à conclusão de que existe repressão? Imperialismo? Exército?

ZÉ: *(Não suportando mais os ataques de Júlia, joga os cabelos para trás. Treme os lábios: está se contendo para não se atirar sobre ela)* Fique quieta. Fique quietinha... *(Ela se cala, um pouco amedrontada)* Escutem todos. Vocês sabem que estão explodindo greves operárias em todo o país?

JÚLIA: Eu sei. O Cebola sabe. Todo mundo aqui lê jornal.

ZÉ: Vocês não acham que ao invés de ficar aqui esperando o massacre e a morte, quem sabe, a gente devia ir lutar do lado deles?

CEBOLA: Exatamente isto que vamos fazer. A passeata será também de solidariedade ao movimento grevista. Manjou?

ZÉ: Ótimo. *(Cansado, senta-se)* Estou cheio de discussão. Até aí está bem. E quanto à violência? Como é que ficou resolvido? Quem atira a primeira pedra?

JÚLIA: Vai depender da massa. A massa é quem resolve. Nós não gostamos de decisões cupulistas. Se na hora alguém resolver atirar uma pedra, paciência. A primeira pedra estará lançada.

ZÉ: Vocês vão ficar na ofensiva. Estão a fim de *puxar* a briga.

CEBOLA: É. Vamos incendiar carro da polícia, apedrejar os bancos imperialistas etc. Até matar milico, se for o caso.

ZÉ: Vão se entubar. *(Dá de ombros)* Paciência. E o pior de tudo é que são capazes de estragar o movimento grevista dos operários com esta palhaçada toda. Paciência...

JÚLIA: *(Para todos)* Bom, gente. Tem muita coisa pra fazer. Não dá pra ficar neste blá-blá-blá mais tempo. O pessoal está todo aglutinado lá no pátio esperando alguém começar a organizar os trabalhos. Eu vou subir. Onde está o megafone? *(Alguém lhe dá o megafone. Ela sobe as escadas, decidida e ágil. Zé começa a descer lentamente até o Grêmio, onde pára indeciso. A luz diminui nos outros andares e um foco ilumina a figura de Zé, parada, no centro do palco. Ele demonstra, calado, a perplexidade, a indecisão e a raiva que sente pelo golpe que sofrera. Depois de uma longa pausa, decide-se. Sai a passos largos pelo corredor da platéia, dá um último olhar para o cenário, de costas. Vira-se e bate a porta principal do teatro, com violência).*

(Luz em Júlia, no terceiro andar).

JÚLIA: Não vai ter choradeira aqui que eu não vou permitir. Ou isso é uma atitude política, ou não é.

ROSA: *(Olhando para cima)* Júlia... Júlia... Onde será que ele foi?

JÚLIA: Não sei e não me interessa *(Sobe até o telhado. De costas para a platéia, começa a gritar para o pessoal do pátio)* Atenção! Cada um de nós tem que sair em grupos de dez, pra não dar na vista da polícia... *(Um vozerio vindo de fora, aumenta)* Organizem-se em grupos de dez! Maiores informações peçam à comissão de segurança. *(Deixa o megafone e volta-se para os que ainda não deixaram o palco e os outros andares)* Todo mundo pro pátio! É bom catar o material todo aqui.

FREDERICO: Rosa, quer dar um giro pra procurar o Zé?

JÚLIA: *(Detendo-se um pouco, perto deles)* Não tenho nada a ver com a vida de vocês. Mas acho que deviam largar o pé do Freitas, pelo menos enquanto ele está na fossa.

ROSA: *(Choramingando)* Você foi cruel!

JÚLIA: Já me expliquei o suficiente. E não é pruma grãfininha cretina como você que eu vou ficar me abrindo em copas feito trouxa.

(O vozerio aumenta lá fora, denotando que a aglomeração crescera).

JÚLIA: *(Subindo rapidamente as escadas, por trás da caixa-d'água, de costas pra platéia, berra com o megafone)* COLEGAS! Haverá repressão sim, e nós vamos enfrentá-la! *(Palmas e tumulto, vindo de fora)* Tenho que comunicar a vocês que o Freitas já tomou conhecimento de sua deposição. Esta é mais uma vitória que os verdadeiros revolucionários obtêm sobre os falsos líderes.

GRITOS FORA: A violência organizada derruba a ditadura!

JÚLIA: *(De pé, ainda de costas, falando para fora)* Nós permaneceremos aqui e lutaremos... até o fim! *(Tumulto fora. Palmas. Ela se volta e vem descendo as escadas até Rosa e Frederico, que são os únicos que ainda não saíram do lugar)* Vocês dois aí. Não vão lá pro pátio?

ROSA: Nós ficamos muito chocados com o que você fez com o Zé.

FREDERICO: Achamos muito desagradável a maneira como você fez a coisa. Você, o Cebola... todos. Estamos muito chocados. Muito chocados mesmo.

JÚLIA: Então choquem à vontade. Não vão fazer a mínima falta. Lugar de burguesão grã-fino é no Ton-Ton Macoute.

(Desce de uma vez e sai por uma porta no fundo do palco.

O vozerio continua aumentando lá fora. Sós, no palco, Rosa e Frederico estão atônitos. O telefone toca. Frederico atende).

FREDI: Alô? 85-8388. Seu Jarbas? É Frederico, sim. Aqui vai tudo na mesma. *(Olha para Rosa, que não sabe o que fazer)* É... vai haver uma passeata sim. Daqui a pouco. Sim... Não sei. Vou falar com ela. *(Tapa a boca do telefone)* Rosa, o seu pai quer falar com você. Quer saber se você quer que ele mande o chofer te buscar. Resolve com ele.

ROSA: *(Segurando o telefone na mão)* Mas eu não sei ainda! Como é que você quer que eu resolva de uma hora pra outra?

FREDI: *(Segurando o telefone)* Seu Jarbas! Espera um momentinho! *(Tapa a boca do telefone)* Fala. Diz pro seu pai que não precisa mandar chofer nenhum aqui. Diz que você *vai* à passeata.

ROSA: *(Confusa)* Eu... devo ir mesmo? Você vai também?

FREDI: *(Dando o telefone a ela)* Vou. Fala com ele.

ROSA: Alô... *(Longo silêncio)* Não grita comigo! *(Longo silêncio)* Eu vou à passeata. O Frederico vai comigo. Ora bolas. Eu faço o que eu quiser. Sou maior de idade. Como? O pai do Fredi? Está vindo pra cá? *(Fredi se preocupa)* Ah... está pra vir! Pode dizer a ele que não adianta nada. E o senhor, pára de telefonar duzentas vezes por dia pra cá. O pessoal já está me gozando. *(Desliga)*

FREDI: Ele está muito aborrecido, é?

ROSA: *(Aturdida)* Aborrecido? Está na maior fossa do mundo.

FREDI: É. Chato isso.

ROSA: Foi você que me mandou dizer tudo aquilo pra ele.

FREDI: Bom, e daí? Não tinha cabimento você deixar de fazer o que acha que deve, só por causa do seu pai. Era a única atitude razoável.

ROSA: Que é que te deu na telha de repente? *(Olha pra Fredi indagando)* Por que é que você resolveu ir à passeata? Não estou entendendo você, Fredi.

FREDI: *(Rindo nervoso)* Por quê? Por que é que você acha que eu estou aqui esse tempo todo?

ROSA: Não vai me dizer que é por causa da tua "consciência política". Você ficou aqui por minha causa. Porque eu fiz vestibular e logo que entrei já estava essa confusão instalada aqui. Você achou que tinha que me vigiar pra não fazer besteira. Foi por causa disso que você ficou. Não vem bancar o herói pra cima de mim.

FREDI: Eu fiquei só pra te fazer companhia. Mas agora o negócio é diferente.
ROSA: Diferente como?
FREDI: Não sei. Eu acho que a gente tem que ir com eles. Seria muita covardia sair da coisa numa hora dessa.
ROSA: Covardia? Que covardia nada! A gente nunca teve nada a ver com isso. Antes ainda tinha o Zé. No fundo eu ficava aqui porque acreditava nele! Agora o Zé foi deposto. Nós não temos mais por que ficar aqui! E olha que amanhã a polícia vem aqui arrebentar tudo.
FREDI: Não sei de nada! Só sei que a gente não pode tirar o corpo fora numa hora dessas.
ROSA: Romantismo! Alguma coisa de muito diferente de tudo o que conheci está acontecendo com eles.
ROSA: É claro. Eles são comunistas, você não!
FREDI: Só sei que a gente não pode ir embora agora. Nós vamos à passeata.
ROSA: Eu não vou! Eu não quero levar tiro à-toa. Eu quero ir pra minha casa e você vai comigo. A gente não tem nada a ver com eles.
FREDI: Você está com medo. É muito normal. Eu também estou.
ROSA: E por que é que a gente tem que ir se está com medo?
FREDI: Você não entende que está todo mundo com medo? Mas escuta, Rosa... eles vão à passeata mesmo sabendo que vai haver repressão. Eles vão ficar aqui amanhã, mesmo sabendo da invasão da polícia. Você está entendendo bem o que significa isso?
ROSA: Eu estou é te estranhando muito.
FREDI: Eu também estou me estranhando.
ROSA: Ora, quer saber de uma coisa? Nós dois estamos fazendo o papel de bestas. De massa de manobra, como diz a Júlia. Eu acho que a gente devia voltar pra casa. Isso sim. Voltar pra casa... e marcar a data do nosso casamento o mais depressa possível.
FREDI: Você acha que com isso a gente esquece tudo?
ROSA: Esquece o quê? Essa embananação? Essa sujeira? Esse suicídio que eles etão programando? A sacanagem que fizeram com o coitado do Freitas? Que é que você vê de tão maravilhoso nisso? Eu, por mim estou cheia. Se eu soubesse que ia ser essa complicação não fazia o meu maldito vestibular. Faz um mês que eu não vou ao cabeleireiro. Um mês que eu não ando no meu carro.

FREDI: *(Tentando explicar)* É porque você mudou Rosa. Você está mudando. E isto é muito bacana.

ROSA: Eu não quero mudar. Aí é que está. Quero voltar à minha vidinha de antes e acabou-se.

FREDI: Você vai voltar à sua vidinha de antes. A gente vai casar. Você vai tornar a andar no seu carro. Mas você mudou, Rosa. Você mudou. Você viu um montão de coisas que não vai poder esquecer nem querendo.

ROSA: Me diz uma coisa só. Que é que você acha que mudou em mim?

FREDI: Por exemplo. Antes o máximo de rebeldia que você chegava era dançar iê-iê-iê, enquanto o seu pai dançava tango. Ou então chegar um pouco mais tarde do horário que ele marcava.

ROSA: E daí? Que é que mudou?

FREDI: Faz um mês que você está plantada aqui; contra o teu pai, contra a polícia, contra um milhão de coisas. Entendeu agora?

ROSA: Ah, vai. Você está distorcendo tudo. Não sei o que te deu. O negócio é que depois disso tudo que eles fizeram com o Zé, a gente não tem mais coisa alguma a fazer aqui.

FREDI: O Zé foi deposto. Foi chato, foi cruel, mas aconteceu. A gente não podia ficar na dependência dele o resto da vida.

ROSA: Que onda! *(Ri)* Nem eu nem você entendíamos bulhufas de política. E continuamos não entendendo nada. O pouco que sabemos foi ele que ensinou. E você vem com essa conversa? Ora bolas, era só por causa dele que a gente estava aqui!

FREDI: Então você nunca chegou a entender nada do que ele mesmo nos explicou. O problema não é o indivíduo, mas a idéia, Rosa. Você ficou aqui por causa dele. Eu fiquei aqui por tua causa. Mas a gente FICOU aqui e já temos idéias que não pertencem ao Freitas, ou à Júlia apenas. Pertencem a nós dois. À nossa consciência. A tudo o que vimos e não esqueceremos nunca mais.

ROSA: Puxa! Que discurso! Você está entusiasmado mesmo com o heroísmo deles. Mas isso passa. No fundo a nossa vida é aquela mesma. Eu estou com saudade do meu pai. Eu... eu preciso falar com Frei Marcílio. Minha mãe deve estar doente de preocupação. Eu quero voltar *já* pra casa.

FREDI: Nós vamos à passeata. Nós vamos à passeata e acabou-se o papo. Depois você volta pra casa. E fala com quem bem entender. Mas agora nós *vamos* à passeata.

ROSA: Eu não quero levar tiro à-toa. Eu estou cheia disso aqui! Desse grêmio sujo! Desses manifestos irritantes que falam sempre a mesma coisa! Que é que eu, Rosa Prado, filha do dono da fábrica de latas Vitória, tenho a ver com o imperialismo americano? Pra mim chegou.

FREDI: Você vai comigo. Escuta o que estou te dizendo...

ROSA: Você não manda em mim.

FREDI: Mando. Sou teu noivo há quatro anos. Não esqueça isso.

ROSA: Mas eu não sou obrigada a fazer o que você quer. Não tenho nada a ver com essa mania de guerrilheiro que te deu de repente.

FREDI: Você tem um compromisso com essa gente. Você ficou aqui com eles. Tem que ir até o fim agora.

ROSA: Pára de cagar regras!

FREDI: Olha a boca!

ROSA: A boca é minha. Falo quantos palavrões eu quiser.

FREDI: Não é o que resolve. Você pode falar a palavra *bosta* cinco mil vezes, que o poderio capitalista não sai do lugar.

ROSA: *(Pausa)* Você quer mesmo ir com eles?

FREDI: Quero.

ROSA: Mesmo sabendo que a gente vai levar paulada pra burro? Você acha que isto adianta alguma coisa? Que com isto *(Rindo)* o "poderio capitalista" sai do lugar?

FREDI: Sai. Como diz o Freitas: "o dever de todo revolucionário é fazer a revolução."

ROSA: Não foi o Freitas que disse isto, seu tonto. Foi o Guevara...

FREDI: Tanto faz. Está dito. *(Pausa)* Vamos embora. *(Segura-a pela mão).*

ROSA: Então vamos de uma vez. *(Irritada)* Droga! *(O vozerio aumenta lá fora)* Você vai ver o cano que nós vamos entrar! Você vai ver!

(Eles descem e saem pela porta dos fundos. Imediatamente, pela platéia entram Zé Freitas e Júlia, discutindo aos berros)

ZÉ: *(Andando apressadamente, jogando os cabelos para trás)* Eu não vou falar com ninguém!

JÚLIA: Você pode limpar a tua barra se quiser!

ZÉ: Depois da cagada que você fez? Nunca!

JÚLIA: É só você mudar de posição.

ZÉ: Eu não vou mudar de posição. Eu já disse que sou contra esse negócio de violência numa hora dessa.

JÚLIA: Pelo menos *diz* pra eles que você mudou.

ZÉ: Que me interessa? Eu vou mentir pra quê? Só pra continuar presidente? Perdeu a noção das coisas? Pra que eu quero o poder? "Poder pelo poder"? Ah, vai Júlia, você parece que está no mundo da lua mesmo, viu...

JÚLIA: Você podia manerar um pouco. Eu fiz isso tudo pra ver se você se mancava que com esse pacifismo ainda ia entrar pelo cano.

ZÉ: Não adianta. *(Subindo para o palco)* Eu vou à passeata com vocês mas não vou mudar de posição.

JÚLIA: Você é quem sabe. Estão todos lá fora. Se você quisesse a gente podia dar um jeito.

ZÉ: Não estou entendendo por que você resolveu de repente me botar de novo na presidência dessa geringonça.

JÚLIA: Não interessa. Isso não interessa.

ZÉ: Você muda muito de opinião.

JÚLIA: Você sabe os meus sentimentos. Você me conhece.

ZÉ: Conheço. Conheço muito bem. Só que nunca imaginei que você fosse capaz de fazer uma sacanagem destas.

JÚLIA: Não foi sacanagem. Todo mundo estava contra você.

ZÉ: Chega de falar nisso. Eu vim aqui pra avisar o pessoal que a cidade está toda policiada. Vim de lá agora.

JÚLIA: Isso a gente já sabe. E se é pra botar medo no pessoal faça-me o favor de não falar nada.

ZÉ: Cadê todo mundo que estava aqui?

JÚLIA: Foram pro pátio. Você queria falar com quem?

ZÉ: Ninguém em particular.

JÚLIA: A sua namorada foi embora com o noivo dela.

ZÉ: *(Sorrindo ligeiramente)* Foi é? Eu sabia que na hora agá eles iam cansar de brincar de comunistas.

JÚLIA: Eu também sabia.

ZÉ: Você viu eles indo embora?

JÚLIA: Quando eu saí daqui, a Rosa me disse que não queria ir à passeata porque tinha ficado muito aborrecida com o golpe que te deram.

ZÉ: Ficou muito aborrecida mesmo. Tanto que participou da sacanagem.

JÚLIA: Justiça seja feita. Ela e o noivinho foram uns dos únicos que votaram contra a tua destituição.

ZÉ: É. Eles pegaram no meu pé. Foi duro enfiar qualquer coisa na cabeça deles. Só pensavam em boate, piscina... Tinham medo de tudo.

JÚLIA: E você ensinou o "papel histórico" que eles tinham. Só que na hora que o Frederico souber que você comeu a noiva dele, você vai ver o papel histórico... o papelão que ele vai fazer.

ZÉ: Ele não vai saber nunca. A Rosa morre de medo dele.

JÚLIA: Vai saber um dia, claro. Ou você acha que ele é trouxa?

ZÉ: Quando ele souber, os dois vão estar casados de véu e grinalda. Aí não dá mais pra voltar atrás.

JÚLIA: Pra isso existe desquite.

ZÉ: Eles não têm tanta coragem. Vão viver a vida inteira atarrachados um no outro.

JÚLIA: E nós?

ZÉ: E nós o quê?

JÚLIA: Eu ainda gosto de você.

ZÉ: Você devia ter vergonha de dizer isto!

JÚLIA: Não confunda as coisas! Eu tomei uma atitude política contra você. Mas o resto...

ZÉ: Pra mim mixou. Mixou mesmo. Se era tão gamada como dizia podia ter sido mais honesta. Devia ter se tocado. Devia ter me chamado quando aqueles caras vieram aqui me procurar. Não tinha nada que convocar esta assembléia golpista. E depois, se todo mundo estava contra mim, com o tempo a gente acertava isto. A massa é carneira. E este pessoal aqui sempre gostou de mim. Eu sempre entendi a massa. Sempre dirigi a coisa mais ou menos tranqüilo. As divergências, com o tempo desapareciam. É claro, se não fosse você ter apressado o rumo dos acontecimentos. Mas eu não vou chorar por causa disto. Minha posição continua a mesma. E depois que todo mundo se arrebentar de graça, aí então vão entender que eu sempre tive razão. *(Zé liga o rádio: o repórter fala com voz excitada, com fundo de música de noticiário, muito patrioteira).*

O RÁDIO: EM SANTA CRUZ OS ESTUDANTES QUEIMARAM UM CARRO DA POLÍCIA. APEDREJARAM O CONSULADO AMERICANO E DIVERSOS VIDROS DO BANCO DA AMÉRICA FORAM DANIFICADOS. ESTA CARNIFICINA PRECISA ACABAR. OU O GOVERNO TOMA UMA PROVIDÊNCIA URGENTE, OU ESTE PAÍS, TÃO CATÓLICO, TÃO HONRADO, ACABA CAINDO NAS MÃOS DOS COMUNISTAS. A JUVENTUDE ESTÁ SOFRENDO A INFILTRAÇÃO DE AGITADORES PROFISSIONAIS, BANDOLEIROS TREINADOS EM DISTORCER AS MAIS SADIAS CONSCIÊNCIAS.

SENHORES PAIS! IMPEÇAM SEUS FILHOS DE SAIR ÀS RUAS NO DIA DE HOJE! A REPRESSÃO SERÁ INEVITÁVEL, POIS A ORDEM PRECISA SER MANTIDA A QUALQUER PREÇO.

JÚLIA: *(Desligando o rádio)* Quem é que estava falando?
ZÉ: Alguma múmia aí. Por que você desligou?
JÚLIA: Masoquismo, pô!
ZÉ: Até a polícia marítima eles vão mandar!
JÚLIA: Podem mandar o Pentágono se quiserem.
ZÉ: Vocês vão ver o cano por que vão entrar!
JÚLIA: Um dia isto tinha que acontecer.

(O barulho recrudesce lá fora. Os dois sobem até o telhado. Zé olha para fora).

ZÉ: Eu preciso descer e avisar este pessoal do perigo de vida que eles estão correndo! É irresponsabilidade deixar eles saírem com o exército todo de prontidão pra massacrar! Meu Deus! É um suicídio! Quantos tem? *(Está apavorado).*
JÚLIA: Acho que uns três mil. Isto só daqui, fora as outras escolas.

(Pausa. Zé está confuso. Júlia se aproxima dele).

JÚLIA: Zé... vamos passar um mata-borrão por cima de tudo? Agora que esta Rosinha sumiu do mapa e você entendeu que ela não era de nada... agora a gente podia pensar direito. Escuta. Eu sei que você está na fossa. Eu peço desculpa. Eu juro, Zé, eu te amo... Zé... eu estava muito na fossa...
ZÉ: Já te falei. Não adianta. Eu não gosto mais de você. Quando essas coisas morrem não adianta fazer força. E além disso eu não ia conseguir esquecer o que você me aprontou. Mas o momento é grave demais pra gente pensar em amor.
JÚLIA: *(Chorando)* Grave pra mim também. Eu estou com um filho na barriga, estou gamada por você, com medo de fazer o aborto...
ZÉ: Você não tinha resolvido ter a criança? Mas você é complicada mesmo, hein?
JÚLIA: Eu não sei o que vou fazer. Estou desnorteada. Está tudo errado comigo. Meu pai me pôs pra fora de casa. Estou sozinha.
ZÉ: Chega de choradeira, faz o favor.
JÚLIA: Você não podia ter deixado de gostar de mim de uma hora pra outra.
ZÉ: Mas deixei.

JÚLIA: Eu sei, a Rosa é muito bonita. Mas ela foi embora. Não vai deixar o conforto burguês pra viver do teu lado. Ela é de outro mundo.

ZÉ: É o mesmo mundo. Ela é jovem também. É claro, é inconsciente, mas não faz mal, a gente... eu...

JÚLIA: Zé, a gente tem uma luta pela frente. A gente podia fazer tudo junto. Não era isso que você dizia?

ZÉ: Águas passadas. Mas o que você tem na cabeça? Você enfia todo mundo numa situação suicida. Provoca um golpe político contra mim. Diz que vai ter um filho. De repente muda de oito a oitenta. Oras, você está precisando de um psicanalista.

JÚLIA: Se você quiser reaver o teu posto é só subir aí e dizer que voltou atrás.

ZÉ: Mas eu não voltei atrás.

JÚLIA: Então volta. Volta atrás, Zé. A hora é de briga mesmo. Você não viu em Santa Cruz? Todo mundo está querendo partir pra briga no duro. Sem apelação! Você não vê que a gente tem que aproveitar o descontentamento geral e criar uma crise? É o começo de uma guerra civil, quem sabe? A gente não podia escapar disso.

ZÉ: Você que acha. Engraçado. Guerra Civil só com estudantes. Ótimo. *(Ri muito)*

JÚLIA: E os operários que nos apóiam? E a quem nós apoiamos também?

ZÉ: Você acha que algum operário vai entrar nessa fria de hoje? Nessa onda de violência que vocês enfiaram na cabeça? Pra quê? Não é todo mundo que está a fim de arriscar a pele, minha filha.

JÚLIA: É assim que começa. E as greves? Esqueceu-se das greves?

ZÉ: Greve é greve. Luta por salário é uma coisa, luta na rua, com sangue e tudo, é outra.

JÚLIA: *(Quase piedosa)* Começa assim, já disse...

ZÉ: Consciência política não brota que nem capim.

JÚLIA: Você fala, fala em operário, mas aposto que nunca viu um de perto.

ZÉ: Milhões! Eu faço política não é de hoje. Nem do teu tempo.

JÚLIA: Ah... viu sim... esqueci. *(Cínica)* Sexta-feira passada mesmo você estava lá em Santo André distribuindo panfleto pra eles. *(Ri)* Engraçado. Nem a marmita dos caras você podia olhar que ficava com ânsia de vômito.

ZÉ: De onde você tirou isto?

JÚLIA: Você mesmo disse. Esqueceu?

ZÉ: Ah... você também estava lá. *(Cínico também)* Não era você que estava falando em... *(Gesticula, ironizando)* infraestrutura... superestrutura... pra um coitado lá que estava boiando completamente? *(Ri, alto)* É isto mesmo! Era você sim... Ah! Ah! Ah! Me lembro a cara de susto que o operário fez, quando você desembestou a falar difícil! *(Ri, mais alto ainda)* Ah... *(Tentando imitar o operário. Faz uma cara de idiota, espantado)*... "Como? Dona, não entendi o que foi que a senhora falou aí... num entendi, descurpe..." *(Ri mais alto, Júlia está furiosa)*

JÚLIA: Imaginação fértil você tem!

ZÉ: *(Ainda rindo)* É isto que acontece. Você vê? Não está havendo... consciência política. Está havendo uma terrível ilusão. Uma ilusão de poder. Uma ilusão social. Vocês pensam que o operário está muito interessado em derrubar o governo e instaurar o socialismo, mas o operário nem está sabendo disso infelizmente.

(Pausa longa. Zé continua rindo e meneando a cabeça enquanto Júlia se aproxima dele. Ela toca-lhe o ombro, timidamente).

JÚLIA: Não quero discutir isto de novo. *(Sua voz está mais suave)* Quero falar de coisa séria.

ZÉ: *(Vira-se de chofre para ela fingindo espanto)* Mais séria ainda que a ditadura do proletariado?!! *(Sorri)*

JÚLIA: *(Ainda suave)* Não me goza.

ZÉ: Não estou gozando. Você é que está com mania de gozação.

JÚLIA: Zé... eu... *(Começa a chorar. Zé segura-a com força)*

ZÉ: O que é que te deu agora?

JÚLIA: *(Agarrando-se com força a ele)* Zé... eu estou numa confusão... *(Chora)* Se você imaginasse! Sabe *(Agarra-se mais a ele, que apenas a segura, amparando-a, mas não retribui ao abraço)*... Zé... Não consigo esquecer, entende? *(Ele meneia a cabeça)* Não consigo, sei lá... por mais que eu faça, você não me sai da cabeça. Olha. *(Tenta explicar-se, gesticulando e chorando)* Eu... eu tento estudar... não consigo. E mesmo aqui, onde tenho um papel a cumprir... não sei, às vezes eu tenho vontade de chorar tanto... Zé... *(Zé faz um gesto contrariado)* Eu sinto um troço apertado aqui... *(Aponta o peito)* Uma angústia... quando eu vou dormir... Eu sei que você não vai chegar hora nenhuma. Nem às 2. nem às 3. Nem no telhado, nem na sala 19. Em lugar nenhum você vai chegar. *(Chora)* Fico com vontade de ... *(Tenta a pala-*

vra) Não sei... é horrível. Eu te amo! *(Sorri envergonhada por ter dito palavras tão "pequeno-burguesas")* É... é simples, não é?

ZÉ: Júlia... Júlia, pára com essa choradeira, por favor. Olha. *(Pega o rosto dela e fixa-o sem ódio, mas seriamente)* Não dá pé. Quando essas coisas acabam... não adianta choro, desespero, nada... nada mesmo. Acabou, acabou. Tem que passar um mata-borrão e esquecer.

JÚLIA: Zé... *(Ela meneia a cabeça, desalentada)*

ZÉ: Além do mais eu te entendo sim. Fossa por fossa, a minha está bem durinha de agüentar. A Rosa me deixou meio baratinado também. *(Sorri amargurado e exausto)*

JÚLIA: Ela foi embora. *(Olha pra ele com esperança)* Zé, a gente podia... pelo menos tentar de novo...

ZÉ: *(Subitamente se levanta como se acabasse de perceber o absurdo da situação. Torna-se brusco)* Oras... imagine só, Júlia, você me sacaneou até onde pôde. Me fez de palhaço. Envenenou todo mundo aqui contra mim. Tanto virou que mexeu acabou me depondo. Me deram um golpe, comandados por você, Cebolinha e os teus cupinchas. Que mais você quer?

JÚLIA: Zé, não confunda as coisas. Zé, eu...

ZÉ: Quer que eu te dê um beijo e fique por isto mesmo que nem filme americano?

JÚLIA: Se eu não tivesse feito o que fiz, você...

ZÉ: Ia dar na mesma. Eu já não sentia nada por você. E depois você me armou poucas e boas. Vivia apavorada. Mentia pra mim que estava tomando a pílula e não estava. Resultado: engravidou. Ah, e fora isto, aposto que nunca me perdoou por eu ter... *(Faz pompa)* "tirado a tua virgindade"!

JÚLIA: Nunca! Nunca fui tão idiota! Eu estava consciente dos meus atos quando fui pra cama com você!

ZÉ: Foi o que pensei. Pensei que se tratasse de uma mulher. Mas era uma menina com medo do pai e da mãe e com vergonha. Vergonha de tudo. Até de ficar nua.

JÚLIA: Isto é normal nas primeiras vezes.

ZÉ: Você sempre teve vergonha, Júlia. De tudo. Até de si mesma. Você nunca teve a coragem de se sentir mulher. Inclusive, quando engravidou começou a fazer chantagem sentimental comigo.

JÚLIA: Você disse que queria o filho!

ZÉ: Mentira! Eu nunca diria um absurdo desses. Imagine! Filho! Numa hora dessas quem sou eu pra botar mais um inocente no meio desta merda?

JÚLIA: Você ficou comovido quando eu te trouxe o exame. Você disse que queria ser pai.

ZÉ: Mentira! Mentira! Eu nunca fui romântico!

(*Júlia chora convulsivamente. Zé permanece impassível*).

JÚLIA: Então a romântica sou eu.

ZÉ: Sem a *menor* sombra de dúvida.

JÚLIA: Eu quero ter o filho.

(*Pausa longa. Zé está perplexo. Depois de alguns instantes, vira-se para ela*).

ZÉ: Resolveu?

JÚLIA: Resolvi. Vou ter o filho.

ZÉ: Você é livre. Maior e vacinada. Utilize a sua liberdade e resolva. Se quer ter tenha, se não quer tira. Eu não quero me envolver mais nessa história. Vou avisando. Não me responsabilizo por nada. Depois não quero choradeira por cima de mim.

JÚLIA: Meu pai já está sabendo. E me pôs no olho da rua. Mas eu resolvi enfrentar a fúria da minha família. Do mesmo jeito que eu vou enfrentar a repressão, eu vou enfrentar a minha família.

ZÉ: E os dois jeitos são românticos, suicidas e infrutíferos.

JÚLIA: Meu pai vai me matar. Você conhece algum moralista pior do que meu pai?

ZÉ: Conheço. O meu. O meu é bem pior do que o teu. Além de ver o Repórter Esso todo dia, e ser reacionário feito uma porta... é quase padre em matéria de sexo. E daí? Que é que eu fiz? Larguei todo mundo lá em casa. Não sou de bater em ponta de faca.

JÚLIA: Pessoalmente... o que você acha? (*Tenta ser calma*) Você acha que eu... devo tirar a criança?

ZÉ: (*Levantando-se andando de um lado pro outro, nitidamente irritado*) Meu Deus! Que complicação que você arranja! Você fala e desfala. Quer ter tenha, não quer ter tira. Estou falando chinês? Poxa! Você é embananada mesmo, hein? Júlia?

JÚLIA: (*Chora soluçando*) A Bel me marcou o aborto hoje, às 10 horas da noite. Um cara recém-formado em medicina. Eu estava decidida a tirar. Mas na última hora... (*Soluça mais*). Na última hora eu pensei... Me deu um desespero... Um medo, Zé... Um medo tão grande... Um medo que me tomou por inteira... Eu não conseguia nem respirar de pavor...

ZÉ: (*Toca-lhe o ombro gentilmente*) Não há problema. Quanto a isto não precisa ter medo. Hoje em dia se faz aborto aos milhões. Todos os dias.

JÚLIA: É horrível!
ZÉ: A Bel te marcou o negócio pra hoje?
JÚLIA: É. Ainda está marcado. Eu fiquei de ir... Depois da passeata.
ZÉ: Larga a passeata de lado. Descansa. Toma um calmante. E depois vai. Você tem com quem ir?
JÚLIA: A Bel. *(Continua soluçando. Ele acaricia-lhe o rosto, ainda gentilmente)*
ZÉ: Então. Coragem. Seria uma loucura ter a criança, Júlia, uma loucura mesmo. Pra mim, pra você... e pra criança. Concorda?
JÚLIA: *(Pausa longa)* Concordo. Eu vou tirar. Às 10 horas. Mas eu vou à passeata. Não posso deixar de ir. Eles precisam de mim. *(Levanta-se ainda chorando. Pela porta principal entram os estudantes. Alguns, pelas portas do fundo do palco. Trazem cartazes. Outros carregam sob os braços canos e sacolinhas com bombas molotov. Eles cantam animadamente).*
TODOS MENOS ZÉ E JÚLIA: AVANTI O POPOLO, A LA RISCOSSA
– BANDIERA ROSSA TRIUNFERA!
– BANDIERA ROSSA TRIUNFERA!
ZÉ: Que festividade é essa? Por que essa alegria? Já tomaram o poder?
CEBOLINHA: É pra não dar pânico. O alto-falante lá do pátio anunciou que até a polícia marítima vai entrar no jogo.
MÁRIO: *(Enquanto os outros continuam cantando)* E parece que os cacetetes cresceram.
ZÉ: E é por isso que vocês estão nesta felicidade toda?
VILMA: Quem canta os males espanta. E o medão também!
ROSA: Zé... você voltou?
LUÍS: "O boêmio voltou novamente... saiu daqui tão contente".
FREDERICO: Saudações universitárias, senhor presidente!
ZÉ: Saudações! *(Ri)* Camarada Frederico! Embora eu não seja presidente mais, obrigado. Muito me alegra ver você e Rosa participarem da luta corajosa destes defensores do povo!

(Alvoroço. Alguns ainda cantam. Júlia está quieta. Zé sorri, tenso).

ROSA: Você vai à passeata?
ZÉ: Claro que vou. E vou ficar aqui com vocês amanhã, esperando a repressão. Agora, como não sou mais o presidente e não sou mais responsável pelas decisões de vocês, eu lavo minhas mãos mesmo! Acho burrice usar a violência hoje na passeata, as-

sim como permanecer aqui amanhã esperando a repressão chegar. Aviso que a cidade está toda policiada. Vim de lá agora. Provavelmente vamos ser trucidados. Ou, como diziam certos generais: vamos ser AL-MO-ÇA-DOS! *(Faz um gesto como se comesse)*

VILMA: Meu Deus!

ZÉ: Eu fiz o possível pra evitar o massacre. Implorei pra vocês desocuparem a escola. E pra manerar um pouco hoje na passeata. Mas já decidiram morrer de bestas. Então... Até a próxima encarnação.

CEBOLINHA: Matar eles não vão. Você acha que o governo é besta de permitir que eles matem alguém de nós pra depois ganharem a fama de fascista?

ZÉ: Você vai ver. Eles estão cagando montes pra fama que vão ter. Estão com tudo na mão. Poder, armas e apoio externo também. Isto é fundamental. Vão arrasar com a gente e com quem vier atrás da gente.

DARTAGNAN: Eles sabem que o movimento estudantil é que nem merda. Quanto mais mexe mais fede.

ZÉ: E vão deixar feder. O poder está com eles. Não tenho ilusões.

JÚLIA: *(Recuperando a força perdida)* Vamos resistir! Vamos resistir e pronto! *(Sorri, forte e decidida. Seu riso contamina a todos, que repetem com ela)*

TODOS: RE-SIS-TI-RE-MOS!
– RE-SIS-TI-RE-MOS!

(Alguém liga o rádio, todos se calam para ouvi-lo. A tensão é geral. No entanto, quando ouvem os últimos acordes de um iê-iê-iê de Roberto Carlos, riem).

O RÁDIO: *(Após os últimos acordes)* A JOVEM PAN, QUE SEMPRE FOI A RÁDIO DA JUVENTUDE "PRA FRENTE" FAZ NESTE MOMENTO APELO AO JOVEM: NÃO SE DEIXE LEVAR POR ESTES MOVIMENTOS DE RUA! O DEVER DO JOVEM É APROVEITAR SUA JUVENTUDE, NÃO PERTUBAR A TRANQÜILIDADE DA NAÇÃO. CANTAR, VIVER, SONHAR! ISTO SÃO COISAS QUE A JUVENTUDE DEVE FAZER! E AGORA ALERTAMOS A POPULAÇAO DE SÃO PAULO: A CIDADE ESTÁ TODA POLICIADA JAMAIS SE VIU APARATO MILITAR TÃO PODEROSO NOS ÚLTIMOS ANOS. A TARDE PROMETE SER VIOLENTA, POIS HAVERÁ CONFLITOS. SIM, SENHORES OUVINTES. HAVERÁ

CONFLITO: POIS COMO FAZER PARA MANTER A ORDEM SENÃO DEFENDÊ-LA?

ANA: Desliga esta merdaaaa!

(O rádio é desligado, toca o telefone).

JÚLIA: *(Atendendo)* Alô? Quem? Latas Vitória? Que é isso?

ROSA: *(Correndo até o telefone)* Me dá aqui. É a secretária do meu pai.

CEBOLINHA: *(Falando-lhe no ouvido, em tom de brincadeira)* Electra começou assim!

ROSA: *(No telefone)* Alô... pai! Que é que o senhor quer de novo? Eu sei... eu ouvi. Aqui tem rádio. Como?

Ah... papai... faça o favor de não fazer drama. Eu já estou nervosa.

DARTAGNAN: *(Enquanto Rosa continua no telefone, apenas escutando)* Está na hora, pessoal. Muita calma. Quinze pras seis.

VILMA: Lá fora estão todos em grupos de dez.

LUÍS: Nós podemos sair juntos. Dá treze. Não tem grande importância. Três a mais, três a menos...

CEBOLINHA: Chi! Cadê a amoníaco?

(Correria geral, procurando o amoníaco. Zé e Júlia permanecem parados, quietos).

ALBERTO: Se aqueles carniceiros resolvem explodir bomba de gás, quero ver como é que a gente se arranja sem o amoníaco!

ROSA: *(Ainda no telefone)* O senhor não manda em mim... *(Bate os pés nervosamente)*

JÚLIA: Vamos embora pessoal, dez pras seis.

FREDI: Desliga, Rosa. Depois você fala com seu Jarbas.

ANA: Ninguém achou o amoníaco?

ALBERTO: Nem as rolhas. Bosta de comissão de segurança! Quero ver. Vai ser aquele pau se chegar a cavalaria. Sem rolha quero ver a gente fazer os cavalos escorregarem. E o pior de tudo é que as bolinhas de gude também desapareceram. A gente já tem pouca coisa pra se defender e ainda desaparece tudo!

VILMA: *(Comendo as unhas)* E os cachorros? Aqueles cachorrões da outra vez? Será que...

ZÉ: Isto já é masturbação mental, pô! Não era violência que vocês esperavam? Então que medo é esse? Que venham os cães, os cavalos, os cacetetes da polícia marítima, e o demônio em pessoa!

CEBOLINHA: Ninguém está com medo. Não precisa ficar pensando que a gente está com medo. Não é isso...

ROSA: *(No fone)* Eu volto quando quiser. Já disse. O carro? O meu karmanghia? Mas o senhor me deu de presente porque eu entrei na faculdade... *(Pausa)* Ah... vai vender? Vende! Não faz mal. Amor com amor se paga. E pára com este negócio de enfarte. O senhor não tem consciência política. *(Bate os pés, nervosamente. Todos riem dela)*

FREDI: Desligaaa!

ROSA: *(Desligando violentamente)* Chantagista! *(Para Fredi)* Você viu a chantagem sentimental? Disse que vai ter um enfarte. Ah... disse que vai vender o meu carro, o meu título do clube, vai me cortar a mesada... Isto tudo fora o tal do enfarte.

FREDI: Como se enfarte fosse só programar e ter.

JÚLIA: Vamos pessoal. Coragem. Tá na hora.

ZÉ: Vamos lá. *(Passa as mãos nos ombros de Júlia)* Se a gente não se ver mais, até a próxima encarnação mesmo.

ROSA: *(Para Vilma, nervosa)* Já pensou o meu remorso se o meu pai tem mesmo o enfarte?

VILMA: Eu só tenho medo dos cachorros. Juro mesmo. Só dos cachorros.

ALBERTO: Tem que meter os peitos. Você leu as instruções de segurança? Se os cachorros vierem, você fica paradona. *(Fica parado. Duro. Com as mãos coladas no corpo. A cena é cômica).* Não corre, não olha pro chão. Fica assim, como se estivesse embalsamada. Eles não pegam em você. Só pegam na tua roupa e ficam esperando a polícia te apanhar.

VILMA: Eu hein? E se dá na louca de um cachorrão daqueles de resolver mudar de hábito? Se ele muda de hábito, me tira um pedaço, e eu paradona feito besta? Eu corro e corro mesmo!

ALBERTO: Se vierem os cavalos atirem as rolhas e as bolinhas de gude.

CEBOLA: Se alguém achar... faça bom proveito.

ROSA: E... se tiver... tiro mesmo? Que é que a gente faz?

ZÉ: *(Sorrindo)* A gente abre o peito assim... *(Abre o braço)* e deixa o sangue escorrer à vontade. Como em todos os filmes de guerra que você viu. Só os heróis morrem assim. Os heróis ou os idiotas como nós.

FREDI: Os heróis. Você sabe muito bem que isto é heroísmo. Não sei por que ridiculariza assim o movimento.

ZÉ: *(Desleixado)* Já expliquei minha posição. E vai haver tiro. Portanto, abrir o peito e deixar a bala entrar é a última palavra de ordem! *(Ri)* E isto eu acho i-di-o-ta. *(Faz um gesto com as mãos)*

JÚLIA: *(Andando para a porta dos fundos)* Vamos, gente! Lá fora o pessoal está esperando ordens!
ZÉ: *(Segurando novamente o ombro de Júlia)* Vamos embora!

(Saem em bloco com Júlia e Zé abraçados à frente e gritam).

— A violência organizada derruba a ditadura!
— A violência organizada derruba a ditadura!
— Libertem nossos presos!

(Enquanto vão saindo pelo corredor principal do teatro, Frederico, que ficara para trás, dá um berro).

FREDI: Se Deus quiser não vai acontecer nada!
ZÉ: *(Já quase para sair, na frente do bloco, pela porta principal do teatro, grita)* Deus? Deus está do lado das forças armadas? Não sabia?

Eles saem, gritando os slogans enquanto uma música violenta, wagneriana, sobe cada vez mais de volume. A música se mistura aos gritos de: O POVO ORGANIZADO DERRUBA A DITADURA!

QUADRO 3

Música wagneriana. Slides *com letras enormes. Como um jornal visto por lentes de aumento. Os* slides *se sucedem, narrando os acontecimentos da passeata ao som de música violenta.*

SLIDES: "Seis horas da tarde. Os estudantes aglutinaram-se na Praça da República ao redor do coreto. Ali discursaram José Freitas e Júlia Silva, líderes do movimento. Houve controvérsias entre os dois a respeito do uso da violência na passeata. Mas Júlia Silva foi mais aplaudida, quando convocou os presentes a "FICAR NA OFENSIVA". Belmiro Gomes, jovem conhecido como Cebolinha, ateou fogo a uma bandeira norte-americana sob aplausos fortíssimos. Um operário discursou em nome de seu sindicato.

Às seis e dez a passeata começou sob os gritos de "ABAIXO A DITADURA". Os participantes entraram pela Ipiranga carregando faixas e cartazes com dizeres contra o governo, a guerra do Vietnã, o arrocho salarial etc. Ao descer a Avenida São João, Júlia Silva incitou alguns estudantes a incendiarem uma viatura da polícia, que estava estacionada no local. O carro foi incendiado. A marcha vai prosseguir, quando pela Ipiranga chegam os primeiros contingentes militares. Cavalaria, polícia marítima e polícia civil cercam os manifestantes.

Cães são atirados sobre os jovens. Tiros e bombas de efeito moral acabam por dispersar momentaneamente a passeata. Na fuga um estudante cai e é espancado por policiais. Populares tentam impedir o espancamento e são detidos. Um cavalo tomba morto, com um tiro na cabeça.

Seis e quarenta. A passeata se rearticula, como por milagre, e manifestantes começam a subir a Avenida São João com faixas e cartazes. Novamente a polícia do exército, a cavalaria e a polícia marítima reprimem o movimento. Há pancadaria, tiros e bombas. Populares e estudantes são chicoteados. Novos tiros, vindos de um destacamento que acabara de chegar pela Ipiranga, fazem com que a debandada seja frenética. Todos fogem. Apenas alguns poucos, comandados por Júlia Silva, tentam resistir e atiram molotovs sobre o contingente da cavalaria. Mais tiros. Neste embate são presos dez estudantes, fora centenas de outros que já haviam sido detidos nas duas primeiras tentativas de manifestações. Há dezenas de feridos. Um estudante, ao tentar atirar uma bomba molotov sobre um elemento da polícia montada, recebe um tiro no estômago. É imediatamente conduzido ao Hospital das Clínicas, onde se encontra em estado grave. Júlia Silva e José Freitas conseguem escapar à perseguição da polícia, e os últimos manifestantes detidos são atirados para dentro de uma viatura da polícia. Sete e quinze. A avenida está repleta de policiais. Toda a cidade está em polvorosa. Carros incendiados ainda expelem fumaças. Os populares, escondidos dentro das casas comerciais, começam a sair. É o fim da passeata.

(A luz se acende fragilmente no cenário todo. O clima é de desalento. No telhado, Cebolinha, com esparadrapos no braço, está de vigilância, encostado à caixa-d'água. Na cozinha, Dartagnan toca lentamente no violão uma música caipira. Ao lado de Dartagnan, numa cadeira velha, Alberto se embriaga. Na sala da congregação, Vilma chora baixinho, soluçando, nos ombros de Ana. À esquerda, na varanda, Mário e Fernando vigiam a rua, armados de revólveres. No Grêmio, Rosa, Frederico e Zé ao redor da mesa jogam baralho. Zé traz um esparadrapo no olho e Frederico traz o braço todo enfaixado. No Grêmio a luz é mais forte, incidindo diretamente sobre os três que jogam. O relógio marca onze horas.)

ROSA: O cara que morreu foi o Luís, não foi?

FREDERICO: A Vilma acha que foi. Está chorando desde a hora que chegamos.

ROSA: *(Procurando uma carta para jogar)* É natural. O Luís era noivo dela.

ZÉ: Sua vez, Rosa.

ROSA: Cadê o meu coringa que estava aqui?

FREDERICO: Procura direito. Toda hora você perde uma carta.

ROSA: *(Procurando aflita)* Não achei. Pra variar vocês me roubaram.

ZÉ: Ah, vai, quem vai querer roubar um coringa?

ROSA: Então como é que eu não acho?

ZÉ: *(Achando o coringa de Rosa)* Olha aqui o seu coringa. Joga.

ROSA: *(Jogando)* Joguei. Pronto.

(Zé está tenso, distraído. Joga uma carta fora)

FREDERICO: Ei, Zé. Você jogou um coringa. *(Ri)* Ficou louco?

ZÉ: Vamos parar com isto, tá? Estou cheio deste jogo.

FREDERICO: Você quem sabe. Quem resolveu jogar foi você.

ZÉ: Senão eu enlouquecia. *(Atira as cartas)* Mas não dá pé. Meus nervos não deixam. Estou estourando. *(Atira outras cartas)*

ROSA: E agora? A gente vai fazer o quê? Vai ficar sem fazer nada?

ZÉ: Eu vou. Vocês dois façam o que quiserem.

ROSA: Eu vou ter um troço se ficar parada. Estou morrendo de medo. *(Cobre o rosto)* A polícia... vem mesmo, não é? Já aconteceu uma vez de ela avisar que vem e não vir?

ZÉ: Já. Mas desta vez não tem engano. Ela vem.

ROSA: E... e depois?

ZÉ: Você não viu na passeata? Vai ser igual.

ROSA: *(Ameaçando chorar)* Cães, cavalos, tiros... Tudo igual?

FREDI: Calma, amor... calma...

ZÉ: *(Gritando)* Tudo igual. Cães, cavalos, tiros... tudo. E feridos, e presos. E até mortos. Entende? E não adianta ter chilique.

ROSA: Eu não vou ficar!

ZÉ: Acho bom. *(Pausa. Para Frederico)* Aliás, um conselho. Vocês dois... por que não vão embora? Vocês não têm por que ficar aqui agüentando o tranco. Não é por nada, mas... Na verdade, eu me julgo diretamente responsável pelo que acontecer com vocês. Sei que é pequeno-burguês de minha parte esse tipo de preocupação. Mas vocês estão aqui meio de sapo. E cururu só entra pelo cano. Entende? Eu sei que você, Fredi, já entendeu as coisas. Mas o negócio, hoje, é pra valer. Você podia ir pra casa e reformular suas idéias. Não acha? Além do mais não é nem isto de vocês estarem por fora. O negócio é que é besteira ficar aqui. Besteira pra todo mundo. Principalmente pra vocês dois.

ROSA: Ele têm razão, Fredi! Vamos embora, pelo amor de Deus!

FREDI: Nós ficamos até agora. Vamos ficar até o fim. O mesmo eu pergunto pra você, Freitas. Por que você não vai embora também, já que acha besteira ficar?

ZÉ: Não sei. Francamente. Talvez eu consiga convencer o pessoal a evacuar a escola. Acho que é por isto que eu fico.

ROSA: Desde que a gente voltou da passeata você já falou quatro vezes com eles. E não adiantou nada. Acha que falar mais uma vez vai adiantar?

ZÉ: Vou tentar.

ROSA: Está berrando aí, feito louco desde as oito horas. E que adiantou? São onze agora. Os cretinos estão aí. Esperando a polícia, convictos de que vai haver uma guerra.

ZÉ: Não vai haver uma guerra. Vai haver um massacre.

ROSA: Eu sei. Frederico, vamos embora daqui... Vamos embora! *(Recomeça a chorar)* Parece um pesadelo... Meu Deus! Nunca vi tanta tragédia. Sabe, quando eu vi aquele cavalo morrer... me deu vontade de... não sei...

ZÉ: Oras... e o resto? Você ficou comovidinha só com o cavalo? Você é da associação protetora dos animais ou é louca mesmo? Não viu o cara levando o tiro? Não viu os caras atirando em tudo? Não viu os feridos chorando, os espancamentos, a ganância dos cães rosnando atrás de nós, como se nós fôssemos carne fresca?

ROSA: Eu sei. Eu vi tudo. *(Chora alto)* Vi e não vou esquecer mais. *(Chega-se a Zé)* E se o cara que morreu for o Luís mesmo? Que será da Vilma? *(Soluça)* Coitada... coitadinha...

ZÉ: Ela vai ter que aceitar. Vamos ter que aceitar os mortos e os feridos. Vamos ter que guardá-los conosco para que o ódio cresça bastante. Nunca vamos esquecê-los. E isto é o bastante para que a gente saiba que não pode desistir. Temos que aceitar o que eles vão fazer conosco hoje. Não adianta chorar. Quem entra no fogo é pra se queimar.

FREDERICO: Não sei onde você arranja tanta calma, Zé. Você não ficou chocado com a carnificina de hoje?

ZÉ: *(Amargo, cínico)* Por quê? Você pensa que eu sou de aço inoxidável? *(Pausa)* Claro que me choquei. Estou desesperado. Mas o meu desespero é lúcido. Um desespero de saber as coisas. E não só senti-las doendo no peito. Isto é para poeta e pequeno-burguês. A gente sabe e fim! Ficar parado, chorando ou vomitando de nojo não serve pra nada. *(Cerra os pulsos)* Mas o que é que eu posso fazer? Eu preciso fazer alguma coisa. Mas o quê? Neste momento, diante deste bando de suicidas eu me sinto um fraco. Estou rouco de tanto berrar e eles não me escutam. Estou começando a ficar cansado. Muito cansado. E isto não pode acontecer. *(Ri)* Se eu fosse o Capitão Marvel, como diz o Albertinho... *(Ri)* Se eu fosse o Super-Zé... Eu ia voando até o xadrez, tirava os presos de lá. Tirava a bala do estômago do cara e dizia: erga-te, Lázaro! Mas eu não sou Cristo nem Capitão Marvel. E não posso convencer estes dementes a sair desta bodega.

ROSA: E nós? O que vai ser da gente? *(Grita)*

ZÉ: Seja o que Deus quiser. *(Sorri)*

FREDI: E este está do outro lado. Do lado das forças armadas, não é, Freitas? *(Bate amigavelmente no ombro de Zé)*

ZÉ: Meu discípulo dileto está fazendo progresso.

ROSA: Progresso sim. Repete tudo o que você diz que nem papagaio.

FREDI: Que agressividade é essa?

ROSA: Isto mesmo! Você imita o Zé o tempo todo. Não te conheço mais!

ZÉ: Você está histérica. Aliás nada original. A Vilma também está. A Ana, o Fernando. Todo mundo aqui. Acho que até eu.

FREDI: Eu e Rosa não vamos embora. Só se você conseguir fazer todo mundo ir, Zé.

ROSA: Eu vou de qualquer jeito. Não quero morrer de besta.

FREDI: Cala a boca.

ROSA: Não calo. A boca é minha. Você não manda em mim!

FREDI: Mando. Repito: sou teu noivo.

ROSA: Mas não é meu dono.

ZÉ: Estes probleminhas de propriedade privada... Vocês discutem mais tarde, por favor.

(Pausa longa. Rosa pega as cartas, nervosamente, começa a jogar paciência. Frederico se aproxima dela. Zé senta-se numa cadeira, longe deles, fumando, quieto. Após uma longa pausa).

FREDI: Eu sei que você está nervosa. Mas olha... Eu não tenho culpa de nada, não é? Rosa, olha pra mim...

ROSA: Não me amole.

FREDI: Fala o que você quer que eu faça, Rosa.

ROSA: Eu quero ir embora daqui. E você vai comigo.

FREDI: Isto não. Pede outra coisa. Isto não.

ROSA: Então eu saio sozinha.

FREDI: Sai coisa nenhuma. Você só vai se o Freitas e todo mundo que está aqui sair também.

ROSA: *(Nervosa, batendo na mesa)* Não sei que raio de mania te deu! Não entendo este heroísmo besta, Fredi! Você não tem nada a ver com isto aqui. Quer fazer o favor de entender? Você é grã-fino, seu pai é capitalista. Eu sou grã-fina, o meu pai é capitalista. Nós não fomos educados para sofrer. Nós fomos criados na piscina do clube e na igreja. Nós estamos aqui de sapos e vamos morrer de sapos. Entende? De sapos?

ZÉ: Sua voz me dá dor de cabeça, Rosa. Quer calar a boca, por favor? E largue o Fredi em paz. A porta está aberta. Se quiser ir, é só sair.

ROSA: Não vou sem ele. Ele é meu noivo. Não vou deixá-lo aqui, sozinho, com este bando de alucinados. E nas tuas mãos, o que é pior. Você vai acabar enfiando mais minhocas na cabeça dele.

FREDI: Quais foram as minhocas que o Zé pôs na minha cabeça?

ROSA: Que você tem um papel a cumprir na Revolução Brasileira. Esta Revolução que não vai sair nunca. *(Zé bate na mesa e olha com raiva para ela)* Ensinou que você tem que mandar sua família plantar fava. Que casamento é instituição falida.

ZÉ: *(Sorrindo)* Isto não sei se o Fredi levou a sério. *(Pisca para ele)* Você acha que é falida a instituição do casamento, camaradinha Fredi? *(Fredi ri)* Acha, não é? Não vai mais casar com a Rosinha, então? *(Pisca outra vez)*

FREDI: Vou me casar com ela sim, Freitas. *(Bate no ombro dele)* Isto eu vou. Eu gosto demais dela, pra achar que o casamento é coisa do passado. Vou casar de véu, grinalda, igreja, padre e cartório. Como manda o figurino. E como ela quiser. Ela quem manda.

ROSA: Ainda bem. Não que eu esteja louca pra casar. *(Zé ri)* Ainda bem que o Zé não te transformou por inteiro. Não pensem que estou doida pra casar não, viu, Seu Freitas? E não fique aí rindo com esta cara de tonto!

ZÉ: Não está louca pra casar?! *(Ri)*

ROSA: É da sua conta?? Por que quer saber?
ZÉ: Por nada. *(Torna-se indiferente)* Estou preocupado com outras coisas.
ROSA: *(Após uma pausa)* Com a Júlia, suponho.
FREDI: *(Fazendo um gesto de reprovação à Rosa)* Psiu... Não fala dela que o Zé te enforca.
ZÉ: É. Com ela mesmo. Estou preocupado. Ela saiu comigo da passeata. Nós escapamos juntos. Depois fomos tomar uma coca-cola num bar. Ela pegou um táxi. Disse que tinha hora marcada no médico. Às dez horas.. Ela ia fazer um aborto. Eu não sei se fez, se não fez... se correu tudo bem. Pode ser que pegaram ela quando saiu do bar. Tinha milico à beça no lugar. Por isso estou preocupado.
ROSA: Preocupado não. Você está é com remorso.
FREDI: Rosa...
ROSA: Com remorso, sim. Fez o que quis com a menina.
FREDI: E ela fez o que quis com ele. Até depôs o Zé da presidência.
ZÉ: Vocês dois não se metam na minha vida particular. E não estou com remorso. Isto é coisa de pequeno-burguês. De cristão idiota. Eu sempre medi as conseqüências dos meus atos.
ROSA: Mediu? E como é que esse filho foi parar na barriga dela?
ZÉ: A culpa foi dela. Mentiu que tomava as pílulas e não tomava coisa nenhuma. Depois disse que não tomava porque a pílula dava câncer.
ROSA: Câncer não dá. Mas engorda! Minha irmã depois que casou e começou a tomar esta maldita pílula, engordou dez quilos.
ZÉ: Eu já sei o caso da tua irmã! E dos dez quilos que ela engordou!
FREDI: Ué! Pra que é que você contou isso pro Zé?
ROSA: Por... sei lá... *(Ela e Zé entreolham-se. Rosa está embaraçada)*
ZÉ: Que hora mais idiota de falar em pílula anticoncepcional... *(Gesticula com as mãos)*
ROSA: Tenho pena da Júlia.
ZÉ: Cuida de sua vida. Tenha pena de você, que vai precisar muita.
ROSA: Idem... idem... Eu, pelo menos, tenho família.
ZÉ: Grande merda! *(Ri)* Ah, não só família você tem. Tem clubes, cabeleireiro etc... Ah... e o Frei Marcílio. Ia me esquecendo dele!
FREDI: Quanta coisa a Rosinha te contou! *(Ri)*

ROSA: Eu... eu gostava do Zé. Acreditava nele. Quando eu era amiga dele contei toda a minha vida... É isto, Fredi...

ZÉ: E agora por que é que criou este ódio de mim?

ROSA: Porque você é o responsável por eu estar aqui metida nesta confusão. Eu e o Fredi... Tenho raiva de você porque você virou a cabeça dele. Por isso.

ZÉ: A consciência é um negócio sério.

ROSA: Que você quer dizer com isto?

ZÉ: Que ninguém brinca com a consciência. O Fredi, eu e você... ninguém. Ninguém. Me explico. Agora vocês já viram muita coisa que não vão esquecer. E já sabem de outras tantas coisas difíceis de tirar da memória, do coração... Tudo o que vocês viram, ficou aqui *(Mostra a cabeça)*. E vai doer muito. Vai doer muito tempo até se transformar em idéia. Depois, então... em...

ROSA: Recordação, nada mais.

ZÉ: Não. Depois tudo isto se transforma em consciência política. Em vontade de luta.

ROSA: Pra nós foi uma aventurinha trágica. Um pesadelo.

ZÉ: Talvez. Mas eu tenho fé na inteligência e na consciência do meu "camarada" Fredi. *(Ri)*

FREDI: Eu também. No começo eu não entendia muito porque estava aqui...

ROSA: Estava aqui para tomar conta de mim!

FREDI: E estou agora porque todo mundo está. Assim como só saio daqui quando todo mundo sair. Ficou claro?

ROSA: Burro! Relógio de repetição! Burroooooo! *(Grita)*

ZÉ: Cala a boca! Tua voz me irrita! Eu já estou nervoso... Vão brigar na Congregação. Vão beber... Façam como o Alberto. Tomem um porre. Pronto.

FREDI: Zé...

ZÉ: Você também, Fredi. Sobe com a Rosa. Vão beber, vão trepar. Vão fazer alguma coisa, mas me deixem sozinho aqui, pelo amor de Deus... Não é por você, Fredi. É ela que me irrita.

ROSA: Trepar?! *(Tapa a boca horrorizada)*

FREDI: Zé, você esqueceu que a Rosa não pode ouvir certas coisas? *(Chateado)*

ZÉ: Ela que vá à merda. Com os preconceitos, o Frei Marcílio. Mais o catecismo. Eu falo o palavrão que quiser!

FREDI: Calma, Zé...

ZÉ: Você não vê que eu estou estourando, hein? Sabe quantos caras estão em cana? *(Pausa)* Cento e cinqüenta! Sabe quantos feridos?

FREDI: Eu sei tudo isso... Mas se você também perder a cabeça a gente não sai daqui nunca e...

ZÉ: Eu é que não vou tentar convencer estes cretinos a fazer mais nada. Querem ficar? Que fiquem. Para quem gosta de sangue é um bom prato. *(Pausas)* E a Júlia? Será que abortou? Será que foi presa? Será que... *(Meneia a cabeça desesperado)* Não! Não suporto mais isto aqui... *(Agarra Fredi)* Vou ficar louco, juro! Estamos para ser massacrados! E eu impotente diante deste bando de suicidas! E eu aqui! E esta dúvida!

FREDI: Zé... se a Júlia foi fazer o aborto, se é isso que te preocupa tanto... posso te garantir que não tem galho. Olha, eu conheço mil casos... não tem o menor perigo este negócio de aborto.

ZÉ: Você entende disso?

FREDI: Mais ou menos. Eu sei que não tem problema.

ZÉ: Ela estava de três meses e lá vai pedrada. *(Aflito tentando entender)* Isto não complica?

FREDI: Não... acho que não. Aborto hoje em dia é como parto normal... até mais simples.

ZÉ: *(Horrorizado)* Como parto normal? Mas então dói pra burro!

ROSA: Claro que dói.

FREDI: Você não sabe nada a respeito disso! *(Para Zé)* Não é como parto. Eu me enganei. Eu quis dizer que é mais simples que parto. É natural como parto. Mas é mais simples. Entende? *(Respira fundo)* Poxa, Zé... desculpe se te afligi... Olha... é com anestesia geral... Não dói nada.

ZÉ: *(Pausa. Ri, amargo)* Doer... E se doer, não é? Deve estar doendo tanta coisa em tanta gente agora. O pé do Oto, que levou um tiro. O estômago do cara que ninguém sabe se é o Luís ou não. Tanta coisa deve estar doendo.

FREDI: E a consciência de muita gente.

ZÉ: É. Pra estas dores não há anestesia geral. A consciência do Cebola deve estar doendo a estas alturas. Ou então ele é burro mesmo. Se ele não percebeu ainda que esta passeata foi uma loucura... e que é mais loucura, ainda, ficar aqui... É porque é louco. Ou burro.

ROSA: Não culpe o Cebola apenas. A Júlia é a maior responsável por esta bagunça.

ZÉ: Eu sei disso. Ela também. Ou é burra ou louca. Mas a consciência dela deve estar doendo agora. Talvez mais que o aborto.

CEBOLINHA: *(No telhado, começa a gritar)* Atenção pessoal! *(Todos se agitam)* São eles! É a repressão! *(Alvoroço. Zé não sabe se sobe ou desce. Antes que todos subam ao telhado, Cebola grita)* Fiquem onde estão! *(Pausa)* Me enganei. Desculpem. Enxerguei mal. Vi um monte de gente lá longe, e...

DARTAGNAN: Que é que era, então, idiota?

CEBOLA: Uma procissão. Imaginem só.

ZÉ: Vai dar alarme falso no inferno! Cebola de merda! Como é que uma criatura em pleno uso das faculdades mentais confunde procissão com batalhão de exército?

ROSA: O Cebola ficou louco.

ZÉ: Ficou não. *É* louco. Louco e cego, o que é pior.

CEBOLINHA: Não torra! Você não disse que era pra avisar tudo o que eu visse na rua?

ZÉ: Nem tudo. Se você ver um gato, por exemplo, não precisa avisar.

ZÉ: Procissão... procissão... Era só isto que faltava.

FREDI: Só faltava ser uma procissão... para nós.

ZÉ: Para nós como?

FREDI: Pra pedir pra gente sair daqui... Em nome de Cristo.

ZÉ: Cristo não ia conseguir nada com estes obstinados, além do mais... como te falei... *(Faz um gesto com a mão indicando mistura, confusão)* Igreja, exército, tal e coisa. É tudo a mesma merda. E estão todos unidos contra nós.

ROSA: Ainda bem que o Fredi é suficientemente católico para não entrar nessa onda anticlerical. Ainda bem. Pelo menos isto sobrou nele, depois que você passou ele a limpo com sua ideologia.

FREDI: Não recomecemos... não recomecemos... Chega de briga já...

ZÉ: O Cebola precisa ser substituído lá em cima. Está míope. Outro dia confundiu um pedreiro com o delegado da polícia! *(Todos riem. Zé tenta brincar com Cebolinha. Olha pra cima e grita alto, pra que Cebolinha o escute)* Ei, Cebola! É cegueira ou caganeira?

CEBOLINHA: *(Olhando para baixo)* Vão encher a avó! *Pausa longa. Dartagnan na cozinha retoma o violão)*

ALBERTO: *(Bêbado)* Ei, Dartagnan... Pára com este violão... Desculpe. Desculpe muito. Desculpe muito. Mas não dá pé. Repressão policial... *(Conta nos dedos)* Repressão sexual... Repressão clerical... Mais você tocando violão, é demais.

DARTAGNAN: Então toca você. Alguém precisa tocar. Este ambiente precisa de música pra não parecer um túmulo.

ALBERTO: Se não me engano, é QUASE um túmulo. Daqui um pouco pelo menos, vai ser um túmulo.
DARTAGNAN: Não dramatiza *(Continua tocando)*.
MÁRIO: *(Da varanda)* Ei, Dartagnan! Pára com esta droga! A tua voz é capaz de dispersar um exército!
DARTAGNAN: Então. Viu? Pelo menos minha voz é SUPERPOTENTE!
ALBERTO: *(Arrancando o violão dele)* Se não vai por bem, vai por mal. *(Grita para baixo)* Ei, Frederico! O negócio aqui vai mal. Não é você que toca violão? Não quer tocar pra gente e tirar o próprio da mão do Dartagnan?
FREDI: Toco sim.
ALBERTO: Venha então. O Dartagnan está estragando o teu violão. E além disso, precisamos levantar o moral... *(Abre os braços, bêbado, cambaleante)*... das tropas...
FREDI: Vamos subir? *(Para Rosa e Zé)*
ZÉ: Sobe você.
ROSA: Não estou com vontade de ver ninguém tocando violão.
FREDI: Eu vou. *(Começa a subir as escadas)* Tchau. Vou ver se me acalmo um pouco. *(Lá chegando, ele pega o violão e começa a tocar uma música animada, Alberto começa a gritar)*
ALBERTO: Gente! Vem todo mundo aqui pra cozinha! Vamos ver se melhoram os ânimos! Se continuarmos a chorar o tempo todo, quando a polícia chegar não vamos ter nem forças pra... *(Ri)* atirar uma molotovezinha...
DARTAGNAN: Está bêbado feito um porco! *(Todos vão até a cozinha. Vilma está muda. Ana vai subindo as escadas com os braços em redor da cintura dela, como se a consolasse. Eles se aglutinam. Frederico continua a tocar. Aos poucos começam a cantar juntos, fazendo enorme força para esquecer a chegada da polícia. A cantoria é frenética. O único que não está lá é Cebolinha, que continua vigiando o telhado. Zé e Rosa continuam no Grêmio. A luz se apaga no cenário todo, ficando um foco sobre Rosa e Zé)*.
ROSA: Por que não sobe com eles?
ZÉ: Porque cantar não adianta picas.
ROSA: E que adianta ficar aqui? Remoendo, remoendo! Que adianta remoer?
ZÉ: Estou raciocinando. Estou tentanto achar um argumento pra tirar eles daqui.
ROSA: Qual?
ZÉ: Eu disse que estou... TENTANDO... Não disse que tinha.

ROSA: Pelo menos o Fredi não custava nada você convencer a sair daqui. Só você pode convercer ele disso.

ZÉ: Ele tem consciência. É maior e vacinado. Ele sabe o que faz.

ROSA: Não sabe nada!!! Está totalmente fascinado por você.

ZÉ: Ué, ele é bicha, é?

ROSA: Eu disse fascinado... noutro sentido, seu idiota! Fascinado... pelas tuas idéias... pelo teu domínio... sei lá!

ZÉ: Como você estava, então...

ROSA: Não toque nesse assunto, já disse.

ZÉ: Não adianta esconder de você mesma. Você gosta de mim. Você dormiu comigo. Você... *(Abraça-a)* você é minha... *(Abraça-a. Ela repele)*

ROSA: Numa hora destas você pensa nisto?

ZÉ: Numa hora destas é que as pessoas precisam de amigos! *(Fala com sinceridade)* De amor... de socorro... entende? *(Aperta-a contra si)* Eu estou apaixonado por você, Rosa. No meio de tudo isto, eu estou apaixonado por você *(Rosa se afasta)*.

ROSA: Não me interessa a tua paixão. Só me interessa uma coisa. Sair daqui. Deste inferno. Minha mãe deve estar doente por minha causa. E meu pai... deve estar tendo o enfarte de que falava tanto. *(Balbucia, quase chorando)* Estou com saudades do Frei Marcílio. E nem sei como vou contar pra ele que... não sou mais... virgem. *(Chora)* Viu? *(Volta-se para Zé)* Viu o que você fez? *(Ele não a escuta. Tem o rosto coberto pelas mãos)* E o Frederico? Quando souber de tudo... santo Deus! Foram quatro anos de noivado que você destruiu!

ZÉ: Você também quis, Rosa. Você topou a parada. Eu não forcei nada. Eu não te estuprei...

ROSA: Você me forçou sim. Você me convenceu. E os teus argumentos são fogo!

ZÉ: Você quis, Rosa... Você quis. Não te forcei *(Anda até ela)* E depois... depois... o negócio é que eu preciso de você. Só você pode me ajudar. Incrível. Você burra, burguesa, grã-fininha... Você, com todas as tuas fraquezas. Só você pode me ajudar. *(Abraça-a com desespero)* Me abraça! *(Impositivo)* Me abraça! *(Ela não obedece, fria)* Me abraça, anda! Eu estou desesperado! Eu preciso que você me abrace! *(Agarra-a)*.

ROSA: Me solta. Eu não gosto de você! Eu quero ir embora daqui! Eu estou com medo! Eu estou com medo da polícia, da minha mãe, do meu pai! Eu não quero mais ver a tua cara... *(Chora)*

ZÉ: Medo. Eu também estou com medo. *(Franco)* Um medo horrível. Não quero morrer. Eu estou com vontade de fazer muita coisa, ainda. Preciso lutar tanto, Rosinha... *(Abraça-a)* Morrer feito um rato, aqui. Ou então entrar em cana pro resto da vida. Porque eu não escapo. Tenho uma ficha sujíssima. Uma ficha daquelas, lá com eles. Se me pegam é pra valer. Estou com medo de eles atirarem em mim. *(Agita-se)* Eu estou com medo também, como você. Lembra do cavalo que morreu? Não foi aquele que te cercava? *(Segura-a, emocionado)* Eu não quero ficar cheio de sangue feito um pedaço de filé! Rosa... *(Abraça-a mais desesperado)* Juro por tudo que você quiser. Por incrível que pareça, eu preciso que você me abrace.

ROSA: Não acredito em você. Estes teus amores são fogo de palha.

ZÉ: Acredita sim, olha *(Põe a mão dela nos olhos para provar que está chorando. Sorri)* Viu? Freitas, o líder, o comandante, o que tinha a cabeça fria e nunca, nunca se apaixonava... Eu preciso de você. Você é a mulher mais errada do mundo! *(Ri)*

ROSA: Errada mesmo. A gente não combina.

ZÉ: *(Fazendo esforço para brincar)* Você vai casar com o Frederico? *(Ri)* Vai comprar... uma casinha branca, com jardinzinho verde e tudo...

ROSA: Vou. Se sair viva daqui, vou fazer tudo isto. E mais uma porção de coisas que você nem imagina. *(Aproxima-se dele)* Você uma vez disse que os teus sentimentos eram sempre... transitórios. Que você nunca ficava com a mesma mulher muito tempo. *(Pausa)* Isto foi o que me fez raciocinar. E tirar você da cabeça. Eu quero, estabilidade, sossego. Um homem só pra mim.

ZÉ: ... E uma casinha branca, com jardinzinho verde, onde você e seu maridinho possam esconder a cabeça do mundo. E esquecer.

ROSA: É. Esquecer.

ZÉ: *(Abraçando-a)* Mas eu quero que você me abrace. Depois, não faz mal. Não faz mal as tuas idéias idiotas a respeito de tudo. Nem me importa que você case com o Fredi. *(Humilde)* Eu preciso de você. É uma necessidade. Estou desesperado, Rosa. E sozinho. Você é capaz de entender isto? *(Abraça-a com força. Parece sincero e muito desesperado mesmo. Ela apenas aceita o abraço, um pouco desconcertada por aquela súbita declaração de amor).*

ROSA: *(Lentamente)* Por favor, Zé. Me solta... É melhor a

gente não tocar mais neste assunto. *(Pausa longa)* Eu nunca viveria ao lado de um homem... com sentimentos tão transitórios.

ZÉ: *(Tentando brincar)* A gente ama e desama. É a vida. *(Ri)* Tudo pode se transformar! *(Ri)* É a dialética.

ROSA: Muito triste esta dialética.

ZÉ: *(Sorrindo ele tenta o tempo todo, por todos os meios, conquistar Rosa. Está sendo sincero, tanto quando chora, quanto quando ri. Suas reações são descontroladas. Ri, chora, brinca e fala sério. Mas ela permanece impassível)* Mas é assim...

ROSA: Você amou a Júlia?

ZÉ: *(Assente com a cabeça)* Hum... hum...

ROSA: E de uma hora pra outra esqueceu.

ZÉ: Logo que eu te vi. *(Abraça-a)* Você entrou na escola, com aquele teu *blue-jean* justo. Um óculos escuro deste tamanho. *(Parece que vai brincar com ela, mas está falando sério)* Parecia que estava entrando num outro planeta. *(Ri. Ela está ainda mais tensa, esperando o final da frase)* Tinha um fichário de três quilômetros debaixo do braço... *(Ri, alto)* Acho que pensou que ia estudar muito este ano. *(Ri, mais ainda)* Era o primeiro dia de aula. É, a gente sempre tem esta ilusão!

ROSA: Seria o primeiro dia de aula. Se não fosse essa bagunça que vocês fizeram.

ZÉ: Nós não. ELES... Eles querem acabar com a faculdade. Nós tínhamos que reagir. *(Pausa)* Bom, isso tudo já é um passado bolorento. O momento é diferente, diferente mesmo *(Ri. Começa a rememorar)* Lembra? *(Pegando nos cabelos dela)* Você entrou no saguão da escola... Ficou ali, parada feito besta olhando pra mim e pros duzentos caras que estavam ali. Todo mundo gritava ao mesmo tempo. Eu olhei pra você. Vi, por baixo dos teus óculos escuros, um olhar de inocência e de perplexidade. Um olhar de medo. *(Pausa)*

ROSA: *(Um pouco animada com a recordação)* E depois? Não me lembro mais direito deste dia.

ZÉ: Você parou no meio do pessoal. Ficou escutando o que eu dizia.

ROSA: ...Ah, é! É mesmo! Você me deu uma piscada de conquistador... *(Ri)* Continuou falando e jogando os cabelos pra trás. O pessoal batia palma pra você.

ZÉ: Daí você tirou o óculos na hora de votar... *(Faz um gesto de quem procura lembrar alguma coisa)* Que é que a gente estava votando?

ROSA: Se mandava ou não o professor de Estatística embora.

ZÉ: Ah, isso... O Gofredo. Aquele chato. *(Ri)* Você

bateu palma e olhou pra mim. Foi aí que eu não te tirei mais da cabeça. Depois, quando a ocupação começou, veio o teu noivo ...
ROSA: Chega de recordação. Você parece velho! Nós temos mais o que fazer que ficar lembrando coisas!
ZÉ: Fica comigo... Fica comigo, estou dizendo!
ROSA: Você esqueceu a Júlia, não foi? Você me esquece também! Não é assim a tua dialética?
ZÉ: Tese, antítese e síntese. Eu te amo, você não me ama. Síntese. Você vai embora com o Frederico. Acabou-se o que era doce. Quem comeu que se melou. *(Ri, alto)* ! Se o Marx me escutasse falando assim da dialética... *(Ri)*
ROSA: *(Rindo, tímida)*. Saía do caixão e vinha agora mesmo tirar satisfações com você.
(Os dois riem. Abraçam-se. Parecem ter esquecido as divergências e o medo).
ZÉ: Você vai embora, então *(Ainda agarrado a ela)*.
ROSA: Vou.
ZÉ: Eu não vou agüentar.
ROSA: *(Sorrindo)* Vai. A dialética te ajuda.
ZÉ: Ela sempre me ajuda. *(Beija-a no rosto)* Você é uma burguesinha cretina. Vive de sonhos e de preconceitos. Tudo o que está na tua cabeça linda fede mofo. *(Solta-a)* Ainda bem que é assim. Eu não ia mesmo suportar por muito tempo uma mulher tão frágil. Um bibelozinho apavorado e egoísta como você!
ROSA: E eu não ia suportar um homem sem profissão definida, sem casa, sem nada. Um... ex-líder estudantil, cheio de lembranças de antigas passeatas. Um líder cujo futuro é viver às custas de um partido político qualquer, ou então de empréstimos caridosos desta burguesia que você tanto odeia. *(Ri)* Eu vou me casar. Não sou mais virgem. Mas vou me casar. Vou ter minha casa, meus filhos. O Frederico vai compreender, eu sei que vai. Ele tem que compreender. *(Pausa)* E vou esquecer esta tragédia que vi hoje, Freitas.
ZÉ: Vai esquecer tudo. *(Ri)* O cavalo ensangüentado na rua e a bala no estômago do cara.
ROSA: Pra mim vai ser só um pesadelo. Um pesadelo do qual vou ter notícias através do jornal.
ZÉ: Bem, sobe. Vai lá buscar o teu noivo. Eu tenho nojo de você.
ROSA: *(Pausa)* Tchau... *(Sobe)*
(O telefone toca).
ZÉ: *(Atendendo)* Alô? 85-8388 *(Pausa)* Zé Freitas. *(Pausa) longa)* O senhor discute com ela este problema. *(Pausa)* Não

obriguei ninguém a fazer coisa nenhuma, Seu Jarbas. *(Pausa)* Leu no jornal? *(Ri)* É. A imprensa burguesa me fez famoso! *(Ri)* Não estou gozando ninguém. Já disse que o senhor deve falar com ela e discutir com ela. Eu tenho mais o que fazer, que explicar pro dono da fábrica de latas Vitória que focinho de porco não é tomada. *(Ri)* E que um dia esta fábrica vai ser do po-vo! do po-vo! O quê? Idealista? *(Pausa. Ele ri alto)* Rosinha! *(Pausa longa. Tapa a boca do telefone)* É o seu pai, Rosa! Desce rápido!

ROSA: *(Descendo)* Já vou! já vou!

ZÉ: *(Ao telefone)* Até lá, seu Jarbas. Tua filha vem vindo. Não acho a menor graça no que o senhor disse. Aliás, pra mim o senhor é absolutamente sem-graça. É um cretino... *(Ri)* HIS-TÉ-RI-CO! *(Fala tudo isto pra amolar o pai da Rosa, mas não dá ênfase a nada. A aparência de Zé é de displiscência total, reflete desespero, descontentamento).*

(Rosa pega o telefone. Zé sobe as escadas).

ROSA: Alô... *(Pausa longa)* O Freitas é assim mesmo. Não tem educação. *(Pausa longa)* Eu sei. Eu quero sair daqui, mas o Frederico é que não quer. *(Pausa)* Não grita! *(Tapa a boca do telefone)* Fredi! *(Olha para cima. Ele põe a cabeça para fora do praticável)* Papai falou que se você não me levar embora ele rompe o nosso noivado.

FREDI: *(Pegando o telefone, já no primeiro andar)* Seu Jarbas... *(Pausa)* Se ela quiser, que vá. *(Pausa)* Vou ficar. *(Pausa)* Chame um médico, então, seu Jarbas. Não posso fazer nada pelo senhor. *(Pausa)* Obstinado? Pode ser. *(Pausa)* Enfarte não é assim, seu Jarbas. Calma... *(Pausa)* E quem rompe ou não rompe o nosso noivado somos nós dois *(Desliga).*

ROSA: Que foi que ele disse?

FREDI: Que ia mandar o chofer te buscar na marra. Que pra ele eu não sou mais o teu noivo. Que eu sou um mole. Que me deixei levar pelo papo dos outros. E que isto aqui é loucura. Sei lá o que ele disse. *(Pausa)* Ah... o negócio do eterno enfarte. Disse que dona Verônica já mandou um médico. Que sua casa está um inferno... por sua causa.

(Ela começa a chorar)

ROSA: Eu quero sair daqui! Eu quero ir embora daqui! Eu quero ir... Fredi! Frederico! São quatro anos de noivado... Você sempre fez o que eu pedi! Eu quero ir embora daqui! Eu estou com medo. Morro de medo! Eu quero sair daqui! *(Histérica)* SAIR DAQUI! *(A luz se apaga no cenário).*

(Foco em Zé, Vilma, Alberto etc.)

ALBERTO: ... Quem quer? *(Mostra uma garrafa de pinga)*

ZÉ: Me dá isto aqui. *(Agarra a garrafa dele)* Você desmoraliza o movimento. E depois, isto não adianta nada.

ALBERTO: Me dá a garrafa. Eu quero beber. Você não tem nada com isso.

ZÉ: Vai beber lá fora. Por que você insiste em ficar aqui? Você está a fim de defender a escola da invasão policial?

ALBERTO: Estou.

ZÉ: Bêbado deste jeito?

ALBERTO: Me dá a garrafa.

(Zé não responde, pega a garrafa, tapa o gargalo e guarda-a a seu lado).

ALBERTO: Me dá a garrafa. Se a polícia chegar? Você quer saber o que é que eu faço? *(Com dificuldade, coloca os braços para cima, como se segurasse uma metralhadora).* Assim. *(Fala com dificuldade)* Senhor comandante do exército, não vem que não tem! *(Começa a dançar iê-iê-iê, cambaleante)* rata-ta-ta! *(Metralha todos)* "Era um ragazzo que come me"... *(Para todos)* Quando eu era menino e brincava de mocinho e bandido... os meus inimigos morriam todos. *(Metralha de novo)* Você pensa que eu tenho medo da polícia? *(Ri)* Não ... eu acho que a polícia é que tem medo de mim. *(Ri alto)* Eu é que vou acabar com ela... Vou acabar com a polícia, com o esquadrão da morte, com o sistema capitalista, com a miséria, o analfabetismo, o câncer! *(Procura a garrafa)* Vou! Eu sou poderoso! *(Metralha todos).* *(Metralha novamente)* Um por um. Todos mortos... *(Ri, como criança)* Era assim que eu brincava de soldado. *(Olha para todos, esperando resposta)* Era assim... vai me dizer que ninguém aqui nunca brincou de soldado quando era pequeno... *(Metralha de novo)* Hoje de tarde, eu fui repetir a dose. Fui brincar de soldado e entrei pelo cano. *(Ri)* Mas quando a polícia chegar, eu falo assim... *(Prepara-se para recitar)* Senhor comandante do exército: com esta tua farda o senhor parece um periquito. O senhor é ridículo. O senhor e a sociedade que o senhor defende. *(Dança).* Pode vir. Pode vir quente que eu estou fervendo!

ZÉ: Quando acabar com esta falação, me dá a palavra. Tenho uma coisa séria a discutir com todo mundo.

ALBERTO: ... *(Continuando sem escutar)* E se os caras atirarem em mim, como atiraram lá na São João naquela porrada de gente... Eu grito: SHAZAAM! E viro o capitão Marvel! E saio voando... E salvo todo mundo! E do alto, dou um berro pra nação inteira: OPERÁRIOS DE TODO MUNDO! UNI-VOS

CONTRA A POLÍCIA, O EXÉRCITO, A IGREJA... E A PUTA QUE OS PARIU! E...

ZÉ: E seremos todos felizes para sempre até que a morte nos separe no dia do juízo final...

ALBERTO: ...Amém. Vai ser lindo o dia do juízo final. *(Cambaleia)* Fogo por todo canto. Tudo incendiado. Que nem o carro da polícia que o Cebola incendiou. Que nem aquele caminhão da Coca-Cola. Fogo! Fogo em tudo! E que Deus tenha piedade de nós!

ZÉ: Não entendi até agora por que vocês incendiaram o caminhão da Coca-Cola!

ANA: Coca-Cola o que é?

ZÉ: Refrigerante, pelo que me consta.

ANA: Imperialismo americano.

ZÉ: Não diga! Que moça esclarecida! E daí que é imperialismo americano? Neste caso, vocês deviam estragar o país todo, porque tudo aqui é deles.

ALBERTO: Aos poucos, Zé, aos poucos. Calma. As coisas se resolvem aos poucos. Hoje um caminhão da Coca-Cola, amanhã a Coca-Cola inteira...

ZÉ: ... Depois de amanhã vocês dinamitam o prédio do Pentágono e finalmente... *(Abre os braços, teatral, brincalhão)* Finalmente a CASA BRANCA. *(Fala sério)* É este o plano? Podem se abrir... Eu sou um túmulo! *(Ri)*

ALBERTO: Mais ou menos. *(Ri)* Você não achou um exemplo historico? *(Ri)*

ZÉ: Um exemplo histérico.

ALBERTO: Histórico. Insisto. Histérico não. Histórico. UM EXEMPLO DE CORAGEM E OUSADIA!

ZÉ: Da porra-louquice mais cretina.

ALBERTO: Só os porra-loucas fazem a história!

ZÉ: Eles atrapalham! Os porra-loucas só atrapalham! Nós, vocês, estamos atrapalhando a história com este suicídio coletivo. Vamos virar lenda. Lenda e piada.

ALBERTO: *(Gaguejando, bêbado)* Cuba, por exemplo. Taí uma porra-louquice histórica. Que deu certo.

ZÉ: Se o Fidel te visse falando isto... te botava no paredão. Ou então te misturava lá com os bichas e te punha de escanteio da sociedade. Cuba não é a mesma coisa que a Faculdade de Filosofia. É um negócio muito sério.

ALBERTO: *(Rindo)* Não confunda Cuba com a Faculdade de Filosofia, Freud com a Cassandra Rios...

(Risos).

ZÉ: Você devia trabalhar na televisão. No programa do Chacrinha. Tem senso de humor. Só que agora já está enchendo o saco. *(Levanta)* Pessoal.. Só uma pergunta. Vocês estão sabendo que não vai ser uma luta igual, não estão?

FERNANDO: Como assim?

ZÉ: Vocês estão sabendo que a polícia vai acabar com isto aqui. Que não há... possibilidade de a gente vencer a batalha. *(Fala com ironia. Mas está desesperado com a confinação do grupo)*

ANA: Encerra, Zé. Não adianta. Ninguém arreda o pé!

FERNANDO: Daqui não saio e daqui ninguém me tira.

MÁRIO: Ainda bem que todo mundo melhorou de humor!

ANA: A gente tem que agüentar até o fim. Se houver tiroteio, paciência.

ALBERTO: ... Ficaremos na história.

ZÉ: *(Gritando)* Na história dos loucos. Como lendas. Anedotas que se contam nos bares de Pequim, Havana... Piadas de bêbados do Eduardo, aquele bar podre. Piadas, da noite! Só isso.

CEBOLINHA: *(Gritando)* Pessoal! Agora é! Santo Deus! Vem lá longe... Mas... Não entendo. Um bando de gente a pé. Com faixas. Acho que é o CCC! Credo!

(Todos se movimentam, em pânico).

ANA: Olha direito, Cebola... Se for alarme falso eu acabo com você!

CEBOLINHA: *(Olhando pra baixo, de costas pra platéia)* Ah... Ah... Ah. . *(Ri, sem parar)*

ALBERTO: Que foi? Cretino, o que foi?

ZÉ: Fala logo, cururu!

VILMA: Cebola, pelo amor de Deus, aqui ninguém está brincando...

(Cebolinha continua a gargalhar)

CEBOLINHA: *(Após uma pausa)* Adivinhos. Só faltava essa.

TODOS: Fala logo e não enrola!
– Quem é? O CCC?
– Outra procissão pra implorar pra nós sairmos daqui?
– O governador?

(Cebolinha nega a tudo, fazendo suspense e rindo)

– O Arrelia e o Pimentinha?
– O espírito do Chê?
– Fala, Cururu!

CEBOLINHA: Uma comissão de mães! Umas quinze mulheres! TODAS COM FAIXAS E CARTAZES CONTRA A VIOLÊNCIA! *(Ri)*

(Todos riem. Rosa e Federico sobem as escadas, correndo)

FREDI: Minha mãe deve estar lá!

ROSA: A minha também! *(Todos se aglutinam no telhado, de costas para a platéia*

ROSA: Mamãe... A senhora está aí?

VOZES FEMININAS FORA: Estudantes! Nós viemos aqui em nome da família brasileira! Somos mães de alunos! Entre nós estão quase todas as mães de vocês! Viemos implorar a vocês que saiam da escola! Tenham amor à vida! *(Chorosa)* Não maltratem mais o coração de seus pais!

CEBOLINHA: *(Com a cabeça pra fora do telhado, falando pra baixo)* Minhas senhoras! Retirem-se. A repressão pode chegar a qualquer momento e não queremos fazer mais vítimas.

VOZ LÁ FORA: CEBOLINHAAAAAA! Meu filho! É você que está aí em cima deste telhado? Você vai pegar uma gripe daquelas! Meu filho! Meu filhinho! Tenha pena de mim!

CEBOLINHA: Mamãe! *(Todos riem dele. Ele procura o que dizer, furioso)*

ALBERTO: "Ser mãe e desdobrar fibra por fibra".

CEBOLINHA: *(Furioso)* Mamãe... Faça o favor de sair desta comissão cretina!

MÃE DE CEBOLINHA: Eu vou aí falar com você!

CEBOLINHA: Ou a senhora sai desta comissão... ou eu vou pra Venezuela fazer guerrilha e não volto nunca mais pra casa! *(Está furiosíssimo)*

(Vozerio feminino fora. Cebolinha volta-se para os estudantes)

CEBOLA: Elas vão entrar. Selecionaram uma comissão pra falar com a gente. Ai, meu saco! Pra que eu fui nascer filho desta chata!

ZÉ: Minha mãe está no meio?

CEBOLINHA: Primeiro. Não conheço sua mãe. Segundo. Não tenho lente de aumento nem binóculo. Terceiro. Não gosto nem da minha, que dirá da tua. *(Cebolinha volta a olhar para fora. Há uma longa pausa. O vozerio feminino continua)*

ZÉ: Que é que elas estão fazendo?

CEBOLA: Acho que estão tirando no palitinho pra ver quem entra.

ROSA: *(Gritando no telhado, chorosa)* Mamãe... A senhora está aí? É a Rosa, mamãe. Estou no telhado, aqui com o Cebolinha...

VOZ LÁ FORA: Onde está minha filha Júlia? Zé Freitas? *(Voz forte imperiosa)* Seu aproveitador! Zé Freitas! Eu sei o que você fez com a minha filha! ONDE ESTÁ JÚLIA?

ZÉ: *(Correndo até o telhado)* Não sei também, dona Jurema. E não sou aproveitador! Sua filha é maior e vacinada. Tudo o que ela faz é de livre e espontânea vontade.

OUTRA VOZ: Zé, meu filho. Meu filho! Desça um minuto daí e venha abraçar sua mãe! Só te vejo pelo jornal ou pela televisão no Repórter Esso! Não suporto mais saudade de você, meu filhinho! Eu entendo os teus ideais! Seu pai era mais ou menos assim no tempo dele... Mas não se mate, meu filho! Não adianta nada! O mundo nunca foi diferente! *(Chora alto)* Meu filho! Um líder estudantil! Perdido... para sempre!

ZÉ: Mamãe! Não seja ridícula!

CEBOLA: Chi... *(Põe a cabeça mais pra baixo, curioso para ver alguma coisa que acontece fora)* Zé... Sua mãe se pegou a tapa com a mãe da Júlia... *(Ri)* Chi... que rolo! Uma deve estar acusando a outra de ter errado na criação dos filhos. A mãe da Júlia te chamou de estuprador pra baixo!

(Pela platéia entram três senhoras com uma faixa enorme erguida. Na faixa estão os dizeres: "EM NOME DE DEUS, DO AMOR, DA FAMÍLIA E DA SOCIEDADE. CONTRA A VIOLÊNCIA, A IMORALIDADE E A POLÍCIA". Os estudantes ficam estáticos no telhado. Elas vêm andando lentamente pelo corredor da platéia, sérias, como em marcha fúnebre. Se encaminham ao palco).

CEBOLINHA: Mãe de quem?

ZÉ: Não enxergo.

ROSA: Mamãe... a senhora está aí?

(Elas não respondem)

VILMA: Dona Gumercinda... *(Tenta enxergar)* É a senhora?

ANA: *(Cutucando Vilma)* Acho que é a mãe do Luís.
VILMA: Dona Gumercinda?
FREDI: Dona Verônica?
ROSA: Acho que não... *(Elas continuam, lentas)*
CEBOLINHA: *(Tendo um ataque de raiva, ao perceber que entre elas está sua mãe)* Ai, mamãe! Não! A senhora TINHA que entrar... Que é? Eu não vou sair daqui, se é isto que a senhora vem pedir! Eu vou pra Venezuela! E nunca mais volto!

(Elas chegam até o palco. São conhecidas. Continuam mudas).

ZÉ: Dona Jurema!

DONA JUREMA: Seu conquistador barato. Eu me acertei com a sua mãe...

MÃE DO CEBOLINHA: O momento não é de ódios... O momento é de fraternidade. Viemos aqui implorar pra vocês saírem disto e voltarem pra casa.

ROSA: Quem é a senhora?

MÃE DE LUÍS: Eu sou a mãe de Luís *(Olha para todos os cantos)* Ele... onde está? *(Os estudantes se entreolham. Vão descendo, com jeito de que não há outra saída, senão ouvir as três mulheres desesperadas)*

VILMA: Dona Gumercinda... *(Emocionada)* O Luís... não está aqui. Desde o fim da passeata que eu não sei onde ele está. Dona Gumercinda. *(Chorando)* Foi preso... Foi preso...

DONA GUMERCINDA: Deve estar sendo torturado... *(Chora) (Olha pra Vilma subitamente, como que tendo um lampejo de desespero)* E... se o rapaz... baleado... *(Tapa o peito como se o coração fosse pular)*... Coração de mãe não se engana... E SE FOI O MEU FILHO QUEM LEVOU AQUELE TIRO! *(Grita e chora, Vilma vai até ela. A cena é tragicômica. Elas se abraçam chorando. Os outros estudantes estão todos no palco, atônitos. Cebolinha repele a mãe, que tenta abraçá-lo e beijá-lo. A mãe de Júlia olha para Freitas com ódio).*

MÃE DE CEBOLINHA: Dona Gumercinda... O destino sabe o que faz, Deus tem tudo escrito. Se tinha que ser o seu filho... Só Deus sabe... *(Piedosa)* Todas a mães que estão lá fora estão temerosas pelo mesmo motivo. Todas acham que foi o próprio filho quem levou o tiro. *(Para todos)* Vocês não vêem que vão matar seus pais? *(Chora)* Que não vão conseguir nada com este heroísmo? Que o mundo nunca vai mudar? *(Chora)* Oh... Meu Deus! Dai-nos força, a nós mães, pra não sucumbir... Que foi que fizemos para que nossos filhos tivessem essas idéias? *(Faz sinal de prece)* Fazei com que esta loucura passe. Com que eles voltem ao lar.

CEBOLINHA: Mamãe... *(Ameaçador)* mamãe... Pare com isto. Se a senhora não parar... eu nunca mais vol-to! Estou dizendo. Juro pela alma do vovô Péricles! Juro por São Judas, que a senhora acredita tanto! Juro por tudo! *(O vozerio feminino lá fora aumenta. Ouvem-se choros, gritos, nomes que as mães chamam. A cada nome os estudantes sobressaltam-se)*

ZÉ: *(Para as três, tentando manter a calma)* Minhas senhoras, isto é uma faculdade. Não é uma igreja, nem uma procissão. *(Pausa)* A faculdade está para ser invadida. Eu fui contra, desde o início, a permanência nesse recinto, depois do *ultimatum* da polícia. Fui contra a passeata. *(Pausa)* Aliás... Fui contra o uso da violência na passeata.

DARTAGNAN: As mães da gente não adianta conchavar, Zé. Elas não são do movimento. E não vão se apaixonar por você.

MÃE DE JÚLIA: Menininho atrevido! Aproveitador!

ZÉ: Minha senhora. Este momento é grave demais pra este tipo de discussão. Sua filha não está aqui. Eu também não sei onde ela está. *(Faz um gesto com as mãos)* Juro como gostaria de saber também. Infelizmente estamos todos sem informações sobre os presos, os feridos... e os mortos. Mas as senhoras devem retirar-se o mais depressa possível senão entrarão no bolo.

MÃE DE CEBOLINHA Morreremos com nossos filhos então! Já que é impossível salvá-los nós ficaremos com eles!

MÃE DE JÚLIA: Até a última gota de sangue!

MÃE DE LUÍS: Até a última gota de sangue!

CEBOLINHA: *(Olha para Zé. Todos se entreolham cumplicemente)* Mamãe. Dona Gumercinda, Dona Jurema, ouçam. Se as senhoras se retirarem agora... nós prometemos... *(Olham-se todos os estudantes)* Nós prometemos... *(Os estudantes acenam com a cabeça)* sair daqui e voltar para casa. Mas... só se *todas* forem embora. Já. *(As três se entreolham desconfiadas).*

TODAS: *(Após uma longa pausa)* Vocês prometem? *(Falam ao mesmo tempo)* Mesmo?

MÃE DE JÚLIA: Prometem mesmo? Jurem por Deus.

CEBOLINHA: *(Os estudantes assentem)* Juramos por Deus.

MÃE DE CEBOLINHA: Nós esperamos lá fora por vocês, então.

CEBOLINHA: Não. Não senhora. Vão as mães primeiro...

DARTAGNAN: Depois os filhos. Depois!

MÃE DE JÚLIA: *(Para as outras mães)* É um golpe! Eles querem enganar a gente. Eles vão ficar.

MÃE DE CEBOLINHA: *(Com gestos ameaçadores)* Eu sei! Eu conheço o Belmiro.... *(Faz o gesto de palmada)* Olha aqui quando você chegar em casa. Olha aqui! *(Pausa. A mãe de Belmiro olha para as outras mães)* Eles não vão sair nada. São obstinados. Eu falo pelo meu filho. Nem Jesus, com o perdão dos céus, era tão obstinado.

CEBOLINHA: Mamãe. Acredite em mim. Em nós. Nós prometemos.

TODOS: Juramos! Podem ir sossegadas. Por Deus. Podem ir que nós vamos depois. *(As três se olham)*
MÃE DE CEBOLINHA: *(Pausa longa)* Podemos acreditar em vocês?
CEBOLINHA: Podem. Podem ir em paz.
ZÉ: Confie em nós.
VILMA: *(Abraçando dona Gumercinda)* Até à vista, dona Gumercinda.
ROSA: Minha mãe não veio... *(Chora)*
FREDI: Nem a minha, nem a sua.

(As mães se retiram. Mãe de Cebolinha faz gesto ameaçador para ele, como se dissesse: "Vou te dar a maior surra da tua vida". Mãe de Júlia olha com ódio para Zé. Mãe de Luís sai chorando)

MÃE DE JÚLIA: *(Quando todas estão para sair pela porta principal do teatro, no fim do corredor da platéia)* E você vai casar com minha filha para reparar o mal que lhe fez, seu ordinário!
(Saem carregando a faixa, os estudantes suspiram aliviados)
ZÉ: Que choradeira, credo!
CEBOLINHA: Minha mãe me paga esta palhaçada!
DARTAGNAN: *(Fazendo o mesmo gesto que a mãe de Cebolinha)* Não quero nem ver a surra que ela vai te dar.
FREDI: Minha mãe me esqueceu. *(Ri)*
ROSA: A minha também...
CEBOLINHA: Felizardos! Burguesão é sempre assim, mais... razoável! A classe média é que é dramática. Um drama! *(Para Zé)* Tua mãe e a mãe da Júlia devem estar se descabelando lá fora. Eu queria ver a cena. *(Ri)*
ZÉ: A pequena burguesia tem que se estourar. *(Ri alto)* Tem que se entubar! *(Exalta-se e fala alto) (Rindo alto)* Eta, classe besta, meu Deus! Não tem refinamento para ser alta-burguesia, nem sofrimento para ser proletariado. Ela vai se estourar, de verde e amarelo. Vai se estourar e eu vou morrer de rir.
CEBOLINHA: *(Às gargalhadas)* A tua mãe e a mãe de Júlia... Ah!Ah!Ah!
ZÉ: Não acho a menor graça, Cebolinha...

(Todos vão subindo outra vez até o telhado. Cebolinha olha para baixo. De repente, uma cantoria se ouve lá fora).

CEBOLINHA: Elas estão cantando música religiosa! *(Dá uma gargalhada)*
VOZES LÁ FORA: "Queremos Deus, Oh Senhor"
"Queremos Cristo Redentor"

(As vozes desaparecem. Pausa longa. Dartagnan, Alberto e Fernando vão para a cozinha. Mário vai para a varanda, continua espiando a rua. Cebolinha permanece de vigia no telhado, encostado na caixa-d'água. Ana e Vilma na Congregação. Vilma chora desalentada e Ana a consola. Rosa, Zé e Frederico descem até o Grêmio. Dartagnan pega o violão e começa a assobiar a Internacional melancolicamente. A luz vai-se apagando quase totalmente no cenário ficando apenas o Grêmio iluminado).

ZÉ: Faltava sair uma comissão de padres, comandada pelo Frei Marcílio... Uma comissão de pais, comandada pelo seu Jarbas.

FREDI: Não brinque com o seu Jarbas. Pode ser o que for mas é um homem corretíssimo.

ZÉ: Corretíssimo mas explora a mais-valia dos operários dele.

ROSA: Não se atreva a falar o nome de meu pai.

ZÉ: "Não usarás o seu santo nome em vão"

ROSA: Goze à vontade. É meu pai e exijo respeito.

FREDI: Não vamos brigar, gente. *(Liga o rádio começa a tocar um iê-iê-iê)*

ZÉ: Bota no noticiário.

ROSA: Não. Acho que é masoquismo. O dia inteiro vocês ficam grudados nesse rádio. Pra que ouvir as mesmas notícias? Que é que adianta ficar sabendo das coisas?

ZÉ: Quero saber o nome do cara baleado. Quero saber se era o Luis. *(Pausa)*

(O iê-iê-iê continua tocando. Fredi faz gestos com as mãos. Parece dançar).

ROSA: Em vez de ficar aí dançando devia dar um jeito de a gente sair daqui.

ZÉ: É só abrir a porta e sair.

ROSA: Fredi... *(Abraça-o e aponta a porta)* É simples... Vamos embora! *(Anda até ele)* Vamos? *(Abraça Fredi novamente)* Pára de dançar, Fredinho... Vamos embora... *(Ele, puxa-a. Ela a contragosto faz gestos de iê-iê-iê)* Vamos, tá? *(Tenta convencê-lo na base do carinho: torna-se sensual)* A gente sai daqui e vai direto pra casa. *(Ele meneia a cabeça, sorrindo, e continua dançando)* Depois a gente dá um pulo até o clube. *(Abraça-o. Ele continua fazendo gestos de iê-iê-iê)* Não ia ser uma delícia ir ao clube? *(Sua voz é quase suplicante. Vê-se que ela está no auge da tensão).*

O RÁDIO: *(O iê-iê-iê vai diminuindo. Interrompe a música,*

a voz de nosso repórter do primeiro ato. Voz fanhosa, uma música patrioteira de fundo, ele começa...)
...E SENDO, SENHORAS E SENHORES, QUE ESTA FACULDADE SERÁ INVADIDA DENTRO EM BREVE. O EXÉRCITO E A POLÍCIA ESTÃO A CAMINHO. FAZEMOS UM APELO AOS JOVENS. SUA CORAGEM SERÁ EM VÃO. TODAS AS OUTRAS FACULDADES FORAM EVACUADAS PACIFICAMENTE. O RESULTADO DA PASSEATA ESTÁ AÍ PARA QUEM QUISER VER. FERIDOS... PRESOS... PARA QUÊ TUDO ISSO? *(A voz se torna doutrinária, a música patrioteira torna-se frenética. Os três, Fredi, Rosa e Zé, cercam o rádio que está em cima da mesa).*

O RÁDIO: PARA QUÊ? A QUALQUER PROVOCAÇÃO POR PARTE DE VOCÊS, JOVENS, HAVERÁ UMA JUSTA REAÇÃO POR PARTE DA POLÍCIA E DO EXÉRCITO. UMA REAÇÃO VIOLENTA! *(O repórter se prepara para doutrinar mais um pouco. Zé desliga o rádio).*

FREDI: Idiotas. Pensam que com estas bichas falando o dia inteiro no ouvido da gente... com estas marchinhas nojentas, vão convencer a população de que nós somos baderneiros e loucos.

ZÉ: Não sei se eles... *(Aponta o rádio)* Mas o que temos feito... deve ter assustado a população. Eles devem estar com medo de estudante. Tenho a impressão de que não há ninguém do nosso lado. Lembre-se da comissão de mães. A polícia, o exército e o CCC contra, é claro. *(Ri)* Os operários? Talvez a favor. Mas de longe... *(Ele faz gestos cautelosos)* Muito de longe. A igreja? *(Ri alto)* Pergunte ao Frei Marcílio, Rosa!

ROSA: Frei Marcílio é progressista!

FREDI: Nem todos os padres são o que você pensa! Acho que você não está por dentro das modificações, das brigas internas da Igreja. *(Fredi torna-se didático)* Há padres e padres...

ZÉ: Sei... sei... alguns são até a favor da guerrilha. É isso? *(Ri)* Muita esmola o santo desconfia. Eu não posso acreditar na mistura de Cristo com Marx. Mas o Frei Marcílio é progressista, é? *(Ri olhando zombeteiro, para saber de Rosa).*

ROSA: É. É. Não me olhe com esta cara de gozação. Estou por aqui com você.

ZÉ: É progressista mesmo? Tem certeza? *(Empolga-se)*

ROSA: *(Gritando)* É progressistaaaaa! Não me irrita!

ZÉ: Então não há tanto problema assim. Quando ele souber que você não é mais virgem, não vai fazer escândalo nenhum. *(Zé falara com naturalidade, mas depois percebe o desastre que fizera. Rosa se vira bruscamente para ele, Fredi dá um salto. Assustado e perplexo. O clima é de absoluta tensão. Pausa longa. Fredi olha para Rosa, Rosa olha para Fredi, apavorada. Zé, sem jeito, tenta fingir que não percebe o desastre que fizera. Muito nervoso, acende um cigarro e oferece a Fredi, que nem vê o gesto. Zé começa a andar de um lado para outro. Fredi está atônito)*

FREDI: Repete o que você disse, Freitas. *(Trêmulo)* Você falou por falar... *(Está pálido e tenso)* Falou por falar... ou então como é esta história?

ROSA: *(Tentando consertar)* Falou por falar, sim. Fredi, você não acreditou no que ele disse, não foi? Fredi! Olha pra mim. *(Frederico vai até Zé. Segura-o com o braço que não está enfaixado, fortemente. Zé permanece quieto).*

FREDI: Me explica, Zé. Por favor, me explica...

ZÉ: Não é hora de falar em problemas sexuais. Solta o meu ombro. Não gosto disso.

FREDI: Quem te disse isto que você acabou de dizer aí? *(Grita)* Eu quero saber a verdade?

ROSA: Fredi! Eu juro por Deus! *(Começa a chorar)*

ZÉ: *(Desvencilhando-se de Fredi)* Pois bem, quer saber?

FREDI: *(Tenso)* Fala tudo.

ZÉ: Vou falar.

ROSA: É mentira! É mentira, Fredi!

ZÉ: Não grite você aí! *(Irritado)* Estes problemas burgueses me enervam mais que a repressão policial! Quer saber se a sua noiva é virgem ainda, não é, Frederico?

FREDI: *(Trêmulo)* É...

ZÉ: Não é mais. Pronto. Não é mais virgem. Não vai poder usar o vestido de noiva! *(Grita, profundamente enojado)* Que merda!

ROSA: *(Desesperada, aos prantos)* É mentira! Acredite em mim!

FREDI: *(Para Freitas)* Prove... prove isto...

ZÉ: Provo sim. Ela dormiu comigo, Fredi. A prova está comigo. Eu estava apaixonado por ela. E ela estava a fim de ter uma aventurazinha com um líder estudantil. Dormiu comigo. E daí? *(Chacoalha Fredi, profundamente enojado)* Vai fazer um duelo de espadas? Vai ter um enfarte também? Que merda! Ela não perdeu o valor de uso ainda.

FREDI: *(Empurra Zé com o braço são. Zé cai no chão, desprevenido)* Cafajeste... *(Está quase chorando. Sua decepção, seu ódio, sua mágoa são evidentes)* Você me fez de palhaço... Você, o meu melhor amigo... E todo mundo aqui sabia...

ZÉ: Não quero dramas! Não admito dramas! Chega de novelas aqui! *(No chão tenta levantar, mas Fredi chuta-o e ele torna a cair)*

ROSA: Zé... Fredi... Pelo amor de Deus... AGORA NÃO!

(Os dois começam a rolar no chão)

ROSA: O Fredi está com o braço quebrado, Freitas!

FREDI: *(Para Zé)* Cafajeste, imoral... Você vai ter o que merece! Vou acabar com você!

ZÉ: Ela também quis! Você devia dar uma surra nela também... *(Continua rolando. Fredi geme cada vez que bate o braço em algum lugar. A cena é violenta. Fredi dá um murro na cabeça de Zé, que cai meio sem sentidos. Lentamente Fredi se levanta, calado)*

ROSA: Fredi... *(Suplicante)* Fredi... Olha pra mim... Vamos embora. Eu te explico tudo lá em casa.

FREDI: *(Frio)* Sai da minha frente. *(Fala sem tremer, chorar ou gritar)* Sai já.

ROSA: Frederico. *(Chora, ele não olha para ela. Lentamente, tira a aliança do dedo. Atira no chão com ódio. Pega o telefone. Pensa em discar, depois desiste)* Pra quem você ia telefonar, Frederico?

FREDI: *(Frio)* Por uma questão de honra eu ia ligar pro teu pai pra avisar o nosso rompimento. Mas nem isso vou fazer. Faça você mesma. *(Ele desce até a platéia, sob o olhar desesperado de Rosa. Olha ainda uma vez para ela, quer falar, ela está muda, olhando para ele. Fredi bate a porta da platéia violentamente)*

ZÉ: *(Acordando)* Rosa...

ROSA: *(Perdida, chorando)* Perdi meu noivo... *(Chorando, mais violentamente agora: convulsa)* Se eu pudesse, se eu pudesse. *(Para Zé)* Eu te matava. *(Vai até o telefone, decidida, treme e disca com dificuldade um número)* Alô... mamãe... *(Pausa longa)* O quê? O papai? Nãooooooo *(Grita) (Desliga o telefone totalmente apavorada)*

ZÉ: O que foi? Fala! Que foi?

ROSA: Meu pai... *(Balbuciando)* meu pai...

ZÉ: Que é que ele tem?!

ROSA: *(Descendo para o corredor da platéia, gritando)* Meu pai teve um enfarte. Meu pai vai morrer! Meu pai! Meu pai! *(Para a platéia, desesperada, desamparada, falando diretamente com os espectadores)* Alguém tem um carro aí pra me levar?! *(Chora, alucinada)* Meu pai vai morrer! *(Para algum velho espectador)* Perdão, papai!!!

(Vai trêmula até a porta da platéia, bate-a violentamente. Sai de vez)

ZÉ: Rosa! Você não pode sair neste estado! *(Zé fica longo*

tempo parado, sem saber o que fazer. Passa a mão no olho machucado pelos murros de Fredi)

ALBERTO: *(De cima)* Que berreiro foi esse?!

ZÉ: *(Gritando para ele)* Tragédias burguesas! Tragédias nojentas! A Rosa perdeu o pai, e o noivo jogou a aliança fora porque descobriu que ela não era mais VIIIIIIRGEM! O Fredi quase me matou aqui embaixo. *(Tenta ironizar, revoltado)* O pai dela... sofreu um enfarte. O tal enfarte que vivia anunciando. *(Sobe as escadas)* E vocês aí? E vocês aí, hein? *(Furioso)* Que é que vocês querem? Mais tragédias? *(Sobe até onde estão reunidos todos os outros estudantes)*

DARTAGNAN: O pai da Rosa morreu, então? Coitada. Coitado.

ZÉ: Sofreu um enfarte. *(Pausa)* E o Fredi atirou a aliança no chão. É incrível. O velho pode morrer, pode se salvar. Mas como é o segundo enfarte... é incrível... é incrível.

D'ARTAGNAN: Incrível o enfarte? Acontece nas melhores famílias.

ZÉ: *(Sem olhar para ele, frio, doloroso)* Tudo. *(Nervoso)* Incrível a violência.

(Pausa longa. Zé demonstra um imenso cansaço).

VILMA: Você está mal, Zé. *(Carinhosa)* você está passando mal. Nunca te vi tão abatido. Nem tão cheio de olheiras. *(Sorri, cansada também)* Parece que de repente... a energia acabou. Eu me sinto velha. Cansada. Você também, não mente. *(Zé tenta menear a cabeça)* Toda hora eu penso no Luís. Tenho quase certeza que... o cara baleado foi ele. *(Senta-se ao lado de Zé)* Não consigo saber se o que sinto é dor, ódio, ou vontade de achar uma saída. Eu já não sei se continuar aqui, pra fazer uns cadáveres a mais... é a melhor coisa. Não sei. Eu fico, sim. Eu fico. Fico. Estou sem força pra arredar o pé. Vai ver eu quero mesmo que a polícia me acabe de uma vez. *(Pausa. Ela se afasta. Freitas se levanta e abraça-a fortemente)*

ZÉ: Isto não pode acontecer, Vilma. *(Segura-a pelos ombros. Pausa longa. Olha-a nos olhos)* O suicídio é reacionário. E covarde. Até o ponto que vocês insistiam em ficar porque sonhavam que podiam reagir à polícia... eu entendia. Pelo menos era uma atitude legendária. Heróica. Mas ficar para morrer de propósito... é covardia. É reacionário.

VILMA: Não tome os outros por mim. Eu sei que minha atitude é covarde. Sei que estou aqui porque quero morrer. Sei que é suicídio, sim. Os outros talvez não. Eles acreditam piamente que é correta a atitude de ficar até o fim. *(Agarra-se a Zé)* Eu... o meu problema é o desespero, só. Não me leve a mal, Zé!

ZÉ: *(Para todos, num impulso)* Gente! Ouçam de uma vez por todas! *(Todos o escutam)* Há uma luta real por se travar junto a todos os oprimidos. Os operários, os camponeses. Todos. Nosso movimento é importante demais pra acabar num suicídio coletivo. Como bonzos cansados. *(Está exausto. Fala lentamente, como se fossem as últimas palavras que é capaz de pronunciar)*

CEBOLINHA: Agora é tarde. Nós decidimos ficar e vamos ficar. Seja como for. Nós estamos dando um exemplo a todos os que ainda não conheciam a violência. Estamos provando a violência. Se a história do movimento estudantil precisa de bucha de canhão, estamos aí: ensangüentados.

ZÉ: Idiota!

DARTAGNAN: Não somos bonzos, Zé. Você vê errado...

ZÉ: Idiotas!

DARTAGNAN: Zé, escuta...

ZÉ: Bucha de canhão! Morrer anônimo, sozinho e feito bicho. Merda!

MÁRIO: Não vai haver morte aqui dentro. Vai haver prisão, isso sim. E vamos resistir, para que todos saibam que resistimos.

ZÉ: Menos treze. Menos treze criaturas conscientes. Menos treze numa luta que deveria ser de muito, muito, muito mais. Estamos nos desperdiçando. Vamos virar uma lenda estúpida.

(Dartagnan continua tocando violão. Nostalgicamente. Toca e assobia a Internacional. Vilma chora no ombro de Zé. Estão todos desalentados. Cebola permanece em sua firme atitude de vigilância. Após uma pausa longa, pela platéia, entra Paulo, andando a passos rápidos).

PAULO: Gente. Atenção. Eu tenho notícias...

TODOS: *(Reboliço geral. Cessa o estado de apatia coletiva. Alguns descem até o palco central. Outros permanecem onde estavam. Mas todos ficam agitados com a chegada de Paulo).*
Diga lá!
— Era o Luís o cara baleado?
— Você sabe da Júlia?
— E o Oto saiu de cana?
— Quem mais foi solto com você?
— Morreu muita gente?
— Tem gente sendo torturada?!

PAULO: *(Subindo ao palco)* Saí de lá agora. Desde as oito,

que foi quando me pegaram, que estão me interrogando. Consegui bancar o débil mental. Me fiz de cururu, eles perguntaram os troços, e me deixaram sair. Soltaram cinqüenta. Os outros cem vão ficar preços até segundas determinações. A polícia vem vindo pra cá. A intenção deles não é matar, nem nada: mas se houver resistência eles atiram. Têm ordens. E têm ordens pra encanar todos vocês.

ZÉ: Isto já sabemos. Fala o que você sabe dos soltos. Quem mais foi solto?

PAULO: Tenho a lista aqui.

VILMA: *(Enquanto Zé lê a lista)* E o Luís? E o Luís?

PAULO: *(Finge que não escuta Vilma)* A lista com os nomes dos soltos e dos feridos. Foi um custo conseguir isto...

ZÉ: Você sabe da Júlia? Fala cururu! Fala, tudo o que você sabe! Você está escondendo leite...

PAULO: *(Após uma longa pausa)* A Júlia... estava lá. Eu vi ela.

ZÉ: *(Agarra-o alucinado)* E daí? Ela estava bem? *(Paulo faz expressão de quem não tem coragem de confirmar o relato)* Por que está com essa cara? Conta logo, pô! *(Pausa longa)* Torturaram ela? Torturaram, hein?

PAULO: Torturaram sim. Não sei o que fizeram com ela. Sei que foi torturada. Não sei se arrancaram as unhas dela, se deram choque elétrico *(Nervosíssimo, cheio do interrogatório do pessoal)*, se espancaram... sei que foi torturada. E abortou. *(Zé cobre a cabeça, contorce-se, aflito, cheio de ódio)* Teve uma violenta hemorragia. Quando eu saí de lá ela estava passando muito mal. Custei a conseguir esta informação sobre ela, na enfermaria. Ela perdeu sangue à beça. Por isto eles disseram que ela não escapa. Mas quando eu saí de lá ela não tinha morrido ainda. Não fiquei sabendo de mais nada.

ZÉ: *(Após uma longa pausa, com muito afeto, perplexo e trêmulo)* E espancaram... trituraram... como se ela fosse um porco. Carniceiros. Ela vai morrer, sim. Vai morrer na mão daqueles açougueiros. Vai morrer ensangüentada como uma vaca no matadouro. Fizeram o aborto por ela. Não sabiam se ela queria ter o filho. Nem perguntaram se queria ou não! Não respeitaram a vontade dela, porque... não existe vontade. Existe violência, só isso. *(Ri) (Aperta as mãos)* descobri a América! Tudo está fedendo sangue. Carniceiros... *(Alucinado, fala baixo, e volta para todos como que descobrindo a violência de repente, em suas próprias mãos)*.

PAULO: *(Para Vilma, relutante)* O cara baleado... *(Vilma*

vai até ele, desesperada e tensa) Foi confirmado, Vilma, foi... o Luís *(Cobre o rosto para não ver o rosto de Vilma).*

VILMA: *(Após uma longa pausa, lentamente)* E... ele morreu? Paulo, ele morreu? *(Paulo assente com a cabeça, pesaroso, agoniado, Vilma dá um urro animalesco, um vagido de dor, como um animal ferido de morte).*

(Após longa pausa, em que todos se entreolham desalentados, Zé abraça Vilma novamente para segurá-la. Ela parece desmaiada. De repente, ela se solta dele e começa a andar como bêbada, de um lado para outro).

VILMA: Vamos ficar aqui. Todos nós. Agora vamos ficar aqui, eles vão se empanturrar. Vão se esbaldar. Vão vomitar de tanto sangue. Somos nove, agora. Nove animais para o matadouro deles. *(Ri, louca, enojada e amargurada).* Vão jantar. Vão almoçar... Todo mundo vai ficar aqui. Atiremos neles. *(Está alucinada)* Atiremos neles e eles atirarão em nós. *(Ri).* Claro, não? Não, Freitas? Todos saberão que nove jovens de vinte a vinte e três anos foram almoçados como porcos. Vamos ficar. Quem sair daqui leva bala. *(Decidida)* Ouviram todos?! Agora quem manda aqui sou eu! *(Ri)* Vamos vingar o Luís e a Júlia. Ninguém sai daqui e ninguém se entrega! Vamos resistir! *(Grita)* RESISTIR!

CEBOLINHA: *(Enquanto todos assistem à loucura de Vilma, impotentes)* Agora são eles. Três brucutus! Três brucutus! Dez carros da polícia. E a cavalaria. Tudo o que havia na passeata! Meu Deus! *(Sorri, fracamente)* Meu Deus!

ZÉ: *(Sério e sereno, quase)* Quietos! *(Decidido)* Ninguém se atreva a atirar neles, vamos nos preparar e ver o que eles vão dizer. Se for o caso todo mundo se entrega sem se mexer. Ou então viramos mesmo o almoço deles de vez.

FERNANDO: *(Subindo e olhando para baixo)* Eles vêm vindo para cá, já estão na esquina.

(Todos sobem cautelosa e apavoradamente até o telhado, o clima é de luta, tensão e desorientação) (Vilma continua falando baixo, enlouquecida).

ANA: Alguém tem que segurar ela, Zé. Gente, alguém tem que segurar a Vilma! *(Ana chora como uma criança com medo. Tenta segurar Vilma fracamente. Vilma escapole violentamente e sobe correndo até o telhado unindo-se a todos)* Você tem razão, Zé. Vamos nos entregar, ou morreremos todos! Mas ajudem a (treme) Vilma. *(Grita)* Ela vai fazer uma besteira! Ela vai atirar! Ela vai atirar! *(Ana sobe também)*

MÁRIO: Não se atira merda nenhuma aqui, ouviram bem?

VILMA: *(Sem escutar)* Cada um no seu posto. Quando eles chegarem de vez, atirar! Atirar as bombas, os explosivos, e metralhar um por um! *(Todos olham-na perplexos)* Sem medo e sem remorso. Como eles fizeram com o Luís, a Júlia e todos nós! Exatamente na mesma moeda! *(Decidida, falando baixo, começa a empilhar as molotovs, enlouquecida)*

MÁRIO: Que... que é que nós fazemos com ela, Freitas? *(Ele fala baixo também; parece depender agora, totalmente, da resposta de Zé)* Vamos levá-la para baixo. Ela pode fazer uma loucura.

ZÉ: *(Segurando-a com força, enquanto ela reluta ferozmente)* Deixem comigo.

VILMA: *(Gritanto)* Ninguém me arranca daqui! Ninguém sai daqui!

ZÉ: *(Aos berros como que querendo fazê-la raciocinar, segurando o corpo dela com força, numa luta quase animal. Ela se debate alucinadamente)* Não enlouqueça, Vilma! Você precisa entender que é isto que eles querem de nós! Não enlouqueça, pelo amor de Deus!

VILMA: *(Enquanto os outros se atocaiam atrás da caixa-d'água e o ruído das tropas começa a se ouvir: barulhos de passos ritmados. Terríveis. Irreversíveis. Ruídos de brucutus se arrastando. Os estudantes se entreolham apavorados, perplexos. Zé e Vilma continuam na luta corporal desesperada. Ele não se apavora com o ruído de fora: quer salvar Vilma da loucura que ela pode cometer)* Zé, você sabe melhor do que eu... você sabe... Zé... mataram o Luís e devem ter matado a tua Júlia. Nós precisamos atirar neles, Zé. Vamos ficar, aqui e seremos mais cadáveres. Mais nove cadáveres. É um testemunho, Zé. O povo saberá que existe a violência, Zé. Que ela não é ilusão, conversa fiada. Poesia. Em todos os cantos, a violência! E em nós. Ela não podia deixar de existir em nós!. Atiremos neles. O massacre vem de todos os lados.

ZÉ: Eu sei. Todos nós sabemos agora.

VILMA: *(Levantando o braço)* Eu preciso resistir! Eu preciso matar todos eles!

ZÉ: Você vai morrer, Vilma. Só isto que vai te acontecer!

ANA: Vamos nos entregar. *(Todos estão em pânico. Agem sorrateiramente pelo telhado, caminham como gatos e tentam ajudar Zé a remover Vilma na marra; mas ela continua obstinada, resmungando baixinho a sua loucura)* Vamos, Vilma, Vilma... vamos... você sabe que não dá. Vamos, Vilma... *(Puxa-a. Ela resiste. A cena é terrível)*

UMA VOZ LÁ FORA: Estudantes! Saiam sem resistência! Temos ordens para atirar ao menor sinal de provocação por parte de vocês! Evacuem a escola pacificamente e nada lhes acontecerá...

VILMA: *(Enfurecida)* Fascistas! Carniceiros! Açougueiros! *(Ergue os braços e grita)* Não nos entregaremos!

A VOZ: *(Continuando imperiosa)* Saiam em fila com as mãos para o alto! *(Todos começam a descer até a platéia com as mãos ao alto, envoltos em seus cobertores. Zé continua segurando Vilma numa luta ainda mais feroz. Ela escapole. Ele cai atrás da caixa-d'água. Ela vai atirar um molotov para fora, ele segura-lhe as pernas. Ela cai no telhado, violentamente)*

A VOZ: Saiam pacificamente com as mãos para o alto! Se houver resistência, haverá mortos! *(Os estudantes saem pela platéia em blocos. Olham para trás, mas não recuam. No palco, ficam apenas os dois em luta. Eles saem humilhados, mas têm uma expressão digna de quem fez o que pôde. A imagem do cenário é de aniquilamento total)*

VILMA: *(Falando, para fora)* Companheiros! Voltem! Voltem! Vamos resistir! Isto não é suicídio companheiros! É um ato histórico! O sangue precisa ser visto, senão ninguém perceberá que estamos sendo massacrados!

ZÉ: *(Segurando-a fortemente)* Nós vamos sair também. NÃO ATIRE!

VILMA: Vamos ficar, vamos ficar, vamos ficar...

ZÉ: Cala a boca!

A VOZ: Saiam imediatamente. *(Sirene toca muito alto)* José Freitas! Você e esta moça que está com você! Entreguem-se sem resistência! Ao menor sinal de violência, temos ordens para matar... isto é uma advertência!

ZÉ: Nós vamos nos entregar, estamos saindo, estamos saindo!

A VOZ: Não queremos fazer mais mortos! Estamos defendendo a ordem e a tranquilidade da Nação! Estamos cumprindo ordens. Ordens. Ordens maiores que nós. Maiores que vocês. Em nome da lei fazemos este apelo e esta advertência. Desçam daí e entreguem-se pacificamente. Não tentem resistir! Ou seremos obrigados a matar!

ZÉ: *(Desesperado)* Que ordem é esta que vocês estão defendendo? *(Gritando, decidido)* Que ordem nojenta é esta que vocês estão defendendo? *(Vilma vai atirar uma bomba. A voz fala obsessivamente a mesma coisa, advertindo sempre. Cria um clima insuportável. Vilma cai. Aparentemente vencida pelo cansaço).* Que ordem de merda é esta? Que ordem, se já está podre? *(Escarra)* Podre como a morte! Podre! Ensangüentada e podre! *(Cospe)*

VILMA: *(Erguendo-se mal e mal de trás da caixa-d'água)* Atire neles, Zé...

(Zé tenta empurrar Vilma para o lugar onde ela caiu, pois ela está exposta. Vilma atira todas as bombas molotov para fora. Uma rajada de metralhadora corta o corpo de Vilma, que cai morta. Zé se agacha, com as mãos na cabeça) (O cenário se enche de fumaça. A sirene toca furiosamente).

A VOZ: Entregue-se Zé Freitas, senão atiraremos em você também. *(Zé sai pelo corredor da platéia, segurando Vilma nos braços, sem uma só palavra)*

A VOZ: Se houver algum estudante escondido neste recinto, que se entregue, pois temos ordens para matar. Temos ordens para matar. Para matar. Isto é uma advertência. Entreguem-se todos, senão atiraremos. Estamos defendendo a ordem e a tranqüilidade da Nação. Temos ordens para matar. Entreguem-se todos. Com as mãos ao redor do pescoço. Temos ordens para matar. Para matar. Entreguem-se todos. Com as mãos ao redor do pescoço. *(Zé sai de cena. A voz continua falando obsessivamente como um disco quebrado, até que o último espectador se retire da platéia).*

'A FLOR DA PELE

Miriam Mehler Perry Salles

DIREÇÃO DE FLAVIO RANGEL

de Consuelo de Castro

AMARAL GURGEL 164, - TEL. 51-7810

PAIOL TEATRO

À FLOR DA PELE

CENÁRIO

Sala única de um apartamento. Móveis modernos e simples. Há uma aparência de completo desleixo. Quadros fora do lugar, garrafas empilhadas no chão, etc. Uma estante de livros. Uma vitrola. Acima da estante aglomeram-se posters coloridos, uma bandeira preta com os dizeres: "Seja realista; peça o impossível". A direita, um sofá-cama aberto, com lençóis em desalinho. No centro do ambiente, uma mesa e duas cadeiras. Sobre a mesa há uma máquina de escrever, cinzeiros, jornais, livros, copos, uma caveira, tudo na mais perfeita desordem. À esquerda, um armário cheio de roupas de uso próprio e roupas de cena.

PERSONAGENS

VERÔNICA: A aluna. Vinte e um anos. Nostalgia da ordem.
MARCELO: O professor. Mais ou menos quarenta e três anos. Desespero da ordem.

Miriam Mehler, *À Flor da Pele*, 1969, Dir. Flávio Rangel.

PRIMEIRO ATO

(Penumbra – Verônica está só no palco. Veste um traje longo, esvoaçante e branco, seus cabelos estão soltos e cheios de flores. É uma figura muito delicada. Anda de um lado para outro, lentamente. Sua expressão é de loucura suave. Traz nas mãos um alaúde, o qual toca desafinadamente. Canta com voz rouca uma canção sem melodia: Canção de Ofélia, namorada de Hamlet, cena V, ato II – Hamlet).

VERÔNICA *(Entoando)* –

Nunca mais o veremos?
Não mais voltará?
Sumiu deste mundo,
Baixai para o fundo,
Que ele não voltará.

(Ela continua repetindo alucinadamente estas frases. Desafinando com o alaúde. Às vezes rodopia leve, como fantasma)

Sumiu deste mundo,
Não mais voltará.

(Ouve-se um ruído de motor. Um carro estaciona. Ela pára, assustada, acende a luz rapidamente, rói as unhas. Está apavorada com a chegada de Marcelo. Olha-se no espelho,

ajeita as flores no cabelo. Faz uma careta sensual, como uma menina treinando uma pose sexy. Os passos vão se tornando próximos, ela morde os lábios).

MARCELO: *(Entrando bruscamente)* Oi... *(Olha o traje)* Ofélia de novo? *(Ela assente com a cabeça. Está muito agitada e parece uma menina envergonhada que esconde alguma coisa. Corre a beijá-lo no rosto. Ele é frio e não retribui ao beijo. Ela finge não notar a indiferença dele. Rodopia suavemente e pega o alaúde).*

VERÔNICA: Estou bonita de Ofélia?

MARCELO: *(Balança a cabeça. Continua com ar preocupado e indiferente).* Mais ou menos...

VERÔNICA: Alguma coisa contra Ofélia, Cavalheiro? *(Gentil suave).*

MARCELO: Contra Ofélia? Não. *(Ele deposita a capa e o guarda-chuva sobre a mesa. Parece prestes a dizer alguma coisa de muito importante. Olha para ela, que continua fazendo gestos lentos, imitando uma donzela antiga, graciosamente).* Eu não vinha aqui hoje. Mas eu precisava falar com você. *(Ao ouvir isto ela pára com a brincadeira. Vê-se que está com medo. Rói as unhas).* Suponho que a senhorita já saiba... já saiba do que se trata. Não é, Dona Verônica? *(Ele ironiza e sorri, ainda muito curioso; Ela assente com a cabeça jogando os longos cabelos para frente).*

VERÔNICA: *(Tentando desviar o assunto de que ele ameaça falar)* Depois, tá? Depois você fala, bronqueia, tudo o que quiser. *(Rodopia)* Fala a verdade. Não fico linda de Ofélia?

MARCELO: *(Sentando-se na cama vagarosamente)* Se o Shakespeare te visse... tinha um enfarte. *(Sorri, levemente irônico, mas com um ar paternal).* Você parece mais a avó da Ofélia. Está estragando a personagem. *(Acende um cigarro. Ela continua rodopiando, leve e infantil).*

VERÔNICA: *(Recitando suavemente)*

Que nobre inteligência assim perdida!
O olho do cortesão, a língua e o braço do sábio e do guerreiro, a mais florida esperança do Estado... O próprio exemplo
de educação, o espelho da elegância...

MARCELO: *(Interrompendo)* Quantos litros de uísque você entornou desde o *(Ironiza)* "ocorrido"?

VERÔNICA: *(Parando de recitar)* Eu? *(Finge espanto)* Eu?!

MARCELO: Você sim. Quantos litros de uísque? Vamos lá...

VERÔNICA: Nenhum... *(Ri)* Nenhum, imagine. Por que você pergunta isto?

MARCELO: Basta olhar para suas olheiras...

VERÔNICA: *(Zombeteira ainda; olhando-se no espelho)* Não estou vendo olheira nenhuma... *(Olha novamente. Graciosa e irônica, começa a examinar detidamente os olhos).* Nenhuma mesmo. Engraçado! *(Aproxima-se dele)* Onde você viu olheiras em mim? Meu Marcelo... Está vendo coisa... *(Tenta seduzi-lo, aproximando o rosto bem próximo ao dele).*

MARCELO: É só lavar essa maquiagem pesada e você enxerga. Lava a cara e depois vem sentar aqui, direitinho, que eu preciso conversar sério com você. Certo?

VERÔNICA: *(Olhando-o assustada. Morde os lábios. Senta-se ao lado dele)* Você... não vai brigar comigo, vai?

MARCELO: Não. Vou apenas colocar tudo em pratos limpos.

VERÔNICA: *(Levanta-se, andando de um lado para outro. Agitada)* Sei que você está uma onça. *(Ri)* Eu sei... Mas olha... eu... eu estava fora de mim. Completamente fora de mim...

MARCELO: Isto não justifica nada, menina.

VERÔNICA: Eu não sabia direito o que estava fazendo.

MARCELO: Você NUNCA sabe direito o que está fazendo.

VERÔNICA: Aquele dia principalmente...

MARCELO: Que é que te deu na telha de...

VERÔNICA: Não sei, não me pergunte... *(Tapa o rosto, teatral).* Não quero falar nisto. Eu já disse. Eu estava fora de mim.

MARCELO: *(Irritado)* Estava ONDE? Na lua? *(Ela assente com a cabeça)* Mas os resultados do que você fez estão aqui! *(Aponta o chão)* E não na lua, entende?

VERÔNICA: *(Tentando se justificar)* Eu só podia fazer aquilo naquela hora...

MARCELO: *(Irritado)* É?! *(Mais furioso ainda)* E sabe o que aconteceu?! Sabe?

VERÔNICA: *(Gritando para ele, infantil e agressiva)* Não quero saber... Não queeeeero sabeeeeer!

MARCELO: *(Decidido)* Pois vai saber. *(Pausa)* Minha mulher teve uma crise de nervos. Está no hospital fazendo tratamento de insulina. *(Parece preocupado e aflito)* E a Verinha está um trapo. Um trapo!

VERÔNICA: *(Faz um gesto com a boca, displicentemente, indicando nojo)* Aquelas duas chatas...

MARCELO: Se são chatas ou não são chatas, o problema não é teu. Quero saber com detalhes o que foi que você aprontou lá na minha casa, pra poder contornar a situação.
VERÔNICA: Não vou falar.
MARCELO: Vai falar sim senhora, e vai ser já.
VERÔNICA: Pergunte pra Verinha. Aquela tonta da tua filha sabe melhor do que eu. Eu estava bêbada quando fui lá. Não te disseram?
MARCELO: Disseram.
VERÔNICA: Então. Eu sei menos do que ela. Nem me lembro direito, se você quer saber...
MARCELO: Claro que lembra. *(Incisivo e nervoso, vai até ela, segura-a pelo braço. Ela tenta desvencilhar-se)* Fala tintim por tintim...
VERÔNICA: Não quero falar e não vou falar. Pronto.
MARCELO: Vai falar tudo. Pensa que é assim? *(Gesticula)* Estoura a minha casa, põe a minha mulher doente e a minha filha histérica, e depois é só tirar o corpo fora... *(Imita-a)* "Não quero falar, e pronto". Bela solução.
VERÔNICA: Eu não quero saber dos teus conflitos domésticos.
MARCELO: Conflitos domésticos que você causou. *(Pausa. Ela rodopia fingindo nem notar mais a presença dele, leve como um fantasma. Sua expressão infantil reflete, no entanto, apreensão e medo)* Mas onde estamos... meu Deus... Você invade a minha casa, bêbada feito um gambá... sabendo que eu não estou lá para segurar as pontas. Chama minha mulher e minha filha e diz um monte de cretinices que põe as duas em estado de choque. Foi uma atitude digna de novela de rádio.
VERÔNICA: *(Rindo)* Não precisa ir tão longe. Foi um capítulo das tuas novelas lá na televisão. Aquelas merdas!
MARCELO: Eu já sei que você acha a televisão uma merda e outra merda as minhas novelas. O problema agora é saber quem te autorizou a brincar de atriz de novelas... *na minha casa!*
VERÔNICA: *(Cínica)* A vida... imita a arte!
MARCELO: Ah! Oscar Wilde! *(Pausa longa)* Eu quero saber detalhes. Vamos por partes.
VERÔNICA: Por partes...
MARCELO: ...Primeiro: você encheu a cara, pra variar. *(Ela assente com a cabeça).* Depois pegou o carro e foi até lá. *(Pausa)* E daí?
VERÔNICA: Daí, quando a tua filha abriu a porta, eu mandei ela chamar a tua mulher, e botei tudo pra fora. Ora, aquela múmia um dia tinha de saber de tudo. *(Volta-se para ele*

decidida) Você acha que dava pra enrolar mais tempo? A tua filha mesmo estava desconfiada.

MARCELO: Que descobrissem sozinhas as duas. Ou então, não descobrissem. Eu sempre daria um jeito de botar pano quente.

VERÔNICA: Pano quente não adianta nada...

MARCELO: Conta com detalhes, já disse! Você chegou, tocou a campainha...

VERÔNICA: *(Irritada e amedrontada ao mesmo tempo. Vê-se que ela não quer contar, mas conta atropeladamente fingindo desprendimento para disfarçar a vergonha que sente)* Toquei a campainha. *(Imita a si mesma, apertando uma campainha fictícia)* Trimmm! *(Grita)* Quer que eu repita a cena? *(Ele assente)* Pois eu repito... *(Torna a tocar a campainha fictícia)* Trimmm! *(Finge abrir)* "Pois não. A senhora quer falar com quem?" *(imita Verinha com voz fina e irritante)* "Com minha mãe?"

MARCELO: Pare de imitar que não tem a menor graça.

VERÔNICA: Aí eu disse: Você é a Verinha, não é? E ela respondeu: – "Sou. E você?" *(Pausa)* Eu disse: "Sou Verônica Prado. Sou aluna do teu pai na escola de Arte Dramática. Preciso falar com a tua mãe". *(Morde a boca, com medo de continuar)*

MARCELO: Continua, continua...

VERÔNICA: Pra que isso? *(Pausa)* Eu não me lembro de tudo, Marcelo. Juro por Deus.

MARCELO: Lembra sim. Lembra muito bem. E vai falar.

VERÔNICA: *(Pausa longa. Ela olha para ele com medo)* Daí a Verinha olhou pra minha roupa e pra minha cara... *(Indecisa)* Não sei... Acho que percebeu que eu estava bêbada... Ficou com uma cara de idiota. *(Sorri sem jeito).* Ficou olhando e nem me mandou entrar. Eu fui entrando. Ela disse: *(Torna a imitar com voz irritante)* "Por favor, você quer falar com minha mãe, não é? Mas a minha mãe está ocupada".

MARCELO: E você empurrou a menina, e foi direto onde estava a minha mulher...

VERÔNICA: *(Enciumada)* A "menina" não é tão menina assim... *(Debochada)* Menina.. com aquele corpão?

MARCELO: *(Irritado)* Tem 13 anos. É uma menina, sim senhora. Mas isto não importa. Vamos continuar...

VERÔNICA: Bom. Então eu disse que se ela não fosse chamar a mãe dela, eu mesma ia. Na marra. Ela subiu as escadas apavorada, gritando. *(Imita, com desprezo, forçando uma voz esganiçada e infantil)* "Mãiêeeê! Desce correndo! Tem uma moça esquisita lá embaixo querendo falar com a senhora! Disse que é aluna do papai". *(Marcelo está visivelmente irritado com as imitações)* Daí, desceu a "Jackeline Kennedy". *(Pausa. Ele espera atentamente o resto do relato. Verônica rói as unhas, anda de um lado para o outro)* Desceu e começou a perguntar o que eu queria com ela. Disse que estava ocupada, não sei mais o quê... Eu olhei bem para a cara dela, pra ver se era tão simpática quanto você dizia. Achei uma velha chata, simplesmente uma velha chata. *(Dá de ombros, com desprezo)* Não sei o que você ficou fazendo tanto tempo com aquela múmia. Parece ser mais velha do que você.

MARCELO: As suas impressões não me importam, repito. *(Didático)* Importam no momento as impressões que você causou nas duas. Vê se me entende. Quero saber do escândalo em si, detalhadamente, pra ver se assim eu posso contornar a situação.

VERÔNICA: Contornar e fazer sua média de sempre, não é? Por que você não aproveita o embalo e não toma uma decisão radical?

MARCELO: Porque não quero tomar decisões radicais. Contente?

VERÔNICA: Olha... *(Cínica)* Você sabe que certas violências são necessárias...

MARCELO: Não entendi.

VERÔNICA: Mas é tão simples! Quero dizer que certas soluções radicais são adiáveis... *(Didática)* Pode-se adiar, *(Gesticula debochada)* adiar, adiar, adiar... *(Grita)* Mas não se pode adiar para sempre! Um dia a coisa explode.

MARCELO: Sei... sei. Obrigado pela informação. *(Irônico)* Deixe que eu saiba usar a violência à minha moda. No momento não quero ser radical nem violento. Quero segurar as pontas. E ponto final.

VERÔNICA: *(Sorridente)* Um dia você vai ter que tomar uma decisão, não é?

MARCELO: Um dia! E talvez nem seja necessária uma decisão radical.

VERÔNICA: Vai ter que ser radical, sim. A partir do que eu fiz lá na tua casa, as coisas vão se tornar cada dia mais insuportáveis. Tua mulher vai começar a desconfiar de você. Tua filha vai ficar perguntando toda hora aonde você vai, de onde você vem... Eu sei. Você mesmo me disse que a Verinha não larga do teu pé, que tem ciúme de você. Não é mesmo? E eu também vou suportar cada dia menos que você viva com as duas.

MARCELO: Problema meu. Quem tem que resolver sou eu. Mas agora eu quero saber a coisa como foi, e você vai dizer.

VERÔNICA: Foi isso que eu disse. Tua mulher chegou e eu falei.

MARCELO: *(Irritado)* Falou o *quê*? Desembuxa esta droga de uma vez!

VERÔNICA: Tudo, ora! TUDO! Não deixei nada pra dizer depois. *Eu fui radical.* Contei nossa estória TODINHA pra elas.

MARCELO: Toda como! Você deve ter inventando um pouco, senão as duas não estariam no estado que estão.

VERÔNICA: Elas estão fazendo drama.

MARCELO: Drama fez você.

VERÔNICA: *(Defendendo-se)* Mas eu não inventei nada!

MARCELO: Quem te disse pra ir lá?

VERÔNICA: A minha cuca. Só isso, a minha cuca. Fui porque fui e porque quis ir. E acabou.

MARCELO: A tua cuca! *(Irritado)* Um dia a tua linda cuca te manda ficar pelada no meio da rua e você fica.

VERÔNICA: *(Debochando, fingindo alegria que não sente. Rodopia e grita)* E viva o reino livre dos instintos! Eu fui lá, fiz um troço violento, e as coisas AGORA começam a tomar um rumo certo. Eu "acelerei o processo". Muito melhor assim! Agora você está diante de uma decisão. Se eu não tivesse feito isto nós íamos ficar mais outros três anos, quem sabe, nesse chove não molha. Você fazendo a média de sempre entre eu e elas duas. *(Pausa)* Eu morrendo de ciúme. *(Pausa longa)* Você de saco cheio delas e eu de saco cheio da situação toda.

MARCELO: Quem te disse que eu estou de saco cheio delas?

VERÔNICA: Você mesmo! Você mesmo me disse que não suportava mais a tua mulher!

MARCELO: São brigas de família! Todo mundo diz isto na hora da raiva. E além do mais eu nunca disse que estava cheio da minha filha. Tá aí um negócio sagrado pra mim: a minha filha.

VERÔNICA: Aquela pata-choca! *(Com nojo)* Só pode ser mesmo um "negócio sagrado"! Tem cara de "santinho!" *(Imita comicamente)*

MARCELO: Antes a cara de santinho dela do que a tua cara de doente mental! *(Acusador)* Sua irresponsável! Você pode seguir a tua cuca até onde não atrapalhe a vida dos outros,

entende? *(Agressivo)* Neurótica! Sabe o que você fez? A Verinha tem 13 anos! 13 *a-nos*! Está completamente chocada com o teu palavreado? Sabe o que significa uma menina de 13 anos?
VERÔNICA: Sei. Eu tive 13 anos e não faz muito tempo. Só que não era tão "sagrada"... quanto a tua filha... eu já sabia das coisas. Ainda bem...
MARCELO: Por que não aproveitou sua experiência pessoal? Uma criança nesta idade, tem certas inocências e certas ilusões que precisam ser mantidas!
VERÔNICA: Ilusões que precisam ser arrancadas! Isto sim! Que ilusões você quer manter na Verinha? De que é um pai modelo? Um pai "santo"? Ah... *(Ri)* A sagrada família! *(Ri mais ainda)* Que é que tem de porco no fato do pai dela ter uma amante? Vai me dizer que ela não sabe o que quer dizer "amante". Neste caso, faça-me o favor! Que raio de educação você dá prá ela? *(Didática e irônica)* Hoje em dia não se esconde mais nada dos filhos a respeito do sexo!
MARCELO: Você devia ser pedagoga!
VERÔNICA: Talvez. Adoraria. Só pra ter o gostinho de arrancar certas ilusões bestas de certas pessoas... *(Marcelo acende um cigarro, furioso. Verônica rói as unhas. Cada vez mais ela assume o papel de uma menininha travessa e apavorada)*
MARCELO: Tem horas que eu penso... que é que eu tinha que me meter com você? *(Pausa)* Só isto que eu gostaria de saber! *(Fecha os punhos)* Paciência... quem dorme com criança amanhece mijado. *(Pausa)* Mas puxa! Será que eu não podia prever que você ia me aprontar uma dessas? *(Incrédulo, tentando conter a raiva e manter a sobriedade)* Eu devia ter imaginado, desde o dia que te conheci, que você não batia bem e que ia me dar trabalho! *(Assopra a fumaça do cigarro, furioso)* Eu sou um idiota completo! *(Bate na cabeça)* Por que não usei a cabeça?
VERÔNICA: *(Brincando)* Não se culpe, não me culpe. Não culpe ninguém. Você disse que eu te dou trabalho. Podemos inverter. Eu acho que você me dá trabalho também. Viu? *(Ri)* Se a gente pudesse evitar tudo o que dá trabalho na vida... seria fácil. *(Torna-se meiga)* Que culpa você tem de ter ficado gostando de mim?
MARCELO: A culpa dos cegos. *(Pausa) (Verônica se aproxima dele carinhosa. Ele repele todas as tentativas de aproximação por parte dela, furioso).*
VERÔNICA: Um cego não tem culpa... Marcelo... *(Ri)* Olha, daqui uns dias a tua mulher sai do hospital e pronto...
MARCELO: Fácil falar... Muito fácil... *(Ela tenta abraçá-lo. Ele se afasta bruscamente como que querendo voltar à reali-*

dade) Eu queria te ver no meu lugar. Sentado, à beira da cama dela. Ela, inconsciente, resmungando coisas sem nexo. Meu sogro e minha sogra sentados me olhando como se eu fosse um assassino. Minha filha, se eu chego perto, me repele, apavorada. E os médicos? *(Desespera-se no relato)* E os médicos, então? Todos me perguntam de cinco em cinco minutos... "Como foi que a paciente entrou em estado de choque?"... Como, quando, por quê... Pergunta em cima de pergunta... e eu sem saber o que responder... *(Segura-a outra vez)* Fala! Eu quero saber tudo, menina. Tudo! E chega de papo furado que eu tenho que voltar pra lá!

VERÔNICA: Não volte pra lá.

MARCELO: E quem conserta aquele drama todo?

VERÔNICA: Deixe a "sagrada família" fazer o drama sozinha! Não volte e pronto! Ou então volte e defina-se! Será que você não vê que todo este drama é proposital? Eles todos, inclusive os médicos... todos... estão querendo te meter numa novela medíocre. Olhe só: A "sagrada família" se reúne em torno de "Isaura, a Corneada" e Verinha, a inocente vítima de um pai mau caráter! Livre-se disto! *(Com nojo, repulsa absoluta)* Não volte lá... Deixa a novela correr sem você. *(Segura os ombros dele)* Olhe, se fosse uma novela que te merecesse como personagem principal... mas não é. Esta novela se repete milhões de vezes por dia em todos os lares pequeno-burgueses e em todas as televisões do mundo! *(Pausa)*)Repete-se tanto esta droga toda, que se pode facilmente prever o fim. O final feliz! *(Debocha)* O marido culpado pede perdão, e a mulher submissa aceita o perdão. Vence a justiça e vence a moral! Todos ficam de bem. Pra que você insiste em viver, na vida real, esta merda que você é OBRIGADO a viver na fantasia, pra ganhar dinheiro? *(Pausa)* Não basta a televisão? *(Ofegante)* Não pode escapar disto? *(Beija-o)* Pode sim, meu amor. *Eu,* Verônica Prado, juro por tudo quanto é mais sagrado, que não vou deixar você virar personagem de novela. *(Deita-se meiga e dócil no peito dele. Ele repele a tentativa de conciliação).*

MARCELO: Me larga, menina. Não fica segurando em mim. Faça o favor. Eu estou... *(Faz o gesto)* por aqui com você. *(Levanta-se)* Você vai me explicar ou não o que disse pra elas duas? Se for pra ficar aí discursando sobre a televisão, a família e a propriedade privada, é bom avisar... porque eu não estou a fim de ouvir discurso *(Senta-se agitado)*.

VERÔNICA: Você quer que eu volte a pisar na brasa, então...

MARCELO: Volta sim. Sem conhecer os fatos eu não posso consertar e a coisa é capaz de piorar... *(Levanta-se irritado).*

VERÔNICA: Pois eu volto. *(Decidida, agora afasta-se dele).* Pode sentar... *(Ele senta novamente)* Já que você quer que eu fique mastigando a história toda de novo... tá bem... tá bem... onde eu parei? *(Finge lembrar com dificuldade)* Ah! parei quando a tua mulher disse que estava ocupada e que não podia atender. Eu peguei e falei pra ela: "A senhora vai me ouvir, queira ou não queira. Sabe quem eu sou?" Ela disse que não. Eu disse: – "Sou Verônica Prado". Aí ela deu um daqueles sorrizinhos sob medida. O sorriso da esposa bem educada. E então falou, muito gentil: "Ah, sei! Meu marido fala muito em você. Disse que você é a aluna dele que mais tem talento lá na escola. Sente-se, por favor. Ele não está. Você queria falar com ele mesmo? Se for questão de livros que você está precisando, a biblioteca é ali, à direita. Sirva-se" *(Ri. Continua imitando)* "Meu marido me deu ordens pra deixar os alunos pegarem os livros à vontade".

MARCELO: *(Visivelmente contrariado. Ele tenta manter a calma)* Quer parar com esta imitação ridícula, por favor? Você nem parece atriz, minha filha. Conte sem imitar... Está me dando nos nervos...

VERÔNICA: ...Aí eu falei pra ela que não queria livro nenhum... Então acho que ela se tocou que eu estava bêbada, porque parou na hora de representar o papel da esposa bem educada e ficou me olhando sem dizer nada. Aí eu disse que nós dois tínhamos um caso de três anos de idade. Disse que você gostava de mim e eu de você. Como ela fez uma cara de "não entendendo nada", eu expliquei em português claro – "Sou *amante do seu marido*". Foi o que eu falei: As duas quase desmaiaram quando eu falei a palavra "amante", e se agarraram uma na outra como se eu tivesse dito que o Brasil ia decretar guerra aos Estados Unidos! *(Ri. Parece segura de si. Marcelo apenas ouve, furioso e perplexo, fumando sem parar).*

MARCELO: E daí? E daí? Você falou mais alguma barbaridade ou ficou por isto?

VERÔNICA: Não sei que barbaridade existe em você ser meu amante...

MARCELO: *(Fingindo ironia)* Não é todo dia que a gente encontra uma esposa razoável, modherninha, sem ciúme... ou você pensa que a Isaura é o quê?

VERÔNICA: Uma quadrada!

MARCELO: Está nos direitos dela...

VERÔNICA: *(Irônica)* Claro. Direito e deveres. Direito

de te segurar com ela, dever de se fazer de santa. Direito de te fazer agüentar a cara dela na marra. Dever de te amarrar na cama com ela, por tradição!

MARCELO: Continue o resto da história e não enrole.

VERÔNICA: *(Irritada em ter que prosseguir)* Sua mulher pediu pra Verinha sair da sala. Ela emburrou e não saiu. Paciência, pensei eu. Vai ter que perder as inocências na marra. *(Pausa)* Sua mulher me disse que era melhor eu "me retirar"... Até essa hora, ela ainda quis bancar a dona da verdade. A esposa bem comportada, séria e sóbria, que não liga pras más línguas dos vizinhos. Mas eu disse pra ela que você ia pedir o desquite. Só então foi que ela entendeu que eu estava falando sério. *(Marcelo cerra os punhos novamente e fecha os olhos, contendo a fúria. Parece que não acredita no que ouve)* A sua filha começou a me mandar embora aos gritos... e dona Isaura começou a ficar pálida... pálida... como uma morta! *(Dramatiza, avacalhando com a cena)* Olha, que a sua mulher ficasse daquele jeito, eu ainda entendo. Mas a *tua filha*? *(Finge horror)* Aquela pirralha está com o maior complexo de Electra. Nunca vi! Por que você não bota a menina num psicanalista? Incesto dá bode... Juro. Ela tem ciúme de você. Mais do que a tua mulher.

MARCELO: *(Gritando)* Os seus conselhos não me interessam. Verônica, que mais inventou? Hein? Eu tenho vontade de te enforcar... Quem te falou que eu queria me desquitar? De onde você tirou isto? Da tua cuca? *(Mostra a cabeça)* Começo a compreender... O erro está aqui... *(Mostra a cabeça)* Na *tua* cuca. Quem foi que disse pra você que eu *queria* me desquitar? A tua cuca?

VERÔNICA: *(Nervosa)* Você mesmo! Você quer tirar o corpo fora, então fale logo. Mas não tente me enrolar. Você me disse umas quarenta vezes isto. E eu não contei tudo pra ela. *(Pausa)* Não falei, por exemplo, que você achava ela burra... *(Conta nos dedos)* cansativa... quadrada... Não falei que você DE-TES-TA-VA ir pra cama com ela... Não falei que você fica com ela por obrigação. Uma obrigação estúpida e pequeno-burguesa, é claro. Mas uma obrigação! Um ver-da-dei-ro sacrifício! Se eu tivesse dito tudo isto pra ela...

MARCELO: Eu te matava. Se você falasse isso pra ela, eu te matava.

VERÔNICA: Pois bem. Não precisa matar. Eu só falei que você ia pedir o desquite.

MARCELO: Mas eu não vou pedir desquite nenhum! Você me consultou antes de inventar isto?

VERÔNICA: Você me *disse* isto. *(Pausa)* Lembre-se.

Você disse: "Eu vou pedir o desquite, Verônica. Sossegue. Não vai ser já. Tudo tem um momento certo. E agora ainda não é o momento certo".

MARCELO: E então? Eu falei em desquite, reconheço. Mas eu falei também... que não ia ser já. Não tenho condições.

VERÔNICA: *(Desanimada)* Ah, vai.. eu estou cheia deste negócio de "condições". "As condições a gente cria", ouviu?

MARCELO: Pois bem, Verônica. A responsável por isto é você. Você foi lá e teve uma atitude de cortiço, agora...

VERÔNICA: Que aristocrata... *(Sorri)*.

MARCELO: Fez a cagada e vai consertar. *(Pausa. Ele parece ter encontrado a decisão. Está sereno e seguro de si)* Só há um meio de consertar.

VERÔNICA: Não sei o que você está pretendendo. Só sei que consertar não é o caso. O negócio é destruir tudo e começar tudo de novo. Largar a mulher e a filha, ou largar de mim. Consertar não dá mais pé.

MARCELO: Você que acha. *(Levanta-se didático. Há uma pausa longa, ela está apreensiva)* Você vai fazer o que estou dizendo. Você vai lá no hospital e eu vou junto.

VERÔNICA: *(Gritando)* O quêêêê?!

MARCELO: Não grite. Isto mesmo. Você vai lá e vai dizer que estava bêbada e que era tudo mentira o que você falou. Vai dizer que sempre gostou de mim, e que eu nunca te dei a menor bola. Vai bancar a aluna apaixonada pelo professor. *(Pausa)* É o único jeito.

VERÔNICA: *(Após uma breve pausa. Está apreensiva e desconfiada de alguma coisa terrível)* Sei. Acho que estou entendendo o teu joguinho nojento! Vou lá bancar a adolescente neurótica, gamada pelo professor de dramaturgia. *(Balança a cabeça. Olha pra ele com raiva)* E depois que eu sair, aí você conta pros médicos que tem pena de mim. Que sempre me tratou com mais carinho do que os outros alunos, porque me conheceu... num estado lamentável. *(Cínica)* Entendo. *(Pausa longa)* Você vai contar que eu tentei o suícidio... não vai?...

MARCELO: Isto não é verdade? Não foi assim que eu te conheci? Tentando saltar da janela da sala do diretor?

VERÔNICA: Mas eu não vou deixar você contar isto!

MARCELO: Não vai por quê?

VERÔNICA: Porque não *(Grita)* Você vai usar uma coisa minha. Terrivelmente minha... uma coisa de que eu me envergonho desesperadamente... pra limpar a tua barra? Não tem vergonha de usar um jogo tão miserável? *(Começa a chorar)*

Você é apavorado... *(Com nojo)* No fundo é um velho, com medo até de se mexer...

MARCELO: *(Tentando defender-se)* Não sou velho, Verônica, eu sei das coisas... Eu tenho experiência... Você é uma criança e não se importa em ferir os outros. Que foi que a minha mulher te fez pra você magoá-la daquele jeito?

VERÔNICA: Não choramingue na minha frente! *(Pausa longa)* Em lugar de enfrentar o problema de peito aberto, você quer o remédio fácil, que só adia a solução... e ainda por cima quer que eu entre na brincadeira. Que eu minta que nunca fomos amantes. Quer que eles tenham pena de mim, por isso vai contar a estória da tentativa de suicídio. Assim a tragédia fica completa... Mais uma novela com final feliz: *O Marido bom e a adolescente suicida*. *(Aproxima-se dele e grita-lhe no ouvido)* Mas acontece que eu não vou topar este joguinho porco!

MARCELO: *(Tapando o ouvido e franzindo os olhos, perturbado pelo grito dela)* Vai fazer o que eu estou dizendo! Vai fazer isto mesmo! Vai contar que mentiu! Que eu sempre te respeitei e que o máximo que eu sinto por você é pena. Pena da tua mania de suicídio. Pena do teu talento desperdiçado. Pena da tua fossa!

VERÔNICA: *(Após uma pausa)* e... se eu não for lá? Se eu não topar o jogo?

MARCELO: Então está tudo acabado entre a gente.

VERÔNICA: Então está tudo acabado entre nós, porque eu não vou lá.

MARCELO: Não vai? *(Desespera-se)* Não vai me ajudar então?

VERÔNICA: *(Decidida)* Não.

MARCELO: Paciência. Eu vou e digo por você. Se eles quiserem alguma prova, eu pego qualquer aluno da escola. Qualquer um pode provar que você bebe, que você é maluca e que há três anos atrás tentou suicídio. Se você pensa que só eu sei disso está enganada. O diretor mesmo sabe. Um dia ele me disse que era uma pena, você, tão inteligente e talentosa...

VERÔNICA: Quem sabe ouviu de você. Porque eu não contei pra ninguém. Eu tenho ódio disso. Eu tenho vergonha deste suicídio. Se alguém mais sabe, soube por você. E é bom eu também saber que você gosta de se vangloriar por aí de que é bondoso, caridoso, tira menininhas da fossa e impede suicídios. É bom eu conhecer este teu lado caridoso, assim eu começo a te odiar. Eu odeio a caridade!

MARCELO: *(Após uma longa pausa)* Verônica, você podia me ajudar a quebrar este galho. É... é um favor que estou te pedindo.

VERÔNICA: *(Sorrindo indiferente e decidida)* Não. Como eu te disse, não sou de fazer caridade pra ninguém. Você pode ir lá e falar a patacoada que quiser a meu respeito. Eu não vou te desmentir. Mas também não endosso. E desde agora pode ir saindo daqui, porque eu não aguento mais ver a tua cara.

(Pausa longa. Ele continua sentado onde está, fumando. Ela olha pra ele com desprezo. Depois, como se não o visse, começa a tirar a roupa de Ofélia)

MARCELO: *(Tentando a reconciliação)* Não tire ainda a roupa. Eu quero ver como ficou a cena. Ficou bacana? Você ensaiou muito?

VERÔNICA: Ficou bacana. Ficou linda. Você, é claro, não acharia. *(Tira a roupa de Ofélia por completo. Fica com uma malha de* ballet, colante, *que trazia por baixo do vestido).*

MARCELO: Ora... por quê eu não acharia, Verônica?

VERÔNICA: *(Indiferente)* Porque fui eu que fiz. Se fosse o Jô Soares de travesti, você juraria que ele é a Ofélia. Como sou eu, nunca poderia ficar boa a cena. Nem que eu ensaiasse quinhentas vezes por dia.

MARCELO: Você está azedinha mesmo.

VERÔNICA: Estou.

MARCELO: *(Gentil, recuando na briga, tentando conciliar)* Faça a cena.

VERÔNICA: *(Caminhando até a vitrola, sem olhar para ele)* Não vou fazer merda nenhuma.

MARCELO: Tá bem. *(Resignado)* Pelo menos me diz que cena era aquela que você ensaiou.

VERÔNICA: *(Ligando a vitrola. Explode um iê-iê-iê frenético. Ela começa a dançar. Sensualíssima e indiferente)* Cena 5, ato II, de William Shakespeare, Hamlet, Príncipe da Dinamarca. *(Pausa)* Se quiser mais dados leia o livro. Ou então, assista às aulas de dramaturgia, caduquíssimas, da escola de arte dramática. *(Dança, joga os cabelos para trás. Parece em transe. Ele observa-a, entre fascinado e furioso)* Você não tinha que sair voando? Não tinha que ir visitar a tua desconsolada mulher?

MARCELO: Vou daqui a pouco. *(Vai até a vitrola e baixa o volume. Ela aumenta o volume, voluntariosa)* Põe pelo menos mais baixo, por favor. Estou com dor de cabeça. E não suporto iê-iê-iê.

VERÔNICA: Não ponho nem um milímetro mais baixo. *(Aumenta o volume até o máximo)* Eu não faço concessões, entende? Vou ouvir no volume que EU quiser! *(Dança. Ele tapa os ouvidos).*

MARCELO: Por favor! *(Vai até a vitrola novamente e baixa o volume)* Assim já dá pra você ouvir e dançar à vontade. Eu disse que estou com dor de cabeça.

VERÔNICA: *(Aumentando novamente o volume e dançando sempre)* Os incomodados que se mudem. *(Ele se resigna. Pega um copo e enche de uísque. Ela dança em transe ainda, cada vez mais sensual).*

MARCELO: *(Tentando puxar assunto)* Como é o nome desta merda?

VERÔNICA: O disco, você quer dizer? *(Sorrindo, dançando sempre)* "Balada de Yoko".

MARCELO: Não gosto. *(Dá um gole no uísque)* Aliás, não é que eu não goste. De-tes-to.

VERÔNICA: *(Aproxima-se dele, dançando)* Me dá um gole... *(Pega o copo dele. Ele arranca o copo dela, derrubando o uísque na malha de ballet. Ela esfrega as mãos na malha, sensualmente. Ele está furioso)* Que foi? Ficou louco? *(Ri)* Me dá um gole, estou dizendo...

MARCELO: Você não vai beber.

VERÔNICA: *(Pegando a garrafa)* Não? Olhe aqui. *(Dá uma violenta golada. Marcelo tapa os ouvidos, completamente saturado do disco. Vai até a vitrola e tira o disco. Verônica pega a garrafa, olha para ele e dá outra violenta golada. Vai até a vitrola, teimosa, sorrindo, e põe o disco na metade).*

Eu quero ouvir e vou ouvir, assim como quero beber e VOU beber. *(Cínica, teimosa, irritante)* Compreendeu? *(Ele senta-se à mesa, fumando, desesperado e furioso. Ela ri, joga os cabelos para trás, faz gestos com a boca, totalmente desinibida e provocante)* Vem dançar... Não quer? *(Estende os braços. Ele meneia a cabeça).* Esqueci que você só gosta de valsa... *(Ri, Olha para ele sorrindo)* Que tal esse passo? Foi o Toninho que me ensinou. Aliás, o disco foi ele quem trouxe. Genial, não é? Você pode não gostar de iê-iê-iê, mas este você tem que admitir que é fantástico! *(O disco acaba)* Ah... acabou... Que pena! *(Ele faz um suspiro de alívio. Sorrindo, cínica, infantilmente, ela finge que vai pôr o disco de novo)* Não sei... acho que vou pôr de novo... *(Ele vai até a vitrola e cerca-a)* Sai daí, seu chato! *(Ri às gargalhadas da posição ridícula em que ele se colocou, defendendo a vitrola como um toureiro)* Deixa eu pôr o meu disco, vamos... vai ficar aí defendendo a vitrola feito um toureiro, é? *(Ri mais alto ainda)* Que cara é essa? Sem dúvida, você não está batendo bem, juro por Deus. Vai ou não vai largar a minha vitrola?

MARCELO: Verônica... larga de brincadeira, pelo amor de Deus. Deixa o disco aí. Tá bem? Vamos conversar... eu sei que você está louca da vida comigo. Mas então estamos quites, porque eu também estou louco da vida com você. Correto? *(Pausa)* Então, pelo amor de Deus, não fique me irritando com este disco nem com este Toninho. Você sabe... eu não suporto esse cara.

VERÔNICA: *(Andando até a mesa, cada vez mais cínica)* Que é que tem o Toninho? *(Sorridente, certa de que ele se enciuma cada vez mais)* Ele é o cara mais bacana que eu conheço! Você não acha ele bacana?

MARCELO: Um delinqüente! *(Ele larga a vitrola).*

VERÔNICA: *(Irônica)* Jura que você acha isto dele? Não sabia... Pois veja só que engraçado... Ele te acha muito bom professor. Aliás, não só isto. Ele adora as tuas aulas. Não sei se ele diz isto pra me agradar.

MARCELO: Claro que é pra te agradar.

VERÔNICA: Então deve ser. Eu pensei que ele gostasse mesmo de você.

MARCELO: Ele quer te cantar. Isto sim.

VERÔNICA: Não é o único que quer me cantar...

MARCELO: É o único que você DEIXA passar a cantada.

VERÔNICA: Deixo mesmo. Adoro as cantadas dele. São inteligentíssimas. Qualquer dia eu acabo caindo numa delas.

MARCELO: E... e então?

VERÔNICA: *(Fazendo um gesto largo)* Ora... conseqüência lógica: Vou pra cama com ele. O final feliz! Sempre o final feliz! O delinqüente e a "delinqüenta" libertam-se do professor autoritário e vão trepar, livres e nus como Deus os fez! *(Sorri fingindo meiguice)* Não é assim que tudo acaba? Você com a sua mulher, a televisão, o ordenado gordíssimo que você ganha pra encher a população de merda com as tuas novelas... Mais a tua filhinha santa e virgem. Eu, com o meu delinqüente anarquista e porra-louca. Cada um no seu galho. No galho que Deus lhe deu, pronto. *(Didática)*

MARCELO: Eu não admito que este cara torne a pôr os pés aqui!

VERÔNICA: Pois fique não admitindo. Ele vai voltar quantas vezes eu quiser.

MARCELO: Isto aqui é meu. Quem paga o aluguel sou eu. E você é minha mulher.

VERÔNICA: Mulher sua, apartamento seu e vitrola sua.

Viva a propriedade privada. *(Pausa longa. Ele está tenso)* Posso não encontrá-lo aqui, no seu patrimônio. Encontro com ele na escola, na minha casa, na casa dele. Adianta alguma coisa você proibir?

(Pausa. Marcelo está cada vez mais desesperado. Ela disfarça a mágoa que sente através de uma ironia que não consegue transmitir. Ajeita os cabelos no espelho, assobia para irritá-lo, a mesma música do disco. Canta, começa a procurar alguma coisa no armário. Atira tudo no chão. Roupas, papéis, fantasias, tudo se amontoa caoticamente).

VERÔNICA: Quem mexeu aqui? Só pode ter sido você...
MARCELO: Não mexi em coisa alguma.
VERÔNICA: Então cadê a minha papelada?
MARCELO: *(Ainda desesperado)* Não sei de papelada nenhuma...
VERÔNICA: *(Irritada)* Você pegou, não foi?
MARCELO: *(Gritando)* Peguei o quê?!
VERÔNICA: A minha peça que estava aqui. A peça que eu estava escrevendo com o Toninho. *(Pausa)* Você sabia que eu estava escrevendo uma peça, e jogou fora assim que achou. Confesse!
MARCELO: *(Irritadíssimo)* Ora bolas. Você está delirando. Não peguei peça nenhuma. E não sabia que este DELINQÜENTE era metido a dramaturgo.
VERÔNICA: *(Remexendo furiosamente no armário)* É metido a dramaturgo e escreve muito bem. Mil vezes melhor que você. *(Sorri)* Aliás, você nem escreve mais. Vomita. Porque aquilo que você manda pra televisão...
MARCELO: Eu já sei o que você acha das minhas novelas... Se você pensa que eu ADORO escrever estas drogas, está enganada. Eu tenho autocrítica...
VERÔNICA: *(Achando os papéis, suspira aliviada)* Autocrítica que não dá em nada. Puro sadismo. *(Respira mais aliviada ainda)* Achei! *(Pega todos os papéis, sentando-se na cama. Começa a folhear, desligando tudo ao seu redor, como se Marcelo não estivesse ali).* Merda... *(Folheia aflita)* A gente não numerou nada... *(Procura um lápis)* Agora como é que eu vou entender? *(Começa a contar)* ...um ...dois ...três ...quatro *(Procura avidamente entre as folhas)* ...folha quatro ...folha quatro ...Porcaria! Está tudo sem número... O Toninho tem horas que me irrita com este negócio de não organizar nada. Olha aí. *(Fala sozinha)* Bom. Eu sei o que vou fazer. Eu vou me vestir e vou dar um pulo na escola pra ver se encontro ele.

MARCELO: *(Decidido)* Não vai procurar Toninho nenhum. *(Olha fixamente para ela)*

VERÔNICA: *(Olhando para ele, desconfiada)* Não vou?
MARCELO: Não.
VERÔNICA: *(Olhando os papéis, desorientada, tentando aparentar segurança, mas morrendo de medo)* E... como é que eu vou organizar isto aqui? *(Aponta os papéis).*

MARCELO: Deixe os papéis em cima da mesa e sente-se ali. *(Fala num tom pausado, autoritário, olhando sempre fixamente para ela, que está indecisa).*

VERÔNICA: Você pretende fazer o que... com esta autoridade toda?

MARCELO: Sente ali, estou mandando. *(Parece prestes a explodir. Ela obedece, deixa os papéis na mesa e senta-se na cama, levemente apavorada).*

VERÔNICA: Que chato que você é. Não vê que eu preciso achar o Toninho? Eu PRECISO numerar aquelas folhas...

MARCELO: *(Decidido)* Você não vai numerar folha nenhuma, menina. Vai escutar o que eu vou dizer, quietinha nessa cama. Entendeu? Se botar aquele disco de novo, se tornar a falar em Toninho, se tomar outro gole de uísque, eu te dou a maior surra que você já levou na tua vida. *(Verônica se cala, olhando o chão, amedrontada. Ele senta-se ao lado dela, contido)* Desculpe ter que usar este recurso. *(Sorri, sádico)* Mas eu estou seguindo os teus próprios conselhos. Vou ter que ser ra-di-cal, e violento. *(Ela morde os lábios. Tenta levantar-se, mas ele segura-lhe os braços)* Fique onde está, já disse!

VERÔNICA: NAZISTA! FASCISTA!

MARCELO: E fique quietinha aí. *(Levanta-se da cama, pega o copo de uísque. Enche-o, acende um cigarro, trêmulo. Pausa longa)* Muito bem, dona Verônica. Voltemos ao ponto de partida. *(Senta-se à mesa. Pega os papéis e começa a folhear. Ela olha os papéis e levanta. Ele grita)* Fica onde está. *(Ela senta a contragosto, amedrontada).* Está com medo de eu rasgar? *(Mostra os papéis. Ela assente sem dizer nada)* Ou é medo de eu LER as besteiras que estão aqui. *(Sorri, cínico)* Vou ler sim, mas não agora.

VERÔNICA: Você não vai ler. Me dá isto aqui! *(Corre até ele, tenta tirar-lhe os papéis. Eles lutam. Ele segura-lhe o pulso sorrindo, e afasta os papéis dela, sadicamente. Ela tenta pegá-los com aflição)* Me dá os meus papéis... Você não tem esse direito! Eu não quero te mostrar! Eu não quero que você leia!

MARCELO: Sente-se no teu lugarzinho e pára com esta histeria. *(Pausado e paternal)* Senão eu leio, rasgo, faço o que bem entender. Volta pro teu lugarzinho... *(Ela volta para a cama, senta-se pesadamente. Morde os lábios)* Por que este medo que eu leia? Que é que está escrito aqui? Alguma coisa imoral? *(Folheia. Ela começa a chorar como uma criança).*

VERÔNICA: Eu não quero que você leia. Não quero! Não quero ouvir as tuas críticas. Estou cheia das tuas críticas! E das tuas autocríticas...

MARCELO: Se você acha que eu não presto como escritor nem como professor, por que este medo da minha crítica? *(Cínico começa, a ler fazendo suspense)* Vamos ver... vamos ver o que há com a jovem dramaturga...

VERÔNICA: A peça é minha!

MARCELO: *(Lendo, sorridente)* "meu amor... vamos incendiar o mundo... ele envelheceu... vamos incendiar o mundo e dormir na relva verde, livres e nus como só os animais sabem ser..." *(Ri, irônico, e continua lendo)* Bla... bla... bla... tal e coisa... coisa e tal... *(Atira os papéis longe, e continua rindo)* Ah... um manifesto anarquista... *(Ela meneia a cabeça).*

VERÔNICA: Não.

MARCELO: O que é então? Teatro do absurdo?

VERÔNICA: Não...

MARCELO: Então que merda é essa? Eu não entendi... "vamos incendiar o mundo, e vamos dormir na relva verde, livres... como só os animais...". Não entendi.

VERÔNICA: *(Furiosa)* Pra bom entendedor meia palavra basta.

MARCELO: Digamos que eu seja retardado.

VERÔNICA: Retardado, não digo. Mas acadêmico e ultrapassado, acho que sim. Que é que tem de incompreensível nesta frase?

MARCELO: EU não compreendi...

VERÔNICA: Vire-se. Não vou explicar nada.

MARCELO: Por favor, minha dramaturga... *(Sorri)* Uma questão de esclarecimento...

VERÔNICA: Tá bem. *(Irônica também)* Que é que você quer que eu explique, mestre Marcelo?

MARCELO: Esta frase: VAMOS INCENDIAR O MUNDO.

VERÔNICA: Quer dizer: Vamos incendiar e destruir esta merda que está aí.

MARCELO: O que, em especial?

VERÔNICA: Pra começar, a televisão. Depois, a sagrada

família, os preconceitos de raça, sexo, religião... *(Didática)* O conceito de certo e errado, o conceito de bem e mal... Não vai sobrar nada.

MARCELO: Como eu disse: Um manifesto anarquista. Destruir tudo! E depois? *(Sorri)* Vamos ver o que você e o Toninho propõem para a humanidade, depois de incendiarem tudo.

VERÔNICA: Nós não gostamos de propostas...

MARCELO: Então vamos mal...

VERÔNICA: Nós não cagamos regras... Manjou? Porque qualquer um que se meter a dar uma resposta a isto que você perguntou, estaria cagando regra.

MARCELO: *(Ainda mais irônico)* Como? Quer dizer então que vocês pretendem dinamitar o Planeta, destruir tudo o que está dado, porque acham que o mundo está velho... como diz a frase que eu li... *(Assustado)* Não propõem solução alguma? Mas então vamos mal... muito mal mesmo...

VERÔNICA: Qualquer solução neste momento é falsa!

MARCELO: Ah... *(Totalmente debochado, fingindo espanto)* Digamos, por exemplo, que eu também ache uma merda tudo como está... e igualmente proponha a destruição implacável! *(Sorri)* Só que eu acho que alguma coisa tem que vir DEPOIS do incêndio. Ou não? Por exemplo... *(Finge raciocinar)* Um governo proletário.

VERÔNICA: Não queremos governo de espécie alguma. Nem proletário, nem burguês, nem católico... Não queremos sistemas... Queremos o mundo livre de sistemas!

MARCELO: *(Sorrindo)* O reino livre dos instintos!

VERÔNICA: *(Debochando também)* Exatamente. O reino livre dos instintos.

MARCELO: *(Gesticulando)* Tudo é válido... tudo se justifica... *(Faz um gesto displicente)* Todo mundo nu, tal e coisa...

VERÔNICA: *(Batendo palmas)* Isto!

MARCELO: *(Chocado)* Aquele maconheiro conseguiu bem enfiar minhoca na tua cabeça. Não digo? POR ISTO é que eu acho que você não deve andar com ele. Você já é porra-louca sozinha. Ainda mais se juntando com um delinqüente como o Toninho... só pode dar nisso mesmo...

VERÔNICA: Quem te disse que ele é maconheiro?

MARCELO: E eu sou cego?

VERÔNICA: Parece... parece...

MARCELO: PARECE. Parece, apenas... mas eu estou cansado de ver os olhos dele, vermelhos, inchados... Eu já peguei ele em flagrante uma vez. Vai me dizer que não é verdade que ele fuma maconha?

VERÔNICA: Fuma. Mas daí a SER MACONHEIRO... a diferença é grande.
MARCELO: Não vejo diferença. Fuma maconha, é maconheiro. Ponto final.
VERÔNICA: Este teu raciocínio está precisando de uma boa lubrificação. Põe um tigre na tua cuca. Marcelo! Então, se eu fumo maconha, sou maconheira?
MARCELO: Não foi UM dia que ele fumou, minha filha. Larga de ser inocente. Ele fuma todo dia, e a prova está nos olhos dele...
VERÔNICA: Tá certo. Quer saber do que mais? Eu não tenho nada nem contra a maconha, nem contra os maconheiros.
MARCELO: Você pretende ser maconheira, então?
VERÔNICA: Pode ser, como pode não ser. Ninguém pode prever o dia de amanhã. Hoje eu não tenho a mínima vontade de fumar maconha, de me matar, de jogar dinamite... Amanhã, sabe-se lá. Eu posso amanhecer furiosa e então... Fumo maconha, mato, jogo dinamite... *(Faz beicinho)* Sabe-se lá... Nada é tão previsível quanto você pensa.. *(Pausa longa. Ela não está mais apavorada. Vai até ele abraça-o)* Assim como agora me deu vontade de fazer as pazes.. Vê? Agora há pouco eu estava com medo de você me bater... agora não estou mais... *(Beija-o com força no peito)* Olha... o teu peito é tão gostoso de deitar... *(Aconchega-se carinhosa)* Passou toda a minha raiva... *(Oferece a boca)* Me beija? *(Ele não beija. Parece frio e indiferente)* Marcelo, você não vai me beijar?
MARCELO: Não.
VERÔNICA: *(Desabotoando a camisa dele e beijando-lhe o peito, como uma criança beijando o pai)* Não faz mal. Eu beijo você. Eu não guardo rancor.
MARCELO: *(Afasta-a)* Você não vai ao hospital então?...
VERÔNICA: *(Segurando-o com força)* Vou sim... vou... faço tudo que você quiser. Tá?
MARCELO: *(Olhando-a seriamente)* Vai mesmo?
VERÔNICA: *(Assentindo com a cabeça)* Desminto tudo que eu disse pra tua mulher. Faço o papel de louca. Vou até vestida de Ofélia, se você quiser. Só te peço uma coisa. Você não fala a história do suicídio, tá? *(Ele abraça-a. Vão andando assim até a cama)*
MARCELO: *(Tentando convencê-la)* É só pra consertar... Que é que tem isso? Você está ligando alguma coisa pro que minha mulher acha ou não de você? *(Deitam-se. Ele agora é carinhoso também)*

VERÔNICA: Ligar pra ela eu não ligo. Mas...

MARCELO: Que diferença faz se você um dia tentou se matar ou não?

VERÔNICA: Eu não quero que você fale. Só isto. Eu não gosto desse assunto. Mas eu falo pra ela que você nunca me tocou um dedo. Falo que eu dei em cima de você o tempo todo... Falo que você é uma santo... um professor muito... "respeitoso"... Prometo que falo. *(Pausa. Ela oferece outra vez a boca)* Mas agora, me beije. *(Eles se beijam. Abraçam-se. Deitam-se na cama, e respiram aliviados, após a pausa.)*

MARCELO: Vamos ver então... como é que a gente faz! *(Raciocinando)* Você vai primeiro... eu vou depois... Não. Vamos os dois juntos... Olha, você vai dizer assim *(Vai falar. Ela não deixa. Beija-o na boca)* Espere meu bem... Vamos continuar a combinar... Vamos... *(Ela continua beijando o peito, o pescoço, com fúria, sem prestar atenção ao raciocínio que ele está tentando desenvolver)* Verônica... Vamos raciocinar, senão a gente se contradiz e aí fica tudo muito pior... *(Ela continua a acariciá-lo, sensual e brincalhona)* Assim não dá... Verônica...

VERÔNICA: *(Sorri, larga dele e faz com a mão como se estivesse medindo)* Um... dois... três... quatro... cinco... seis! Seis palmos! Assim tá bom? Ou precisa de uma légua pra raciocinar?

MARCELO: *(Sorrindo)* Não. Assim já dá.

VERÔNICA: *(Ficando de pé, faz a pose do Sócrates, pensando)* Vamos raciocinar... raciocinar...

MARCELO: *(Deitado, não vê que ela vai andando na pose de Sócrates até a garrafa, na ponta dos pés)* Olha... Primeiro eu vou chamar o médico. Explico pra ele tudo o que aconteceu... Falo que trouxe você comigo, depois eu entro no quarto, ouço o que a Isaura vai falar. Aí eu te chamo e... *(Olha-a subitamente e pega-a em flagrante dando uma golada na garrafa)* Larga esta garrafa.

VERÔNICA: *(Sobressaltada, larga a garrafa)* Que grilo!

MARCELO: Você está a fim de puxar briga?

VERÔNICA: *(Com as mãos postas)* Só mais um golinho, mestre Marcelo! *(Ele vai até ela furioso e tira-lhe brutalmente a garrafa das mãos)*

MARCELO: Nem um gole mais! Se você fosse minha filha!

VERÔNICA: Graças a Deus eu não sou! Você é a própria repressão personificada.

MARCELO: Eu EDUCO minha filha! Só isto.

VERÔNICA: Que é que você entende por educar? Reprimir?

MARCELO: E quem disse que eu reprimo a Verinha? Ela?

VERÔNICA: Mas imagine se ela ia entrar nestes... *(Ridiculariza)* "pormenores familiares"... Roupa suja se lava em casa. Eu imagino que você reprime. EU que não sou tua filha, você reprime, que dirá ela...

MARCELO: *(Parece surpreso)* Ah, então eu te reprimo!

VERÔNICA: E não?!!! *(Imita-o com voz grossa)* "Verônica, não faça isto... Verônica não mate aula. Verônica, não saia com o Toninho..." *(Ofegante)* E isto não é reprimir? Pior que meu pai, pior que todo mundo...

MARCELO: Muito bem, minha bonequinha anarquista... então, se eu não existisse, se não existisse o teu velho Marcelo, paternalista e repressor... que que você faria?

VERÔNICA: Eu faria tudo o que me desse na telha. *(Pega os papéis sobre a mesa e começa a ler)* Por exemplo: Agora eu estou com vontade de organizar isto aqui, que está uma bagunça só. Sei que você não vai deixar, porque quer combinar comigo a embromação que nós dois vamos fazer lá no hospital.

MARCELO: *(Zombeteiro ainda)* Você disse o que, que eu não ouvi direito? *(Põe a mão no ouvido sorrindo muito)* Você disse... "organizar"... se eu não me engano...

VERÔNICA: Disse que estou com vontade de or-ga-ni-zar a papelada...

MARCELO: *(Cínico)* Mas organizar pra quê? *(Rindo muito)* Não é você que é contra toda forma de organização?

VERÔNICA: Não me enche. *(Continua lendo)*.

MARCELO: Voltando ao ponto crítico... vamos lá... então eu te reprimo. Sou um chato cagador de regras. Pobre da Vera minha filha. Não é? Se eu não existisse... se não ninguém pra te obrigar a não matar aula, por exemplo... você não ia mais à aula?

VERÔNICA: *(Lendo)* Eu ia às aulas que me interessassem.

MARCELO: E com as outras matérias, você fazia o quê?

VERÔNICA: Não assistia simplesmente.

MARCELO: E colava no exame final?

VERÔNICA: Colava.

MARCELO: Admitindo-se a hipótese de que fosse impossível colar.

VERÔNICA: Sempre deu pra colar.

MARCELO: Vamos supor, vamos supor que o diretor coloque quatro pessoas tomando conta da sala.

VERÔNICA: Aí eu suborno o bedel, ele leva as perguntas pro Toninho, que já estará estrategicamente no pátio. O Toninho responde tudo com um *walk-talk* que eu recebo através do meu relógio, que aparentemente é um inocente Omega. Mas, que na realidade, é uma obra-prima da moderna eletrônica japonesa: um receptor transistorizado!!!

MARCELO: *(Rindo)* Você ganhou essa. Vamos pra outra. Se eu não te impedisse de beber, você ia beber duas vezes mais do que já bebe...

VERÔNICA: Quatro vezes mais...

MARCELO: E daí...

VERÔNICA: E daí o quê? Eu ia beber quatro vezes mais, e ponto final.

MARCELO: Ponto final uma ova! A conseqüência disto é que você ia virar uma alcoólatra de uma vez. E virando alcoólatra ia envelhecer mais cedo. E envelhecendo mais cedo, não ia conseguir ser atriz, nem dramaturga, nem coisa nenhuma. Não pense que as coisas ficam por isto mesmo: "Bebo porque bebo". Não senhora! O raciocínio correto é este: "Bebo por causa disto, e isto tem uma conseqüência X".

VERÔNICA: Causa e conseqüência... causa e conseqüência!...

MARCELO: Causa e conseqüência! É assim que as coisas acontecem! Se eu jogo este guarda-chuva no chão... *(Joga o guarda-chuva)* Ele cai no chão. Causa: Joguei o guarda-chuva. Conseqüência. *(Ri)* Ele caiu no chão! *(Abre os braços após a explicação. Ela sorri).*

VERÔNICA: Não diga. Você percebeu que acabou de constatar o óbvio? *(Dá uma gargalhada)* É claro que se você joga o guarda-chuva no chão, ele cai no chão. Ah... ah.. ah... Seria genial se não caísse.

MARCELO: Pois é... o óbvio... Parece que você não enxerga nem o óbvio. É capaz de querer me provar que o guarda-chuva podia sair voando, que tudo depende, que nada é tão certo assim etc. e tal. *(Rindo também)* Você é mais relativa que o próprio Einstein.

VERÔNICA: Ai! Que vontade que eu tenho de que, só pra te contradizer... o guarda-chuva saísse voando mesmo! *(Ela não agüenta de tanto rir. Faz gesto de mão imitando pássaro voando)* Imagine a sua cara!

MARCELO: Pois isto nunca vai acontecer. Tenho absoluta certeza. *(Ela continua rindo e mexendo nos papéis, distraidamente)* Chega de brincadeira, tá? Concordo com você que eu sou chato, repressivo, e tal e coisa... Mas agora pára de numerar estas folhas e vamos combinar o negócio do hospital? Eu tenho que sair daqui a pouco, pra ir pra lá.

VERÔNICA: Pode ir falando que eu estou ouvindo daqui.

Você mesmo pediu pra eu ficar longe de você, que comigo perto você não raciocina. *(Olha para ele)* Não foi isso? Então, fala daí.

MARCELO: Está bem. Vamos por partes. Primeiro...

VERÔNICA: Primeiro... *(Volta a ler)*.

MARCELO: Eu vou ao hospital SEM você. Aí eu falo com o médico. Daí a uma meia hora você vai atrás. Eu aviso todo mundo que você vai lá se explicar. Daí...

VERÔNICA: *(Corrigindo qualquer coisa, distraidamente nem prestando atenção ao que ele está dizendo)* ... Daí...

MARCELO: Quer prestar atenção ao que estou dizendo?

VERÔNICA: Estou prestando!

MARCELO: Você não pode pensar e corrigir estas folhas ao mesmo tempo.

VERÔNICA: *(Irritada, faz novamente a pose)* Será que eu tenho que ficar assim, para mostrar que estou pensando? Penso, logo existo...

MARCELO: E eu, desisto.

VERÔNICA: O trocadilho foi bom. Mas você desiste do quê?

MARCELO: De conversar com você.

VERÔNICA: Fiz alguma coisa que te aborrecesse?

MARCELO: Simplesmente não parou de fazer palhaçada o tempo todo. Ou está imitando o Sócrates nesta pose ridícula, ou está imitando a Ofélia, ou está imitando a minha filha, ou a puta que pariu. Não houve um minuto só que você parasse de imitar alguém e falasse como Verônica Prado...

VERÔNICA: Mas Verônica Prado é atriz! A profissão exige que se imite!

MARCELO: Agora quem diz o óbvio é você.

VERÔNICA: Uma vez cada um.

MARCELO: Vamos conversar sério, como gente grande, ou não dá?

VERÔNICA: Dá.

MARCELO: Sem encenação?

VERÔNICA: Hum... hum...

MARCELO: Sem disco, sem bebida?

VERÔNICA: A seco?

MARCELO: E sem bolinação?

VERÔNICA: Sem bolinação, Frei Marcelo!

MARCELO: E sem gozação também.

VERÔNICA: DO JEITO QUE VOCÊ QUISER! Ai, como você torra!

MARCELO: E sem gritar... e sem gritar...

VERÔNICA: Está bem... está bem...
MARCELO: Então vem aqui.
VERÔNICA: Mais alguma ordem?
MARCELO: Não amole. Vem aqui.
VERÔNICA: *(Sentando-se na cama)* Pronto.
MARCELO: Então está combinado? Você vai ao hospital?
VERÔNICA: Vou. Você vai primeiro, que eu vou depois. Mas... não se fala na estória do meu suicídio, tá?
MARCELO: Tá.
VERÔNICA: E tem mais: Eu vou fazer uma coisa que é contra os meus princípios: Conciliar. Indo ao hospital e inventando a estória do professor caridoso e da jovem apaixonada eu vou estar contrariando os meus princípios que são: não fazer concessões com "a família, a propriedade e o estado". Em troca disso eu quero uma coisa sua.
MARCELO: Depende do que...
VERÔNICA: Cada um cede de um lado. Eu faço o que você pediu. E você vai me prometer que não me enche mais o saco com o negócio do Toninho, e que não briga mais comigo por causa dele.
MARCELO: *(Contrariado, mas resignando-se)* Tá bem. Está combinado então. Eu não te amolo mais com o Toninho e em troca você vai ao hospital, limpar a minha barra.
VERÔNICA: Sem a estória do suicídio.
MARCELO: Sem suicídio.

(Dão-se as mãos, como que selando um pacto. Abraçam-se, rindo. Começam a rolar na cama).

MARCELO: Você quer? *(Beijando-a).*
VERÔNICA: Quero. *(Apagam a luz, fica apenas um abajurzinho aceso)* Meu Marcelo... Você hoje quase me mata... (Ri. Ele resmunga coisas carinhosas, ininteligíveis).*

MARCELO: No fim tudo acaba bem... sua teimosa... *(Ela se enfia debaixo da colcha, e joga a malha de* ballet *no chão; Ele se enfia também debaixo das cobertas, e começa a beijá-la furiosamente. Ela vira-se de costas, e enquanto ele beija-lhe as costas, marota e infantil, pega o guarda-chuva no chão, enfia-lhe a malha de* ballet *na ponta de maneira a parecer que segura um estandarte) Ei... que é que você está fazendo aí? (Ela começa a rir estrondosamente. Ele olha para o alto e se depara com a malha de* ballet *erguida na ponta do guarda-chuva. De repente, começa a rir também).*

VERÔNICA: *(Às gargalhadas)* Promete respeitar esta bandeira preta?
MARCELO: Prometo, minha querida... Prometo...

(Eles se abraçam. Ele repete a frase e beijando-a, tira-lhe o guarda-chuva da mão).

FIM DO 1º ATO

Juca de Oliveira e Denise Bandeira, filme *À Flor da Pele*, 1976, Dir. Francisco Ramalho.

SEGUNDO ATO

(Penumbra. A luz vai acendendo lentamente. Verônica dança freneticamente um iê-iê-iê agitadíssimo. Bebe. Dançando aproxima-se do telefone. Parece em transe quando disca um número).

VERÔNICA: Alô... Oi... *(Faz gestos exagerados)* Toninho, sabe o que eu estou fazendo? Adivinha... *(Faz um gesto maroto).* Cruzes! Por Lúcifer. *(Ri)* Estou tirando... *(Ri)* Estou tirando diabo do corpo. *(Pausa)* Não quer sair. *(Gestos escandalosos)* Tá difícil. *(Exorciza-se)* Toninho a nossa peça está o que se pode chamar de uma verdadeira bosta. *(Fica séria)* O Marcelo que falou. O que? *(Pausa)* Não, não foi isso. Ele falou que estava desconexa e falsa. Isto fora ele achar que estava reacionária. *(Conta nos dedos)* Falou uma porção de coisas. Que ninguém ia entender nada... que só nós dois mesmo pra escrever uma porcaria daquelas. *(Pausa longa). (Ela continua a rir)* Toninho, eu não sei se ele tem razão ou não. O fato é que eu não consigo escrever depois que ele começou a pontificar sobre a nossa peça. *(Pausa)* Tô ouvindo o disco novo que você me deu. Poxa, é genial! Você tem gosto pra disco. Aliás, pra tudo. *(Ri)* O exame? Deu duvidoso. Veja você; tudo comigo tem que ser mais ou menos. Azar... Pois é. Posso estar grávida, como posso não estar. Depende do sapo. *(Ri alto. Pausa)* É do sapo, sim. Que bruxaria nada. É assim. Eles injetam urina da gente num sapo. Se o sapo morre, é porque a gente tá grávida. Se não morre é porque não está. Parece que o bicho nem morreu nem deixou de morrer. Sei lá. *(Pausa)* Eu hein? Não falei nada pro Marcelo, não. Ele ia dar uma de romântico e ia querer o filho. Mas eu vou rezar pra dar negativo o resultado. Que filho, Toninho! Você ficou louco? Pra quê é que eu vou querer um filho? Quê é que eu ensino pra esta criatura? Nunca. E já pensou o desastre se o Marcelo resolve criar a criança à maneira dele? *(Pausa. Ri. Pausa)* Já pensou, o meu filho, coitadinho, virando burocrata? Daqueles que fazem mil reuniões por dia pra decidir se focinho de porco é tomada ou não é? O pior não é isso. O pior é se for menina. Não quero nem saber. Eu já não agüento comigo. *(Faz gestos de iê-iê-iê, displicente)* Quentíssimo esse disco! *(Pausa)* Sei lá, Toninho, essas pílulas... Bom, eu me atrapalho toda. Isto que é. Tomo tudo errado, ou então esqueço de tomar. Foi por isso que engravidei de besta umas mil vezes já. *(Pausa)* Essa vez... *(Prepara-se para contar)* Eu tinha brigado com o Marcelo. Aí, joguei o pacotinho das pílulas no lixo, em sinal de protesto. *(Ri)* E estava na metade do mês. Me entubei. *(Pausa)* Você vai o quê? Não posso acreditar. Virou crente agora? Vai estudar? *(Ri)* Eu não. Não ensaiei nada. Não estou com saco. Ah... ele gostou da Ofélia. Fiz pra ele ver. E ele achou bacana. Claro que botou uns defeitinhos. Mas isto ele tem que fazer. Eu acho que fiz a Ofélia mais genial do mundo. O próprio Shakespeare gamaria em mim se me visse. *(Marcelo entra na sala. Ouve o iê-iê-iê e tapa o ouvido. Ao vê-lo entrar Verônica munda de tom. Torna-se séria de repente)* Tá, então eu te ligo depois, "Antonieta". Beeijão pras crianças. *(Bate o fone. Marcelo desliga a vitrola e senta-se) (Ele parece cansado e abatido. Verônica aproxima-se dele e beija-o no rosto)* Tudo legal?

MARCELO: Estou de saco cheio hoje. *(Pausa longa).*

VERÔNICA: Você foi na televisão? Eles te pagaram?

MARCELO: Pagaram. Finalmente pagaram. Pensei que eu fosse ter que incendiar aquela droga, mas não foi preciso. Eles pagaram.

VERÔNICA: Devia ter incendiado assim mesmo. *(Sorri, infantil e terna. Ele acaricia os cabelos dela, parece realmente muito cansado)*

MARCELO: O chato é que eu tive de renovar o contrato. A novela tinha que acabar, e os caras querem mais. E assim vai. O dramalhão não acaba nunca. Daqui a seis meses renovo o contrato. Mas o dramalhão não acaba! nunca! Vou acabar virando máquina de fazer dramalhão. *(Pausa)* O pior é que não tenho nada na cabeça. Não sei que raio de gancho vou bolar desta vez. Verônica, estou tão cansado e tão cheio dessa televisão que me dá nojo até olhar pra máquina, só de pensar nas merdas que eu vou ter que escrever.

VERÔNICA: Você devia ter tido peito e recusado o contrato novo.

MARCELO: É? E quem me dá esse? *(Faz gesto querendo indicar dinheiro)* Não sou filho de pai rico como você.

VERÔNICA: Então paciência. Você não preferia estar fazendo um troço bacana e ganhando menos?

MARCELO: Eu sei o que eu faço. Tá? Quero saber uma coisa: Você ensaiou? O exame é amanhã. Vou te avisando que se fizer um mau exame vai ter a nota que merece. Eu não vou te dar a menor colher de chá. Não vou mesmo. *(Aponta a garrafa)* Bebeu de novo, não é? Claro. Bebeu e ficou dançando, pra variar... Ou seja, não fez nada que prestasse o dia todo. Não escreveu também...

VERÔNICA: Você achou que a peça estava ruim.

MARCELO: E estava mesmo. Mas por isso você tem que parar de escrever?

VERÔNICA: Não estou com vontade de escrever nem de ensaiar.

MARCELO: Pois devia dar um jeito. O exame é amanhã, repito. Tem pouco tempo pra ensaiar. *(Pausa. Ele está irritado. De repente parece ter uma idéia que o entusiasma)* Escuta, por que... *(Segura-a)* por que você não termina logo esse raio dessa peça sua, e assim a gente monta? Eu dirijo, você faz o papel principal, e a gente pega o resto do pessoal da escola pra fazer o resto. *(Entusiasmado)* Você topa? Mas é pra valer. É sério.

VERÔNICA: *(Animada com a idéia)* Por que não escreve você mesmo?

MARCELO: Porque eu não tenho tempo. Tenho que fazer dois capítulos por dia dessa droga de novela. *(Pausa longa)* Além disso, eu... não acredito que consiga escrever. Acho que não consigo escrever nada sério. Isto acontece com muita gente.

VERÔNICA: *(Após uma pausa)* Você admite que brochou então.

MARCELO: Brochei... *(Sorri)* Talvez seja a falta de tempo. Talvez o cansaço... Ou então é por que acabou-se o meu estoque. Eu não tenho mais nada pra contar pra ninguém. Deve ser isso.

VERÔNICA: Que fossa, credo!

MARCELO: Se você acabasse a sua peça, eu dirigia... e...

VERÔNICA: Pode deixar que um dia eu acabo esta peça. Deus me livre de brochar.

MARCELO: *(Após uma longa pausa)* Você não vai ensaiar pro exame, Verônica?

VERÔNICA: Não.

MARCELO: *(Irritado)* Vai ensaiar, sim. Vamos lá. *(Procura um livro na prateleira)* Achei. *(Animado, paternal)* Hamlet, Príncipe da Dinamarca! *(Dá-lhe um tapinha carinhoso).*

VERÔNICA: Não adianta forçar. Se eu quisesse te obrigar a escrever uma peça você escreveria?...

MARCELO: Mas é diferente. Você é uma irresponsável. Isso que você é. O exame marcado pra manhã, e a menininha ainda nem começou a...

VERÔNICA: *(Interrompendo)* Não vou ensaiar, e pronto! *(Pausa. Ela pega um copo)* Quero beber. Vem beber comigo, pelo menos uma vez na vida faz o que eu te peço. *(Marcelo nega com a cabeça).*

MARCELO: Eu vou embora. Tomo um uísque só. E depois me mando, por que tenho um compromisso...

VERÔNICA: Deu algum galho na tua casa?

MARCELO: Não. Está tudo em paz. *(Esconde a garrafa)* Você vai tomar esta dose só. Tá bem? Não quero ninguém de fogo.

VERÔNICA: Mas você vai embora mesmo. *(Tira a garrafa do armário).*

MARCELO: *(Irritado)* Por que eu vou embora tem que desembestar, é? Quer dizer que se eu não estou aqui pra te dizer o que é certo e o que é errado, você cai no caos mesmo. Na loucura. Sim, porque você precisa de um pai. *(Verônica bebe)* Pra que você bebe? Pra esquecer? Não acha meio antiquado isto? Isto é a coisa de poeta do século passado. Isto é par-na-si-a-nis-mo!

VERÔNICA: Estou pouco ligando se é parnasianismo ou não. E não bebo pra esquecer. Bebo porque bebo, como já te repeti um trilhão de vezes. Digamos que beber acalma... relaxa...

MARCELO: Relaxa mesmo. Relaxa tanto que dopa. E tira a consciência. A consciência é a coisa mais importante que a gente tem. Perdeu... perdeu tudo.

VERÔNICA: *(Coloca a garrafa no armário e atira o copo no chão violentamente)* Lá vem regra! Pronto. Não bebo mais.

MARCELO: *(Olhando para os cacos)* Você vai limpar isto agora. Vai pegar o pano e vai limpar. Tá pensando o quê? *(Faz um gesto com as mãos)* Estou por aqui com você...

VERÔNICA: Idem... idem... idem... E não vou pegar pano nenhum. Vou avisando. Poxa, mas você é chato... *(Pausa)* Eu chego aqui, louca pra te ver, pra ficar um pouco em paz com você e... você só sabe puxar briga comigo... *(Terna, infantil)* Marcelo, meu Marcelinho, olha pra mim, vamos ficar de bem...

MARCELO: Você não ensaiou, não escreveu, não arrumou esta bagunça... *(Olha o apartamento todo, que está uma verdadeira baderna)* *(Obriga-a a olhar)* Papel higiênico dentro da caveira *(Pega a caveira)* chiclete na minha máquina de escrever. Os óculos, como sempre, embaixo da cama! Olha o chiqueiro que está este apartamento! Gostaria de saber como é que você agüenta não fazer nada o dia inteiro.

VERÔNICA: Quem te disse que eu não faço nada?

MARCELO: E FAZ?

VERÔNICA: *(Gritando)* Faço! Faço muito mais do que você. *(Pausa longa)* Pelo menos quando eu danço, eu sinto o meu corpo se libertando... *(Sorri vagamente. Parece entrar em transe)* O meu corpo no espaço... *(Rodopia)* Os meus nervos, os meus músculos todos se contraindo e se relaxando... *(Começa a dançar iê-iê-iê lentamente)* *(De repente puxa Marcelo, que rejeita)* La-ri-li-la. *(Começa a valsar. Ele fica parado observando)*.

MARCELO: Devia largar o teatro e começar a aprender dançar então. Se o teu negócio é dançar, dance com método.

VERÔNICA: *(Parando)* Aí é que está. Se entrar o tal do método, eu começo a detestar a dança. Tem que nascer de dentro, tem que ser natural. Dançar tem que ser tão bom como não dançar. Vê se entende. Eu danço porque *gosto*, e só nas horas que *quero*. O método é uma cadeia. O método só serve pra atrapalhar.

MARCELO: Por isso mesmo que eu acho que nunca na sua vida você vai fazer nada direito. Tudo o que você fez, inclusive política, foi de brincadeira. Foi sem método, sem programa. Você mudou de *hobby* como mudou de partido, como mudou de homem. *(Ela dá de ombros. Continua dançando. Ele se irrita)*. Mas você vai ensaiar, Verônica. Eu vou te obrigar! Não vou deixar você avacalhar com o curso também!

VERÔNICA: Não estou com saco! *(Repete)* Não estou com saco!

MARCELO: Você nunca vai fazer nada de concreto na tua vida!

VERÔNICA: *(Irritada)* E você fez? Você fez alguma coisa de concreto na tua vida? *(Inquisitiva)* Olhe-se no espelho. Veja bem a tua cara. Examine-se e responda com sinceridade.

(Cruel) Você acha que dar as aulas que você dá, escrever as novelas que você escreve, viver com a família chata que você vive... Acha que isto é *fazer* alguma coisa?
MARCELO: Acho. Pelo menos eu não fico o dia inteiro dançando e olhando pro ar feito um débil mental.
VERÔNICA: Muito importante mesmo o que você faz. De um lado... *(Enumerando nos dedos)* a tua famosa consciência política! Ou seja: as regrinhas de vida que você aprendeu naquele partidão nojento. Essa tal consciência te ensinou que um dia vai surgir por aí uma revolução... *(Sorri)* Vai "surgir", porque se depender de você fazer com as tuas mãos... pois é. Essa tal revolução vai tirar a burguesia do poder e vai colocar o proletariado no lugar. Bom. Vamos por partes.

MARCELO: *(Interrompendo)* Estou gostando de te ouvir falar como gente. Não faz mal que seja pra me agredir...
VERÔNICA: *(Continuando)* ... por partes... por partes. O proletariado pra conseguir isso tem que ser ensinado, porque a consciência não cai do céu. E que é que você faz pelo proletariado? Você escreve novelas que ao invés de incitar alguma revolta em alguém pregam a humildade e a resignação. Você ajuda o proletariado a se render à evidência dos fatos. É ou não é? Como eu disse: *(Rindo alto)* Se a revolução for depender de "intelectuais de esquerda" *(Frisa com nojo)* como você, ela pode tirar o cavalo da chuva, porque não acontece nunca. Nem hoje nem no ano 2001.

MARCELO: *(Tentando reagir, fingindo ironia)* Ora, Verônica... você quer que eu banque o Dom Quixote? Se eu deixar de escrever pra televisão, vou alterar alguma coisa? Outros escreverão. Acontece que a televisão está *instalada* e não é pelo fato de eu sair dela que ela vai mudar...
VERÔNICA: Então admita que se vendeu a ela! Admita que, além de não ajudar esta tal revolução fantasma, você ATRAPALHA a própria...
MARCELO: Você está confundindo tudo. Minha luta não vai se travar no palco.
VERÔNICA: *(Rindo alto debochando)* Não vai se travar em lugar nenhum...
MARCELO: Eu tenho as minhas armas.
VERÔNICA: *(Fingindo duelar, graciosamente)* E quais são as suas armas, Senhor Intelectual de Esquerda? *(Pomposa, fingindo discursar)* Quais são as suas armas para derrubar a burguesia?

MARCELO: *(Irritado)* As armas de um intelectual! Eu sou escritor. Como escritor, minha palavra é o meu fuzil...

VERÔNICA: *(Às gargalhadas)* Pois este fuzil só fere a quem quer ser ferido, entendeu? Você está fazendo revolução no palco, revolução de brincadeira, pra burguesia ver e achar muito bonito! E além disso, a mesma classe que você destruir é aquela que paga em tutu vivo a tua ilusão de guerra! *(Ri, ironiza)* "Meu palco, minha trincheira! Minha palavra, meu fuzil"! Grandíssima merda! Grandíssima merda tudo isso. E repare que nem isto você fez, ou faz. Você não escreve uma palavra fora as novelas, e que eu saiba faz um tempão que você e os camaradinhas fósseis do tal partido não se reúnem. Portanto, você é apenas um pequeno-burguês acomodado e impotente. Nem intelectual de esquerda você é.

MARCELO: A "grande teórica" tem alguma coisa mais a declarar?

VERÔNICA: Tenho a declarar que você faliu. E por isso não tem o direito de me dizer que eu não faço nada que preste.

MARCELO: *(Irritado, procurando um livro)* Pelo menos você podia ter lido aquele texto do Brecht que eu te falei.

VERÔNICA: Não li porque estava na fossa. Meu pai me encheu o saco hoje. Uma pessoa de saco cheio não lê, não ensaia, não escreve, não faz revolução, não trepa, não...

MARCELO: Se você for esperar sair da fossa pra fazer alguma coisa, está frita. Você é a fossa personificada.

VERÔNICA: E quem tem pressa? Eu não tenho. Tenho 21 anos, não me vendi a ninguém. Nem à televisão, nem à família, nem a partido político nenhum. Não devo satisfação a porra nenhuma. E posso esperar muito bem a minha fossa ir embora com calma.

MARCELO: Eu tenho pena do teu talento desperdiçado. Você podia ser uma grande atriz, uma grande escritora. E até mesmo uma verdadeira revolucionária, se não tivesse tanta covardia de enfrentar a vida.

VERÔNICA: Eu enfrento. Quem não enfrenta é você. Nem mandar aquela múmia da tua mulher plantar favas, você manda. Aposto que até trepa com aquela vaca por obrigação.

MARCELO: Chega! Você vai parar com essa agressividade. Eu não sou o frouxo do teu pai que agüenta tudo.

VERÔNICA: O frouxo do meu pai... *(Pausa longa) (Marcelo acende um cigarro e pega um livro) (Verônica parece se lembrar de alguma coisa) (Marota, como que comentando uma façanha)* Sabe, hoje o meu pai me torrou no duro...

MARCELO: Quê foi que ele fez?

VERÔNICA: *(Contando, entusiasmada. Enquanto Marcelo parece mergulhado no livro)* Imagine você... eu estava calmamente na piscina tomando um uísque. De repente o papai me tira o copo da mão, sem mais nem menos, e começa a dizer que eu tinha que parar de beber, porque ia chegar um cara lá em casa, tal e coisa. Enfim, que eu ia ter que fazer sala pro cara, e não podia estar de fogo. Eu nem respondi. Só peguei o copo de novo e enchi até à borda. No que eu ia dar aquela golada, o papai me tirou outra vez o copo da mão e ficou me olhando. Aí eu dei a maior cuspida na cara dele. *(Ri, contente com a façanha)*.

MARCELO: *(Saindo da inércia, assustadíssimo, incrédulo)* O quê?... Você cuspiu... no teu pai? *(Ela assente, contente)* Mas... mas... e ele não fez nada? Não te deu a maior surra do mundo?

VERÔNICA: Não, ele não é disso. Não tem peito. Ele apenas mudou de lugar, foi pra a outra borda da piscina e continuou lendo a cotação da bolsa! Daí um pouco chegou o tal cara. Imagine! Era o Maciel. *(Ri)* O Maciel, nunca te falei nele?

MARCELO: Sei. Sei. Um tal que sempre te leva bombom, que te pediu em casamento...

VERÔNICA: Ele mesmo. Acho que ainda não desistiu de casar comigo. Não sei o que ele viu em mim. Dinheiro não é, porque ele é rico. Muito mais rico do que meu pai. Deve ser masoquismo mesmo. *(Ri)* O cara sabe que vai sofrer se eu for mulher dele. Sim, porque eu acabaria com a raça dele. Grã-finão cretino! Marcelo, você precisa ver as amigas dele! Umas vacas com estola de vison, com umas caras de gesso! Um troço horrível. Insuportável! E o meu pai, certo de que era só me tirar o copo da mão, que eu me tornaria respeitável com a besta do Maciel...

MARCELO: *(Divertido)* E que foi que você fez? Fez sala pro cara ou não?

VERÔNICA: Eu? Muito pelo contrário! Ele chegou com a caixa de bombom, pra variar. A mesma marca de sempre. Eu disse que odiava bombom, porque estava fazendo regime pra emagrecer. Aí o cara quis bancar o gentil, e disse que o meu corpo estava muito bom, etc. e tal... Sabe o que eu fiz?

MARCELO: *(Interessado)* Um *strip-tease*? *(Ela assente)*.

VERÔNICA: Ameacei tirar o *soutien* do biquíni pro cara ver como eu era gorda de fato. Meu pai levantou de onde estava. *(Imita o pai com desprezo, avacalhando a postura ao máximo)* Tornou a me tirar o copo da mão e disse: "Vou te internar num hospício. Além de vagabunda, você virou doida varrida. E na minha casa eu não admito doido". *(Indignada)* Segurou o meu braço com a maior violência e disse pra eu me vestir que tinha mais visita pra chegar. Aí eu não agüentei. Cuspi outra vez nele. Ri na cara do Maciel. E tirei o *soutien*. Meu pai continuou me apertando. *(Ri)* Eu dizia: "Me solta seu velho tarado". E pro Maciel: "Viu como eu estou gorda? Não posso comer bombom, senão o meu seio cresce mais que o da Jane Mansfield". O Maciel quase desmaiou. Adorei... *(Vingativa)* Meu pai me levou pra cima na marra.

MARCELO: *(Perplexo)* Isso é um absurdo!

VERÔNICA: E vai dizer que não fiz bem em cuspir na cara daquele fresco?

MARCELO: É teu pai! Você devia respeitá-lo!

VERÔNICA: Respeitar! Eu devia era cuspir muito mais nele. Família pra mim é lixo. Não acredito em pai, mãe nada disso. Ainda mais na MINHA família. Todos são uns merdas.

MARCELO: E precisa cagar em cima deles pra provar que eles são merda?

VERÔNICA: Preciso. Senão eles não percebem.

MARCELO: Você está doente. *(Larga o livro e parece querer convencê-la)* Está completamente doente! Olha, o teu ódio...

VERÔNICA: O meu ódio é santo! *(Rodopia)* Feliz daquele que sabe fazer bom uso do ódio. E desgraçado do cristão que ainda acredita em perdão... Cuspo mesmo! *(Cospe no chão)* Não dou a face ao inimigo! Não dou, não dou e não dou...

MARCELO: *(Continuando)* Se fosse um ódio de classe... se você se enojasse do teu pai por ele ser capitalista... eu entendia. *(Frisa as palavras)* Mas é um ódio furioso. Sangrento mesmo! Tenho a impressão de que se não houvesse cadeia você matava o teu pai a sangue frio! *(Entre irônico e perplexo)* Você seria capaz disso! *(Ela ri alto)* Me conta uma coisa. Você sabe onde está a causa deste ódio?

VERÔNICA: *(Rindo)* Está na exploração do operariado... Na formação do capital. Eu odeio no meu pai justamente o capitalista que ele é.

MARCELO: Nada disso. A coisa é mais funda. Não vem com teoria pra cima de mim. *(Pausa. Irônico)* Poético... muito poético...

VERÔNICA: *(Revoltada)* Sujeitinho podre! Quis me obrigar a casar com um cara que eu não suportava, com 14 anos de idade... *(Acusadora)* Me mandou pra Europa sozinha, na marra,

Cidinha Campos, *À Flor da Pele*, Rio, 1971, Dir. Jorge Dória.

Miriam Mehler, *À Flor da Pele*, 1969, Dir. Flávio Rangel.

Wanda Stefânia, *À Flor da Pele*, Teatro São Pedro, 1976, Dir. Roberto Lage.

pelo simples fato de eu não ser mais virgem, não gostar do Jockey Club e gostar de calça Lee... detalhes insignificantes... que para ele são a própria vida. *(Faz uma banana com a mão)* AQUI! *(Pausa)* Eu passei quatro anos viajando. Viajando e me estourando. Mas agora voltei e entendi que ele fez muito bem em me mandar pra lá. Eu aprendi a ser diferente dele. Aprendi a ter nojo. Aprendi que a única coisa que ele, e todos os seus comparsas merecem, é cuspida em cima de cuspida.

MARCELO: *(Como se descobrisse uma pista)* Você odeia o teu pai. Não o capitalismo! *(Sorri, complacente)* Você tem rancores, não ideologias... Você tem mágoas... e não consciência...

VERÔNICA: Dá tudo na mesma. A gente é um só. Ou você quer separar a cabeça do coração, a bunda das calças e a consciência do desespero... Tudo dá na mesma salada, meu caro mestre! *(Pausa longa)*.

MARCELO: Você não devia ter topado a viagem. Se não queria ir devia ter batido o pé e ficado. Não é você que é tão decidida?

VERÔNICA: Mas eu fui *sábia* em ter ido embora. Por lá eu aprendi que pouca coisa vale a pena. Passei por todas as fases possíveis. *(Conta nos dedos, debochando de si mesma)* Fui católica, depois mandei Deus e o papa plantarem fava no asfalto. *(Pausa)* Estudei pintura, canto, literatura, entrei pra uns dez partidos políticos... Em dois anos eu fui marxista, trotskista, guevarista, o diabo! Depois mandei tudo à merda... Aí comecei a DAR o dia inteiro. Devo ter trepado com a metade da França. *(Ri)* Imaginou se eu tivesse ficado? Eu teria feito uma plástica, virava virgem de novo, meu pai me botava na aula de etiqueta social, me fazia ficar sócia do Jockey Club e me arrumava um caçador de baú, pra eu não ficar "solteirona"... *(Debocha)* A estas alturas eu estaria na coluna do Tavares de Miranda, junto com a minha ilustríssima mãe, falando as mesmas palavras, morrendo da mesma doença. MEU PAI É UM GÊNIO! Meu pai fez muito bem em me tratar como um adversário. Ele sabe das coisas. Ele sempre deixou tudo muito claro. É como se ele quisesse dizer: "Verônica, veja bem o cretino que eu sou. Veja bem, porque assim você aprende que no mundo só existem cretinos e todos são egoístas, e não existe caridade, amor, essas coisas. O que existe é a violência".

MARCELO: Puxa, mas que fossa...

VERÔNICA: Nestes três anos, eu tenho a impressão que foi você quem me segurou as pontas.

MARCELO: Segurei as pontas...

VERÔNICA: É... Se não fosse você eu não conseguiria segurar o meu ódio. Eu dava um tiro neles todos lá em casa. Até o

Maciel ia entrar na brincadeira. Eu tinha vontade de incendiar, quebrar, dinamitar tudo! *(Mórbida, feliz com a idéia)* Incendiar a minha casa, a tua casa, o palácio do governo, as igrejas... Tudo, tudo...

MARCELO: Quer dizer que eu... fui uma espécie de anestesia?!

VERÔNICA: Anestesia, sim! Você me fez bem e me fez muito mal também.

MARCELO: Me responda uma coisa. *(Sério, após uma pausa longa)* Neste ódio todo que você sente... você acha que há lugar para o amor?

VERÔNICA: Eu te amo. Eu estou apaixonada. Violentamente apaixonada por você. É isto que você quer saber? E se der tudo pra trás, Marcelo, eu arrebento com o que sobrar.

MARCELO: Não entendi...

VERÔNICA: Não é pra entender...

MARCELO: *(Abraçando-a)* Eu sei. Não é pra entender. É pra sentir. Você é maluca de pedra, menina. Mas eu gosto de você.

VERÔNICA: Você gosta de sofrer. Como o Maciel...

MARCELO: Você está se desmerecendo. Por que é que uma pessoa que gosta de você é masoquista? Não acho. Você tem os seus defeitos, as tuas fossas, as tuas manias de incendiária, o teu "anarquismo"... Mas no fundo é uma boa menina.

VERÔNICA: *(Revoltada)* Nunca vou ser uma boa menina! Acho que todas as "boas meninas" do mundo deviam ser estrupadas, num mato cheio de bichos, de madrugada. *(Faz ar fúnebre)* Ali... *(Como se desse uma porretada)* Isso mesmo.

MARCELO: Vem aqui... Larga de ser violenta. *(Ela ri. Não parece tão violenta quanto quer. Marcelo, a um simples toque, demonstra ter poderes sobre ela. Ela se curva terna e infantil. Abraça-o e beija-o furiosamente como se comesse um doce) (Ficam alguns momentos nesta "bolinação". Verônica não parece uma mulher apaixonada, mas uma menina mimada, uma criança com fome. De repente larga Marcelo. Liga a vitrola. Põe um disco. Ele sorri enquanto ela dança sensualmente. Neste momento ela puxa Marcelo e quer obrigá-lo a dançar. Ele reluta. Sem jeito, completamente sem jeito, sem ritmo algum, ele começa a ensaiar alguns passos. Ela imita, ridicularizando-o. O iê-iê-iê toca em altíssimo volume. Os dois se animam. De repende Marcelo começa a rir, descontraído e perde a timidez inicial. Agora ele dança totalmente relaxado e ridículo. A cena é frenética. Marcelo arranca a gravata, despenteia os cabelos. Está possuído pelo demônio. Agora ele não é um sóbrio professor. Verônica abre o armário e desencava uma porção de fantasias. Roupas de cena as mais estranhas. Ele veste todas sobre o terno escuro. Alucinado, olha às gargalhadas para a caveira de Yorik, em cima da mesa, ainda dançando. Começa a jogar a caveira de uma mão à outra, como um malabarista. Verônica não se agüenta de tanto rir. Súbito o locutor da rádio diz soturnamente "Excelsior"... Marcelo desliga a vitrola, ofegante, os dois saem do transe).*

MARCELO: Tem sempre que ter um chato pra dizer Excelsior...

VERÔNICA: *(Desanimada)* E... o cretino TEM que cortar a onda os outros. Tem que mostrar que o que a gente está ouvindo *É* rádio e que a rádio *É* a Excelsior...

MARCELO: Pois é. A gente queria entrar num sonho maluco e não sair mais *(Ri)* Mas o cara disse: EXCELSIOR! E acabou-se o que era doce!

VERÔNICA: Vamos ligar de novo! *(Incisiva, Decidida)* Vamos! Quando ele disser EXCELSIOR, a gente não escuta, tá?

MARCELO: Não. Tenho que ir embora, Verônica. E você tem que ensaiar.

VERÔNICA: *(Emburrada)* Um dia eu incendeio o cara que diz Excelsior.

MARCELO: Mais um? *(Riem)* Quanta gente você tem que incendiar!

VERÔNICA: Todos os que cortam a onda dos outros! *(Cara de nojo, ridicularizando-se a si mesma).*

MARCELO: Pois é! *(Pausa longa)* Vamos ensaiar então, não é?

VERÔNICA: Tá bem, tá legal, pô! En-sa-i-ar! *(Entra resignadamente na coxia. Vai se preparar de Ofélia).*

MARCELO: Me diz uma coisa. Como é que vai o Maurício no Hamlet?

VERÔNICA: Não é mais o Maurício?

MARCELO: Quem então? O Jairo? *(Marcelo faz cara feia)* O Luís! *(Cara mais feia ainda)* O Julinho, então! *(De repente, como que em pânico)* Não me diga que é o Toninho!

VERÔNICA: Ele mesmo! *(Entrando outra vez, agora vestida de Ofélia, mas toda acorrentada comicamente por elementos de cangaço. Chapelão, tiras de bala etc.) (Marcelo assusta-se)* Ele mesmo! *(Ri)* Príncipe da Dinamarca! E sabe quem dirige agora? *(Apontando a metralhadora).*

MARCELO: *(Resignado)* Ele, lógico! Já posso imaginar. "SER OU NÃO SER, PÔ; AÍ É QUE ESTÁ O BUSILIS"!

VERÔNICA: Eu acho que nós bolamos um troço pra frente pacas!

MARCELO: *(Ri, furioso)*.

VERÔNICA: *(Insistente, emburrada)* Vamos fazer uma versão totalmente porra-louca do Hamlet. Imagine que a Ofélia não fica louca, não senhor. Na nossa versão, ela é das maiores gozadoras. Ela FINGE que ficou louca. Mas está só tirando sarro da cara dos outros. E o Hamlet é um anarquista divino maravilhoso, *(Para a platéia, dinamitando ficticiamente, com sua patética metralhadora)* que vai botar fogo no reino podre da Dinamarca!

MARCELO: Vocês não respeitam nem Shakespeare!

VERÔNICA: Acho fantástico.

MARCELO: Coisa de retardados mentais.

VERÔNICA: Acadêmico, acadêmico... *(Batendo na mão, como criança fazendo birra)*.

MARCELO: Eu preferia a peça que você estava escrevendo com ele. Pelo menos não liquidavam a obra-prima de ninguém.

VERÔNICA: O Shakespeare só foi o começo. Agora nós vamos liquidar com o Sófocles também. No que o Édipo descobre que comeu a própria mãe, não fica desesperado, não. Fica felicíssimo. Começa a ler Freud pra justificar o incesto. *(Marcelo está perplexo)* Pede a mãe em casamento, e CASAM na Catedral da Sé, cantando *(Entoa a música de João Dias)* "Mamãe... Mamãe... Mamãe... tu és a razão dos meus dias!"

MARCELO: Morro de rir. Enfim, olha, não vou te proteger só porque você é minha mulher. Vai ter a nota que merece.

VERÔNICA: Já falou isto dez vezes. E não sou tua mulher. Tua mulher é a Isaura.

MARCELO: Vai começar de novo?

VERÔNICA: *(Fazendo beicinho)* É ela que dorme ao teu lado, ela que faz comidinha pra você... ela que assina o teu sobrenome. *(Assina no ar)* Isaura Fonseca... *(Finge ter raiva)* Que inveja...

MARCELO: Viu como você é contraditória? Não estava falando agora mesmo que odeia esse negócio de família? Como é que sente inveja da minha mulher só porque eu casei com ela num cartório civil, e...

VERÔNICA: Eu tenho ciúme dela. É diferente. *(Abraça-o)* Um ciúme chato de doer. Fico horas imaginando você na cama com ela. Me conta uma coisa: Como é ela na cama?

MARCELO: *(Rejeitando os abraços de Verônica)* São pormenores íntimos que não te interessam. E pra mim isso é gostar de sofrer. Pra que você fica pensando nessas coisas? Só pode dar fossa mesmo. Eu acho que você procura a fossa, sabe...

VERÔNICA: *(Animada, infantil, como se competisse com Isaura)* Quantas ela agüenta na cama?
MARCELO: Chega! Mude de assunto.
VERÔNICA: Preconceituoso...
MARCELO: Não é isso. É que eu acho besteira falar de uma coisa que depois vai te fazer sofrer.
VERÔNICA: Que adianta você não responder? Aí eu fico imaginando como você trepa com ela, e caio na fossa do mesmo jeito.
MARCELO: Não vou falar nada a respeito disso e ponto final.
VERÔNICA: *(Subitamente gritando)* Eu quero saber quantas ela agüenta na cama!
MARCELO: *(Imitando o tom de voz de Verônica)* E eu não vou contar!
VERÔNICA: Eu odeio ela! Eu quero que você largue dela! *(Pedinte, amorosa)* Marcelo, meu Marcelinho, larga daquela velha chata...
MARCELO: Depois a gente discute isso, Verônica. Por favor...
VERÔNICA: *(Emburrada)* Eu quero que você largue...
MARCELO: Quando for a hora eu largo. Tudo tem sua hora e sua vez. Não adianta pressa.
VERÔNICA: Eu sou mais bonita do que ela, não sou? *(Requebra)* Sou mais inteligente, mais jovem...
MARCELO: Verônica, pare com isso...
VERÔNICA: Você fica com ela pela tradição. Pelo hábito.
MARCELO: Eu não quero tocar nesse assunto. *(Enervado)* Certo? E agora a menina vai ensaiar... *(Paternal)* Já está vestida. *(Olha-a)* Você está muito bonita. Muito bonita mesmo.
VERÔNICA: *(Emburrada ainda)* Isaura cretina. Acho que ela fez bruxaria pra você não ter coragem de largar dela.
MARCELO: *(Fingindo não escutar)* *(Coloca-a no colo)* Hoje eu dancei com você. Não está contente?
VERÔNICA: Prêmio de consolação...
MARCELO: E deixei você beber...
VERÔNICA: Um uísque só, que adianta...
MARCELO: Mas você tem que ensaiar e tem que ensaiar em pleno uso das faculdades mentais.
VERÔNICA: Eu não vou ensaiar...
MARCELO: Vai sim. E eu já vou embora.
VERÔNICA: *(Agarrando-o)* Não. Não vai! Fica mais um pouco! Eu quero que você durma aqui hoje! Marcelo, hoje eu não quero voltar pra minha casa. Eu quero que você fique. Fica... Tá? Eu prometo que depois eu ensaio... *(Ele meneia a cabeça).*

MARCELO: Você sabe que eu não posso ficar. Não insiste que eu me irrito. E além do mais, quando a gente fica muito tempo junto, sempre acaba saindo briga.
VERÔNICA: E se sair briga? Paciência... Eu já acostumei. Você não?
MARCELO: Não. Me enche brigar tanto.
VERÔNICA: Eu quero dormir com você.
MARCELO: Olha, eu tenho que ir embora. Prometi que levava a Verinha ao cinema.
VERÔNICA: *(Gritando, emburrada)* Ela tem duas pernas. Pode ir sozinha! Ela não tem amigas? Não tem namorado?
MARCELO: Não sei... Não conheço nenhum namorado dela. Ela é muito criança ainda. *(Vai-se levantando)* Prometi que levava ela ao cinema. Tenho que ir. *(Ouve-se uma buzina maluca, destas que entoam música de Roberto Carlos. Verônica corre à janela, como que fascinada).*
VERÔNICA: É o Toninho! *(Debruça-se na janela)* Toninho! *(Grita) (Ri, muda de humor)* Que bom que você veio! Você ensaiou? *(Ele fala qualquer coisa do lado de fora)* Sei, eu sei que eu devia ter ido ensaiar com vocês, mas eu não estava com vontade. O Marcelo está aqui, sim. *(Pausa longa, enquanto do lado de fora Toninho diz alguma coisa que faz Verônica cair na gargalhada. Marcelo se enfurece, enciumado. Começa a puxá-la da janela).*
MARCELO: Chega de conversa mole com este porra-louca. Vai, sai daí.
VERÔNICA: *(Para Marcelo, depois de fazer um gesto para fora da janela, querendo dizer "espere")* Hoje tem uma festa na casa do Bebé! *(Ao ouvir este nome, Marcelo já começa a fazer gestos com o dedo, negativos. Verônica está eufórica)* Eu vou! claro que vou! Genial!
MARCELO: Não vai, não senhora. E me diz uma coisa: este irresponsável do Toninho não tinha que estar dirigindo o tal "Hamlet Divino-Maravilhoso"?
VERÔNICA: Ele ensaiou a tarde toda. Ficou até bravo porque eu matei o ensaio. Ele não é tão irresponsável quanto você pensa. *(A buzina torna a tocar insistentemente)* E eu vou à festa, sim! *(Marcelo segura-a. Ela está aflita para falar com Toninho).*
MARCELO: Eu não quero que você saia com ele, muito menos que vá pra aquele covil de deliqüentes que é a casa desse Bebé.
VERÔNICA: *(Irritada)* O Bebé é genial, o Toninho é genial, e eu vou lá. Pronto. Você não manda e nunca vai mandar em mim.

MARCELO: Não vai, e acabou.

VERÔNICA: Vou!

MARCELO: *(Olhando pela janela)* Antônio, a Verônica não vai à festa porque precisa ensaiar. Até logo. *(Fecha a janela).*

VERÔNICA: *(Abrindo a janela)* Toninho... Toninho... Espera aí. Eu vou sim! Espera, que eu desço em cinco minutos.

MARCELO: *(Gritando)* Você não vai, Verônica.

VERÔNICA: *(Tirando o traje de Ofélia e colocando uma calça Lee às pressas, sobre a malha de ballet)* Quer que eu fique aqui olhando pras moscas? Você não tem que levar a Verinha ao cinema? Eu também vou sair. Pronto.

MARCELO: *(Atirando a capa na cama)* Então eu fico com você. *(Vencido)* Tá certo assim? Não vou ao cinema com a Verinha. Mas você não vai pra este bacanal desse Bebé.

VERÔNICA: Bacanal! Bacanal! Quem foi que te disse que já houve bacanal na casa dele?

MARCELO: Imagino! É uma dedução lógica. Conhecendo ele, o Toninho, e a *gang* toda, posso imaginar o que eles fazem quando se juntam.

VERÔNICA: Mas, você pode ir ao cinema, porque eu... vou à festa. Estou com vontade de dançar. E lá tem gravador. Umas fitas maravilhosas. *(Sorrindo)* Não tem ninguém pra dizer – Excelsior – e acabar com a onda.

MARCELO: *(Agarrando-a)* Você vai ficar aqui, quietinha. *(Ela tenta se desvencilhar. A buzina toca irritantemente. Ela fica mais aflita ainda. Depois ouve-se um ruído de motor arrancando. Ela fica furiosa).*

VERÔNICA: Viu? Ele cansou de esperar! Ele foi embora! Mas eu vou assim mesmo! *(Eles lutam. Marcelo não a solta. Começa a desabotoar a calça Lee. Magicamente Verônica se amansa novamente, e em silêncio tira a calça Lee. Ele carrega-a e caem na cama. Abraçam-se. Marcelo apaga a luz. Após uma longa pausa, ainda no escuro, ele fala lentamente).*

MARCELO: Não sei o que aconteceu Verônica... Eu... não consigo. Desculpe, tá? Não consigo, não sei...

VERÔNICA: *(Com uma voz perplexa)* Que... coisa chata... Que coisa terrível... Como... como é que aconteceu uma coisa dessas entre a gente?

MARCELO: Não sei... eu...

VERÔNICA: *(Irritada) (Chorando)* Você brochou! Você tinha que brochar? Você não gosta mais de mim. Você brochou.

MARCELO: Eu não sei... eu não entendo... *(Ela continua chorando. A escuridão é total) (O pano fecha).*

VERÔNICA: *(Cada vez mais desesperada, enquanto a buzina toca "Namoradinha de um Amigo Meu" lá fora)* Você brochou!

Juca de Oliveira e Denise Bandeira, filme *À Flor da Pele*, 1976, Dir. Francisco Ramalho.

Juca de Oliveira e Beatriz Segall, filme *À Flor da Pele*, 1976, Dir. Francisco Ramalho.

TERCEIRO ATO

(Marcelo escreve furiosamente à máquina. É um outro Marcelo. À sobriedade de sempre sobrepõe-se uma agitação incessante. Às vezes bate na mesa com força. Raciocina. Conta as folhas. Parece preocupado com o que faz. Olha o relógio. Liga um número no telefone. Ninguém atende. Espera algum tempo. Liga novamente. Ninguém atende. Desliga furiosamente o telefone e torna a escrever. Torna a ligar, torna a escrever. Conta as folhas, avidamente, com pressa de acabar).

MARCELO: *(Falando baixinho)* Dez... faltam duas *(Volta a escrever. Pensa, como se espremesse a cabeça. Pára a mão na testa, tira os óculos. Está cansado. Verônica entra lentamente, olha-o sem expressão definida. Parece cansada e abatida também. Tem um ar de exaustão total, como se toda a agitação que a caracteriza tivesse ido embora. Ao vê-la Marcelo se assusta. Pausa longa. Ele ensaia alguma coisa para dizer, mas o susto impede que ele fale. Ela parece distante, cada vez mais distante dali. Após uma longa pausa, ele se aproxima da cama, onde ela acabara de se deitar pesadamente).*

Bom... *(Tenta demonstrar calma, mas está excitadíssimo)* O que aconteceu, Verônica?

VERÔNICA: O que o quê? *(Não olha para ele. Está alheia a tudo).*

MARCELO: Como o que? Como? Quer que eu conte

pra você? Não se lembra? Perdeu a memória. Onde você esteve esta semana toda? E por que não foi fazer exame? Tenho telefonado feito louco pra sua casa. Só me dizem que você sumiu, que ninguém sabe onde você está...

VERÔNICA: *(Lentamente, acordando de um sonho)* Fui por aí... *(Cantarola)* Vesti uma ca-mi-sa lis-ta-da e saí por aí...

MARCELO: *(Ainda mais perplexo)* O que é que você tem? Ficou louca de uma vez? *(Senta-se ao lado dela)* Fala como gente. Uma vez na tua vida, fala como um adulto. *(Gesticula nervoso)* Verônica, Verônica, pelo amor de Deus! Você pensa que é o quê? Eu fui à polícia, fui a mil hospitais, fui à casa do Toninho, à casa do Bebé. *(Pausa. Irritadíssimo)* Ouvi aqueles idiotas falarem mil cretinices sobre você nas minhas fuças... Entende que é demais? Você me deixa doido. *(Grita)* Você vai acabar me deixando doido! Eu soube que você tomou um porre violento na festa do Bebé. Soube que eles te levaram carregada pra casa, que você mal podia andar. E depois disso não soube mais nada, nada. Bom, pensei eu, se ela não veio ao exame é porque deve estar morta de ressaca. Pensei em arrebentar a tua cara quando te encontrasse. Por que matar um exame por causa de uma ressaca? É o cúmulo da irresponsabilidade! Na hora de dar a nota, eu dei zero. Zero pra você porque não fez o exame, e zero pros outros *playboyzinhos* anarquistas do teu grupo, porque o exame que eles fizeram, o tal "Hamlet Divino-Maravilhoso", estava que nem o rabo deles! Isto fora o Toninho vir fazer o exame totalmente MA-CO-NHA-DO! *(Chocado repete)* MA-CO-NHA-DO! Dei zero mesmo. Não vou dar moleza pra esses metidos a gênio, não! Se eles querem fazer teatro... *(Convicto, sem reparar que ela nem o escuta)* que aprendam! Onde já se viu? Fazer uma palhaçada daquelas com o texto de um I-MOR-TAL! *(Verônica sorri lentamente)* Do que você está rindo? Do que você está rindo? Hein? Hein?...

VERÔNICA: Imortal... *(Ri, lentamente, ainda fraca e sem ânimo algum)* O imortal deve estar se remexendo na tumba, no meio do pó, dizendo pra si mesmo... "Ser ou não ser... Ser ou não ser..." *(Ri)* Ser? Não ser? *(Irônica, com as mãos)* Que dilema, não? *(Mais irônica ainda)* Metafísico! Trágico mesmo... Imagine, um tropicalistinha, um anarquista maconheiro... acabar com a imortalidade do Shakespeare! Pode deixar. *(Rindo alto)* Agora nós pretendemos escangalhar com o Brecht. Vamos fazer *Galileu Galilei* dançar "Tomo Banho de Lua" de Cely Campello. Que tal?

MARCELO: Divino-Maravilhoso, como o mundo que você vive. Fora da realidade. *(Doutrinador)* Fora da práxis-revolucionária! *(Ela ri)* No mundo da Lua! Como a Cely Campello!

VERÔNICA: *(Cantarolando)* "Tudo é divino-maravilhoso" *(Grita "uau" imitando Gal Costa. Parece muito agressiva. Neste momento assusta Marcelo com o "uau". Ele deixa cair os óculos; desajeitadamente, ela pega os óculos no chão, ainda cantarolando lentamente)* "É preciso estar atento e forte..." *(Sorri)* Senão a gente deixa os óculos cair no chão. Pode quebrar a lente. Já pensou você sem óculos? *(Segura os óculos na mão)* Marcelo ficou cego porque não ficou atento e forte! *(Continua cantarolando. Ele tenta pegar os óculos. Ela afasta os óculos com a mão, sempre deitada)* "Não temos tempo de temer a morte...".

MARCELO: Verônica... *(Pausa. Ela volta à postura de antes, relaxada, ausente)* O que aconteceu nestes sete dias?
VERÔNICA: Vesti uma camisa listada e saí por aí...
MARCELO: *(Irritado, gritando)* Chega! Responde direito!
VERÔNICA: ...Em vez de tomar chá com torrada, tomei parati...
MARCELO: *(Chacoalhando-a, perde decididamente a "esportiva". Está trêmulo, completamente fora de si)* Eu fiquei estes dias todos sem dormir por tua causa.
VERÔNICA: Pára de me chacoalhar!
MARCELO: ...Por tua causa eu não consegui escrever direito! Os caras da televisão me prensando. Eu precisando entregar os capítulos da novela nova! Eu desesperado, precisando escrever, precisando dar aula, precisando dormir! E por tua causa, fiquei no maior bagaço do mundo... Verônica, Verônica, você está a fim de me fazer perder a cabeça? *(Pausa)* Pra casa do Bebé não voltou, porque eu fui lá três vezes e eles não sabiam onde você estava. ONDE VOCÊ ESTEVE ESSES DIAS? *(Segura o rosto dela com fúria)* Por que está com esta cara de espantalho? Estas olheiras... você está doente?... hein? *(Ela ri)* Verônica, você não está passando bem... *(Põe a mão na testa dela)* Você... *(parece perceber que ela está mal. Acalma-se. Agora está preocupado e paternal, abraça-a, mas ela continua sem reação)*. Você está se sentindo bem? Fiquei preocupado com você... Eu não agüentava mais de preocupação. Você está doente?
VERÔNICA: Estou.
MARCELO: *(Após uma longa pausa. Começa a penalizar-se)* ...onde você estava, menina... Em sua casa não estava. Na casa do Bebé também não. Na casa do Toninho, idem... *(Sorri)* Você sumiu do mapa. Que é que você tem, conta pra mim...
VERÔNICA: *(Levantando-se, começa a reagir. Volta a ser

agressiva e agitada. Embora pareça fraca e abatida, ela retoma o pé da briga) Que interessa...

MARCELO: Quero saber o que você tem, poxa. Se está doente...

VERÔNICA: Estou doente. Estou doente. Fiquei doente desde a festa do Bebé. Eu estava em casa. Dei ordem pra dizerem que não sabiam de mim, porque não estava com saco de falar com ninguém.

MARCELO: Mas... por que... por que você me podou também? Eu não sou teu amigo? Eu não sou teu homem? Por que não me contou o que te aconteceu? Eu podia te ajudar. *(Pausa)* Você foi ao médico?

VERÔNICA: *(Após uma longa pausa. Resolve contar tudo)* Fui ao médico. Quero dizer, fui para o pronto-socorro.

MARCELO: Santo Deus, menina! *(Assustadíssimo)* O que foi que te aconteceu? Coma alcoólica? Fala, Verônica... Pode falar. Eu já sei que você bebeu. *(Delicado)* Eu não vou brigar com você, tá? Fala tudo pra mim...

VERÔNICA: Foi isso. *(Atrapalhando-se)* Depois do porre o pessoal me levou pra casa. Eu fui carregada. Você já sabe. Mas o fato é que o aristocrata do meu pai estava lá na porta na hora que eu cheguei. Eram 7 da matina. O velho começou a me encher. Eu comecei a quebrar tudo que ia encontrando pela frente. Quebrei abajur, bibelô, o diabo. *(Extasia-se morbidamente com a façanha)* Ele corria atrás de mim feito louco. *(Ri)* E eu quebrando tudo. Ele correndo e eu quebrando. Divino-Maravilhoso. Digno de um filme. Pensou? *(Imita a voz do locutor da "Pelmex")* Una película de la Pelmex! Tragan sus hijos. El padre sanguinario y la hija desastrada!". O velho queria me pegar de bofetão. QUERIA não. Pegou. E se vingou. Coitado, vingou mesmo. Depois que eu tinha destruído a casa toda, e feito aquela cagada geral, papai me pegou acendendo um fósforo na roupa suja, no banheiro. Estava tudo amontoado dentro de um cesto. *(Às gargalhadas, ela finge acender um fósforo. Ela imita a si mesma, totalmente debochada)* No que eu ia acender o fósforo, ele me pegou. Marcelo, foi porrada em cima de porrada.

MARCELO: *(Horrorizado)* Você ia... você pretendia... incendiar o cesto de roupa suja? Mas... e se pegasse fogo na casa toda, Verônica... *(Incrédulo)* Não pode ser... Devo estar sonhando... Isso deve ser filme mesmo. Não pode... Você está completamente alucinada...

VERÔNICA: ...*(Continuando)* Se eu PRETENDIA queimar a roupa? Pretendia... E azar deles se queimasse a casa toda. Pra que serve aquela casa? Pra abrigar meia-dúzia de mortos.

Bom, deixa eu terminar. Não acabou aí. O velho me esbofeteou tanto, que eu resolvi correr dele. Fui correr, caí da escada e rolei 24 degraus. O dramalhão perfeito. Faltava um tango. Vieram as empregadas apavoradas, correndo. Minha irmã com cara de histérica, minha mãe... *(Dá uma estrondosa gargalhada)* Toda a curriola... Acordei no pronto-socorro.

MARCELO: *(Ainda mais horrorizado)* Pronto-socorro?

VERÔNICA: Pronto-socorro! *(Orgulhosa)*. No pronto-socorro, ensangüentada feito um porco.

MARCELO: En-san-güen-ta-da? Mas, o teu pai tirou sangue de você?

VERÔNICA: Tirou. Mas foi o tombo que me estourou mais.

MARCELO: *(Penalizado, perplexo)* Você... fraturou alguma coisa? *(Segura-a com carinho)* Diga...

VERÔNICA: *(Rindo alto)* Fraturei *(Uma gargalhada nervosa)* Fraturei o útero. Veja você. Foi a primeira vez na história da medicina que alguém fratura um útero...

MARCELO: *(Com cara de horror)* Explica isso, menina... que coisa é esta... que estupidez... que história é essa de útero...

VERÔNICA: Eu estava grávida *(Marcelo parece totalmente arrasado)* Não precisei de operação... NEM NADA. No que o papai resolveu dar a sua de mexicano, eu rolei a escada e lá se foi o teu herdeiro. Foi fácil. *(Pausa longa. Marcelo está totalmente perplexo. Tenta dizer alguma coisa, mas não consegue. Verônica se cala. Observa-o sorrindo)* Que foi? Você deve estar achando que eu estou louca, não é? É lógico. Mas eu não estou. Quando eu rio não é porque eu perdi a cabeça, não. Eu sei que o que eu te contei é pra chorar. Só que eu estou achando a maior graça.

MARCELO: *(Pausa longa)* Você estava grávida e não me dizia nada... Por que não me contou? A gente podia discutir o assunto, chegar a uma conclusão racional... *(Pausa)* Este teu pai também... um brutamontes!

VERÔNICA: *(Reagindo na mesma hora)* Meu pai não tem culpa de nada! O meu pai estava no lugar dele. Ele fez muito bem em me espancar. E eu fiz bem em acabar com aquela casa. Em quebrar tudo na frente dele. Ele tinha que me espancar e eu tinha que quebrar tudo. Será que você entende? *(Didática)* Cada ad versário no seu canto. Cada um luta do jeito que pode e com as armas que tem. E eu sentiria mais nojo dele se ele ficasse quieto, me vendo destruir aquele império todo. *(Marcelo fica longo tempo parado. Sentado na cama, impotente. Ele parece procurar uma lógica para tudo aquilo. Verônica está serena, como se tivesse cumprido um dever muito árduo. Senta-se com naturalidade à me-*

sa, e começa a mexer nos papéis de Marcelo. Lê atentamente. Sorri, enquanto folheia as páginas e meneia a cabeça. Lendo em voz alta, tranqüilamente, sem ironia)* "Era uma vez um rei. Um rei de um reino imaginário. Ele roubava do povo, viviam fazendo banquetes e orgias..." *(Pausa. Ela parece gostar da história)* Bacaninha, Marcelo. Parece história de criança... *(Ele não escuta. Continua parado e perplexo. Ela lê)* "Um dia este rei foi assassinado, ninguém sabe por quem. Acontece que ele não tinha herdeiros... Os parentes começaram a disputar o trono, mas ninguém sabia que o rei tinha um filho ilegítimo, com uma mulher da plebe e que este filho tinha ajudado a matar o pai, num complô. O filho do rei era adversário do rei..." *(Parece assustada. Gosta da história)* Genial, Marcelo. Marcelo, que rei é este?

MARCELO: ...Verônica... como foi possível isto tudo? Por que você não me telefonou? Por que não contou pra mim? Você estava com medo que eu bronqueasse?

VERÔNICA: *(Lendo)* "Um dia... a esposa de um dos parentes do rei morto, parente este que aspirava ao poder, apaixonou-se pelo filho do rei, sem saber sua origem e suas idéias..." Marcelo, mas está brilhante isso. *(Séria)* Inclusive este estilo de história pra criança. Bacana no duro. Escuta... Marcelo... *(Quer fazê-lo ouvir)* Eu te juro como gostei. Pra novela está muito bom. *(Retificando)* Não. Não só pra novela. Está bom mesmo.

MARCELO: Deixa isso aí. Não estou interessado nas tuas críticas. *(Parece aturdido)*.

VERÔNICA: Mas eu estou achando bom... você não fica contente?

MARCELO: Posso ficar... "contente" depois das barbaridades que você me contou?

VERÔNICA: Ah, vai... larga de tragédia. Escuta, como você vai resolver isto?

MARCELO: *(Irritado)* Como é que você pode estar nesta calma depois de tudo o que aconteceu?

VERÔNICA: Estou interessada em saber qual é o destino deste reinado aqui... *(Aponta graciosamente os papéis)*.

MARCELO: Sei lá. Preciso inventar o resto da estória. E se não fosse a tua sumida, se não fosse a preocupação que eu fiquei, eu já tinha entregue estes capítulos prontinhos pros caras, e estava livre agora!

VERÔNICA: Não perguntei isso. Perguntei o destino do reinado. Eu estou preocupada com ele. Gostei da história. Estou estranhando até. Você escrever uma coisa boa, é realmente um troço fantástico. Isto quer dizer que você não brochou!

MARCELO: Que é que tem de bacana nisto aí, Verônica... Não venha fazendo média pra me agradar. Eu reconheço que é uma droga.

VERÔNICA: A droga é este reinado ter que ser imaginário.

MARCELO: Tem que ser imaginário mesmo.

VERÔNICA: Claro que tem. Isto que é chato.

MARCELO: *(Relutando em perguntar)* Verônica... por que você não queria ter... a criança?

VERÔNICA: Ainda não era uma criança. *(Displicente, continua a folhear, parece totalmente segura de si)* Ainda não era nada.

MARCELO: Mas podia ser! Ele ia ser nosso filho! Nós íamos criar um filho! Um filho! Ia ser meu e teu. Você ia ser mãe. Acho que era isto que te faltava... E eu ia ter uma coisa tua...

VERÔNICA: Um azarado, isto que ele ia ser. Filho de um cansado e de uma cansada. Um azarado.

MARCELO: Quem é que está cansado aqui? Eu não estou. Você também não está. Nos temos a vida toda pela frente.

VERÔNICA: Uma vida muito besta.

MARCELO: Que pessimismo... que pessimismo... Você não parece que tem 21 anos...

VERÔNICA: Eu não tenho vinte e um anos. Eu tenho mil anos.

MARCELO: Você tem preguiça de criar um filho?

VERÔNICA: Eu não terei herdeiros. Como aquele rei. Eu não tenho e não quero herdeiros. *(Ri. Pausa)* Meu pai me deserdou, por falar nisso.

MARCELO: Deserdou como?

VERÔNICA: Pelos processos normais. Me mandou embora e me disse que eu não ia ter um tostão do dinheiro dele, nem depois que ele morresse. E se o teu filho, o meu filho, fosse como eu? Nós íamos deserdá-lo um dia...

MARCELO: *(Sério. Incisivo)* Não tira o corpo fora. Você foi muito covarde em não me contar. Pelo menos a gente podia discutir...

VERÔNICA: Discutir o que, se eu já tinha opinião formada?

MARCELO: Sem discutir a gente não faz nada...

VERÔNICA: Você não vai me dobrar nem com mil discussões dialéticas. Porque eu não quero ter um filho. *(Pausa)* E pare com este romantismo besta, que isto já caiu de moda.

MARCELO: *(Fechando os olhos, louco de raiva)* Romantismo! Romantismo. *(Pausa longa. Tenta manter a calma)* Bem, Verônica, você vai morar aqui. Agora você tem que vir pra cá.

VERÔNICA: Eu não estou me preocupando muito com o fato de não ter onde morar, sabe? *(Irônica)* Aqui ou na casa do Bebé, ou no inferno... dá tudo na mesma.
MARCELO: Vai ter que se preocupar uma hora. Onde estão as tuas coisas?
VERÔNICA: Que coisas?
MARCELO: As tuas roupas, os teus livros, os teus quadros...
VERÔNICA: E quem disse que vou vir pra cá?
MARCELO: Não estou implorando. Estou te dizendo que se quiser vir, isto aqui é teu.
VERÔNICA: Obrigada. Muita gentileza tua.
MARCELO: Por que este cinismo?
VERÔNICA: Estou te agradecendo, só isso.
MARCELO: Vem então. *(Cansado)*.
VERÔNICA: *(Levantando-se)* Antes, a gente tem que acertar um montão de coisas...
MARCELO: *(Como que descobrindo uma pista)* Acertar! Isto! *(Estala os dedos, alegre com a pista)* Acertar! Tudo no lugar, tudo! Os livros, os objetos de cena, tudo! *(Começa a correr eufórico pela casa, apontando as coisas)* A máquina de escrever. ORDEM! *(Eufórico)* Eu quero ordem! A partir de hoje, nós vamos organizar a nossa vida, or-ga-ni-zar! E tem mais. Fim de semana, *(Pomposo)* a senhora vai ler.
VERÔNICA: *(Em atitude de franco deboche)* Lenin? Brecht? Houser? Marx? Trotsky?
MARCELO: Os livros que eu disser pra ler. Sim, porque você precisa estudar. Porque existe uma História. E nós fazemos parte desta História. E você precisa mesmo se conscientizar, porque essa tua porra-louquice conduz à alienação, e.. *(Ela já na janela, dá um grito sarcástico)*.
VERÔNICA: Você está fazendo comício pra queeeem?! *(Abre a janela e olha fora)* Só eu estou aqui. *(Sarcástica)* Camarada Marcelo, as massas te abandonaram! Que solidão de cão, hein?
MARCELO: *(Fingindo que não ouve, mas literalmente irritado)* E vamos organizar mesmo esta bagunça! ORGANIZAR A NOSSA VIDA!
VERÔNICA: Você não percebe que tudo que você falou é lixo? As organizações, tanto os governos como as arrumações de casa, são a coisa mais cansativa do mundo. E a História em que você tanto acredita, só deu mancada. *(Gritando)*.
MARCELO: *(Sorrindo)* Então, a humanidade faliu, na tua opinião?

VERÔNICA: FALIU!
MARCELO: *(Sorrindo)* Esta falência só existe na tua cabeça. *(Marcelo de repente percebe que Verônica está distante, e resolve doutriná-la. Agarra-a pela mão, docemente, paternalmente, e a faz sentar-se próxima à cama. Ela senta, olhando-o sempre debochadíssima. Ele começa a falar dolorosamente paternal, tentando convencê-la)* Verônica. Preste atenção, 500 mil anos atrás, éramos uns antropóides. Uns macacos apavorados. Com medo de chuva, trovoada, o diabo. Vivíamos nas árvores, de galho em galho. *(Parece ter pena da espécie humana).* Você não pode negar uma evidência destas. 500 mil anos atrás nós rastejávamos pelo planeta, Verônica! O homem construiu a arte, a ciência, a tecnologia! *(Olhando-a que ri)* Eu sei, eu sei... ainda há muita miséria no mundo. Eu sei. Há Biafra, Vietnã. Eu sei. Mas eu sei também que o homem é fundamentalmente bom. E até o capitalismo é um avanço, comparado com o sistema feudal. *(Ela ri mais alto ainda)* O Homem criou a Capela Sixtina a 9.ª Sinfonia, a Revolução Industrial. O Homem criou a imprensa. *(Ela ri, ele se exaspera)* Eu creio em mim porque eu creio no Homem! E sei que no futuro, se ele usar a consciência, atingirá a culminância. Será uma síntese de Aristóteles, Goethe e Marx. *(Verônica ri ainda. Ele levanta da cama e aponta as coisas da casa, desesperado, vendo se comove Verônica)* Isto é o progresso! Chegar onde chegamos! O que é para você a civilização, hein, hein? *(Desafiador).*
VERÔNICA: *(Lenta e debochadamente)* Liquidificador Walita, Apolo 11, Napalm, Chacrinha e Modess, Modess: o RETRATO da tua civilização. Nojenta, ensangüentada e prática.
MARCELO: Não! O progresso é inquestionável! Não é só liquidificador e Modess que a humanidade sabe fazer! Quem usa a consciência transforma a vida!
VERÔNICA: Morro de rir de você, antropóide supercivilizado, *(Ri)* Marcelo Fonseca. Um macaco inteligente, que lê Marx, Brecht... Um macaco desesperado!
MARCELO: Você já disse o que tinha a dizer pela vida toda. A não ser que comece a se transformar a partir de hoje. *(Verônica pega um copo. Marcelo pega o copo e o quebra no chão, exasperado, com violência)* E não bebe mais na minha frente, porque a lucidez é fundamental.
VERÔNICA: Como você pontifica, minha santa mãe de Deus!
MARCELO: Eu vou continuar pontificando a vida toda.
VERÔNICA: Falido!
MARCELO: Quem faliu foi você.

VERÔNICA: *(Jogando tudo no chão. Os livros, a máquina de escrever, tudo, e apontando a cada objeto que joga, sob o susto de Marcelo)* A falência existe em todo lugar. Aqui, aqui, aqui... *(Corre até a janela e grita veemente)* Falênnnncia! Falênnnncia!

MARCELO: *(Gaguejando, catando os livros do chão)* Quem faliu foi você! Você! Você, o Toninho, o Bebé, o Alberto. Os tropicalistas, os anarquistas, os desequilibrados. Vocês são carvão gasto. Vocês não têm mais nada a declarar.

VERÔNICA: E nem temos pretensão de declarar nada. Está tudo declarado. Deflagrado. E falido!

MARCELO: *(Veemente e gaguejando, com os livros na mão, encaminhando-se com fúria para ela)* Eu não fali! Picasso não faliu!

VERÔNICA: Pretensão e água-benta!

MARCELO: Os que fizeram a Revolução Francesa não faliram. Os que fizeram a Revolução de OUTUBRO não faliram. Os que fizeram as revoluções, estes não faliram!

VERÔNICA: Faliram todos!

MARCELO: Como você diz um impropério destes?

VERÔNICA: Falido!

MARCELO: Porra-louca!

VERÔNICA: Falido!

MARCELO: Galinha!

VERÔNICA: Falido!

MARCELO: *(Já segurando-a pelos ombros violentamente, sacudindo)* Chega. Verônica, chega!!!

VERÔNICA: BROOOOCHA!

(Marcelo dá-lhe uma violenta bofetada, que a derruba na cama. Após alguns segundos, ela se refaz se levanta, e grita).

Papai! Você é um covardão! *(Abre os braços)* Você vinha assim! De repente parou. E teve medo. Todos param num certo momento. E sentem medo. E é isto que me enoja. Você se vendeu.

MARCELO: *(Curvo, cansado, de costas para ela)* Estou farto da tua estupidez. Vive dizendo que eu sou um vendido e que teu pai é um fresco. Mas passa os dias na piscina, tomando uísque escocês. Gasta os tubos na boate, com dinheiro meu e dele: do vendido e do capitalista opressor. Calça sapatinho italiano, veste roupa francesa. *(Sorri amargo)* O que é que você fez? Quando é que você ganhou o pão com o suor do teu rosto?

É fácil, muito fácil falar que a humanidade está podre, quando a gente é servido por mordomo de libré, chofer e governanta. Você... *(Aproxima-se dela)* E gente como você, não tem estrutura. Não tem caráter. Que foi, ficou muda?

VERÔNICA: Esta filosofia barata está cansando a minha beleza. *(Aponta para a cama)* Vamos fazer alguma coisa de interessante?

MARCELO: *(Reagindo)* Não! E a gente pensa com a cabeça. Não com o sexo. Se cada vez que formos discutir qualquer coisa importante, formos pra cama, vamos acabar virando bichos.

VERÔNICA: *(Indo para o bar)* Exatamente o que eu quero.

MARCELO: Você vai beber, não vai?

VERÔNICA: Vou.

MARCELO: *(De costas. Ela coloca uísque no copo)* Pois beba à vontade. Eu cansei.

VERÔNICA: *(Parando lentamente de colocar uísque, assustada porque ele não reprimiu o seu ato de beber)* Eu também. Cansa discutir, não é?

MARCELO: Se cansa! Por isto mesmo, a partir de hoje não se discute mais nada sério aqui dentro. Eu não te reprimo mais, nem te proíbo nada! Se até hoje fui eu quem te impediu de viver, agora você vai ter que viver. É uma responsabilidade tua. Só tua.

VERÔNICA: *(Após uma pausa, abandona o copo, e caminha desesperada pelo palco)* Não me responsabilize nem por mim nem por ninguém. Porque eu não posso assumir a culpa, o risco e o desafio que pertencem a todo mundo.

MARCELO: Pertencem a você também. Alguma saída você tem que propor. Pelo menos pra você mesma. Quando mais não seja para tua geração.

VERÔNICA: Para minha geração só sobrou a violência. As regras do jogo são essas: usar a violência rigorosamente, apunhalar o inimigo até pelas costas.

MARCELO: E quem é o inimigo pra você, Verônica?

VERÔNICA: *(Pausa tensa. Ela grita)* O difícil é saber quem é e onde está esse inimigo. Ele está disseminado como um Deus. Ele transformou o mundo à sua imagem e semelhança. E seus espiões já se infiltraram em toda parte. *(Pausa longa)* Você quis dizer o que, quando falou que estou livre de você?

MARCELO: Que o nosso caso acabou.

VERÔNICA: *(Tentando se conter)* Acabou! Cada um pro seu lado. Vamos ver no que dá.

(Pausa longa. Os dois estão de costas. Não se vêm. Verônica parece prestes a explodir).

MARCELO: Estou muito admirado com você. Outro dia mesmo dizia que se tudo acabasse entre a gente era a ruína, sei lá. Agora está tão calma...

VERÔNICA: Ahhhh! *(Ela berra e cai no chão gemendo como um animal. Marcelo, assustadíssimo, socorre-a e abraça-a).*

MARCELO: Bobinha... você está pensando que é sério? É só mais uma briga... Olha, quantas vezes nós já chegamos à conclusão de que não dava certo, que era melhor terminar, etc... etc... hein? Você levou a sério?

VERÔNICA: E agora?

MARCELO: Agora o quê? *(Carinhoso)* Não vai acontecer nada. Eu já estou de bem. *(Pausa longa. Ela não responde. Começa a desabotoar a blusa de Marcelo, olhando fixamente para ele e parando de chorar de repente. Ele se deixa beijar, passivamente. Ela acaba de tirar-lhe a blusa. Sua expressão é de decisão. Ele no entanto não percebe nada. Sorri, sempre submisso a ela e às carícias que ela lhe faz).*

MARCELO: Viu? *(Beija-lhe o rosto)* Viu? Você, hein? Já está de bem.

VERÔNICA: *(Como se não o escutasse)* Agora eu já sei... já sei o que nós vamos fazer. *(Ele começa a desabotoar-lhe a blusa)* Não... ainda não... *(Ele continua a desabotoar-lhe a blusa. Ela deixa).*

MARCELO: Eu quero agora... *(Abraça-a furiosamente. Agarram-se. Jogam-se na cama. Ele rasga a blusa dela, na pressa e na fúria. Ela acaba de rasgar. De repente ela levanta, decidida, muito decidida, com um sorriso sereno).*

VERÔNICA: Esta noite você vai fazer tudo que eu te pedir...

MARCELO: Tudo.

VERÔNICA: Então.... *(Ande até o armário. Pega a garrafa, enche dois copos até a borda)* Vamos encher a cara.

MARCELO: Isto mesmo. Encher a cara!

VERÔNICA: Depois vamos dançar...

MARCELO: Posso escolher a música?

VERÔNICA: Não.

MARCELO: Você não sabe o que eu ia escolher...

VERÔNICA: O Vivaldi... não é?

MARCELO: Não.

VERÔNICA: Mozart...

MARCELO: Não. SABE O QUE? *(Vitorioso)* Caetano Veloso!

VERÔNICA: Ah, mais aí é que se engana. Nós vamos dançar uma valsa. Uma valsa linda...
MARCELO: Tá certo. Eu topo tudo hoje.
VERÔNICA: Depois vou te contar um segredo e você vai ficar bravo..
MARCELO: Depende... depende...
VERÔNICA: Sabe, eu terminei aquela peça, aquela que eu estava escrevendo com o Toninho.
MARCELO: *(Estupefato)* Terminou mesmo? E por que não me falou? Onde... onde está o texto, está com ele?
VERÔNICA: Não. Eu tirei ele da jogada. Terminei sozinha...
MARCELO: *(Descobrindo)* ... você ficou escrevendo... você queria me fazer uma surpresa...
VERÔNICA: *(Aceitando)* Mais ou menos isso... Só que o texto não está aqui... Mas eu sei de cor.
MARCELO: Então vai dizendo logo, tá? A gente agora corrige tudo e monta com o pessoal da escola!
VERÔNICA: Não vamos fazer todo o texto não. Só o finalzinho... *(Olha-o decidida, fixamente)* E eu vou dirigir a cena final. São dois personagens. Eu e você.
MARCELO: Já não gostei.
VERÔNICA: Por que? Ficou bonita...
MARCELO: Detesto autobiografias....
VERÔNICA: Você vai gostar. Você vai ver. Além do mais prometeu que *hoje* fazia tudo o que pedisse.
MARCELO: Tá certo... tá certo... *(Conciliador, segura-lhe a mão)* E depois, depois a gente...
VERÔNICA: Depois a gente trepa...
MARCELO: A noite toda...
VERÔNICA: A noite toda...

(Deixa os copos cheios sobre a mesa. Marcelo levanta, pega o seu copo e dá um gole. Verônica começa a se pintar. Passa pó, delineador nos olhos, cuidadosamente. Ele observa-a sorrindo. Ela está séria, contrita. Pega as guirlandas, enfeita o cabelo, tira a roupa de Ofélia do armário, tira os restos de blusa que lhe sobram. Ele beija-lhe o colo. Ela não reage. Sua expressão é estranhamente séria e convicta. Verônica parece preparada para uma cerimônia. Marcelo ajuda-a a vestir a roupa de Ofélia, lentamente, deslumbrado. Verônica olha-se no espelho novamente. Passa um último retoque no batom, ajeita ainda um pouco os cabelos)

MARCELO: Minha noiva...

VERÔNICA: Sua noiva. *(Vai até a vitrola. Procura um disco. Coloca uma valsa antiga. Dá-lhe a mão, cortês e delicadamente. Eles começam a dançar a valsa. Dançam por alguns instantes. De repente ela parece apressar-se com alguma coisa muito importante. Pára. Marcelo, empolgado com a valsa, tenta puxá-la novamente. Ela vira-lhe as costas. Desliga a vitrola, volta-se para ele)* Vamos fazer o final da minha peça... vamos!

MARCELO: Por que já? Você não queria dançar a valsa?

VERÔNICA: Quero fazer a minha cena... Você vai ver como é linda. Não quero que a maquiagem saia. É isto...

MARCELO: Gostei de ver! Está ficando uma profissional!

VERÔNICA: *(Após uma pausa)* Você vai me prometer, não... atrapalhar, não dar palpite... tá? E... não faça críticas, antes do final!

MARCELO: Certo, senhora diretora. A senhora manda hoje. Vamos lá?

VERÔNICA: Bom... *(Parece querer esconder sua aflição. Está tensa, mas quer que ele pense que ela está brincando)* Bom, meu ator, maravilhoso... você vai fazer o seguinte: Eu vou ficar de frente para o público, nesta cadeira aqui. *(Marcelo observa-a dar ordens. Como um pai emocionado com a obra de uma filha, sorridente, complascente, ele cruza os braços)* Você vai ficar aqui. *(Segura-o pelo braço e leva-o até perto da janela. Ele se deixa levar)* Agora você vira de costas. Fica de costas o tempo todo... *(Pega a caveira de Yorik em cima da mesa e coloca-a na mão de Marcelo)*

MARCELO: Você sabe que isto não pega bem, Verônica. Nunca é bom deixar um cara muito tempo de costas em cena...

VERÔNICA: Deixa de teoria hoje. Faça o que eu mando.

MARCELO: Tá bem... tá bem... Mas depois eu posso fazer minhas críticas, não posso?

VERÔNICA: Depois você faz tudo o que quiser. O mundo inteiro pode criticar depois, que eu não me importo. Mas agora sou eu quem manda. Bom. Fica aí de costas. Não se vire um minuto sequer. Aí eu dou a deixa e você entra com o monólogo do Hamlet. Ser ou não ser.

MARCELO: E qual é a deixa?

VERÔNICA: Um gemido. Eu vou dar um gemido de dor, como se estivesse sendo esfaqueada... *(Hesita em dizer, um pouco por temer a crítica dele. Marcelo meneia a cabeça)*

MARCELO: Não estou gostando da idéia... mas enfim... Bem, eu fico aqui olhando pra janela. Espero você dizer a tua fala. No que você der um gemido eu começo: "ser ou não ser, eis a questão". "Dormir... dormir..." tal e coisa... até o final, não é? E daí?

VERÔNICA: *(Dá uma golada enorme no copo de uísque. Vê-se que ela treme um pouco e que está tramando algo terrível)* Depois? Bom... depois... depois é surpresa.

MARCELO: Vamos lá, minha dramaturga... Eu já vou para o meu lugar, tá? *(Pausa longa. Marcelo vira de costas para ela, com a caveira de Yorik na mão. Verônica, lentamente, com os olhos vidrados, pega um punhal, aproxima-se da boca de cena, e olha hesitante a platéia)*

VERÔNICA: Não quero que ninguém me siga. Porque a minha violência é uma violência inútil. Há um lixo por se incendiar. Acumulou-se tanto que seu cheiro se tornou insuportável. Eu gostaria de partilhar da tarefa deste incêndio. *(Olha o punhal)* Mas há um espião em mim que não consente que eu viva. *(Levanta o punhal e lentamente crava-o no peito. Geme agoniadamente. Marcelo ainda de costas, pensando que é sua dica para o monólogo do Hamlet, começa lentamente. Ela morre, lentamente).*

MARCELO: "Ser ou não ser, eis a questão". *(Continua até perceber o silêncio dela)* Verônica, me desculpe. Mas do ponto de vista do conceito da... (Volta-se. Pára, mudo. Corre até ela. Segura-a. Olhos de louco, ergue-a, compondo uma Pietá de Michelangelo. Ainda mudo, sacode-a. De repente, com ela nos braços, de pé na boca de cena, olhos em pânico, solta um gemido sem som. Vê-se pelo movimento dos lábios, que ele grita "Verônica". A valsa continua tocando).*

FIM

OTHON BASTOS PRODUÇÕES ARTÍSTICAS
APRESENTA

CAMINHO
DE VOLTA
DE CONSUELO DE CASTRO
DIREÇÃO
FERNANDO PEIXOTO

LIXO

TEATRO ALIANÇA FRANCESA
R. GENERAL JARDIM, 182

CAMINHO DE VOLTA

CENÁRIO

Sala de criação de uma agência de publicidade. Asséptica. Linhas retas. Modernidade absoluta.

PERSONAGENS

CABECINHA: Diretor de arte. Mais ou menos trinta e três anos.
MARISA: Ex-secretária. Mais ou menos vinte e cinco anos. Agora redatora.
NILDO: Mais ou menos trinta e cinco anos. Redator-chefe.
DR. GOMES: O patrão. Mais ou menos cinqüenta anos.
NANDINHO QI: Contato. Cursilhista. Mais ou menos cinqüenta anos.

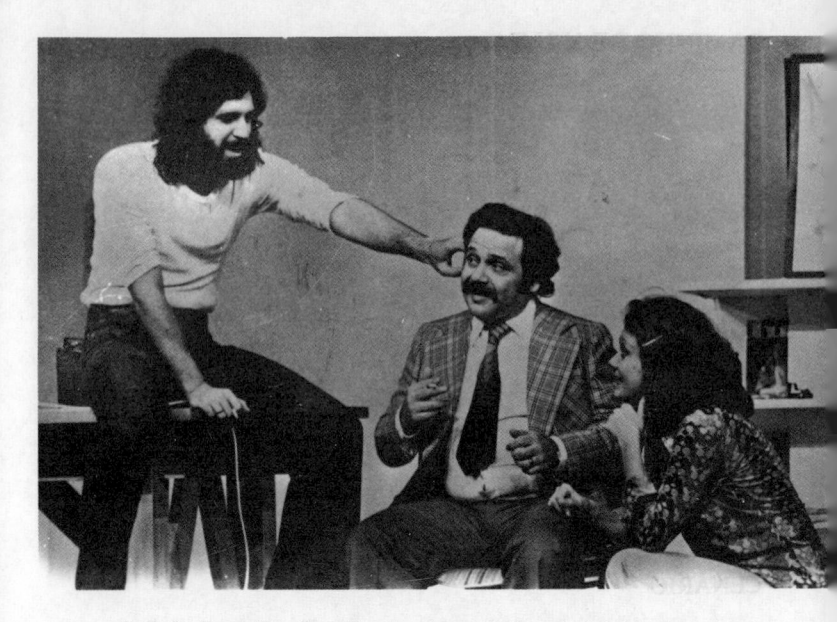

Antonio Fagundes, Oswaldo Campozana e Raquel Araujo, *Caminho de Volta*, Teatro Aliança Francesa, SP, 1974, Dir. Fernando Peixoto.

1º ATO

(Toca "Isto é que é... Coca-Cola". Assim, que a luz acende por inteiro, o jingle baixa de volume até desaparecer. Cabecinha está no laboratório fotográfico, examinando fotos de uma batedeira. Marisa na sala de criação, bate furiosamente à máquina, assobiando qualquer coisa)

CABECINHA: *(Falando pelo biombo)* Que é que você tanto bate aí? Pedido de demissão?

MARISA: Anúncio. Que mais podia ser...

CABECINHA: *(Olhando as fotos)* Carta de amor por exemplo.

MARISA: Pra quem?

CABECINHA: Evidentemente, pra mim. *(Põe a cara pra fora do biombo)* Olha que gracinha. *(Mostra os cabelos, faz gestos sensuais como se posasse)* Pega, pega pra você ver que macio que eu sou. Pode pegar. Eu deixo. *(E continua batendo o anúncio)* Pô, Marisa. Dá uma colher de chá. Ei, Neil Ferreira... Neil Ferreiraaaa! ÚÚ! Olha só o macho que você tá perdendo. Olha só: olhos castanhos claros, boca bem feita, troncudo. Bom moço. Bom fotógrafo. Bom diretor de arte. Bom de cama. Bom salário. Ei, olha pra mim, um pouquinho só. Eu sou o Picasso do *lay-out*. Veja bem o que você está perdendo!

MARISA: *(Rindo)* Não é meu tipo.

CABECINHA: *(Voltando as fotos, observando outra vez,*

uma a uma. Até que entre as mil batedeiras, surge uma mulher loira e nua em pose sexy) Pois devia ser. Mau gosto, esse seu. Trocar um cara que nem eu por aquele mau caráter do Nildo... *(Dá uma gargalhada, pegando a foto da mulher nua)* Imagine quem tá aqui... na minha mão!

MARISA: A batedeira.

CABECINHA: Não, vai adivinhando...

MARISA: Ah, sei lá, me deixa trabalhar. Cabecinha...

CABECINHA: *(Saindo do laboratório com pilhas de fotos na mão)* Essa aqui, quem é?

MARISA: *(Demonstrando tédio)* A batedeira...

CABECINHA: *(Mostrando outra, em tom de suspense, rindo)* E essa?

MARISA: A ba-te-dei-ra!

CABECINHA: E esta aqui?

MARISA: Pô, a batedeira de novo. Cabecinha, quer me fazer o favor de me deixar trabalhar? Se eu não fizer este texto, Cabecinha... *(Pausa)* NINGUÉM FAZ POR MIM! você sabe como é isto aqui...

CABECINHA: Não vem de vítima. Já dizia minha mãe, a famosa dona Sofia da Aclimação: sua cabeça seu guia. Quem entra na chuva é pra se molhar. A gente dá os pés eles querem as mãos... *(Mostra outra foto)* Olha, olha essa aqui.

MARISA: *(Cheia)* É a droga, da porcaria, da filha da mãe, da batedeira elétrica. Que tritura até gelo, a última aquisição para sua cozinha, a senhora não pode deixar de ter em casa, compre, use, PÔOOO! Qual é?

CABECINHA: E esta?

MARISA: *(Olhando com raiva para a outra foto) (Quase rasgando)* Ué... *(Levanta o rosto com um susto grande e rindo muito)* Ué... não é a batedeira...

CABECINHA: Tô falando... quem é?

MARISA: Uma loira, linda, nua e pornográfica.

CABECINHA: Gostosa paca, né?

MARISA: Se eu gostasse de mulher...

CABECINHA: Mas olha só a cinturinha dela. Olha esta curvinha. Olha aqui... Humm!

MARISA: De onde você tirou essa aí?

CABECINHA: Adivinha.

MARISA: Não tô com vontade. Fala de uma vez.

CABECINHA: Ela pousou de dona-de-casa pra batedeira.

MARISA: Nossa, parecia tão distinta na fotografia...

CABECINHA: Pra você ver. *(Olhando a foto)* Suely, a fofinha do papai.

MARISA: É mesmo tão gostosa assim, é?
CABECINHA: Você nem pode imaginar quanto!
MARISA: Me diz, como é que é ser gostosa?
CABECINHA: Vai contar essa pro Beto, teu irmão.
MARISA: Essa qual?
CABECINHA: Essa de ingênua.
MARISA: Juro por tudo quanto é mais sagrado: eu não sei como é ser gostosa.
CABECINHA: Mas *É*!
MARISA: Não quero tocar nesse assunto!
CABECINHA: Não se esqueça que eu já te comi. E muito! ÓÓÓ... *(Faz gesto que significa números de vezes).*
MARISA: *(Tapando os ouvidos)* Não quero tocar nesse assunto!
CABECINHA: *(Ironicamente, como se estivesse raciocinando)* Mas deixa ver se eu entendo. Você não quer tocar "nesse assunto" por pudor, ou porque... é uma lembrança... *(Exagerando com a boca)...* chata? Quer dizer... doeu? *(Ela tapa os ouvidos)* Foi ruim? Você não gostou? Do gosto... do cheiro ou do...
MARISA: Não quero falar, não quero falar... *(Cabecinha ri)*
CABECINHA: Tá bom, tá... calma... não precisa ter ataque. Pronto. Olha, sou um túmulo.
MARISA: Faz tempo demais pra gente lembrar.
CABECINHA: Sete anos. Que é que são sete anos numa encarnação?
MARISA: Não me amole com esta coisa de encarnação. Você sabe que eu não acredito nisso.
CABECINHA: Nem eu.
MARISA: Então, porque fala?
CABECINHA: Porque tá na onda. Todo mundo fala.
MARISA: Macaca de auditório.
CABECINHA: Ih, você não tem mesmo o menor senso de humor, hein? Descola uma alegriazinha aí, de leve, boneca. Em publicidade não pode ser ranzinza que nem funcionária pública, não. Por falar nisso, olha aí. Camisa de flor, saia xadrezinha. Aposto que tá de sandália havaiana...
MARISA: *(Irritada)* Uso a roupa que quero!
CABECINHA: Larga de ser cafona!
MARISA: Que é que tem de cafona em mim?
CABECINHA: Publicitária tem que andar com outra roupa e outra cara.
MARISA: Eu ainda não sou publicitária. Não esquece que

eu sou da Penha.

CABECINHA: Não vejo nenhuma glória nisso. E não vejo porque ficar mostrando o tempo todo que se é da Penha.

MARISA: Pare de me agredir.

CABECINHA: Já tá usando todos os termos do Nildo...

MARISA: Pois é. Um bom começo pra eu virar uma publicitária... Mas vai lá pra dentro curtir tuas fotografias, que eu prefiro acabar este texto. Senão o Nildo me come a alma.

CABECINHA: O Nildo não manda em você. Pelo menos não devia mandar.

MARISA: Não é problema de mandar. Ele é o chefe de criação desta droga aqui. Tem direitos sobre mim. E sobre você.

CABECINHA: Comigo não, violão. Comigo não. Eu hein? Olha bem pra mim. Nesta pessoinha aqui não manda nem a dona Sofia, nem o seu Zeca, meu pai. Nem a Gigi, aquela maneca que me passou uma boa gonorréia ano passado, e por quem eu puxei a Central do Brasil, de tanta gamação. Não manda o Nildo nem o próprio Gomes, que é o DONO disto aqui. Não manda o papa, a polícia, ninguém, sacou?

MARISA: *(Rindo)* Eu sei uma pessoa que manda em você direitinho.

CABECINHA: Quem?

MARISA: O cara do Credicard.

CABECINHA: *(Rindo)* Bom, esse manda. Esse e o Citycard, e todos os outros *cards* que inventaram para embananar mais ainda a vida financeira do povão.

MARISA: Manda também o cara da Fotótica. Cê já pagou a prestação deste mês?

CABECINHA: Paguei. Ou melhor não paguei. Mas só por perguntar: você é sócia da Fotótica? Ou do Serviço de Proteção ao Crédito?

MARISA: Só falei pra te provar que você tem dono como todo mundo, tem quem mande na sua cabecinha.

CABECINHA: Lógico! Hoje em dia, livre só morto mesmo.

MARISA: *(Sonhadora)* Bonito isso que você disse aí.

CABECINHA: *(Rindo)* Todo mundo na Penha é cafona como você? *(Abraça-a) (Ela ri)* Hummm... lavou a cabeça. Com *shampoo*... vai dar pro Nildo hoje?

MARISA: *(Desvencilhando-se dele)* Eu nunca dei pro Nildo!

CABECINHA: "Minha linda normalista, que a todos logo conquista..."

MARISA: *(Irritada)* Já expliquei mil vezes minha posição a este respeito. Não entendeu porque não quis... Ou porque é burro mesmo.

CABECINHA: Mas já passou montes de noites com ele, sozinha, aqui mesmo, nesta sala! Nada aconteceu? Nada?

MARISA: A gente ficou trabalhando. Aliás, você devia ter feito o mesmo.

CABECINHA: Mas e depois, depois que vocês... paravam... de trabalhar?

MARISA: Ia cada um para sua casa.

CABECINHA: Você nunca dormiu na casa dele?

MARISA: Esqueceu que ele é casado?

CABECINHA: Tô falando a *garçoniére dele*, pô. Vai me dizer que ele não tem.

MARISA: Não sei. Nunca fui, nem ele me convidou.

CABECINHA: *(Ligando o gravador e ouvindo atentamente, num tom baixo, um jingle cantando por ele mesmo, sobre a batedeira)* Que droga. Às vezes eu penso: que será que tem dado na nossa cabeça pra gente bolar uns troços tão ruins?

MARISA: *(Muito séria, após uma pausa)* É mesmo, Cabecinha. Podíamos discutir isso: o trabalho não tá rendendo.

CABECINHA: Uma razão eu já sei qual é.

MARISA: Qual é?

CABECINHA: O Nildo.

MARISA: É, o Nildo tá em crise.

CABECINHA: *(Rindo)* Esta crise não é de hoje, filha. Trabalho com ele há oito anos. E há oito anos ele não bola nada que preste. Se não fosse eu... Crise, crise... Acho boa esta palavra. Justifica todas as brochadas das pessoas. Que crise nada. Ele já nasceu assim. Quando a mãe dele abriu as pernas e ele disse "ahhh", o médico falou: "Dona, seu filho tá em crise".

MARISA: Já sei que você destesta ele e ele te detesta. Não quero me meter nestas transas. *(Retoma a máquina e começa a escrever)*

CABECINHA: Marisa, eu só quero te avisar pra você não se arrepender depois. Solta o pé desse cara que ele não é boa coisa. Tô avisando. Em doze anos de profissão ele já jogou mais de trinta caras na lama. É o maior mau caráter da praça. Tô avisando. Depois ele te apronta uma preta, não vem dizer que eu não te avisei.

MARISA: Sou maior e vacinada. Deixa comigo.

CABECINHA: Me sinto responsável por você.

MARISA: Não sei por que você é responsável por mim. Não sei por que...

CABECINHA: Sete anos atrás eu tirei o teu selinho.
MARISA: Que coisa menor!
CABECINHA: Usa outra expressão. Esta é muito "Penha".
MARISA: Falo do jeito que eu sei falar.
CABECINHA: Mas escuta, você acha que não me deve nada, não?
MARISA: Absolutamente nada.
CABECINHA: Se não fosse eu ter namorado você, até hoje você estava trabalhando na Penha...
MARISA: Até parece que quem me tirou de lá foi você.
CABECINHA: Digamos que eu tenha dado um bom empurrãozinho!
MARISA: Só fez enfiar minhocas na minha cabeça. Depois sumiu quando eu tava bem apaixonada, bem besta...
CABECINHA: Dê graças a Deus eu ter aparecido na tua vida. Agora você tá aqui, ganhando salário de gente, trabalhando com gente... E não é mais virgem. Pensou no trabalhão do Nildo se...
MARISA: Não quero que fale esses troços, já disse!
CABECINHA: *(Sem escutar)* – Pô! Até esse serviço eu tinha que fazer por ele... Agora ele só tem que te papar. O resto – as dores, as choradeiras. O "que que o meu irmão vai dizer?" e tudo o mais, quem teve que agüentar fui eu! Ele ficou só com o bem-bom.
MARISA: Faz sete anos. Você não acha que já devia ter esquecido? Ou já esqueceu, e fala só por que não tem sobre quem descarregar tuas neuroses? Você sabe que isso me fere.
CABECINHA: O que que te fere? Não ser mais virgem?
MARISA: Não sei. Essa coisa de falar da minha vida que nem se fosse um produto que a gente tem que anunciar. Eu sei lá... eu gosto de ter as minhas coisas, os meus segredos, a minha intimidade...
CABECINHA: Peguei! *(Tapando a boca de Marisa)* – Peguei outra palavra "tipo Penha": intimidade. Promete que não fala mais isso.
MARISA: Prometo. Saco! Me deixa trabalhar agora?
CABECINHA: Vaca amarela...
MARISA: .... pulou a janela... quem falar primeiro...
CABECINHA: ... come a merda dela! *(Faz um x na boca)* Não falo mais. Mas dentro de cinco minutos quero ver esse anúncio pronto.
MARISA: *(Saco, ri)* Que autoridade!
CABECINHA: *(Começou a contagem)* *(Olhando o reló-*

gio) ...um ...*(Pausa)* ...dois ...*(Marisa se atira furiosamente sobre a máquina e começa a escrever outra vez. Depois joga fora o papel e coloca outro na máquina. Cabecinha começa a pintar. Imita "gênio temperamental". Marisa ri e depois concentra-se no texto. Ele começa a mandar beijinhos para ela, que agora parece mergulhada no trabalho)*

MARISA: *(Após uma pausa)* Olha... *(Vai até Cabecinha e demonstra insegurança) (Mostra o texto a ele)* Vê que cê acha.

CABECINHA: Não é melhor você ir fazendo aí, e quando o Nildo chegar ele examina tudo? Eu não sou bom pra julgar texto...

MARISA: Olha, olha que eu tô aflita...

CABECINHA: *(Lendo)* Tal... patati... patata... *(Olhando muito sério para ela)* Posso ser franco? *(Ela aquiesce sem dizer uma palavra, tensa)* Então, tá uma droga.

MARISA: Onde tá uma droga? Que pedaço?

CABECINHA: Tá sem conserto, Marisinha... Pô, mas não fica assim. Ninguém nasceu fazendo anúncio! Você tá nessa redação tem só oitenta dias!

MARISA: *(Irritadíssima)* Não é possível. Eu já fiz vinte vezes o mesmo texto. Ou Nildo acha que não presta, ou ele acha que a abordagem tá errada... ou o contato vem e recusa! Agora é você. Acho que errei de profissão. Eu devia ter continuado secretária o resto da vida. *(Cabecinha volta a pintar, com expressão de "Deixa pra lá")* Cabeça, me diz que é que tem de ruim neste texto. Eu juro que acho ótimo! Eu juro. Serão os meus critérios? Também, o Nildo diz que é muito cedo pra se ter critérios nesta profissão...

CABECINHA: O primeiro passo pra ter critérios é saltar do pé do Nildo...

MARISA: Como? Ele é o chefe de criação! Ele é quem dá os temas das campanhas, quem diz o tamanho dos textos, quem diz se tá bom ou ruim...

CABECINHA: Mas você podia ir tentando, mesmo na ausência dele. Aproveita, hoje, por exemplo, que ele sumiu. Aproveita e tasca os teus textos. Quem garante que ele não tá te sabotando?

MARISA: Como sabotando?

CABECINHA: Que quando ele diz que uma coisa tá ruim, a coisa tá boa. Só pra te confundir a cuca.

MARISA: Mas que veneno! O Nildo gosta de mim. Ele só quer o meu bem, Cabecinha, ele só quer me ajudar. Quem me botou aqui foi ele...

CABECINHA: Fui eu!

MARISA: Bom, você me pôs *nesta firma*, como secretária do Dr. Gomes. Mas quem descobriu que eu podia fazer anúncio, foi ele.

CABECINHA: Tá aí uma coisa que eu não acredito.

MARISA: Mas foi o que aconteceu. Você mesmo viu com teus olhos!

CABECINHA: Eu disse que não acredito que ele acredite que você possa fazer anúncio. Deu pra entender?

MARISA: Quer dizer... que ele me estimula só porque é bonzinho. Só por que sabe o que siginifica tudo isto aqui pra mim? Pode ser. Mas que vantagem que ele leva? E se não der em nada, uma hora ele vai ter que me mandar embora...

CABECINHA: Quem te manda ou não te manda embora é o Dr. Gomes. E esse nunca mandou ninguém embora.

MARISA: Cabeça, até hoje você não gostou de nenhum texto que eu fiz?

CABECINHA: Nenhum.

MARISA: Nem daquele do pêssego em calda?

CABECINHA: Qual, que eu não me lembro?

MARISA: *(Procurando na gaveta, aflita)* ESTE!

CABECINHA: *(Olhando e lendo)* "A FELICIDADE SEMPRE VEM PELA METADE"... É, este não tá ruim. *(Revoltado)* Não tô dizendo que este Nildo é um verme? Ele disse que este texto era dele, inteirinho dele, inteirinho dele. E que você dizia que era seu pra mostrar serviço pro Gomes.

MARISA: Nossa Senhora da Penha! Que mau-caratismo!

CABECINHA: Quando eu digo... Quer dizer que este texto é teu, é?

MARISA: *(Orgulhosa)* É. Meuzinho.

CABECINHA: Então, estamos diante de um dos futuros maiores salários deste país.

MARISA: *(Rindo)* E adeus Penha. Aliás você sabe que eu tô morando com a Vera, a secretária do Nandinho QI?

CABECINHA: Não, não sabia. Quando foi?

MARISA: Quando a gente começou a fazer a campanha dos cigarros.

CABECINHA: Nove dias atrás, então.

MARISA: É. Ela alugou um apartamento aqui perto. Assim não gasta de condução. E me perguntou se eu não queria dividir. Pra mim é ótimo, porque assim eu também não gasto condução. E como já tô praticamente morando aqui dentro mesmo, né... O apartamento é tão chique, você precisa ver. Tem carpete!

CABECINHA: Olha a cafonice, olha a cafonice.

MARISA: ... tem geladeira daquelas de duas portas, sabe aquelas?

CABECINHA: Cupê!

MARISA: É, cupê! Tem uns móveis que nem esses aqui, tudo retinho... Me sinto tão bem lá, Cabeça! Sabe que eu combinei com a Vera? Quando acabar a campanha de cigarro, aí eu vou ter tempo pra ir ver o resto da decoração com ela. A gente vai até uma loja onde tem essas coisas que não servem pra nada, sabe? Mola, pano de prato com água dentro... E vamos comprar uma porção desses troços pra alegrar a casa. Puxa, Cabeça, quando eu entro lá e não vejo a figura do meu pai sentado eternamente naquela cadeira de balanço... E não vejo o Beto, chegando da oficina igual um cavalo, sempre morto de fome, sempre gritando no ouvido da minha mãe –"Velha, cadê a bóia?"... Ufa, é um alívio. Meu pai só faz reclamar da vida, da aposentadoria, da vista que tá acabando cada dia que passa, da tecelagem, você nem imagina! O velho gastou toda a vida dele naquela fábrica, e nunca recebeu nada em troca. Era o salário mínimo, e agora a aposentadoria, que não dá nem pra comprar um quilo a mais de carne. Pô, que vida de merda! E o que é mais chato é ver ele reclamar da vida. Nem televisão ele não pode mais ver, por causa da vista. Tá quase cego. Você não acha que a tecelagem devia indenizar a vista que ele perdeu?

CABECINHA: Devia indenizar a vida que ele perdeu.

MARISA: Também, eu não tô mais lá. Graças a Deus. Que felicidade chegar no apartamento, e ver a Verinha, toda bonita, alegre,... ouvindo disco, contando as coisas dela com o namorado. É outro ambiente. Parece que eu comecei a nascer.

CABECINHA: Você não devia renegar assim a tua gente. Tua gente foi muito bacana com você.

MARISA: Quem disse que eu tô renegando? Eu tô dizendo que era chato chegar em casa e ver o Beto brigando, a mamãe arrumando marmita, o papai reclamando da tecelagem... isso que eu disse.

CABECINHA: Não esquece que eles juntaram anos e anos, todo mês, o dinheiro deles, pra você fazer o teu curso de secretariado no Mackenzie. Fizeram um puta sacrifício pra você, pelo menos você, não ser igual a eles. Você devia agradecer o resto da vida, em vez de ficar renegando, só porque agora o sistema te deu uma colherzinha de chá.

MARISA: Cabecinha, eu não tô renegando, eu...

CABECINHA: *(Fingindo-se de sério)* Você traiu a classe!

MARISA: Pô, Cabecinha, você mesmo foi lá em casa, você até brigou com o Beto, você não acha o Beto insuportável com aquele machismo dele? E...

CABECINHA: Teu irmão é um saco! Eu sei disso. Só o fato de ele querer me fazer casar com você, na marra, já dava pra eu achar ele um saco até o final dos meus dias. Mas pô, Marisa, que você queria? Pobre, da Penha, mecânico de oficina, noivo de uma guria feia, burra, sem graça... Só podia ser assim, deixa o Beto pra lá. É a Penha. Aquilo é um hospício. Um lixo.

MARISA: *(Interrompendo)* É um bairro como qualquer outro. Então, tudo o que não é a Avenida Higienópolis ou o Jardim Europa é lixo, é hospício, é?

CABECINHA: Vai defendendo a tua origem, bonito. Gostei. Você vai morrer como uma menina da Penha. Bonito!

MARISA: *(Rindo)* Você que pensa. Eu vou "trair a classe", como você mesmo diz. Vou ganhar dinheiro paca. Vou pagar esta maldita Caixa Econômica Federal que tirou noites e noites de sono do meu pai. Tadinho do velho. Anos e anos pagando aqueles caras. E sei lá quando é que acabaria. Na outra encarnação, acho. Vai ser uma festa na Penha quando eu chegar contando que paguei o bruto das prestações, tudo de uma só vez. Pensou a alegria do velho? E minha mãe, então? Vai olhar pra tudo aquilo e saber que é dela. Só dela. O velho vai ser proprietário. Proprietário! Cego, inútil e aposentado: mas proprietário!

CABECINHA: *(Puxando-a para dançar e entoando a música com o nariz: "Perfume de Gardênia")* Festa na Penha! Marisa Soares de Oliveira pagou a Caixa! Viva o pai dela, que agüentou mais de vinte e sete anos essa escravidão! Viva a mãe dela, que deu marmita para ajudar o pai! Viva o heróico mecânico Beto que passou a vida embaixo de carros, sujo de graxa e cheio de ódio dos machos que queriam comer a irmã dele! Viva a Penha! Viva a raça pobre que um dia tomará o poder do mundo! E viva Marisa, que subiu na vida sem fazer força! *(Dançam e entoam "Perfume de Gardênia", juntos; Cabecinha tenta ensinar Marisa a dançar tango e ela erra todos os passos, quase cai no chão, o telefone toca, Cabecinha atende).*

CABECINHA: Alô? *(Para Marisa, rindo e tapando o fone)* Teu namorado é um cara muito quente, viu? Sabe de onde é? Da Alcântara...

MARISA: O Alex? *(Maravilhada)* O Alex tá te chamando mesmo? *(Cabecinha responde monossilabicamente ao telefone)* Hein, Cabeça, jura que é o Alex?

CABECINHA: *(No telefone)* Dona Almerinda? Sim. O telefone tá ruim. É, Cabecinha em pessoa. Manda aí. O Alex quer falar comigo. Ótimo. Eu também quero falar com ele. Cara bom tá aí! *(Põe os pés em cima da mesa, Marisa come unhas, deslumbrada e curiosa com o telefone)* Sim, Almeirindinha. Diz pra ele que eu tô aí amanhã, às 3. Tá? *(Cabecinha desliga, parece em transe de tão alegre. Marisa fica atrás dele feito doida pra saber o que foi o telefonema)*
MARISA: Conta, Cabecinha. É o Alex de novo. Mas que sorte a tua! Ah, se esse cara me chamasse... Conta, Cabecinha, conta vai... *(Cabecinha liga o gravador e vai mudando de jingle)*
CABECINHA: A hora que eu quiser, eu largo este abacaxi aqui e me mando pra Alcântara. *(Ri, aponta a própria cabeça)* Não é à toa que eu tenho esse apelido: Cabecinha de ouro. Aqui tem coisa, Marisa... E custa caro!
MARISA: Você teria coragem de largar o Dr. Gomes numa situação destas?
CABECINHA: Ele não é meu pai. Além do mais, no mundo dos negócios não tem essa solidariedade da Penha não, boneca!
MARISA: Mas você vai esperar pelo menos a gente concluir a campanha do cigarro...
CABECINHA: Vamos ver, vamos ver... *(Acha um jingle gostosinho e começa a assobiar contentíssimo)* *(Entra Nildo; esbaforido, mal olha para os lados, e vai direto desligar o gravador. Cabecinha faz uma expressão de tédio e chateação, e imitando um robô vai até a prancheta onde se debruça e finge desmaiar. Marisa, ri, com um certo medo de Nildo)*
NILDO: Ô cara, fui pagar a Fotótica, tá legal? *(Cabecinha finge não ouvir)* Tô falando com você, Cabecinha! *(Cabecinha finge acordar)*
CABECINHA: Hein... Como? Nildinho, cê já tá aí? Que coisa, eu nem te vi entrar...
NILDO: Não acho a menor graça. Eu disse e repito que *fui pagar a Fotótica.* Não te diz nada isso?
CABECINHA: *(Fingindo recordar-se)* Ah, já sei o que você está insinuando. Que eu devia ter te dado a metade do tutu, não é isso?
NILDO: Exatamente. Brilhante raciocínio. *(Estende a mão)* Pode ir soltando a grana.
CABECINHA: Não vamos entrar em atrito de novo, chefe. Eu já te falei que não tenho mais nada, nadinha de nada a ver com essa merda de equipamento, manjou? Nada! Você que

usa, desfruta, utiliza, e outros que tais. Eu não vou pagar nunca mais. Pode ir diminuindo teus gastos com as minas e as boates aí que não vou deslocar um puto tostão pra essa Fotótica.

NILDO: Quer dizer que você não usa o equipamento? Então eu tô cego.

CABECINHA: Tá. Ceguinho da silva. Que nem o pai da Marisa.

NILDO: Como não usa? E aquelas fotografias da Suely bundinha? Quem foi que tirou?

CABECINHA: Eu. Usei o equipamento da firma. Estava fotografando a batedeira. E sobrou filme, aí eu tasquei a Suely. Foi isso. Se eu não tiver direito de usar nem essa Nikon pra fotografar as minhas bonecas então não dá, né chefe? Isto aqui tá parecendo um campo de concentração...

NILDO: Tá parecendo os psicodramas do Gaiarsa, isso sim. Bom, mas deixa essa discussão da Fotótica pra lá. Depois a gente acerta. Eu não sou teu pai pra ficar pagando tuas dívidas enquanto você estoura credicards por aí enchendo a cara de chivas e o diabo. Depois a gente acerta. Diz aí. Vocês fizeram alguma coisa?

MARISA: Eu não consegui fazer nenhum anúncio.

CABECINHA: E conseqüentemente, eu não fiz nenhum *lay out*.

NILDO: Mas pô, que que cês ficaram fazendo esse tempo todo? Posso saber?

CABECINHA: *Brain storm.*

NILDO: Não enrole. Você sabe quantos dias nós temos para acabar esta campanha de cigarro?

CABECINHA E MARISA: (*Ao mesmo tempo*) Três!

NILDO: Bonito. Parece coro gregoriano. E sabem quantos dias nós estamos tentando, e não saiu nada até agora?

CABECINHA: Nove.

NILDO: E sabem o que acontece, se a gente não criar nada até lá?

MARISA: O Nandinho QI dá bronca.

CABECINHA: Não, o negócio não é com o contato não, filhota. O negócio é com o Gomes, o pai de todos, o patrão!

NILDO: Acertou. Não é só bronca do Nandinho QI, não. Ele tá com a gente, nessa jogada. Se a campanha não sai ele TAMBÉM perde o emprego dele, falei?

MARISA: Bom, mas de quem é a culpa?

CABECINHA: A culpa, numa agência de propaganda, é sempre da Criação! Põe isso na tua cabecinha, como se fosse um teorema que você aprendeu no ginásio: A soma dos quadrados dos catetos é igual ao quadrado da hipotenusa. E a culpa é sempre da Criação!

MARISA: Então... então... *(Patética)* então a culpa é nossa!

NILDO: Poxa, finalmente, hein? *(Abraça-a carinhoso e paternal)* Nossa, sim. Mas vamos lá. Cabecinha, mãos à obra.

CABECINHA: Com que roupa? Mãos à obra como, se vocês não me dão texto? Eu sou diretor de arte, amizade. Só sei fazer *lay out*. Meu negócio aqui é com a régua T, as tintas, os pincéis, e os cambaus. Não manjo nem quero manjar de texto, falei?

MARISA: Calma, Cabecinha. A gente vai fazer uma porção de textos lindos, não é Nildo? Manda ele ficar calmo, que assim ninguém agüenta, pô!

CABECINHA: Puxa-saca!

NILDO: Crianças! Chega de briga! Vamos trabalhar.

CABECINHA: Eu vou sair, tá, chefe?

NILDO: *(Impaciente)* Pô, Cabeça, onde é que você vai? Por que não fica, pra ajudar a gente a sacar esta maldita campanha.

MARISA: Fica, Cabeça, dá uma mão pra gente.

CABECINHA: Enquanto vocês criam os textos eu vou até a oficina ver como anda o conserto do carango.

NILDO: Falou. Mas não demore. Você sabe que daqui uns minutinhos o Gomes deve estar estourando por aí com a notícia da campanha de eletrodomésticos. E se por acaso o cliente não aprovou, vai ser o chamado pé no saco!

MARISA: Essa é a última conta grande que o Dr. Gomes tem, né?

NILDO: É. Tem mais uns caquinhos de uma financeira, aquela, que a gente fez o folheto "dinheiro não traz felicidade, mas ajuda". Lembra?

CABECINHA: *(Não gostando do slogan)* Hummmmm *(Torce o nariz)*

NILDO: *(Vendo e fingindo que não liga)*... Pois é... tem também aquele varejão de ferramentas. Esse a gente não trabalha faz tempo. Você nunca pegou nada dele, Marisinha. Graças a Deus. É um cliente infernal. Deve ter hemorróida, o cara. Não aprova nada NUNCA. O Cabeça que o diga...

CABECINHA: Pô, é mesmo. A gente o dia todo aqui nesta prancha, marcando precinho disto, precinho daquilo, uns *lay-outs* de mau gosto que nem o Beto teu irmão não faria, Marisa. E o chato do cliente não aprova. Você leva coisa ruim, necas. Leva coisa boa, necas...

NILDO: Pois é. Mais é este cara o da financeira. O resto, meus filhos, o resto acabou. E se esta conta de eletrodomésticos der no pé também, como todas as outras, então estamos liquidados.

CABECINHA: Tem a de cigarros...

NILDO: ...a salvação da lavoura!

MARISA: A gente vai conseguir. Eu tenho certeza. A gente vai conseguir!

CABECINHA: Ainda bem que temos uma Polyana em casa, né Nildo?

NILDO: É *(Rindo e puxando o cabelo de Marisa)* Menina de ouro, essa. Vai ser um dos maiores salários do Brasil.

CABECINHA: Se aprender a fazer texto de gente...

MARISA: *(Fazendo uma careta para Cabecinha)* Vai, Picasso dos pobres. Vai lá ver teu carro. Quando você voltar, a campanha tá prontinha na tua prancha. Falado?

CABECINHA: *(Saindo)* Trabalhem direitinho, viu? Senão seu lobo chega e *(faz o gesto de comer)* papa todo mundo.

NILDO: *(Depois que Cabecinha sai)* Vê se não faz nenhuma dívida no caminho, seu puto!

CABECINHA: *(Já fora de cena)* Eu sou contra a sociedade de consumo!

NILDO: *(Enquanto Marisa, demonstrando o medo que tem dele, delicadamente cata os papéis sobre a mesa, numera-os, aponta rapidamente o lápis, olhando para ele com respeito e temor)* "Ordem, seu lugar... *(Com a bola na parede)* ...sem rir... sem falar... *(Erra)* Tô na pior. Errei. *(Recomeça)* Ordem, seu lugar, sem rir, sem falar...

MARISA: *(Apontando o lápis)* Se não me engano o Cabecinha furou a bola sem querer...

NILDO: Não faz mal. *(Continua)* ...uma mão, a outra... Um pé, o outro... bate palmas, pirueta, trás diante... Queda!

MARISA: Cê tá nervoso, Nildo?

NILDO: Um pouco. Este negócio de eu pagar sozinho a Fotótica não tá legal, não, viu? Cabecinha é muito trambiqueiro.

MARISA: Também acho. Dá uma prensa nele.

NILDO: E já não dei? Mas ele sempre sai pela tangente.

MARISA: É o CREDICARD. Ele vai ter que pagar uma nota esse mês...

NILDO: A gente devia rasgar essas merdas destes cartões de crédito. Um atrás do outro. Pô, minha vida enguiçou duas vezes depois que eu comecei a usar essa droga.

MARISA: É, a gente perde as estribeiras... pensa que só

porque o cartão tá ali pro que der e vier é só ir sacando... Depois, no fim do mês...
MARISA: Você foi pra casa? Almoçou lá?
NILDO: Fui.
MARISA: Tudo tá em paz?
NILDO: Não. Os mesmos bodes de todo dia. A Ângela tá tão cheia de mim que passa igual uma seta. Não fala nem bomdia mais. Deixa pra lá.
MARISA: Mas por que ela tá tão cheia assim? Ontem você foi cedo pra casa.
NILDO: É. Mas antes de ontem e trás anteontem e sei lá quantos dias faz, que nem dormir lá não durmo. Ela tá uma onça.

MARISA: Engraçado, né? Ela é sempre tão ponderada. Pelo menos é o que você diz...
NILDO: Acho que é esta psicanálise que tá estrepando o meu casamento. Desde que ela entrou naquele consultório começou a me tratar feito desconhecido.
MARISA: Faz tempo que ela tá lá?
NILDO: Uns cinco meses, mais ou menos. E já deu pra encher. Acho que vou mandar ela sair.
MARISA: E você acha que ela sai?
NILDO: Tem que sair, pô. Pelo menos na minha casa, mando eu.
MARISA: Cadê o cara moderninho, prá frente, liberado, sei lá o que... *(Rindo)*
NILDO: Tá aqui. *(Aponta-se)* Inteirinho. Só que uma coisa é ela ser livre. Outra é ela querer mandar em mim. Deu pra entender?
MARISA: Mais ou menos. Na Penha as coisas acontecem diferente.
NILDO: Conta aí...
MARISA: Se uma mulher tá cheia do marido, ou porque desconfia que ele arranjou outra, ou porque ele não dá dinheiro em casa, ela logo parte pro pau!
NILDO: *(Rindo)* Assim? Na bolsada?
MARISA: É bolsada, pezada, mãozada! Do jeito que der!
NILDO: Que antigo! Mas não deixa de ser folclórico. Pelo menos é melhor que o desprezo, puro e simples. Olha a Ângela entrando em casa, quando me vê. Faz de conta que eu sou ela e você sou eu. Tá? *(Ela assente. Ele passa por ela como se nem a visse, imitando mulher, senta-se, pega uma revista e cruza as pernas femininamente. Marisa ri)*
MARISA: E por que você não puxa assunto?

NILDO: Porque não tem assunto!
MARISA: Nenhum? A comida, as crianças, essa...
NILDO: Estamos casados há treze anos, Marisa. Tudo o que se podia falar de comida, casa e criança já se falou. Acabou o assunto.
MARISA: E quando acaba o assunto o jeito é separar, não é?
NILDO: Exatamente.
MARISA: Você não quer?
NILDO: Sei lá o que eu quero.
MARISA: Você ainda... ainda... *(Sem jeito de perguntar)*
NILDO: Se eu ainda durmo com ela?
MARISA: É... isso aí...
NILDO: Faz um tempão que nem tento.
MARISA: Por que você não quer ou ela não quer?
NILDO: Quando estas coisas acontecem... é porque ninguém quer mais.
MARISA: Que chato, puxa!
NILDO: E você? Quando é que vai resolver dar pra mim?
MARISA: Nossa: você vai investindo de um jeito, parece animal...
NILDO: *(Rindo)* O bom dessas coisas é o lado animal delas. Todo ser humano tem uma fera na alma. Entende! *(Imita)* Grrrrr! Eu tenho a maior fome de você. Eu tenho uma tesão fulminante. Uma animalidade sadia. Uma coisa incrível. Maravilhosa. *(Parece em êxtase, mas está debochando)* Você é o meu lado vivo. A parte de mim que ainda se rebela, que ainda cria, que ainda PODE. Você é o que tenho de limpo, entende? *(Marisa está perplexa e encantada)* Ahhh viva a vida! Meu hálito fica até cheiroso. Minhas espinhas desaparecem. "O que é que você tem na cabeça, filha? *Seda shampoo, o shampoo* das estrelas de cinema". Até o meu cabelo fica mais sedoso quando estou perto de você. Compre Marisa Soares de Oliveira" *(Imitando garota propaganda)* A sua vida será só alegria, suavidade..." *(Grita)* MARISA SOARES DE OLIVERA! Um raio de sol na escuridão dos seu dias! Compre! Custa baratinho! Da Penha para o mundo!" *(Marisa ri às gargalhadas e abraça-o)*.
MARISA: Tá de bom humor hoje! Quando te vi jogando a bolinha na parede pensei que hoje era dia de bronca!
NILDO: *(Voltando à seriedade)* Tô cansado paca.
MARISA: Esquece, vai. Esquece a Ângela, a Fotótica. Vamos trabalhar.
NILDO: É a única proposta que você tem pra me fazer? "Vamos trabalhar". *(Imitando-a com ironia)* Pô, mal acabo de chegar e lá vem prensa.

MARISA: Mas você disse que a gente tinha que deslanchar hoje...

NILDO: O prazo... tem o prazo... tem que ter prazo. Hora marcada. Tudo com hora marcada. E se eu não conseguir fazer essa campanha de cigarro? Por acaso eu sou computador? Estou programado? Daí eu chego, o cliente dá o prazo, o NANDINHO QI, subserviente, capacho como ele só, aceita o prazo. O Gomes vem e prensa a gente. Você aperta um botão em mim e pronto: está deflagrado o processo da criação. Criador criando. Não entre. Trimm!

MARISA: Não precisa se irritar. *(Carinhosa)* Eu entendo você. É chato, tanta responsabilidade na tua cabeça. Tudo você tem que resolver, né? Os problemas da Ângela, os problemas do Cabecinha, os meus problemas, os do Dr. Gomes... É chato... Quer um uísque? *(Nildo assente) (Ela pega um uísque e liga um toca disco, com uma música suave)* Descansa um pouco. A gente não vai trabalhar agora. Ainda tem tempo. Aposto que daqui a um pouquinho de nada, te bate uma inspiração louca aí e pronto! *(Serve o uísque ele toma num gole só. Ela enche outra vez o copo)* Não vai tomar um porre não; promete pra mim? *(Ele assente outra vez, imitando criança)* Sabe Nildo.. eu pensei paca hoje. Eu acho que...

NILDO: Vai pedir demissão?

MARISA: Puxa, você é o segundo que me pergunta isso. Tô com cara de demissão?

NILDO: Não. É que você falou tão séria. Essa cara aí a gente faz quando pede demissão.

MARISA: Não, não vou pedir não. Imagine se eu sou besta. Onde é que eu vou ganhar um salário destes? Na Penha? Naquela firma de computador que eu trabalhava? Nem morta. Pô, se o Dr. Gomes me mandar embora na marra, então eu saio daqui. A não ser que você... bom, pode ser que você mesmo esteja achando que eu... sei lá, que eu não dou certo...

NILDO: *(Entendiado, bebendo)* Você é ótima. Uma senhora redatora. Você é criativa, inteligente, pé-de-boi. Que mais quer que eu diga?

MARISA: Você acha isso mesmo?

NILDO: Acho, saco. Já falei cinqüenta mil vezes. Que insegurança! Mas que é que você está pensando aí tão seriamente!

MARISA: Eu tava pensando... se por acaso, vamos supor... se o cliente recusa a campanha de eletrodomésticos... e a gente não ganha a concorrência desta firma de cigarros...

NILDO: Fala, urubu!

MARISA: Não, vamos supor... se isso acontece, como é que fica a tua situação?

NILDO: Porra, eu vou saber? Sei lá, vou criar galinha no meu sítio lá em Orlândia! Posso ir para Londres, também. Pego meu fundo de garantia, compro uma passagem pra mim outra pra você. E vamos nós. Pô, por que esse pessimismo? Se não sou eu aqui, o Cabecinha te enche a cabeça de neuras.

MARISA: Nildo, eu acho que você devia ter peito e se enxergar.

NILDO: *(Levando um tremendo susto)* Enxergar o quê? Hein? O quê?

MARISA: Nildo, você tá em crise. Entende? Em crise. Você não tá produzindo mais. Quem tem feito todos os anúncios desta agência sou eu. E isto é bom pra mim, mas é péssimo pra você. Se o Dr. Gomes descobre, ele demite e espalha pela praça que você tá falido.

NILDO: *(Louco de raiva, parece que vai descer a mão nela)* Continua...

MARISA: Isso que eu disse. Você devia fazer uma auto-análise, como você mesmo fala.

NILDO: Continua... eu chego pro Dr. Gomes e digo: ô Gomes, eu fali, viu? Não, fali sim. A Marisa que disse. É, eu fali e vou vender tudo, que nem esses americanos que põe no jornal: vendo tudo. Vendo automóveis, eletrodomésticos e até a mulher, ainda é boa sabe? É só saber aproveitar que ainda tem coisa lá. É, vendo tudo. Vendo a máquina de escrever. Uma pasta de anúncios que é um verdadeiro patrimônio cultural! Vendo a máquina de filmar, as dívidas da Fotótica, e uma campanha por terminar. Pois é Gomes, eu fali, sabe? Não precisa nem me pagar o resto da quinzena. Amanhã mesmo eu vou embora daqui, da tua agência. Pega a Marisa e põe ela de chefe de criação. Pô, ela é uma raça brava. Tem sangue. Ela e o Cabecinha vão tirar você da lama. Os clientes vão voltar, todos bonitinhos. Vão parar na porta da agência, mendingando. "Gomes, pelo amor de deus, faz propaganda pra nós, faz?" É Gomes, foram dez anos de relações frustradas. Eu nunca vali nada. Eu não presto. Mas agora, entende, eu fiz uma auto-análise, a Marisa que me mandou fazer...

MARISA: *(Gritando)* Calma! Será que toda vez a gente tem que partir logo pra porrada? Não se pode falar como gente civilizada? Eu disse e repito que você tá em crise. Que você devia tirar umas férias. Que é desumano você estar trancado aqui há nove dias, tentando criar uma campanha sem ter condições psíquicas para isso!

NILDO: Alguém tem condições psíquicas pra criar alguma coisa, a esta altura dos acontecimentos, com uma família como a minha, com as dívidas que eu tenho, com título no protesto, com cárie no dente e com você na minha goela?
MARISA: Enfrente as coisas!
NILDO: Enfrentar o quê?
MARISA: Por que eu tô na tua goela?
NILDO: Por que eu quero te comer e você não deixa.
MARISA: E daí? Não é tudo que a gente tem na hora. A vida é uma conquista
NILDO: Quer parar de falar igual a Glória Menezes naquelas novelas torpes? Hein? Na minha frente, na minha agência, funcionário meu não fala igual novela de televisão. Volta pra Penha!
MARISA: Então não dá pra conversar mesmo, né?
NILDO: É. Não dá. Põe o papel na máquina e vamos trabalhar.
MARISA: Vamos fazer *brain storm*.
NILDO: Tá legal. Outra vez... *brain storm*. Tempestade cerebral. Vamos ver o que é que sai dos nossos cérebros "em crise".
MARISA: Começa.
NILDO: COMEÇA VOCÊ, PORRA!
MARISA: *(Desliga o toca-disco. Depois concentradíssima, senta-se numa poltrona, espalha-se e como um psicanalista, diz a primeira palavra)* Cigarro
NILDO: Cia. de Cigarros Progresso S/A.
MARISA: Uma campanha bem feita.
NILDO: Pra daqui três dias.
MARISA: O melhor cigarro do mundo.
NILDO: Fume pra relaxar.
MARISA: Fume que é bom.
NILDO: Fume, fume, fume até morrer desgraçado, até pegar um senhor câncer no pulmão...
MARISA: Quer não escrachar com nosso *brain storm*, senhor chefe de criação?
NILDO: Antes de decidir, fume...
MARISA: Precisamos sacar o nome desta droga deste cigarro primeiro!
NILDO: Continua falando o que te vier à cabeça. *(Ele senta-se contra ela, agachado próximo a poltrona)* Vamos lá... deixa eu ver... Progresso!
MARISA: Tem que ser nome de um cigarro pra jovem...

NILDO: O Nandinho QI disse que tinha que ser pra faixa de executivos bem comportados.
MARISA: Esses fumam Minister.
NILDO: Então tem que ser pra gente esportista...
MARISA: Esses fumam Hollywood.
NILDO: Então é pra gente bilionária... não... esses fumam Hilton!
MARISA: Pô, tô chegando à conclusão que TODO MUNDO NESTE PAÍS FUMA SOUZA CRUZ.
NILDO: Ou Maconha.
MARISA: Tá aí! O apelo tem que ser na base da maconha. Olha, a gente sugere que o cigarro que a gente tá lançando contém fumo de melhor qualidade. Hindu!
NILDO: Aí a Secretaria da Saúde vem e prende a gente, o cliente, o Gomes e o cacete.
MARISA: Eu disse que a gente pode sugerir. Não precisa um anúncio dizendo: fume maconha. Faz bem pro fígado! Pode intuir, por baixo, de leve.
NILDO: A burguesia vai ao paraíso...
MARISA: Nome de filme não vale.
NILDO: Fume o cigarro das pessoas livres.
MARISA: É o nome, Nildo, o nome que a gente tem que bolar. Não é o *slogan*!
NILDO: Quer parar de me podar? Vai podar a avó!
MARISA: Deixa ver... um cigarro que tira você da realidade...
NILDO: A fumacinha do além...
MARISA: Nirvana!
NILDO: *(Após uma pausa, descobrindo)* Genial! *(Levanta-se e abraça-a eufórico)* Gênia criativa do meu coração! Mary Wells, Jerry de la Femina, Neil Ferreira, meu amor, isto mesmo: NIR-VA-NA!
MARISA: *(Rindo)* "Gente que sabe o que quer, fuma Nirvana..."
NILDO: Isso aí. *(Escrevendo numa folha de papel)* Nirvana. Vai ser esse o nome do putinho. Agora vamos descolar o tema.
MARISA: Fala.
NILDO: O jovem moderno fuma Nirvana.
MARISA: Isso parece o meu avô falando.
NILDO: Vai continuar me castrando, hein? Isto é *brain storm* ou interrogatório policial?
MARISA: É *brain storm*. Então fala alguma coisa que preste.

NILDO: Como já dizia minha mãe: a gente dá a mão eles querem os pés.
MARISA: Isto é pra mim?
NILDO: Não. É pra aquela porta ali. Você viu como aquela porta anda me tratando, ultimamente? Precisa ver, Marisa, outro dia ela me agrediu. Me deu uma portada bem no nariz!
MARISA: Tá legal. Vai. Descola um tema. Eu fico boazinha e te faço um cafuné. *(Começa a coçar a cabeça de Nildo)*
NILDO: Hummm... que cafuné bom. Vamos ver... Como eu ia dizendo: antes de decidir fume Nirvana. Gosta disso?
MARISA: Não é ruim. Mas bola pra frente, que ainda não é o quente.
NILDO: Saca você algum troço!
MARISA: Nirvana leva você ao esquecimento.
NILDO: O cigarro de quem não sabe o que quer. *(Ri forçadamente)* Pô, não era legal fazer uma campanha ao contrário do Minister? A gente chega pro Nandinho QI e fala que a estratégia de mercado é esta: inverter as bolas. A propaganda do Minister é careta, prum monte de gente careta. A nossa vai ser pra população jovem e livre do Brasil. E portanto, tem que ser o contrário do Minister. Ah, ah, ah, ah. Hein, Trabuqueira, que você acha?
MARISA: Sabe que eu acho uma boa? Acho mesmo. Tá aí. A gente pode sugerir ao cliente que a campanha seja dirigida às pessoas que querem se libertar deste mundo careta. E sugere mesmo a maconha, mas de leve... Acho ótimo isso. Anota aí. Depois a gente escreve na estratégia da comunicação...
NILDO: Com umas palavras bem pomposas, tal...
MARISA: É. *(Neste momento volta Cabecinha furioso, chutando as coisas no chão).*
MARISA: Que foi, Cabeça? Acabaram de escangalhar o teu carro?
NILDO: Cuidado com o que chuta, hein boneca, se me der um chutinho assim, leva porrada. Tô avisando. De gênio temperamental eu tô pelas tampas.
(Cabecinha vai até a prancha, bufando e começa a ligar o telefone, dá ocupado. Ele começa a xingar o telefone).
CABECINHA: Desgraçado, careta, cretino, filho da mãe, esquizofrênico, neurótico, mau caráter...
MARISA: Pô, Cabecinha, o que é que há?
CABECINHA: Hoje eu corto esse fio desse veado. Ele tem que dar linha!

NILDO: Mas o que é que há? Que estória é essa? A Suelizinha não estava em casa?

CABECINHA: Não. Eu tô furioso com esses cretinos do Stúdio. Sabe que até hoje não acabaram o *past-up* da Financeira? Sabia? Você que é o chefe desta bodega devia ir lá e dar uma prensa neles. Eles não me respeitam. Estavam tomando pinga quando eu cheguei.

MARISA: Estavam todos no Stúdio?

CABECINHA: Estavam. Fiquei lá dando bronca neles e eles nem "tchum".

MARISA: E que é que tem o telefone com isso?

CABECINHA: Tô tentando falar com a gráfica. Sim, porque se eu não me viro, isto aqui vira literalmente um bordel.

NILDO: Crise de autoridade é? Vamos parar por aí que eu já tô cheio de agressão!

CABECINHA: *(Tentando ligar furiosamente) (Consegue)* O Vitorino tá aí? Como não está? Preciso receber as provas do varejão. Tem que ser hoje. Tô dizendo, pô, será que eu tô falando chinês? *(Cabecinha tira o fone do gancho. Ouve-se vozes do outro lado da linha percebe-se que o sujeito também está gritando. Cabecinha tapa o fone e diz para Marisa)* Hoje eu mato um. Não tenha dúvidas: eu mato um! Ah, mato, sim, se mato! *(Outra vez no fone)* Manda o Vitorino me ligar. Eu não falo com os escravos do rei. Só com o rei, sacou? E se não me mandarem hoje o que eu pedi, simplesmente eu mudo de gráfica. *(Desliga furiosamente. Marisa serve-lhe uma coca-cola. Nildo fica de pé. Contra a parede e começa a brincar com a bolinha)*

NILDO: *(Falando Baixo)* "ordem... seu lugar... sem rir... sem falar... uma mão... à outra..."

MARISA: *(Pra Cabecinha)* Cabeça, a gente bolou o nome do cigarro.

CABECINHA: Não me diga. Milagre! Manda lá!

MARISA: Nirvana! Que cê acha?

CABECINHA: *(Irônico)* É bom. O Nildo? Nildo, Nildo, parabéns. O nome do cigarro é bom...

NILDO: "uma mão... à outra..." *(Erra)* Errei, pô. Quer não atrapalhar? Que cê disse? Gostou do nome?

CABECINHA: Gostei, criativo paca.

NILDO: Foi ela quem bolou!

CABECINHA: Então parabéns pra você. E que mais vocês bolaram?

MARISA: Mais nada... *(Entram Gomes e Nandinho QI. Nandinho está todo engravatado, parece agitadíssimo. Gomes está fumando, contendo a irritação)*

NANDINHO: *(Como se nem visse os três)* Gomes, relaxa, relaxa, senão, meu velho, a veia estoura, e o teu coração ó...

GOMES: Mas Nando, que que a gente faz com esses caras? Não é possível! As cinco campanhas! Cinco linhas de campanha diferentes! Que mais eles querem? Duvido que alguma agência neste mundo teria o trabalho de apresentar cinco campanhas diferentes com *lay-out* e tudo para os mesmíssimos produtos, só por amor à arte...

NANDINHO: Você não viu que eles já estavam a fim de tirar a conta da gente? Então, qualquer coisa eles recusariam. Estes caras são assim mesmo. Tenho certeza que eles estavam de conchavo com a DPZ!

GOMES: E por que então deram esta última chance pra gente? Pra humilhar?

NANDINHO: Vai ver que é.

MARISA: Dr... que aconteceu? Eles recusaram a campanha da batedeira?

GOMES: Antes fosse só a batedeira. Recusaram todas as campanhas, de todos os eletrodomésticos: batedeira, liquidificador, moedor de carne... tudo. Simplesmente tudo. E já tiraram a conta. O Duailibi deve estar se urinando de felicidade, essa altura dos acontecimentos.

CABECINHA: Você tem certeza que a conta vai pra DPZ?

GOMES: Só pode ser.

NILDO: Pode não ser também. Não esquece que eles têm a Wallita. E dois concorrentes numa mesma agência é meio impossível, não acha?

NANDINHO: O Cícero Silveira me contou que viu o cliente almoçando com Duailibi.

NILDO: Que filho da puta!

GOMES: Pois é, pois é... mas e agora? Hein? E agora? O faturamento desta joça vai pras picas de uma vez. Com que eu pago esta meia dúzia de contatos que estão lá embaixo? Com que eu pago os mil veículos que eu devo? E o teu salário? *(Aponta um por um)* O teu? O teu? Hein? Hein? Moçada!

MARISA: *(Servindo um uísque, trêmula, a Gomes)* Dr... toma um uísquinho... desse jeito o senhor tem mesmo um enfarte...

GOMES: Era até melhor...

MARISA: Nem diga uma coisa destas.

CABECINHA: Vai, Polyana, consola o patrãozinho aí...

NANDINHO QI: Gente, vamos conversar em paz. Deixa passar o afobamento, tá?

NILDO: *(Debochando)* A gente pode ir ao Cursilho contigo, Nandinho?
NANDINHO: Lá não entra mau caráter. *(Batendo no ombro de Gomes que sorve o uísque, desesperado)* Gomes, eu acho melhor você deixar os pruridos de lado, e...
GOMES: E demitir todo mundo! *(Os três se entreolham)* É isto que eu vou fazer...
MARISA: Bom, vou pegando minha trouxinha...
GOMES: Eu não falei que vou demitir ninguém da criação. Calma ai, moçada. Eu vou lá embaixo falar com aquela corja de incompetentes. A contatada vai toda pro olho da rua. Que que eles tão fazendo aqui, se não tem mais conta? Nada... Vão eles, o pessoal de mídia. Todo mundo. Vou ficar só com o indispensável.
MARISA: Dr., não manda a Vera embora...
NANDINHO: A Vera claro que não vai! É a minha secretária.
GOMES: Mas você pode muito bem passar sem ela. Trabalha um pouquinho a mais, que não faz mal a ninguém.
NANDINHO: Gomes, isto não. Eu já ando sobrecarregado. Tudo nas minhas costas. A Vera não, pô!
GOMES: *(Erguendo-se com decisão)* Tá, tá legal. Não são 900 cruzeiros a menos que vão me fazer falta. A Vera fica *(Vai até a porta e depois volta-se com decisão).* Gente, nesse momento, a agência vai praticamente fechar pra balanço. Vou demitir 90% do pessoal, vocês estão entendendo o que isto significa? Estamos numa crise fatal. São mais de 32 famílias desempregadas, só neste preciso momento. Isto quer dizer: cuidem-se, senão, os vossos empreguinhos também vão pras picas. E mais: se não acabarem essa campanha para a Cia. de Cigarros Progresso S/A até depois de amanhã, e se ela não vencer a concorrência e não for aprovada pelo cliente, está todo mundo no olho da rua. E eu fecho isto aqui e vou pra Londres aprender massagem zen! Entendido? *(Gomes bate a porta. Os quatro estão perplexos. Cabecinha começa a fazer o joguinho com Nildo, ambos atirando a bola contra a parede).*
NANDINHO: Ainda bem que depois de amanhã começa o meu Cursilho. Três dias de paz de espírito. Iluminação e graça. Ando um frangalho. Quer vir comigo, Marisa? O Cursilho é uma coisa fantástica, você precisa ver como a gente se sente bem...
MARISA: Não, não quero saber de cursilho... *(Nandinho faz um gesto de desleixo e sai de cena, batendo a porta violentamente, Marisa olha para os lados atônita, e tenta chamar a*

atenção dos dois que brincam com a bolinha) Ei, escute, Cabeça, precisamos dar um jeito. Nildo, você está ouvindo? Hein? *(Ela grita)* Vocês querem fazer o favor de me ouvir? A agência está falindo! Alguém tem que fazer alguma coisa pra ajudar o Dr. Gomes! Parem com esta bolinha maldita! *(Parece histérica)*

NILDO: *(Friamente)* Eu vou pra Orlândia criar galinha, já disse. *(Continua com a bolinha)*

CABECINHA: E eu vou pra Alcântara. Podem falir a vontade. *(Também continua com a bolinha)*

MARISA: *(Gritando, enquanto a luz se apaga lentamente)* E eu? Volto pra Penha? Um, em Orlândia. O outro na Alcântara. O outro rezando feito idiota. E eu? Hein? que que eu faço? E vocês tem que ajudar o Dr. Gomes. Coitado do Dr.! Ele sempre foi tão bom pra vocês. Seus egoístas! Insensíveis! Impiedosos! Algum dia ele deixou de pagar o salário de vocês? Alguém tem que ajudar esse homem! E me digam o que que eu faço se a agência falir! Eu odeio falências!

FIM DO 1.º ATO

Antonio Fagundes, Armando Bogus, Oswaldo Campozana e Othon Bastos, *Caminho de Volta*, Teatro Aliança Francesa, SP, 1974, Dir. Fernando Peixoto.

2.º ATO

(Marisa e Nildo estão cansados, na sala de criação, Nildo, estendido num sofá, com um pano branco nos olhos. Marisa cochila sobre a máquina de escrever)

NILDO: Marisa...
MARISA: *(Meio acordada)* Hum.
NILDO: Ainda tem engov aí?
MARISA: Na gaveta do Cabecinha.
NILDO: *(Lentamente vai até a gaveta, abre-a e pega o engov. Acha um papel, lê qualquer coisa e murmurando vai até a geladeirinha, abre-a e enche um copo)* "telefonar pro Alex, marcar a reunião pra terça-feira que vem"... sabe, Marisa, eu ainda acho que é mentira esse chamado do Alex pro Cabecinha. Ele é meio mitômano. Gosta de fantasiar, inventar...
MARISA: *(Sempre na mesma posição, recostada na máquina)* Não é mentira, não. Eu vi ele falando com a secretária do Alex. Achou o engov?
NILDO: *(Engolindo)* Hum, hum.
MARISA: Que noite horrível.
NILDO: É. Parece que você não gostou mesmo, hein? É a origem. É a Penha que ainda tá no teu sangue.
MARISA: *(Reagindo)* Lógico que não. E se você contar...
NILDO: Calma, calma... continua teu cochilo aí. *(Recosta-*

se na poltrona-saco e torna a pôr o pano sobre o rosto) Eu não vou contar picas. Não sou louco. Do jeito que ele te paternaliza...

MARISA: Ele acha que você me paternaliza. *(Amarga)* Se ele souber...

NILDO: Uma vez na vida você tinha que fazer sexo grupal. Pelo menos para poder contar pros teus netos. Não precisa carregar esse bonde de culpas, também, pô. Não gostou não faz de novo. E acabou.

MARISA: O Cabecinha disse onde ia ontem à noite?

NILDO: Não. Logo que a gente acabou a campanha ele saiu e foi se encontrar com a Suely bundinha.

MARISA: Mas me conta direito, que eu tava de porre e não me lembro. Ele viu todo mundo chegar? As manecas, os teus fotógrafos, todo mundo?

NILDO: Não. Quando eu comecei a convidar o pessoal ele já tinha se mandado.

MARISA: Esse pessoal é do tipo que conta?

NILDO: É.

MARISA: Tô estrepada.

NILDO: Mas ninguém tá preocupado com você. O pessoal não vai contar não porque é segredo. Mas porque não acham importante. Eles fazem suruba todos os dias.

MARISA: Se eles contarem, o Cabecinha acho que nem casa mais comigo.

NILDO: O quê?

MARISA: Isso que você ouviu?

NILDO: Casar?

MARISA: É. Casar.

NILDO: Não estava sabendo. Aliás nem imaginei. Mas que puta cafonice!

MARISA: Pois é. É a Penha.

NILDO: *(Rindo)* E o Cabecinha, que não é da Penha nem nada, entrou nessa como?

MARISA: Está apaixonado por mim. Com alguns anos de atraso, mas não tem importância.

NILDO: E você. Tá apaixonada por ele?

MARISA: Não sei. Acho que sim.

NILDO: Como é que a gente sabe quando está apaixonado...

MARISA: Puxa, você já esqueceu? *(Ri amargamente)* Meus pêsames.

NILDO: Você sabe que eu tava muito a fim de você.

MARISA: Estava a fim de dormir comigo. Só isso. E depois que conseguiu...

NILDO: Consegui nada. Você não se lembra, mas tinha pelo menos três pessoas transando com você ontem, sabia? Eu não tive vez.

MARISA: *(Tapando o rosto)* Chega! Você me obrigou a fazer uma experiência que eu considero fúnebre. Que eu vou me envergonhar o resto da minha vida. Não quero mais lembrar. E se você falar de novo nisso eu nem sei o que faço.

NILDO: *(Relaxando no sofá)* Deixa pra lá. Eu não vou estragar teu casamentinho. Não tô com ciúme também. Tô mais é de saco cheio de tudo. Vocês, mulheres, são todas uma cafonas.

MARISA: Como é que tá a Ângela?

NILDO: Hoje quando fui almoçar em casa, ela pediu literalmente o desquite.

MARISA: Nossa!

NILDO: Pois é. Já chamou até o advogado, sei mais lá o quê. Tá a fim de discutir com quem ficam as crianças, quanto que eu vou dar de mesada... essas coisas.

MARISA: E não tem conserto?

NILDO: Pra mim não tem. O casamento é uma instituição falida. Não vou ser eu que vou tentar remendar uma coisa que já não deu certo para a maioria do mundo civilizado.

MARISA: Mas você gosta ou não da Ângela, afinal?

NILDO: *(Frio, entediado, irritado)* Já disse que não sei mais o que quer dizer isto: gostar, não gostar, respeitar, não respeitar, dignidade, justiça, salvação, caridade, ternura. Isto são coisas que os meios de comunicação inventaram, para justificar cada vez mais a escravidão das pessoas. Os sentimentos foram inventados pelo cinema. Pela televisão. Pela propaganda. O que existe é a comida que a gente come e as coisas que a gente usa. Às vezes eu penso se no fundo, no fundo, uma pessoa e uma coisa são realmente diferentes. Pensa bem: você lida o dia inteiro com a inconsciência das pessoas. Quando você pega um *Briefing*, um relatório, sobre um produto e um mercado para colocar esse produto, o que é que você faz? Você estuda que tipo de motivação, que tipo de SENTIMENTO, DESEJO, as pessoas teriam ao comprar determinada coisa. Neste momento, a criatura e a "coisa" são um troço só. Pelo menos pra gente aqui, que passou a vida toda entendendo as pessoas com o único intuito de fazê-las comprar coisas, idéias, conceitos, sentimentos. Entende? Sentimento também devia ter embalagem e ser vendido no supermercado com brinde, preço de oferta e tudo. "Dois quilos de amor por apenas cem cruzeiros. E leve um pouco de medo pra casa, de graça." Uma mulher compra uma máquina de costura porque acha que vai fazer roupas bonitas pra reconsquistar o marido, que já tá de saco cheio dela. Um menino compra um sorvete pra "gratificar as carências de afeto" do que não lhe dão em casa. Um homem compra um opala pra parecer que subiu na vida. Não é isso que a gente aprende, nos relatórios sobre mercados que vão consumir nossos produtos? O amor... o amor... também é uma invenção da Metro. Que a TV Globo continuou usando a tem dado quilos de IBOPE. Eu aprendi o que era amor no filme *Casablanca*. O mocinho beijava a mocinha. E era lindo. Tocava uma música de fundo. Minha vida inteira eu esperei acontecer o que tinha acontecido naquela cena. E nunca, nunca aconteceu. Então, Marisa, eu resolvi um dia o seguinte: pra ser livre desta máquina, eu tenho que me libertar dos meus sentimentos. Que são sentimentos que a máquina inventou. Eu entendi que tinha que me despojar das minhas próprias idéias sobre o que devia ser a solidariedade humana, o homem, a sociedade. E quando eu fiz isso, eu consegui ser livre. Livre deles! *(Aponta paranoicamente tudo ao redor)* Eu sinto, aqui dentrinho de mim, no fundo deste peito cheio de pigarro, que a emoção é uma coisa inventada pelo cinema.

MARISA: Você está doente... Você tá mentindo... Você não é o mesmo Nildo que eu conheci quando entrei aqui... o cara que me deu anuários de propaganda pra ler, o cara que me ensinou uma profissão maravilhosa... o cara que me disse tanta coisa importante fundamental, definitiva.

NILDO: Eu não quero fazer parte desta massa de carneiros. Preferi ser o cara que comanda a massa. O preço disto é não me deixar levar pelos sentimentos. Por isto, não me pergunta nem me cobra a palavra "gostar" que eu não sei mais o que é. Igual o Humphrey Bogart eu não sei. E outro jeito eu não conheço.

MARISA: De mim você gosta! Da tua mulher. Dos teus amigos que vieram aqui ontem.

NILDO: Vamos dizer que eu tenha um "bom gosto" estético, frio, calculado. Você me atrai porque é uma gracinha. Gosto de tua magreza. Gosto do teu nervosismo, da tua ingenuidade. E você trabalha paca, então serve.

MARISA: E por que me botou naquela nojeira ontem? Pra me testar? Que nem rato de laboratório? Você não sentiu nada? Nem prazer, nem medo?

NILDO: Nem prazer nem medo.

MARISA: E as tais relações livres entre homem e mulher, de que você tanto falava?

NILDO: São essas: relações sem emoções. O mesmo gosto que você tem comendo o puro-purê da Cica, você tem comendo uma mulher nova. Lançada hoje no mercado das emoções. Mas é uma coisa física. Como é físico o aparelho digestivo. Como é físico tudo o que compõe o corpo humano. A alma também é uma invenção de publicidade.

MARISA: Você está me gozando. *(Sorri perplexa, entre as lágrimas)* Não é possível dizer tanta loucura. Você tá me gozando... A alma... *(Quase chorando)*

NILDO: A alma é um conjunto de temas impostos pelos meios de comunicação. Os sentimentos são um conjunto de temas impostos pelos meios da comunicação. A pessoa humana é uma criação dos temas impostos pelos meios de comunicação.

MARISA: Alguém tem que te internar num hospício! Você devia ser proibido de dizer estas coisas nojentas por aí! Eu não acredito que estas teorias existam na tua cabeça. Você tá querendo me confundir. Você tá querendo me gozar. Pára com isto! Este teu cinismo me enche a paciência!

NILDO: Menina boba. Precisa aprender a levar paulada sem sofrer. Precisa aprender a não sentir dor. Eles não merecem isto. Eles são todos inconscientes. Eles não merecem o seu esforço. Nem o seu nojo. Entende?

MARISA: Você parece um leproso com esta indiferença. Que coisa absurda, louca.

NILDO: E você não vai deixar nunca de ser uma menina da Penha. Cheia de ilusões na cabeça. Cheias de imagens bonitas. De esperanças. Você parece um filme de Jean Manzon.

MARISA: *(Erguendo-se e abrindo a blusa)* Cadê o tesão fulminante?

NILDO: *(Rindo às gargalhadas)* Sabe que no fundo você é feia paca?

MARISA: Cadê o tesão fulminante? A "fome de amor", sei lá o que mais? O tal lado teu que se rebelava, e outras poesias babacas que você cuspiu na minha cara o tempo todo?

NILDO: Parece uma batedeira... igualzinha. *(Pega o braço dela, que imóvel, deixa-se conduzir) (Ele começa a mexer o braço dela, como se fosse a faquinha da batedeira)* Trinta e oito mil rotações por segundo. Nhec, nhecnhec... *(Torna o ritmo mais rápido)* Nhec, nhecnhec... Em ritmo de Brasil Grande! Tritura até gelo! Qual é a diferença?

MARISA: Eu sou de carne e osso.

NILDO: Você é que pensa. Os "bruxos da sociedade moderna", os que mexem com a cabecinha das pessoas, os que comandam a estupidez das massas... esses são de plástico. De aço inoxidável. Material de primeira categoria. Produto de primeira necessidade. Duram... São resistentes... Eternos. Lúcidos! *(Marisa começa a fazer cócegas no pé dele)*
MARISA: Nem cócegas no pé você sente?
NILDO: Nem isto. Atingi a perfeição.
MARISA: *(Deitando-se histericamente sobre ele)* Se eu te desse choque elétrico? Se eu te arrancasse as unhas com um estilete? Se eu te lixasse a pele até ficar em carne viva? Se eu te espancasse no rosto e nas costas? Você fazia o quê? Se eu te dissesse que é mentira que o Alex te chamou, porque o Cabecinha me contou? Que é mentira que o anúncio que ganhou o prêmio melhores do ano, ano passado, é teu? Se eu te dissesse que sei que você é incapaz até de criar anúncios? E te contasse que as tuas poesias são todas da pior qualidade? Hein? Você não ia se sentir por baixo? Humilhado? Se eu te contasse que os caras que você tanto admira, no curso de letras que você fez, todos, sem exceção, contam que você foi o aluno mais medíocre da classe, todos os anos da faculdade? E que você tem mau hálito insuportável. Que a tua falsa sabedoria já não engana ninguém. Que o Gomes te agüenta porque está enganado a teu respeito. Se eu contar pra ele que há muito tempo quem cria os anúncios desta agência sou eu, com muito menos experiência que você, uma menininha da Penha, inculta, ingênua, que parece uma batedeira? Hein, Nildo? Hein? Você não ia sentir uma dor brutal, uma dor física e mental, de saber que ninguém no mundo acredita em você? Que os teus anúncios não comandam a massa? E que até a tua consciência desta miséria aqui é furada, e que todo mundo, todo mundo na profissão, acha que você não serve mais NEM para copidescar os textos dos principiantes?
NILDO: *(Rindo)* Eu ia te achar uma gracinha. Uma publicitária em ascensão. Mau caráter como todos os publicitários do mundo. No caminho certo para perder todos os sentimentos. Tua posição é correta. Me tortura. Me bate. Me xinga. Você vai ver como eu não sinto nada. Pelo menos em nome de um sistema que eu abomino.
MARISA: Você não sente e não reclama. E não protesta. Se eles quiserem te matar, te emburrecer, você deixa, então.
NILDO: Exatamente o contrário. Eles não me atingem mais.
MARISA: *(Erguendo-se procurando um uísque para tomar. Cospe)* Cadê o teu tesão fulminante?

NILDO: Eles levaram.
MARISA: Eles quem? *(Nildo faz "psiu" com o dedo na boca) (Marisa repete o gesto dele e pergunta em voz baixa)* Era mentira?
NILDO: Era. Uma mentirinha que eu inventei pra me dar ânimo criativo, como dizia minha avó: inspiração.
MARISA: *(Pegando um saco com roupas no armário)* E estes presentes que você me comprou? Se eu deixasse de ser cafona? *(Coloca uma calça Lee japonesa, uma camiseta moderninha, brincos)* Diz, não era assim que você queria que eu ficasse? Tô sexy que nem a Suely bundinha?
NILDO: Uma mulher liberada. Uma publicitária charmosa. Uma verdadeira Mary Wells.
MARISA: *(Indignada)* Nada no mundo te comove? Te dá tesão? Te dá medo? Você não é de verdade... *(Atira-se sobre ele, cutucando-o)*
NILDO: *(Afastando-a)* Pra você ver. *(Pausa)* Escuta, você não tá fazendo o primeiro ano de comunicação na USP?
MARISA: Tô.
NILDO: E não aprendeu ainda que o papo agora é outro, neste mundo? É cálculo. Computador. Carga de informação "intensidade de contato". Tudo certinho, medidinho, programadinho?
MARISA: Programadinho e medidinho pra quê?
NILDO: Pra todas as pessoas... *(Professoral, didático)* comprarem as coisas e as idéias que umas poucas pessoas produzem no mundo. Para a vida parecer cheia de prosperidade e paz. Para incentivar o sonho, já que a realidade é um defunto fedido. É uma máfia, entende? O mundo do consumo é uma máfia maravilhosa, com o pleno acordo de todos. Viver é consumir. Ou você fica do lado dos que manejam o consumo, ou é consumida por eles. Quem você prefere ser: a dona-de-casa que vai ao supermercado hipnotizada, ou aquela que hipnotiza a dona-de-casa?
MARISA: Eu queria ser independente disto tudo.
NILDO: Então tem que se suicidar hoje, neste momento. Aqui mesmo.
MARISA: Foi assim que você fez com os tais caras que você desempregou na tua vida? Os tais que você mesmo diz que jogou na lama? Foi convencendo que esta profissão é um assassinato diário à liberdade das pessoas?
NILDO: Não. Eu tinha outros métodos. Eu dizia que um era um doente mental. Outro não tinha talento. Outro era demorado, lento. Outro era mentiroso. Eu fazia o possível pra não deixar

ninguém tomar meu lugar no império. Porque não falta gente vendendo a consciência por qualquer salário. Se você, num ataque de lucidez largar a profissão agora, amanhã já tem pelo menos trezentas Marisas trabuqueiras por aí, na porta, mendigando teu lugarzinho. Loucas para serem as bruxas do mundo moderno. Loucas pra hipnotizar o mundo. Só que nem todas são criativas como você. Sim, porque a máquina é exigente. Ela quer pessoas superdotadas. Não é qualquer babaca que pode ser redator. Nem qualquer menininho com "pendores" para as artes plásticas que pode ser diretor de arte. Precisa ter garra. Precisa ter talento. Talento pra sacanear. Talendo pra agüentar. Talento pra jogar charme. Talento pra cobrir o defunto com a melhor roupa possível, disfarçando bem as feridas, as cicatrizes, a putrefação... entende?

MARISA: *(Se debruça na máquina, cansada, abatida, fria)* Vou trabalhar.

NILDO: Faz bem. Mas que você vai fazer? Estamos esperando resposta da Cia. Progresso. A campanha ainda tá lá, sendo aprovada ou recusada. E não há mais nada pra fazer.

MARISA: Vou fazer o folheto da financeira. Aquele encalhado...

NILDO: Calma. Descansa primeiro.

MARISA: Vou fazer que eu não tô a fim de perder o emprego. A mim você não sacaneia, não.

NILDO: Se você perder o emprego, te levo pra Alcântara comigo. Você não acredita, mas o Alex me chamou, sim.

MARISA: Tá precisando de uma boa sonoterapia, você. O Alex chamou o Cabecinha, só o Cabecinha, entendeu?

NILDO: O Alex, o Duailibi, o Sérgio Graciotti... todos me chamaram. Eu é que não fico usando isto pra chantagear o Gomes, como o Cabeça faz.

MARISA: *(Pegando um anuário, acha um anúncio)* Era esse que eu tava querendo te mostrar, e não achava.

MARISA: *(Lendo)* Don't blow it with druggs. *(Com um inglês horrível)* Richard Earle.

NILDO: *(Corrigindo o inglês)* EARLE.

MARISA: "Não... *(Traduzindo)* ...não..."

NILDO: ...Não encha isto de drogas... *(Ele analisa o anúncio)* Tá vendo? O *lay-out* é simples: um cara sem cabeça, e a chamada pra ele não encher o que falta, ou seja a cabeça, com drogas. Antitóxico. Podia ser antiideologia. Antitudo. "Não encha" *(Aponta a cabeça de Marisa, puxando-lhe carinhosamente o cabelo)* isto... com bobagens. Com ilusões.

MARISA: Você já expôs sua teoria louca. Deixa eu fazer o

folheto da financeira. *(Observa ainda uma vez o anúncio e repete para si mesma, soletrando, tentando caprichar no inglês)* "Don't blow it with druggs"... Richard Earle... *(Continua batendo à máquina. Nildo pega um outro anuário e fica folheando, depois pega outro Alka Seltzer e enche um copo com água).*

NILDO: Será que a campanha vai ser aprovada?
MARISA: Deus queira.
NILDO: *(Tomando o Alka Seltzer)* Hoje esta ressaca tá fogo de agüentar. Meu fígado deve ter virado pedra.
MARISA: Pára de beber.
NILDO: É fácil falar.
MARISA: O Cabecinha disse que hora voltava?
NILDO: Daqui um pouco ele estoura aí. Foi resolver uns galhos com a Suely. Parece que ela engravidou.
MARISA: E quem garante que o filho é dele? Ela dá pra meio mundo!
NILDO: Ela diz que é dele. E ele, como bom samaritano, tá lá quebrando o galho.
MARISA: Que cretina!
NILDO: Tá com ciúme? *(Ri)* Mas a Penha teve efeitos fantásticos em você! Ciúme de um namorado de sete anos atrás?
MARISA: Eu gosto do Cabecinha. Gostei dele desde o dia que vi ele pela primeira vez saindo pela porta da arquitetura no Mackenzie. Ele me olhou e disse: "Magrinha, tem uma festa na casa de um amigo meu, o Bibo. Quer ir?"
NILDO: Que romântico?
MARISA: Pois é. Eu fui. E a gente namorou. Daí deu mil bodes, ele sumiu, eu fui trabalhar num lugar longe à beça de onde ele trabalhava, a gente não se viu mais.
NILDO: E você ficou esperando ele voltar.
MARISA: Fiquei.
NILDO: Olhando na janela todos os dias. A mesma esperança e a mesma agonia.
MARISA: Exatamente.
NILDO: E depois dele você nunca mais transou com ninguém?
MARISA: Transei. Mas não consegui me apaixonar.
NILDO: E agora, apaixonou de novo.
MARISA: É.
NILDO: Pelo próprio Cabecinha.
MARISA: É.
NILDO: Que te tirou a virgindade.
MARISA: É.
NILDO: E vão casar de véu e grinalda...

MARISA: Numa igreja bem chique. Pra todo mundo ver.
NILDO: Você acredita em todas essas coisas, ou está, você sim, me gozando?
MARISA: Eu acredito nessas coisas.
NILDO: Se der certo, me conta: vou te colocar num museu.
MARISA: Pode ir reservando lugar porque VAI dar certo. Eu tenho esperança em mim. Nas pessoas. Eu não cansei como você. *(Entra Cabecinha cansado, cheio de revistas e livros sob o braço, e a máquina fotográfica).*
CABECINHA: A campanha foi aprovada?
NILDO: Ninguém sabe ainda. Estamos esperando a resposta.
MARISA: *(Olhando amorosamente para Cabecinha)* A gente acha que vai ser aprovada. Se for, vamos comemorar, né Cabeça?
CABECINHA: Vamos lá pra Penha, no boteco perto da oficina do teu irmão... *(Ri)* Legal?
MARISA: Legal... E como foi com a Suely?
CABECINHA: Putz, nem fala. Mulher é um troço enrolado mesmo. Ela tá grávida. Bom. Isto é fato, escrito e escarrado, no papel que ela mostrou: pregnosticon. Positivo. Tá grávida e o filho, DIZ ELA... é meu. Daí, o que é que a gente faz? Tira, evidente, não é?
MARISA: Claro!
CABEÇA: Ela não quer tirar!
NILDO: Não sei por que que é tão claro! E se ela resolver ser mãe? Oras, deu vontade de criar barriga. Tá na moda, a batinha...
CABECINHA: Não enche, Nildo. Vai resolver a sua vida lá com a Ângela, e solta meu pé, falado?
NILDO: Falado. Falado. O casalzinho parece que não tá de muito bom humor.
CABECINHA: Não mesmo.
NILDO: Essa aí é a minha máquina?
CABECINHA: Não. É a Nikon da firma. Do Dr. Gomes.
NILDO: Você fotografou o quê? O teste de gravidez da Suely?
CABECINHA: Fotografei umas latas de lixo lindas, ali na Pompéia. Vai ficar jóia Marisa. Vou fazer um estudo sobre latas de lixo.
MARISA: Pra quem?
CABECINHA: Pra mim. Ou melhor: para a posteridade do mundo da fotografia.
NILDO: Pretensão e água benta...

MARISA: Boa. Cabeça! Você não pára! Vamos revelar os negativos juntos?
CABECINHA: Vamos.
NILDO: Enquanto o jovem casal se diverte com seus amadorismos, eu vou pra minha casa ver como é que tá a Ângela.
CABECINHA: Vai ver, até já nem está mais lá... Pensou, a casa vazia? Que fossa, hein bicho? Que cê vai fazer?
NILDO: Pode ser que eu chore. Se acontecer de eu chorar, te chamo pra tirar uma fotografia de mim. Fica bonito. Põe um título assim "lixo". E manda pra bienal. *(Rindo, sai com o casaco nas costas, entediado, desalentado. Ainda na porta)* Trabuqueira, quando o Gomes ligar com a resposta da campanha dá um toque lá em casa, tá?
MARISA: Acho melhor você ficar. Pro teu bem, pô. Não é meio irresponsável da tua parte sair enquanto a gente espera esta maldita resposta? Afinal, teu emprego depende disto.
NILDO: Tenho muitos anos de janela. Sei quando é hora de sair de cena. Quanto ao meu emprego, não se preocupe. A gente dá um jeito.

(Sai. Cabecinha começa a rir, subitamente)

CABECINHA: Marisa, você sabe da maior? É mesmo mentira do Nildo o tal chamado do Alex.
MARISA: *(Animada)* Você esteve com o Alex?
CABECINHA: Estive. Saí da casa da "mãe do meu filho" e fui pra Alcântara.
MARISA: Quanto o Alex vai te pagar?
CABECINHA: Ainda não ficou certo. Mas eu acho que é por volta de quinze.
MARISA: *(Deslumbrada)* Cabecinha do céu!
CABECINHA: *(Feliz da vida, pega o pincel e pinta o rosto dela: bolinhas, coraçõezinhos)* Viu? Agora cê casa comigo! Hein?
MARISA: Imagina se eu não casava por causa de dinheiro?
CABECINHA: Casa ou não casa?
MARISA: *(Já toda pintada)* Caso. Caso agora. Mas e a Suely?
CABECINHA: Eu lá tô a fim de maneca maluca, pô. Esse tipo de mulher, é pra gente curtir e pronto. Ela vai tirar o filho, na raça. Ficou fazendo mil chantagens, dizendo que já gostava do filhinho que estava na barriga, sei lá. Ela quer é grudar no meu pé. Mas comigo não. Chega o Credicard. E as prestações do carro. E o Nildo. Chega de gente querendo mandar em mim. Eu só faço o que quero. E o que eu quero, no momento, é resolver esta nossa transa. Tou disposto ATÉ a falar com o Beto teu irmão.

MARISA: *(Rindo)* Ele não tem nada contra você, seu bobo.

CABECINHA: E você? Como foi que entendeu que gostava de mim?

MARISA: Quando eu entendi que não gostava do Nildo.

CABECINHA: E o estalo deu de uma ora pra outra, ou ele aprontou alguma?

MARISA: Aprontou várias. Mas eu preferia não falar.

CABECINHA: Não se fala. Pronto. *(Cabecinha começa a olhar atentamente para Marisa)* Você chorou.

MARISA: Não, não, é que eu não tenho dormido direito por causa desta campanha.

CABECINHA: *(Examinando atentamente, tirando os desenhos com um pano)* Você chorou. Tá com o olho inchado. Ei, e esse bafo?

MARISA: Eu bebi ontem.

CABECINHA: Onde? Aqui?

MARISA: É. Depois que você saiu, o Nildo chamou um pessoal amigo dele.

CABECINHA: Quem?

MARISA: Uns fotógrafos, umas manequins... Gente chata pacas...

CABECINHA: *(Desconfiado)* Por acaso tinha um cara chamado Vivi, outro chamado Leo, e...

MARISA: Todos esses...

CABECINHA: A turma do bacanal...

MARISA: Não entendi...

CABECINHA: Que foi que vocês fizeram, aqui, ontem, quando a gente acabou a campanha?

MARISA: Eu fiquei bebendo com eles. Só isso. Só isso.

CABECINHA: Marisa, eu tô caindo de conhecer estes caras. Quando eles se juntam, é pra fazer coisas que até o diabo duvida. Tá me entendendo?

MARISA: Não vi nada... também... *(Atrapalhada)* Eu bebi paca. Você sabe que eu sou fraca pra bebida. Bebi e caí dura, na sala do Gomes, naquela poltrona.

CABECINHA: Não viu nada do que eles fizeram?

MARISA: Não. Nadinha... Nem sei que horas eles foram embora.

CABECINHA: O Nildo dormiu aqui também?

MARISA: Não. Só eu e a Vera.

CABECINHA: A Vera... *(Achando uma resposta)* A Vera é meio galinha, sabia?

MARISA: Não fala assim dela. Eu gosto muito dela. Ela é gente paca...

(Cabecinha começa a pintar)

CABECINHA: Olha, vou te dar um crédito de confiança. Mas me permita averiguar a noite passada nesta agência. Se você participou de algum bacanal, então não tem casamento. Neste ponto, EU QUERO SER DA PENHA, falou? Mulher minha não transa com filho da puta. Por essas e outras, dava na mesma casar com você ou com a Suely bundinha. Quem gosta de sexo grupal é ela. Você não. Entende? Você nunca. Pode me chamar de tudo o que quiser. Até de moralista. Mas você, se entrou nessa desses caras, nem precisa mais me chamar de Cabecinha. Falado?

MARISA: Não, não Cabeça. Acredita em mim. Eu nem vi o resto da festa, porque eu tava de porre. Vamos revelar os negativos da lata de lixo?

CABECINHA: Agora não tô com vontade, tô pintando.

MARISA: Você tá numa onda bem criativa, hein?

CABECINHA: É. Tô numa boa.

MARISA: Quando você se manda pra Alcântara?

CABECINHA: Acho que a semana que vem. Só tô esperando o resultado da campanha, pra pedir as contas ao Gomes...

MARISA: E quem vai ficar no teu lugar?

CABECINHA: Ele que se vire.

MARISA: Você não tem pena dele?

CABECINHA: Tenho pena de mim, que sou um explorado nesta empresa. Tenho pena dos meus quadrinhos, que eu não pinto há um século. Pena da viagem a Londres que eu não fiz. Da estória em quadrinhos que eu não escrevi. Disto que eu tenho pena. Mas agora, fico um ano na Alcântara, junto uma nota brava – o dobro do que eu ganho aqui! – e pago tudo que eu devo, e vendo tudo o que eu tenho e me pico pra Londres. Com você.

MARISA: Jura que me leva? Mas e lá, eu faço o quê? Eu não sei falar inglês. E o meu curso de comunicações? E a minha carreira de publicitária, Cabecinha?

CABECINHA: Eu te sustento. Você aprende inglês por lá mesmo. E faz um curso de propaganda lá. Por que tem que ser aqui? Por que fica mais perto das tuas origens? Mais perto da Penha? Larga de ser boba.

MARISA: Eu tenho medo de ir pra Londres.

CABECINHA: Medo de quê?

MARISA: Eu acho que desengrena tudo. Agora que eu tava começando a conseguir um nominho nesta panela, e de repente a gente some pra Londres...

CABECINHA: Quem tem talento, tem aqui ou na casa do cacete.

MARISA: Mas eu não sei inglês?

CABECINHA: Pô, você tá mais é com medo de ficar sem o Nildo pra te paparicar, te ensinar as coisas, não é?

MARISA: Não. O Nildo pra mim nem existe mais. Se você visse a teoria dele a respeito das coisas, nem é bom falar. Cruz!

CABECINHA: Eu já conheço a dele. Negócio de não ter sentimentos tal e coisa, e que propaganda é a alma, os rins, os intestinos e os bofes de qualquer negócio... Isso ele fala pra justificar que ele faliu, boba. Ou não deu pra perceber?

MARISA: Deu. E isto é que foi trágico. Eu idealizava muito ele.

CABECINHA: No começo a gente idealizava todo mundo nesta profissão. Depois, passa.

MARISA: É todo mundo que nem o Nildo? Todo chefe de criação é assim?

CABECINHA: Não sei. Eu até hoje não conheci um redator bom caráter. Puta coincidência, né?

MARISA: E os diretores de arte?

CABECINHA: Esses são melhorzinhos.

MARISA: Ah, vai, você também com esse negócio de proteger o teu pessoal...

CABECINHA: Tô te gozando. Mas tem uns bons caráter por aí, sim. Tem que catar a dedo, mas tem.

MARISA: *(No laboratório fotográfico)* Cabeça, vou preparar o material pra gente revelar as latas de lixo, tá?

CABECINHA: Tá.

MARISA: Escuta, você não acha uma droga a campanha que a gente fez pra Cia. Progresso?

CABECINHA: *(Rindo)* Eu acho. *(Cúmplice)* Você também acha? Que bom que a gente combina, hein? Comunhão de almas. *(Rindo muito)* Puxa, Marisa, mas tava uma droga.

MARISA: *(Rindo também)* Sei lá. Mas não dava mais tempo. Tinha que sair o que saísse.

CABECINHA: A gente tem que admitir que foi uma sacanagem com o Gomes.

MARISA: Nem fale. Não quero nem ver a cara dele se a campanha for recusada. E o Nandinho aí, então? Chiiiii! Vai ser o maior rebu!

(Cabecinha no laboratório fotográfico, começa a ajeitar o resto do material)

CABECINHA: Vou apagar a luz pra tirar o filme da máquina. Você fica ou sai?

MARISA: *(Amorosa)* Fico.

CABECINHA: Então, dá um beijo no teu noivo. *(Beijam-se. Cabecinha apaga a luz) (Nandinho QI entra)*
NANDINHO: Cadê esses caras? *(Bate na porta do laboratório fotográfico)* Nildo, Marisa, Cabecinha...
MARISA: *(De dentro)* Presente!

(Cabecinha acende a luz. Ela está abotoando a blusa, rapidamente)

CABECINHA: *(Saindo do laboratório)* Ô cara, diz aí. A campanha...

(Nandinho faz sinal com o dedo, pra baixo)

MARISA: *(Correndo até a sala)* Recusaram?
NANDINHO: É.
MARISA: E agora?
NANDINHO: Agora vai ser o caos.
MARISA: Mas conta direito, como é que foi?
CABECINHA: Cadê o Gomes?
NANDINHO: Foi direito pra Hípica, tomar um drinque com um *prospect*.
MARISA: Com um quê?
NANDINHO: *Prospect*, ignorante. Um cliente que estamos paquerando.
MARISA: De onde?
NANDINHO: Da Tecelagem Universo.
MARISA: A tecelagem do meu pai?
NANDINHO: Ué, seu pai tem uma fábrica? E por que você trabalha? Por esporte? Quer dizer que o seu pai é o cliente?
MARISA: Não irrita, seu chato. Meu pai foi operário, tecelão, desta firma. Manjou? E perdeu a vista lá.
NANDINHO: Desculpe. Pelo menos indenizaram seu pai?
MARISA: Problema nosso. Agora faz favor de contar o que o cliente alegou pra recusar a campanha.
NANDINHO: Alegou simplesmente que a campanha estava um abacaxi.
CABECINHA: Mas concretamente...
NANDINHO: Que não ia vender um só cigarro. Chega, ou precisa mais explicação?
CABECINHA: Você é contato pra quê? Sua função é "contatar" a gente com o cliente.
NANDINHO: Nem sei se eu sou contato mais. Parece que estamos todos no olho da rua.
MARISA: O pior é que esse chato tem razão, sempre.
NANDINHO: Alegaram que "Nirvana" era nome de tóxico. E que os anúncios estavam chochos. Que os *lay-outs* estavam

chochos. A abordagem era chocha. Enfim, uma chochice generalizada. E quem ganhou foi uma agência menor que essa.

CABECINHA: Esta hora estão comemorando lá! E nós aqui, nesse enterro. Bom, eu, por mim, vou mesmo pra Alcântara...

NANDINHO: E eu? Vou trabalhar com o meu sogro? Vou mandar minha mulher trabalhar?

MARISA: Que que tem? Manda ela trabalhar, ora. Acabou esse negócio de só homem dar duro e mulher ficar em casa, passando creminho nas celulites.

NANDINHO: Não. Na minha casa é diferente. Não tem esses modernismos.

(Marisa e Cabecinha riem)

CABECINHA: Sabe, Nandinho, não te importa se eu te fizer uma pergunta? Como foi que deu esse tal QI 150 no teu teste, hein? Você deu dinheiro pros caras do psicotécnico? Como é que foi. Conta essa história direito, conta...

NANDINHO: Deu que eu tenho uma inteligência anormal.

MARISA: Mas como?! *(Rindo)* Como?

NANDINHO: Deu, oras. Não é porque eu não falo igual a vocês, me visto igual a vocês, e não trabalho na criação, que eu sou burro, pô.

MARISA: *(Acariciando a cabeça de Nandinho)* Não, QI querido, ninguém tá te chamando de burro.

NANDINHO: *(Debochando)* Absolutamente. Eu é que escutei mal.

MARISA: Mas escuta, QI, por que é que você não trabalha com o teu sogro? Que que teu sogro tem mesmo?

NANDINHO: Uma firma de administração de imóveis. Não trabalho com ele porque não quero ser pau mandado de sogro.

CABECINHA: Putz, o cocô do cavalo do amigo do bandido. Se fosse pelo menos o cavalo... tudo nesse cara tem que ser medíocre. Até o sogro.

NANDINHO: Bom, né, medíocre, por medíocre, vocês também fizeram feio, meus filhos: a campanha tá lá no lixo do cliente. Não fui EU que bolei aqueles anúncios cretinos!

MARISA: Mas fez um *briefing* inteiramente cretino. Não ajudou a criação em nada.

NANDINHO: Nem dava pra ajudar. Vocês estão em crise.

CABECINHA: Pronto. A palavra mágica. CRISE! Quem tá em crise aqui é o Nildo, viu, QIzinho, o Nildo? E ele empestou a gente. Foi isso. Pra você ter bem a medida de que eu e a Marisa não estamos em crise, eu vou pra Alcântara e ela vai comigo.

MARISA: Isto também não. O Alex não me chamou.

CABECINHA: Tou com prestígio com o cara. Vou lá e exijo você de redatora minha.

NANDINHO: Leva eu?

CABECINHA: Também não tenho TANTO prestígio, pra levar contato junto. Nesse caso, levo o Gomes também.

MARISA: *(Rindo)* Eles podiam ficar sócios!

NANDINHO: Vocês acham que o Alex, com aquela potência na mão, ia querer fazer sociedade com a falência? Por que? Se ele fosse pelo menos parente do Gomes...

MARISA: Sogro, por exemplo...

NANDINHO: A indireta serviu.

MARISA: Não entendo este QI, juro por Deus, não entendo: 150! Acho que só Einstein tinha um deste tamanho.

NANDINHO: Não é pra me gabar, mas eu tenho mesmo um senhor raciocínio rápido.

CABECINHA: Jamais vi esse raciocínio rápido. Mostra aí.

NANDINHO: Chega de brincadeira. Vamos discutir sério. Gente, a palavra pode estar um pouco... desgastada... mas ESTAMOS EM CRISE, porra!

MARISA: Olha aí: o Nandinho tá falando palavrão! Se o pessoal do Cursilho escuta, que vão dizer?

NANDINHO: O Cursilho também tem gente moderninha que nem vocês.

CABECINHA: E o Gomes? Tá todo estrepado, é? Como é que ele ficou?

NANDINHO: Nem gosto de lembrar a cara dele. Só faltou empurrar a mesa e jogar o cliente no chão.

MARISA: Do jeito que o Dr. Gomes é delicado, coitado. Eu tenho uma pena desse homem...

CABECINHA: Não tem que ter pena de patrão. Eu também tive, mas é uma doença que precisa passar logo, pô. Eu caso com uma mulher com mil defeitos. Mas pelega, capacha, não. Chega o saco do Nildo que você puxou até encher. Agora vem o Gomes também? Faliu, faliu! Nós nunca tivemos participação nos lucros desta empresa.

NANDINHO: Vocês deviam ter um pouco de consciência. O Gomes agüentou todas as neuroses de vocês. E eu sei com que sacrifício...

(Cabecinha começa a jogar bola contra a parede)

MARISA: Nandinho, você conhece bem o Gomes. O suicídio é do temperamento dele?

NANDINHO: Não. Ele é forte que nem uma rocha.

MARISA: Eu já vi contar de tanto caso de homem que vai a falência e se suicida...

NANDINHO: Ele não. Ele usa a violência de outro jeito, mas eu preferia não contar.

MARISA: Conta! Conta aí, vai... Eu morro de vontade de conhecer a alma de um empresário!

NANDINHO: *(Louco pra contar)* Você jura pra ele que eu não contei?

MARISA: Por tudo quanto é mais sagrado!

NANDINHO: Um dia, ele tava na Hípica paquerando a conta deste mesmo cara da tecelagem. Puxando o saco, claro. Mas até aí morreu Neves, porque todo dono de agência tem que puxar o saco do cliente. É fundamental...

CABECINHA: Não só os donos de agência, como os CONTATOS também, não é assim, Nandinho?

NANDINHO: Infelizmente, confesso que é.

MARISA: Mas fala, fala aí.

NANDINHO: Pois é. Ele tava na Hípica e o cara disse que tinha um cavalo doente. Na estrebaria. E que iam dar um tiro no cavalo, porque a doença do bicho era incurável mesmo e era uma maldade deixar ele morrendo aos poucos. O Gomes se mostrou penalizadíssimo e foi com o cliente até a estrebaria. Lá, ele pegou a navalha e perguntou ao cara se podia dar uma facada no coração do cavalo. O cara não entendeu, mas falou que era melhor dar tiro que o bicho sofria menos. Como o Gomes insistisse de um jeito esquisito, o cara acabou deixando. E o Gomes, minha filha, estraçalhou o cavalo, com a maior ferocidade do mundo!

MARISA: Por que? Quê que o cavalo fez pra ele?

NANDINHO: Nada. Tô te dizendo. Ele também não regula. Como vocês, da criação. O fato é que ele é violento. Tomem cuidado, que ele acaba navalhando todo mundo um dia aqui.

MARISA: Que coisa absurda! Mas por que isso? Por que isso com o pobre animal?!

NANDINHO: O pior é que ele e o cliente acabaram morrendo de rir dos gritos do cavalo. E diz o cara, que o Gomes se babava todo de tanto que gostava da cena.

CABECINHA: Isto é verdade, QI? *(Sério)* Isto é verdade, ou é a tua imaginação fértil?

NANDINHO: É a pura verdade.

CABECINHA: QI, você percebeu que acabou de fazer uma das acusações mais sérias que se pode fazer a uma pessoa? Percebeu que acabou de acusar o Gomes de INSANIDADE MENTAL TOTAL? Se ele fez isso, temos que interná-lo hoje mesmo na Granja Julieta, pelo resto da vida.

NANDINHO: E o cliente? Vocês vão internar o cliente também? O cliente TAMBÉM gostou da cena. Gostou tanto que contou. Contou pra mim, que não tenho a menor intimidade com ele. Daí? Só dá louco neste mundo!
CABECINHA: E você diz que o Gomes é forte...
MARISA: *(Chorando outra vez)* Meu Deus, estou com enjôo de estômago... Que coisa pavorosa... *(Sai correndo ao banheiro. Nandinho abre a geladeira e pega uma coca-cola)*
NANDINHO: Esta menina é meio ingênua, ou é fingimento?
CABECINHA: Não é problema de ingenuidade. Eu que sou eu, vivido feito puta de zona, que conheço a violência de cor e salteado... nunca vi contar um caso tão escabroso. O Gomes que eu conheço, é um sujeito que lutou anos e anos pra manter o negocinho funcionando. Um cara que talvez seja o menos filho da puta dos patrões. Nunca puxei o saco dele porque não é do meu temperamento. Mas que eu acho ele um cara íntegro, eu achava. Essa que você me contou, prova não só que ele não é íntegro, como é louco. Louco no verdadeiro sentido da palavra.
NANDINHO: E qual o verdadeiro sentido da palavra?
CABECINHA: Usa o teu raciocínio rápido, seu fofoqueiro. *(Com ódio, pega o pincel, e olha para o teto, como se rezasse)* Que mundo cão... Mãe, dona Sofia, por que a senhora tinha que me parir nesta encarnação? Por que não esperou um pouco? Hein, mãe? Sacanagem a tua, hein? Se a senhora sabia que o mundo estava povoado de loucos e cavalicidas e paranóicos e falidos e Nildos e fotógrafos surubeiros e contatos retardados e clientes veados... e manequins que engravidam... por que? Ô, dona Sofia, puta mancada. Eu não queria, juro como eu não queria ter nascido nesta encarnação. Será que se eu tivesse acabado meu curso de arquitetura, ia ser diferente? Será que entre os arquitetos tem disso, hein, mãe? Por que tá tudo tão chato, tão podre, hein mãe? Ou a senhora não percebeu que tá podre? Dona Sofia, Dona Sofia, da Aclimação, a senhora pode desligar um minuto esta merda desta novela das nove, e me responder esta pergunta? EXISTE O SER HUMANO TAL COMO O CHARLES DARWIN DIZIA? AQUELE QUE DEIXOU DE SER MACACO A DURAS PENAS E SUBIU NA VIDA, ATÉ ATINGIR A CONSCIÊNCIA? Pergunta então a São Judas de quem a senhora é tão devota! Mãe, larga, desliga essa televisão e me responde: eu tô louco, mãe? Me dá um conselho, velha cretina. Vou pra Londres ou pra Alcântara? Será que na Alcântara se mata cavalos? Não é possível. O Alex parece tão equilibrado. Todo mundo na Alcântara é equilibrado. Eu devo estar sonhando.

Obrigado, dona Sofia. Obrigado pela iluminação. Pode ligar a sua Philips a cores de novo. Agora, o mocinho já beijou a mocinha. Foi só um capítulo que a senhora perdeu. *(Marisa volta do banheiro aos trambolhões e toma um Alka Seltzer. Nandinho QI assobia "A Montanha" de Roberto Carlos)*

MARISA: *(Tomando o Alka Seltzer)* E ele tinha orgasmos matando o bicho? Gostava, gozava... Nandinho, eu tenho medo dele.

NANDINHO: Não, acho que com gente ele não faz essas coisas. Só com bicho. Hoje eu pensei que ele fosse ter uma crise de violência desse tipo, quando o cliente recusou a campanha. Pensei cá com meus botões: chiii, os meninos estão fritos. Acho bom avisar pra eles nem ficarem na agência, que é capaz do Gomes HOJE entornar o caldo. Ele fica se controlando, controlando... um dia, a coisa explode. Mas ele foi direto pra Hípica...

MARISA: A HÍPICA? Então ele mata outro hoje!

NANDINHO: *(Rindo)* Não. É só uma coincidência. O cliente falou que ele podia ir, essa hora, tal. Parece que o cara tá tirando a conta da atual agência. Ele gosta paca do trabalho da gente aqui. Não sei como, mas enfim...

CABECINHA: É só tirar o Nildo e fica tudo ótimo aqui.

NANDINHO: E você, vai mesmo pra Alcântara?

CABECINHA: Agora mesmo, se pudesse. Ainda mais com essa do cavalo. Trabalho com o Gomes há tantos anos, e nunca na minha vida pensei que ele fosse tão doente.

NANDINHO: Chii, tem mais mistérios entre o céu e a Terra do que sonha nossa vã filosofia.

CABECINHA: E para de falar lugar comum um em cima do outro, tá legal? Chega. Tá na hora de contato ir dormir. "Já é hora de dormir, não espera mamãe mandar..." Vai saindo, vai QI... tenho que falar um troço com a Marisa.

NANDINHO: Não saio. Eu também tenho uma coisa pra falar com a Marisa.

CABECINHA: Então fala logo e desgruda daqui. Depois dessa que você me contou, não precisa falar uns bons tempos.

MARISA: Vocês não estão com pena do Gomes? Pelo menos por causa da loucura?

NANDINHO: Eu estou. Só o Cabecinha é que é frio como uma pedra de gelo. Pô, Cabecinha, o cara pagou teus Credicards, tuas manias, teus títulos protestados, tantos anos... e você não dá um descontinho pra ele?

CABECINHA: Primeiro, quem pagou minhas contas fui eu mesmo. Com o meu trabalho em cima desta prancheta. Segundo,

louco não tem desconto. Tem que internar. Além do mais, ele é louco de matar cavalo. Mas rasgar dinheiro ele não rasga, né?
NANDINHO: "É bebê, mamá na vaca cê não quer..."
CABECINHA: É, bebê *(Imitando ele com raiva)* É isso mesmo. Rasgar dinheiro ele não rasga, nééé?
MARISA: Eu não vou pra Alcântara. Eu vou ajudar o Gomes. Se ele pega esta conta da tecelagem, quem fica aqui pra fazer os anúncios, os filmes?
CABECINHA: Tem pilhas de pessoas querendo emprego aqui, sua tonta!
MARISA: Mas tem poucas com capacidade de trabalho que eu tenho.
CABECINHA: Então fica. Um dia ele te confunde com um cavalo, daí...
MARISA: Cabeça, telefona pro Alex e diz que você vai ficar pra ajudar o Gomes.
CABECINHA: Não endoida, Marisa. Pelo menos você, tá? E agora que eu vou me casar contigo, lembra uma coisa: pelo menos UM POUCO, eu mando em você.
NANDINHO: Isso, Cabecinha. Assim que se faz!
CABECINHA: Não pedi teu palpite, asno!
NANDINHO: Querem parar de me agredir, que eu não sou palmatória do mundo? Tenho culpa se o cara recusou a campanha de vocês, tenho?
MARISA: Não tem. Nandinho, diz o que você quer comigo.

NANDINHO: Quero te convidar, só você, para ir ao Cursilho comigo. Acho que você precisa. Anda muito confusa, muito nervosa, muito frágil... qualquer um te leva no papo.
CABECINHA: Cristo é melhor que o Nildo. Pode ir, que no Cursilho eu deixo.
MARISA: Nandinho, vai, sem essa. Eu lá tenho cara de Cursilho?
NANDINHO: Não tem, mas devia. Eu sei bem o que vocês armaram por aqui ontem. A Vera me contou.
CABECINHA: *(Interessado e voltando-se rapidamente)* O que aconteceu aqui, hein, Nandinho? Conta pro seu amigo.
NANDINHO: Não, eu não gosto de fofoca. Eu queria falar sobre isso, mas com a Marisa em particular...
MARISA: *(Morrendo de medo de Nandinho contar a estória do sexo grupal)* Nandinho, deixa que depois eu converso contigo, tá? Já sei. *(Enrolada)* É aquele problema da Vera, não é? Pode deixar...
NANDINHO: É o problema da Vera, o teu problema, e de

todas as meninas deslumbradinhas como vocês. Minha função é não deixar uma pessoa se perder, sem pelo menos aviso prévio.

CABECINHA: Fala, emissário de Cristo, fala aí que eu tô interessadíssimo nesta estória.

(Marisa começa a chorar, Nandinho ameaça sair, mas Cabecinha segura-o pela camisa)

CABECINHA: Não vai sair não, seu QI de merda. Vai contar o que aconteceu nesta agência, depois que eu saí pra ver a Suely bundinha, ontem. O que aconteceu? Bacanal, não foi?

NANDINHO: Eu não disse isto...

CABECINHA: Foi o quê? Sexo grupal?

NANDINHO: *(Apavorado)* Foi. Foi isso aí... sexo grupal.

CABECINHA: Ou seja: bacanal. *(Marisa chora loucamente. Nandinho tenta consolá-la) (Cabecinha está atônito, perplexo, olha para ela com nojo)*

NANDINHO: Marisa, não chora. Se ele for um cara compreensivo, se ele te entender de verdade, ele vai acabar sabendo que isto é uma crise que todo mundo passa... ele vai te entender... Eu tenho tanta pena de vocês, meninas. E a Vera, agora, ainda por cima, desempregada. Mas que eu posso fazer? Eu não sei o que vou fazer da minha vida... Só que eu tenho a minha fé. Isto é que me ajuda. A única coisa. Por isso que eu te chamei pra ir ao Cursilho. Pra respirar um ar mais puro: isto aqui, Marisa, isto aqui é o inferno, sabia? *(Com os olhos arregalados, falando sério e ingenuamente).*

MARISA: *(Chorando aos berros)* Cabecinha, deixa eu pelo menos te explicar?

CABECINHA: *(Contido, frio)* Não precisa, donzela da Penha. Não precisa explicar nada pra mim. Você nasceu mesmo pra viver com o Nildo. Vocês foram feitinhos um pro outro. Eu é que sou trouxa, e não percebia. Mas agora, esta besta aí me chamou à consciência. *(Ri, abraça Marisa cinicamente)* CALMA, calma... Eu não vou te deixar não. Só que casamento não tem mais.

MARISA: Cabecinha... *(Mendigando)* Cabecinha... eu te amo, acredita em mim. Eu tinha que passar por esta, pra entender que eu te amo. Eu estava mesmo hipnotizada, levada, massacrada pelas idéias cretinas do Nildo. Só hoje é que eu fui entender até que ponto ele é podre. Cabecinha, eu tô tão confusa, me ajuda... não me deixa, tá? Prometo que vou com você pra Londres. Escrevo o texto da tua estória em quadrinhos. Juro por Deus.

NANDINHO: Cabecinha, perdoar é dever de todo humano.

CABECINHA: *(Com ódio, mas sempre cinicamente)* Isto, vamos cantar "A Montanha"? Vamos *(Nandinho leva a sério, e*

empolgado, começa. Cabecinha acompanha e Marisa continua chorando)
NANDINHO: "Obrigado Senhor, por este dia"...
CABECINHA: "Obrigado Senhor, pela esperança"...
OS DOIS: *(Como se ensaiassem)* "Obrigado, Senhor, agradeço, obrigado, senhor... Por mais que eu sofra, obrigado Senhor, por mais que eu chore, obrigado Senhor, agradeço, obrigado Senhor. Por isso eu digo, obrigado Senhor, POR UM NOVO DIA, obrigado Senhor PELA ESPERANÇA, obrigado Senhor, agradeço, obrigado Senhor. *(Cantam um bom trecho até que Marisa começa a gritar)*
MARISA: Cabecinha! Você quer falar comigo direito? Pelo amor de Deus!
CABECINHA: *(Chacoalhando-a)* Vai ter crise histérica, é? Igual a Suely? Só que ela está grávida. Tá levando vantagem, no mundo das putas. Ela pelo menos tem um filho meu na barriga.
MARISA: Você nem sabe se é teu!
CABECINHA: E se você mostrar o teu exame de gravidez amanhã, quem pode garantir, que é meu? Hein? Deve ser do Nildo, ou do Vivi, ou do Léo, enfim, os machos da turminha da suruba. E você acha que eu vou botar o sobrenome de dona Sofia da Aclimação, aquela santa mulher, num cara que é fruto desse monte de espermas sem a menor dignidade? Não, boneca.
MARISA: Mas eu não tô grávida... eu nem cheguei a...
CABECINHA: Escuta *(Seriamente)* Tô falando sério: você não me deve nenhuma explicação, tá? Nenhuminha. Talvez o teu irmão Beto gostasse de saber o que aconteceu. Se você quiser, eu conto pra ele. Eu não...
MARISA: Beto me mata!
CABECINHA: Eu não conto. Mas pára de chorar, tá?
NANDINHO: *(Atendendo ao telefone)* Gomes? Sim é o Nando... Fala *(Sorri)* Que ótimo! Graças a Deus! Graças a Deus! *(Fica quieto)* Já falei com eles. Está havendo um probleminha. Precisamos fazer uma reunião para discutir, todos juntos, direitinho, com franqueza. Nildo não está aqui, não. *(Tapa a boca do telefone)* *(Para Cabecinha)* A conta é nossa! Tecelagem Universo! E cadê o Nildo? O Gomes quer falar com ele.
CABECINHA: Diz que o Nildo foi resolver o problema do desquite.
NANDINHO: Gomes? O Nildo foi até a casa dele. Tá desquitando, parece que... Pera aí. Cabecinha, ele quer falar com você.
CABECINHA: *(Ao telefone)* Sim, Gomes. Manda lá. Ganhou a conta. Ótimo, sei... Precisamos conversar... Eu acho que

vou pra Alcântara. Não, não, pra urgência dessa campanha nova, o senhor chama um *free-lancer*... É... não, pra mim não dá... A Marisa e o Nildo? Tudo em paz. Eles ficam. Eu posso até ver um amigo meu, diretor de arte, pra quebrar o galho pro senhor... Não, não insiste, tá? Eu vou pra Alcântara. *(Longa pausa)* Não é problema de dinheiro *(Pausa)* 15 milhas. Como? Me dá vinte? Tá louco? Não é o senhor que tá falindo? Como que vai me dar um salário de vinte? *(Pausa)* Vamos ver. Espero o senhor chegar, a gente acerta. Vamos ver... Parabéns, doutor... Abrace o cliente por mim. *(Desliga)* Esqueci de perguntar quantos cavalos ele já matou hoje.
NANDINHO: *(Louco de alegria)* Graças a Deus!
MARISA: Viu, Cabecinha, nem tudo tá tão ruim... ganhamos uma conta nova...

(Cabecinha olha-a com desprezo)

CABECINHA: É. Ganhamos uma conta nova. Agora, eu tenho uma oferta de vinte milhos por mês. Pra continuar aqui... *(Olhos num ponto fixo, Cabecinha não vê Nandinho nem Marisa se abraçarem fraternalmente, comemorando a conta nova. Toca "A Montanha", agora com a gravação de Roberto Carlos, o coro e tudo o mais)*

FIM DO 2º ATO

3º ATO

(A luz acende e toca um jazz rápido e compassadinho. A cena está muda; stands da "Tecelagem Progresso", spots acesos, pilhas de tecidos falsamente em desordem, tudo preparado para uma foto. Marisa maquiadíssima; com um vestido de voile transparente, peruca loira. Longa, posa sensual e distante; Cabecinha regula a máquina)

CABECINHA: Relaxa um pouco. Tá parecendo um espantalho. Depois a gente retoma.

MARISA: *(Relaxando, ao lado dele, roça-lhe o cabelo) (Vê-se que ele mudou de atitude com ela. É frio e debochado)* Cabeça, pô... não tinha mesmo outra pessoa pra posar? Eu não sou maneca. Sou redatora...

CABECINHA: Tinha. Tinha a Suely. Era a única que eu podia trazer pra cá, com a urgência que a gente tem de preparar essas fotos. Mas a Suely tá em casa, curtindo o aborto dela. Toda inchada e de mau humor. Além do que, a gravidez acrescentou pelo menos uns quatro quilos nela. Daí não dá. Tem que ser magrinha,

MARISA: *(Enquanto ele continua regulando máquina e foco, depois ajeitando os tecidos, cuidadosamente)* Ela sofreu muito por ter que tirar?

CABECINHA: Sei lá se puta sofre.

MARISA: Puxa, Cabeça, você é desumano paca, hein? Ou é indireta pra mim?

CABECINHA: Não recomeça. Vai, sobe lá e fica toda enlanguescida em cima desta pilha de tecidos.
MARISA: *(Obedecendo)* Assim?
CABECINHA: Eu disse enlanguescida. Isto aí é enlanguescida? Como se você estivesse sentindo a maior tesão do mundo por alguém...
MARISA: Por você, por exemplo...
CABECINHA: Ou o Vivi,... qualquer um... enlanguesce aí.
MARISA: *(Acertando a pose)* Pronto!
CABECINHA: *(Tirando a foto)* Do outro lado. *(Ela fica)* Isso! *(Tira outra foto)* Agora vira de costas *(Tira)* Olha pra mim como se me acusasse. Bem agressiva. Bem decidida. Mulher moderna. Liberada... *(Ela acerta a expressão)* Assim! Você tem mais bossa que a Suely!
MARISA: Será que eu vou sair bonita?
CABECINHA: Vai. E a técnica do papai aqui, onde fica? Até a minha avó fica bonita se eu a fotografar.
MARISA: Cabeça, você continua de mal comigo?
CABECINHA: *(Mudando de lugar o stand)* Quem disse que eu tô de mal?
MARISA: Você nunca mais falou em casamento. Em ir pra Londres. Nada...
CABECINHA: Nem vou falar. Vai até aquela porta e ergue a perna um pouco, como se estivesse querendo correr.
MARISA: *(Indo até a porta)* Assim?
CABECINHA: *(Diante da pose ridícula)* Ah, ah, ah, assim parece uma cadeiinha fazendo pipi.
MARISA: *(Tentando)* Assim?
CABECINHA: *(Entortando e desentortando o corpo dela, que, mole, deixa manejar-se)* Assim! Agora levanta, sutilmente a perna. *(Ela levanta)* Issoooo! *(Corre até a máquina e tira a foto)*
MARISA: Posso tomar um lanjal?
CABECINHA: Pode. Dez minutos.
MARISA: *(Tirando o lanjal da geladeira)* Cabecinha, você não tem o direito de fazer isso comigo.
CABECINHA: Isso o que, santo Deus?
MARISA: Isso que você tá fazendo. Este desprezo.
CABECINHA: Não tenho feito amor regularmente? Esta semana toda, quem foi que dormiu no teu apartamento?
MARISA: Você. Mas puxa, parece que você... sei lá, que você não tem amor por mim. É como se você só tivesse... atração física.
CABECINHA: Atração fí-si-ca! Uma publicitária com todos os futuros do mundo, dizendo este tipo de frase!

MARISA: *(Irritada)* Eu quero falar sério. Você disse que casava comigo.
CABECINHA: E como disse, deixei de dizer.
MARISA: Você tem amor por mim?
CABECINHA: Tenho que acabar estas fotos, estes *layouts*, tudo pra hoje, às seis horas. Tô com muita pressa.
MARISA: Por que você aceitou ficar aqui?
CABECINHA: Pra ajudar o Gomes, nesta ÚLTIMA campanha que eu faço pra ele. *(Depositando a máquina no chão, apagando os spots, pondo uísque no copo com gelo) (Serve-a gentil e friamente)* Um uísquinho, moça?
MARISA: Aceito. *(Pega o copo)* Assim que moça fina bebe? *(Toma o uísque em pequenos goles) (Tudo nela mudou: é mais fina, mais feminina, mais "manequim")*
CABECINHA: É, assim que maneca bebe. Com classe. *(Desliga o jazz)* Você tem feito progressos. Está cada vez mais civilizada.
MARISA: Sabe, meu bem, eu acho que você está falando comigo cada dia mais distante.
CABECINHA: Você acha, anjo?
MARISA: Está me tratando como qualquer uma das tuas manequins.
CABECINHA: Mas você é uma das minhas manequins. A predileta... não chega?
MARISA: Eu sou redatora. Vou até receber aumento do Gomes, se tudo der certo. De qualquer maneira, como a crise passou... ufa, graças a Deus, que passou... aprovando ou não esta campanha, a gente tem a conta garantida. Quer dizer: nossos salários estão em paz. Não é ótimo?
CABECINHA: Maravilhoso.
MARISA: Mas eu não te entendo, Cabeça... *(Marisa caminha, agora com passos lentos, elegantes, pausados)* Você jurava que não ficava nem um minuto mais aqui... depois, foi só o Gomes te passar a cantada e você acabou aceitando! Não era você que não tinha pena de patrão? Ainda mais um patrão louco que mata cavalos, sei lá...
CABECINHA: *Business, my love!*
MARISA: E o Alex, onde fica nessa?
CABECINHA: Prometeu que esperaria mais quinze dias, até eu concluir a campanha que vai tirar o Gomes da lama.
MARISA: *(Após uma pausa)* E você... vai me levar pra lá?
CABECINHA: Pra que, se você agora é quase chefe criação aqui? O Gomes me disse que conforme fosse o andamento das contas novas que ele tá paquerando, e devido ao sucesso

que esta PARECE que vai ter, então ele não só te aumentava... como ainda ia te separar do Nildo, porque vocês não estão se dando mais tão bem.

MARISA: Nem um pouco bem. Muito mal aliás... *(Sorri)* *(Nildo entra, com um ar cansado, mas sério, digno. Traz papéis sob o braço e alguns livros)*

NILDO: Cabeça, como vão as coisas aí com as fotos. Tudo bom?

CABECINHA: Hum, hum...

MARISA: Que textos você está fazendo?

NILDO: Os dos tecidos mais leves. Você fez mais? *(Tudo entre eles é normal)*

MARISA: Os de lã e *lingerie*... Mas logo Cabeça me pegou pra posar e tive que interromper.

NILDO: Não tem galho. Tem tempo... Às seis, né Cabeça, que eles vão levar a campanha pro cliente?

CABECINHA: Exatamente.

MARISA: Gente, que coisa engraçada... a gente levou nove dias pra fazer aquele abacaxi da campanha de cigarros. Sete pra fazer a de eletrodomésticos. Esta foi tão fácil, não é?

CABECINHA: É porque a gente já sabia que a conta estava tomada. E tava tudo em paz. Gomes aliviou a tensão. E o Nandinho QI saiu do pé da gente.

NILDO: Saiu até certo ponto... *(Sorri, também formalmente, cumplicemente)*

MARISA: Contato é assim mesmo, em toda parte...

NILDO: Ainda bem que aprendeu a distinguir as coisas, filha... *(Sai com os textos, mas antes diz, friamente)* Vou consertar uns dois ou três textinhos que estão meio sem ritmo.

MARISA: Esse agora deu de me sacanear, mesmo. Você viu a indireta? Tá querendo dizer que vai modificar os MEUS textos, claro...

CABECINHA: Você algum dia achou que ele era bonzinho, boneca?

MARISA: Não agüento mais o teu cinismo, Cabeça. A gente tem que conversar uma porção de coisas.

CABECINHA: Começa.

MARISA: Por exemplo, teus planos de ir para Londres. Pensa que é assim? Me faz acreditar que a gente vai pra Londres, e tal e depois nem toca mais no assunto?

CABECINHA: Por enquanto estou concluindo esta campanha. Depois eu vou pra Alcântara. Depois vou pagar as minhas dívidas e vou vender o meu carango. E depois, só depois, daqui um ano, o tempo da prestação acabar, é que eu vou começar a pensar na vida.

MARISA: Mas e eu?

CABECINHA: Você o que? Nasceu grudada em mim?

MARISA: Cabecinha, você nunca perdoou aquela noite, não é mesmo?

CABECINHA: Nem sei. Acho que o choque foi tão grande, que me tirou o ânimo de você. Mas eu preferia não mexer com assuntos nossos, senão embanana tudo outra vez por aqui. Falado?

MARISA: O Nildo andou te envenenando contra mim?

CABECINHA: Eu mal falo com o Nildo. Ele agora tá me puxando o saco, porque sabe que eu tô com prestígio com o Gomes e ele tá com a corda no pescoço.

MARISA: Vai ser demitido?

CABECINHA: Ouvi uns buchichos. O Nandinho foi quem me disse.

MARISA: E você vai na conversa deste débil... Ele só sabe fazer fofoca.

CABECINHA: Ouvi o próprio Gomes dizer, se você quer saber. Mas como ele não sabe ainda até que ponto realmente é você quem dá duro, ele quer esperar o resultado desta campanha. Dependendo, ele dispensa o Nildo. E você fica chefe disto aqui. Ele vai chamar um amigo meu pro meu lugar, pra fazer dupla com você.

MARISA: Mas eu me acostumei a trabalhar com você.

CABECINHA: Paciência. *Business, business*.

MARISA: E se eu levasse meus anúncios pro Alex?

CABECINHA: Ele não topou eu te levar comigo. Nem adianta você ir pedir emprego lá, porque não tem lugar pra redator. O quadro está completo.

MARISA: Cabecinha, Cabecinha, tá havendo alguma coisa que você não quer me dizer. Não sei, eu tô sentindo tudo tão frio de repente. Todos vocês estão me tratando de um jeito tão esquisito... Que foi que eu fiz? Não tenho trabalhado direito? Não tô dando o sangue por isto aqui? Não agi corretamente com o Gomes? Fui eu quem pedi que o Nildo fosse demitido? Por que, por que, santo Deus... *(Chora)* Por que tá tudo tão estranho? Até a Vera tá estranha...

CABECINHA: Vai sair a maquiagem que levaram cinco horas pra te fazer, você é ou não profissional? E este negócio de a Vera não estar falando com você, é a mania de perseguição que você anda. *(Cabecinha levanta e põe o casaco nos ombros)* Vou até o bar tomar um conhaque forte. Se agüenta aí.

MARISA: Eu vou com você.
CABECINHA: Então vamos. Só que o bar vai desbundar de você aparecer nua deste jeito.
MARISA: Ah, é... Eu ponho um casaco. *(Meiga)* Esqueci que você tinha ciúme...
CABECINHA: *(Rindo)* Ciúme? Eu? Não, boneca. Eu não quero é puxar briga com aqueles troncudos do boteco. Se quiser ir, vai. É ótimo. Você chama bastante atenção, como gosta. Quem sabe arranja uns clientes por lá.
MARISA: Cliente do quê?
CABECINHA: *(Brincando)* Quem sabe... uns michêzinhos...
MARISA: *(Ofendida)* Quer parar de me agredir? Não gostei da brincadeira.
CABECINHA: *(Saindo)* Menina, acho bom a gente conversar direitinho... uma porção de coisas.
MARISA: Fala agora...
CABECINHA: É, acho que você tá esperando muita coisa de mim. Eu preciso ser honesto contigo. Arranjei outra namorada... uma menina que mora perto da minha casa, filha de uma amiga de minha mãe. Estudante... outro papo. Tô a fim de levar uma transa séria com ela. E você pra mim é só negócio de cama. Falado? Não esquenta essa cuquinha com grandes ilusões a meu respeito, que a coisa mudou. *(Sai)* *(Marisa está atônita. Profundamente ferida. Olha no espelho e conserta o cílio depois começa a andar aflitamente pela sala falando sozinha; murmurando, como se ensaiasse o que vai dizer a Cabecinha quando ele voltar)*
MARISA: Olha, Cabecinha, eu acho que você está sendo tremendamente moralista comigo. Todo mundo tem um deslize um dia na vida. Quantos canos teus eu levei nessa vida, e nunca reclamei? Eu te esperei sete anos! Aquela noite... aquele tal sexo grupal... eu sequer participei com gosto, juro por Deus! Dá um desconto. Eu sei que você me ama. Vamos começar de novo, hein? Tudo a limpo? *(Golada no uísque)* *(Retoca o cílio)* Quem diria, velho Joca, quem diria! Tua filha, tão fina! *(Exibe o vestido)* Pena que você não enxerga direito, pai. Podia ver como eu tô bonita, agora. Olha, eu vou ser aumentada. Vou dar uma puta festa aí nesssa sua casinha. *(Outra golada)* Vamos jogar fora tudo o que é velho: armário, fogão, tudo! E você, mãe? Não, você não vai mais gastar as mãos nesse tanque. A gente contrata uma lavadeira. E compra uma Brastemp. Os móveis? Tudo da Mobilínea!! E uma TV Philips a cores, Joca, a cores! Você vai ver TV o dia inteiro, palavra de Marisa, a trabuqueira. *(Outra golada)* Você, mãe, vai fazer maquiagem no salão, e arrumar o cabelo...

toda semana... não, todo dia! E a Marisa aqui vai pagar a CAIXA ECONÔMICA FEDERAL! *(Pomposa)* Ah, se vai! *(Bêbada já)* Que obsessão essa Caixa, né, velho Joca? *Por que te humilharam tanto nessa vida, por quê?* Você aí pagando essa Caixa, vendo a mamãe botar comida em casa, você agüentando o Beto reclamar de tudo, você cego, pagando a Caixa... pagando a Caixa... e até hoje, a casa não é sua! *(Sai da amargura em que entrou de repente e se ergue em histérica e bêbada euforia)* Mas eu juro, juro, que você AGORA vai ser *PROPRIETÁRIO! Promessa é DIVÍDA!* E as minhas eu pago à vista, agora! À VISTA *(Outra sombra lhe passa pelo rosto à palavra "vista")* *(Pausa)* Lembra, Cabeça, quando te conheci?... *(Golada)* A gente foi ao cinema... depois à festa do Bibo... depois você pegou na minha mão... semana seguinte me beijou... depois, na outra semana, beijou de língua... Eu nunca tinha beijado de língua!! E depois... *(Pudor)* na escada do escritório... *(Recompõe a cena)* Não, Cabecinha, eu sou virgem, não... *outra golada) (Cantarola bêbada inteiramente)* "Os anjos descendo, descendo do céu..." ...Não conta para ninguém, Ju, mas eu tô grávida. Tenho que fazer um aborto... Cabecinha, um aborto, eu! *(Cantarola)* "Os anjos descendo... descendo do céu... trazendo na cinta as cores do céu... Ave Ave, Ave Maria..." *(Pára em pânico)* Não me bate, Beto, não! O Cabecinha vai casar comigo, sim, ele que me desvirginou, ele é honrado, ele casa, ele casa, sim! *(Pausa)* Na escada do teu escritório... Tanto tempo eu esperei este casamento... sem ser virgem... o bairro inteiro me olhando enviezado... O Beto me cobrando todo dia: "E aí, cabacinho, e aí? Cadê a grinalda, hein?" *(Bate na cabeça)* "Don't blow... it...with drugs" ...Ic...Ic...Ic... *(Cambaleia)* Blow up...review board.. brain storm... eu vou aprender inglês...

Yes, Gomes, está furada a mídia, está furado o *marketing* e o planejamento. *(Pose de executiva – pateticamente se equilibrando com a garrafa)* Vende para as Pernambucanas, Gomes, Crediário Tentação... perder de VISTA... de vista... O povo compra à prestação... a Caixa... Perdão, papai, perdão Cabecinha, perdão Beto, perdão, mamãe... Cabeça, casa comigo. Eu te ajudo a escrever tua estória em quadrinhos. Eu termino a escola de comunicações. Eu viro uma moça culta... "SEMIOLOGIA"... "SIGNO"...SINAIS e também... eu... eu ganho muito dinheiro... QWERT... QWERT... *(Datilografa bêbada)* Prezado senhor, venho por meio desta... Ju, você tá na SAMBRA ganhando quanto?? Nãoooo! Jura??? Por Deus??? Aceita senhor Haroldo Rodrigues Teixeira como seu legítimo esposo? *(Pose de casamento)* QWERT... Venho por meio desta dizer ao senhor padre que sim, aceito... Aceita? Esse pano? *(Sombra no rosto)* Este pano... *(Pega o vestido)* Pai... este pano é aquele que você teceu toda a sua vida... na Tecelagem Universal... *Universal!* *(Soletra)* quarenta anos... tecendo o pano... do meu vestido... de noiva... *(Cai no chão) (Recita já totalmente bêbada, para a platéia)* "Vê? Ninguém assistiu ao formidável enterro da tua última quimera... somente a solidão, esta pantera, foi tua companheira inseparável... Acostuma-te à lama... que te espera... o homem que nesta terra miserável vive entre feras, sente inevitável necessidade de também ser fera... Toma teu fósforo... Acende teu cigarro. O beijo, amigo, é a véspera do escarro. A mão que te afaga é a mesma que apedreja." *(Cai ao chão balbuciando) Brain...* Cabeça... *Storm...* Tempestade... Cabecinha... a tempestade... a tempestade, Cabecinha... *(Cai)*

(Cabecinha entra e corre até ela, ergue-a nos braços, entre apiedado e preocupado)

CABECINHA: Pára com isso... e se chega alguém aqui? Porra, você fica desempregada, Marisa... *(Ela faz gesto de ânsia de vômito)* Vem, vamos pro banheiro já, já... *(Ela vomita ali mesmo)* Nos tecidos! O Nandinho vai encher o saco. Vamos ter que repor esses tecidos! *(Pausa longa. Ele parece perceber que ela não está em condições de raciocinar. Penalizado, abraça-a)* Minha menina, minha menina... *(Beija-lhe os ombros nus)* O que eu gostava em você era a tua ingenuidade... o teu mistério... *(Ficam de costas para o público) (Ele unha o ombro dela)...* a tua pureza... o teu pudor... mas agora, sua vagabunda...

MARISA: Bate em mim, Cabecinha, eu preciso apanhar para aprender, não é isso mesmo? *(Ele esbofeteia-a e depois beija-lhe o rosto fraternalmente)*

MARISA: Você... ic... você,... ic... você me ama... ama!

CABECINHA: Amo! Amo você, sua vagabunda, você que quis subir na vida sem fazer força, que fez média com o Nildo, com o Gomes, você que desperdiça o teu talento, que fez bacanal com o Vivi, o Léo, esses indecentes... *(Abraçam-se furiosamente, ele a beija na boca. Afasta-se dela, começa a limpar o chão onde ela vomitara. Chora. Ela, ergue-se envolta nos tecidos e cambaleia, tentando posar)* Olha o trapo que você virou, olha aí... *(Ri)*

MARISA: *(Rindo)* E você? Você também virou um trapo, amor... *(Rindo)* No meu tempo, você pintava cada quadro bonito... *(Finge pintar com as mãos no ar)* Cadê teus quadros? Cadê tua rebeldia? Cadê tudo? Cabôooooo, que nem diz o Nildo. *(Pega a bolinha)* Joga... toma... *(Ele soluça)* "Ordem, seu lugar..."

CABECINHA: Cadê os meus quadros... cadê você... Sabe

Marisa, um dia eu viajei de ácido? Você já viajou de ácido? Pode contar, eu não fico bravo.

MARISA: *(Negando com a cabeça)* Não tive coragem. Eu tinha medo de ficar louca.

CABECINHA: Eu viajei e te vi. Você tinha um rio no rosto. É, um rio, assim correndo... uma rede fluvial... foi engraçado... eu vi você no sofá da tua casa... depois eu vi você esverdeada, como quem já morreu. *(Ri)* Já morreu e não sabe! Puxa, naquela viagem... às vezes era tudo colorido, às vezes tudo fundo, que nem um abismo. Eu vi *(Olhos estatelados, descobrindo)* Eu vi meu pai, minha mãe, teu pai, tua mãe, o professor de resistência dos materiais, a Miss Clair, o Gomes, o Nildo... todos eles esverdeados... assim... em decomposição... depois eu vi esqueletos brilhando, a sala estava escura... e voltava você, rindo na festa do Bibo... o dia que peguei no teu seio... não pensa que eu esqueci, não pensa que só você ficou marcada. O amor marca, o amor... *(Soletra)* A-m-o-r... m-a-r-c-a... eu te amo, sim, eu vou te perdoar e vou casar com você...

(Enrola-a como uma criança nos tecidos, suavemente. Deposita-a no sofá, ela tem uma expressão beatífica, frágil)

CABECINHA: Vamos pra Londres.

MARISA: Pra Londres. Ver o Big-Ben!

CABECINHA: *(Abrindo o tecido e beijando-lhe delicadamente o colo)* Eu vou pintar... Vamos fazer uma estória em quadrinhos de sacudir o mundo! Onde a Mary Marvel é guerrilheira e o Super-Homem é tuberculoso e alcóolatra...

MARISA: Com *baloon* e tudo!

CABECINHA: Vamos escrever, pintar, dizer coisas. Sem salário. Sem salário. Sem patrão. Sem cliente! Vamos botar a boca no mundo!

MARISA: *(Imitando índio)* UUUUUUUUUU!

CABECINHA: Vamos ser felizes. Combinado? Abaixo a fossa!

MARISA: "Viver é lutar"...

CABECINHA: "Viver é lutar"...

MARISA: Jucapirama! Aprendi no ginásio. Sou forte,... sou brava... guerreiros...!

CABECINHA: Tem uma luz diferente em você...

MARISA: É a luz do *spot*.

CABECINHA: Não, é uma luz diferente...

MARISA: Ic... uma aura que nem Santa Izildinha, milagrosa.

CABECINHA: Uma luz diferente... *(Mostra o rosto, zona*

por zona, delicadamente) Você está cheia de luz. Você é bonita... *(Sorri)*

MARISA: Vamos... comprar as passagens,... quando eles voltarem, não encontrarão mais a gente.

CABECINHA: *(Beijando-lhe furiosamente o colo)* Por que você tinha que se vender tão barato?

MARISA: *(Gritando)* E por que você tinha que ser tão moralista?

CABECINHA: Por causa deles... por causa do meu pai, do Beto, do Mackenzie, da TV Globo, do colégio primário, secundário, das revistas em quadrinhos, de São Judas Tadeu dos anúncios, dos supermercados, das butiques, do dinheiro, do lucro, da seleção brasileira de futebol, por causa deste mundo burguês, esse mundo caipira, esse mundo cheio de dignidade, esse honrado mundo velho... *(Continua beijando-a e falando quase num resmungo)*

MARISA: *(Rindo)* Que a TV Globo fez pra vocês terem essa raiva dela?

CABECINHA: Está vendendo amor em lata, como goiabada.

MARISA: O amor...

CABECINHA: O amor, sim, minha vagabundinha da Penha, o amor...

MARISA: Na tua viagem de ácido eu tava morta, mortinha da silva?

CABECINHA: Mortinha.

MARISA: Credo, e eu estava feia?

CABECINHA: Não, estava morta, só.

MARISA: E agora, você me vê morta ou viva?

CABECINHA: Te vejo com uma luz diferente...

MARISA: Vai ver que eu já morri... Que a gente faz pra viver? Hein, Cabecinha?

CABECINHA: *(Eufórico, discursivo, mergulhado debaixo dos tecidos)* Tem que matar os mortos. Incendiar os cemitérios. Roer todos os ossos desse mundo honrado e inútil, cheio de objetos, de coisas, de lataria, de pecado e medo. Tem que dinamitar o medo. Tem que fuzilar todas as pessoas que têm medo.

MARISA: Então tem que matar o mundo todo?

CABECINHA: Começar de novo... arrancar as fantasias... destruir os supermercados todos...

MARISA: Tem é que fazer amor...

CABECINHA: Muito, muito amor, amor que nem aquele tempo, que nem na escada do meu escritório, que nem no primeiro dia.

(A luz apaga, irrompe "pour Elise". Pausa longa. Um slide mostra um cavalo ensangüentado, caído no chão. Após a pausa, entram Nandinho QI e Gomes agitadíssimos; A cena está outra vez arrumada, como no começo da peça, sem spots, sem stands e sem Cabecinha e Marisa)

NANDINHO: Não entendo, Gomes não entendo como é que ele deu essa mancada.

GOMES: *(Furioso)* Como não? Você me disse que ele tinha autorizado a veiculação. Você me disse. E agora? Agora eu mando veicular esta droga toda, e o cara não tinha autorizado? Mas isto é... isto é a falência!

NANDINHO: Calma, Gomes, que falência. Não fala em falência, fecha essa boca.

GOMES: E não é? Se ele não me paga, como que eu pago a Abril? E a Globo? São 850 milhos que eu devo, ao todo, pra eles. E só do meu bolso, gastei 150 milhos pra produzir esta campanha!

NANDINHO: Eu vou conversar com o cliente. Deixa que eu me entendo com ele.

GOMES: Você se entende com ele... acho uma graça... se você se entendesse com ele, ele não tinha me dado esse cano de um bi!

NANDINHO: Não me chamo mais Fernando Santos se esse cara não te pagar o que deve!

GOMES: Não, fica quietinho aí, você quanto mais mexe, mais fede. Eu vou tentar conversar com ele. *(Pausa)* Bom, esse cara foi meu amigo, né? Já joguei tênis com ele, já montamos mil vezes naquela Hípica, já tomamos muito porre... já emprestei minha *garçonière* pra ele. Alguma coisa tem que acontecer desta amizade toda. Ele não pensa que fica por isto mesmo, não. Me caneia, me deixa soterrado de dívida, depois tchau...

NANDINHO: Acho que ele não quer pagar porque achou a campanha imoral. Disse que a manequim estava praticamente nua, e isto atentava contra os costumes da família brasileira. Disse que a mulher dele achou o cúmulo da pornografia.

GOMES: E quando a gente levou a campanha pra ele aprovar, ele não achou nada disso, achou?

NANDINHO: Foi o que eu argumentei.

GOMES: Vai ver ele emburrou. Engraçadinho, emburrou porque a gente não deixou ele participar da produção das fotos e dos filmes, o que ele queria era comer as manecas. Deve ser isso.

NANDINHO: Com jeitinho, ele paga, Gomes, não é a primeira vez que acontece isso na propaganda.

GOMES: Pra mim você vem dizer? Eu passei a minha vida no meio desses caras. Lidando com a verba deles, os produtos deles, os mercados deles e as frescuras deles.

NANDINHO: Então não entendo por que essa fúria...

GOMES: Porque eu tenho um bi de dívidas, seu cretino, um bi! O que eu devo aos veículos e o que eu emprestei pra pagar a produção da campanha! Fora o que eu deixei de ganhar! Pra pagar a moçada aí. O leite das tuas crianças, entende?

NANDINHO: *(Pegando um uísque para Gomes e subserviente entregando o copo na mão dele)* Toma, Gomes. Com a cabeça é que se pensa. Vamos raciocinar.

GOMES: Vê se arranja uma idéia brilhante aí que eu não sei mais o que fazer deste escritório.

NANDINHO: Os *prospects*... vamos examinar um por um.

GOMES: *(Com os pés sobre a mesa, desalentado)* Diga lá.

NANDINHO: *(Procurando uma pasta)* Achei. A lista tá aqui.

GOMES: Vamos ver, vamos ver uma continha que não seja nem da Thompson, nem da DPZ, nem da Alcântara, nem de ninguém, nem de Deus.

NANDINHO: Olha, *Soutiens* Mila...

GOMES: De quem é?

NANDINHO: De ninguém. O cara tem pouco dinheiro pra gastar com propaganda. É daqueles que pedem pra filha redigir o anúncio, pro sobrinho fazer o *lay-out* e quebra o galho com um amiguinho no jornal pra gastar um décimo de página... Amador.

GOMES: Pra que que eu quero essa conta? Pra dar dor de cabeça? Passa pra outra.

NANDINHO: Mas Gomes, depende de conversar... é aquele papo de que sem anunciar ele não vai conseguir agüentar a concorrência, tal e coisa... papo primário...

GOMES: Liga para ele e pede uma entrevista.

NANDINHO: Eu ligo daqui a pouco.

GOMES: Manda o resto.

NANDINHO: Chocolate Juju.

GOMES: Qual é a verba?

NANDINHO: Também é curta. E depende de acertar...

GOMES: Marca entrevista com ele.

NANDINHO: Pra já. Tem também a WALLITA.

GOMES: *(Rindo)* A Wallita é do Duailibi, retardado.

NANDINHO: Questão de paquerar. Você gosta daqueles anúncios. Daqueles filmes horrorosos?

GOMES: Tá vendendo, não tá?

NANDINHO: Sei lá, saco. Deve estar.
GOMES: Então tá funcionando. Que você quer fazer lá na Wallita? Levar uma gozada do gerente de *marketing*?
NANDINHO: Sem esperança nesta vida não se faz nada. A gente tem que lutar.
GOMES: Gosto de você porque você é poeta, seu idiota. Esquece a Wallita.
NANDINHO: Gomes, e se a gente tentasse a Ford?
GOMES: Você está definitivamente louco, alienado, maníaco, tarado, alucinado, enfurecido. Tem que amarrar duas bolas de aço no teu pé!!!
NANDINHO: Você é desiludido. Deste jeito vai à falência mesmo. Você sabe que a Ford tá pra tirar a conta da Thompson? Sabe?
GOMES: Quem te disse isso? Teus amiguinhos colunistas de novo?
NANDINHO: Quer que eu tente?
GOMES: *(Após uma pausa)* É, acho que ouvi este papo, sim... acho que sim... Nandinho, vamos tentar... Ford... caminhões, né?
NANDINHO: Só caminhões. O resto está bem encaixado em outras agências. Mas os caminhões parecem que não estão muito bem.
GOMES: De vendas ou na Agência?
NANDINHO: NA AGÊNCIAAAAAA! Ou você pensa que eu sou mesmo retardado? Tou começando a me irritar, puxa...
GOMES: Você conhece alguém da Ford?
NANDINHO: Conheço. Deixa comigo. *(Anotando)* Chocolate Juju, Ford caminhões, *Soutiens* Mila... Ah, tem o xarope...
GOMES: É. Esse xarope São Tomás é um troço que me cheira bem. O cara até que gasta bastante: página inteira de manchete... Filme de 15 segundos na Globo... Não tá ruim de grana, o cara... Marca aí. Esse eu mesmo vou. Outra coisa, o cara da Ford, você só marca o papo e eu vou pessoalmente. Convida ele prá um coquetel aqui.
NANDINHO: Aqui? Tá louco? E se tua linda equipe de criação decide endoidar outra vez na frente do cara? Ele vai pensar que isto aqui é um acampamento *hippie*... Aliás... Gomes, não é por falar, mas você precisa pôr um pouco de ordem aqui. Que tal remanejar a equipe toda, agora que a gente tá num movimento de recuperação total?
GOMES: Marca o coquetel aqui. Faz de conta que estamos comemorando alguma coisa.

NANDINHO: Acho mais distinto você ir jantar com ele no Marcel, por exemplo.

GOMES: Os detalhes, depois a gente combina. Escuta, tive uma idéia. Pega a Marisa, manda ela no cabelereiro, no Jambert... Bota um vestido jóia nela... e vai com ela até a casa do Herman.

NANDINHO: O da tecelagem?

GOMES: Evidente, Nandinho. O Herman da tecelagem. *(Irritado)* Que Herman podia ser, esta altura dos acontecimentos?

NANDINHO: Mas pra quê?

GOMES: Alguma coisa me diz que esse cara tem um tesão louco na Marisa. Tenta, na presença dela, convencer o cara a me pagar o que ele me deve.

NANDINHO: Você tá me pedindo pra vender a Marisa pra ele.

GOMES: Mais ou menos. Vamos ver se essa menina presta pra alguma coisa. Manda ela jogar todo o charme dela em cima dele.

NANDINHO: Me dói. Mas negócio é negócio.

GOMES: Depois marca a entrevista com os propects.

NANDINHO: Tá OK.

GOMES: E agora me chama o Nildo, que eu vou demitir ele.

NANDINHO: Ahhh, que alívio. Vai fazer isto mesmo?

GOMES: Me dói, também. Mas vou ser obrigado. Negócio é negócio. E este negócio não está funcionando.

NANDINHO: E quem vem pro lugar dele? O Cabecinha indo para a Alcântara... A criação vai ficar acéfala.

GOMES: Tem pilhas de chefes de criação neste mundo. E diretor de arte é questão de pagar. A grana resolve tudo.

NANDINHO: Oferece 25 milhas pro Cabecinha que ele fica.

GOMES: Ele fica por vinte mesmo. Eu sei lidar com ele. O cara cai em qualquer chantagem sentimental.

NANDINHO: Não se iluda. Ele só gosta dele. E além do mais, faz um mês que ele tá meio esquisito, acho que não tá batendo bem, definitivamente. Não sei se foi o drama que ele teve com a menina, essa Marisa também vou te contar. Entrou aqui pra criar confusão... Mas desde a entrega da campanha da tecelagem que ele se fechou. Cada hora diz uma coisa. Acho até que ele nem vai mais pra Alcântara.

GOMES: Eu sei, ele disse que ia pra Londres.

NANDINHO: Pois é...

GOMES: Ele não vai a lugar nenhum. Vai ficar aqui. O Alex vai desistir dele. Eu vou falar pro Alex que ele é meio doido. E que está com problemas existenciais gravíssimos, não está dando no couro...

NANDINHO: Não seria um pouco sórdido da nossa parte fazer uma coisa dessas?

GOMES: Bem, meu chapa, sórdido é o Herman que não me paga, o resto é poesia. Tá?

NANDINHO: *(Como se entoasse um hino)* "Sempre alegre, nas estradas do Brasil, vai em frente, meu valente caminhão, pra mim não tem igual eu sou..."

GOMES: Que é isso? Mais um louco aqui e não vai dá pra pagar o Gaiarsa!

NANDINHO: Um *jingle* da Ford, o dos caminhões: senão me engano, de 72. Até que não é ruim.

GOMES: Você sabe que com esse *jingle* a Ford vendeu caminhão pra centena de milhares de frotas e pessoas? Sabe?

NANDINHO: Claro que sei.

GOMES: Então o *jingle* não só tá bom; como está ótimo. Bom seria se a gente aqui tivesse feito um troço bom assim, um dia. Faz cinqüenta anos que isto aqui tá numa pior. No começo, pensei que a culpa fosse do atendimento. Que a culpa fosse até tua. Agora entendi: o negócio é o Nildo. Esse cara tem câncer no raciocínio. E tá passando a fossa dele até pras paredes.

NANDINHO: Vou falar com a Marisa, então. Me mando com ela pra casa do Herman. Me dá o endereço.

GOMES: Cata aí na caderneta *(Tira a caderneta do bolso e entrega-a, entediado, a Nandinho. Nandinho procura e anota)*

NANDINHO: Se eu fizer o cara pagar, que que eu ganho? *(Sorri)*

GOMES: Uma Bíblia nova, serve? *(Nandinho sai, entoando o hino dos caminhões. Gomes fica longo tempo fazendo contas. Bebe. Pega o telefone num repente)* Alô? Mara? O Nildo tá por aí? Então vai lá na Mídia, e manda ele vir pra cá, nesse momento. *(Desliga) (Após uma pausa entra Nildo).*

NILDO: *(Tentando fazer graça, faz continência)* O chefe chamou?

GOMES: *(Sério, circunspecto)* Senta, Nildo. Precisamos conversar.

NILDO: Nossa, que seriedade. Que dig-ni-da-de! Que foi?

GOMES: Foi que o Herman não quer pagar a veiculação da campanha. E nós não temos mais nada, fora uns caquinhos que você conhece muito bem. Foi também que os prospects que temos são da pior qualidade. Enfim estamos fritos.

NILDO: Diga lá: você quer que eu faça uma campanha de dois dias, pra gente ganhar a gillete? *(Gomes ri)* A Souza Cruz?

(Nildo ri, também pensando entrar num papo amigável com Gomes) Olha, podemos até tentar... Por que não a Coca-Cola?
GOMES: E arriscando um pouco, podemos tentar pegar a General Motors!
NILDO: Por que não? Como diria QI: a esperança, é a última que morre.
GOMES: Já morreu, filho. O negócio é mais simples: eu vou te demitir. Olha, isso me dói muito. Mas em negócio a gente tem que ser frio. Gélido. Uma geladeira mesmo. Você não tá funcionando, entende? E quando uma coisa falha, nesta máquina, a gente tem que substituir.
NILDO: *(Sorrindo cínica e amargamente)* Que nem Modess: usa e joga fora.
GOMES: São as regras do jogo.
NILDO: Eu conheço bem estas regras, Gomes, conheço de cor. E o que é pior, gosto delas. Eu acho bonito o funcionamento da máquina. Essa coisa higiênica, essa coisa limpa e mecânica: demissão, admissão, carteira de trabalho, relógio de ponto, aposentadoria. Tudo tão cronometrado. Tão certinho. E essa pirâmide de poder! Não é lindo você depender dos clientes e os clientes dependerem do povo e o povo depender de ninguém? Não é lindo eu precisar de você e você também ter um dono? Eu acho justíssimo, justíssimo o sistema capitalista. Só ele contém o progresso. Só ele contém organização e limpeza! Ninguém pode acusar ninguém. Todos estão metidos até a medula do cabelo nesse pacto.
GOMES: Escuta filho, eu entendo tua amargura. Só que hoje, hoje que eu levei um cano de um bilhão de cruzeiros, não estou a fim de ouvir discursos. O problema do sistema capitalista é única e exclusivamente dos capitalistas. Meu, por exemplo... se é que eu AINDA posso me considerar capitalista depois de tudo isto. Tudo indica que eu fali...
NILDO: Não, não faliu, não. Você sempre dá um jeito. Por isso que eu te admiro. Quando a gente pensa que você vai cair, aí que você se ergue, digno, forte, poderosíssimo. Eu tô falando sério, Gomes. Eu tô falando sério... eu te admiro. Porque eu aprendi tudo o que eu sei com você. Ah, se eu tivesse essa sua fibra, esse seu cinismo. Eu faço uma força diária pra conseguir ser como você. Usar as pessoas na medida exata. Sorrir para os clientes, arrancar o dinheiro deles, chantagear as pessoas. Eu acho você um gênio. Um gênio!
GOMES: *(Tentando manter a dignidade)* Obrigado. Nildo, por favor, calma, com o fundo de garantia que você vai receber, dá pra...

NILDO: ...dá pra pagar o meu desquite, as minhas dívidas... o emprego não me falta.

GOMES: *(Consolando-o, sorrindo)* Claro. Você está atravessando uma crise. Acho até que é só você sair daqui, que você melhora... pode crer...

NILDO: *(Após uma pausa, trêmulo humilde)* Gomes...

GOMES: *(De costas para Nildo, com os pés sobre a mesa outra vez, tentando ligar o telefone e não conseguindo)* O que...

NILDO: Gomes, me dá uma chance...

GOMES: Nildo, por favor, não me põe numa situação chata... É melhor para nós dois.

NILDO: Gomes, a gente trabalhou mais de dez anos nessa trincheira. Juntos. Sempre juntos. No bom e no ruim. Na tempestade e na alegria.

GOMES: Eu tô quase chorando, Nildo. Puxa, que mau gosto da sua parte...

NILDO: Eu sempre te ajudei quando você precisou. Será que eu não mereço uma chance? A gente faz isto até com um cachorro.

GOMES: *(Irritado, desesperado e patético)* Pelo amor de Deus, quer parar de tentar me comover, cão-de-fila? Eu perdi todas as minhas contas, entende? TODAS! Em menos de cinco anos uma a uma, foram todas embora. O que eu faturava, nesta merdinha aqui, não era uma coisa normal. De repente, pumba! Baixou o azar. Você acha que é o quê? Santo? O baixo astral? Uma razão tem que ter. Alguém tem culpa.

NILDO: E por que eu?

GOMES: Quem então? As pessoas continuam comprando coisas. Você vai à feira, tá cheinho de mulher enchendo as sacolas de massa de tomate, bombril, coador de café. Você vai aos revendedores de automóvel, e sempre tem um filho da puta se entulhando em dívida até o último fio de cabelo, pra comprar pelo menos um Volks. E a Volks, é da Alcântara. Você vai às butiques, as mocinhas estão comprando *soutiens*, calcinhas, vestidos. Porra, todo mundo comprando tudo. Coisa de primeira, de segunda, terceira, décima necessidade... Nunca deu uma febre tão grande de consumir, neste povo, como agora! O salário mínimo agora é 350 cruzeiros. Puta merda, isto é uma fortuna! O operário já pode comprar, sim, pode. Pode comprar uma montanha de coisas. Feijão e arroz pelo menos, ele pode. E por que que eu não tenho a conta nem do arroz Brejeiro? Falta de paquerar, não foi. Até os camelôs da esquina estão vendendo seus alfinetes com a maior dignidade. O poder aquisitivo do povo continua crescendo. A classe média está cada vez menos média. E a burguesia nunca esteve tão emplumada, tão cheia de requintes e necessidades na vida. Este país está atravessando um milagre econômico. Entende? E por que só eu não ganho nada nesse milagre? Então, o país é acometido de um milagre súbito, todo mundo produzindo, todo mundo vendendo, todo mundo comprando, o sistema creditício, inventando macetes que até o diabo duvida, e o Gomes aqui paradinho, falindo feito um idiota. Quer me explicar, quer me explicar, por que SÓ EU, euzinho da silva, não ganho nada com este milagre? Não põe a culpa no ministro da Fazenda! Assume que você é que encheu isto aqui de azar. Você e a tua IN-COM-PE-TÊN-CIA!

NILDO: *(Dando uma gargalhada forçada)* Ah, Gomes, essa foi até boa! Quer dizer que a culpa é toda minha, então?

GOMES: É. Isso aí. A culpa é tua e das campanhas de mau gosto que saíram desta empresa durante dez anos. Desde que você entrou aqui!

NILDO: E nos cinco primeiros, destes dez malditos, você faturava como?

GOMES: Naquela época você não tinha entrado em depressão. Reconheço: desconta cinco, pronto.

NILDO: E o Cabecinha? E os outros diretores de arte que passaram por aqui, e só serviram para atordoar todo mundo?

GOMES: *(Irritadíssimo)* Então? Você, como chefe de criação, devia ter tido peito e autoridade pra mandar eles embora. Por que você não chamou o Odir Grecco, a Helga, o Clício Barroso, sei lá, alguns cobrões por aí, em vez de deixar virem os menininhos deslumbrados, sobre quem você podia pisar em cima o dia todo? Olha, não fosse a tua insegurança profissional, nós podíamos ter tido a melhor equipe de criação do país.

NILDO: E a Marisa? Quem foi que descobriu a Marisa?

GOMES: Nunca vi o tal talento dessa guria.

NILDO: Claro que sem mim ela não teria deslanchado. Mas ela é um puta talento!

GOMES: Vamos ver. Agora que você vai embora, vou dar uma chance a ela. Vai ficar como redatora-chefe, junto do Cabecinha. Se dentro de um mês as coisas não entrarem nos eixos, então eu mando ela embora.

NILDO: E o Cabecinha? Fica mesmo? Depois de toda as chantagens que ele te fez?

GOMES: Fica. Ele fica. Ele TEM talento. Tem sangue vivo dentro daquele corpinho, é porra-louca, é revoltado, mas dá no couro. Eu gosto dos *lay-outs* dele. Aquilo tem vida.

NILDO: *(Pensativo, agoniado)* Gomes... Escuta, vamos fazer um teste? Olha, você tá paquerando uma porção de contas novas...

GOMES: Estou.

NILDO: Então. Vai precisar de uma mãozinha, pra fazer tudo muito rápido e muito criativo. Como sempre. Deixa eu tentar... eu vou pegar a Marisa e vou descascar um por um dos abacaxis das campanhas novas. Se dentro deste mês a coisa não sair, aí você me demite.

GOMES: E a tua chance na Alcântara? Você não disse que tinha um chamado do Alex?

NILDO: Era mentira. O Cabecinha que tem esse chamado. Eu menti.

GOMES: Como você é rastejante, mentiroso... eu tenho nojo de você.

NILDO: *(Após uma pausa)* Você está trocando o certo pelo duvidoso. O Cabecinha ainda vai te deixar na mão.

GOMES: Deixa eu tentar. Tentei com você, anos a fio. E não deu certo. *(Nildo começa a soluçar. Gomes tenta não se tocar com a cena, continua ligando o telefone) (Consegue a ligação)* Alô, Lina. Sou eu, tudo bom. *(Friamente)* Sim, tudo em paz. Não, nada, não. Crises normais. Tudo entrando nos eixos. *(Pausa)* Esse menino... outro bode de ácido..., é... *(Bate na mesa, irritado, decepcionado)* Droga de vida! Eu vou pôr esse cretininho num reformatório, ele vai me pagar. Lina, não se desespera. Chame dona Berenice. É, meu bem, que que vai fazer? Tá tudo assim hoje em dia... Depois passa, também. O filho de um cliente amigo meu entrou numa fase de tóxicos, mas depois voltou. Só que eu acho que com jeitinho não resolve. Tem que encher essa meninada de porrada, pra eles aprenderem. Tão pensando que a vida é viajar... e quem dá duro sou eu, aqui, né? Geraçãozinha falida! *(Pausa. Vê-se que ele fala longamente)* Sei, sim, tá tudo bem, você vai à análise... isso... relaxa um pouco... ótimo. Dona Berenice toma conta dele. Mas não deixa o menino sozinho no bode dele, só por causa dessa sessão de análise, pô! Sim, desculpe. *(Pausa)* Desculpe, meu bem. Ando muito nervoso... *(Pausa)* Até a noite. Não, eu não posso ir pra casa. Estou esperando uma resposta do Herman da tecelagem. O cara tá me dando um cano de um bi! Tá bem... até. *(Desliga)* Meu filho bodeou de novo com esse maldito ácido lisérgico. Tá vendo cruzadas e cavaleiros errantes, inteiramente alucinado...

NILDO: Ele volta. Ele volta. *(Recomeça a chorar. Aproxima-se de Gomes que deixou-se cair pesadamente no sofá. O soluço torna-se convulso, como que tomado de um ataque epilético, Nildo agarra Gomes que o esbofeteia, para que ele se acalme. Gomes começa a gritar)*

GOMES: Pára com isto! *(Nildo sacode-o alucinado)*
NILDO: Dez anos da minha vida eu perdi por tua causa... você tem que me ajudar. *(Soluçando)* Você tem que me ajudar!
GOMES: Me solta! Pára com esta palhaçada! Me solta senão eu chamo a polícia!
NILDO: Eu fui teu escravo este tempo todo... você me pisou, me cagou em cima! *(Começam a se empurrar, caem no chão, brigam ferozmente, a luz baixa em resistência. Silêncio. Começa a 9ª Bachiana de Villa-Lobos. Em OFF um trecho de Drummond)*

"E então morreremos de medo
E sobre nosso túmulo nascerão flores amarelas
E medrosas..."

(Após uma longa pausa, a luz se acende, entram Nandinho QI e Marisa, sorridentes e leves. Cabecinha trabalha incessantemente em sua prancheta. Nildo bate à máquina. Gomes tenta telefonar)

GOMES: Então? Como é que foi?
NANDINHO: O cara vai pagar.
MARISA: Não é genial, patrãozinho?
GOMES: Vitória! *(Ri, sempre digno, abraça os dois, e com um braço no ombro de cada um dirige-se à geladeira)* Vamos comemorar.
NANDINHO: Vai pagar. Disse que pedia desculpas, que quando você falou com ele, ele tava num momento de mau humor...
MARISA: E até reconheceu que era a maior sacanagem do mundo!
GOMES: Meu bi! *(De mãos postas)* Meu bi querido, meu bilhãozinho!
NANDINHO: São e salvo!
GOMES: Vocês não sabem da maior!
MARISA: Pegou a General Motors? *(Todos, riem)* A Coca-Cola? Pegou a conta do Pentágono?!
GOMES: Não, não, peguei o chocolate Juju. Já quebra um bom galho. E o xarope São Tomás.
NANDINHO: Então, este ano a gente vai acabar faturando mais que o Ênio Mainardi!
GOMES: Que Ênio? Eu não tiro por baixo. Quero faturar mais que a própria Thompson!
NANDINHO: Também não precisa voar tão longe, né? Nada como a realidade, ali, certinha... Pelo menos a palavra falência não se ouve mais na tua boca.

GOMES: Pois é... com essas continhas... e se a tecelagem continuar...

MARISA: Vai continuar. E sem galho. Eu me viro com o Herman.

GOMES: *(Piscando pra Nandinho)* Não disse que essa mulher tinha um prestígio tremendo com o alemão?

MARISA: Caiu feito um pato no meu charme. Me convidou pra jantar na Baiúca.

CABECINHA: *(Nervoso)* E você vai?

MARISA: Vou, claro. Negócio é negócio. Mas não põe coisa na cabeça, meu bem. Eu vou só pra acertar as relações do cara com a agência.

CABECINHA: Virou contato, agora? Quer ser redatora, manequim e contato... daqui um pouco, você fica sócia do Gomes.

NILDO: Bem, gente, agora nós precisamos botar a cabeça em ordem e discutir a campanha do chocolate Juju.

CABECINHA: Eu não. Eu preciso pelo menos de uma semana de licença. Ando esgotadíssimo.

GOMES: *(Autoritário e frio)* Cabecinha, não esquece o nosso acordo, tá? Sem temperamentos, sem genialidades, sem "arroubos de loucura".

CABECINHA: Não é porque tá pagando os teus vinte que vai me escravizar que nem todo mundo não, manjou?

GOMES: Se quiser ir embora, a porta está aberta.

NILDO: Não, Cabecinha, calma, Gomes, calma.

MARISA: Ih, esse cara agora virou apartador de briga. Que é? *(Agressiva)* Agora é padre, é santo, é? Deixa eles quebrarem o pau. A violência é saudável.

CABECINHA: E você aí, sua vendidinha, cala essa boca. A mim você não convence com esta pose toda. Cala essa boca.

GOMES: Por que essa agressividade contra ela? Fala de uma vez. *(Pensa)* Olha, pra falar a verdade, contato bom tá pra aparecer... *(Dando palmadinhas)* Só você mesmo, né? Isso, filha, vende teu peixe!

MARISA: Meu bem, não vamos começar outra vez. Você já sabe que quando a gente briga... *(Suave)* é tão chato, né?

CABECINHA: Depois a gente conversa.

GOMES: Bem meninos. Vamos conversar direitinho, então. A postos! *(Ele está feliz)* Cabeça, relaxa os nervos, menino de ouro! *(Afaga a cabeça dele)* *(Nildo olha, humilhado e enciumado)* Cabecinha de ouro... vamos lá. Larga esses *lay-outs*. Você trabuqueirinha, prodígio, senta ali naquela poltrona e põe outra vez a moringuinha pra funcionar. Nandinho, bebe um uísque. Não, bebe sim, um não vai fazer mal, nem é pecado. Nildo larga essa máquina. Vamos conversar.

MARISA: *(Sentando)* A postos.

NANDINHO: *(Abrindo a geladeira, pegando o uísque e colocando gelo no copo)* A postos.

NILDO: *(Virando a máquina de ponta cabeça e empurrando-a para observar a cena, falsamente calmo e alegre)* A postos.

CABECINHA: Qual é a chantagem desta vez, vamos ver...

GOMES: Crianças, vamos fazer um folhetão. Cada um redige um currículo, e depois vocês entregam à Marisa pra dar a redação final... Cabeça, leva esse pessoal pra algum lugar bacaninha por aí, e fotografa eles. Sabe, num ângulo que simbolize cada um, no que tem de mais essencial...

MARISA: Chefe, eu preferia ir tocando a campanha do chocolate Juju. O Nildo pode perfeitamente ir redigindo os currículos, não pode, Nildo?

NILDO: Puxa, com todo o prazer. Eu gostaria de pôr a vida de vocês todos num texto meu. Acho ótima a idéia. E posso, Gomes, se você quiser, fazer um esboço, uma síntese do pensamento da agência...

GOMES: Então faz. Ótimo. Mas depois dá pra Marisa dar uma olhadinha. Ela sempre prefere ver os textos antes da gente mandar pra gráfica...

NILDO: *(Olhando para ela, piscando um olho)* Claro, chefinha, Mary Wells. Não disse que você tinha futuro? Um futurão lindo, desse tamanho... *(Humilde)*

MARISA: Disse, Nildo. Você acertou. Eu tenho um futuro lindo. Não é Cabecinha? Ainda mais agora que a gente vai se casar.

NANDINHO: Tudo teve jeito, viu? Você vai casar. Foi aumentada. Tá com um prestígio que nem tem tamanho aqui dentro... A fé resolve tudo, menina.

NILDO: Eu dizia pra ela: "Não desanima, Trabuqueira, com o teu talento eu faria um mundo"...

MARISA: Ei, vocês nem sabem ainda se eu...

GOMES: Não seja modesta, filha. Só essa vitória que você conseguiu hoje... nem que você não fizesse mais um só anúncio criativo, podia ser contato da Tecelagem Universo. Emprego é que não te falta.

CABECINHA: Ela também podia montar um bordel, com o Nandinho de caixa e você, Gomes, de gigolô.

NILDO: Menino, você esquece que esse cara é o teu patrão, hein? O cara que paga o teu salário!

GOMES: Aliás, Cabecinha, a Fotótica ligou outra vez, eu endossei a compra desta geringonça e vocês dois aí façam o favor de entrar num acordo e pagar os caras. Não sou pai de vocês.

CABECINHA: Eu pago tudo. Mas o equipamento fica pra mim. Inclusive o que você já pagou. Tá legal, Nildo?

NILDO: Tá legal. Eu ando sem tempo de fotografar, mesmo... além de que, tô de dívida até o pescoço, e a gente nunca sabe o dia de amanhã...

GOMES: Sossega. Se a indireta foi pra mim, você não vai ficar desempregado, não.

NILDO: Sério? *(Aliviado)*

GOMES: Sério.

NANDINHO: Gente, mas que clima bom tá ficando isto aqui! Puxa, parece até que a gente espantou os maus espíritos... sai, Satanás, sai...

NILDO: Bem, pessoal, eu vou começar o folhetão. Marisa me conta a sua vida.

(Todos riem, menos Cabecinha)

MARISA: Claro que não. A minha vida não é uma campanha... por que quer que eu te conte?

NILDO: Não precisa. Eu sei de cor. *(Animadíssimo)* Vai ser um senhor folheto. Abertura: "Quem somos". Vira a página "Por que trabalhamos 8 a 12 horas por dia". A outra página: "O dono é um homem lúcido". "Cabecinha de ouro". A outra. "O maior talento dos últimos anos, ela". *(Aponta Marisa)*

GOMES: Trabalha e não conta; depois a gente vê.

NANDINHO: Bem, eu vou até o cara da Ford.

GOMES: Espera, calma. Precisamos comemorar o meu bi...

MARISA: E tem a campanha do chocolate, Nandinho. Fica pro *brainstorm*.

CABECINHA: Eu não vou fazer campanha de chocolate nenhum!

MARISA: Não grita! Aqui ninguém é teu empregado!

GOMES: Mais um ataque de gênio e tá no olho da rua!

CABECINHA: *(Furioso, resmungando)* Pois então estou! Estou no olho da rua! Não quero os vinte paus!

GOMES: Na Alcântara nem adianta ir. O Alex...

CABECINHA: Já soube que você me sujou a barra com ele. Eu não vou pra Alcântara. Eu não vou pra agência nenhuma. Eu tô cansado e quero tirar uma licença.

MARISA: Mas nós não te demos licença nenhuma.

CABECINHA: *(Rindo)* Nós quem?

MARISA: Eu, que sou tua noiva e tua redatora. E o Gomes que é o teu patrão!

CABECINHA: Quero que vocês se danem. E isto aqui, olha *(Tira a aliança)* Esta palhaçada, vai contar ao Herman, sua putinha. *(Atira a aliança no chão)* Uma vez vagabunda... *forever*. Eu tô mais é viciado em você. Mas eu desvicio, deixa comigo. Já estive em outras, piores que esta. E saí. Você não tem conserto, menina. Você tá podre. Que nem no meu sonho, na minha viagem.

MARISA: Cabecinha, pára, tá? Vamos trabalhar em paz, vamos? Chega de discussão...

CABECINHA: Não, é definitivo. Gomes, avisa o cara do departamento de pessoal, que EU QUERO MINHA PAPELADA, JÁ. Me demite. Quero tirar o fundo de garantia.

GOMES: Eu não quero te demitir.

CABECINHA: VAI ME DEMITIR NA MARRA.

GOMES: Não aceito decisões emocionais.

CABECINHA: *(Enlouquecido)* Decisão emocional é isto aqui, ó... *(Tira todos os cartões de crédito da gaveta e corta-os com a tesoura)* Credicard, Citycard, Carte Blanche, todos... ó... eu não me endivido mais nesta vida. E olha aqui: *(Tira um cheque do bolso) (E assina)* Em branco. Pra você pagar a Fotótica e enfiar o resto no... onde quiser... *(Para Nildo)* Isto aqui, olha... *(Desentulha pilhas de lay-outs) (Nandinho tenta segurá-lo. Gomes também. Mas ele está enfurecido)* Isto aqui, Nildo, manda os teus filhos colarem que nem quebra-cabeças. São anos e anos em cima desta prancha criando merda para um monte de merdas! *(Rasga os lay-outs)* Todos, olha...

GOMES: Segurem esse cara. Nildo, chama a polícia, chama o pronto socorro da Granja Julieta, dá um jeito...

CABECINHA: *(Para Marisa, tocando-lhe o rosto suavemente e cheio de ironia)* E você menina, quando estabelecer um precinho mais barato me avisa. O michê tá muito caro, viu?

MARISA: *(Agarrando-o pelas costas)* Cabeça, calma, eu entendo o teu nervosismo, você tava louco pra tirar essa licença... Gomes, dá a licença pra ele, assim resolve tudo.

GOMES: Tá dada. Uma semana de férias em Parati. Pronto. Pode levar o meu carro e usar a minha casa e a minha lancha. Mas agora pára de enlouquecer, que eu acho você um gênio, mas assim também é demais!

CABECINHA: Vocês não entenderam. Eu vou embora. Vou embora pra sempre. Eu nunca mais piso aqui, entendem? Nunca mais. Eu não vou trabalhar mais nesta profissão. *(Ele vai saindo. Pega o equipamento fotográfico) (Todos olham atônitos para ele. Marisa corre e segura-o na porta).*

MARISA: Cabeça, onde você vai, me espera que eu...
CABECINHA: Você fica aí, no teu lugar, chefa.
MARISA: Onde você tá indo, Cabecinha?
CABECINHA: Sei lá... Vou andar por aí... tirar umas fotografias...
MARISA: *(Choramingando)* Você vai pra Londres?
CABECINHA: Ou pra Parati. Depende. Agora quem decide, sou eu, só eu, só eu... *(Sai cantando "Isto é que é Coca-Cola")* *(Aos berros ostensivamente)* *(Ouve-se a última frase de Cabecinha já longe)* Fiquem aí, cadáveres queridos do meu coração. Apodreçam em paz, na Santa Paz de Deus. Estou rezando pela alma de vocês todos. Tchau noivinha. Foi um prazer tê-la em meus braços!
MARISA: *(Na janela)* Cabecinha, volta aqui, pára de ser criança! *(Voltando-se para eles)* Gente, ele tá indo embora, mesmo...
GOMES: *(Sorrindo friamente)* Bobagem. Todo mês ele tem uma recaída. Depois ele volta.
MARISA: Será que ele volta, Nildo? Nandinho? Ele volta, hein? *(Ela começa a chorar como criança)*
GOMES: *(Passando a mão na cabeça dela)* Menina boba, ele sempre volta.
NILDO: Gente, eu precisava de um certo sossego pra trabalhar no folheto, e...
GOMES: Larga o folheto. Vamos inverter a ordem das coisas. Aproveitamos que o Cabecinha não tá pra tumultuar e fazemos *brainstorm* da campanha do chocolate. Que tal?
NANDINHO: Ótimo. Todos juntos. Patrão, contato, todo mundo...
GOMES: Isto. Vamos começar. Ei, Marisa, pára de chorar. Você agora é chefe... *(Ela pára a custo, enxuga as lágrimas. Sentam-se todos no chão)*
NILDO: Claro, chocolate é coisa pra crianças...
GOMES: Olha uma aí... *(Aponta Marisa)*
MARISA: Vamos cantar... as músicas da infância... *(Rindo ainda com lágrimas)* Da infância de todos nós... Vamos voltar pra lá, gente...!
TODOS: *(Menos Marisa)* "Senhora dona Sanja, coberta de ouro e prata, descubra seu rosto que eu quero ver a prata. Sou filha de conde, neta de visconde..."
MARISA: Será que ele volta? *(Para Nildo)*
NILDO: Volta. Nem que seja para pegar a papelada do fundo de garantia, ele tem que voltar.

Teatro **PAIOL** apresenta
LEONARDO VILAR e **MIRIAM MEHLER**
em
O GRANDE AMOR DE NOSSAS VIDAS
de
CONSUELO DE CASTRO

com
WILMA DE AGUIAR   MAURO DE ALMEIDA
VERA LIMA   WALTER CRUZ   RUBENS ROLLO

direção e cenários   **GIANNI RATTO**
produção executiva   **JOÃO ROBERTO SIMÕES**
sonoplastia   **TUNIKA**

Teatro **PAIOL** - Rua Amaral Gurgel, 164
Tels.: 221-2462 · 32-0263

O GRANDE AMOR DE NOSSAS VIDAS

PERSONAGENS

GALVÃO: O pai. Por volta dos 70. É um patriarca. Autoritário, dono absoluto da verdade, poderoso em seu medo e no comando de seu pequeno e escuro mundo.

HELECY: A mãe. Sessenta anos. Reprimida, serva de Galvão e de sua moral. Espírita, explica tudo através da lei dos direitos e deveres cármicos. Histérica, mas controlada.

IFIGÊNIA: Filha mais jovem. Por volta dos vinte anos. Magra, mais ou menos bonita, tímida, ingênua, ao mesmo tempo revoltada com o destino que querem lhe impor.

MARTA: Filha mais velha. Por volta dos quarenta anos. Inquieta, angustiada, rebelde, extravagante no vestir, no falar. Tem ódio da família, mas não consegue se impor fora de lá.

VALDECY: Irmão mais velho, depois de Marta. Irônico, machão, cafajeste. Repressor como o pai, tem um prazer doentio em "torturar" as irmãs com seu moralismo também de patriarca, ou subpatriarca. Só ao pai obedece. Ignora a mãe.

ESTRANHO: Pode ser representado pelo mesmo ator que fizer o papel de Neco.

NECO: Ex-noivo de Marta.

Miriam Mehler e Leonardo Villar, *O Grande Amor de Nossas Vidas*, Teatro Paiol, 1978, Dir. Gianni Ratto.

(Escuridão: em off *vozes infantis, escolares cantando emocionados)*
(Uma canção de Heitor Villa-Lobos).

Brasil, teu povo é forte,
como é grande a tua terra.
Brasil, em tuas grandes matas verdes, canta a passarada,
em gorgeios mil!

Queremos,
com a alegria do trabalho e do saber,
saudar,
o céu, nossa linda terra, nosso verde mar,
queremos com prazer,
cantar.

As nossas praias grandes,
que as ondas vêm beijar,
lembram os homens fortes,
que vivem a cantar...

Cantar é saber,
viver pelo Brasil,
Para ensinar ao povo varonil,
que esta terra forte há de ser nossa até morrer,
porque nos viu nascer!

Miriam Mehler e Mauro de Almeida, O Grande Amor de Nossas Vidas, Teatro Paiol, 1978, Dir. Gianni Ratto.

1º ATO

(Sala da casa. É hora do jantar. Ifigênia e Marta, de bobbyes muito grandes, ridículas, comem vorazmente. O pai e a mãe disputam uma colher para pegar o caldo da sopa. Há indiferença e fome. Valdecy palita os dentes, saciado, arrotando sem parar).

VOZ LÁ FORA: Telefone!

(Marta levanta correndo, aflitíssima, derrubando comida na roupa da irmã, que faz cara de quem não gostou. O pai e a mãe se entreolham com raiva. Grotescamente, ela corre para a porta, ajeitando a roupa. A família continua comendo vorazmente, enquanto Valdecy continua arrotando, ausente).

MARTA: *(Esbaforida)* Pai...
GALVÃO: *(Mastigando)* Hummm...
MARTA: *(Olhando para o pai, com medo)* O Luquinha mandou avisar que...
GALVÃO: *(Cuspindo no prato)* Hummm...
MARTA: *(Sentando, lentamente, olhando o pai com medo da reação)* Os amigos do Osmarzinho lá do curso de vestibular ligaram para avisar que...
GALVÃO: *(Gritando)* ...que o menino foi pro puteiro e matou aula de novo e só vai chegar amanhã, de fogo, cheirando onça, pra outra vez levar uma surra de arrancar a pele, e...

MARTA: *(Interrompendo)* Não pai, ligaram para avisar que ele foi preso.

(Galvão começa a andar na cadeira de rodas, furioso, pela sala toda, enquanto todos falam ao mesmo tempo, ainda ao redor da mesa. Marta e Ifigênia ainda comendo).

GALVÃO: Preso outra vez? Pois que mofe, que apodreça, a gente aqui, se matando pra fazer alguma coisa desse menino, ele...

MARTA: Vai ver foi na putaria...

VALDECY: Olha a boca!

GALVÃO: Tá vendo o seu filhinho, Helecy, tá vendo?

MARTA: *(Para Ifigênia)* Passa o sal.

IFIGÊNIA: *(Passando o sal)* É coisa à-toa, acabou os feriados, ele volta.

VALDECY: Que volta, volta. Onde vai arranjar casa, comida, roupa lavada, mesada...

MARTA: ...é, mesada!

VALDECY: *(Para Marta)* Mesada por que, você é que dá?

HELECY: Ele trabalha e ganha o dinheirinho dele. Justiça seja feita! E que tem que foi pra farra? *(Para Galvão)* Na idade dele você também ia! E quem sai aos seus não degenera!

GALVÃO: Que trabalha porra nenhuma! Ah, telefonaram a semana passada lá da oficina...

VALDECY: É, telefonaram, viu, dona Helecy, telefonaram pra dizer que o seu xodozinho, o amor da sua vida, estava demitido...

HELECY: Mãe santíssima!

GALVÃO: É, tava dormindo no serviço. E o patrão dele me disse que ele andava conversando com liqüidificador, com televisão...

HELECY: Por que ninguém me contou?

GALVÃO: Porque você ia ter ataque, ia ficar com medo de começar tudo de novo.

HELECY: Começar o que de novo?

IFIGÊNIA: As doidura dele, mãe!

MARTA: É, tadinho, todo ano endoida, todo ano...

HELECY: *(Quase choramingando)* Será que é doidura de novo, meu São Judas???

VALDECY: *(Cínico)* Doidura, sim, doidura...

IFIGÊNIA: E não é doidura falar que é Jesus? E conversar com liqüidificador?

MARTA: *(Também revoltada com o cinismo de Valdecy)* E que que é então, hein, "Doutor" Valdecy?

VALDECY: *(No mesmo tom)* Preguiça! Me responde: se euzinho da silva, se eu endoidar, e falar com liqüidificador e dizer que sou Jesus... que acontece nessa casa???
MARTA: *(Cínica)* Nada.
VALDECY: Quem sustenta essa casa?
GALVÃO: Eu!
VALDECY: Eu e o pai!
MARTA: E o meu dinheiro, onde é que vocês enfiam?
VALDECY: *Olha a booca!*
IFIGÊNIA: *(Para a mãe que tira a mesa)* Não tira não, mãe, num acabei ainda.
HELECY: *(Grosseira, irritada, quase atirando os pratos)* Pois come logo, lesma, não sou empregada de ninguém.
MARTA: *(Cínica)* Noiva tem que comer devagar, é o sistema nervoso...
VALDECY: Não desconversa não, sua jararaca! Você tá dando indireta de grana pra cima de mim só por que pagou o enxoval da Geninha?
HELECY: Imagine, eu comprei quase tudo com as economias do Galvão e Tia Bel deu quase quinze mil cruzeiros pra ajudar!
GALVÃO: E eu comprei o tal vestido, quem vê até pensa que é filha de rico, aquela seda maldita, ainda te rasgo aquela seda na cara, sua desgraçadinha, na sua cara e na cara das tuas amigas, onde já se viu, escolher e encomendar um vestido de noiva rica, sem pelo menos avisar o meu bolso!!
VALDECY: Mas e a grana que eu dei? Onde é que foi? Pra comprar o elástico da cueca do padre?
IFIGÊNIA: Você nunca deu um centavo furado pra mim fazer enxoval: Eu até falei pro Dias...
VALDECY: *(Furioso)* Você? Você falou pro Dias? Você foi fazer calúnia com o Dias? O meu patrão?
IFIGÊNIA: Ele é meu noivo!
VALDECY: Mas é meu patrão!
IFIGÊNIA: E você por acaso me deu alguma coisa?
VALDECY: Dei.
MARTA: O que que você deu?
VALDECY: Dei... *(Olhando para o pai)*... metade do dinheiro das bebidas. O pai não tava podendo dar tudo.
GALVÃO: Eu não falei que era segredo? *(Atirando pão no chão)* Pois te devolvo logo o teu bendito dinheiro, seu...
VALDECY: Desculpa, pai...
IFIGÊNIA: Pai, o Dias falou que se o senhor não der conta de pagar o bufê, ele ajuda, ele faz questão, pai, ele faz questão...

GALVÃO: Eu? Aceitar dinheiro de noivo pra pagar festa? Eu tenho minha honra!
IFIGÊNIA: Ser pobre não é desonra.
MARTA: Mas enche o saco!
VALDECY: *(Dando um tapa)* Olha a boooca!
GALVÃO: *(Pegando o braço de Valdecy)* Escuta aqui, moleque. Nesta casa, a única pessoa, a uniquíssima pessoa que pode meter a mão sou eu!
VALDECY: *(Com temor)* Desculpa, pai. Mas até a Geninha anda falando palavrão. Até a Geninha...
IFIGÊNIA: *(Recomeçando a comer, olhando vitoriosa para Valdecy)* Ai... nem acredito! Dentro de 15 dias a mamãe aqui vai casar com o Doutor Alexandre Dias, filho do Seu Astolfo, dono do posto de gasolina mais rico da Moóca. Nem acredito!
VALDECY: E daí? Por que tá me olhando com esta cara de jiló?
IFIGÊNIA: ...porque o seu Astolfo está com câncer, o que quer dizer que logo, logo, o filho dele, meu noivo, vai ser dono do posto. E você vai ser meu empregado.
MARTA: *(Rindo)* Que ótimo, Geninha! Mas você não vai querer fazer umas... *(Cínica: para Valdecy)*... modificações na administração do posto?
VALDECY: *(Irritado)* E a Geninha ou mesmo o débil mental do Dias entende alguma porra de gasolina?
IFIGÊNIA: De gasolina, não. Mas de mandar nos outros sim.
VALDECY: *(Rindo muito)* E onde você aprendeu isso? *Aquiii*?
(Riem todos)
IFIGÊNIA: Quando eu fui babá também tive patrão. Aprendi como patrão manda! Ai, como vai ser bom mandar nos outros... mãe santíssima, como vai ser bom!
VALDECY: *(Ignorando Ifigênia)* Papo furado de matraca, vai, vai.. *(Para Galvão)* Pai, e essa prisão do Osmar... será que foi mesmo negócio de pensar que é Jesus? Se foi doidura mesmo, pai, não vai dar pra agüentar... *(Mostra os bolsos)*
MARTA: O Luquinha garantiu que o aviso foi que ele tomou uma bebedeira, pôs um chapéu numa estátua na praça Júlio Mesquita e a polícia prendeu. Foi só isso. Não deixa tua imaginação doente inventar coisas por cima do menino não, viu?
GALVÃO: A gente pagando cursinho, pagando livro, pagando caderno. E ele pondo chapéu em estátua. Que gracinha!

HELECY: Ele não vai entrar na Politécnica se continuar assim!

VALDECY: E a senhora achava que ele ia entrar?

GALVÃO: Burro e doido desse jeito, na Politécnica!

MARTA: *(Revoltada)* Burro e doido porque tomou um pileque e pôs um chapéu numa estátua e foi preso! Acho o cúmulo isso!

VALDECY: Vai ver pensaram que ele era esse tipo aí de estudante subversivo!

GALVÃO: *(Horrorizado com a idéia)* Helecy do céu. Será??

HELECY: Subversivo?! O meu Osmar? Isso não, isso nunca!

GALVÃO: Era só o que faltava. Um subversivo nessa casa.

HELECY: O meu menino, tadinho, isso não, não.

MARTA: Foi nada de subversão. Imagine. O Osmar não entende nada de política.

IFIGÊNIA: E você entende, sua metida? *(Valdecy ri).*

GALVÃO: Nem é preciso entender. Não vai refrescar em nada essa merda aqui.

MARTA: O pai tem razão. Não vai refrescar em nada essa merda aqui...

GALVÃO: Olha a boca!

MARTA: Mas o senhor não falou "merda?"

GALVÃO: Pai pode falar!

VALDECY: Também, pai, pra mim tanto faz. O Osmar subversivo, louco ou malandro dá na mesma. Dói no bolso do mesmo jeito.

HELECY: *(Para Ifigênia)* Posso tirar a mesa, noivinha? Ou vai comer até a outra encarnação?

IFIGÊNIA: Deixa a carne.

MARTA: Cê num tá fazendo regime?

HELECY: *(Catando os outros pratos, choramingando e nervosa)* Eu vou na sessão hoje. Os guia vão contar direito onde que o Osmar está!

GALVÃO: Esses guia, se contassem alguma coisa... *(Helecy sai).*

IFIGÊNIA: Pai, não fala assim. É a religião da mãe, respeite.

GALVÃO: Respeito o que eu quiser respeitar. Aqui nessa casa, a única, uniquíssima pessoa que merece respeito sou eu: eu!

IFIGÊNIA: Tá uma droga essa carne. Cheia de sebo.

(Da cozinha, Helecy grita)

HELECY: *(Off)* Pois cozinha você amanhã, viu madame! Quer fazer regime às minhas custas?

VALDECY: Inda bem que tá fazendo regime. Bom seria se todo mundo fizesse regime aqui. Apertava menos o bolso da gente.

MARTA: Você, por exemplo, era ótimo que fizesse um regime...

VALDECY: Eu como meio bife por refeição.

MARTA: Eu também.

IFIGÊNIA: Eu também.

GALVÃO: Ah, vocês tão comendo bife todo dia, é???

HELECY: *(Voltando)* Só de quarta e sexta, Galvão.

GALVÃO: Ah, bom, ah, bom.

IFIGÊNIA: Antes fosse carne todo dia...

MARTA: Porque aquele bolinho de arroz tá dando no saco...

VALDECY: Onde é que você tá aprendendo a falar essa gíria de zona, hein, Marta?

MARTA: *(Irritadíssima com Valdecy)* Na zona!

VALDECY: *(Gritando)* Fala a palavra "zona" outra vez e você vai ver o que encontra!

GALVÃO: *(Rodando com a cadeira)* Deixa falar, ela nem sabe o que é isso!

VALDECY: *(Irritado)* É todo mundo santo, aqui! O Osmar não é subversivo, não é malandro, não é doido. A Marta não é puta... Todo mundo é santo, aqui!... O senhor bobeia, pai, e vai ver o que vira essa casa. Bobeia, pra ver.

GALVÃO: *(Pausa)* Ei, isso é jeito de falar com o seu pai??? Eu lá preciso de conselho, hein, pirralho?

VALDECY: Foi pensando que todo mundo é santo que aconteceu aquilo com o Seu Odair! *(Todos se retraem. É um assunto doloroso)* E não adianta porque o que eu tenho que dizer, digo na cara. Seu Odair bobeou e a Gildinha enganou a Moóca inteira, por dez anos, mentindo que era moça!

HELECY: Não quero que se fale desse assunto aqui em casa!

VALDECY: *(Rindo, sarcástico)* Na hora de casar, o cara não conseguiu tirar uma gota de sangue. Nem com bisturi!

HELECY: *(Choramingando)* Não fala assim! Eu sei o quanto sofreu a comadre Safira, o compadre Odair, e mesmo a pobre, a desgraçada da moça, tá até hoje...

IFIGÊNIA: *(Levantando da mesa, olhando para Marta)* Eu, em quinze dias, caso e tô livre desse perigo. Tem gente aqui que ainda não passou esse perigo.

MARTA: A indireta não chegou nem até o meu chulé, noivinha. Porque da minha moral ninguém pode falar. Da minha moral, da minha moral...

VALDECY: Não fosse o Dias, tinha o mesmo destino que a Gilda.

HELECY: Bate na boca, bate na boca!

GALVÃO: *(Pegando de novo o braço de Valdecy) (Pausa longa)* Bate na boca, obedece tua mãe.

VALDECY: *(Com medo)* Desculpa, pai.

GALVÃO: *(Trêmulo e sério)* Bate na boca.

VALDECY: *(Ridículo, com ódio, batendo na boca)* Desculpa, pai.

GALVÃO: Cês duas aí, vão ajudar a mãe na cozinha. Vem cá, Valdecy. Vamos fazer as conta da festa. Tô preocupado com um extra aí que apareceu.

IFIGÊNIA: Vou soltar o cabelo que daqui a pouco o Dias chega. *(Sobe)*

MARTA: Eu passo a semana inteira na máquina de escrever. E ainda tenho que ir para a cozinha no fim de semana? *(Sobe).*

HELECY: *(Saindo para a cozinha)* Não preciso de ajuda, suas mocorongas.

(Ficam Valdecy e Galvão. Ruído de privada off. Valdecy arrota. O pai idem. O pai retira um caderninho amassado do bolso e uma caneta. Valdecy empurra a toalha deixando um pedaço para o pai escrever. Radinho de pilha toca, bem baixo, na cozinha, música de Roberto Carlos)

GALVÃO: Olha aí. Esse 187 cruzeiro eu não entendo.

VALDECY: *(Olhando e fazendo contas mentalmente)* Tá, patátá... ah, pai, é o tal do batom.

GALVÃO: Que *catzo* de batom?

VALDECY: O tal batom pra boca fria.

GALVÃO: Que???

VALDECY: Aquele batom pra boca de mulher não descascar no frio.

GALVÃO: Batom pra boca fria, meu filho, nessa altura do campeonato? Mas onde é que nós vamo parar com esse casamento?

VALDECY: Mais 15 dias e pronto, pai.

GALVÃO: Escuta, o Dias não te falou nada?

VALDECY: Falou o quê?

GALVÃO: De como é que vai ficar a situação da gente...

VALDECY: Acho que não pega bem ele falar, muito menos eu perguntar. Vai parecer interesse.

GALVÃO: E que que tem? Miséria é vergonha, é?
VALDECY: Deixa casar, depois a gente vai levando ele.
GALVÃO: Pelo menos te promoveu? Tá te pagando mais?
VALDECY: Disse que o mês que vem, depois da lua-de-mel, vai me promover a gerente geral e vai me pagar o dobro! Mas nunca é bom contar com o ovo no...
GALVÃO: Gerente geral?
VALDECY: É. *(Pausa)* Mas eu tô preocupado, pai. E vou contar pro senhor.
GALVÃO: Preocupado com o que, "gerente!"
VALDECY: Outro dia ele me chamou no bar para me contar coisa de homem.
GALVÃO: Bom, tá pegando intimidade, isso é bom...
VALDECY: Mas me falou uma coisa muito chata.
GALVÃO: Desembuxa.
VALDECY: Disse que a Geninha, pai, a Geninha não deixa ele nem beijar ela na boca.
GALVÃO: Muito bem, fui eu mesmo quem mandou ela fazer isso.
VALDECY: Eu sei, pai, mas o senhor falou que não podia beijar antes do noivado.
GALVÃO: É.
VALDECY: E ela já tá noiva faz três meses e vai casar daqui a 15 dias e ainda não deixou ele beijar ela.
GALVÃO: Isso eu não falei. Eu fui muito claro: depois que pôr aliança e marcar data pode deixar beijar. Não de língua, mas pode beijar.
VALDECY: E ela não deixa o pobre do homem nem relar a mão dela. Disse que era promessa.
GALVÃO: Esquisito, isso. Namoradeira do jeito que é...
VALDECY: Falou sabe o que pro Dias, pai? Que não tinha "atração física por ele". Se fosse minha noiva, eu jogava a aliança na cara e sumia.
GALVÃO: Eta menina burra. Pelo menos disfarçasse.
VALDECY: Desistir não vai. Mas já avisou que se na noite de núpcia ela chiar, entra com pedido de anulação.
GALVÃO: Deixa comigo.
VALDECY: Eu já falei com ela e não adiantou. Ela disse que era promessa pro Osmar entrar na Politécnica.
GALVÃO: O Osmar, o Osmar... Já pensou se o Dias desiste? A dois meses da morte do velho?
VALDECY: Pai, fala pra Geninha que se ela não beijar ele, o senhor bate nela com as roda da cadeira. Todo mundo morre de medo dessa sua cadeira!

(Os dois riem brutalmente)

GALVÃO: Até hoje me arrependo da primeira surra de roda que dei no Osmar. Acho que foi por isso que ele ficou doido por aí falando que era Jesus.

VALDECY: Besteira, pai. Ele nunca foi bom da cabeça.

GALVÃO: Na sessão da Helecy falaram que foi isso.

VALDECY: Aqueles guia é tudo fajuto.

GALVÃO: Eu não acredito nem desacredito. Lembre-se que foi na sessão que contaram que a filha do Odair não era mais moça.

VALDECY: Besteira, pai. A Tia Bel viu ela bolinando o namorado no carro. Moça que entra em carro já tá meio caminho andado pra perder os tampos. Pode crer.

GALVÃO: A Marta vive chegando de carro do emprego.

VALDECY: Diz que é o Dr. Aprigio que traz... o patrão dela... O cara deve ter pena... morar nessa lonjura e com variz nas pernas...

GALVÃO: Enquanto for só pena, vá lá... *(Olhando o caderno)* Ei, e esses dois mil cruzeiros aqui, que que é???

VALDECY: *(Olhando)* Esse aí eu também não sei.

GALVÃO: Ah, é o dinheiro pro fichário e os livros do Osmar.

VALDECY: E por que tá na lista da Ifigênia?

GALVÃO: Gasto por gasto, tô pondo tudo junto. Se quebrar, quebro num lugar só.

VALDECY: Inda bem que caderno não tem perna. Se tivesse, tava tudo aí, batendo na porta pra cobrar a gente...

GALVÃO: *(Respirando aliviado)* Bem, com o casamento da Geninha... a vida da gente vai melhorar!

VALDECY: É só o Osmar parar com esta mamata e tá tudo resolvido.

GALVÃO: Pôr chapéu em estátua! Vai ver chamou guarda de veado, governador de ladrão, vai ver...

VALDECY: Engenheiro da Politécnica, coitada da mãe!

GALVÃO: Engenheiro! *(Pausa; a luz vai baixando: uma esperança amarga no rosto do Galvão)* Eu bem que queria um filho engenheiro. En-ge-nhei-ro!

(Luz apaga na sala, acende no quarto de Ifigênia e Marta, que secam o cabelo)

IFIGÊNIA: Não secou direito.
MARTA: O meu já.
IFIGÊNIA: Cabelo pintado seca mais depressa.
MARTA: *(Olhando posters de Antonio Fagundes, em*

abundância, nas paredes do quarto inteiro) O pai já mandou tirar isso daí umas mil vezes.

IFIGÊNIA: *(Olhando e sorrindo)* Não é lindo? Pode falar, não tenho ciúme, não! Olha que gracinha! *(Pega uma revista que tem o Fagundes de tanga na praia). (Marta olhando).*

MARTA: Bonitão. Peludão! Já começa a me entusiasmar.

IFIGÊNIA: *(De novo mexendo nos cabelos com um secadorzinho de mão)* Você só vê pêlo! Por que não namora um macaco logo de uma vez?

MARTA: *(Recostando a cabeça, lânguida)* Homem tem que ser peludão, madurão... sabidão!

IFIGÊNIA: *(Assustada)* Ei, Marta, parece até que você já conhece homem! Se o pai ouvisse cê falando desse jeito.

MARTA: ...homem é o Dr. Aprigio!

IFIGÊNIA: Olha, Marta, pra ser honesta não entendo você. Afinal, você tem ou não tem atração física pelo seu patrão?

MARTA: Mais ou menos. Quebra um galho.

IFIGÊNIA: E você topava casar com ele?

MARTA: Topava.

IFIGÊNIA: Você disse que só casava com o Nequinho!!!

MARTA: *(Levantando irritada)* O Neco? Quando eu disse isso! O Neco. O Neco me telefona todo dia aí na quitanda do Luquinha, você mesma vê, e que que eu faço quando ele liga? Hein? Hein?

IFIGÊNIA: Vai correndo atender.

MARTA: *(Tensa: disfarçando)* Que calúnia! Eu vou pensando que é... sei lá... pode ser do escritório, pedindo serviço extra, pode ser a Vera, eu tenho minhas amizades, eu trabalho, eu não sou ostra que nem você. Olha aqui: duvidando de mim, pergunta pro Luquinha se o Neco telefona ou não todo santo dia atrás de mim. Morre por minha causa, o idiota.

IFIGÊNIA: *(Rindo)* No Natal do ano passado, cê chegou meio bêbada do escritório, na festa do amigo secreto, tá lembrando?

MARTA: Não tô lembrando coisa nenhuma.

IFIGÊNIA: Tá, sim. Você chegou com o perfume que o Dr. Aprigio te deu, feliz da vida porque ele tinha caído como seu amigo secreto. E disse que ele tinha te cantado mas que você tinha respondido: "Dr. o senhor é um homem muito fino, mas eu gosto mesmo é do Neco, o grande amor da minha vida é o Neco! E sem amor eu não caso!"

MARTA: *(Horrorizada)* Calúnia de novo. Nessa casa é calúnia atrás de calúnia. Eu nunca, nunca na minha vida disse isso! Neco foi o "amor da minha vida", mas já faz muito tempo.

Faz pelo menos seis anos. Acabou, acabou. Eu nem pedi pra continuar quando ele terminou tudo. Porque se ele não terminasse, eu terminava.

(Batem na porta. É Valdecy)

IFIGÊNIA: Pela porrada deve ser o Valdecy!

MARTA: Que ééé? Também quer *bobbye* no cabelinho, boneco?

VALDECY: *(Off)* Geninha, o Dias tá esperando na porta. Desce logo que ele quer levar a gente na festa de 15 anos da prima.

IFIGÊNIA: Mas agora que avisa? Eu não tenho roupa!

MARTA: Te empresto minha blusa de lurex, anda, se arruma!

IFIGÊNIA: Vem comigo, Marta?

MARTA: Eu??? Aturar o Valdecy e o teu Dias? Aquele bafo de onça?

IFIGÊNIA: Bafo de onça mas quem agüenta sou eu, né? Juro, na noite de núpcia, vou dizer que tô incomodada. Não quero nem imaginar "aquilo" em cima de mim!

MARTA: E vai ficar incomodada a vida toda, é?

IFIGÊNIA: *(Olhando o cabelo)* Ficou crespo nas pontas!

VALDECY: *(Batendo)* Tá se arrumando?

IFIGÊNIA: *(Tédio)* Já vou, já vou...

(Marta deita-se na cama e começa a tirar cascas do esmalte das unhas com a boca, distraidamente. Geninha começa a se arrumar. A luz vai apagando lentamente sobre imagem de Marta, que começa a lixar as unhas e tirar cutículas, devaneando. Nesta pausa longa, quando começa a música de Odair José, Marta entra num longo delírio cuja seqüência sugere fantasias tais como seu encontro com Aprigio, Neco e finalmente sua morte e os efeitos "dramáticos" que causaria em toda a família. Quando a cena voltar ao normal – realista, peço ao diretor para frisar a mudança de cena com iluminação de tal forma que não fiquem dúvidas no espectador sobre o que é realidade e o que foi sonhado. A luz acende, no que começa a música de Odair José, num pequeno quarto de rapaz, o quarto de Neco, destes de subúrbio bem pobre. Marta entra muito bem vestida, bonitona. Neco, angustiadíssimo, sobre a cama em desalinho, total abatimento, ao vê-la fica como que renascido de esperanças e alegria. Ela, muito fria e firme, vai observando com certo desdém o quarto e o estado dele, ao mesmo tempo em que conclui sua maquiagem com espelhinho de bolso).
(A interpretação exagera o tom da cena).

MARTA: Que que há, menino?
NECO: Você não me ama! É pouco?
MARTA: Ora, Neco, larga de ser cafona. A gente tentou anos e anos, não deu certo. Não deu, não deu, oras!
NECO: Mas eu ainda sou seu noivo!
MARTA: *(Rindo)* Noivo? Ah, ah, ah! Noivo, você? Pé de chinelo desse jeito?
NECO: Quem foi que te desvirginou?
MARTA: Você! E daí? Pensa que é como antigamente, que a gente casava com quem destampava? Tá muito enganado. Vou casar com um homem de verdade. Um homem distinto, com dinheiro pra me dar todo o luxo do mundo!
NECO: *(Balbuciando)* E... e... você tá dormindo com ele?
MARTA: *(Fazendo mistério)* Que te interessa?
NECO: *(Nervoso, humilde)* Por isso, por isso é que não quer mais nada comigo na cama!
MARTA: Você é muito menino pra mim! Enjoei! O Dr. Aprigio é que é macho mesmo! *(Neco começa a chorar)* Ah! Neco, pára com isso. Foi pra isso que você me chamou aqui?
NECO: *(Após uma pausa, humilde)* Te chamei porque pensei que ia morrer. Não tá vendo essa montanha de remédio aí na mesa, não tá?
MARTA: *(Olhando, cínica)* Novalgina, sal de fruta, Engov, calmante, calmante, calmante e calmante. *(Rindo)* Onde você arranjou esses calmantes fortes? Eu já tomei todos. Aprigio me levou a um médico de nervos, maravilhoso. Tomei e fiquei boa. Cê também vai ficar, viu, meninão?
NECO: Você não entendeu o que eu disse?
MARTA: Que que cê disse, meninão?
NECO: Que eu pensei que ia morrer. Olha um dos vidros, olha...
MARTA: Você tomou esse vidro inteiro de Mogadon!!! Ah, saquei a tua, meninão. Tá ameaçando se matar, não é? Pra me fazer voltar por piedade. Não tem vergonha?
NECO: Eu queria morrer! Eu não posso viver sem você! Eu perdôo todos os seus casos, perdôo tudo, todo o mal que você me fez, mas eu estou amarrado em você, eu te adoro, eu te amo, você é o grande amor da minha vida, me dá uma chance, Marta!
MARTA: Pois com chantagem você não consegue nada comigo. Nem venho mais aqui te acudir.
NECO: Marta... *(Se arrastando na cama, puxando a saia dela)* Eu prometo que não faço mais isso. Marta, me dá um abraço!

MARTA: Não! Quando o amor morre, morre! Eu ia casar com você e agora resolvi que não e pronto! Arranja outra.
NECO: Mas você me amava! Você tá é interessada no dinheiro do teu patrão, não é possível que você ame um velho daqueles!
MARTA: Ele é velho mas sabe fazer uma mulher feliz. E mais: nunca me passou doença venérea.
NECO: *(Humilhado)* Eu... perdão, eu...
MARTA: *(Enumerando)* Nunca me fez pagar o cinema...
NECO: Não me humilha...
MARTA: ...nunca brochou!
NECO: Eu tava doente dos nervos! Eu sou macho! Eu nunca brochei!
MARTA: ...nunca me pediu nada, pelo contrário: me dá tudo. Vai me dar enxoval de rainha... vai me dar casa de rico, com piscina e tudo!
NECO: Riqueza não traz felicidade!
MARTA: Eu não estou casando por interesse, Neco. Eu amo esse homem. E você, trate de se conformar.
NECO: Cê vai casar mesmo com ele?
MARTA: Vou!
NECO: Então eu tomo todos esses vidros aí. E deixo uma carta pra você me despedindo...
MARTA: Azar. A vida é dos que ficam, diz sempre o meu pai.
NECO: E se eu contar pro teu pai?
MARTA: Primeiro, ele te mata porque foi você que me desvirginou. Depois corta o teu pau. Chega?
NECO: *(Após longa pausa)* Marta, não vai embora sem pelo menos me dizer se você volta... um dia, aí... volta só pra fazer uma visitinha...
(Pega uma foto choramingando e entrega à Marta) Toma, sou eu... Tirei pra ver se consigo alguma colocação...
MARTA: Cê tá desempregado?
NECO: Estou... *(Pausa)* Você me deixou ruim da cabeça, comecei a fazer tudo errado, o chefe do setor me demitiu.
MARTA: *(Tirando dinheiro da bolsa)* Toma! O Aprigio tinha me dado pra comprar um *cabochard*, mas eu te dou. Pelo menos paga um bom despachante e tira os documentos de novo.
NECO: Atirei minha carteira de trabalho na privada por tua causa!
MARTA: Tudo por minha causa... Ah, meninão! *(Sai. Neco fica chorando e a luz vai apagando. Depois acende em Marta de braço dado com alguém imaginário. Neco atrás olhando. Desesperado).*

MARTA: Aprigio, meu bem, eu não posso aceitar! Anel de brilhante? Outra vez? Não, não posso aceitar... *(Ri, fingindo que beija...)* ...Ah, é de noivado? *(Ri mais ainda)* Mas você já me deu tanta jóia, meu amor! Não, vamos esperar um pouco para casar. Nunca é bom casar assim, de uma hora para outra, a gente precisa se conhecer melhor... *(Neco vai se aproximando com um fuzil, totalmente transtornado)* Sim, não precisa insistir, meu amor. Se você tá com tanta pressa... EU CASO! *(Ri)* Mas e a nossa casa? Ainda nem está pronta... Ah, a gente vai para um hotel? Cad'Oro? Que maravilha! Isso! Ficamos lá até a casa ficar pronta. Nossa lua-de-mel *(Pausa)* Paris! Uh, lá, lá... Ai love Paris in zi spring, time, i love paris in zi san... ai love... *(Nisso Neco aparece. Marta fica atônita, pois ele aponta o fuzil para ela).*

MARTA: Neco, que é isso?

NECO: Eu vou pra cadeia, passo minha vida lá, mas me vingo de toda a humilhação que você me fez passar.

MARTA: Neco... *(Apavorada)* Neco, baixa esse fuzil, vamo... vamo conversar... Ele não tem culpa... Ele não tem culpa da nossa vida passada, Neco...

NECO: Vou matar os dois! *(Aponta para Aprigio)*

MARTA: Não, Neco! *(Neco dispara. Marta se atira sobre um fictício cadáver)* Aprígio, meu amor, meu amor, grande amor da minha vida...

NECO: Agora te mato, sua desgraçada!

MARTA: *(Chorando sobre o fictício cadáver)* Agora não tem importância!

NECO: *(Atirando nela e depois nele. Os dois caem, ele abraçando-a)* Vamos ser enterrados juntos, meu... a...mor.

MARTA: Ah... *(Músicas de Odair José, muito trágicas)* *(Luz apaga. Pausa longa. Marta agora está morta no túmulo. A família em volta, o túmulo cheio de flores)*

IFIGÊNIA: Tão boa, tão pura a minha irmã!

GALVÃO: *(Chorando)* Eu nunca soube compreender essa filha. Que Deus me tire a vida, também. Só isso que eu peço.

HELECY: *(Chorando)* Minha filha. Tão linda, tão boa, tão inteligente!

VALDECY: *(Chorando)* Minha irmã querida, perdão!

(Enquanto todos choram, voz do repórter policial Gil Gomes, muito dramático)

E VEJAM, SENHORAS E SENHORES. A QUE PONTO CHEGA A IGNORÂNCIA DESSES BANDIDOS! E ELE FOI CHEGANDO, MORTO DE CIÚMES, E ELA ESTAVA COM O NOIVO, FELIZ, IA CASAR, E ELE FOI CHEGANDO, E

ELE FOI CHEGANDO E OS NOIVOS NÃO VIRAM O ASSASSINO! E ELE SE APROXIMOU E ATIROU. DEPOIS SUICIDOU... MAS PODIA PELO MENOS TER FICADO VIVO, PARA PAGAR A EXISTÊNCIA INTEIRA NUMA CADEIA, DESGRAÇADO, ESTRAGAR A FELICIDADE DE UMA MOÇA TÃO HONRADA!

(Voz do repórter Gil Gomes desaparece)

GALVÃO: Vamos enterrar minha filha no cemitério da Consolação.

HELECY: Mas lá não tem lugar mais, Galvão!

GALVÃO: Que me importa! Eu pago! Eu compro! Desenterra algum daqueles milionários e põe o corpo da minha filha!

VALDECY: Acho melhor embalsamar, como santa!

IFIGÊNIA: Isso, como santa!

GALVÃO: Como santa!

HELECY: É, e fica exposta na igreja, para todo mundo rezar por ela!

GALVÃO: Minha filha, uma santa! *(Pausa longa)* Essa foi a mulher mais honrada que conheci em minha vida!

VALDECY: Vai ser canonizada!

IFIGÊNIA: É, vai! *(Pausa. Blackout) (Marta, como santa, cabelos em desalinho, numa luz cépia, falando pausadamente. Música religiosa, suave, bem baixinho) (Marta começa a "levitar").*

MARTA: *(Com voz beatífica, música religiosa em BG)* Meu nome é Santa Marta da Purificação. Protejo as noivas e os noivos, todos os que sofrem dos males do amor... Venham, confessem suas dores, peçam o alívio de Deus e eu vos ajudarei. Sou Santa Marta da Purificação. A morte me purificou e eu vos purificarei em vida, com a minha bondade, que é infinita!

(Música desaparece e vem o clic-clic da Globo. Depois do clic-clic da Globo, no escuro alguns comerciais e propaganda de novela; enfim: uma seqüência de intervalo entre um programa de TV e outro. A luz acende lentamente no quarto de Marta. Ela continua lixando unhas e tirando cutículas, obsessivamente.)

MARTA: Merda! *(Ela vai ficando cada vez mais tensa)*

APRIGIO: *(Off)* Dona Marta, é a quinta vez que a senhora escreve remessa com cê-cedilha!

NECO: *(Off)* Não te amo mais, Marta, não insiste. Larga do meu pé, saco!

APRIGIO: *(Off)* Onde a senhora está com a cabeça? No mundo da lua?

ALMERINDA: *(Off) (Voz irritante)* No mundo da lua não pagam ordenado nem férias, nem fundo de garantia...

APRIGIO: *(Off)* Se continuar assim, ponho a Almerinda no posto de chefe do setor de datilografia!

MARTA: *(Na cena real)* Merda! *(A expressão dela vai ficando cada vez mais cheia de ódio)*

ALMERINDA: *(Off)* Vou te substituir! Chegou o meu dia! Ah, ah, ah, vou te substituir!

MARTA: *(Na cena real)* Merda!

NECO: Não caso! Sai do meu pé!

GALVÃO: *(Off)* Se eu descobrir que filha minha não é moça, mando arrancar o útero e penduro na porta da quitanda do Lucão!

MARTA: *(No real)* Merda!

APRIGIO: *(Off)* E só porque te dei duas vezes carona você pensa que pode tomar a liberdade de ir entrando na minha sala sem avisar?

ALMERINDA: *(Off)* O Aprigio me ama, entendeu, sua sirigaita!

NECO: *(Off)* Não caso! Sai do meu pé!

GALVÃO: *(Off)* ... e penduro na porta da quitanda do Lucão!

MARTA: *(Agora totalmente enraivecida. Desajeitadamente e com expressão de dor ela descobre que se machucou com o alicate de unhas)* Merda! Todo dia eu arranco um bife desta unha! Merda! *(Ela está histérica, chupando a unha ferida) (depois, resolvida, como que numa convulsão, vai até a janela, arrumando os cabelos e já tirando a roupa, chamando Luquinha com cautela)* Luquinha, dá um pulo na janela aí. *(Pausa)* Oi, olha, liga pra aquele telefone de sempre, avisa o Neco que eu tô indo encontrar ele. Se ele não estiver, bate três vezes na janela que já entendi. Se ele estiver e topar, finge que é telefone pra mim. Ah, diz pro meu pai que você tá precisando de ajuda na raiz quadrada.

LUQUINHA: *(Off)* E se ele bronquear?

MARTA: *(Tirando uma roupa extravagante do armário)* Diz que vou te ensinar raiz quadrada. Depois a gente acerta, como sempre, legal?

LUQUINHA: Legal.

(Marta fecha a janela e começa a se vestir, fazendo pose sexy no espelho) (Luz acende na sala, onde o pai está só e se surpreende com a chegada de Helecy. A cena no quarto de Marta continua).

GALVÃO: Ué, os guias estão de licença médica?

HELECY: Já disse que não admito desrespeito com a minha religião.

GALVÃO: Não teve sessão hoje por quê?

HELECY: A filha de Safira tá passando mal no hospício. Tentou cortar os pulsos de novo.

GALVÃO: Até pra receber santo se tem preguiça nesse bairro!

HELECY: Você aí, nessa cadeira, é fácil falar, não?

GALVÃO: Não fiquei aleijado porque quis!

LUQUINHA: *(Lá fora)* Martaaa! Dá pra você me dar uma mãozinha aqui na raiz quadrada?

MARTA: *(Já na sala)* Já vou, Luquinha. Mas é só hoje, hein! Pai, vou lá na quitanda ajudar o Luquinha, vou demorar um pouco, ele tá ruim de raiz quadrada.

HELECY: E vai assim?

MARTA: É, que que tem?

GALVÃO: Vai, vai, pelo menos faz uma coisa útil na vida. Vai ensinar raiz quadrada pro Luquinha. Mas olha! *(Marta já está na porta)* Avisa o Lucão que de graça só relógio trabalha. Uma aula particular de matemática, hoje, tá custando uma fortuna, hein!

(Marta nem responde e sai)

HELECY: Só o que a gente deve de telefone já dá pra pagar quantas aulas o menino precisa, Galvão.

GALVÃO: Eu sempre fui ótimo em matemática. Sempre.

HELECY: *(Suspirando)* Eu, nem sei o que é isso.

GALVÃO: O professor vivia me elogiando. Dizia que eu ia ser engenheiro.

HELECY: Cê não pode ser, mas seu filho vai.

GALVÃO: *(Meneando a cabeça)* Não tenho esperança mais, Helecy, não tenho mais esperança de nada.

HELECY: Às vezes eu também fico assim. Sem esperança de nada.

GALVÃO: De nada, nada, nada.

HELECY: A gente não veio ao mundo pra comer doce, Galvão.

(Blackout. *Vozes inflamadas de comício contra a carestia da vida, misturada a cânticos religiosos*)

OFF: – Queremos o fim da carestia!
– O fim da carestia da vida!
– Salários justos!
– Trabalho para todos!

– Abaixo o arrocho salarial!
– Abaixo! Abaixo!
TODOS: *–Deus deu o pão para todos, mas o homem não soube repartir... (Vozes comuns, num cântico)*
– Deus deu o pão para todos, mas o homem... Não soube...re...par...tir...
Trabalho e justiça, trabalho e justiça!
Fora com a carestia da vida!

(Vozes misturam-se à cantoria religiosa: continuam as frases falando temas do evangelho relativos à melhor distribuição da riqueza entre os homens. Pausa longa. A luz acende lentamente. Vozes continuam lá fora. Agora como se a multidão estivesse muito perto da casa de Galvão. Galvão está aflito com o movimento, olhando da janela, inquieto. Ifigênia borda sua "camisola do dia", entediada. Marta passa um creme verde, tipo "máscara facial", em todo o rosto, fazendo caretas no espelho. Galvão começa a movimentar sua cadeira de rodas cada vez mais aflito com o vozerio).

GALVÃO: Fecha essa janela, eu fecho essa aqui. *(Bate)*
GALVÃO: Qual, Galvão?
HELECY: Todas, janelas, portas, qualquer buraco aberto, tapa, não quero ouvir essa falação aí fora.
MARTA: *(Indiferente)* Que é que tão falando aí fora?
IFIGÊNIA: *(Olhando, respondendo para ela com jeito de quem avisa pra não esticar o assunto)* Aqueles negócios de reclamar da carestia da vida.
GALVÃO: Cheio de padre no meio desses subversivos. Isso que eu acho o cúmulo dos cúmulos: padre subversivo. No meu tempo os padres eram os primeiros a avisar o perigo, o perigo... *(Não acha a palavra)*
HELECY: *(Calma e obstinada)* ... o perigo vermelho, Galvão.
GALVÃO: Reclamam de tudo. Da carestia da vida, do trabalho, tudo! Se não tem trabalho reclama. Se tem, reclama que é muito. Se pode botar filho menor no batente reclama, se não pode reclama também. Fazem greve, fazem passeata. *(Marta vem descendo as escadas)*
MARTA: O meu patrão me contou que tá proibido fazer greve, e já faz muito tempo, pai.
GALVÃO: E isso aí não é greve?
MARTA: Greve é quando pára de trabalhar. Nunca teve greve na fábrica do senhor?
GALVÃO: Nunca! Na "Suave" nunca teve agitação! Eu

não permitiria! Eu trabalhei trinta anos na "Suave". Nunca, nunca teve preguiçoso com esse negócio de greve. Nunca. Nunca! *(O barulho aumenta lá fora)* Fecha, fecha mais. *(Histérico, abre um pouco uma das janelas e grita para fora)* Barderneeeeiros *(Vaias lá fora. Ele fecha, irritado e amedrontado)* Comunistas, comunistas! *(Voltando-se para a família, depois de fechar a janela com fúria)* Tapa, tapa tudo, põe uma cadeira na porta, eles vão entrar aqui, esses baderneiros. Helecy, fecha a cortina, desliga o fogão, não quero que eles vejam que tem gente aqui!

HELECY: Mas Galvão, eles têm mais o que fazer que se preocupar com a gente, tem dó!

(Galvão encostando-se ele próprio à porta, como que "impedindo", com o próprio corpo, a subversão de entrar dentro de sua casa)

GALVÃO: Aqui não entram. Vão na igreja reclamar da carestia da vida, vão? Vão provocar a polícia, não vão? Mas se entrar aqui eu mato. Mato sem dó nem piedade. *(Pausa longa. Ele começa a falar como num comício)* Justiça, carestia, arrocho salarial. *(Respiração difícil, ódio e medo)* E os padres no meio. Falando em nome de Cristo. Sem-vergonhice deslavada! Preguiça, safadeza, falta de caráter! Caráter, isso que essa cambada não sabe o que é! Eles têm medo, Helecy, eles têm medo de lutar pela vida, não dão o suor do rosto por nada. Reclamam, reclamam, só sabem reclamar. O governo dando um duro danado pra resolver a vida da gente, a polícia pondo pano quente com a maior paciência, e eles fazendo confusão, e eles enfiando confusão na cabeça dos incautos, eles destruindo, corroendo por baixo, que nem doença ruim, que nem câncer!

MARTA: Sei não, pai, eu acho exagero o senhor falar assim. O Lucão é preguiçoso? Seu Ernesto, o Dado, até a comadre Safira... eles tão tudo indo nesses movimentos aí. E então, a vida não tá cara mesmo?

HELECY: Eu que sei o estica-estica que faço na feira. E vou bem tarde, porque logo cedinho tá tudo o dobro. É uma robalheira...

IFIGÊNIA: Café, 140 o quilo. Cebola??? *(Exalta-se)* Cebola, só o Dias, acho que nem o Dias come cebola todo dia...

MARTA: ...três ônibus que eu pego pra ir, três pra voltar do serviço: 90 cruzeiros...

HELECY: Comendo carne duas vezes por semana, sai 400 por mês.

MARTA: E o cursinho do Osmar? Imagine: 2.600 de mensalidade, ...tô pra ver!

GALVÃO: *(Prestando atenção, pronto para reagir com um bote)* Ah, vocês também estão indo à igreja deturpar o evangelho com os comunistas, é? Vocês também? Tem Judas Iscariotes aqui na minha casa! Não adianta eu fechar essa porta, Judas Iscariote. *(Aponta um por um)* Judas, Judas...

MARTA: Pai, a gente tava só conversando...

HELECY: Se você quer saber das coisas, Galvão, vá à feira procê ver.

GALVÃO: E eu preciso ir na feira feito mariquinha pra saber que a vida tá cara?

HELECY: E não tá, Galvão?

GALVÃO: Claro que tá cara! Claro!

MARTA: E não tá certo reclamar?

GALVÃO: Reclamar contra quem?

MARTA: Sei lá, contra as pessoas que fazem os preços das coisas, não é assim?

GALVÃO: *(Com raiva, mas tentando ser didático. Aos poucos vai se inflamando, como que em comício)*
Não, não é assim não... Eu vou te explicar por que a vida tá cara, dona Marta... Neste país é tudo um bando de preguiçoso... Não adianta nenhum esforço do governo, porque só o governo não pode resolver, se ninguém colabora! O governo pede pra não gastar gasolina, e o povo gasta! O governo pede pra não passar dos 80, e o povo corre! O governo pede pra todo mundo trabalhar duro. O povo *pára!* Por que a lavoura não dá pra alimentar a gente? Porque o homem da lavoura é bêbado, preguiçoso e lombriguento... Tá tudo cheio de pinga e de preguiça, lá nas roças, pode ir ver... E aqui na cidade, você olha uma construção: tem dez olhando e um trabalhando!

(Inflamado) O país é rico, riquíssimo! Rico de natureza, mas pobre de espírito! *(Pausa, agora, nervoso)* Arrocho salarial! E dá pra pagar mais pra quem trabalha de má vontade? Me responde, Ifigênia: por que o Astolfo José Dias fez fortuna?

IFIGÊNIA: Sempre foi um homem trabalhador.

GALVÃO: *(Para Marta)* E o Dr. Aprigio Marques, como foi que fez fortuna?

MARTA: *(Defendendo)* Se matando das seis da manhã à meia-noite.

GALVÃO: *(Para Helecy, agora quase num tom místico)* E o Omar Guedes? Quem deu a fortuna de Omar Guedes? Hein? E o Omar Guedes???

(Todos se entreolham. Sabem que aquele é o grande mito)

GALVÃO: Alguém deixou a fábrica "Suave" de herança para ele? Hein?
IFIGÊNIA: Não, pai, todo mundo sabe que ele é um grande homem, né???
MARTA: Claro, pai, todo mundo sabe...
HELECY: É, Galvão, o Seu Guedes é um modelo de esforço, todos nós respeitamos muito ele... Um homem grande, um grande homem...
GALVÃO: Grande? *(Pausa longa, luz mais forte em Galvão)* Não, grande não é a palavra pra explicar esse homem. Esse homem, gente, esse homem tem uma força de animal. Começou do nada. Aquela fábrica era só um armazém. Depois virou uma oficina. Depois... *(Pausa)* Eu vi tudo. Eu acompanhei tudo! Quando ele comprou a primeira máquina, eu estava lá. Ele me abraçou com aquela humildade das pessoas grandes e disse: Galvão, temos uma indústria, agora! Somos industriais, Galvão! E eu tinha orgulho, orgulho de trabalhar com um homem assim. Ele nunca ficava cansado. Ele nunca tinha medo de nada. Faltava dinheiro? Guedes pedia emprestado. E pagava. Faltava trabalho? Pedia hora extra, e a gente dava, com orgulho. Porque a "Suave" era uma grande família, e ele era o pai. *(Pausa. Nostálgico)* Às vezes eu acho que Deus entrou dentro da cabeça do Guedes pra iluminar bem claro os caminhos dele! Quando a "Suave" começou era um barracão. Hoje é a maior fábrica do Estado de São Paulo! A maior do Brasil... *(Inflamado)* A maior da América do Sul! *(Rindo, nostálgico cada vez mais)* Quando saiu a primeira remessa de papel higiênico feito com a máquina nova ele me abraçou emocionado e disse: Galvão, escuta o que tô te dizendo. O mundo vai limpar a bunda com o nosso papel! *(Agora ri e chora)* Eu.. gostava de trabalhar com o Guedes *(Pausa)* Ele me ensinou uma lição. Só o homem que acredita na própria mão, deixa herança pros filhos e faz o progresso do país. Quando me aconteceu a desgraça você viu, não viu, Helecy?

(A luz vai reacendendo em todo o palco. Helecy está olhando para Galvão com um misto de piedade e horror, porque sabe que ele está mentindo)

GALVÃO: Ele não saía do hospital. Quis pagar tudo do bolso dele. Eu disse que não era acidente de trabalho, que era bebedeira minha mesmo, que que eu tinha que me meter embaixo da pilha de estoque encalhado? A culpa não foi dele. Se a pilha caiu na minha espinha, e me aleijou, a culpa foi minha. Não foi dele. Ora, só por que eu estava trabalhando na fábrica dele ele tinha que pagar minha operação? Não, nunca! Eu não aceitei um centavo do Guedes, além do meu ordenado. Não aceitaria nunca. *(Elas se entreolham)* E agora esses vagabundos aí, falando em arrocho salarial! Pusesse uns Guedes em cima deles e eu quero ver. Iam aprender a ser macho, a dar duro! "Justiça"! Desde que o mundo é mundo, tá dividido em rico e pobre. "Violência policial". Mas e essa estudantada, e esses comunistas? Eles por acaso não provocam a polícia? Hein? Sem a polícia a gente não ia ter nem esse pouquinho de sossego que a gente tem ainda nessa cidade. É pra baixar o cacete, mesmo. Preguiçoso, baderneiro, comunista, tem que apanhar! Eu trabalhei trinta anos como um animal mas sempre fui feliz. Quando Deus me aposentou por causa desse aleijão, eu não reclamei. Era descanso merecido. Mas não pensa que eu gosto, não. Se o Guedes me chamasse eu ia, com cadeira de roda e tudo. Ia feliz. Ia... *(Começa a ficar sem fôlego; Helecy dá um copo d'água para ele).*

HELECY: *(Para as filhas)* Sobe, sobe, quando ele fala dessa estória do patrão, ele fica com dor no peito, é perigoso um enfarto, sobe.

GALVÃO: Não. Sobe você, Helecy, e a Marta. Eu preciso ter uma conversinha com Ifigênia.

HELECY: Eu fico. Você não está passando bem. Eu sei o que você vai falar. Eu fico.

IFIGÊNIA: *(Em pânico)* Que que eu fiz?

MARTA: *(Subindo)* É o problema do beijo, Ifigênia. Você vai ter de beijar o Dias, senão a casa cai.

(Galvão olha feio para Marta, que some na escuridão da escada. A luz fica na sala, onde Galvão toma um gole de água, recupera a calma e Helecy começa a fazer carinho na cabeça de Ifigênia, evidentemente preparando o terreno para a "prensa" que vão dar nela. Pausa longa)

GALVÃO: Minha filha, conta para o pai o que está acontecendo com você.

IFIGÊNIA: Não... tá... acontecendo nada pai, por quê?

HELECY: Conte logo, filha. A gente vai te ajudar.

(Marta olha lá de cima, e, ouvindo a conversa, corre a retirar os posters *do Fagundes da parede, escondendo-os embaixo do colchão)*

IFIGÊNIA: O Valdecy... falou alguma coisa?

GALVÃO: *(Falsamente amigo, e muito paternal)* Não, filha. O Valdecy é teu irmão, ele é sangue do teu sangue, você... e

mesmo a Marta... precisam parar com essa brigaiada aí com o rapaz. Ele só quer o bem de vocês. Ele não é espião, não é nada, é só um irmão que zela pelo bem...
IFIGÊNIA: Diz logo o que o senhor quer dizer, pai.
GALVÃO: *(Agora in natura)* É simples: você recusou beijar o Dias?
IFIGÊNIA: Recusei.
(Agora o clima é de interrogatório policial. Spots muito fortes sobre Ifigênia. Pai e mãe um pouco recuados. Ele se movendo na cadeira como um detetive perito)
HELECY: E quem foi que te deu ordem pra fazer essa humilhação ao rapaz?
IFIGÊNIA: O pai. O pai disse que era pra não beijar.
GALVÃO: Antes do noivado. E falei que era pra não beijar de língua.
IFIGÊNIA: *(Amedrontada)* E é isso, pai, agora... agora...
GALVÃO: Eu tenho informação aqui que você *até hoje* não deixou o teu noivo te beijar. E que ele está humilhado com isso.
HELECY: E capaz até de desfazer o casamento.
GALVÃO: E você disse a ele que não tinha atração física...
HELECY: E a gente precisa desse casamento, filha.
GALVÃO: É um moço bom, formado, advogado, filho único, tem dinheiro e gosta de você. Por que humilhar?
HELECY: Por que humilhar?
IFIGÊNIA: Mas é que... pai... eu...
GALVÃO: Eu vou ser claro. Você vai beijar o Dias. E mais: agora vai beijar de língua *(Ifigênia faz cara de nojo e terror)* pra descontar todos os fora que deu nele. E vai fingir paixão. Vai fingir atração física. Vai fingir que não agüenta mais esperar o dia do casamento.
HELECY: Vai ser mulher, mulher pra ele.
GALVÃO: Vai deixar ele pegar em você, apalpar, fazer tudo o que os noivos fazem, deixar ele com água na boca e fingir que tá doida de amor *(Ifigênia segura a boca para não vomitar de nojo)* E vai pedir pra ele antecipar o casamento.
IFIGÊNIA: *(Curva)* Não. *(Começa a correr pela casa e o pai fecha a porta com o trinco; ela tenta subir para o quarto, o pai barra com a cadeira).*
IFIGÊNIA: *Balbuciando, chorando, revoltada)* Não; eu não vou beijar, não vou, ainda mais de língua! Eu tenho nojo! Ele tem mau hálito! Me contou que é virgem, pai. Eu tenho nojo

dele. Eu não gosto dele. Eu não tenho amor por ele. Não dá pra fingir. Vou vomitar na frente dele, se ele me relar a mão! *(Pausa)* O senhor sabe, todo mundo no bairro sabe que o Dias é meio bobo da cabeça. Vivem me debochando porque ele é meu noivo *(Pausa)* Pai, ele é bobo. E parece veado... pai... Parece veado!

GALVÃO: *Prensando-a com a cadeira de rodas contra a porta)* Veado? Assim que você fala do homem que vai tirar tua família da lama?

IFIGÊNIA: Ai, tá doendo, pai, por caridade, tá doendo demais!

HELECY: E se ele tem mau hálito, e daí que tem mau hálito... E as minhas cárie?

GALVÃO: E os meus cacos de dente que tô pra perder?

(Helecy segura Ifigênia, que tenta escapar da pressão da cadeira. Galvão tira a cinta)

GALVÃO: E a minha úlcera?

HELECY: E o aluguel que vai aumentar?

GALVÃO: E o conforto que a gente nunca teve? Eu não suporto mais esse sufoco, Maria Ifigênia. Todo mundo me humilha e me cobra nesse bairro. Devo pro Correia do açougue, pro Lucão, do armazém. É só humilhação e cobrança. *(Pausa)* Nem pra enterrar meu pai eu tive dinheiro, Maria Ifigênia.

IFIGÊNIA: Pois o meu cadáver pode queimar.

GALVÃO: Cadáver?

HELECY: Que que cê tá... dizendo... aí?

IFIGÊNIA: Que não vou me casar com o Dias. Antes, me mato. Corto os dois pulsos e encho essa casa de sangue... Depois, pode queimar. Ou então, enterra na porta da quitanda do Lucão!

GALVÃO: *(Empurrando-a outra vez contra a parede. Dando cintadas)* Não pensa que me faz piedade com essa choradeira! Vai morrer, vai???

HELECY: Desgraçada, desgraçada!

GALVÃO: *(Dando cintadas)* Morre depois que casar.

IFIGÊNIA: *(Gritando)* Não vou casar, não vou beijar, não vou bolinar, não vou me entregar a um veado. Vocês estão me vendendooo! *(O pai continua. Agora está apertando o pescoço de Ifigênia e torcendo a mão).*

GALVÃO: Beija ou não beija?

IFIGÊNIA: *(Quase desmaiando)* Não beijo... não caso...

GALVÃO: Não??? Não???

IFIGÊNIA: *(Balbuciando)* Não! Vou casar com o... Antonio Fagundes... o grande... amor... da minha vi... *(Desmaia)*
HELECY: *(Enquanto Galvão enfia a cadeira de rodas nas pernas dela, bufando de ódio)* Mal agradecida! É isso que a gente ganha!
HELECY: Nunca ajudou ninguém aqui em casa... Não quis ser professora, não quis estudar, não quis ser babá, porque tinha vergonha de ser doméstica. Agora arranja um noivo rico, um homem honesto, e nem isso agradece a Deus!
GALVÃO: É isso que a gente ganha por tudo o que fez por você? *(Pausa)* Macaca de auditório! Macaca de auditório!
MARTA: *(Vê Ifigênia desmaiada e grita de cima)* Ifigênia! *(Descendo as escadas)* Minha querida, minha irmãzinha...
GALVÃO: *(Puxando Helecy para a cozinha)* Tá com frescura!
HELECY: *(Empurrando a cadeira de rodas)* Ela sempre finge que desmaia.
MARTA: *(Depois que os pais entram pela porta da cozinha, debruça-se sobre Ifigênia com muita ternura e piedade)* Geninha, mente pra eles que você vai beijar, que vai deixar meter, mente, mente, mente, aqui é tudo inimigo, mente, esquece o Antonio Fagundes, mente, a gente tem que mentir!

(A luz vai se apagando. Marta sai de cena, fica Ifigênia. Luz de delírio. Ela abraça uma almofada ou um travesseiro, falando sozinha)

IFIGÊNIA: *(Andando com o travesseiro pelo palco, colado ao rosto, ar de louca)* Meu amor, meu Fagundes... Ainda bem que você chegou. Pensei que só fosse mesmo te ver na televisão da Tia Bel. *(Ri. Pausa. Como se ouvisse seu interlocutor)* Imagine só! *(Afasta o travesseiro e conversa com ele)* Deixa meu pai com as ignorância dele. Eu sei que ele acha que artista é tudo bicha e prostituta... Mas eu que vou casar com você, eu sei quem você é... Ai, meu amor, como eu sonhava com o dia de apertar esse seu peito grande... *(Rindo, tímida)* Minha irmã viu tua fotografia e gostou, só porque você é peludo... *(Senta-se e coloca o travesseiro ao lado dialogando)* Ela não sabe que você não é só bonito... ela não sabe que você é bom... *(Tensa)* Mas não vão debochar de você se casar com uma coitada que nem eu? *(Aflita)* Meu amor, que tua família vai dizer? *(Pausa)* Ah, você é independente, ninguém manda em você... mas e a televisão? E as suas fãs? Elas vão ficar com olho gordo, vão fazer macumba, eu tenho medo... *(Relaxa)* Sei, me aperta... *(Deita-se com o travesseiro sobre o corpo)* Me aperta que o medo passa...

ah, como eu te amo... Isso, me beija, pode me beijar, me beija mais... mais, meu amor... meu amor... *(Ofegante)*

(Luz vai apagando, ouve-se o clic-clic da Globo. Comerciais invadem o cenário miserável, com Ifigênia deitada e o travesseiro sobre seu corpo. Luz apaga completamente. Comerciais desaparecem).

2º ATO

(Luz acende no palco. Estão Helecy e Galvão. Helecy borda. Galvão faz contas. No quarto de Marta e Ifigênia, Marta passa toalha molhada sobre o rosto e o colo de Ifigênia que está semidesmaiada, muito pálida)

GALVÃO: Parece que não chega nunca esse maldito casamento!

HELECY: Se demorasse um pouco mais a gente ia ter que pedir esmola.

GALVÃO: *("Ahhh" aliviado)* Mas pelo que tá anotado aqui, tá justinho. O que faltava a Bel vai emprestar. E olha, acabei cedendo ao Dias. Afinal, ele fez tanta questão, e a maioria dos convidados vem da parte dele mesmo, né? Se ele quer festa de grã-fino, que ajude. Acho que tá certo, não é desonra não, eu tava meio envergonhado de aceitar ajuda dele, mas aceitei.

HELECY: Fez mais do que bem. Ele vai pagar as bebidas...

GALVÃO: Não, vai pagar o bufê todo. Eu só fico com a parte das gorgetas, do enxoval da Geninha, que já tá pronto, e os convites.

HELECY: Os convites a Tia Bel pagou...

GALVÃO: Mas eu tô devendo pra ela. Agora vai dar pra pagar, porque o Dias pagando o resto, aliviou bem. *(Pausa longa)*

HELECY: Bom, Galvão, acho que a gente devia conversar sobre o Osmar.

GALVÃO: Quando ele voltar, que que a gente faz? Continua pagando cursinho?

HELECY: Lógico! Todo mundo na Moóca sabe que o Osmar tem jeito pra engenheiro! A gente precisa dar uma chance!

GALVÃO: *(Após uma pausa)* Não, é definitivo. Se ele voltar vai trabalhar com o Valdecy.

HELECY: Mas ele não entende nada de posto de gasolina! Ele... ele não nasceu pra isso, você tem que entender, Galvão, que algumas pessoas nesse mundo têm uma missão!

GALVÃO: Missão de quê? De sugar o meu sangue, o teu, e de todo mundo, pra gastar tudo na farra? Não, nesse teu centro falam em missão, mas não explicam por que eu não paguei os estudos do Valdecy. Ele pode não ser inteligente, mas é trabalhador. Inteligência não resolve nada.

HELECY: *(Conformada)* Bom, Galvão, você é o chefe da família, você sabe melhor que eu...

GALVÃO: Eu resolvi que a gente vai botar o Osmar trabalhando. Não vai mais estudar. E se não quiser trabalhar, rua! Quer ser vagabundo, quer pôr chapéu em estátua, quer ser comunista...

HELECY: Galvão, não chame o Osmar de comunista, isto eu não permito!

GALVÃO: A gente nunca sabe. Más companhias podem levar uma pessoa a ser tudo: maconheiro, veado e até comunista.

HELECY: Comunista, o meu filho, nunca!

GALVÃO: Pelo sim, pelo não, eu não acredito mais nele. É fruta podre. Não gasto mais dinheiro com ele.

HELECY: Você vai pôr ele fora de casa, Galvão?

GALVÃO: Se não quiser trabalhar, vou.

HELECY: *(Após uma pausa)* E se ele prometer que estuda direitinho?

GALVÃO: Não, não vai estudar. Ou trabalha e põe dinheiro em casa, ou rua. E não me responda mais. Respeite o que eu decidir.

HELECY: A gente não vai nem procurar ele pra mandar comida? Pra tentar tirar ele da cadeia?

GALVÃO: Não. O Valdecy foi lá e não conseguiu nem entrar. Além disso, se está preso é porque fez coisa errada!

HELECY: Às vezes eu acho que você não tem sentimento, Galvão.

GALVÃO: ...É por ter sentimento que eu tenho que ser duro. Se eu não for duro essa casa vira um hospício, um bordel!
HELECY: E as meninas? A Marta anda esquisita, respondendo, chegando tarde... de carro!
GALVÃO: Vou botar o Valdecy para esclarecer.
HELECY: Você sempre protegeu as meninas e ficou na marcação do Osmar.
GALVÃO: E você sempre protegeu o Osmar!
HELECY: É porque ele é um menino, não sabe o que faz...
GALVÃO: Cristo disse a mesma coisa. "Perdoai, pai, eles não sabem o que fazem". Crucificaram ele do mesmo jeito!
HELECY: Você falou em Cristo e me deu medo... me deu medo... que o Osmar estivesse de novo... ruim da cabeça.
GALVÃO: Helecy, acho que você não me entendeu. Se ele enlouqueceu de novo vai pro Juqueri ou vai pra cadeia, mas não vai ficar sustentando a loucura dele com o meu bolso. Quer ser Cristo? Quer ficar louco? Quer ficar subversivo? Então fique, mas por conta própria!
HELECY: *(Revoltada)* Galvão, que é que você tem aqui no peito?
GALVÃO: *(Após uma longa pausa)* Eu tenho um ódio filho da puta dessa miséria, Helecy!

(Luz apaga e acende no quarto de Marta. Valdecy está sentado na cama de Ifigênia com um ar debochado. Marta se arruma no espelho)

VALDECY: Hoje é quarta-feira, dia de branco. Posso saber por que em plena cinco da tarde a madame não está trabalhando?
MARTA: E você?
VALDECY: Tô de licença. Afinal, meu patrão é meu cunhado.
MARTA: Eu também sou cunhada do seu patrão.
VALDECY: Mas o meu patrão não é o seu patrão.
MARTA: Mas a minha irmã tá com o sogro à beira da morte e eu pedi licença no serviço pra consolar ela.
VALDECY: O quê???
MARTA: O que o quê?
VALDECY: O que você pediu?
MARTA: Licença.
VALDECY: E o Dr. Aprigio deu? Pra consolar a irmã, cujo futuro sogro está apenas à beira da morte?
MARTA: O emprego é meu, o patrão é meu, e a licença é minha.

VALDECY: O pai mandou eu te vigiar, que você anda muito esquisita pro nosso gosto.

MARTA: Faço um monte pro vosso gosto.

VALDECY: E essa boca, hein? Pode explicar se no teu emprego todo mundo fala assim? Ou onde foi que você aprendeu a falar desse jeito? Hein?

MARTA: Sai da cama da Geninha.

VALDECY: Responde o que eu perguntei.

MARTA: Valdecy, por que você não arranja emprego como polícia, hein?

VALDECY: Porque não pagam tão bem quanto eu ganho no posto. Ou você pensa que me ofende me chamando de polícia?

MARTA: Claro que não ofendo. Mas é que você tem um jeito, mas um jeito que eu acho desperdício de talento, sabe? Você tá errado de profissão. Você devia ser polícia! Você faz interrogatório como ninguém.

VALDECY:Ah, você já teve em cana, é?

MARTA: *(No mesmo tom)* Não, mas sei de gente aqui que já esteve. E não é o Osmarzinho não...

VALDECY: Coisa de homem.

MARTA: E os polícia, foram gentis com você? Eles também sabem que você vai ser o cunhado mais rico da Moóca?

VALDECY: Quem pergunta sou eu: onde você aprendeu a falar que nem puta?

MARTA: Na zona, já disse mil vezes! E saia da cama da Geninha, que ela não gosta que homem deite aí.

VALDECY: *(Dando um tapa que ela responde)* Porque tá sem trabalhar hoje, sua vagabunda?

MARTA: Porque tô de licença, seu veado!

(Valdecy faz um movimento brusco para atacá-la, ela pega uma tesoura trêmula de ódio)

VALDECY: *(Recuando, cínico, mas com medo)* Vai me matar, dona menopausa?

MARTA: Na menopausa está a tua vergonha na cara... Você é que tá na menopausa... aposto que não tem sangue nas veias, tem pus!

VALDECY: Eu sei porque você me odeia tanto!

MARTA: Não sabe, não, não sabe!

VALDECY: Por que, então?

MARTA: *(Sempre com a tesoura, se defendendo)* Porque é um encostão, um mole, um fraco. Você é baixo. Baixo demais para o *meu* gosto! Tô acostumada a trabalhar com homens com

Dionísio Azevedo e Susana Fainy, *O Grande Amor de Nossas Vidas*, Teatro Carlos Gomes, RJ, 1979, Dir. Gianni Ratto.

H maiúsculo, gente que sabe falar português, que sabe puxar uma cadeira pra gente sentar, que tem mãos, não tem patas, que tem boca, não tem peçonha! E você, você é baixo, mixo, animal, animal rastejante, verme. Se eu descobrisse que você dá o rabo não ia achar nem um pouco esquisito, sabia? *Porque você é veado de espírito.* Te vi tomando banho uma vez e percebi qual é o teu drama: pau pequeno! Você tem pau pequeno! Nem as tuas putas não devem querer trepar com você... E falo quantos palavrões eu quiser, quantos eu quiser, a minha boca tá louca pra xingar, pra te xingar, pra xingar uma porção de gente falsa, podre, que eu conheço nesta zona desta vida!

VALDECY: Não fala como puta que eu te ataco com tesoura e tudo!

MARTA: Vem pra você ver se não te enfio essa tesoura!

VALDECY: *(Atacando, arranca a tesoura dela. Gritos. Depois pausa longa, tensa, ele segurando a mão dela, olhando-a nos olhos)* Eu disse pro pai que ia investigar a tua vida. Investiguei. E descobri *(Tira um papel do bolso, ela fica em pânico)* Tá vendo isso aqui? *(Solta Marta, que recua, cada vez mais em pânico)* É o bilhete que você mandou pro Luquinha, pra ele entregar ao Neco. Sabe o que eu fiz, pouco depois que li isso aqui? Fui ao Neco, o Luquinha me deu o endereço. O Luquinha faz qualquer negócio por dinheiro, sabe? Claro que sabe. Pois eu falei com o Neco. Prensei ele. E soube que a madame menopausa não é moça há seis anos, e se arrasta pedindo pro ex-noivo dormir com ela: mendiga a trepada dele, e enche ele de presentes... E ele tá casado, e tem dois filhos pequenos, mas a madame menopausa, pobre como Jó, além de puta, virou baú d cafetão! E o Neco me contou que não é só pra ele que você dá. Quando a coisa aperta, madame menopausa, você dá pra quem pedir. Eu sei até de uma coisa que você vai mijar aí de susto. Sabe o que eu sei, hein?

MARTA: O que? O que? O que?

VALDECY: O teu apelido no escritório.

MARTA: *(Cobrindo o rosto, tremendo)* Não fala, pelo amor de Deus!

VALDECY: *Sooopa dos pobres!* Esse é o apelido da nossa virgem Marta: sopa dos pobres! Venham senhoras, a sopa é de graça! Minha irmã tem caridade no meio das pernas!

MARTA: *(Humilhada, batendo a cabeça no chão, histérica)* Mentira! Mentira! Isso nunca! Eu dei por amor! Eu amo o Neco! Ele é o grande amor da minha vida! Ele me explora, me humilha, mas eu amo ele! Eu não tiro ele da cabeça, eu só queria

um pouco de carinho, não me humilha mais, eu corto os pulsos aqui na tua frente, Valdecy!
VALDECY: Sopa dos pobres! Sopinha, sopinha dos pobres! Sopa de repolho!
MARTA: *(Se erguendo, trêmula, quieta, segura Valdecy pelas mãos e balbucia)* Você vai contar pro pai?
VALDECY: Claro. Depois do casamento da Geninha.
MARTA: *(Após uma pausa)* Então eu também vou contar uma coisa que eu sei.
VALDECY: O quê?
MARTA: Que você tá com sífilis.
VALDECY: *(Com medo)* De onde você tirou isso?
MARTA: *(Após uma pausa, vitoriosa)* O Luquinha me contou. Sabe... O Luquinha faz qualquer coisa por dinheiro.

(Frisa a cena. A luz vai apagando em resistência: em off, voz de padre despede-se de Astolfo José Dias enquanto toda a família chora e grita. Marcha fúnebre lentamente começa a tocar)

PADRE: *(Off)* Que a alma de Astolfo José Dias encontre a luz e a paz eterna. Amém!
VOZES OFF CHOROSAS: Amém, amém! *(Marcha começa a subir mais de tom e mistura-se a ruídos de feira, enquanto luz apaga completamente; ruídos de feira, pechinchas, vendedores alardeando seus preços; crianças chorando; todo esse vozerio substitui a música e enche o palco. Pausa longa. Luz acende sobre o palco onde Ifigênia e Helecy abrem cartões e pacotes de presentes ansiosas)*
HELECY: Esse é do... lê aqui. Não tô enxergando...
IFIGÊNIA: *(Lendo)* "Felicidades para os pombinhos", Caio Junqueira e família. – Quem é esse Junqueira?
HELECY: *(Abrindo)* Sei lá.
IFIGÊNIA: *(Abrindo o pacote até o fim e retirando um jogo cafoníssimo de porcelana falsa)* Outra vez! Três jogos desse! Acho que eles compraram tudo na mesma loja!
HELECY: Paciência, cavalo dado... Fica pra quando a Marta... ou então, o Osmar... quando alguém aqui casar... *(Pausa, olhando Ifigênia, muito sério. Helecy se abençoando)* Filha! Madre Salvadora desceu em mim e me disse pra te dar uns conselhos que você tá muito desorientada...
IFIGÊNIA: Se é pra falar do Dias eu já beijei e tudo.
HELECY: É pra falar da noite de núpcias.
IFIGÊNIA: *(Com repulsa até de tocar no assunto)* Não precisa, eu já sei tudo, eu... eu li numa revista... eu me virei, mãe!
HELECY: Você é moça, não sabe das coisas da vida, pode

atrapalhar. E como o Dias é virgem, é melhor eu te explicar algumas coisas...
IFIGÊNIA: Não quero falar disso, não, mãe!
HELECY: Mas vai ouvir! É minha obrigação de mãe contar, e sua obrigação de filha ouvir.
IFIGÊNIA: *(Sentando, resignada)* Fala, mãe.
HELECY: *(Ar maternal, professorial, mas muito tímida, escolhendo muito bem as palavras)* Filha, é difícil... é duro...
IFIGÊNIA: É duro o quê?
HELECY: O momento que a gente passa, essas horas são um inferno, parece que não acaba mais. Mas a gente tem que se sacrificar, o primeiro dia... dói.
IFIGÊNIA: Dói? Dói muito?
HELECY: Quando é tudo de uma vez só, dói. E sai sangue. Agora veja só: o importante é que ele veja que saiu sangue. Senão é capaz de pensar que você não era moça.
IFIGÊNIA: Imagina, mãe!
HELECY: Homem exige o sangue. Tem que mostrar.
IFIGÊNIA: E se ele for devagarinho, um pouco cada noite, não dói menos?
HELECY: Dói.
IFIGÊNIA: E sai sangue do mesmo jeito?
HELECY: Pelo sim, pelo não, acho melhor ir tudo de uma vez só.
IFIGÊNIA: *(Recuando um pouco, reativa)* – Ai...
HELECY: Como foi comigo. Fechei os olhos até que passou. E rezei. Rezei igual que nem fiz quando tive o Osmar.
IFIGÊNIA: Teve problema de parto o Osmar, né, mãe? Não queria nascer...
HELECY: Queria nascer, sim, e como! Quase que me rasga toda... *(Pausa longa)* Na operação esqueceram um algodão dentro de mim. *(Com ódio contido)* Seis meses depois, Osmar chorando no braço, eu curva de pontada no ventre. Era infecção. Por pouco não morro podre, com algodão no ventre. Podre, Maria Ifigência. E essas dor toda eu passei só com minha fé. *(Pausa)* Sabe, quando fizeram a cesária e me deram anestesia eu pensei. Bem que podia ficar com o corpo todo igual à parte de baixo... tudo morto, parado, assim, sem dor... Eu vi eles me abrindo, me rasgando, tirando o menino, vi o sangue, vi tudo, e não senti nada. Muitas vez pensei que bem podia ser assim com o resto do corpo, com o pensamento até.
IFIGÊNIA: Mãe... *(Com piedade. Mas Helecy se recupera da autopiedade)*
HELECY: E é isso que você tem que fazer com o seu mari-

do. Pensa que certas dor não tem anestesia mesmo. E... E... quando teu sangue de moça manchar a cama, entende que aquilo é tua honra. E sente orgulho. Como eu senti.

IFIGÊNIA: E dá pra fingir que não dói?

HELECY: Não. Nem é preciso. Muito pelo contrário. Mostra a dor, mostra, grita, esperneia, homem adora ver a gente esperneando de dor.

IFIGÊNIA: E eles sentem alegria vendo a gente sofrer assim que nem bicho, mãe?

HELECY: Eles têm uns impulso diferente dos nosso. Uma coisa assim... esquisita, que sufoca eles, que não deixa em paz enquanto não, não...

IFIGÊNIA: Mãe! A senhora nunca teve esses impulsos?

HELECY: Só homem pode ter isso, menina!

IFIGÊNIA: Nem escondido, mãe, conta pra mim, sou sua amiga, mãe!

HELECY: Nunca! Nunca! E não admito certas intimidades comigo, e...

IFIGÊNIA: Mas mãe...

HELECY: Nunca! Sempre fui uma mulher honesta... *(Pausa)* *(desconfiada)* Porque, Maria Ifigênia, por quê? Por acaso você já... teve... isso? *(Repulsa, medo)*

IFIGÊNIA: *(Desnorteada)* Não, não...

HELECY: Conte a verdade para sua mãe, anda!

IFIGÊNIA: Não, com o Dias não...

HELECY: *(Assustadíssima)* Com o Dias não? Por que com outro sim?

IFIGÊNIA: *(Quieta)* Se eu contar um segredo, mãe, a senhora...

HELECY: *(Fazendo-se amiga)* Conte, filha, mãe é pra isso.

IFIGÊNIA: *(Arrependida)* Não, era bobagem... Vamos abrir aquele presente ali? Tá tão grande, vai ver é panela de pressão? Será que é panela de pressão?

HELECY: Conte, Ifigênia...

IFIGÊNIA: *(Vendo que agora é uma ordem. Pausa)* É que... eu senti vontade... de... ser mulher, mas de outro homem.

HELECY: O Antonio Fagundes, não é?

IFIGÊNIA: Quem contou pra senhora?

HELECY: Não interessa!

IFIGÊNIA: Os cartazes! A senhora sabe porque viu os cartazes!

HELECY: O Valdecy te seguiu um dia destes e viu que você foi na porta da televisão Globo, junto com todas aquelas... macacas... feito uma vadia qualquer!

IFIGÊNIA: *(Quase sem respiração)* Ele me seguiu feito detetive? Mas que grandíssimo...

HELECY: Você vai jurar em nome das almas, por seu avô Demerval, que nunca, nunca mais vai na porta da televisão correr atrás de artista!

IFIGÊNIA: Juro!

HELECY: Além de ser traição com o seu marido, é uma desonra para a nossa família...

IFIGÊNIA: A Vera foi comigo!

HELECY: Pior ainda! Grande bisca, aquela Vera, grande bisca! Sei não se é moça! Sei não!

IFIGÊNIA: Mãe, a Vera, a Vera??? Ela é filha de Maria! Confessa e comunga todo domingo de manhã!

HELECY: Filha de Maria, mas tava lá na igreja falando em carestia da vida, tava lá com os comunistas, tava lá...

IFIGÊNIA: Mãe, conta pra mim, a senhora nunca sentiu uma coisa assim, uma agonia, uma aflição, assim, que nem falta de ar?

HELECY: *(Após uma pausa. Baixando os olhos)* Senti.

IFIGÊNIA: Então, mãe, isso é a vontade, isso é a vontade, eu também tenho isso! E que, que a senhora faz...

HELECY: *(Virando o rosto)* Eu vou ao centro. Mas faz muitos anos que não sinto mais isso. Tomei uns passes, levei uns pega... acabou logo. Era fricote do diabo.

IFIGÊNIA: Quando me der isso a senhora me leva no centro?

HELECY: Levo. Passa na hora!

IFIGÊNIA: Eu quero tomar uns passes... Mas não é pelo Dias, é pra esquecer o amor da minha vida, o Fagundes. E... pra a noite de núpcias passar depressa...

HELECY: Passa, sim. Dói no primeiro dia, no segundo dia... depois...

IFIGÊNIA: Depois?

HELECY: Depois é a mesma coisa que não fazer nada.

IFIGÊNIA: E o pai?

HELECY: Com o tempo, eles vão perdendo esses impulsos dos inferno. Fica só amizade. Ninguém mais pensa nisso.

IFIGÊNIA: O pai, aleijado, deve ser difícil, ele...

HELECY: O pai nunca mais pôde fazer nada dessas coisas, depois que sofreu o acidente.

IFIGÊNIA: Ele perdeu as perna e os impulso???

HELECY: Não gosto de falar dessas intimidades de teu pai.

IFIGÊNIA: Mãe, eu ando com a cabeça tão cheia de con-

fusão, sabe, se é pecado esses impulsos, por que Deus faz a gente ter, hein mãe?
HELECY: Mas que que você faz todo dia na igreja com essa Vera? Cê não confessa com Frei Alcindo?
IFIGÊNIA: Claro que sim.
HELECY: E ele não te aconselha, não te dá um caminho?
IFIGÊNIA: A última vez que confessei me mandou rezar oitenta Ave Maria.
VALDECY: OITENTA AVE MARIA???

(As duas se calam e saem. A um sinal da mãe, levando os pacotes abertos para o quarto de Ifigênia. Entram Galvão e Valdecy)

VALDECY: E agora, pai? Se a Tia Bel não pode levar a gente, como a gente faz?
GALVÃO: *(Rodando com a cadeira)* Não posso pensar tudo ao mesmo tempo!
VALDECY: Pai, olha quanto presente!
GALVÃO: Pensei que ia ser uma pão-duragem só. E vem essa presentaiada!
VALDECY: Será que é uma panela de pressão, hein, pai?
GALVÃO: *(Animado)* Pelo tamanho, sei não! Tô achando que é a TV a cores!
IFIGÊNIA: *(Descendo)* Não sonha alto, pai! *(Também animada)* Mas se for, eu deixo pra vocês e peço outra pro Dias, combinado?
VALDECY: *(Abrindo o cartão, lendo, enquanto Galvão "fila" o pacote, abrindo lentamente, entra Helecy)* "Parabéns aos noivos, Avancini e família..." *(Perplexo)* Quem é esse Avancini e Família?
GALVÃO: *(Abrindo, quase descobrindo a TV)* Sei lá, sei que deve ser gente muito cheia da nota!
HELECY: Avancini? É aquele amigo da família do Dias! Ele tem uma fábrica de televisão na cidade!
GALVÃO: *(Abrindo, finalmente)* Chegou! É ela! A televisão colorida!
HELECY: Foi Deus quem mandou! TV a cores... para nós!
VALDECY: Nem posso acreditar! Para nós! Para nós!
HELECY: Louvado seja nosso Senhor Jesus Cristo!
VALDECY: Louvada seja a televisão colorida!
GALVÃO: Louvado seja o Seu Avancini e a sua fábrica de televisão!
TODOS: *(Rodeando a TV)* Nossa vida vai mudar, vai ficar vida de gente. Nossa vida vai mudar!

HELECY: Ninguém mais vai ter que ser televizinho da Tia Bel!
VALDECY: Vamos assistir ao Planeta dos Homens!
GALVÃO: E o Amaral Neto! *(Pausa)* Homem digno aquele!
IFIGÊNIA: A mãe vai aprender receita...
VALDECY: Eu só quero as boazuda do Planeta dos Homens! Cada mulheraço, pai!

(Pausa longa. Todos muito emocionados, Galvão mais que ninguém)

GALVÃO: Que bênção de Deus! É como se a casa tivesse recebido uma luz... uma luz nova... uma vida nova!

(Enquanto todos olham a TV, acariciando-a, emocionados, Ifigênia continua abrindo outro pacote, parando para ler o cartão)

IFIGÊNIA: "Lucas Evangelista e Família"... *(É um aparelho de porcelana igual a outros que ela já ganhou, cafonérrimo).* Esse Lucão... era melhor que perdoasse a conta, em vez de mandar essa droga!
GALVÃO: Cavalo dado não se olha a dentadura... *(Continua olhando os botões da TV, o vidro, embevecido. Ifigênia lê avidamente vários cartões).* Júlio Medaglia...
IFIGÊNIA: "... até que a morte nos separe... Armando Moura e Família... "Felicidades para sempre"... diferente, esse aqui: Cláudio Correia e Família... ah, o açougueiro! Deixa abrir esse, porque se for porcaria peço pra ele perdoar a conta! *(Abrindo)* Panela de pressão! *(Emocionada)* Mãe, a panela!
IFIGÊNIA: *(Abraçando a mãe)* Obaaa! A panela de pressão! Mãe, a senhora já viu uma tão linda assim???

(Todos ficam contemplando a panela de pressão)

HELECY: Deve ser das tais de tecnologia avançada.
VALDECY: É, anunciaram na televisão... Tinha um japonês fazendo a propaganda...
GALVÃO: *(Rindo)* Faz pelo menos um ano que não tem televisão aqui. Onde é que vocês viram o japonês?
TODOS: *(Combinando e muito amigos)* Na casa da Tia Bel.
GALVÃO: *(Lembrando)* Por falar em Bel, Helecy, a Bel não vai poder levar a gente no carro dela pra igreja!

(Instala-se o caos)

HELECY: Santo Deus! Minha Madre Salvadora! É o "apocalipissi"!

IFIGÊNIA: *(Fingindo desmaiar)* Vou ter uma coisa...
GALVÃO: O carro dela enguiçou!
IFIGÊNIA: *(Histérica)* Bem no dia do meu casamento!
HELECY: E dizem que tem tecnologia avançada... tudo tem tecnologia avançada e tudo enguiça!
GALVÃO: Em vez de se lastimar pensa uma solução.
IFIGÊNIA: A Tia Bel, também, vou te contar. Má vontade chegou ali e parou. Custava ter mandado olhar esse carro uma semana atrás? Custava! E agora?
HELECY: O Lucão...
GALVÃO: O Lucão? O fusca dele é do tempo de Dom Pedro. Não cabe a gente e além do que pega mal a noiva chegar num fusca.
HELECY: Minha Madre Salvadora, me ajude... *(Helecy se concentra de olhos fechados. Os outros começam a fazer várias coisas ao mesmo tempo, nem ligando para ela). (Pausa longa. Helecy abre os olhos como que iluminada por uma solução)* Meus filhos, eu sei a solução! Recebi esta mensagem de muito longe!
GALVÃO: *(Com tédio, pensando que Helecy está tomada pelo espírito de Madre Salvadora)* Sei, sei dona Madre... a senhora vem da Idade Média, foi queimada na Inquisição, tal e coisa, os preliminar nóis já conhecemo aqui. A senhora podia dar uma ajeitada no problema do carro?
HELECY: Sou eu, Galvão. A Madre só me deu a mensagem. Não incorporei não...
IFIGÊNIA: E que que ela disse do carro?
VALDECY: Fala logo, mãe!
HELECY: *(Olhando para Galvão e Valdecy, com muito medo)* Que era pra pedir o carro pra... comadre Safira!
GALVÃO: QUEEEM?
VALDECY: Tá doida, mãe? A senhora e a madre, as duas tão doida!
IFIGÊNIA: Foi mensagem dos guia, pai!
GALVÃO: Nunca!
VALDECY: Minha irmã, no carro da mãe de uma... vadia???
IFIGÊNIA: Que que iam pensar de mim? Madre?
HELECY: É preciso muito desprendimento! Rancor não traz nada ao espírito, só fel, fel...
GALVÃO: No carro da comadre Safira ninguém sai dessa casa!
HELECY: Quem tem o coração fechado pelo rancor, não pode ser ajudado...

IFIGÊNIA: ... Pai, ela é um espírito de luz, se ela falou é porque não tem mal...

(Pausa constrangedora. Eles todos olham para Galvão. Galvão decide)

GALVÃO: Tá, tá... bem... vamo falar com a comadre Safira. Mas tem um porém...

TODOS MENOS VALDECY: – Quê? – O quê? – Porém, que porém?

GALVÃO: *(Decididíssimo)* A filha dela, com pulso cortado ou sem pulso, não põe os pés naquela igreja!

(Todos respiram aliviados)

HELECY: Descansa. Galvão. A moça tá pra morrer... *(Entra Marta, abatidíssima, totalmente inquieta, desorganizada, estabanada: bêbada)*

MARTA: Boa tarde... quer dizer, bom dia, pai, bença, mãe... Geninha, muito nervosa? *(A contragosto)* Oi, Valdecy...

(Só Valdecy nota a chegada dela. Os outros continuam olhando os presentes, comentando)

GALVÃO: O jogo de xícara que o Ernestino mandou vou te contar, hein? Mais tarde a gente precisa agradecer...

IFIGÊNIA: Cafeteira japonesa!

GALVÃO: *(Imitando Helecy, amigavelmente)* Com tecnologia avançada!

MARTA: Cê foi provar o vestido? Foi? Não tinha uma pence que tava fora do lugar?

IFIGÊNIA: Ficou lindo, lindo...

(Ninguém liga para ela a não ser Valdecy, que olha cada vez mais cinicamente, provocativo)

VALDECY: Muito "trabalho", Martinha?

MARTA: *(Fingindo que não ouve)* Geninha, teu vestido ficou bonito mesmo? Nossa, minha cabeça tá rodando... *(Ri, desorganizada)* e a panela de pressão, afinal veio ou não veio... Pai, o senhor tá aí sentadinho... bonitinho...

GALVÃO: E onde você queria que eu estivesse, hein, sua bêbada?

HELECY: Ela bebeu!

IFIGÊNIA: Marta! Logo hoje?

VALDECY: Ah, bebeu, é? Na véspera do casamento da tua irmã?

HELECY: Com tanta coisa pra fazer. Falta de consideração!

MARTA: *(Cambaleando lentamente)* Eu? Falta de con-si-de-ração?

GALVÃO: *(Para todos)* Ela vai ter que contar onde bebeu e com quem!

VALDECY: *(Segurando-a)* Conta!

(Marta escapole, sobe as escadas correndo, Ifigênia atrás, atrapalhando propositalmente a subida de Valdecy)

GALVÃO: Dá nela, Valdecy! Dá nela que eu tô cansado de só eu bater!

HELECY: Só faltava essa: deu de beber...

(As duas chegam ao quarto e trancam a porta na cara de Valdecy. Ele começa a esmurrar a porta. Elas colocam uma cadeira para segurar mais ainda)

VALDECY: *(Off)* Onde você bebeu, sua puta!

MARTA: *(Desorientada, bêbada, debochadíssima)* Bebi pra comemorar minha demissão! Fui demitida uma semana atrás, sabia? É, mas não contei.

VALDECY: E por que foi demitida?

MARTA: *(À porta do quarto)* Porque tomei um fogo e disse ao Dr. Aprigio que ia contar pra mulher dele que ele era amante da D. Almerinda. E porque ele não tava mais gostando do meu serviço. E porque eu tô mesmo de cabeça virada, sabe? Eu tô cheia de tudo! Quinze anos naquele escritório, encheu! Enchi a Almerinda de porrada... *(Rindo)* é, porrada!

VALDECY: *(Gritando)* Vou contar pro pai, sua prostituta!

(Luz em Valdecy, que desce escadas correndo. Agora, a luz fica só no quarto de Marta e Ifigênia)

IFIGÊNIA: Marta, é verdade?

MARTA: *(Agora cansada, abatida, com ânsia de vômito, pondo Sonrisal num copo de água)* É!

IFIGÊNIA: E que cê vai fazer?

MARTA: *(Tomando o Sonrisal no copo)* Sei lá, sei lá...

IFIGÊNIA: O pai vai te bater...

MARTA: Não vai ser a primeira vez...

IFIGÊNIA: Meu Deus, na véspera do meu casamento, tudo isso!

(Começa a chorar. Marta tenta consolar mas está bêbada demais e tomba sobre o travesseiro)

IFIGÊNIA: O Dr. Aprigio não gostava tanto de você? Você até ganhou concurso de rapidez! Você sempre foi a melhor datilógrafa de lá! Deve ser futrica daquela tal Almerinda! Ela vivia com ciúme de você! Foi injustiça!

MARTA: Foi tudo isso e mais um monte de coisa. Eu não tava conseguindo mais... *(Agora mais parada, quase abobalhada)*... meus dedo não me obedeciam... cheguei a pensar que ia enlouquecer... também, passei por cada uma, Geninha, cada uma que eu passei nessa puta dessa vida! Até Deus escrevia remessa com Cê cedilha!

IFIGÊNIA: Que cê vai fazer agora?

MARTA: *(Erguendo-se cambaleante)* Agora? *(Fingindo-se senhora de si)* Agora eu vou ser aquilo que minha vocação sempre exigiu! Vou ser escritora...

IFIGÊNIA: *(Rindo)* Fala sério, mana!

MARTA: E eu não tenho vocação de escritora? Quem é que tirava 100 nas redação do ginásio?

IFIGÊNIA: Mas que mania é essa de escritora, Marta... Olha, vamo no banheiro, bota tudo pra fora que você melhora. Vem... *(Marta se esquiva)*

MARTA: *(Amargurada)* Quem é que pode datilografar e datilografar com uma obsessão na cabeça, uma coisa esquentando a cabeça, uma aflição, hein???

IFIGÊNIA: Conta pra mim. Sou sua irmã. Conta...

MARTA: Você não sabe guardar segredo... escondi tantos anos, não é agora, só porque tô bêbada, que vou contar...

IFIGÊNIA: *(Negociando, infantil)* Mana, se você me contar o teu segredo eu te conto o meu.

MARTA: Conta primeiro *(Soluço)* ... conta primeiro que eu não sou trouxa!

IFIGÊNIA: Cê não confia em mim?

MARTA: *(Pausa)*... Vamos fazer assim: eu conto o meu e você conta o seu. Em seguida. E pra nenhuma das duas ficar sem jeito, pra gente ter coragem, a gente fica de costas!

IFIGÊNIA: *(Animada)* Combinado! *(De costas, as duas)*.

MARTA: Eu durmo com o Neco há seis anos, e ele me humilha, e já casou e tem dois filhos, e eu até dou dinheiro pra ele, pra ele dormir comigo! É mentira que ele me telefona no Luquinha! Ele nunca me telefonou! Ele caga montes pra mim!

IFIGÊNIA: *(Assustada) (Falando mecanicamente o seu segredo)* Eu fui um dia na porta da Globo... ver o... Fagundes... e tinha um artista que disse que conhecia ele e me levou pra tomar coca... e deixei ele pegar no meu seio porque ele disse que se eu deixasse, ele me levava pra ver o Fagundes... depois o porteiro me disse que ele nunca foi artista, nada. Era "contra-regra". Nem sei o que é isso...

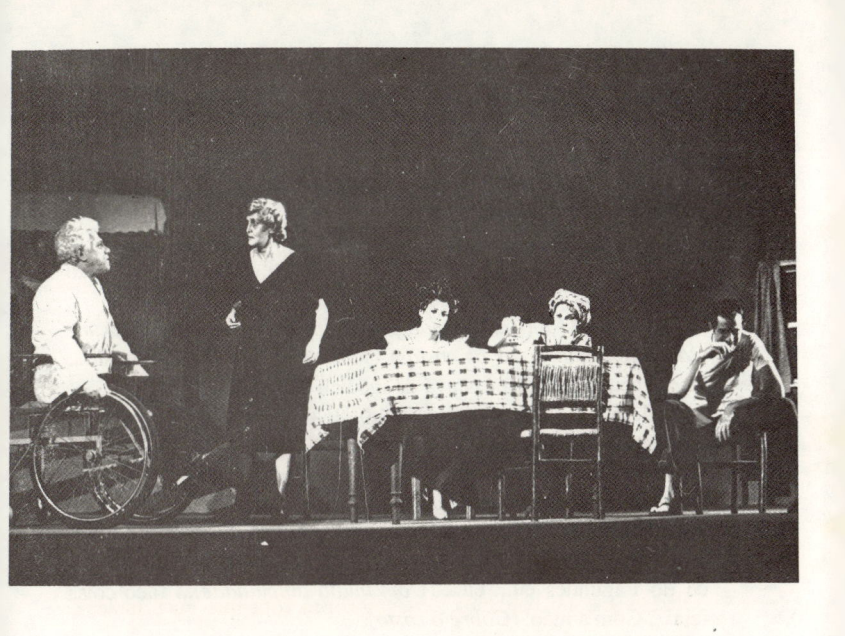

Dionísio Azevedo, Monah Delacy, Tessy Callado, Susana Fainy e Carlos Gregório, *O Grande Amor de Nossas Vidas*, Teatro Carlos Gomes, RJ, 1979, Dir. Gianni Ratto.

MARTA: Fiz um aborto três anos atrás, quando menti pra vocês que ia pra Serra Negra datilografar os textos de uma conferência sobre moda...

IFIGÊNIA: *(Quase sem fôlego, de susto)* Aborto?

MARTA: O combinado não era cada uma contar o seu e não olhar na cara?

IFIGÊNIA: *(Balançando positivamente a cabeça, constrangida e voltando a dar as costas)* Quando... *(Procura)*... quando... eu era pequena... eu brincava de médico com o Valdecy!

MARTA: Não tomei os antibiótico que o médico mandou, bebi em cima da operação e infeccionei, que nem a mãe aquela vez. Mais tarde, tive que operar. Me tiraram tudo. Não tenho mais ovário nem trompa, nem útero. Estou vazia.

IFIGÊNIA: *(Procurando outro segredo, totalmente desarvorada com os horrores da vida da irmã)*... quando eu tenho vontade do Fagundes eu... eu... *(Com muita dificuldade)*... faço coisa feia!... Com a mão! *(Cobre o rosto)*.

MARTA: *(Chorando convulsivamente)* Dormi com quase todos os caras da Contabilidade, lá no meu escritório meu apelido é sopa dos pobre.

IFIGÊNIA: *(Chorando)* Fiz macumba com o Sete Caveiras pra fazer o Dias morrer... Fiz macumba pro Dias morrer...

MARTA: Roubei quinhentos cruzeiros da Almiranda. *(Pausa curta)* O Aprigio nunca me cantou. Só tinha pena de mim. Por isso roubei dinheiro da Almerinha e uma pulseira de prata que ele deu pra ela. *(Outra pausa)* E aquele perfume do amigo secreto, eu mesma comprei! *(Chorando)* Nunca ninguém me deu porra nenhuma nessa vida! *(As duas choram abraçadas)*.

IFIGÊNIA: A gente tá cheia de pecado! É melhor confessar e comungar antes do casamento!

MARTA: Minha vida não tem mais conserto. Nem comendo hóstia!

IFIGÊNIA: Onde cê vai trabalhar? Pra onde cê vai, se o pai te por fora de casa?

MARTA: Pra zona, ou... *(Pausa)* pra um convento...

IFIGÊNIA: Você não tem vocação de freira... Você tem atração física pelos homens... você tem... impulsos! Freira não pode ter isso!

MARTA: Eu vou ao centro. A mãe disse que no centro eles dão um passe pra tirar o tesão. Depois, entro no convento.

IFIGÊNIA: Cê tá falando sério, Marta?

MARTA: Eu sei lá que vai ser de mim, Geninha!

IFIGÊNIA: Minha irmã... que Deus tenha piedade de você... de nós!

(Corta para Valdecy e Galvão na sala)

VALDECY: *(Ainda nervosíssimo, acabando de descer a escada na cena anterior. Helecy já sumiu para a cozinha)* Pai! Eu exijo que o senhor tome uma providência com essa puta!

GALVÃO: Depois do casamento.

VALDECY: Hoje, pai! Hoje! Eu exijo!

GALVÃO: Exige? Como exige?! A uniquíssima pessoa que pode exigir aqui sou eu!

VALDECY: Não, pai! Agora tem mais uma "uniquíssima" pessoa aqui nessa casa: eu!

GALVÃO: E por que?

VALDECY: *(Encarando)* Porque agora o dinheiro vai sair do meu bolso!

GALVÃO: É.... É??? E a minha aposentadoria, hein? Hein?

VALDECY: Fica para o senhor ir para uma estação de águas todos os meses. Eu vou ser Gerente do Posto, o Dias não sabe nem onde fica a bomba! Eu vou administrar aquilo tudo! Vou sustentar essa casa! E por isso exijo que o senhor faça o que eu estou...

GALVÃO: O que você está...

VALDECY: Mandando! *(Pausa longa. Galvão se vê afrontado pelo filho. Valdecy continua encarando, é uma briga pelo poder)*

GALVÃO: *(Irônico)* Mandando? Ouvi bem?

VALDECY: É isso aí. Vai dar uma surra na Marta. Ou então bato eu.

GALVÃO: Como quiser. *(Mantendo com dificuldade a calma)* Quanto a sustentar a casa, Dr. "Gerente", pode sustentar a sua. A minha sustento eu. Não quero o seu dinheiro.

VALDECY: Não adianta não querer. O senhor tá velho, pai. O senhor é aleijado. Sua aposentadoria não dá nem pra comprar goiabada.

GALVÃO: *(Ofendido, mas mantendo a dignidade)* Pois eu como pão seco! Mas não peço esmola pra filho!

VALDECY: *(Após uma pausa)* Vai ou não vai dar uma sova na Marta?

GALVÃO: *(Após uma pausa)* Você dá. Eu ajudo. *(Retira a cinta como num ritual de transferência de poder, como se fosse um cetro. Valdecy olha a cinta, também imbuído do significado que ela tem).*

GALVÃO: *(Curvo)* Vai, vai. Chama a Marta. Vamos acabar logo com isso.

VALDECY: Martaaa! Desce já! O pai tá chamando!

(Marta vem descendo com Helecy empurrando, forçando. Ela fica acuada de pânico quando vê Valdecy com a cinta e o pai esperando com a cadeira. Helecy grita)

HELECY: É só uma surra que você precisa levar! É só uma surra! Agüenta! Toda dor passa! Eu sofri toda dor do mundo sem anestesia! Vai! Sem anestesia! Pensa em Deus que passa! Te entrega, Marta, te entrega! Sem anestesia!

(Marta já na sala, Helecy entregando-a a Valdecy. Como que em holocausto ela se oferece. Valdecy fica um tempo parado, saboreando a surra)

VALDECY: Pai, faz seis anos que ela não é moça. E é gigolô do Neco, aquele cafajeste que foi noivo dela no tempo de D. Pedro. É puta, pai, dormiu com todo mundo no escritório. E bebe. E mente. Por isso foi demitida, pai!

MARTA: E ele, pai, ele tá com sífilis, o Luquinha é prova, o Luquinha me mostrou os remédios da farmácia! Sífilis, pai, sífilis!
(Marta corre para a porta)

GALVÃO: *Imoraiiiis*! Polícia! Polícia! Minha casa só tem puta e sifilítico e baderneiro! Polícia!

VALDECY: Segura a porta pra ela não tentar fugir, pai!
(Galvão se cala, com dificuldade de respirar, segurando o coração, e fecha a porta com a cadeira. Helecy sai da cozinha e corre para a porta que dá na escada, ajudando a fazer o cerco à Marta. Valdecy levanta a cinta para bater).

VALDECY: Sopa dos pobres!

HELECY: Jogou a desonra em nossa casa! Agora paga!

GALVÃO: Bate, Valdecy! Chegou a tua vez de bater! Bate, bate!

(Valdecy vai dar a cintada. Frisa a cena. Vozes em off *de religiosos, tipo Testemunhas de Jeová; sobre a cena frisada. Bumbos tocam a cada frase)*

— *(Voz* off —*) A chama do pecado incendeia a carne!*

— *(Voz* off —*) A carne está revoltada e pede paz!*

— *(Voz* off —*) As chamas do inferno ardem sobre os corpos da luxúria!*

(Luz apaga. Pausa longa. Murmúrio religioso, quase cantoria de procissão. A noiva está se aprontando para o casamento, nervosíssima. No quarto de Valdecy, ídem, ele se olhando no espelho e fazendo pose, ensaiando um gesto fino para cumprimentar alguém. Helecy ajuda Ifigênia a se aprontar. Na sala Marta, completamente outra das cenas anteriores, como se tivessem lhe

arrancado a raiz da vontade, totalmente abúlica. Ela arruma a barra da calça do pai, com a mão, alisando a costura)

MARTA: Agora ficou boa.
GALVÃO: Não ficou curta?
MARTA: Não.
GALVÃO: Se eu tivesse minhas pernas podia entrar de braço dado com a Geninha na Igreja...
MARTA: É.
GALVÃO: Pra você tanto faz eu com perna ou sem perna, não é Marta?
MARTA: Não senhor, pai. *(Fria, como robô)* Eu gostaria muito que o senhor não sofresse esse acidente, que tivesse suas pernas sadias.
GALVÃO: É, Deus põe e dispõe.
MARTA: É, Deus põe e dispõe.

(No quarto de Ifigênia)

IFIGÊNIA: Não vai dar tempo de pregar a rosa no cabelo. Que que faz a Tia Bel que não traz essa grinalda?

(Helecy começa a maquiar o rosto de Ifigênia)

HELECY: Cê tá doida, filhinha, olha a grinalda ali. *(Rindo)* Se fosse cobra, mordia! Mais um doido aqui é melhor por placa na porta: *"Hospício do Galvão!"* *(Pausa, séria)* Marta conversou com você?
IFIGÊNIA: Disse que o pai perdoou, depois da surra, e que deixou ela ficar.
HELECY: E foi melhor. Que que iam dizer os teus parentes lá do Dias, com irmã morando fora de casa, né?
IFIGÊNIA: Foi o certo. A Marta é boa, mãe, ela teve um deslize na vida.
HELECY: *(Fingindo curiosidade)* A madre desceu em mim?
IFIGÊNIA: *(Fingindo contar)* Desceu, sim. Mandou o pai perdoar. Mãe, será que a senhora acerta com esse batom?
HELECY: Fui eu que maquiei a filha da Dinorá!
IFIGÊNIA: Vai passar sombra no olho?
HELECY: De leve. Noiva tem que maquiar suave, senão fica feio.
IFIGÊNIA: Anda logo, mãe... Ei, e o carro?
HELECY: Calma, tá tudo arrumado, tudo resolvido... calma...

(Ifigênia ergue-se e começa a colocar o vestido. A mãe fica

parada com a pintura na mão, esperando para dar os retoques finais)

IFIGÊNIA: Que lindo ficou, mãe!

HELECY: *(Observando a filha)* Quando eu casei, eu tava bonita! Como eu tava bonita!

(Música nostálgica sobe de volume. A luz vai sobre Helecy. Ao fundo difusa e romântica, a imagem de Ifigênia vestida de branco)

HELECY: Eu tinha 17anos... o Galvão 25. A gente ia morar com os pais dele. A gente tava sem dinheiro pra nada. Como agora. Só que naquele tempo a gente tinha esperança. Eu achava que o Galvão podia subir, melhorar, a gente ia ter filho em hospital de rico, ia ter carro, casa grande! Tudo grande, bonito, farto! Cheguei a sonhar que o Galvão ia ser igual que nem o Tio Machado... Você não conheceu o Tio Machado? Ele era pobre como nós. Mas conseguiu fazer fortuna. Cê nunca foi na casa dele? Bem, eles, também, depois que enricaram, ficaram metidos a besta. Vá, deixa. Deus o tenha. Debaixo da terra é tudo igual mesmo. Mas o Tio Machado subiu, subiu, com as forças da inteligência dele. E o teu pai se meteu lá com aquela fábrica de papel higiênico e... bem, cada um tem um carma nessa vida, não adianta querer evitar a lei das coisas. Mas tio Machado começou do nada. Hoje, a família dele tem até gado! E estão cheios de casas alugadas pela Moóca... Bem... pelo menos o Galvão não é que nem muitos marido aí que... trai a mulher, abandona a casa, não, não, o Galvão é honesto, é bom. Eu sou feliz com ele. Me lembro... me lembro o primeiro beijo... *(Rindo, tímida, romântica)*... que ele me deu! Eu fiquei dura de vergonha... fechei a boca *(Ri)... (Agora séria...)* Na noite de núpcia... eu não conseguia... quando tudo acabou, eu fiquei com vergonha, até com ânsia, sabe? Olhei o sangue no lençol.... Doía tudo em mim, eu olhando aquele sangue... Doía tanto, e eu pensei: bem que ele podia ter feito as coisas com mais delicadeza! Mas entendi que era a minha missão de mulher. E em vez de olhar o sangue com ódio, achei... bonito, entendi que o sangue era a minha honra, o sangue era o futuro da minha família...

(Luz acende inteira, iluminando mãe e filha. Ifigênia percebe que a mãe ainda não se arrumou)

IFIGÊNIA: Mãe, a senhora... ainda... tá assim?

(Helecy retira seus trajes do armário e começa a se arrumar)

IFIGÊNIA: E o Valdecy, será que tá pronto? E a Marta, e o

pai, o Osmarzinho? *(Vê que cometeu um erro grave. Baixa os olhos)* Desculpa mãe...
HELECY: *(Baixando os olhos também)* É o Osmarzinho... o terno dele tá aí...
IFIGÊNIA: Onde será que ele foi parar, mãe?

(Helecy parece esconder alguma coisa)

HELECY: Me empresta teu batom, filha?
IFIGÊNIA: Mãe, a senhora tá sabendo alguma coisa e não quer falar!
HELECY: Essa cor não é muito forte para uma velha que nem eu, Geninha? Dá o seu palpite aqui, olha só... *(mostrando o batom)*
IFIGÊNIA: Mãe, a senhora...
HELECY: Eu sei sim.
IFIGÊNIA: Conta mãe...
HELECY: Um dia aí... esse ano mesmo... achei um livro esquisito no quarto dele. Me arrepiei toda... chamei ele e perguntei...
IFIGÊNIA: Que livro, mãe?
HELECY: *(Sussurrando, com medo)* A... "Revolução Brasileira". Isso de revolução é coisa de comunista, não é filha? É subversão, não é? Pois quando eu chamei, ele riu de mim, nem uma nem duas veis. Feito se eu fosse abobalhada... riu e disse que era livro que mandaram ler no cursinho, era de História do Brasil, para cultura geral... mas coração de mãe não se engana, Geninha. Eu sei que ele tava mentindo! Eu sei!
IFIGÊNIA: *(Com medo)* Então ele tá preso... a senhora tá achando que ele tá preso por subversão?
HELECY: Pôr chapéu em estátua que que é?
IFIGÊNIA: Molecagem. Até aí, não...
HELECY: *(Cortando)* Pode ser molecagem de subversivo pra irritar a polícia!
IFIGÊNIA: Ele bem que podia chegar agora... por o terno dele... ir no meu casamento!
HELECY: *(Recuperando, tentando não estragar o momento da filha)* Tudo tem conserto. Ele volta, ele vai voltar, o Galvão vai dar uma sova que nem deu em você, na Marta, no Valdecy e até em mim... e depois tudo entra nos eixos. Nada como uma boa sova nele, vai ver se ele põe chapéu em estátua, vai ver... e vai dar tudo certo, e ele vai entrar na faculdade...
IFIGÊNIA: E a Marta vai arranjar outro emprego...
HELECY: Ela tá desenvolvendo a mediunidade. Fiz uma sessão com ela. Ela quer entrar no meu centro.

IFIGÊNIA: Que beleza, mãe.

(Corta para Valdecy e o pai, na sala, arrumados, amigos. Marta serve um café, muito dócil) (Ifigênia vai descendo de noiva)

VALDECY: Mas meu Deus, é uma princesa!
GALVÃO: *(Emocionado)* Minha filha!
HELECY: E de mim ninguém fala nada?
VALDECY: Que bonita, mãe!

(Marta e Ifigênia se beijam emocionadas)

IFIGÊNIA: Deus te proteja, irmã. Deus te dê paz...
MARTA: Obrigada, Maria Ifigênia...

(Elas se abraçam. Tomam café animadas, menos Marta. Toca a campainha, Ifigênia se agita)

IFIGÊNIA: Deve ser a dona Safira!
MARTA: E o buquê?
HELECY: O buquê! Esqueci no quarto! *(Sobe as escadas correndo enquanto Valdecy vai abrir a porta. Entra um estranho). (Perplexidade geral).*
ESTRANHO: Sou oficial de justiça. Vim do Instituto Médico Legal.
GALVÃO: Que que é isso?
ESTRANHO: Aqui é a residência do senhor Osmar Galvão?
GALVÃO: *(Virando a cadeira de rodas rapidamente)* É.
VALDECY: Quem... que...
ESTRANHO: *(Friamente cortando a frase de Valdecy)* Sinto dar essa notícia... Ele teve uma parada cardíaca! *(Helecy ouve, no meio da escada, com o buquê na mão, em pânico)* O corpo aguarda liberação nesse endereço! *(Entrega um cartãozinho).*
HELECY: *(Descendo a escada atropeladamente)* O senhor está enganado, o meu filho tinha 18 anos, parada cardíaca é coisa de velho, deve ser outro Osmar Galvão, tem mil Osmar Galvão nessa cidade, deve ser outro, isso acontece muito, isso de trocar nome, é engano. *Tem que ser engano!*

VALDECY: *(Parado. Tomado pela dor)* Morreu? Meu irmão?

IFIGÊNIA: *(Atirando-se ao chão. Escondendo o rosto nas pernas do pai)* Ahahhhhhhh!

HELECY: *(Obsessivamente)* O senhor tá enganado, é outro Osmar, amanhã mesmo o senhor vai pedir desculpa pra gente pelo engano, é outro Osmar, é outro...

(Estranho entrega um canivetinho de Osmar para Galvão, que reconhece. O rosto de Galvão é uma estátua de dor)

GALVÃO: *(Balbuciando as palavras, com toda a dor do mundo)* O canivete... que eu dei pra ele... fazer aviãozinho... de madeira! Que eu dei pra ele quando... ele... tinha... doze anos...

VALDECY: *(Reagindo. É sua primeira reação de revolta nesta peça. Agora ele é outro Valdecy. A dor mexeu no fundo de sua cabeça. Ele chacoalha violentamente o estranho)* Parada cardíaca, com 18 anos? Parada cardíaca com 18 anos? *Conta direito essa História! Conta direito essa história! contaaa!* *(Galvão segura a perna de Valdecy, que se volta para o pai, deixando o estranho solto)*

VALDECY: *(Para o pai, chorando)* Ele tem que explicar essa estória de parada cardíaca com 18 anos, pai, ele tem que explicar, ele tem que...

ESTRANHO: *(Desaparecendo com pressa)* Meus pêsames para todos! Sinto muito, sinto muito. *(Bate a porta).*

(Valdecy fica mudo de ódio. Treme. As duas moças choram nas pernas do pai. Helecy está estatelada no sofá, olhando fixo o teto, repetindo em voz baixa qualquer coisa. Galvão controla a dor numa pausa longa. Assume outra vez o comando da situação)

GALVÃO: Levantem, vocês duas. Helecy retoca a maquiagem. Não vamos fazer enterro hoje. Amanhã, amanhã a gente vai lá. E não se toca mais no assunto... Levanta, Ifigênia. Levanta, Marta. Pára de chorar, Valdecy. Tá na hora do casamento. *(Buzina toca)* Chegou a Safira. Levantem! Vamos!

(Todos obedecem como autômatos)

GALVÃO: *(No centro da sala, máscara de dor)* Sorria, Maria Ifigênia! Sorriam todos! Sorriam! Sorriam todos!

(Ifigênia ensaia lentamente um sorriso amarelo, olhando para lugar algum. Automaticamente os outros, menos Galvão, a imitam e sorriem. Galvão sério, como um patriarca capaz de conter a maior dor do mundo, e todos ao redor dele. Helecy com o buquê esmigalhado na mão, sorrindo amarelo). (Marcha nupcial toca sobre cena frisada, como uma foto de álbum de família).

RUPTURAS
(1978-1988)

Se me ocupasse um pouco de mim, para variar. Mais cedo ou mais tarde me veria encurralado. Isso me parece impossível de imediato. Fazer-me levar, a mim, na mesma carroça de minhas criaturas? Dizer de mim que vejo isto, que sinto aquilo, que receio, espero, ignoro, sei?

Sim, eu o direi, e de mim apenas. Impassível, imóvel, mudo, segurando a mandíbula, Malone gira, estranho para sempre às minhas fraquezas.

Samuel Beckett, O Inominável

LOUCO
CIRCO
DO
DESEJO
DE CONSUELO DE CASTRO
DIREÇÃO:
VLADIMIR CAPELLA
CENÁRIO:
GIANNI RATTO
UMBERTO
MAGNANI
MAYARA
MAGRI
TEATRO
MAKSOUD
PLAZA
GRUPO
IOB

LOUCO CIRCO DO DESEJO

PERSONAGENS

FABIO COSTA: Cinqüenta anos. Engenheiro civil. Proprietário de uma bem-sucedida empresa de Construção. Divorciado, pai de dois filhos, sensível e inteligente. Um homem só. Áspero, fechadíssimo. Carente de imprevidência, de inesperado. "Eu só pulo do trapézio com rede protetora embaixo" – é a frase que o define.

SELLY: Vinte e cinco anos. Prostituta profissional, ainda imatura neste ofício. Sensual. Vulgar. Provinciana. Sofrida e ingênua. Vivida e desesperada. Obstinada. Urgente. Fêmea e menina. Vivaz, rápida, terna. Violentíssima.

CENÁRIO

Cenário único: Apartamento de Fabio Costa.
É o espaço de um homem só, criado e ordenado para sua fruição pessoal, seja no que tange à vida amorosa (uma imensa cama redonda ocupa praticamente o centro do cenário), seja quanto à ocupação profissional (uma prancheta de engenharia, a um canto, designa claramente sua ocupação básica), seja quanto a *hobbies* (sobre uma mesa de madeira, ao lado da prancheta, estendem-se algumas esculturas em argila, inacabadas).
No cenário há tudo o que se precisa para um cotidiano confortável e sofisticado.

NOTAS SOBRE O CENÁRIO

Na montagem paulista, o cenário projetado por Gianni Ratto misturava elementos realistas a elementos não realistas. Por exemplo:
a) Telão pintado ao fundo do palco, com a silhueta da cidade de São Paulo, vazado por buracos minúsculos, onde se projetavam luzes quando a ação decorria à noite.
b) Em vez de paredes, o apartamento era ladeado por colunas e arcos vazados, misturando-se assim o Externo (a cidade, indicada pelo telão) e o Interno (o apartamento propriamente dito).

Isso permitiu ao diretor Vladimir Capella mesclar as ações do plano Real às do plano Imaginário.

c) dois banquinhos simetricamente colocados em cantos opostos, ao mesmo tempo faziam parte da decoração e sugeriam tamboretes, onde feras de circo fazem números com seu domador.

1º ATO

1º QUADRO

(Telão pintado com motivos de circo cai sobre a boca de cena/vozes e risos infantis misturam-se em off à voz de um palhaço que repete várias vezes o mesmo refrão:
PALHAÇO OFF: "Então, fica combinado assim.
 Eu gosto de você e você gosta de mim"
(Sobe o telão/luz acende no plano de fundo do cenário, onde, por entre os arcos, caminham Fabio e Selly, lentamente, abraçados sem nenhum entusiasmo/o telão do fundo, com a cidade de São Paulo silhuetada, está totalmente aceso/música de circo acompanha a caminhada do casal até o momento em que Fabio entra no apartamento e acende a luz/imediatamente somem a música de circo, a voz do palhaço, e a luz do telão pintado/luz geral sobre os dois personagens, que contracenam embaraçados, nem um pouco à vontade: ela forçando um ar de prostituta profissional, vulgar, e ele forçando um ar blasé, *debochado.)*

FABIO: É aqui que eu moro, Selly.
SELLY: Legal, muito legal, um luxo!
FABIO: Apenas o apartamento de um homem com algum bom gosto.

SELLY: Uau, este puta luxo, e você diz que é só "um pouco de bom gosto"? Modesto, você, hein?

FABIO: Gostou tanto assim?

SELLY: *(Sentando-se na beira da cama e atirando longe um dos tamancos)* Se você visse onde eu moro!

FABIO: E onde você mora?

SELLY: Num apartamento do tamanho de uma pia. Mas é casa própria, viu? "Pia PRÓPRIA"!

FABIO: *(Levantando-se para ir ao bar)* Você é muito gostosa, sabia?

SELLY: Sabia.

FABIO: Quantas velinhas você já assoprou?

SELLY: O suficiente pra enjoar do bolo.

FABIO: E desde quando está nessa?

SELLY: Nessa, qual???

FABIO: *(Apontando-a de alto a baixo)* Essa.

SELLY: Naturalmente, você pensa que eu sou uma prostituta profissional, só porque me...

FABIO: ... Não, eu não quis dizer...

SELLY: ... só porque me encontrou numa boate fazendo *strip-tease* e me trouxe no teu apê pra transar.

FABIO: E que que você queria que eu pensasse?

SELLY: Sei lá. O que posso te dizer é que... eu não sou uma profissional.

FABIO: *(Enchendo dois cálices de vinho)* Profissional ou amadora, você é muito, muito gostosa, Selly.

SELLY: Obrigada.

FABIO: Posso te fazer uma pergunta?

SELLY: Hum...hum...

FABIO: Você AINDA goza?

SELLY: *(Irritada)* E você?

FABIO: Quem pergunta aqui sou eu.

SELLY: Por quê? Por que você que tá pagando?

FABIO: Ah, uma putinha com consciência de classe...

SELLY: *(Cada vez mais irritada)* Putinha é a puta que te pariu. *(Olhando os cálices sobre a mesa)* Você pode me botar um pouco de gelo moído nesse vinho?

FABIO: *(Como diante de uma heresia)* Gelo moído no vinho????

SELLY: Ai, meu saco, todo cara fino que eu transo... *(Entediada, faz gênero "didática", sábia)* ... tem que me ensinar padre-nosso ao vigário. Já sei: vinho não se toma com gelo.

FABIO: Senão, vira Kisuco! Mas enfim, Selly... *(Abraçando a cintura dela)*. ... você tem uma cinturinha tão deliciosa, que até tem o direito de tomar vinho como Kisuco. *(No bar, quebrando gelo)* Mas que é uma heresia, é.

SELLY: He-re, o quê?

FABIO: Heresia. Sabe o que é uma heresia?

SELLY: É o efeito da água do mar, quando a gente tem apartamento perto da praia, e tudo enferruja.

FABIO: Isso é maresia. Heresia é quando a gente contraria os rituais da igreja.

SELLY: Eu sabia! Fui filha de Maria no interior.

FABIO: Você é do interior de onde?

SELLY: De Minas. Sou de Amanhece, entre Uberlândia e Araguari. Conhece?

FABIO: Não. É bonita a tua cidade?

SELLY: Larga de ser falso, cara, você tá achando a maior cafonice eu ser de Minas.

FABIO: Pelo contrário, acho simpático encontrar uma puta mineira.

SELLY: Você é grosso, cara, muito grosso, sabe? Já falei que não sou puta, nem gosto dessa palavra. *(Realmente ofendida, ela empurra o cálice de vinho e "se fecha") (Fabio tenta de tudo para se fazer perdoar)*

FABIO: Mineira, com um decote desses...

SELLY: Há mineiras e mineiras. Como há grã-finos finos e grã-finos grossos. E você? Qual é a sua?

FABIO: A minha qual?

SELLY: A sua profissão, seu estado civil, seu estado sexual...

FABIO: Estado sexual?!

SELLY: Você pode ser homo ou hetero.

FABIO: *(Rindo muito)* Sou hetero, sossegue. No mais, sou engenheiro civil, proprietário de uma empresa de Construção, católico não-praticante. E divorciado há mais de um ano de um casamento que durou vinte e quatro. Hoje meu filho se casou.

SELLY: *(Ao ver que uma sombra passa pelo rosto de Fabio)* Tá com essa cara de penico por que não gosta da nora, é?

FABIO: Tudo bem com a minha nora. É que casar um filho deixa a gente com a sensação de estar ficando velho.

SELLY: E está mesmo!!!

FABIO: Você é bem objetiva. Pois é. Tô ficando velho... mas enfim... senti uma solidão...*canalha*.... larguei a festa, aliás chatíssima, e resolvi fazer uma coisa que não faço desde os 14 anos!

SELLY: Desde os 14 anos que você não trepa?

FABIO: Desde os 14 anos que eu não vou a um puteiro!

SELLY: Olha, se me chamar de puta mais uma vez, eu me mando, tá?
FABIO: Como "se manda"? EU sou o cliente.
SELLY: *(Tentando arrancar o paetê por cima dos ombros)* Então, vamos lá, "cliente"!
FABIO: Fique como estava.
SELLY: A gente não vai transar?
FABIO: A noite tá começando. *(Sincero)* Pra dizer a verdade, fico irritado quando você toma essas atitudes meramente profissionais. Vou te ensinar uma coisa: você deve sempre fingir para os teus clientes que está transando porque está com vontade.
SELLY: Não me diga! Obrigada pela aula.
FABIO: De nada.
SELLY: Mas como é? A gente transa ou não transa?
FABIO: Está com muita pressa?
SELLY: Estou com tesão em você.
FABIO: Você mente mal.
SELLY: E por que não estaria? Você é atraente, charmoso...
FABIO: Muito obrigado digo eu agora! Já estava me sentindo um lixo!
SELLY: *(Acariciando o peito dele)* Eu tô afins de você!
FABIO: Relaxa, fica mais natural.
SELLY: *(Irritadíssima)* Não acredita mesmo?
FABIO: Não.
SELLY: *(Dá de ombros e caminha pelo apartamento) (Acha o globo de madeira) (Começa a rodar o globo) (Procura ansiosamente qualquer coisa, rodando, e acha) (Aflitíssima, observa o local que achou) (Fabio, ansioso porque os movimentos de Selly são desastrados, observa toda a ação dela com o globo)* Eu não posso ficar aqui a noite inteira, sabe?
FABIO: E por que não? *(Selly explode)*
SELLY: Porque eu vivo disso! *(Abandona o globo) (Fabio fica aliviado)* Olha, tem um cara me esperando no hotel. Ele vai me pagar uma puta grana pra eu ficar com ele no saguão. Quer que os amigos achem que uma moça jovem foi capaz de se interessar por ele. Se eu perder o velho, você vai me pagar a grana que ele ia pagar!!!
FABIO: Pra quem não é profissional, você é bem eficiente. *(Pausa) (Ela fica sem jeito)* Bem, quanto o cara ia te pagar?
SELLY: 150 paus e uma correntinha de ouro.
FABIO: Perguntei por perguntar. Tenho grana pra tran-

car você aqui o resto da vida, pra pagar todos os teus mi... *(Arrepende-se, pois ia dizer "michês")* ... cachês... multiplicando por mil, elevando ao cubo e à décima potência de três mil, e, enfim, pra pagar os teus cachês a dólar e a ouro dezoito, em várias toneladas, chega?

SELLY: Tá afins de ser meu coronel ou só quer mesmo é mostrar a força da tua grana?

FABIO: *(Elegantemente)* Tô "afins" de ter você do jeito que eu quiser, na hora que eu quiser e sem pressa.

SELLY: *(Se oferecendo)* Fique à vontade!...

FABIO: Como é ser uma semiprofissional?

SELLY: Como ser uma semibancária, uma semitorneira-mecânica, ou uma semi-engenheira. Ou seja: chato, como toda profissão.

FABIO: Conta um pouco da tua vida.

SELLY: Que te interessa a minha vidinha de merda?

FABIO: Dá uns toques, vai...

SELLY: Preferia não.

FABIO: Cicatriz OCULTA? Arrependimentos graves? Uma saudade atroz?

SELLY: Nada interessante. Mas se você quiser falar, tudo bem. Tem caras que me pagam só pra eu ficar ouvindo, ouvindo... Às vezes até choram no meu ombro.

FABIO: *(Beijando o ombro de Selly delicadamente)* Não tenho o menor motivo pra chorar nesse ombrinho lindo.

SELLY: Não? Tá tudo bem com você?

FABIO: Tudo em cima. Ganhando dinheiro, a família bem, obrigado.

SELLY: Nenhum mistério? *(Mexendo no globo)* Nenhum segredo? *(Cúmplice)* Se você contar os teus eu conto os meus.

FABIO: Nada de interessante. Tua vida é que deve ser uma aventura só.

SELLY: Nem fala. Gordos com bafo de cebola, magros com espinhas, têm os chatos de galochas. E os sádicos! Só tenho medo dos sádicos.

FABIO: É sempre um risco, então.

SELLY: Mas às vezes tem um cara legal como você.

FABIO: *(Enquanto ela mexe outra vez no globo)* Você é interessante. Tem pique. Tem humor. Respostas rápidas. E não é nenhuma ignorante.

SELLY: Só porque eu falei "sádico". Como você é trouxa. Eu sabia que essa palavra ia te deixar incucado. *(Rindo)*

FABIO: Você é agressiva sempre assim?

SELLY: *(Continuando)* ...olha, eu não sou tão ignorante

quanto você pensa. Fiz até o primeiro ano de psicologia, se você quer saber. Posso não ser nenhuma sumidade, mas escrever sumidade com cê cedilha eu não escrevo não!

FABIO: *(Confuso)* Você não é profissional, no entanto cobrou friamente o cachê do velho. Sabe o que é "sádico", mas não sabia o que é "heresia". Foi filha de Maria... enfim, tá cada vez mais complicado.

SELLY: *(Sempre mexendo no globo) (Fabio se irrita e não resiste: vai até o globo e tira a mão dela de lá)* Não mexe aí.

SELLY: Por quê?

FABIO: É um objeto raro.

SELLY: Não mexo mais, pronto!

FABIO: Conta de você.

SELLY: ...se você faz tanta questão... *(Cansada) (Começa a falar sem pausas como um computador, voz metálica, anasalada)* Vim de Minas com 17 anos. Fui morar com uma tia carola chata. Fugi da casa dela com meu namorado, e fui morar na república de estudantes onde ele morava. Vivi um ano com ele. Aprendi datilografia, fiz madureza de colegial, mas jamais gostei de estudar. Preferi dar pro diretor da escola. Em troca ele me deu... um diploma falso. *(Pára ofegante)* Quando o carola do meu pai soube que eu tinha saído da casa da titia com um homem, parou de me mandar a porra da grana que mandava, e eu pedi dinheiro pro meu namorado. Depois arranjei um emprego, como datilógrafa, na cidade. *(Agora a voz de computador dá lugar a uma voz sofrida, frágil, dolorida)* Um belo dia, um velho do escritório, um que sempre me cantava, me ofereceu uma quitinete, quitadinha da silva, pra eu trepar com ele. Trepei. E ganhei o apê. Agora faço bicos de datilografia. Bicos pornôs. E de bico em bico a galinha enche o papo. *(Ofegante)* Pronto, contei tudo. Ficou faltando só um pedaço, mas... *(Amarga)* não é coisa que preste.

FABIO: Conta o pedaço que falta.

SELLY: Não conto porque dói.

FABIO: Dói?

SELLY: Pacas.

FABIO: Dói como?

SELLY: Que nem cólica de manga verde com sal.

FABIO: Manga verde com??

SELLY: ... lá no interior a gente come manga verde com sal. E limão. É uma delícia. Mas depois dá uma cólica, bicho, mas uma cólica! Não tem dor no mundo que se compare.

FABIO: Conta, conta o pedaço da cólica.

SELLY: Não insiste.

FABIO: *(Beijando-a na boca)* Conta. Você me deixa curioso.
SELLY: *(A contragosto)* Foi uma puta... paixão... *(Dificuldade) (Pausa longa)* Uma paixão desgraçada, que me deixou de quatro. O Mariano me fez em nitrato de pó de urina.
FABIO: *(Fabio dá uma golada no seu cálice) (Enche o cálice de Selly) (Ela sorve vorazmente)* Eu nunca tive uma puta paixão.
SELLY: Nem depois de velho?
FABIO: Nunca!
SELLY: Mas casou sem NENHUM tesão?!
FABIO: O suficiente pra engravidar minha mulher antes do casamento.
SELLY: Se fosse em Amanhece, o padre Tobias não casava. *(Riem os dois)* Mas jura que não gostava nem um pouquinho dela?
FABIO: Civilizadamente. Cordialmente. Ela é uma ótima pessoa.
SELLY: "Uma ótima pessoa"? Tô vendo que você gosta dessa mulher tanto quanto de Kisuco.
FABIO: *(Querendo mudar de assunto)* Bom... mas quando você fez o primeiro ano de... psicologia?
SELLY: Não lembro mais. Sei que foi o Mariano que me fez fazer vestibular. Pela primeira vez estudei. E entrei. Só que não deu pé. Datilografia de dia, psicologia à noite, e lá na puta que pariu aquela faculdade... não deu... e... *(Mais amarga) (Dificuldade)* quando o Mariano despintou, eu larguei de uma vez só o escritório, a faculdade e... foi aí que aconteceu o velho com a quitinete.
FABIO: Ah, então você resolveu ser... uma... "semiprofissional"... pra se vingar do Mariano!
SELLY: A história tá te parecendo conhecida, não é? Toda puta conta essa! Só que é verdade, entende, cara?! Eu não sou de mentir. Entrei nessa quer saber por que? Por um motivo muito simples: eu não tinha saco pra queimar meus dedinhos numa máquina de escrever, por um salário de merda. E porque é mais prático. Não tira pedaço. E dá uma grana que nunca tive na vida. Não digo que dê pra esbanjar, mas dá até pra comer camarão domingo de tarde, na minha casa.
FABIO: Selly, você é um encanto quando não tenta ser vulgar.
SELLY: Então como é: a gente trepa ou não trepa?
FABIO: Tá de novo cafajeste.
SELLY: Você é mais moralista que o meu tio Frazão.

FABIO: Que que tem o tio Frazão?

SELLY: Mijava de olho fechado, pra não ver o próprio pau.

FABIO: *(Rindo gostosamente)* E como é que o tio Frazão fazia com a mulher dele?

SELLY: Tio Frazão era padre.

FABIO: Ah, pensei que fosse bicha!

SELLY: *(Legitimamente ofendida)* Mais respeito com a minha família!

FABIO: Uma vez mineira... "mineira for ever".

SELLY: *(Mais irritada)* Como é? *(Após uma pausa)* Já que você não quer que eu seja vulgar... *(Tapa o nariz e fala, anasalando a voz, imitando "madame" – no que ela entende por "madame")* Vamos ter relações sexuais, meu bem?

FABIO: *(Fabio, entre o riso e a irritação, abre os botões da própria camisa e passa a mão no peito, tentando ser o máximo vulgar que pode) (Agressivo, irônico, ele também imita "madame")* Sim, Selly, vamos! *(Se abraçam, mas é tão frouxo e sem desejo este abraço, que ambos recuam sem jeito)*

(Fabio começa a mexer no toca-discos) (Procura alguma coisa) (Acha) (Põe uma ópera) (Selly sobe abruptamente na cama, arranca a roupa e fica só de biquíni)

SELLY: Não te dou tesão, é? *(Começa a fazer desfile tipo "miss", andando sobre os lençóis)* Cintura, 68. Peso, 55. Altura, 1,65. Cabelos sedosos. Olhos lindos. E um charme de levantar qualquer pau deste País. Que que há?

FABIO: *(Tenso)* Tá se sentindo rejeitada, é?

SELLY: *(Continuando a andar)* Se teu medo é brochar, fica frio. Homem nenhum brocha com Selly. E eu sou muito compreensiva. Tô careca de ver macho com a maior panca de garanhão, que na hora do "vamos ver" fica ali!

FABIO: "Se nenhum homem brocha com Selly", como é que Selly tá careca de ver garanhões brochando???? Caiu em contradição!

SELLY: Eu tenho meus macetes. *(Selly fica de costas para Fábio) (Muito vulgar, ela passa as mãos pelo corpo) (Irritado, Fabio coloca uma ópera no toca-fitas. Selly pára seu "desfile")* Puta merda, que música chata! Tem Roberto Carlos, não? *(Ela fala aos gritos, para se fazer ouvir apesar da ópera, do alto volume em que Fabio a ligara) (Fabio finge que não ouve a fala de Selly: faz um uísque) (Ela continua a falar da cama)* Você quer aqui ou no sofá? De pé ou sentada? Descalça ou calçada? Romântica ou escrachada?

FABIO: Quero um pouco menos de grossura. *(Frio)* Quero que você seja gente. *(Agressivo e irônico)* Gente interessante, que você até que é. *(Selly "desmonta" de sua vulgaridade) (Sai da cama e fica andando em volta dele, desorientada)* Moça, eu fui te procurar numa boate porque estava sozinho, como um cão. *(Selly sorri amarelo)* E sem a menor vontade de repetir velhos hábitos... ver antigos conhecidos... Eu queria mudar de cenário! *(Ela se encosta em Fabio, dengosa) (Fabio a repele) (Sem jeito, cada vez mais desastrada, ela recua e esbarra no globo. Mas Fabio, envolvido sinceramente com o seu próprio discurso, não se liga no globo nem em Selly)* E quem sabe, encontrar um pouco de gente. Me agredindo com essa vulgaridade, você me provou que nesta cidade não existe gente. *Só profissionais.*

SELLY: Puxa, cara, desculpe! É que eu... eu sou grossa assim porque... É que... eu levei muita porrada da vida...

FABIO: *(Rindo a valer)* Todas gostam de um draminha! TODAS!

SELLY: Tava debochando de mim? Bem que eu desconfiei. Você era gente demais pra ser rico. *(Outra vez vulgar. Na defesa)* Agora é pra valer. A gente mete ou não mete?

FABIO: Eu resolvi ficar sozinho, OK? *(Ergue-se rapidamente) (Caminha até o cabideiro) (Pega o blazer e tira um talão de cheques. Preenche. Dá o cheque a Selly)*

SELLY: Que que eu fiz de errado?

FABIO: Nada. Só quero ficar sozinho.

SELLY: Mas... eu tava até gostando de você...

FABIO: *(Distante. Abrupto)* Tem um monte de fantasmas andando por este apartamento. Fantasmas de verdade. Dramas de verdade. Foi eu brincar com o drama do velho solitário, e todos os verdadeiros dramas que eu queria esquecer apareceram. Agora mesmo é que não dá. Vai, Selly. *(Selly coloca o cheque na bolsa e começa a se vestir, frustrada, lenta)*

SELLY: Eu queria tanto dormir aqui. Nesse apartamento bonito. Queria tanto ficar com você, hoje. Ah, queria tanto! *(Dá de ombros)* Paciência! *(Fabio deita-se na cama, alheio) (Exausto, fecha os olhos) (Parece cochilar. Selly caminha na ponta dos pés até Fabio, e observa: para ver se ele dorme) (Constata que ele dorme, e sempre na ponta dos pés caminha até o globo) (Procura aquilo que encontrara na cena anterior, girando o globo com energia) (Acha) (Pausa) (Recua, olhar febril, de vingança) (Tira a navalha da bolsa e faz um xis no local que encontrara) (O movimento é tão forte que provoca ruído) (Fabio se ergue da cama e fica paralisado, feroz, ao ver Selly com a navalha próxima ao globo. Ela, em pânico, também paralisa completamente)*

FABIO: *(Caminha até o globo) (Olha para o globo, aterrorizado: cada vez mais pasmo)* Vândala! Tarada! Esquizofrênica! Fez um x com a navalha! Isso que dá eu me meter com marginais! *(Gritando)* Some, anda, some! Some antes que eu chame a polícia!

SELLY: *(Abrindo a porta)* Desculpe... *(Foge) (Passa pelos arcos)*

FABIO: *(olhando o globo, com expressão de desalento) (De repente, o ódio e o desalento dão lugar à curiosidade)* Selly! Selly!

SELLY: *(À porta, sem jeito)* Oi!

FABIO: Só uma pergunta: por que você fez esse x aqui?

SELLY: Porque aí é Piracicaba.

FABIO: E que que você tem contra Piracicaba?

SELLY: É onde o Mariano nasceu. Se Piracicaba não existisse, ele não nascia. E se ele não nascesse, ainda estaria pra nascer o cara que ia me fazer comer merda na vida!

FABIO: Não era mais prático navalhar a cara dele?

SELLY: Navalhar gente dá cana. Madeira, não. *(Sai)*

(Luz em resistência sobre a perplexidade de Fabio)

2º QUADRO

(Luz geral) (Fabio está de robe ao telefone, fumando muito) (Evidentemente tenso, cansado e irritado)

FABIO: E daí que a obra atrasa? Que que eu tenho com isso? A engenheira responsável é você. Eu sou apenas o proprietário da Construtora. *(Pausa)* Ah, você é minha filha! Mas, Renata, telefonar à meia-noite pra falar de problema de trabalho. *(Pausa longa) (Cansado, ouve)* Vai pedir demissão?... Todo dia você pede demissão. *(Firme)* Amanhã a gente conversa. No horário comercial. *(Pausa longa. Desliga) (O fone toca novamente. Atende)* Alô? Sim, Fernanda. *(Pausa longa)* Mas ela é minha filha tanto quanto sua! *(Pausa)* Eu sei que ela tá mal, mas por que só eu tenho que segurar todas? *(Pausa)* Amanhã. Amanhã eu vou aí. *(Desliga) (Fica longo tempo fumando) (Quando vai se levantar do sofá, movendo a mão para mexer no toca-fitas, o telefone toca de novo) (Corre ao telefone, como se este acabasse de agredi-lo, e agarra o gancho mas, resignadamente, atende) (Finge cordialidade)* Ah, Herman, como vai? *(Pausa) (Ouve)* Herman, esse assunto foi discutido e rediscutido. *(Soletrando, didático, irônico)* Eu não vou te vender a Construtora nem por dez milhões de dólares. *(Pausa longa)* Herman, *(Pausa)* HERMAN! *(Pausa)* HERMAN! Amanhã a gente conversa! No *horário comercial*! *(Desliga) (O fone toca) (atende)* Fernanda???? Mas eu não disse que não atendia mais telefone?? Ah, eu

não disse? Então digo agora! *(Pausa)* O Junior ligou da Europa. *(Pausa)* Amanhã eu mando o dinheiro! *(Desliga) (Exausto, deita-se na cama. E neste preciso momento toca loucamente a campainha. Fabio corre a abrir a porta, assustado) (Selly entra completamente convulsa, falando sem parar)*
SELLY: Selly, lembra de mim?
FABIO: Você!!!
SELLY: Sabe o que é? *(Selly vai entrando e falando, à vontade, na sua afobação compulsiva)* Eu tava num motel com dois caras, dois malucos. Aí um deles começou a brigar com o outro pra ver quem me transava primeiro. Aí o primeiro deu um grito, e pegou a navalha que tava na minha bolsa, e o amigo dele, que já conhecia ele de velho, ficou com o olho arregalado de medo, porque ele começou a falar umas coisas esquisitas... e então, né, quando ele ia navalhar a cara do cara, o cara se enfiou no banheiro e daí... *(A esta altura Fabio está inteiramente desnorteado com o discurso circular e ininteligível de Selly)* Daí... *(Ela percebe o desnorteamento dele)* ... quando o cara se enfiou no banheiro... eu... fugi. E vim pra cá. Porque... *(Deita-se no sofá)* Eu sabia que você ia me receber!
FABIO: Podia escolher melhor com quem sai!
SELLY: Vai dar lição de moral?
FABIO: Não deu pra sacar que o cara era doente mental?
SELLY: Não tenho tanta cultura geral assim!
FABIO: Como é que funciona, hein? Os caras chegam, perguntam o preço. Você diz. E se eles topam, você vai. Mesmo que for o Hulk.
SELLY: Pára de falar como pai.
FABIO: *(Irritado)* Olha aqui, menina, eu estou desde as oito atendendo telefonemas de pessoas com problemas que elas querem que eu resolva! Trabalhei como um cão o dia inteiro! Estava louco por um banho e por um sono. Quando você chegou, pra dizer a verdade, eu estava à beira da exaustão!
SELLY: Se o telefone tá te enchendo o saco corta o fio dele, ora!
FABIO: Tudo tão simples pra você...
SELLY: Rico complica tudo. *(Olhando o aparelho de som)* Tem som, não?
FABIO: Não!!! E não vou discutir a desigualdade sócio-econômica do País com você... muito menos o problema da prostituição. Tudo bem com você? Já pode caminhar?
SELLY: *(Após uma pausa, humilde)* Deixa eu ficar aqui essa noite?

FABIO: É que eu... *(Sem jeito de recusar, com pena da expressão carente de Selly)* ... queria tanto dormir em paz.
SELLY: Prometo qué fico quietinha. Bem quietinha.
FABIO: Da outra vez, você...
SELLY: Deixa?!
FABIO: *(Após uma pausa)* Te dou carona até sua casa.
SELLY: Não quero ir pra lá de jeito nenhum essa noite.
FABIO: Tem alguém lá que você não quer ver?
SELLY: Não, não quero ir pra lá e pronto. Além disso, ninguém vai na minha casa. Eu não tenho nenhum amigo em São Paulo. Não confio em ninguém. *(Pausa) (Sorrindo) (Terna e ingênua)* Bom, agora eu tenho um amigo: você.
FABIO: *(Constrangido)* Obrigado!... mas, então... *(Se erguendo e caminhando até o armário do quarto)* Eu... vou sair, Selly. *(Ela fica totalmente desapontada)* Você pode comer qualquer coisa na geladeira! Não atenda o telefone em hipótese alguma! *(Indeciso, inseguro, olha para os lados) (Pára no globo)* E não ouse relar nesse objeto! *(Se vestindo às pressas)* Você promete seguir todas essas recomendações? *(Inseguro)* Hein?
SELLY: *(Amuada)* Não dá mesmo pra você ficar comigo, pelo menos essa noite? Tô tão sozinha, com tanto medo!
FABIO: *(Tentando não se deixar comover)* Não, eu também preciso de MIM. Hoje eu já socorri mil pessoas, menos EU! Eu vou sair. *(Ela começa a chorar) (Ele se irrita)* Selly, se você entrar nessa, eu te levo pra tua casa e fim de papo! Tô sendo um louco de te deixar sozinha aqui depois... do *(Olha o globo)* ocorrido!
SELLY: *(Choramingando)* Eu precisava tanto de você, cara...
FABIO: Não insiste.
(Vai sair) (Ela dá um grito)
SELLY: Ai, ai, ai, meu braço!
FABIO: Moça, se você continuar fazendo ceninhas eu te ponho no carro à força e te levo pra casa!
SELLY: "À força" já basta o que eu sofri hoje. *(Ele vai sair e o telefone toca) (Selly: eufórica, vitoriosa) (Fabio atende desalentado) (Gritando)* Junior! Eu vou te mandar os dólares! Mas pelo amor de Deus! Não quero ouvir sobre concertos de Bernstein! Não quero ouvir falar de orquestras! Eu quero dormir! E essa mesa de som, hein, pra quê? Se você é REDATOR? *(Após gritar a última palavra, bate o fone) (Cai na cama com a mão no coração) (Em pânico, visivelmente cheio de dor, faz sinais para Selly) (Selly corre até ele, assustada)* No blazer... no

blazer... procura uma caderneta de endereços e liga pro dr. Geraldo!

SELLY: *(Atrapalhada)* Dr. Geraldo... *blazer*.... *(Acha o blazer, derruba todo o conteúdo dos bolsos no chão, e cada vez mais aflita continua remexendo sem achar nada)* Dr. Geraldo... *blazer*... *(Acha uma pequena caderneta e folheia)* Gê... Gê...

FABIO: Água! Me traz água! *(Selly larga a caderneta e o blazer)* *(Corre até o bar: escorrega, mas consegue chegar lá. Pega um copo d'água, mas, tremendo, derruba a água no chão)* *(Torna a encher o copo)* Volta no *blazer*... uma caixinha azul de comprimidos...

SELLY: *("Patina" até o blazer no chão)* *(Agacha-se cada vez mais assustada e confusa)* *(Remexe o conteúdo do blazer)* Dr. Geraldo... caixinha azul... *(Acha o comprimido. Leva até Fabio desajeitadamente)* *(Lembra-se de que é preciso água)* *(Volta ao bar e traz a água, que derruba sobre Fabio)* *(Fabio engole o comprimido)* *(Selly volta ao chão e retoma a caderneta, procurando o endereço do médico)* Gê... Geraldo! Achei!

FABIO: Tá passando a pontada mais forte. Não precisa mais ligar: foi alarme falso.

SELLY: E se não for? E se você tem mesmo esse enfarte?

FABIO: Eu sei melhor do que ninguém que não é.

(Selly relaxa) *(Senta-se à beira da cama, abanando-se)*

SELLY: Você sofre do coração?

FABIO: Ou sofro ou penso que sofro. Já fiz trezentos eletrocardiogramas e nunca deu nada. O Dr. Geraldo acha que é cuca. Mas quando a dor vem eu não quero saber que que o Dr. Geraldo acha ou deixa de achar.

SELLY: Ave Maria, cara, você ficou tão amarelo!

FABIO: Bom, Selly... você já deve ter percebido que eu não estou em condições de ser gentil... será que... você podia ir... se mandando?

SELLY: Ah, então é assim? Então eu te socorro e você me manda embora feito cachorro pulguento?

FABIO: *(Vencido pelo argumento)* Tá bem. Tá bem. Você fica. Mas com uma condição. Não abra essa boca, OK? *(Ela caminha para o globo)*

SELLY: *(Falando com a boca tapada, caricaturando uma fala quase sem mexer a boca)* Vaca amarela... pulou a janela, quem falar primeiro... *(Girando o globo com raiva)*

FABIO: LARGA O GLOBOOO!

SELLY: *(Largando)* Eu tô com o Dr. Geraldo. É cuca mesmo essa dor.

FABIO: Ah, dona Freud!
SELLY: Você não bate bem. Dá pra ver!
FABIO: Abre um consultório, compra outro diploma falso, você dá pra coisa!
SELLY: Pode tirar sarro da minha cara, mas é mais claro que mijo de criança: a dor é cuca.
FABIO: Cuca ou não, dói pra cacete.
SELLY: Pior que cólica de manga verde?
FABIO: *(Orgulhoso de sua dor)* Pior.
SELLY: *(Orgulhosa de sua dor)* Duvido.
FABIO: Esse telefone... acho que a dona Freud tem razão. Esse telefone vai acabar me dando um enfarte.
SELLY: Corta o fio dele, eu já te disse.
FABIO: Cortar não digo. *(Tira do gancho)* Mas fora do gancho ele vai passar muito tempo. *(Pausa)* Pelo menos uma noite.
SELLY: É sempre assim?
FABIO: Sempre. *(Pausa)* Que eu me deixe invadir pela minha família, vá lá. Mas até o alemão ligou hoje!
SELLY: Alemão? Que alemão?
FABIO: Um que quer comprar minha construtora.
SELLY: *(Ingênua)* Eu também conheço um alemão que compra tudo quanto é badulaque! Como é que chama o teu??? *(Percebendo que seu assunto não agrada)* Bom, ele quer comprar... e você não quer vender?!
FABIO: Não vou vender uma coisa que tá dando lucro.
SELLY: Alguma coisa dá lucro a essa altura do campeonato? Uma amiga minha largou a profissão pra abrir uma loja de sucos naturais. Tá fazendo até michê com mulher pra pagar a porra da loja! *(Dá uma golada num copo)* Sai dessa! Vende logo esse troço!
FABIO: OBRIGADO PELA CONSULTORIA! *(Tirando o copo da mão dela)* E vê se pára de beber, que eu detesto gente que se embriaga!
SELLY: Pois você bebe pacas.
FABIO: Mas acontece que eu nunca perco o controle.
SELLY: *(Sentando-se resignadamente no sofá e sorrindo com carinho)* Já te disse, Fábio, que você é meu único amigo?
FABIO: Hum, hum...
SELLY: Você tem muitos amigos?
FABIO: Tenho parentes, conhecidos, mas amigos não.
SELLY: Posso ser sua amiga, quer?
FABIO: Tudo bem.
SELLY: Você tem algum cacho?

FABIO: Tenho umas amigas que dormem aqui de vez em quando.

SELLY: Dormiu alguma mulher aqui depois daquele dia?

FABIO: Depois de que dia? *(Colocando o fone no gancho)*

SELLY: O dia em que estive aqui.

FABIO: Você queria um juramento de fidelidade?

SELLY: Perguntei por perguntar.

FABIO: Não vai me dizer que está com ciúmes de um cara que viu duas vezes na vida.

SELLY: É que eu... sabe... quando deu o bode no motel, eu só pensava em você. Pensei forte, que nem se você fosse um santo!

FABIO: *(Após uma pausa, levemente apreensivo)* Olha, menina, eu vou deixar bem claro uma coisa. Não quero nem posso ter nenhum tipo de ligação com você. Entendido? Aliás, sinceramente, eu preferia te levar pra casa e dormir sozinho.

SELLY: Mas que foi que eu fiz?

FABIO: Nada. É que eu sou muito solitário mesmo. E tô cansado à beça!

SELLY: Tá me mandando embora??

FABIO: Acho melhor.

SELLY: Você tá desperdiçando uma noite linda!...

FABIO: Selly, por favor...

SELLY: ...Uma noite de amor! *(Veemente, sincera)* Eu me amarrei em você, cara! Posso te fazer muito feliz essa noite...

FABIO: Por favor!...

SELLY: Me deixa ficar, deixa!

FABIO: Pára com isso! Não quero negar outra vez! Não quero ser indelicado!!!

SELLY: ... Você pensa que a gente tem quantas noites lindas na vida? E pensa que vai viver quantos anos? Mil? Você acredita em reencarnação? Pois eu não, sabe? É NESSA vida que eu quero me esbaldar! Deixa eu ficar... Você vai ver como vai ser bom... Você tá cansado, nervoso com essa telefonação... Eu vou te fazer relaxar... deixa!

FABIO: Hoje não, Selly. Outro dia eu te pego na boate e tudo bem. Mas HOJE não!

SELLY: Outro dia também não! No fundo você não quer nada comigo porque eu sou uma dura. *(Vai até a porta, disposta a sair)* Como você é babaca! Todo engenheiro que eu transo é assim!

FABIO: Transou com muito engenheiro, Selly?

SELLY: O sindicato inteiro.

FABIO: O Instituto, você quer dizer!...
SELLY: Dá na mesma. No fundo são todos uns brochas!
FABIO: *(Rindo muito)* Selly é teu nome de guerra, não é?
SELLY: É!
FABIO: E qual é teu verdadeiro nome?
SELLY: Nem morta que eu digo.
FABIO: Diz, vai, eu tô curioso.
SELLY: Nem morta. *(Sai, mas fica encostada ao arco próximo à porta)*
FABIO: Te dou uma jóia. *(Põe o rosto à porta e olha para ele fixamente)*
SELLY: Nem que me der a joalheria inteira!
FABIO: Te deixo dormir aqui. *(O rosto de Selly se ilumina)*
SELLY: *(Mas, ainda reticente, ela gagueja)* ... Meu nome é... Seleida! *(Fabio dá uma gostosa gargalhada)*
SELLY: Todo mundo lá em Minas tem nome assim: Seleida, Jane Amsterdã, Dalva Iracema, Vera Roma, e até Celidéia!
FABIO: Entra, Seleida! *(Às gargalhadas)* Pelo menos VOCÊ me faz rir. Entra, tira essa roupa e vamos DORMIR. DORMIR, eu disse.
SELLY: *(Ironizando)* Eu já percebi que você não passa de um bom sono. *(Pula na cama)*
FABIO: Combinado?
SELLY: *(Tirando a roupa rapidamente, feliz)* Hum... hum...
FABIO: Olha, eu vou te contar um segredo!
SELLY: Oba, adoro segredos!

(Selly se enrola nos cobertores, prestando total atenção)

FABIO: *(Caminha até um baú, abre, retira papéis amassados, roupas e bonecas velhas e finalmente encontra, comovido, uma fantasia de palhaço) (Da cama, Selly estica o olho)* Tá vendo isso aqui?
SELLY: Você trabalhou em circo?
FABIO: *(Falando quase consigo mesmo, com a roupa pensa na mão)* Eu me fantasiava de palhaço quando as crianças eram pequenas. *(Mexe outra vez no baú) (Acha uma roupa mínima de bailarina-menina) (Olha com poesia e paixão para a roupinha)* Eu... de palhaço... minha filha, de bailarina.
SELLY: E tua mulher? E teu filho? De que se fantasiavam?
FABIO: A Fernanda, uma vez... *(Acha uma roupa grande de bailarina)* ...mandou fazer isso. Mas não teve coragem de usar.

SELLY: *(Caminha até o baú, saindo da cama com rapidez e curiosidade) (Pega as roupas de bailarina)* Que lindo!

FABIO: *(Sorrindo, nostálgico, falando consigo próprio)* Era bonito o nosso circo. Era meu e da Renata. Sabe, foi a única coisa bonita pra valer que eu fiz na vida.

SELLY: *(Querendo consolar)* Imagine! Você fez a firma... Você é um homem rico.

FABIO: *(Prosseguindo)* A gente, a gente era feliz naquela época... *(Amassa a roupa de palhaço)* Hoje a Renata me odeia. O circo acabou.

SELLY: Te odeia por quê?

FABIO: *(Amargo)* Porque eu não deixei que ela fosse bailarina de verdade.

SELLY: Vem pra cama! Você tá triste! Eu vou tirar você dessa fossa... Vem... *(Ela volta para a cama e abre os braços sensualmente)* Vem...

FABIO: *(Ainda no chão, falando)* ...O Júnior também me odeia... porque eu não deixei que ele fosse músico. E o obriguei a ser publicitário! *(Erguendo-se pesadamente)* Sabe, Selly... Eu, o teu único amigo, sou um castrador de vocações. *(Joga as duas fantasias dentro do baú e o fecha pesadamente)*

SELLY: Pra mim você é um mágico. E vai me dar uma noite de amor!

FABIO: *(Deitando-se na cama) (Frio)* Eu não te prometo nada, Selly. Estou muito cansado.

SELLY: *(Abrindo os botões da camisa dele, de joelhos na cama)* A gente tenta, OK?

(Fabio abre o resto da camisa. Selly acaricia o peito dele. Abraçam-se fortemente. Após uma breve pausa, com urgência e fome, se desnudam, se enlaçam, e se atiram aos lençóis, rolando um sobre o outro e falando coisas ininteligíveis. Luz baixa em resistência, torna-se rosa e azul e mistura-se à música de circo, inundando o cenário onde os amantes continuam a rolar na cama, os corpos nus enlaçados, o riso solto e livre)

2º ATO

3º QUADRO

(Luz geral no cenário. Fabio e Selly estão sob os lençóis, exaustos. A expressão de ambos é como um "estado de graça". Apaziguados, sorriem sem tensão, e se estendem sob os lençóis com muita preguiça. Há cinzeiros cheios, copos sujos e várias bandejas com restos de comida. Tudo espalhado pelo chão, indicando que o casal está ali há vários dias)

SELLY: *(Limpando o canto do olho, bocejando)* Faz quanto tempo que a gente tá aqui?

FABIO: Uma noite, um século, um milênio!

SELLY: A gente bebeu muito ontem?

FABIO: E quando foi ontem?

SELLY: *(Espreguiçando-se longamente, sentando-se na cama em posição ioga)* Nunca foi tão bom assim. Nunca!

FABIO: Pra mim também. Aliás, pra dizer a verdade, foi a melhor coisa que me aconteceu na vida.

SELLY: E o teu escritório? A tua filha? O alemão? Fizeram *pluft* e sumiram?

FABIO: Mandei dizer que não estou.

SELLY: Então, se você despachou todo mundo por minha causa é porque eu sou importante pra você.

FABIO: Selly, acho que a gente não tomou um único banho todos esses dias!

SELLY: Eu tô tão amarrada em você. Uma amarração de dar arrepios!

FABIO: *(Desconversando. Olha o relógio)* Vamos pedir comida?

SELLY: ...Você também tá amarrado em mim?

FABIO: *(Tocando a campainha)* Não complica... *(A portinhola abre e ele fala para fora)* Joana, cê traz comida? Ótimo!

SELLY: *(Insistente)* Eu te perguntei uma coisa e você não respondeu.

FABIO: *(Após uma pausa)* Selly, não vamos estragar uma coisa tão boa! É tudo muito simples! Pra que dar nomes aos bois?

SELLY: Custa responder?

FABIO: Eu gosto de trepar com você. Só isso.

SELLY: Só isso???

FABIO: Só!

SELLY: Tem certeza?

FABIO: Absoluta. Eu nunca perco o controle. E seria perder o controle confundir esta transa maravilhosa da gente com um sentimento tão complicado. Tão babaca.

SELLY: *(Ofendidíssima)* O amor é babaca???!

FABIO: *(Carinhoso, paternal)* Não se amarra em mim, não, tá?

SELLY: *(Após uma longa pausa)* Não é perder o controle ficar dias e dias trepando... mandando dizer que não está???

FABIO: Eu me dei um tempo. "Intervalo Comercial".

SELLY: Quer dizer que eu sou uma espécie de férias... de sauna...

FABIO: ... ou de sonoterapia!

SELLY: *(De repente, lembrando-se de alguma coisa, extremamente dolorosa, dá um salto fora da cama)* Eu já fiz isso aí que você falou!

(A comida chega pela portinhola. Fabio se ergue com a bandeja e a coloca na mesa de centro da sala. Selly continua falando, cheia de dor, sem sequer olhar para ele)

SELLY: *(Caminhando com o lençol enrolado no corpo nu)* Fiquei tão pirada quando o Mariano me largou, que... me internaram!

FABIO: Vem comer... Pára de falar nisso...

SELLY: ... Eu fui um belo dia na república onde ele morava... e os amigos dele ficaram me olhando, que nem se eu tivesse morrido. *(Ela não olha para Fabio e fala quase compulsivamente, vivenciando o momento que narra na mesma intensidade do tempo em que ele de fato aconteceu)* Daí me entregaram uma carta. Uma filha da puta duma carta que quando eu acabei de ler pensei que fosse morrer. Na carta, ele dizia que tinha se casado com uma ex-noiva, que nunca foi ex-noiva porra nenhuma, uma que ele tinha lá na cidade dele desde pequeno! *(Agora Selly ofega, a dor aumenta. Ela prossegue mais e mais ansiosa e alheia a Fabio) (Intensa e forte)* Mas eu fui até Piracicaba. Claro que fui! Ele abriu a porta e disse pra mulher dele que eu era uma putinha ordinária! Que tinha me transado uma única vez! Que todo mundo sabia que eu era de mentir! E que eu era pirada!

FABIO: Vem comer. Pára com isso.

SELLY: *(Prossegue, caminhando com aflição cada vez maior)* Aí eu pirei. Pirei geral. Peguei um ônibus e voltei. Nem sei como fiz essa viagem. Perdi a noção de tempo! De tudo! *(Vai deixando o lençol cair, à medida que formula a próxima frase. Fica totalmente nua, em transe, no centro da sala. Fabio se constrange face a tanta dor)* Nem meu nome mais eu sabia! *(Após uma longa pausa, Selly sai da paralisia em que ficara ao formular a frase que sintetiza sua loucura passada. Volta-se para Fabio e prossegue, angustiadíssima, inconformada, desesperada na estória de seu desespero)* Aí os caras da república me internaram... depois que eu passei um mês sem comer e sem dormir, olhando pro teto!

FABIO: *(Segurando Selly pelos ombros)* Chega, Selly, chega! *(Abraçam-se, cúmplices em suas solidões. Um abraço forte, companheiro. Selly sorri, aliviada)*

SELLY: Mas agora eu tô aqui. Com o meu amor. *(Fabio ergue Selly no colo. Riem muito, como crianças libertadas de um castigo) (Fabio coloca Selly sentada próxima à mesa, no chão)*

FABIO: Esse sanduíche tá uma delícia!

SELLY: *(Infantil)* Não quero. Tô de regime.

FABIO: *(Paternal)* Estou mandando!...

(Ele come vorazmente)

SELLY: Você sempre comeu assim?

FABIO: Com essa fome, nunca.

SELLY: Tô dizendo nessa posição, feito japonês.

FABIO: Só na mesa da sala de jantar. À francesa. Cheio de "frescurites", como você diz.

SELLY: *(Após uma pausa, distante)* Agora eu entendi.

FABIO: Entendeu o quê?

Nélson Xavier e Maria Zilda, *Louco Circo do Desejo*, Rio, 1986, Dir. Marcos Paulo.

Mayara Magri e Umberto Magnani, *Louco Circo do Desejo*, Teatro Macksoud Plaza, 1985, Dir. Vladimir Capella.

SELLY: Você queria me proteger quando pediu pra eu não me amarrar.

FABIO: Isso.

SELLY: *(Forte, tensa)* Mas acontece que eu preciso que você diga que me ama.

FABIO: *(Tenso e sério)* Não, Selly, eu não te amo. Eu gosto de trepar com você, só isso.

SELLY: Você que pensa que é só isso.

FABIO: Eu gostaria de não discutir mais esse assunto.

SELLY: Mas eu quero, eu preciso falar nesse assunto.

FABIO: *(Empurrando a bandeja)* Selly, ou a gente fica por aqui nesse tema, ou é melhor...

SELLY: *(Desconfiada)* Vai me mandar embora?

FABIO: Se você continuar falando em amor, vou.

SELLY: Pois não precisa mandar, que eu já tô indo. *(Como que movida por uma raiva, ou um impulso, se levanta, se veste com as roupas amarrotadas que estavam no chão do quarto)* Acabaram as tuas férias, meu anjo.

FABIO: *(Erguendo-se e caminhando até o quarto)* Escuta, que que te deu?

SELLY: *(Ansiosa. Agitada. Com gestos desconexos)* Preciso pagar a *light*, limpar um pouco a minha casa, dar um chego na boate. Pensou se o cara me demite? Eu não sou proprietária de Construtora nenhuma! Sou eu e Deus!

FABIO: Eu pago as tuas contas, quebro todos os teus galhos de grana, nesse tempo que você passou comigo.

SELLY: *(Ofendida)* Enfia esse dinheiro onde você achar melhor. Ou então... Compra outro globo... no lugar do que eu navalhei. *(Ela caminha para o globo, já vestida e olha o lugar onde fez o X)* Bye, Piracicaba! Não sinto mais nada quando te olho!

FABIO: É porque você tá amarrada em mim!

SELLY: Eu já tinha esquecido o Mariano quando te conheci.

FABIO: *(Tentando impedir)* Você não vai sair.

SELLY: Não vou por quê?

FABIO: Por que eu não vou deixar.

SELLY: Mas eu quero ir embora.

FABIO: *(Vai até a porta, tranca e esconde a chave)* Pronto. Agora você vai deitar na nossa caminha, e a gente vai continuar a fazer o que a vida tem de bom.

SELLY: Prender uma pessoa é crime, sabia?

FABIO: Perfeitamente.

SELLY: E por que faz tanta questão que eu fique, se não me ama?
FABIO: Porque as minhas férias ainda não acabaram.
SELLY: Mas as minhas, sim.
FABIO: Selly, pára de resmungar e vai pra CAMA!
SELLY: *(Após uma pausa longa, ela volta para a cama e se estende languidamente)*... Tava tudo tão bom.
FABIO: *(Indo para a cama também)* Estava, não. Está.
SELLY: *(Deitando-se no peito dele)* Você estragou tudo.
FABIO: *(Beijando-a)*... estou até agora cheio de unhadas e mordidas suas...
SELLY: *(Entregando-se, apaixonada)*... e eu, com a boca inchada de tanto te beijar.
FABIO: *(Após um longo beijo)* Menina, minha menina!
SELLY: *(Olhando nos olhos)* Você me ama? Hein?
FABIO: *(Longa pausa, Fabio recua. Ergue-se, e acende um cigarro enquanto ela, tensa, aguarda a resposta)* Você é a melhor trepada da minha vida. O momento mais gostoso da minha vida. O único momento em que eu só fiz o que quis. Chega?
SELLY: Eu falei em amor.
FABIO: Isso não é amor?
SELLY: *(Firmemente colocada em posição de debate)* Não. Amor é uma coisa muito diferente.
FABIO: E o que que é então?
SELLY: Você sabe muito bem.
FABIO: Não sei coisa nenhuma. Eu nunca AMEI ninguém. Nem a Fernanda nem nenhuma das mulheres que tive!
SELLY: Nem os teus filhos?
FABIO: É diferente.
SELLY: É parecido.
FABIO: Nesse caso você gosta de mim como do teu pai.
SELLY: *(Reagindo)* Eu detesto o meu pai!
FABIO: Então... *(Procurando uma referência)* como do tio Frazão...
SELLY: É diferente, porra!
FABIO: Se você faz tanta questão de definições, eu vou ser bem claro: não. Não. Não. *(Resolvido)* E chega desse assunto, que isso me brocha!
SELLY: *(De repente, como quem precisa fugir, salta da cama e arruma os trajes, parece temer alguma coisa)* Eu... eu preciso sair daqui... Sair daqui... Agora mesmo!
FABIO: *(Notando o estado de desorientação dela, agarra-a para impedir que ela complete o traje. Eles lutam, pois ela está decidida mesmo a sair dali o mais rapidamente possível).*

SELLY: Me deixa. Me larga! Eu preciso ir embora! Se eu tenho que te tirar da cabeça, se eu tenho que te esquecer, tenho que começar logo. Vou por aí. Vou encher a cara. Vou dar pra cidade inteira. Ver o Silvio Santos. Qualquer coisa, pra te esquecer! Ai meu Deus! Pra que que eu fui me enfiar nessa? *(Pausa. Desamparada e em pânico)* E se eu não conseguir?... e se eu não conseguir te tirar da cabeça?

FABIO: *(Penalizado)* Selly, eu vou te buscar... de vez em quando... eu passo lá na boate... Mas... escuta... não tá bom como está?

SELLY: Não! Tá horrível! Se você falasse que me ama, ficava lindo. *(Pausa)* Eu *exijo* que você fale! *(À palavra "Exijo" Fabio reage violentamente)*

FABIO: Detesto ser cobrado, menina! Você tá fazendo gol contra! A Renata me cobra! A Fernanda me cobrou vinte e quatro anos, todas a mesma coisa! E eu nunca respondi!

SELLY: Pra Renata você respondeu, que eu sei!

FABIO: Não te mete na minha vida.

SELLY: Você que falou da tua família.

FABIO: Muito bem: *eu não te amo*! Pronto!

SELLY: Tem certeza? *(Desalentadíssima)*

FABIO: Absoluta!

SELLY: *(Após breve pausa) (Choramingando)* E por que não?

FABIO: *(Fabio finalmente "explode". É feroz sua amargura. Caminha pelo apartamento)* Porque não. Ou melhor, porque o amor é horrível! É cólica de manga verde! Contas a pagar! Cristo morreu na cruz por amor! Ganhou alguma coisa com esse amor todo? *(Aprofundando-se em si mesmo, Selly agora é quem se espanta)* Eu tenho medo de me apaixonar por uma pessoa. Uma coisa. Uma causa. Foi por esse medo que eu impedi meus filhos de seguirem a vocação deles. *(Pausa)* A arte... é uma coisa medonha, Selly! A arte mata! É preciso brilhar sempre! Eu tinha medo que meus filhos não conseguissem brilhar... que fossem... medíocres, anônimos! *(Agora estão de costas um para o outro. Selly olha para canto algum, alheia, dolorida. E ele prossegue absorto em seu discurso)* ...Sabe ...eu quis ser escultor um dia! Ia pro atelier de um amigo meu e passava dias e noites inteiros mexendo com cimento e areia... mas aí eu já estava pra casar. Já trabalhava na Construtora do meu sogro, que hoje é minha. E então... cortei meu próprio barato. Eu não gosto de correr riscos, Selly. *(Ficam outra vez face a face) (Pausa longa: eles se entreolham)* Eu só pulo do trapézio com rede protetora embaixo.

SELLY: Sou mais Cristo, que encarou no osso do peito. Me dá a chave.

FABIO: *(Ela se ergue com urgência estranha. Afasta-se dele. Ele lhe atira a chave)* Pois está na cruz errada, meu bem.

SELLY: *(Pega a chave no ar)* Boa noite e obrigada por tudo. *(Vai sair mas volta-se)* Sabe a estória da navalha? Do motel? Era tudo mentira.

FABIO: Mentira???

SELLY: ...*(De costas, revoltadíssima)* Era domingo. Tinha uma goteira bem em cima da minha cabeça. Eu tava vendo o Silvio Santos e me deu um saco cheio de tudo que eu vou te contar! O sofá todo furado, saindo algodão de dentro. Pensei: vou cortar os pulsos! Não pago mais prestação nenhuma! O Mappin que se foda! E aí... eu vim... E... eu fingi! Eu fingi tudo! Fingi o tesão... a navalha... Tudo! Tudo! Sabia que eu não gozei uma única vez???

FABIO: E por que isso tudo?

SELLY: Eu percebi que você tava mais carente que menino de Febem. Mais que eu, até. E aí eu fingi. Eu queria que você segurasse a minha de grana. Que me desse um TV a cores e um sofá novo, em troca de um cafuné.

FABIO: Me usou, então...

SELLY: Como um *smoking* alugado. E agora tô devolvendo.

FABIO: Ordinária! *(Segura Selly, com violência, pelo braço)*

SELLY: Você era um brocha, cara! *(Ela ri histericamente)* *(Ele a sacode mais e mais)*

FABIO: Vagabunda!

SELLY: ... Até eu pintar na tua vida você era um brocha! Devia me dar sociedade na Construtora por eu ter levantado esse teu pau de defunto!

FABIO: *(Dando um tapa nela e derrubando-a ao chão)* Prostituta!

SELLY: Engenheiro!

(Ela se ergue com dificuldade. Caminha para a porta de saída)

FABIO: Acontece que eu também menti.

SELLY: Pau levanta ou não levanta! E o teu levantou não sei quantas mil vezes!

FABIO: *(Fazendo um cheque)* Muito bem. Eu te usei. Você me usou. Eu te pago e você desinfeta: como queríamos demonstrar!! C.Q.D! Desinfeta! *(Atira o cheque. Ela pega o cheque e o dobra com temor, colocando na bolsinha. Enquanto ele grita, Sel-*

ly vai saindo aos prantos) Desinfeta! Desinfeta, ninfeta da Major Sertório! *(Selly sai. Vê-se que caminha chorando por trás dos arcos vazados, e sob a luz da silhueta da cidade de São Paulo, cujo telão se acende. Fabio procura alguma coisa para chamar a atenção dela, e coloca no toca fitas a "Cavalgada" de Roberto Carlos. Selly pára, no fundo do telão, magicamente convocada pela música. Fabio hesita e hesita mas finalmente abre a porta e caminha até ela. Ela atira a blusa ao alto, fica de seios nus. Ele tira a camisa e também a atira ao alto, ficando de peito nu: abraçam-se, libertos. Luz baixa em resistência. Roberto Carlos em* off *com sua "Cavalgada")*

4º QUADRO

(Selly está só. Veste um pijama de Fabio, olha o relógio ansiosa; come unhas. Tenta costurar um paetê rasgado. Não consegue. Olha outra vez o relógio e come unhas. Tenta costurar o paetê. Atira longe a peça de roupa brilhosa. Fabio entra abatido e rigorosamente sóbrio. Passa por ela sem sequer cumprimentar. Ela se ergue, aflitíssima)

SELLY: Onde você foi esses quatro dias? Procurei por tudo quanto é canto. Podia pelo menos telefonar... *(Ele se deixa cair no sofá, tira o paletó. Desamarra a gravata)*

FABIO: Estive no hospital *(Selly entra em pânico)*

SELLY: No hospital????

FABIO: Minha filha tentou se matar. *(Pausa constrangedora, longa)*

SELLY: Ela... ela está bem... agora?

FABIO: Está.

SELLY: E... por que que ela fez isso?

FABIO: *(Amargo)* Vai ver porque não tá no Bolshoi.

SELLY: Você tá sofrendo paca, não tá?

FABIO: Estou.

SELLY: *(Piedosa, sincera)* Posso fazer alguma coisa?

FABIO: Não.

SELLY: *(Desarvorada)* Olha, ligou aí um tal de Lemos, e deixou um recado... que falava que... *(Sem jeito)* Não me lembro.

FABIO: Tente se lembrar. É importante esse recado.
SELLY: Era uma coisa... ah, lembrei... uma coisa de preço...
FABIO: Já entendi.
SELLY: Me explica?
FABIO: Uma das obras está encalhando inteira. E o corretor chefe quer que eu baixe o preço. Ele acha que o preço é que está assustando os clientes. O que o Lemos não entendeu é que o errado não é o preço. É o País.
SELLY: Chi, os teus negócios estão numa *bad*, então!
FABIO: Numa *bad* vai ser difícil você ver o Fabio Costa!
SELLY: Não precisa falar desse jeito comigo.
FABIO: *(Agressivo)* Varre essas lantejoulas, que isso é uma casa. Não é um picadeiro!
SELLY: Não sou empregada.
FABIO: A Joana tá de folga hoje. E eu não vou ficar com lantejoula colada na bunda só porque você não é empregada.
SELLY: *(Passando a vassoura a contragosto)* Você não pode falar comigo sem essa voz de *meganha*?!
FABIO: Selly, minha filha tentou se matar. As obras estão encalhando. E a Fernanda quer que eu volte pra casa. Está com olheiras até o pé. Entende que eu não posso falar com outra voz?
SELLY: *(À menção de "voltar pra casa", reage)* E aí? Você vai voltar pra lá? Vai voltar só por que ela tá com olheiras?
FABIO: Estou pensando. Fiquei pensando esses quatro dias, lá no hospital, enquanto a Renata dormia!
SELLY: Mas não tava decidido que teu casamento tinha acabado?
FABIO: Estava.
SELLY: Vocês não tinham até assinado um papel?
FABIO: Papel nenhum resiste a tanta pressão.
SELLY: Puxa, vida... depois de tudo que você falou sobre seu casamento, você vai voltar???
FABIO: Se eu não voltar pra casa, a casa cai.
SELLY: *(Após uma longa pausa)* Ligou teu filho da Grécia.
FABIO: *(De um salto)* E que que ele disse?
SELLY: Não entendi direito. Acho que ele tava bêbado.
FABIO: *(Amargo)* Não. Não estava bêbado. Estava de bode de ácido.
SELLY: Em plena lua-de-mel?
FABIO: Vício é vício. E nunca vi lua-de-mel que durasse seis meses.
SELLY: A nossa tá durando.
FABIO: *(Fazendo um uísque)* Quer?
SELLY: Lógico.

FABIO: Vê se não desembesta a beber que hoje eu não tô a fim de te carregar.
SELLY: Você também bebe paca.
FABIO: Mas não perco o controle!
SELLY: Se eu contar o número de vezes que você diz essa palavra...
FABIO: Eu gosto dela.
SELLY: Se você nunca perde o controle, e aquele dia na boate?
FABIO: Eu estava totalmente lúcido. Aliás, a seco.
SELLY: Então, foi pior do que eu pensei...
FABIO: Por quê?
SELLY: Porque é o meu emprego, porra!
FABIO: Quem mandou ficar dando bandeira?
SELLY: Eu não estava dando bandeira. Eu estava trabalhando. Fazendo *script-tease*, que é o MEU trabalho. E você deu uma porrada no MEU patrão!
FABIO: Você estava olhando pra ele com a língua de fora. Chamando. Provocando. E o filho da mãe de pau duro.
SELLY: Você imaginou tudo isso. Ele é apenas o dono da boate.
FABIO: Você dá uma bola danada pro cara. Não chega dançar nua em troca de um salário vagabundo? Precisa fazer hora extra?
SELLY: Eu nunca transei o Seu Valdemar!
FABIO: Ele me falou que te comeu. Por isso enchi a cara dele de porrada!!
SELLY: ... Eu pensei que você tava bêbado. Por isso, perdoei. Só por isso. Agora eu "desperdoo", fim! Fim!
FABIO: Muda o disco!
SELLY: Então, se você não estava bêbado, foi um desrespeito comigo.
FABIO: Dá licença de eu ter um momento de fraqueza?
SELLY: Depois não fala em "controle", "autocontrole"... essa ladainha!
FABIO: Eu perdoei todos os teus momentos de fraqueza.
SELLY: Que momento de fraqueza que eu tive? Faz seis meses que me comporto como uma menina de colégio de freira.
FABIO: Uma freirinha não iria de paetê e *jeans* justo, colado feito figurinha, ao MEU escritório, ao meio-dia!
SELLY: É como me visto.
FABIO: Podia se vestir com mais classe.
SELLY: A engenheirada bem que gostou.

FABIO: Lógico! Um *strip-tease* ao meio-dia, em plena Paulista, quem é que não gosta?!
SELLY: E qual foi meu outro deslize?
FABIO: Em plena reunião com executivos alemães, no *horário comercial*, você entra porta adentro e me pergunta se eu te amo. Às vezes, acho que você também toma ácido! Porque bandeira igual só vi meu filho dar.
SELLY: E que mais? *(Sem jeito)*
FABIO: *(Profundamente irritado, já erguendo a voz)* Expulsou uma amiga minha a tapas!
SELLY: Amiga?? Com aquela cara?
FABIO: É a cara dela.
SELLY: Fiquei com ciúme do jeito que ela falou teu nome.
FABIO: Que jeito, porra, que jeito?
SELLY: Com voz rouca, com tesão!
FABIO: Ela TEM voz rouca! Ela TEM calo na garganta!
SELLY: Bom, deslize por deslize, a gente tá empatando. Ah, não, EU tô ganhando: lembrei o escândalo do COPAN!
FABIO: O cara tava te amassando... na porta do elevador...
SELLY: Era um garçom, uma bicha lá da boate!
FABIO: *(Rindo com ironia)* Bicha??? Com aquele vozeirão??
SELLY: E precisava jogar ele no chão com golpe de caratê?
FABIO: Você sempre soube que eu sou ciumento.
SELLY: Você tem o direito de ser o que quiser. Eu, não.
FABIO: Assim é, e assim sempre será.
SELLY: *(Revoltada)* E por quê?
FABIO: Porque a cultura ocidental assim determinou: o macho manda, a fêmea não manda.
SELLY: Mas eu não quero assim.
FABIO: Ou é assim ou não é.
SELLY: Quero que você resolva a situação da gente.
FABIO: Não tem saída.
SELLY: Eu sei uma.
FABIO: Casar?
SELLY: Eu não disse isso.
FABIO: Eu propus te manter, sem aquela maldita boate. Você não topou.
SELLY: Não quero você de coronel.
FABIO: Não podemos ser mais delicados? Que mal existe em te ajudar? Você custa tão pouco, Selly! Só a mesa de som que eu dei pro meu filho custa mais do que a tua quitinete!
SELLY: Se você pensa que me sustentando tá tudo resolvido...

FABIO: Noventa por cento, sim.
SELLY: Tem os 10% do serviço!...
FABIO: Você tá ficando vulgar do jeito que eu não gosto.
SELLY: ... sem me sustentar você já acha que tem direitos sobre a minha pessoinha... Imagine me sustentando!
FABIO: Ciúme eu vou ter com 10% ou 90%!
SELLY: E eu também!
FABIO: *(Explodindo)* A gente já tentou tudo: "amizade colorida", "dia sim, dia não"... e nada deu certo. No dia *Não*, você me ligou 83 vezes! Eu contei!
SELLY: *(Explodindo)* E na "amizade colorida" você amassou o meu amigo garçom, e o meu patrão!
FABIO: Tá ficando uma merda, Selly! Pior que casamento! A gente nem tá mais trepando legal. Na hora que eu vou gozar, você me pergunta se eu te amo. E se eu não respondo, você diz que vai cortar os pulsos!
SELLY: E na hora que EU vou gozar, você vai atender o telefone. E eu que me foda. Ou melhor, que NÃO ME FODA! *(Pausa)* Olha, eu vou te avisando. Se desta vez eu abrir aquela porta, é pra nunca mais voltar!
FABIO: *(Após uma pausa)* Tá decidido, Selly! Você vai abrir aquela porta... e não vai mais voltar. *(Muito tensa, Selly se contrai toda. Ele a abraça)* A gente tentou. Mas não deu. Não tem espaço na minha vida pra você. *(Ela escapa ao abraço, fica de costas, contraída) (Fabio desabafa, desesperado)* Eu tenho vergonha de você. Vergonha, entende? Pra você é fácil largar tudo e entrar neste apartamento. Pra mim, assumir você significa quebrar um edifício inteiro, de concreto armado, com a mão! *(Bate na porta com violência e angústia)*
SELLY: Como é que não tem espaço pra mim na tua vida? A tua vida era só fossa quando eu pintei! E vergonha de mim por quê? Porque eu faço *strip-tease*? É o meu trabalho, porra! *(Começa a chorar)*
FABIO: Não dá, Selly, não dá!
SELLY: Por que que a gente não pode ser feliz? Por quê?
FABIO: Porque eu sou velho e você é puta. Porque eu tenho laços. Raízes. Uma história...
SELLY: Uma história que é um monte de telefonemas a meia-noite pra te dar enfarte.
FABIO: ... E porque eu tracei minha vida com um esquadro infalível. Não tinha Selly no meu projeto. Nem lantejoula no carpete!
SELLY: *(Agarra-se a ele)* Também não tinha amor!!

FABIO: ... O que não tem solução, solucionado está! *(Ela se ajoelha)*

SELLY: Fabio!!...

FABIO: Levanta daí que eu detesto gente que se ajoelha!

SELLY: *(Beijando as pernas de Fabio, a virilha, até chegar à cintura dele com força, com ternura)* A gente tá grudado... a gente não consegue se separar...

FABIO: *(Desvencilhando-se de Selly)* Selly, eu queria que você saísse e que não me procurasse mais. *(Longa pausa. Selly se veste completamente. Fabio olha com tristeza para ela, mas mantém a imponência de sua decisão)*

SELLY: Eu não volto mais, mesmo! Nunca mais! *(À porta)* O remédio do coração tá no outro armário. Eu fiz faxina lá. *(Sai. Fabio fica algum tempo sem se mover. Depois começa a falar sozinho)*

FABIO: Não dá, Selly. Não dá. A gente tem que conseguir. A gente tem que conseguir! *(Baixa a cabeça)* Não é fácil pra mim também, se você pensa! *(Luz baixa em resistência. Selly volta num clima de delírio, caminhando lentamente como uma visão mágica, por um dos arcos do cenário)*

SELLY: Eu achei melhor não sair assim, deixando um monte de mentiras atrás! Sabe aquele garçom bicha, da boate?

FABIO: Que que tem ele? *(Fabio agora está na cama, totalmente concentrado nela, desconfiadíssimo)* *(A luz continua em clima de delírio toda esta ação. Até o fim da peça)*

SELLY: Ele não era bicha. Ele... era...

FABIO: *(Saltando da cama)* QUEEEMMM?

SELLY: O Mariano.

FABIO: *(Reagindo como se levasse uma bofetada, ele vira o rosto)* O Mariano!

SELLY: *(Com ar vitorioso)* O Mariano!

FABIO: *(Caminha até ela, trêmulo de dor e de ódio)* O Mariano, é? *(Fabio segura o rosto de Selly com ódio)* Um cara que te pisou, que te fez de Judas em Sábado de Aleluia! *(Sacudindo Selly)* Que te levou à loucura *(Sacudindo mais fortemente, com violência)*

SELLY: E você? Não tá me pirando não?

FABIO: *(Mais descontrolado ainda)* Como foi, hein?

SELLY: *(Fria. Agora é ele quem se descontrola cada vez mais)* Ótimo! Aliás, jovem é outra coisa! Nunca mais trepo com velho.

FABIO: *(Inteiramente obcecado pelo ciúme)* Você gozou?

SELLY: Lógico!

FABIO: Quantas vezes?

SELLY: Um monte!
FABIO: E quando foi?
SELLY: Foi no primeiro dia "não" que a gente combinou. Daí por diante, todo dia "não" da gente, era dia "sim" com ele.
FABIO: *(Aturdido de ciúme)* É mentira! *(Ele agarra Selly com muita força. Ela recua, demonstrando estar machucada. Lutam. Ela tenta escapar ao cerco e à violência dele. Ele prossegue, descontrolando-se mais e mais, colocando as mãos no ventre e demonstrando sentir a "cólica". Selly percebe a "cólica" dele, que geme enquanto fala a mesma frase obsessivamente)* É mentira! Diz que é mentira! *(Ele rasga a blusa de Selly) (Nova luta. Ela escapa)*
SELLY: *(Fabio a alcança e a retém com violência, sacudindo-a o tempo todo)* É verdade! É a pura verdade!
FABIO: *(Unha Selly, que grita. Depois baixa ao chão, vencido pela dor da "cólica")* Você não tem esse direito! *(Acaba no chão, de joelhos)* Você não tem esse direito! Diz que é mentira senão eu te mato!
SELLY: É verdade.*E levanta daí que eu detesto gente que se ajoelha!*

(Ela coloca o pé esquerdo sobre a cabeça dele, depois solta Fabio, e fica de costas com a cabeça baixa, as mãos sobre o rosto, soluçando. Fabio se ergue lentamente, transido de dor. De costas para Selly, ele olha para o teto e para os lados, num estranhamento longo. Pausa longa. O rosto de Fabio se ilumina lentamente. Selly fala de costas) Você me espanca... me humilha... me magoa... me deixa todo dia com esse frio no estômago... *(Pausa longa. A "cólica" de amor, o ciúme e o desespero parecem ter transtornado Fabio. Ele ri, enlouquecido, os olhos esbugalhados de estranho espanto, como se visse uma miragem. Suas mãos gesticulam no espaço e seu andar é alheio)* Selly... Selly... eu te amo! *(Em meio a risadas, Fabio formula repetidamente sua declaração de amor, que é ouvida com encantamento por Selly. Estarrecida, espantada, ela não compreende a mudança no comportamento de Fabio)* Eu te amo! Eu te amo!
SELLY: Você tá de bem mesmo depois de tudo o que te contei?
FABIO: Agora não tem importância! *(Pára de rir e caminha por entre os arcos, correndo e parando, de braços abertos)* Nenhuma importância, Selly!
SELLY: E por quê?
FABIO: Porque eu estou livre! E porque eu sinto um tesão maior que o mundo e uma filha da puta de uma vontade de ser

feliz! *(O telefone toca. Ele tira do gancho falando com o aparelho)* Engano! *(Para Selly)* E porque eu quero uma alegria besta como comer *marshmallow*! Uma ventania! Um susto! Um "de repente"! Um compasso sem perna! Uma régua T sem T! Uma rede na praia e um chinelo no mar! O bico dos teus seios! Tua cintura fina! Tua língua! E todas as tuas lantejoulas, Selly! Quero... *(Veemente, transtornado)* tua voz de taquara rachada cantando qualquer bobagem, bêbada feito uma porca! E uma água quente e eterna e mansa rolando nas minhas pernas... nas tuas coxas... nos teus pêlos! Quero o teu mais absoluto silêncio e o teu mais escandaloso grito... de gozo... quando eu vou ao fundo de você com a minha raiva!... E arrebento os teus segredos na ponta do meu pau! *(Pausa)* Fica decidido, Selly! *(Ofegante)* Daqui por diante, você vai andar nua como uma rainha demente! *(É tão abrupto este discurso que Selly corre ao telefone, assustada, abrindo a caderneta de endereços com a outra mão, visivelmente procurando o médico de Fabio)*

SELLY: Eu vou ligar pro Dr. Geraldo! Você tá muito esquisito!

FABIO: *(Tirando o fone e a caderneta das mãos de Selly)* Estou lúcido, Selly. Lúcido como um teorema. *(Repousa o fone fora do gancho. Olha Selly dentro dos olhos. E depois, firme e obstinado, se afasta, abre o baú. E retira a fantasia de bailarina de Fernanda, que atira para Selly)* Veste isso!

SELLY: *(Pegando a fantasia de bailarina no ar)* Qual é agora?

FABIO: *(Retirando a roupa de palhaço do baú e vestindo-se com ela)* Veste logo, que a gente vai sair.

SELLY: *(Vestindo a roupa de bailarina às pressas)* E onde que a gente vai, nessa porra-louquice?

FABIO: Ao Macksoud. *(Ao ouvir a palavra "Macksoud", Selly se retesa. Já inteiramente vestida de bailarina, fechando o zíper pelas costas, ela pergunta, perplexa)*

SELLY: Ao Macksoud? Fazer o que lá???

FABIO: Eu vou dizer ao Herman que vendo a Construtora pra ele.

(Explodem em risos. Abraçam-se. Em câmera lenta caminham para a porta de saída. Antes de sair, voltam, e executam gestos mecânicos em seus cotidianos: ele joga o blazer por cima da roupa de palhaço. Ela calça os tamancos sobre a malha de ballet. Retomam a caminhada para a saída, mas outra vez recuam. Selly coloca o chapeuzinho do palhaço no globo terrestre. Ao cruzar a porta, congela imagem com parte das figuras dos

amantes ainda dentro do cenário. Luz baixa em resistência, tornando-se rosa e azul. Entram música de circo e a voz do palhaço inicial, que repete algumas vezes o mesmo refrão, até que o telão de circo caia sobre o cenário, encerrando o espetáculo)

PALHAÇO INICIAL: "Então, fica combinado assim. Eu gosto de você e você gosta de mim".

(CAI O TELÃO. FIM)

NUCLEO HAMLET

APETESP - COOPERATIVA PAULISTA DE TEATRO - UET

APRESENTAM

PROJETO BALANÇO GERAL

PATROCINIO

SECRETARIA DE ESTADO DA CULTURA

HOJE   :   SCRIPT - TEASE

COM   :   CELIA HELENA EDNEI GIOVENAZZI MARILENA ANSALDI
                              JOFRE SOARES

DE   :   CONSUELO DE CASTRO

DIRECAO   :   ADHEMAR GUERRA

DATA: 02/12/1985   POLTRONA: ANO TIPO: NORMAL   PRECO: 20000
DATA: 02/12/1985   POLTRONA: ANO TIPO: NORMAL   PRECO: 20000

TEATRO MARIA DELLA COSTA
RUA PAIM N. 72   TEL. 256.7907   856.9115

Estamos Utilizando o Sistema ACTIVE INFORMATICA - Fone 462-0800

SCRIPT-TEASE

*A Jorge Andrade e Helena Almeida Prado,
avesso dessa amarga ficção.*

PERSONAGENS

VERÔNICA: Quarenta anos. Professora de História do Brasil. Autora de teatro e de TV. Casada com Pedro, mãe de dois filhos pequenos. Atrapalhada, torturada, insegura, ela tem dificuldades de se impor com todas as suas personagens, seja na vida real, seja na ficção ou na memória.

VERÔNICA 2: É Verônica, aos vinte anos. Sua projeção no passado. Segura, forte, corajosa, cheia de energia. Ela cobra de Verônica adulta e madura o compromisso do escritor. Cobra também coerência política, dignidade nas relações afetivas. É o inconsciente de Verônica, o seu passado, o seu começo e o seu "dedo em riste". A relação entre as duas é profundamente agressiva.

PEDRO: Mais velho que Verônica, calmo, equilibrado, de poucas palavras, médico ginecologista, ele vive dividido entre o amor que sente pela esposa e sua ausência. Pedro também desejou uma sociedade justa e uma profissão exercida com esse sentimento. Quis ardentemente clinicar para mulheres do povo, quis uma medicina popular, mas foi obrigado a se submeter a esquemas empresariais rígidos, pois tem que manter, sozinho, um alto padrão de vida familiar.

ÂNGELO: Um pouco mais velho que Verônica, diretor da novela que Verônica escreve, marido de Elisa, Ângelo foi professor de História do Brasil de Verônica nos tempos de faculdade. E estreou em teatro dirigindo uma peça dela, vinte anos atrás. Ele gosta muito de Verônica, é apaixonado por ela, se bem que esse sentimento esteja associado a uma projeção do que ele próprio gostaria de realizar em sua vida. Hoje mergulhado nos bastidores de uma empresa falida de TV., Ângelo sente-se frustrado, vendo em Verônica a possibilidade de voltar a fazer teatro, de recomeçar o ciclo iniciado corajosa e energicamente na Universidade. Ângelo é o homem típico de TV: ágil, dinâmico, prático, desembaraçado, mas também frio e quase sempre cínico. Revela nos momentos de tensão uma personalidade carente e insegura. Para Verônica, Ângelo representa, na sua figura de vinte anos atrás, o professor. Aquele que ensina e conduz, aquele que critica e impulsiona. É o seu "crítico", em teatro. O seu "mestre", no aprendizado da história pátria. O seu "companheiro" na vivência de todos esses papéis.

ELISA: Mulher de Ângelo. Atriz de TV, bonita, sensual, desequilibrada, insegura. É protagonista da novela que Verônica escreve e "pode morrer" de uma hora para outra. Elisa teme, com essa morte, outra morte: a profissional. Elisa tem ciúme de Verônica com Ângelo, mas apesar de tudo é capaz de doçura, sinceridade, lealdade.

Na sua personagem de vinte anos atrás, Elisa é uma moça igualmente angustiada, só que um pouco mais rígida, mais politicamente rígida.

NAMORADO IDEAL: Personagem idealizado do homem ideal. Charmoso, elegante, sedutor.

NAMORADO PRIMEIRO: Meninão mal vestido, desajeitado, grosseiro. Muito jovem, inseguro, brusco e brutal, ele e o Namorado Ideal são a *mesma pessoa*. Devem, pois, ser interpretado pelo mesmo ator.

CENSOR: Idade indefinida, mais para velho que para jovem. Rígido, formal, antiquado e moralista.

TORTURADOR: Mesma idade do Censor, mas não pode ser feito pelo mesmo ator, pois ambos têm que estar juntos no resgate final. Torturador é brutal, senil, debochado.

MARIA: A babá das crianças de Verônica. Simples, sincera, espontânea. Uma moça do povo, desengonçada, realista, prática e afetiva.

PAI: Simples, rústico, homem de uma sinceridade quase infantil. Pai é sonhador, triste e incompreendido. Às vezes manifesta revolta pelo silêncio que sempre existiu entre ele e Verônica. Sua paixão é o circo, mundo lúdico que venera em sua ingenuidade caipira. Foi e é antítese de Ângelo, na vida de Verônica. Este último simboliza o mundo do Conhecimento, da Arte, ao passo que o pai é o mundo lúdico. Assim o contraponto é: Ângelo = Conhecimento/Arte *VERSUS* Pai = circo, ludicidade. Pai, Palhaço Piolin. E Ângelo, Monteiro Lobato.

NESTOR: Contra-regra ou assistente de direção, com funções pouco claras, já que é uma espécie de faz-tudo. Operário de bastidor de TV, técnico, Nestor é intenso, sincero, dedicado. Um trabalhador da Arte, embora sem consciência do que seja Arte, mas de grande intuição poética. Manipulado pelos cordéis da empresa, Nestor tem uma bela captação simbólica, uma síntese trágica de sua condição, no momento de sua maior agonia. Sua loucura é sua lucidez.

CENÁRIOS

– Suíte de Verônica e Pedro, na casa deles. Ao lado do quarto de casal o escritório dela.

– Sala do Torturador. Pode ser também a sala do Censor, nas respectivas cenas, e outros espaços.

– Ao alto e ao fundo do palco, acima ainda da suíte de Verônica e Pedro, uma porta que dá para o "País da Gramática". Espaço ficcional, de luz intensamente azulada, irreal, delirante.

– OBS: 1) Os espaços citados poderão ser modificados e multiplicados por efeitos de luz.

2) Escadas e praticáveis ligam os vários planos.

1º ATO

(Verônica escreve em seu escritório, evidentemente cansada. Ouve choro de criança e pára abruptamente. Entra Maria, a babá)

MARIA: Desculpe interromper. Mas a menina ainda tá com febre.
VERÔNICA: Você deu o AS?
MARIA: *(Confirmando)* Hum, hum.
VERÔNICA: E o antibiótico?

(Entra Pedro evidentemente irritado)

PEDRO: A Aninha chorou, ninguém ouviu?
MARIA: Ouvi, sim, senhor. E tirei a febre. E...
PEDRO: *(Para Maria)* Com licença, Maria. *(Maria sai respeitosamente)*
VERÔNICA: Está tudo sob controle. Levei a Aninha ao médico hoje à tarde. *(Pedro está muito ríspido)*
PEDRO: Hoje à tarde é hoje à tarde. Se a febre subiu agora, é agora que a providência tem que ser tomada. *(Passam para o quarto do casal)*
VERÔNICA: E por que só eu tenho que tomar providências?
PEDRO: Eu inverto a pergunta.
VERÔNICA: A Maria deu o AS, que é o que se dá quando

criança tem febre. Por que essa irritação? Que que eu fiz dessa vez?

PEDRO: O que que você NÃO fez dessa vez. Você passa a vida nessa máquina de escrever. Não enxerga nada em volta. Eu tenho que enxergar tudo: goteira, febre de criança, cupim, tudo. Lembre-se: sou médico. Não sou governanta.

VERÔNICA: Eu também não sou governanta. Sou autora de teatro. Nesse momento, autora de novela de televisão.

PEDRO: Além das tuas personagens, existem as pessoas, sabia?

(Verônica sai, batendo a porta. Volta ao escritório. Batem à porta do escritório. Entra Maria)

MARIA: Tirei de novo... a febre. Baixou.

(Pausa longa. Maria olha com o rabo do olho para o papel na máquina, evidentemente curiosa)

VERÔNICA: Obrigada, sim? *(Maria não entende que é para se retirar)*

MARIA: A senhora... resolveu?

VERÔNICA: O quê?

MARIA: Se mata ou não a Fernanda.

VERÔNICA: *(Irritada)* Não resolvi, não. Até você, Maria? É a produção. O elenco, a direção, e agora você? Não. Ainda não resolvi nada.

MARIA: *(Se retirando)* Não mata, não! Ela é tão boa! E hoje em dia tá tudo tão difícil! Quem vai cuidar dos filhos dela? *(Maria sai e Verônica grita)*

VERÔNICA: Me traz uma Tônica?

MARIA: *(Põe, marota, a cara na porta. Rindo)* Só se a senhora prometer que não faz essa maldade.

VERÔNICA: ME TRAZ UMA TÔNICAA! *(Maria sai de vez. O telefone toca. Cansada, Verônica hesita em atender, por fim atende)* Alô, Elisa? Como eu sabia que era você? Quem podia ser? *(Pausa)* Sei... *(Pausa)* Sei... Você não quer morrer. Tua personagem é central, importante, sei... sei!!! Elisa, você é atriz há séculos! Você tem que entender que uma novela é um todo e que às vezes a gente tem que sacrificar algumas coisas para resolver outras. *(Pausa longa. Ela escuta, evidentemente com sacrifício)* Você recebeu cartas de fãs. Eu também. Até a babá dos meus filhos veio em teu socorro. *(Pausa longa. Irritadíssima)* Eu já pedi ao elenco pra não ligar, saco! Tenho que te matar pra arranjar assunto até o fim da novela! Tô no meio e já aconteceu tudo: casamentos, golpes, tudo! Se precisar mato, desmato, aborto! *(Pausa longa. Ela fica muito apreensiva com o que ouve)* O quê? Ressuscitou? Quem ressuscitou? *(Desliga, falando consigo própria)* Merda! Eu *tenho* que ir lá. E eu *detesto* ir lá! *(Pedro entra procurando alguma coisa num armário)*

PEDRO: Cadê meu *blazer* de lã?
VERÔNICA: E eu sei?
PEDRO: A passadeira não veio essa semana também?
VERÔNICA: Pedro, eu juro por Deus que não sei.
PEDRO: Você não orienta os empregados?
VERÔNICA: A Maria orienta.
PEDRO: A Maria... A Maria... *(Pausa)* Enfim, você não tem idéia de onde está o meu *blazer*?!
VERÔNICA: Coloca um casaco qualquer. Por quê? Aonde você vai a essa hora?
PEDRO: Um parto de emergência.
VERÔNICA: Eu não acredito. Simplesmente não acredito.
PEDRO: *(Irritado)* Não acredita por quê?
VERÔNICA: *Toda* noite, há uns dois meses, você tem tido partos noturnos. Será que a mulherada resolveu dar à luz nas trevas? *(Vão para o quarto, ele sempre procurando nos armários)*
PEDRO: Eu não te cobro nada, portanto não vem de inquérito pra cima de mim.
VERÔNICA: Pedro... você não precisa mentir. Eu prefiro que você não minta.
PEDRO: Muito bem, não há parto. Eu quero sair pra esfriar a cabeça.
VERÔNICA: Fica comigo. Eu leio o capítulo. Você me diz o que acha. *(Animando-se)* Olha, eu tô num dilema danado. O Arthur mandou esticar mais uns capítulos. Vou ter que sacrificar uma personagem. E ao mesmo tempo é complicado. Porque a Fernanda é protagonista. Você entende? *(Pedro, alheio, irritado)*
PEDRO: Não tô com saco. Me desculpe mas não tô com saco.
VERÔNICA: Pelo amor de Deus. Fica um pouco. Me dá uma mão. Eu tô muito sozinha. Sabe, eu tô estafada. Tá me dando uns brancos horríveis. Tem horas que eu me sinto numa cadeia.
PEDRO: A minha cela é pior que a sua. *(Pausa)* Porque nenhum autor pode abrir a grade e dizer: você está livre!
VERÔNICA: Me conta o que tá te angustiando. Quem sabe a gente pode se ajudar. Antes a gente se ajudava. A gente ficava até as seis da manhã conversando.
PEDRO: Isso foi há muito tempo. E diga-se de passagem: a gente conversava sobre os teus problemas.

VERÔNICA: *(Vestindo um casaco qualquer)* Você está sendo injusto.

PEDRO: Você só ouve a você mesma. Só fala consigo mesma.

VERÔNICA: E você só sabe acusar e cobrar. *(Erguendo-se)* A gente precisa lavar toda a roupa suja de uma vez.

PEDRO: A hora que eu fizer isso, não vai sobrar uma cueca pra contar a estória. Não tem o que conversar. Tchau. *(Vai sair)*

VERÔNICA: *(Vendo que ele vai mesmo sair, corre a abraçá-lo. carente)* Pedro, fica... Eu paro de escrever... *(Tentando ser sedutora, beija a nuca dele)* Eu... faz tanto tempo que a gente não...

PEDRO: Eu preciso sair. Eu preciso!

VERÔNICA: E se a gente fizesse amor?

PEDRO: *(Paternal)* Você não tá com tesão. Você tá querendo trepar só pra me segurar em casa. Você tá sem tesão. E eu respeito esse teu momento. Não força a barra.

Black-out. Pausa. Acende no set de gravação. Há roupas de época espalhadas pelo cenário, que sugere o espaço de um gabinete público, uma prefeitura... Irritados, Elisa e Ângelo dialogam. Ela, com script na mão, maquiada e vestida para a novela. Nestor entra e sai, carregando objetos de cena, visivelmente contrariado, entediado, e cantarolando "El día que me quieras". Ninguém sequer nota a presença de Nestor)

ELISA: *(Agitando o script)* Daí que a Vilma morreu semana passada e eu tenho um monte de cenas com ela HOJE.

ÂNGELO: Nada disso. No fim da cena da morte, o médico ouvia o coração e dizia: "Ainda está viva".

ELISA: Só porque você quer.

ÂNGELO: Vamos ver os *tapes*. *(Liga o interfone)* A sala está livre? *(Desliga)* Vamos ler os *scripts*. *(Elisa entrega a contragosto)*

ELISA: *(Enquanto ele procura)* Você sempre desculpa a Verônica. Limpa todas as falhas. Com a gente é todo fascistão. A gente aqui, malhando, nem muito obrigado. Com ela, só falta mandar flores. Aliás, ontem você mandou.

ÂNGELO: *(Procurando no script. Abrindo gavetas, aflito)* Ontem foi o aniversário dela.

ELISA: O meu foi o mês passado.

ÂNGELO: Cadê o texto riscado? *(Para Nestor, que entra penteando um bigode)*

NESTOR: Hein? Hum?

ÂNGELO: Você deixou no caminhão da externa? *(Para Elisa)*

ELISA: ...eu te pedi para subir na sala do Arthur e perguntar sobre a renovação do meu contrato. Você fez isso?

ÂNGELO: Não sei nem se o MEU contrato vai ser renovado. Que moral eu tenho pra falar de problema de elenco?

ELISA: Problema de elenco? Assim, no geral universal? Escuta. A gente ainda é um casal, não?

ÂNGELO: O que não me autoriza a te dar mais colher de chá que ao resto do pessoal. Aliás, o fato de você ser minha mulher dificultou pacas a tua contratação. E por que não sobe você e não fala de boca própria com o Arthur? *(Entra Nestor)*

ELISA: Porque você é o diretor da novela.

NESTOR: O homem tá lá. *(Suspense: malandro)* E tá com um tremendo bom humor. Hoje tá mole. Eu próprio tô criando coragem de subir pra falar com ele. EM PESSOA!

ÂNGELO: *(Para Elisa, ignorando Nestor)* E daí que eu sou o diretor? Não sei nem se eu continuo na novela! *(Nestor fica tenso de repente. Deixa cair um objeto no chão)*

NESTOR: Você é o diretor. *(Andando de um lado para o outro)* Pára com esse "espalha-merda" que eu já ando nuns nervos... *(Sai)*

ELISA: A Verônica quer me matar. Se é que já não me matou. *(Andando de um lado para o outro)* Escuta, você não pode falar com o Flávio? Quem sabe na novela nova...

ÂNGELO: Tá com vinte capítulos gravados. *(Nestor entra outra vez e continua a frase de Ângelo)*

NESTOR: E o elenco está fechado.

ELISA: E aí? Eu vou ficar na rua?

ÂNGELO: A gente sempre dá um jeito.

ELISA: A gente, quem?

NESTOR: *(Sai, canta em off "El día que me quieras" e imita voz de noticiário de rádio: "Estrela desempregada corta os pulsos na sarjeta")*

ELISA: Não agüento mais o Nestor. Não agüento mais ninguém nessa estação. Até a Dorothi do café me irrita. Essa maquiagem tá me envelhecendo cem anos. *(Para Ângelo, apreensiva)* Enxerga as coisas. A Verônica mata, e esquece que matou. E você é capaz de ajeitar uma cena para ela, com um médico ouvindo respirações suspeitas. Mas ajudar a própria mulher, ah, isso não.

ÂNGELO: Você tá com ciúme ou é impressão minha?

NESTOR: *(Entrando)* Eu te dei um presentão de aniversário.

ELISA: Um São Judas de ferro. Não consegui nem carregar.

NESTOR: São Judas é ótimo pra negócio. Leva um velão pra ele. Eu mudo de nome se você não descola uma novela das oito, na própria GLOBO. São Judas vai te ajudar a sair do inferno da televisão pobre, a televisão paulista. *(Nestor sai e canta irritadamente "El día que me quieras")*

ELISA: Eu não entendo essa proteção. Por muito menos você já pediu a cabeça do Guedes, que é um puta autor!

ÂNGELO: A Verônica é amiga da gente. Há vinte anos eu gosto dela. *(Pausa)* Foi minha aluna, minha companheira de passeata, de boteco, de camarim, e porra, Elisa, ela foi nossa companheira de estréia. Lembra? *(Amargo)* Eu gosto dela. E me sinto culpado pacas do lance da novela.

ELISA: Culpado por quê?

ÂNGELO: Por ter insistido. Ela não tem cancha de televisão. Tá se queimando.

ELISA: Você descola um emprego pra ela e ainda se sente culpado?

ÂNGELO: Ela podia voltar a lecionar.

ELISA: Estava louca pra fazer novela.

ÂNGELO: Aí é que você se engana. Sabe, ela prometeu escrever uma peça para eu dirigir.

ELISA: Peça de teatro, nesse estado? Com essa cuca fundida? Espere sentado.

ÂNGELO: Vai escrever, vai ser sucesso e eu vou dirigir. Vamos alugar um teatro por muitos anos. Fazer um grande repertório. *(Elisa, surpresa e enciumada)* O'Neill, Strindberg. *(Sonhando)* Que tal a *Senhorita Julia*, hã?

ELISA: E a gente come o quê?

ÂNGELO: Alguma vez você passou fome?

ELISA: ...exatamente quando você só fazia teatro.

ÂNGELO: Que fome que...

ELISA: ...Mais especialmente quando você dirigiu a última peça da Verônica.

ÂNGELO: Fome? Fome mesmo? Tipo estômago fazendo barulho? Coitadinha.

ELISA: E eu que me virasse com aulas de cerâmica. E eu que me virasse pintando camiseta. Porque parece até piada: é só você largar a TV e a TV não me chama.

ÂNGELO: Você não topa fazer uma peça?

ELISA: *(Pausa longa)* Eu preferia que o meu contrato fosse renovado. Pra ser franca, não acredito que a Verônica volte a escrever. Não confio nela.

ÂNGELO: Você já trabalhou com ela. Ganhou prêmio e dinheiro com Verônica.
ELISA: Isso foi há muito tempo. Quando ela ainda tinha talento.
ÂNGELO: Talento não acaba!
ELISA: Mas murcha. A Verônica se perdeu. Não sabe se é dramaturga, professora de História do Brasil, se chupa cana ou assobia.
ÂNGELO: Vamos pro estúdio.
ELISA: Não antes de desenterrarem a Vilma. Porque com defunto eu não contraceno. *(Entra Verônica e demonstra que ouviu a última frase de Elisa)*
VERÔNICA: Você não vai contracenar com defuntos, porque a Vilma não morreu. Chega o médico e...
ELISA: *(Continuando, irônica)* ...ouve o coração dela e diz: "Ainda vive". Só que você imaginou isso. Você não se deu ao trabalho de escrever. E, como o Ângelo não tem bola de cristal, ele não gravou. *(Verônica olha para Ângelo, aturdida)*
VERÔNICA: *(Continuando)* A Vilma tanto não morreu, que tomou o maior porre no bar da estação. Aquele câmera, baixinho, careca, carregou ela até em casa. *(Tensa)* Vamos ver os *tapes?*
ÂNGELO: A gente não gravou a cena, Verônica. Tenho certeza. Mas pode ser que EU tenha me esquecido. *(Pega os scripts)* Qual é o capítulo da morte?

VERÔNICA: O quinto da semana retrasada. *(Ângelo procura. Elisa faz menção de sair)*
ELISA: Estou no estúdio aguardando a exumação. *(Irritada. Sai. Ângelo procura no script)*
VERÔNICA: Essas roupas estão horríveis. Você deu o meu recado pra produção? *(Aliviada com a ausência de Elisa)*
ÂNGELO: *(Procurando)* Mandaram adaptar da novela anterior.
VERÔNICA: Que pobreza.
ÂNGELO: *(Procurando, lendo)* O ator que você pediu pra fazer o misterioso pai da Elisa, miau. Mandaram um memorando falando que a verba está estourada.
VERÔNICA: E como que a gente faz? *(Procurando no script)*
ÂNGELO: Ou a gente tira esse pai... *(Rindo)* ou ...a gente chama o Nestor. *(Nestor entra e ouve)*
NESTOR: Chama eu pra quê?
ÂNGELO: Pra fazer o pai da Fernanda.

VERÔNICA: *(Para Ângelo)* Mas o Nestor? O Nestor tem cancha?
ÂNGELO: *(Rindo muito)* O Nestor?! Uma puta cancha. *(Nestor visivelmente contrariado penteia uma peruca imensa)* Já foi guarda, cantor de ópera, marido da Lúcia, maestro, vários padres, bispos, inimigos e aliados, japonês, turco, alemão.
VERÔNICA: É muita improvisação.
NESTOR: Aqui, santa, não tem ator, caça com Nestor. *(Para Ângelo)* Só que eu me recuso a fazer qualquer papel daqui por diante, mesmo o Hamlet!
ÂNGELO: *(Irritado com a insubordinação)* Se RECUSA? Entendi bem?
NESTOR: Entendeu.
ÂNGELO: Quem é o diretor da novela?
NESTOR: Você mesmo diz que aqui ninguém sabe o que é e o que não é, e o que vai deixar de ser. Aliás... *(Criando tensão)* Vi aquele amigo do Flávio, aquele barbudão, diretor da GLOBO, sabe aquele, com cara de inteligente?
ÂNGELO: Viu? Onde?
NESTOR: ...na sala do Arthur. *(Tensão em Ângelo e Verônica)* Riam às gargalhadas. E gargalhada do Arthur, você sabe, é golpe de morte. *(Nestor sai, deixando tensos Ângelo e Verônica)*
VERÔNICA: *(Achando o script que procurava. Lê envergonhada. Meneia a cabeça. Ângelo, ocupado com a dica de Nestor, engole em seco e olha o texto que Verônica aponta, perplexa)* É! *(Pausa)* Não tinha mesmo a cena do médico. Eu esqueci. *(Pausa)* Desculpe. Como é que eu fui esquecer essa cena?
ÂNGELO: Tudo bem. A gente grava, edita, emenda, e depois você escreve uma ceninha com a Vilma no leito do hospital, falando o célebre "Onde estou"...
VERÔNICA: O que está me acontecendo? Essa novela tá um nojo. Por isso não me respeitam. Pedi roupas novas, não deram. Pedi para melhorarem a trilha, não me atenderam no departamento musical. *(Pausa. Batendo na mesa)* COMO É QUE EU FUI ESQUECER ESSA CENA? *(Congela em Ângelo e Verônica. Acende no quarto de Verônica. Pedro fala)*
PEDRO: Cansei de ser personagem teu. De ser comandado por você. Trepar quando te dá vontade. Entrar e sair de cena conforme as tuas necessidades. Cansei de entender as tuas contradições. De te consolar quando o público não vem ou quando a crítica te picha. Cansei de ser vigiado. Quero sair por aí. Olhar. Respirar. *(Luz apaga em Pedro. Verônica repete a pergunta a Ângelo)*

VERÔNICA: Como é que eu fui me esquecer dessa cena?
(Congela outra vez. Aparece Maria na sala de Verônica)
MARIA: A senhora anda muito nervosa. Eu não tô dando conta das crianças. Elas precisam muito da senhora. A senhora tem que dar mais atenção às crianças. O menino não faz lição nem com reza brava. Eles precisam muito da senhora. *(Apaga em Maria. Verônica cada vez mais desesperada. Agora ela se agarra a Ângelo como uma menina. Ângelo acaricia o cabelo dela com ternura)*
VERÔNICA: Quando eu comecei, eu tava com uma garra danada. Curtia cada vez que acabava o comercial de *shampoo*, e começava a nossa cena. Ah, como eu delirava quando via o meu nome. E o teu. E o da Elisa. A gente tinha vencido. Era uma novela linda. Todo mundo falava. E aqui na estação, só faltavam botar banda de música pra eu passar. Que que aconteceu?

(Apaga, congela. Acende em Verônica. Surge o pai)

PAI: Minha filha, você precisa levar essas crianças para se divertirem um bocadinho. Criança de apartamento fica muito sem graça. Leva no circo. Tem um circo lindo na cidade. Se você quiser, eu vou junto pra ajudar. Vamos, filha, vamos ao circo domingo?

(Apaga. Volta cena normal entre Ângelo e Verônica)

ÂNGELO: Sossega. Aconteceu até com a Janete Clair.
VERÔNICA: Não. Com ela não aconteceu nunca! Eu estou com vergonha do Arthur. Ele te disse alguma coisa?
ÂNGELO: Vamos pro estúdio. *(De repente Verônica se desliga. Olha-se no espelho. Pega um batom e começa a se maquiar, absorta)*
ÂNGELO: Vai se maquiar, agora? Vamos malhar a cena do médico.
VERÔNICA: Você acha que eu envelheci muito?
ÂNGELO: *(Sorrindo. Beijando os cabelos dela com ternura)* Tá muito mais bonita que aos dezoito. Tá linda. Vamos ensaiar o Nestor pra fazer o médico.

(Entra Elisa e flagra o beijo de Ângelo em Verônica. Pausa longa e tensa)

ELISA: O elenco está esperando a ressurreição da Vilma. Do jeito que as coisas vão, a gente vai ter que gravar até as seis da manhã de novo. E aqui não pagam hora extra, sabiam?
ÂNGELO: *(Irônico e irritado)* Desconfiava. Vamos lá?
ELISA: *(Agitada)* Eu tenho que ir pro estúdio. Vou cantar o

Nestor pessoalmente pra ele fazer o médico. Vamos ver se ele não empaca.

ÂNGELO: Quando ele fez o bispo, aquela pontinha milimétrica, foi um sufoco. Agora, então, que ele vai ter que fazer um médico bonzinho, com a gana que tá ...sei não.

(Ângelo sai, gritando: "Nestor, preciso urgentemente de você")

VERÔNICA: *(Para Elisa)* Vamos?
ELISA: Só uma palavrinha. É possível?
VERÔNICA: Fala.
ELISA: A minha personagem vai morrer mesmo?
VERÔNICA: Vai.
ELISA: Você sabe o que isso significa pra mim?
VERÔNICA: O teu contrato vai até o fim do ano. Significa apenas férias.
ELISA: Você não conhece o sistema da casa, santa. Sumiu do ar, sumiu da folha de pagamento.
VERÔNICA: Eu precisava disso para criar as novas tramas. Você sabe, me obrigaram a esticar a novela.
ELISA: E se... *(Desesperada)* E se eu te desse sugestões? E se... e o Ângelo, bom, no Ângelo você confia. E se a gente... criasse... com você... os novos ganchos? Olha. Mata o Zé Miranda. Ele é o prefeito. Andam mesmo mandando cartas anônimas, não é? Mata ele. Aí descobre-se que ele era meu pai, porque o ator pra fazer o meu pai, e que vingaria a minha morte, a produção não te deu, não é?
VERÔNICA: Os capítulos já estão escritos. E eu não vou mexer mais.
ELISA: *(Segurando-a)* Pelo amor de Deus... *(Chora)* Me dá essa chance. Minha situação tá muito estranha aqui na estação. Eu sou a protagonista. Eu tenho feito um bom trabalho. O público me curte. Me deixa ir até o fim. Me deixa viva.
VERÔNICA: Eu vou pensar, eu vou pensar!

(Elisa sai, Verônica fica sozinha. Uma luz azul, de sonhos, inunda o cenário. A 7ª Bachiana de Villa-Lobos entra em BG, suavemente. Pelo canto oposto ao de Verônica, entra uma menina de vinte anos, jeans, camiseta, e cabelos muito longos)

VERÔNICA: *Você?*
VERÔNICA 2: Eu mesma. Ou melhor, você, lá pelos vinte e poucos anos.
VERÔNICA: Não tô com vontade de falar com você, Verônica.

VERÔNICA 2: Você não pode evitar. Eu sou a tua memória. O teu inconsciente. *(Rindo)* Freud explica.
VERÔNICA: A piada é horrivelmente velha.
VERÔNICA 2: Como vão as coisas?
VERÔNICA: Mal. Uma novela idiota. Pedro gelado comigo. As crianças carentes. E eu sem saco pra voltar a lecionar História do Brasil.
VERÔNICA 2: Eu perguntei como vai o teatro.
VERÔNICA: Você também vai me cobrar?
VERÔNICA 2: Eu sou a única pessoa que pode te cobrar.
VERÔNICA: Não te devo satisfações.
VERÔNICA 2: Faz seis anos que você não escreve.
VERÔNICA: E não vou escrever nos próximos sessenta.
VERÔNICA 2: Você não tem o direito de parar no meio do caminho.
VERÔNICA: Tenho vinte peças. E quarenta anos. Não estou no meio do caminho.
VERÔNICA 2: Borges escreve ainda. E ele tem oitenta e quatro anos. E está cego.
VERÔNICA: Ele é grande. Eu, não.
VERÔNICA 2: Você sempre quis ser grande. Eu quero.
VERÔNICA: Você precisa disso, porque não suporta o anonimato. Escuta, Verônica, nem tenta: pára por aí. Não tem espaço pra você. Os diretores não gostam de autores jovens, muito menos de mulheres autoras, entende? Além disso, quando a gente nasce com útero, a gente tem que escolher. *(Pausa)* Porque você não faz o que as meninas da tua geração estão fazendo? Picha muro. Joga bomba. Grita "Abaixo a ditadura!" Mas principalmente, Verônica, casa. Casa com um gerente de banco, um jovem bem comum, desses que chegam à noite com uma pasta 007 embaixo do braço e que só pedem pra você parir e fazer macarronada aos domingos. Não se mete a besta. Não enfrenta. A guerra é dura. Você não segura esse rojão. Desiste, estou mandando. Desiste.
VERÔNICA 2: Desistir, eu desistir? Você acha que é poderosa ao ponto de apagar o passado? Você quer mudar o meu destino?
VERÔNICA: *(Desprezo)* Pretensão filha-da-puta!
VERÔNICA 2: Eu tenho talento. Eu vou ter sucesso.
VERÔNICA: Pára, estou mandando, pára. *(Apesar dos gritos insistentes de Verônica, Verônica 2 se encaminha para o espaço do set* de gravação, onde dois estudantes bem à moda dos anos 60 pintam uma faixa "Abaixo a ditadura". São Ângelo e

Elisa, maquiados e compostos de modo a aparentarem vinte anos menos. Eles recebem Verônica 2 com entusiasmada ansiedade, parando com a atividade que exercem, Verônica observa tudo, irritada)

VERÔNICA 2: Acabei o terceiro ato. *(Abre os braços e atira o script no chão, eufórica)*

ÂNGELO: Antes tarde do que nunca. *(Abraçam-se)*

ELISA: *(Abraçando-a também)* Ainda sou a protagonista?

VERÔNICA 2: Lógico.

ÂNGELO: E eu, o diretor?

VERÔNICA 2: Eu preferia o Peter Brook, mas quem não tem cão, caça com gato.

ÂNGELO: Achei a piada um nojo.

VERÔNICA 2: Não se pode mais brincar?

ELISA: Sabe o que é? Essa é a tua primeira peça. E vai ser a primeira direção do Ângelo, e o meu primeiro trabalho como atriz. É a *primeira vez* pra todo mundo. E você tem sempre um ar superior. Irrita!

VERÔNICA 2: O autor é sempre superior. *(Debochando)*

ÂNGELO: Vamos ver o que o "superior" contou.*(Pega o texto no chão)*

VERÔNICA 2: *(Tirando da mão dele o texto, abruptamente)* Eu tô com medo de vocês não gostarem.

ÂNGELO: Por quê? Sei de cor a sinopse. Você fala dessa peça há um ano. Até trancou matrícula em Política.

VERÔNICA 2: Mas... *(Verônica começa a escrever em sua própria máquina)*

ELISA: *(Interrompendo)* E foi bom ter trancado, porque eu não agüentava mais fazer os trabalhos por você e assinar teu nome, sem você aparecer nem pra dizer alô ao grupo de estudos. Sinceramente!

VERÔNICA 2: A gente não fez esse trato?

ÂNGELO: Que trato?

VERÔNICA 2: Que eu escrevia e vocês seguravam a minha na Faculdade? Vão cobrar agora?

ÂNGELO: Mas não estava previsto você simplesmente desaparecer.

ELISA: Eu, como colega de classe, tudo bem. Mas pro Ângelo, que é professor, tá pegando mal.

ÂNGELO: Notas fictícias... aprovações fictícias... ainda levo uma prensa da cadeira de História do Brasil. Eu tô morrendo de medo, sabia?

ELISA: Isso se não for expulso.

VERÔNICA 2: *(Verônica pára de escrever e desce as es-*

cadas até Verônica 2 e o casal, observando cada vez mais irritada a cena que transcorre entre os três, num passado que hoje repudia) Que gente medrosa. Que guerrilheiros de merda.

ÂNGELO: E você, por que tá com medo dé mostrar o texto? *(Ângelo e Elisa se entreolham, desconfiados)*

ELISA: Não é mais sobre um presídio do Estado Novo?

VERÔNICA 2: *(Tímida e amedrontada)* Não. É uma história de amor. *(Pausa longa. Constrangedora. Decepção entre Ângelo e Elisa. Vexame para Verônica 2)*

ÂNGELO: *(Explodindo. Verônica em seu canto observa cada vez mais irritada a cena de seu passado)* Porra, que puta traição. Eu assinando lista, eu arriscando meu cargo, dando nota falsa. E você me aparece com uma história de amor!

ELISA: A PEQUENA BURGUESIA É VICIADA EM HISTÓRIAS DE AMOR! *(Verônica 2 aperta o texto sob o braço. Verônica, na luz real do presente, irritada)*

ÂNGELO: Não vai dar pra montar.

ELISA: O teatro da faculdade só destina verba pra peças com conteúdo político.

VERÔNICA 2: Enfiem o conteúdo político onde quiserem.

ÂNGELO: *(Curioso, estende a mão pedindo o texto)* Posso ler?

VERÔNICA 2: *(Orgulhosa)* Eu me viro sozinha. Quanto ao curso de História do Brasil, "professor", pode dar bomba que eu tô me lixando.

(Black-out. Ângelo e Elisa desaparecem na escuridão. Verônica chega bem perto de Verônica 2 e grita)

VERÔNICA: E você não estava se lixando. E você estava morrendo de mágoa na primeira crítica contra que recebeu... E você nunca suportou críticas.

VERÔNICA 2: E você fingiu a vida inteira que as suportava, por que aprendeu a fingir tudo. Que é boa mãe, boa esposa, boa profissional.

VERÔNICA: *(Continuando)* ...e eles montaram a tua peça! E ela revelou Ângelo como diretor, Elisa como atriz, e eles largaram a Faculdade e se entregaram ao teatro, depois à TV. E você?

VERÔNICA 2: Eu continuei na minha.

VERÔNICA: Não se aprofundou em nada.

VERÔNICA 2: Por tua causa, tirei o bendito diploma e fiz mestrado em História do Brasil.

VERÔNICA: Pelo menos isso.

VERÔNICA 2: MAS CONTINUEI ESCREVENDO. Hoje sou uma profissional.

VERÔNICA: ÉEE?
VERÔNICA 2: *(Irritada)* E não? O que você faz aqui, por exemplo?
VERÔNICA: Teatro é que não é.
VERÔNICA 2: É coisa paralela. Coisa que você aprendeu no teatro.
VERÔNICA: Se não fosse esse diplominha de História do Brasil, garotinha, você ia passar, além de fome, pela sensação de não ter nada o que fazer nesse mundo.
VERÔNICA 2: Não, porque você se incumbiu logo de arranjar marido e filhos e babá e máquina de lavar roupa... e desenterrou um novo papel pra tua preguiça.
VERÔNICA: O teatro nunca ligou pra você, Verônica.
VERÔNICA 2: Eu ganhei todos os prêmios.
VERÔNICA: *(Cansada, repete)* "E o público aplaudiu de pé." Eu sei. Eu sei. Mas de repente começou o "amanhã a gente conversa". E com a censura você perdeu metade do tesão. Vieram as peças *GAY*... os pastelões, os casais em *swing*, as metáforas, as peças psicológicas...
VERÔNICA 2: Eu não queria ficar de fora. Quem quis escrever nesse tempo, teve que aderir. Antes a metáfora que nada.
VERÔNICA: Antes a TV que o teatro, então. Estamos quites. Eu penso de um jeito realista. A gente não come cenas. Nem aplausos. A gente come com um salário no bolso.
VERÔNICA 2: *(Rindo)* E o que você ganha aqui justifica o sacrifício?
VERÔNICA: É a minha profissão. O meu emprego. E é mais digno que mesada do papai.
VERÔNICA 2: *(Revoltada)* Papai? o nosso pai nunca me deu mesada. *(Continuando, revoltada)* Pra ele, a minha verdadeira vocação é a datilografia.
VERÔNICA: *(Imitando o pai)* "Se você bate tão bem à máquina, Verônica, por que não vai ser datilógrafa?"
VERÔNICA 2: Eu odeio essa lembrança!
VERÔNICA: E tem diferença a datilografia do que eu faço aqui? Por acaso sou EU que escrevo essa novela? Não, Verônica, não sou eu. É o IBOPE, o homem do *shampoo*, o elenco, o Ângelo... A gente nunca foi mais que boa datilógrafa.
VERÔNICA 2: "*O pai*" conseguiu bem fazer a tua cabeça.
VERÔNICA: Não fala dele nesse tom!
VERÔNICA 2: Não gosto dele, fim.
VERÔNICA: "Não gosto dele, fim." Um homem que trabalhou como um cavalo pra te dar casa e comida. Que mais você queria?

VERÔNICA 2: Alguém que me incentivasse. Que me curtisse.

VERÔNICA: Um professor. Ou um Cristo. Alguém que ensinasse o caminho.

VERÔNICA 2: *(Sonhadora)* Que dissesse: "Verônica, não tome Dexamil". "Não durma tarde." "Leia *(Ternura)* Raízes do Brasil." *(Nessa referência ela engole em seco, emocionada)* Um pai. *(Pausa)* Que entendesse a minha vocação.

VERÔNICA: *(Amarga)* Não existe vocação. Existe missão.

VERÔNICA 2: Reacionária! *(Dá uma bofetada em Verônica)*

VERÔNICA: *(Devolvendo a bofetada)* Some. *(Pausa)* Eu tenho problemas concretos, profissionais. Problemas adultos pra resolver.

VERÔNICA 2: *(Recuando)* Adultos? Tem certeza?

VERÔNICA: Sim, por quê?

VERÔNICA 2: ...por falar em mulher adulta, quanto tempo faz que você não goza? *(Verônica 2 sai rindo, Verônica grita fortemente: "Some". Depois Verônica cobre o rosto e fala. Luz volta ao real)*

VERÔNICA: Por que você não aproveitou a censura pra cortar o mal pela raiz? Por que você não parou com esse pico na veia, esse pó, esse porre? O teatro está te matando, Verônica.

(Entra Ângelo. Já na atual aparência, luz real nos dois. Ele observa Verônica, assustado)

ÂNGELO: Pirou de vez?

VERÔNICA: ...a gente bem que podia voltar no tempo.

ÂNGELO: Voltar?!

VERÔNICA: ...apagar certos capítulos como num videotape.

ÂNGELO: Que baixo-astral.

VERÔNICA: *(Pegando café numa garrafa térmica, serve-se e serve a Ângelo)* Apagar... *(Alheia)*

ÂNGELO: Gravei a cena do médico. Ficou um pavor. E o pior é que o Arthur pintou no estúdio justo na hora da gravação.

VERÔNICA: ...e se não dá pra apagar, pelo menos a gente podia esquecer.

ÂNGELO: Esquecer o quê, criatura de Deus?

VERÔNICA: Que um dia, vinte anos atrás, eu e você e Elisa montamos uma peça de teatro.

ÂNGELO: *(Abraçando-a com carinho)* Mas é a coisa mais maravilhosa que me aconteceu na vida. *(Aparece numa luz irreal e festiva, Verônica 2, vestida com roupa de noite, muito feliz.*

Aplausos em BG) Claro que era tudo muito amador. Mas foi o começo. Escuta. Eu quero aquele sorriso do dia da estréia. *(Verônica olha a figura esvoaçante de Verônica 2. Emocionada, de costas para Ângelo. Ângelo, abraçando Verônica fortemente, nem percebe que ela olha para um ponto luminoso que apenas ela mesma vê)* Eu quero aquele olho borrado de tanto chorar. Eu quero a tua garra. A tua fé. *(Beijando o rosto dela)* Eu quero a peça nova. *(Verônica 2 desaparece com sua luz)*

VERÔNICA: *(Desligada outra vez, olhando-se no espelho)* Preciso fazer um regime. Uma plástica nos olhos. Sabe, eu ando desconfiada que o Pedro tá transando com outra mulher.

ÂNGELO: Pensei que isso não te preocupava.

VERÔNICA: Eu amo o Pedro.

ÂNGELO: Pensei que você só amasse o teatro.

VERÔNICA: É assim que você me vê? Como uma cena ambulante?

ÂNGELO: Pelo contrário: vou te confessar um segredinho. Desde que eu te vi pela primeira vez... *(Romântico, caricatural)*... eu morro de tesão em você. *(Agarra Verônica com desejo real, sincero. Ela luta contra o abraço. Mas Ângelo força, ofegante, cada vez mais cheio de desejo. Ela consegue escapar e tropeça num objeto de cena, caindo ao chão, irritada. Ergue-se gritando)*

VERÔNICA: Você me ofende com essa cantada ridícula. *(Pouco antes dessa fala Elisa entrara e a tudo assistira, tensa e furiosa. Mas propositadamente não se fizera notar)*

ÂNGELO: Não adianta fazer plástica, nem regime, você não é mais mulher.

ELISA: *(Pigarreando)* O Nestor tá enchendo a cara e dizendo que *não* vai regravar a cena do médico.

ÂNGELO: Pois que fique como está.

ELISA: Mas tá uma merda. A Vilma tá dizendo o "Onde estou" pro colchão. *(Pausa)* Até quando os telespectadores deste país vão ter que engolir contra-regras improvisados de atores, autores com estafa e diretores frustrados?

VERÔNICA: *(Para Elisa)* Bela frase. Por que você não descola uma boca na "Amiga"?

ELISA: E você? Por que não dá em cima do Arthur, que é mais útil pra todos nós? Veja: o Ângelo manda nessa joça tanto quanto o Nestor. Se você pensa que fazendo charme com ele vai conseguir manter seu empreguinho...

VERÔNICA: Dá pra engolir veneno, jaracuçu?

ELISA: Acho melhor *(Para Ângelo)* você ir ver como está o auê. O caminhão da externa até agora não chegou. *(Irônica, didática)* E quero lembrar que a novela se passa em 29, e o telefone da prefeitura continua branquinho, moderninho, qualquer hora ele fala: TELESP INFORMA!

ÂNGELO: 29?? *(Fingindo surpresa)*

(Entra Nestor)

NESTOR: Eu não faço esse médico de novo nem morto, nem depois de morto.

ÂNGELO: Vamos gravar? *(Autoritário)* Vamos pro bar.

NESTOR: Gravar ou bar?

ÂNGELO: Ao bar... depois, gravar.

NESTOR: *(Enquanto Ângelo e Nestor vão saindo)* Se você matou mesmo a minha personagem eu não respondo pelo meus atos.

(Interfone toca. As duas atendem, quase juntas. Ângelo e Nestor voltam, tensos. Elisa passa o fone para Ângelo, que, ao ouvir, relaxa)

ÂNGELO: *(Ao interfone)* Sei. A Vilma também se recusa. E o Arthur se recusa a pôr no ar. Todos se recusam, por que não eu? Diz pro Arthur que televisão é isso aí! Se quiser coisa melhor contrate o Fellini. *(Bate o interfone. Ri nervosamente)* Eu me recuso, tu te recusas, ele se recusa. "Todos temos nossa dignidade." *(Dono da situação, outra vez grave)* Verônica, vai pra tua casa e escreve um capítulo... "pós-ressurreição da Vilma". Nestor, me espera no bar. Elisa, retoca a maquiagem. Você tem razão. Está cem anos mais velha. *(Às gargalhadas outra vez)* Vamos, moçada. Fellini *rides again*! (Black-out. *Pausa longa. Ruídos de comerciais. Acende em casa de Verônica. Sala. Ela assiste à TV com Pedro. Está no comercial. E ela desliga pelo controle remoto)*

VERÔNICA: *(Ansiosa)* Que que você achou?

PEDRO: Tudo bem.

VERÔNICA: Pedro, esse capítulo até que tava legal, vai.

PEDRO: Você sabe o que eu tô achando da novela inteira, pra que pergunta?

VERÔNICA: Esse capítulo tava bonito.

PEDRO: Festiva, a fala do prefeito. A cena do médico, uma piada. E o cara que puseram de pai de Elisa, pelo amor de Deus!

VERÔNICA: Não deu pra contratar o Fredi. Pegaram o contra-regra.

PEDRO: Bom, eu tenho que ir.

VERÔNICA: Hoje não, por favor, eu tinha me preparado pra ter uma conversa com você.

PEDRO: Você perguntou se EU me preparei pra ter uma conversa?

VERÔNICA: Pedro, não é sobre a novela, é sobre a gente.

PEDRO: Já te prometi que quando você acabar a novela, a gente conversa.

VERÔNICA: *(Desconfiada)* Por quê? Quando acabar a novela, por quê?!

PEDRO: É que o que eu tenho a te dizer vai causar tanto revertério na tua cabeça, que eu prefiro esperar você sair desse sufoco.

VERÔNICA: *(Apavorada)* Você vai me deixar, é isso?

PEDRO: Eu disse que não tô a fim de conversar hoje. Hoje eu quero um silêncio sepulcral em volta de mim.

VERÔNICA: *(Ergue-se bruscamente e olha para o pescoço dele, arrancando um cachecol)* Tira esse cachecol! *(Ele faz menção de segurar o cachecol quando ela puxa)* Tira ou te estrangulo. *(Pausa)* Isso é um chupão! *(Aponta o pescoço)*

PEDRO: Minha barba inflamou.

VERÔNICA: Você nem disfarça mais. Escuta, desembucha logo: você tá com outra mulher. Era uma transa sem importância que ficou importante. E você tá a fim de se mandar com ela. É ou não é?

PEDRO: *(Rindo)* Até a minha vida pessoal você quer escrever? A minha vida fora daqui, do teu cenário?

VERÔNICA: Eu tenho o direito de saber.

PEDRO: Não há nada escondido. Não há nada a saber. Não há nada a dizer.

PEDRO: Eu vou sair.

VERÔNICA: *(Agarrando-o pelo braço)* Você não vai. Hoje você não vai.

PEDRO: Eu não quero conversar, porra!

VERÔNICA: Hoje ELA vai ficar de plantão. Hoje ELA vai levar o cano.

PEDRO: Ela! A mulher misteriosa!

VERÔNICA: Posso até imaginar. Se eu te conheço bem, você tem fascínio por pernas finas, olhos claros e cabelos castanho-escuros.

PEDRO: Você esqueceu o mais importante.

VERÔNICA: Ah, é! E por bundinhas mínimas. Ridiculamente mínimas.

PEDRO: Pois bem. ELA não vai esperar, porque eu tenho encontro com o Dr. Valdemar de Souza no Hospital das Clínicas.

VERÔNICA: O Dr. Valdemar é, sei, o Dr. Valdemar. Muito bem: o Dr. Valdemar *também vai esperar*.

PEDRO: Verônica, eu VOU sair.

VERÔNICA: Esse chupão você vai explicar.

PEDRO: É barba inflamada, barba inflamada e barba inflamada.
VERÔNICA: Barba não inflama num diâmetro desse tamanho.
PEDRO: Você fez curso de pós-graduação em barba inflamada?
VERÔNICA: Você não tem o direito de vir com um chupão pra dentro de casa.
PEDRO: Então vamos fazer uma carta de direitos. Chupão no pescoço não pode. Na perna, pode. Trepar duas vezes com a mesma mulher, considerado "cacho". Uma vez só, tudo bem. Escuta, se eu der duas trepadas, no mesmo dia, e com a mesma pessoa, pode? Ou só tenho direito a uma trepada por dia?
VERÔNICA: Não estou achando a menor graça.
PEDRO: Mas você andou estabelecendo uns códigos...
VERÔNICA: Nunca estabeleci códigos tão ridículos.
PEDRO: Então, como são os códigos oficiais?
VERÔNICA: Bom, eu apenas te pedi que não criasse nem deixasse rolar relações estáveis. Que isso não suportaria. E que já que você faz questão de transar por aí, tudo bem. Mas *casos fixos* eu não admito.
PEDRO: Então tá tudo sob controle. *(Pausa longa. Ela desabafa)*
VERÔNICA: Pedro, eu não quero nem casos esporádicos. Eu não quero que você trepe com ninguém, a não ser comigo. Eu não quero que te chupem nem o tornozelo, entende? Eu morro de ciúme. Eu morro de ciúme. *(Ela fica completamente sem controle)* Sabe, eu tô com vontade de te descer a mão, só de imaginar uma filha da puta chupando teu pescoço.
PEDRO: Tente!

(Verônica dá um tapa em Pedro)

PEDRO: Histérica.
VERÔNICA: *(Virando de costas e chorando lentamente)* Você tá me humilhando com esse desprezo. Eu não mereço isso. Eu não fiz absolutamente nada contra você. A gente se casou na maior paixão. Eu sempre te dei tudo o que você pediu. Tá certo. Eu fui omissa algumas vezes, porque sempre estive envolvida com uma profissão muito absorvente. Mas eu sempre te amei, sempre. *(Pausa)* Como você é filho da puta!
PEDRO: *(Também de costas)* Estou cansado, muito cansado.
VERÔNICA: Tenho saudade daquele Pedro que incentivava, estimulava, compreendia...

PEDRO: ...estar com você é uma coisa horrível.
VERÔNICA: ...saudade... saudade de você, Pedro.
PEDRO: Eu tenho sempre esperança de que vou chegar a encontrar você de malha de *ballet*, rindo pelos cotovelos, ouvindo *jazz*, contando piadas...
VERÔNICA: ...aquele homem gostoso, quente, debochado.
PEDRO: ...e você vai me contar que levou Aninha à aula de natação e Luís à aula particular de matemática, e me esperou loucamente chegar da clínica...
VERÔNICA: ...aquele Pedro que lia minhas cenas e anotava com caneta vermelha na margem. Que trazia flores.
PEDRO: ...louca pra trepar. Me esperava louca pra trepar. E sonhava comigo e ficava com tesão.
VERÔNICA: Flores-do-campo. Eu adoro flores-do-campo. Por que só trouxe flores uma vez?
PEDRO: *(Gritando)* Conheço um monte de artistas de verdade, que têm suas vidas, seus casamentos e seus filhos, e nunca pararam de trabalhar e não se torturam desse jeito.
VERÔNICA: *(De um salto)* Artistas... de verdade?! Você também acha que eu não passo de um blefe?
PEDRO: *(Voltando-se para ela após uma longa pausa)* A gente não passa de um blefe. Eu e você. O nosso casamento é um blefe. As cartas estão na mesa. Nenhum de nós tem uma quadra de ás.

(Apaga lentamente a luz. Ouve-se Ângelo em off)

ÂNGELO: (Off) Corta!

(No black-out, *ruídos de atores ensaiando. Música em BG. Comerciais misturados a vozes de estúdio, rebuliço de gravação. Pausa longa. Maria surge com uma roupa de sair, bolsa tiracolo, ansiosa, se benzendo, acendendo uma vela bem na porta de entrada da sala, com copo de água e pano branco. Vê-se que ela teme qualquer coisa. Passagem de tempo nessa benzeção de Maria, que arruma as coisas na bolsa tiracolo enquanto reza. Depois decide-se e sobe as escadas que dão para o escritório de Verônica. Verônica trabalha. Maria entra sem bater)*

MARIA: Desculpe, mas eu preciso falar com a senhora.
VERÔNICA: *(Continuando a bater à máquina, absorta no trabalho)* É muito urgente?
MARIA: Problema particular.
VERÔNICA: Amanhã, Maria.
MARIA: *(Verônica continua batendo à máquina. Maria vai ficando ansiosa, irritada, e começa a falar mecanicamente)* Eu tô

com a cabeça atrapalhada, tô cansada, nervosa. O Ernesto voltou a beber. Desgraça atrás de desgraça. Eu tô sem paciência com os meninos. O Luisinho não me respeita, me tascou uma lata de talco na cara, minha mãe tá com tuberculose, à beira da morte, e...
VERÔNICA: Toda semana você mata um.
MARIA: *(Irritadíssima)* Quem mata a três por quatro é a senhora, aí nessa novela.
VERÔNICA: *(Parando de bater)* Maria. *(Olha o relógio)* Você tem dez minutos pra dizer tudo o que quer.
MARIA: Sim, senhora. Eu vou embora.
VERÔNICA: *(Em estado de choque)* O quê? Você quer dizer que vai tirar uns dias pra cuidar da sua mãe, não é?
MARIA: Não. Eu vou embora da sua casa.
VERÔNICA: *(Fingindo e querendo não entender)* Ah, entendo. Você quer dizer que precisa de mais tempo pro Ernesto. Que ele precisa muito de você, e que você quer mais folgas.
MARIA: Não, senhora, eu quero mesmo é ir embora. *(Verônica vai ficando cada vez mais tensa, fingindo calma e sorrindo forçadamente)*
VERÔNICA: Alguém te tratou mal aqui? Pedro? Eu?
MARIA: De jeito nenhum. Vocês são gente muito boa.
VERÔNICA: Mas então...
MARIA: Eu arrumei um emprego de telefonista, e...
VERÔNICA: *(Rindo)* Telefonista? Você sabe quanto ganha uma telefonista? Só de condução, pra você ir e voltar da Freguesia do Ó...
MARIA: Eu já fiz as contas.
VERÔNICA: Bom, Maria... *(Verônica tenta ser o mais doce que pode, o mais sedutora)* A gente precisa conversar, não é? Afinal, são anos e anos que você está comigo. A gente se gosta, a gente passou quase uma vida junto aqui nessa casa. Não é assim? Vamos pra cozinha. A gente toma um café fresco. Quem sabe um vinho quente? Aí a gente conversa um tempão.
MARIA: A senhora não disse que tinha só dez minutos?
VERÔNICA: Bom, mas agora a coisa muda completamente. Você é mais importante. Os amigos são sempre mais importantes.
MARIA: A senhora diz que sou sua amiga. *(Cínica)* Mas tem dia... *(Revoltada)* que nem olha na minha cara.
VERÔNICA: Tem dia que eu não olho nem pra minha cara. Escrever novela é um sufoco.
MARIA: Era assim quando a senhora escrevia peça. Era assim quando a senhora lecionava. Era assim quando a senhora dançava *ballet*. A senhora não olha pra minha cara nem vai olhar

nunca. A senhora diz que todo mundo é igual. Que é minha amiga. Mas é tudo da boca pra fora. Desculpa. Eu precisava desabafar.

VERÔNICA: Maria, eu entendo que você esteja mal comigo. Afinal, faz tempo que a gente não acerta a tua grana. Vou te dar um bom aumento.

MARIA: Não é isso.

VERÔNICA: É o quarto. Faz tempo que você vem pedindo um quarto só pra você.

MARIA: Já acostumei assim.

VERÔNICA: Folgas até segunda de manhã. Do jeito que você sempre quis.

MARIA: Tá decidido já. Eu vou embora.

VERÔNICA: E por quê? Por quê?

MARIA: Porque eu preciso de noites livres. Todas as noites livres. Eu... *(Com temor)* eu descobri que sou médium. Tenho que desenvolver, trabalhar em centro, toda noite.

VERÔNICA: *(Fazendo suspense. Rosto contrito, como se ela tivesse uma grande afinidade com Maria. Como se tivessem um segredo em comum. Segredo que Verônica se propõe a contar a "duras penas")* Eu... sempre soube que você é médium.

MARIA: Como?

VERÔNICA: Porque eu também sou médium.

MARIA: *(Perplexa)* É?

VERÔNICA: Hum... Hum...

MARIA: E quem... quais... que...

VERÔNICA: Sou da linha de Umbanda: trabalho com caboclos, pretos velhos, crianças e até exus. Exus batizados, claro.

MARIA: Claro! *(Amedrontada)* A senhora... recebe?

(Verônica finge estar em transe e começa a dialogar com uma figura invisível)

VERÔNICA: *(Para a figura)* Mas ela é quem quer assim, não posso fazer nada!

MARIA: *(Apavorada)* Quem está aí? Eu sei que tem alguém aí. E não posso ver porque não sou médium vidente. Dona Verônica, quem tá aí e o que que tá falando de mim? *(Desesperada)*

VERÔNICA: Ela quer ir embora. Tenho que deixar...

MARIA: Fala quem é, dona Verônica!

VERÔNICA: *(Para Maria)* É Iansã. E ela está dizendo que você deve ficar aqui em casa, porque aqui você é protegida!

MARIA: *(Se abençoa e começa a cantar o ponto de Iansã)* "Ela é a rainha das águas..." *(Verônica canta junto)* "Parrê, parrê... ó mamãe Iansã, segura esse ponto que eu quero ver."

(Pedro entra e fica observando)

MARIA: Que mais que minha mãe Iansã disse?
VERÔNICA: Que eu devo te deixar sair quantas noites você quiser para ir ao centro. Mas que você não deve ir embora.
MARIA: *(Pausa)* Sim, senhora. Assim será feito. *(Se benze novamente)*

(Pedro se anuncia. As duas se assustam)

PEDRO: Altas macumbas, então.
MARIA: Não debocha da nossa religião. E se o senhor me permite a liberdade, vai ao centro, porque o senhor tá todo cheio de olho gordo!
PEDRO: *(Sorrindo. Maria se retira, cantando o ponto. Pedro fala gravemente com Verônica, que está envergonhada da cena que foi obrigada a fazer. Ela volta para a máquina)* Você não tem vergonha?
VERÔNICA: A gente tem que jogar como pode pra não ficar na mão.
PEDRO: Ela queria ir embora. É um direito que ela tem.
VERÔNICA: Ela já foi embora trinta vezes e sempre volta. E enquanto fica fora, eu piro com as malucas que entram e saem e roubam a casa toda. Ela tá querendo atenção.
PEDRO: *(Interrompendo)* Fingir que recebe santo pra forçar a babá! É o fim do autoritarismo! Que desrespeito humano. Usar a credulidade de uma pessoa, assim, com essa frieza.
VERÔNICA: Ela precisava do endosso de um guia espiritual. O meu endosso não bastava. No fundo, ela queria ficar. E pára de encher o saco que a bomba explode sempre pro meu lado. Esse problema é meu.
PEDRO: Bomba. Problema. Tá vendo como você encara as crianças? Você odeia ter filhos.
VERÔNICA: O quê?
PEDRO: Você não nasceu pra ser mãe.
VERÔNICA: Por que não sei fazer brigadeiro e não ando de avental?
PEDRO: A Aninha me contou que desde o natal passado você ficou de contar a história dos três porquinhos e até hoje nada. Nem meio porquinho.
VERÔNICA: Eu dou o que posso. Se precisar contar a mesma história todos os dias...
PEDRO: TODOS OS DIAS? *(Ironizando)*
VERÔNICA: Já contei mil vezes essa história pra ela. Juro por Deus. *(Ela volta a escrever. Pedro fica observando Verônica e, aos poucos, o ar severo desaparece, um sorriso terno*

substitui o rancor, e ele começa a rir. Verônica pára de escrever, contagiada)

VERÔNICA: Era uma vez três porquinhos...

PEDRO: *(Abraçando-a)* Um, era filho de Iansã. *(Pedro começa a beijá-la e abraçá-la com desejo. Ela ri)* Afinal, você é macumbeira, mais ou menos ou o quê? *(Rindo também ele)* Macumbeira ou não, você é muito gostosa. *(Deitam-se na cama. Começam a acariciar-se. Muito desejo nessa carícia. Mas a campainha toca e Verônica se retesa. Irritados os dois, Pedro senta-se na cama)*

PEDRO: *(Seduzindo Verônica após uma pausa, tentando dissuadi-la de abrir a porta)* Eu queria tanto transar hoje. Tô com saudade do teu corpo. *(Ela cede, mas tensa com a campainha que insiste. Ele dá um murro na mesa)* Você vai atender?

VERÔNICA: Eu vou só ver se é alguém da...

PEDRO: ...produção, da trilha sonora, do elenco, lógico.

(Luz apaga, acende na sala. Maria atende emocionadíssima. Elisa entra, embriagada)

MARIA: Ah, dona Fernanda. Em pessoa.

ELISA: Como vai? Verônica JÁ tá dormindo?

MARIA: Dormindo, não sei. Tá lá.

ELISA: Chama pra mim?

MARIA: Eu? *(Medrosa)*

(Verônica e Pedro se ajeitam. Luz novamente neles. Ele, furioso. Verônica desce as escadas muito agressiva com Elisa)

VERÔNICA: Claro. Você.

MARIA: Tô torcendo pela senhora, viu, dona Fernanda? *(Sai)*

ELISA: *(Riso amarelo)* Eu tava numa angústia filha-da-puta. E você sabe, a angústia não tem relógio.

VERÔNICA: Claro que sei. Principalmente a tua angústia.

(Pedro vem descendo e, com um sorriso sincero, saúda Elisa)

PEDRO: Visitas famosas!

(Maria entra com um papel de pão)

MARIA: A senhora me desculpe, mas dá pra...

ELISA: *(Autografando trêmula)* Com muito prazer. Minha mão não tá muito certa, eu bebi um pouco demais. *(Concluindo e entregando a Maria)* Pronto.

MARIA: *(Eufórica)* Deus lhe pague. *(Olha para Verônica*

que fica profundamente irritada) Deus lhe dê muito tempo de vida. *(Maria sai fulminada pelo olhar de Verônica)*
PEDRO: Um uísque, Elisa?
ELISA: Se eu beber mais, viro álcool Zulu. *(Ninguém ri. Ela fica sem jeito)* Acho que a piada não foi... boa... né?
VERÔNICA: Faz um uísque pra ela, amor?

(Pedro consente. Vai à cozinha, tira gelo. Serve três copos de uísque. Enquanto isso o diálogo entre as duas transcorre tenso)

ELISA: Desculpe essa invasão.
VERÔNICA: Tudo bem. Já tô acostumada. Mas não dava pra esperar até amanhã? É o dia da reunião do elenco.
ELISA: Não. Eu vim te pedir pela milésima vez...
VERÔNICA: ...que não te mate.
ELISA: Verônica, entende, eu não posso perder esse papel, porque isso significa perder o emprego.
VERÔNICA: Não é por minha vontade. É uma necessidade da trama da novela. Eu me enfiei num beco sem saída. Preciso da tua morte.
ELISA: A morte não significa apenas férias, Verônica. Eu não sei se vou ter condições emocionais de suportar. *(Cambaleia)* Epa...
PEDRO: Quer, Verônica?
VERÔNICA: Se começar não paro mais.
PEDRO: *(Sentando-se)* Então, não bebe, pronto. Mas, Elisa, por que essa aflição? Será que vocês duas e o Ângelo não conseguem chegar a um acordo? Tem mesmo que ser uma coisa tão torturada, com patrocinador de *shampoo* e tudo o mais? Será que vocês não estão levando a sério demais a brincadeira?
ELISA: *(Tentando se soltar)* Eu e o Ângelo... fizemos um resumo... de todos os capítulos ligados à minha morte. A gente achou uma solução incrível que vai te ajudar pacas. E que torna desnecessário eu morrer.
VERÔNICA: Vocês escreveram por mim, então.
ELISA: A gente sabe a fase difícil que você tá passando. A gente sabe o que significa ter que esticar uma novela. Veja: você quer matar a Fernanda pra criar suspense que dê "gancho" até o fim. Eu entendo. Mas entenda a minha situação.
VERÔNICA: Você não pode perder o emprego, já sei. Já seeei!
ELISA: Não é só isso! *(Pedro serve o uísque que ela toma de uma golada só)* É que eu... eu vou confessar uma coisa: eu adoro a TV. Sempre adorei. Eu curto o vídeo. Nesses anos to-

dos, mesmo quando eu fiz peças de sucesso, eu não me sentia realizada. Agora, a emissora fez novas contratações. O elenco da novela do Flávio é todo do primeiríssimo time. Você sabe. E eu já não pertenço ao primeiro time. Mas eu não queria ficar de fora. E se você me matar. sabe, eu posso fazer um trabalho lindo. Tanto eu posso, que... *(Tira umas folhas de papel da bolsa)* A gente fez isso. *(Tímida)* Uma sinopse. Trinta capítulos mudados. Uma virada. Morre o prefeito assassinado, violentamente. *(Ela caminha pela casa falando dramaticamente. Maria olha pela porta, fascinada, estatelada)* Aí a cidade inteira resolve se vingar. Descobrem que quem matou foi um sujeito que tinha um grilo antigo com a família dele. Criamos um gancho político, qualquer coisa como o prefeito ser meio progressista e...

PEDRO: Nessa sinopse, onde você fica?

ELISA: Eu fico sendo uma líder. *(Rindo muito)* Espécie de Rosa de Luxemburgo à brasileira, em 1929.

PEDRO: Interessante. Uma virada interessante. Eu acho mesmo, Verônica.

VERÔNICA: Pois eu prefiro o outro caminho. Era mais realista. Menos festivo.

PEDRO: Festivo? Festivo? Você que faz comício capítulo por capítulo?

(Verônica olha feio para Pedro)

VERÔNICA: Você é da Censura Federal? Da Liga das Senhoras Católicas? Que saco.

PEDRO: Não. Eu sou apenas um pobre telespectador pego de surpresa num comício sem pé nem cabeça.

ELISA: *(Interrompendo, não conseguindo se conter)* AÍ, VERÔNICA, AÍ A GENTE CRIA NOVOS SUSPENSES! É a nossa salvação.

VERÔNICA: *(Tensa)* Salvação??? Algum buchicho com o Arthur? Por que salvação?

ELISA: *(Engolindo em seco)* Bom, eu... *(Entra Ângelo esbaforido, envergonhado)*

ÂNGELO: *(Para Elisa)* Eu não disse pra você não se atrever a...

ELISA: Eu apenas vim visitar... *(Ele a pega no braço. Ela fica em pé cambaleando)* ...uma amiga nossa, de vinte anos, uma pessoa querida, uma companheira de trabalho...

VERÔNICA: Solta o braço. Solta, cara. O machão mandão foi enterrado nos anos 60.

ÂNGELO: *(Soltando o braço de Elisa)* Eu não suporto

mais os vexames que você me faz passar com essa tua agonia. Essa insegurança.

(Elisa senta-se segurando a raiva e sorrindo amarelo para Pedro. Pedro tenta ser gentil)

PEDRO: Calma, gente. Tudo bem, Ângelo. Entre nós, não tem essas frescuras. Quer um uísque?

ÂNGELO: *(Para Elisa)* Falta de respeito... *(Para Pedro)* Eu, tudo bem, aceito, desculpe, hein, cara?

PEDRO: *(Trazendo o uísque)* Vocês conversam que eu vou por aí.

VERÔNICA: MAIS um parto noturno?

PEDRO: Sim. No Pirandello. Um parto *punk*.

VERÔNICA: Pois você não vai hoje.

PEDRO: E vou ficar aqui discutindo se a Elisa morre ou não morre? Nem morto. *(Sai)* Tchau.

(Pedro sai de uma vez. Verônica fica olhando para a porta com ódio. Impotente. Ângelo fica mais à vontade para gritar com sua Elisa)

ÂNGELO: Você tem idéia do que acabou de fazer?

ELISA: Vim falar com a autora da nossa novela e da nossa peça.

VERÔNICA: *(Irônica)* Vocês já decidiram o elenco da peça também? Que eficiência. Eu nem escrevi ainda.

ÂNGELO: *(Para Elisa)* Como você é inconveniente...

ELISA: *(Andando para o barzinho. Pegando uísque. Evidentemente bêbada de cair)* Ah, eu quero que você vá à merda, Ângelo. Você, suas éticas. Eu tô na merda e quero sair da merda. Sabia, Verônica, que o Arthur espalhou o buchicho que vai te cortar a cabeça? Tem um garotão de vinte e quatro anos contratado pra escrever os próximos capítulos da novela.

VERÔNICA: *(Em pânico. Ângelo furioso. Empurra Elisa, que cambaleia e se encosta no bar enchendo novamente o copo)* É verdade... hein? *(Para Ângelo, ferida)*

ÂNGELO: *(Após uma pausa)* É boato. Televisão é o império dos boatos. Mas pode acontecer. E se a gente pegar no osso do peito, se a gente trabalhar junto, se você acreditar em mim... em vez de ficar com esse orgulho idiota, se remoendo... Verônica, você não segura esse rojão. Elisa falou a verdade: fizemos uma sinopse, que levanta a novela. Confia? *(Tenso)* Hein?

(Verônica começa a andar pela sala, desorientada e ferida.

O clima fica pesado. Pausa longa. Ângelo e Elisa se entreolham sem saber o que fazer)

VERÔNICA: Então... vocês resolveram por mim. E o Arthur tá a fim de cortar o meu pescoço. *(Gritando de repente)* Muito bem. Ele não vai me cortar o pescoço.

ÂNGELO: *(Contente por vê-la reagir)* Isso.

ELISA: A gente briga junto.

ÂNGELO: Pescoço é coisa séria.

ELISA: Vamos trabalhar. Pegar firme.

VERÔNICA: De jeito nenhum. *(Orgulhosa, sorrindo amarelo)* Obrigada pela sinopse e passar bem aos dois. NA MINHA MÁQUINA ESCREVO EU!

ÂNGELO: Calma, relaxa, toma um uísque.

VERÔNICA: Se começar, já disse, não paro mais.

ELISA: Um porre de vez em quando faz bem. *(Ângelo e Verônica se entreolham. Luz apaga neles e acende em Verônica 2 bebendo no gargalo)*

VERÔNICA 2: Fui aplaudida em pé. Ah, ah, ah. Consegui. Entendeu, Verônica?! *(Luz acende em Verônica)*

VERÔNICA: *(Grave)* Toda a nossa família morreu de beber. Temos defuntos fedendo a álcool até hoje nos cemitérios de Minas e Goiás. Joga essa garrafa no lixo. Joga. Já. *(Para Verônica 2)*

VERÔNICA 2: *(Cambaleando)* Estou comemorando, pô! A peça estreou ontem.

VERÔNICA: Precisa ficar bebendo duas noites, hein?

VERÔNICA 2: Por que eu tenho que ser certinha? A melhor aluna de Antropologia, a que joga ovo no Raul Careca do DOPS, porra, eu não tenho o direito de ter um momento de "bandalheira"? Vô Péricles falava tanto isso, lembra?

VERÔNICA: Joga essa garrafa fora!

(Verônica 2 some, cantando qualquer música de seu tempo, tipo Chico Buarque nos primeiros momentos. Luz apaga em Verônica 2 e acende em Verônica, Ângelo e Elisa; Ângelo ri)

ÂNGELO: Teus porres ficaram famosos.

ELISA: *(Já mais bêbada)* Lembra, aquela noite, o chapéu na Praça Júlio Mesquita?

VERÔNICA: *(Séria)* Eu preferia não lembrar. Faz vinte anos.

ÂNGELO: Mas foi tão sensacional. *(Imita a estátua)* A estátua amanheceu finíssima, segurando o chapéu assim! *(Imita)*

VERÔNICA: A gente enchendo a cara e a direita se organizando. Além do mais... quero deixar bem claro que o alcoolismo liquidou metade da minha família.

ELISA: *(Após uma pausa)* Já eu *acho* que sou alcoólatra.

ÂNGELO: ACHA? *(Olhando firme e irritado para Elisa)*

(Pausa longa. Verônica fica muito grave, olhando para Verônica 2, que novamente surge com a garrafa. As duas se entreolham. Verônica 2 continua bebendo)

VERÔNICA: *(Para Verônica 2. Elisa pensa que é para ela)* Tio Sandoval morreu no hospício, bebendo leite de rosas.

ELISA: Mas eu não sou alcoólatra. É exagero do Ângelo. Eu às vezes acho que sou, mas...

ÂNGELO: *(Com vergonha)* Essa roupa suja eu prefiro lavar sozinho.

(Verônica 2 desaparece. Spot *apaga sobre ela)*

ELISA: Ah, mas hoje eu vou encher a cara, posso?

ÂNGELO: Não. *(Arranca o copo abruptamente. E o copo ao ser arrancado cai no chão)*

VERÔNICA: *(Pegando outra garrafa no armário, outro copo e servindo Elisa)* A garganta é sua, a casa é minha, bebe. *(Olha para Ângelo, desafiando)*

ELISA: E o marido é meu. *(Devolve o copo a Ângelo)* Prefiro fazer média. Mas, amor... conta a sinopse pra ela...

VERÔNICA: Me dê o texto. *(Ângelo dá os papéis a Verônica)* Sabia que eu estava quase fazendo amor quando você entrou, Elisa?

(Ângelo finge que não tem nada a ver com aquilo. Entrega os papéis)

ELISA: Sobre o Arthur...

ÂNGELO: *(Empurrando Elisa sem o menor respeito)* Sobre o Arthur a gente faz uma política com ele. Amanhã chamo ele pra almoçar. Ele vai às externas, eu dou uns toques.

VERÔNICA: *(Lendo. De repente muito tensa. Uma sombra passa por seu rosto)* "Não tem amor." Que que tá escrito aqui? Não entendo sua letra, Ângelo!

(Ângelo e Elisa se entreolham. Pausa longa. Verônica percebe que eles estão sem jeito de dizer alguma coisa grave)

ÂNGELO: Bom, *(Pigarreia)* é que...

ELISA: *(Sem titubear)* A gente acha que nessa novela tá faltando amor!

ÂNGELO: *(Olhando feio para Elisa)* Você devia pôr um par romântico pra Fernanda. Criar um triângulo. Armar um rebu.

ELISA: Não... a gente conversou profundamente sobre isso. A gente analisou profundamente. *(Ângelo fica furioso)* Em tudo... hic... que você escreveu... hic... *(Cambaleia)* falta amor. E as cenas de amor que você fez... toda a vida... são frias. Sem tesão.

VERÔNICA: *(Longa pausa. Fica parada olhando para algum ponto perdido no teto, interrogativamente, e fala consigo própria)* Não sei falar em amor? Em amor? *(Soletrando)* Amor!

(Apaga em todos eles. Em resistência, luz em Verônica, que assiste à cena que vai se desenvolver entre Verônica 2 e Beto, o primeiro namorado. Verônica 2 entra num quarto pobremente mobiliado, de rapaz solteiro. Na parede posters de Che Guevara, mulheres nuas. Toca música italiana romântica. Verônica 2 está tensa. Humilde)

VERÔNICA 2: *(Para o rapaz, timidamente)* Mas eu não sei se estou preparada pra isso. *(Deitando-se na cama e jogando os sapatos pro alto)*

BETO: E precisa estar preparada? É a coisa mais natural do mundo. Mais simples, mais natural e mais abençoada.

VERÔNICA 2: MAS NUNCA... A gente... bem... não existe um vínculo entre você e eu que...

BETO: Estamos juntos há quatro anos, precisa mais vínculo que isso?

VERÔNICA 2: Eu estava dizendo que a nossa transa de sexo ainda não está madura.

BETO: Olha, eu tô cheio de bolinar em *drive-in*, em carro, em escada de prédio, em jardim de festa. E depois sair de pau duro por aí feito idiota. Ou dá ou desce.

(Luz forte em Verônica em seu escritório. Ela grita com raiva para Verônica 2, que permanece na cena congelada: com o namorado)

VERÔNICA: Estúpida. Não cede. Isso é chantagem. Diz que não e sai desse apartamento infecto. Se você topar, você não goza nunca mais. Nem com o Robert Redford...

(Diminui luz em Verônica. Continua cena entre Verônica 2 e o namorado)

VERÔNICA 2: Beto, eu tive uma educação moralista. Fui Filha de Maria até muito pouco tempo atrás. Não é natural da minha parte ficar nua na frente de um homem. Se você me ama, você tem que entender.

BETO: Se você me ama, você tem que provar. *(Pausa longa. Luz forte em Verônica que observa, tensa)*
VERÔNICA 2: Eu posso pensar um pouco? *(Ela pega uma garrafa de pinga. Abre. Toma no gargalo)*
VERÔNICA: *(De cima: com raiva)* Vai beber, não é? Claro. A corajosa jovem que vai tomar o poder. A corajosa babaca que precisa beber pra trepar. Manda esse cara pra FEBEM.
VERÔNICA 2: *(Dando outra golada)* Beto, me dá um tempo?
BETO: Ou é hoje ou me mando. Você pode pintar vestida de ouro. Pode vir um AI-6 me obrigando a voltar com você, podem me enfiar uma metralha no gargalo que eu não quero mais nada com você. Ou é hoje ou é o fim. *(Música italiana baixa de volume. Verônica 2, humilde e tímida, vai tirando a roupa. Luz apaga. Pausa longa.) (No black-out música italiana romântica continua em BG. Acende na sala. Luz geral. Elisa e Ângelo e Verônica no mesmo ponto em que estavam)*
ÂNGELO: ...é, a gente analisou... tuas cenas de amor são frias, como se você criticasse de fora...
ELISA: Desencava aí uma paixão *underground*. Afinal, já que eu tô de porre mesmo, deixa eu desembuchar: você e o Ângelo tiveram *mesmo* um casinho? *(Entra Pedro esquentando as mãos. Clima tenso. Todos imaginam que ele tenha escutado a fala de Elisa)*
PEDRO: Tava tão frio que eu voltei no meio do caminho.
ELISA: Bom você chegar. A gente tava falando que...
ÂNGELO: Elisa. Elisaa!
VERÔNICA: Quem não deve, não teme, diria minha vó. Bom, Pedro, ela estava afirmando duas coisas: que as minhas peças não contêm amor e que eu tive um caso com o Ângelo.
PEDRO: *(Rindo)* Bom, então, é fácil resolver o quebra-cabeça. Conte o seu caso com o Ângelo nos próximos textos.
ÂNGELO: Você não acredita, não é, Pedro?!
PEDRO: Eu não acredito nem desacredito. Isso não tem importância pra mim. Acho que tua amizade com a Verônica é tão forte, que pode ter pintado um tesãozinho. Mas eu desconfio que não tem nada, não!
ELISA: Se teve ou não teve, o fato é que eu peguei o Ângelo agarrando a tua mulher no *set* de gravação.
PEDRO: *E DAÍ! (Cínico)*
VERÔNICA: *(Com raiva, para Elisa)* E daí? Daí que você... que... a gente tava ensaiando, idiota.

(Longa pausa. Pedro senta-se pesadamente e pega um uísque. Verônica chega perto de Pedro com medo. Ângelo e Elisa ficam no canto oposto ao do primeiro casal, no sofá em frente. Ângelo, furioso, tenta agarrar Elisa na força, para que saiam)

ÂNGELO: Vamos embora.

ELISA: Eu não saio daqui sem passar isso a limpo.

ÂNGELO: Vamos, senão você vai ver o que te acontece.

ELISA: Vai me bater, vai?

ÂNGELO: Eu nunca te toquei. Mas desta vez... *(Elisa faz uma expressão de "nunca?")*

PEDRO: *(Para Verônica)* Fica fria, não tô nem aí com a fofoca.

VERÔNICA: Você não acreditou, acreditou?

PEDRO: Não tem a menor importância. Já disse.

VERÔNICA: *(Para o casal)* Vocês têm a obrigação moral de falar a verdade para o Pedro. Algum de vocês pode falar em sã consciência que eu tive um amante?

ELISA: Amante? Que palavra antiga. Minas Gerais tá baixando com tudo.

VERÔNICA: Fala, cascavelzinha. Fala.

PEDRO: *(Erguendo-se. Frio)* Olha, eu não quero mais tocar nesse assunto porque ele não tem, mesmo, a menor importância pra mim.

VERÔNICA: Por que não tem importância?

PEDRO: Não sei.

VERÔNICA: Se eu tivesse transado com o Ângelo... *(Decepção, desamparo)* você não ligava?

PEDRO: Não sei.

ÂNGELO: *(Com sinceridade)* Pedro, nunca houve nada entre eu e Verônica. Nada. Nada. SE VOCÊ QUER SABER, CONFESSO! *(Com dificuldade, olhando para Elisa)* ...eu sempre fui meio apaixonado por ela. Desde a faculdade... eu fui e sou... desde... a *(Todos se entreolham)*

ELISA: Não é fácil ouvir isso, é Pedro?

PEDRO: Não é fácil agüentar vocês todos. Pra mim, não é nem um pouco fácil. Vocês e esse clima de loucura. Eu sou um cara pacato. Eu preciso de coisas simples pra viver.

VERÔNICA: Pacatíssimo.

PEDRO: E não?!

VERÔNICA: E os partos noturnos?

PEDRO: Vai deixar rolar? Vai jogar na feira? Que baixaria.

VERÔNICA: Eu nunca disse que era uma condessa!

PEDRO: Você nunca disse nada a seu próprio respeito! Você é personagem atrás de personagem.

ÂNGELO: Você tá puto com razão. Porra, acredita. Eu me expus, eu me joguei, todo aqui.

VERÔNICA: Você não tá se importando comigo. Você jamais se importou comigo. Até propôs o tal casamento aberto. Lembra?

PEDRO: Eu não propus nada. *(Cansado)*

VERÔNICA: Propôs. Propôs pra poder transar à vontade com as tuas amantes.

PEDRO: Não tenho nem nunca tive amantes.

VERÔNICA: Eu te segui. E te encontrei jantando com aquela puta.

PEDRO: Não é uma puta. É uma mulher interessante: uma colega.

VERÔNICA: Mas você estava transando com ela.

PEDRO: Transei. Mas acabou. Se eu quisesse, estava morando agora com ela.

VERÔNICA: E os partos noturnos de agora, hein? *(Histérica)*

PEDRO: Eu vou sair de novo. *(Verônica segura com força o braço de Pedro. Elisa bêbada tenta apartar a briga e cai sobre Ângelo. Ângelo sacode Elisa, irritado. Pedro impede Ângelo de bater em Elisa. Volta luz em Verônica 2, que escreve)*

VERÔNICA: Você não vai sair. Você vai falar tudo na frente do Ângelo, da Elisa... Eles podem ser o que for, mas são meus amigos. *(Pausa)* Eles não têm essa máscara que você tem!

PEDRO: Não vou falar coisa nenhuma. Não aceito inquérito.

ELISA: Ninguém transou, ninguém trepou, foi tudo *imagination*!

ÂNGELO: Irresponsável! *(Bate em Elisa. Que retruca. Pedro segura Ângelo, que está furioso com Elisa)*

PEDRO: Não bata na tua mulher. *(Furioso. Revoltado)* Pelo menos na minha casa! Detesto violência!!

ÂNGELO: Essa coisa pacífica... *(Revoltadíssimo com Pedro)* ...esconde o quê, hein?!... Por que você é tão superior, tão frio? Por que nos trata como debilóides?

PEDRO: *(Após uma pausa. Explodindo. Irônico. Cansado)* Porque eu gosto de gente comum. Gente de verdade que anda na rua. Que compra pão de manhã cedo. Velhas com sacola de feira. Putas de minissaia. Datilógrafas que estudam à noite. Estudantes. *Office-boys*. Mendigos brigando nos bares.

Meninos jogando bola. Gosto da vida como ela é: mesquinha e inútil. Quando escuto o chorinho de um recém-nascido, eu falo pra ele: "vai, toca o teu barco. Você não tem nada pela frente, mas toca o teu barco, que vale a pena". *(Pausa longa. Elisa ouve fascinada. Verônica irritada. Ângelo distante. Verônica 2 completamente atenta)* Nada é mais bonito do que as coisas como elas são. Vocês já repararam numa alface? *(Todos olham para Pedro, estranhando. Ângelo ri)* Uma alface não é uma jóia, uma criação, não. É uma coisa boba que vem do chão. Mas que grandeza tem uma alface. Reparem, olhem de perto.

(Verônica 2 parou para observar de perto a narrativa de Pedro, encostada ao pequeno parapeito da escada. Verônica ouve com profundo cansaço. Elisa sempre fascinada. Ângelo consegue arrastar Elisa até a porta e saem. Quando saem os dois, Verônica tenta apartar o discurso de Pedro mas não consegue)

PEDRO: As pessoas nesse país nascem e são devoradas como alfaces. Mas são lindas, porque são de verdade. A dramaturgia é uma invenção da psiquiatria. Eu ainda interno vocês.

ÂNGELO: *(Off)* CORTAA!

(Black-out)

(Congela no escuro)

2º ATO

(Começa onde parou)

VERÔNICA: Você leu comigo a *Longa Jornada* de O'Neill. E se comoveu. E chorou.
PEDRO: Pois mudei de idéia.
VERÔNICA: E por quê?
PEDRO: Porque ele jamais falou de alfaces. *(Sai)*
(Entra Verônica 2. Rindo)
VERÔNICA 2: Achei incrível essa cena!
VERÔNICA: *(Agressiva)* Você deve ter escrito um melodrama impressionante.
VERÔNICA 2: *(Sempre rindo)* "A alface exausta!"
(Começa a rir sem parar. Verônica na boca de cena, perplexa)
VERÔNICA 2: Achei legal isso que ele falou de alfaces.
VERÔNICA: Sai de mim.
VERÔNICA 2: Pensa: a vida real, as alfaces, *versus* a ficção.
VERÔNICA: Numa e noutra você só fez merda.
VERÔNICA 2: Não podíamos ser mais elegantes? Pra que

palavrão? Escuta, falando sério. Me trata bem que sou teu motivo de orgulho.
VERÔNICA: O orgulho passou e faz muitos séculos.
VERÔNICA 2: *(Carente)* De nada que eu fiz você gosta?
VERÔNICA: Nada. *(Continuando após uma tentativa de aparte de Verônica 2)* Você não vai ao fundo. Não tira leite das pedras e não bate em ponta de faca. *(Abruptamente rindo)* Você não sabe dirigir, tem descontrole motor e nunca tem fogo pra acender o próprio cigarro. Sem fogo não há incêndio, "guerrilheira Jonhson!"
VERÔNICA 2: *(Furiosa. Bofetada em Verônica que devolve)* O meu incêndio você apagou.
VERÔNICA: Sai, sai de mim, sai!

(Pausa longa após o bofetão. Elas se entreolham. De repente Verônica tem alguma ternura para com sua Verônica 2, e dela se aproxima com afeto, abraçando-a levemente pelo ombro)
VERÔNICA: Tem... tem coisas que eu curto em você, sim. *(A outra fica surpresa e, carente, se anima, se aproxima com timidez. Por um rápido instante o clima distenciona-se entre as duas. Se abraçam com ternura e angústia. Mas logo Verônica se refaz da entrega e repudia sua Verônica 2, empurrando-a. No entanto continua falando, agora quase consigo mesma e com amargura)* Esse teu jeito de estar sempre apaixonada por um homem, uma causa, uma coisa. Quando você fajutou aquele suicídio eu gostei. *(À menção de suicídio Verônica 2 fica furiosa)* Foi uma cena veemente.
VERÔNICA 2: Não admito que se toque nesse assunto.
VERÔNICA: ...gosto do jeito como você cultua os teus mitos: Lévi Strauss, Sérgio Buarque, O'Neill. Até hoje você venera aquele professor de latim do ginásio que te deu o primeiro livro sobre marxismo. *(Nostálgica)* Fundamentos do Materialismo Dialético e Histórico. *(Mais nostálgica)*
VERÔNICA 2: ...o teu olho brilhava de alívio quando você descobriu que não havia Deus.
VERÔNICA: E como custou caro.

(Verônica 2 caminha até uma saleta no set de gravação, onde, sentado a uma mesa rústica, aguarda-a o Torturador. É uma delegacia tipo "Operação Bandeirantes", terrível, neutra, cinzenta. Verônica assiste esta cena, constrangida. Tenta chamar Verônica 2, mas a outra, como que impelida por um comando misterioso, vai. Verônica, durante toda a caminhada lenta e resignada de Verônica 2, cochicha solitária: "vem!". Verônica 2 continua caminhando, Verônica chamando. Verônica 2 senta-se à mesa com

o Torturador, pigarreia e representa o papel de menina "que não tem nada a ver": uma ingenuidade. Luz de passado. Verônica 2 e o Torturador)

VERÔNICA 2: E é isso o que eu penso. Não existe Deus. O que existe é a História. Um movimento contínuo do homem, criando e recriando sua realidade. Isso que eu PENSO.

TORTURADOR: *(Palitando dentes)* Sei, Barbarella. Sei...

VERÔNICA 2: Mas eu só penso. Eu não FAÇO nada.

TORTURADOR: *(Debochado)* Não? Não mesmo?

VERÔNICA: *(Digna)* E não mantenho correspondência com os exilados. Quanto ao presídio, eu apenas visito trinta e três amigos meus que estão lá.

TORTURADOR: *(Prestando atenção exagerada. Pára com o palito no ar)* Trinta e três. A idade de Cristo, não é engraçado?

VERÔNICA 2: ...o senhor não visitaria uma tia, um sobrinho, se eles estivessem presos? Não levaria cigarros, bolinhos??

TORTURADOR: *(Batendo subitamente na mesa, babando de ódio)* Se fossem socialistas, não só não os visitava como cortava eles em postas feito robalo em sexta-feira da paixão! *(Pausa)* Você está escondendo leite, Barbarella. Já chega. Vamos lá. *(Pega uma máquina de choque e agarra a mão de Verônica 2)*

VERÔNICA 2: Pelo amor de Deus. Não me dá choque. Eu juro que estou falando a verdade. Se o senhor quiser eu não vou mais ao presídio.

(Torturador enfia a mão de Verônica 2 na máquina de choque. Verônica 2 grita, e pára de repente)

TORTURADOR: Onde está o Zé Freitas desde que voltou de Paris?

(Quando ela pára de gritar o Torturador olha perplexo para a máquina e para ela, a máquina evidentemente quebrou. Luz acende em Verônica que morre de rir em seu escritório)

VERÔNICA: A máquina de choque quebrou.

(Congela a cena entre Verônica 2 e o Torturador. Eles ficam parados no movimento em que estavam quando Verônica começa esta fala)

VERÔNICA: A nossa foi a única tortura cômica da História do Brasil!

(Verônica 2 ao ouvir isso se revolta, sai do freeze *enquanto o Torturador permanece no* freeze*)*

VERÔNICA 2: *(Angustiada. Para Verônica)* Você esqueceu as macas?

VERÔNICA: *(De repente angustiada)* Não. Não quero esquecer. Nunca esqueci. Eu quero me lembrar dessas macas todos os dias. *(Pelo cenário, personagens vestidas com roupa de carceragem passam em todos os patamares e em todas as direções com macas e bonecos simulando mortos, cobertos com panos brancos)* ...esse ÓDIO é a única certeza que eu tenho.

VERÔNICA 2: ...eles comiam goiabada em suas celas quando foram levados para o pau-de-arara. *(Pausa)* Aí eu ouvi os gritos de "pelo amor de Deus". Os gemidos. Os soluços. Pouco depois eles passaram mortos nas macas. Foi a primeira vez que eu vi a morte assim pertinho. Esquisita a morte. Uma pessoa está viva comendo goiabada. E de repente passa de maca pela porta de uma cela.

VERÔNICA: *(Relutando em entrar na amargura de Verônica 2. Tenta, firme, retomar a ironia)* Mas o importante é que a gente fez o Torturador de trouxa. *(Ri de novo)* Lembra a cara dele quando a máquina encrencou?

(Torturador sai do freeze. *A cena recomeça. Ele olha assustado para a máquina, para Verônica 2, para a máquina e para Verônica 2)*

TORTURADOR: Ei, Barbarella... essa máquina nunca teve o menor piripaque. É tecnologia uruguaia das mais avançadas. *(Desconfiado)* Você... tem pacto com o diabo, é?

VERÔNICA 2: *(Dona da situação, percebendo o medo dele)* Com o diabo, não. Mas com o Exu Tranca-Rua sim.

TORTURADOR: *(Morrendo de medo após uma longa pausa)* Ah, o Exu Tranca-Rua...

VERÔNICA 2: Eles acreditavam cumprir um dever cármico. Um dever de salvação nacional. E todos morriam de medo de macumba.

(Verônica 2 e o Torturador saem do freeze*)*

VERÔNICA 2: *(Para o Torturador)* Conhece o Exu Tranca-Rua?

TORTURADOR: *(De repente elegante, fino, cheio de delicadezas. Evidentemente amedrontado)* Bom, Barbarella. Vamos encerrar por hoje. Amanhã eu peço a um colega meu pra continuar o teu dossiê. *(Pausa)* Pessoalmente... hã ... tenho lá minhas formalidades.

VERÔNICA 2: ...se o senhor tocar nas minhas pernas de novo...

TORTURADOR: *(Finíssimo)* Absolutamente, aliás, não toquei nas suas pernas. Foi um esbarrão. Desculpe. Eu disse "formalidades" no sentido de que... bom... eu sou muito patriota, sabe? Peço a todos os meus interrogados que cantem o hino nacional. Você me faria essa gentileza? *(Finíssimo)*

VERÔNICA 2: *(Erguendo-se)* Com prazer. *(Começa a cantar sincera e emocionada. Verônica 2 vai se virando de costas para o Torturador e canta cada vez mais emocionada. Verônica irritada assiste à cantoria do hino. Verônica 2 põe a mão no coração respeitosamente. Torturador em pé, cantando também, coloca a mão no seu próprio peito e fica em atitude de profundo respeito. Verônica constrangida observa os dois que cantam. E hesita em interferir na cena que repudia. Mas não se contém e começa a descer lentamente as escadas, sempre falando com Verônica 2, que no entanto não abandona seu canto)*

VERÔNICA: Você sempre gostou desse hino *(Verônica 2 e o Torturador não interrompem a cantoria)* ...e eu sempre te critiquei por isso. A gente prefere achar que o hino é da gente. E que ele é pátria. E que a pátria nos pertence como a rua da nossa casa. A pátria... *(Pausa)* é a bengala do vô Péricles, o chafariz de Amanhece, o vestido de primeira comunhão... e o beijo na testa. É o filho, o peito cheio de leite, guariroba, quentão, chuchu. *(Pausa)* A gente quer que seja assim: uma pátria gentil, doce e linda. Uma mãe corajosa que não deixa o ladrão entrar e convoca: "Vamos plantar, colher, construir circos e jardins". *(Enérgica)* "Ninguém há de capar a Amazônia ou secar os rios." *(Autoritária. Como uma mãe vitoriana)* "Eu quero toalhas de renda, flores nos jarros e TODOS À MESA!" *(Pausa)* Mas entende, Verônica, não é assim, não! A mãe... não gosta da gente. Não tem palmeira, não tem sabiá porra nenhuma! E o colar de diamantes que a gente tanto tanto admirava nela, o Cruzeiro do Sul, sabe o que é?! Zhirkhonia. Diamante de camelô. As matas, os rios, é tudo cenário. A pátria mãe não é gentil. É grossa, amarga, mesquinha. *(Pausa longa)* Quando a gente ensangüentava em 68 eu pensava: "O pior é que eles estão morrendo de rir dos nossos pequenos gestos heróicos. Eles sempre souberam que a gente blefava. E que as nossas bombas eram tão caseiras, que não podiam explodir": Santo de casa não faz milagre. Guerrilheiro de barra de saia não ergue a voz pra mamãe. *(Pausa)* Eu sei que você acredita. Você precisa acreditar nessa História. Nessa Geografia. Nas aulas bonitas do Ângelo. *(Doce)* Ah, se você pudesse me ver hoje. Outra vez a esperança, outra vez. Sabe, eu agora olho pro céu e também acho bonito o Cruzeiro do Sul. De repente um orgulho louco por essa Amazônica careca e esses rios secos. *(Pausa nostálgica)* Tiradentes... o ouro... a cana... a borracha e o café. O OURO! *(Emocionadíssima)* Eu também ando cantando esse hino com uma emoção filha-da-puta, Verônica. *(Voltando à sua postura rígida)* Mas cachorro mordido por cobra tem medo de lingüiça. *(Pausa longa)* Você quer cantar, não é? Então canta. Faz de conta que estamos todos juntos: os mortos, os pirados, os torturados e os desaparecidos. E juntos caminhamos pelo Viaduto do Chá. *(Ergue os braços agitando uma fictícia bandeira)* Do céu caem rosas amarelas e azuis. Toca em todo o território nacional a 7ª Bachiana de Villa-Lobos. A GENTE VENCEU!

(Luz apaga em Verônica. Verônica e Verônica 2 ficam face a face novamente. Na mesma luz de delírio. Torturador, com a luz em resistência, some)

VERÔNICA 2: O teu discurso foi de uma atualidade comovente. Rui Barbosa não seria tão demodê.
VERÔNICA: Deu pra entender?
VERÔNICA 2: Já ouvi isso em algum lugar. *(Irônica)* Lembra de um cara chamado "censor"?
VERÔNICA: *(Irritada com a analogia)* Então, eu e o Censor somos iguais. Periquito socialista! *(Verônica 2 se afasta. Apesar dos gestos insistentes de Verônica. Ela segue para a sala de censura, ex-sala de tortura, modificada agora pelos seguintes elementos: a. Um crucifixo. b. Uma frase em latim:* "Mortui vivos ducent" *– frase que se encontra em mesas de autópsia. c. Uma foto de um jurista do Estado Novo – Alexandre Marcondes –, emoldurada numa madeira rococó. Sentado na sala, muito calmamente, Censor anota com atenção num script, munido de seu indefectível lápis vermelho. Verônica chama Verônica 2 que novamente impelida por uma força misteriosa, compulsiva, prossegue apesar dos chamados de Verônica. E ensaia gestos e posturas que indiquem naturalidade elegante quando encontra o Censor, com quem demonstra falsa intimidade)*

VERÔNICA 2: Como tem passado o senhor? *(Verônica assiste à cena com atenção e muito divertida)*
CENSOR: Muito bem.
VERÔNICA 2: Tenho boas notícias.
CENSOR: Pra mim ou pra você?
VERÔNICA 2: Para o senhor, claro.
CENSOR: Diga.
VERÔNICA 2: Concordo com o senhor que é palavrão demais! 20 putas que pariu no primeiro ato, 30 merdas no segundo, 40 porras no terceiro, porra, é palavrão demais.
CENSOR: *(Aliviado)* Eu sabia que você ia entender. Shakespeare nunca precisou disso, não é mesmo?

VERÔNICA 2: Nem Tchekhov, nem nenhum autor de verdade. O senhor foi um anjo por essa dica tão... cultural...
CENSOR: Não fiz mais que a minha obrigação. *(Pausa)* Mas e quanto ao bife do preso político?
VERÔNICA 2: Não fiz mais que minha obrigação de escrevê-lo. E ele fica.
CENSOR: De jeito nenhum. *(Tensão)* Aquilo ofende a dignidade das Forças Armadas, a Segurança Nacional, a família e os bons costumes. Além de incitar à luta armada e ao amor livre.
VERÔNICA 2: Nan, nan, nan... analise com calma e o senhor vai perceber que é ATÉ um elogio às Forças Armadas, à família...
CENSOR: *(Interrompendo)* Menina, eu não nasci ontem.
VERÔNICA 2: Mas EU nasci.
CENSOR: Fale, minha filha *(Paternal)*
VERÔNICA 2: Tiro todos os palavrões: todos. Puta que pariu, merda, porra, todos, toda a bosta de palavrão desse texto. *(Censor tapa o ouvido)* Tiro *também* o hino nacional. Mas...
CENSOR: Mas?!...
VERÔNICA 2: ...é uma pechincha, hein? Negócio da China. *(Suspense: sedutora e negociante. Censor arregala os olhos, os óculos caem pelo nariz, tanta atenção ele presta)* O texto em si, o senhor não mexe.
CENSOR: Mexo, sim. Estou aqui pra isso.
VERÔNICA 2: Então... *(Com a mão do censor na sua)* vamos cortar juntos: democraticamente...
VERÔNICA 2: O senhor deixa eu cortar o que eu escrevi?
CENSOR: *(Vencido pelo raciocínio)* Por favor. *(Dá o lápis para ela. Se assusta. Ela o tira pra dançar. Sem jeito ele dança uma valsa. Verônica 2 fala convincentemente e entusiasmada)*
VERÔNICA 2: E se o senhor se transformasse num legítimo democrata? *(Cantarola uma valsa)*
CENSOR: Minha filha, ao lado... *(Preocupado com a agitação)*
VERÔNICA 2: *(Dançando)* ...pensa bem: o mundo gira e a Lusitana roda. Um dia a casa cai.
CENSOR: Pára com essa valsa idiota! *(Irritado. Ela cantarola mais alto. Provocando)*
VERÔNICA 2: Pegar ou largar. *(Censor pára de dançar e fala seriamente)*
CENSOR: Muito bem: proponha.
VERÔNICA 2: O senhor não corta o texto inteiro. Deixa um pedaço. E garante um lugarzinho de honra, na história da liberdade de expressão desse país, no dia do Grande Juízo.

CENSOR: *(Cansado da confusão que ela está armando e vendo que batem à porta)* Muito bem, negócio fechado.

(Apaga. Acende em Verônica, que se encaminha para Verônica 2)

VERÔNICA: Achei um charme essa cena.

VERÔNICA 2: Não pedi sua opinião. *(Vai sair, Verônica a retém)*

VERÔNICA: Eu tinha esquecido...

VERÔNICA 2: A "Nova República" apagou a memória de muita gente.

VERÔNICA: Foi encantador. Parabéns.

VERÔNICA 2: Você esquece todas as minhas proezas. *(Emburrada)*

VERÔNICA: *(Vendo que Verônica 2 vai chorar, indo embora como menina emburrada)* Posso te dar um abraço?

VERÔNICA 2: Agora quem não quer sou eu *(Verônica 2 sai. Verônica engole em seco. Acende em casa de Verônica, Pedro dá encontrão em Ângelo, que entra atrapalhado)*

PEDRO: Nasceu grudado em mim?

ÂNGELO: Eu não podia ir com essa coisa na garganta. Preciso conversar com você.

PEDRO: Pois eu estava indo quando você me agarrou. Pensei que fosse um trombadinha, caralho. Não há o que conversar.

ÂNGELO: Afinal, eu também sou teu amigo há vinte anos. A gente não pode deixar os equívocos rolarem, passar por cima, e porra, Pedro, deixei a Elisa no carro dormindo. Ela dorme pacas quando bebe!

PEDRO: Irresponsável.

ÂNGELO: Vamos falar?

PEDRO: Por que não vai buscar tua mulher? *(Pausa)* Não tenho nada a conversar com você. Você não me interessa. Nunca me interessou.

ÂNGELO: *(Gritando)* Pedro, nunca houve nada entre Verônica e eu!

PEDRO: Acredito, saco, acredito, pronto.

ÂNGELO: Acredita mesmo?

VERÔNICA: *(Vem descendo as escadas)* Você aqui? De novo?

ÂNGELO: Vim arrematar aquele pedaço com o Pedro. Agora, posso ir. Deixei a Elisa no carro.

VERÔNICA: No carro?! Mas... bêbada como está...

ÂNGELO: Se você quiser, eu fico, e a gente escreve os capítulos da virada...

VERÔNICA: E a Elisa?
PEDRO: "Ela dorme pacas quando bebe."
ÂNGELO: Vá à merda, OK, Pedro?!
PEDRO: Bom, vocês escrevem a noite toda se quiserem. Mas não no escritório da Verônica, que é ao lado do meu quarto, e eu estou por aqui de barulho de máquina. *(Sobe lentamente as escadas. Da escada grita)* Faço votos que consigam. É importante pra Verônica. *(Apaga em Pedro)*
ÂNGELO: Importante, a novela?!
VERÔNICA: Não quero dar à emissora o direito de dizer que só fiz merda. Aprendi com meu pai: ofício se exerce.
ÂNGELO: Por falar nisso, e a nossa peça? Sua primeira peça de amor. Hein, Verônica?
VERÔNICA: *(De repente distante. Cansada)* Me sinto estranha, Ângelo. Uma angústia de mulher grávida. Quando eu tive meus filhos foi assim. Era bom saber que tinha vida em mim, mas eu não sabia se o que ia nascer era uma cobra, um jacaré ou um bebê.
ÂNGELO: Não entendi.
VERÔNICA: Estou com alguma coisa por nascer: uma novela, uma sinopse de peça, um curso novo pra cadeira de História... ou pode ser que eu aborte. Que eu me recuse a continuar. Que eu dê um tiro no ouvido. Ali *(Aponta gaveta)* tem dois revólveres. Com um, furo o direito, com outro, o esquerdo, e acabaram-se meus surdos ouvidos: é só criar coragem e assumir que o tape não valeu. É só dizer: CORTA!

(Ângelo fica longo tempo pasmo, olhando para ela. Pedro do topo da escada pára e se volta, mostrando que ouviu preocupadamente o discurso. Elisa cambaleante tinha voltado e entrado e escutara, pasma. Pedro desce as escadas lentamente)

ELISA: Pensei que um tarado tinha me raptado... escuta, isso que você falou é muito sério.
ÂNGELO: Eu nunca te ouvi falar em morte.
PEDRO: Você realmente deseja morrer?
ELISA: Assim, sem batalhar, sem tentar?
ÂNGELO: O capítulo da tua morte eu não vou poder regravar.
VERÔNICA 2: *(Cochichando para Verônica, mas na boca da cena)* Conta pra eles que você foi só uma vez ao comício das Diretas, porque preferiu ficar em casa escrevendo. E escrevendo uma peça sobre política. Mas que voltou logo do comício, porque não agüentou ser empurrada pela multidão. Conta que, na dramaturgia, é você quem faz a cena. Na vida real, você é sempre em-

purrada. *(Cochichando)* Verônica, conta que você prefere morrer a conviver com as pessoas e com as alfaces. Ah, ah, ah!

(Voz de Ângelo off-*corta. Black-out. Pausa longa. Passagem de tempo. Bachiana em BG. Acende em sala de Verônica. Pedro ouve Maria atentamente. Ele está agitado. Maria fala atropeladamente)*

MARIA: Daí ele disse: "Lição de raiz quadrada eu não faço". E eu falei pra ele: "Faz senão você fica burro". E dona Verônica entrou e falou: "Deixa, Maria".

PEDRO: Ela falou pra não fazer a lição?

MARIA: *(Concordando)* Disse que também detestava raiz quadrada. Ele começou a gritar, né, que se eu gostava de raiz quadrada, era porque eu era quadrada e que eu não ia entrar no circo, que ele, Aninha e dona Verônica estão armando.

PEDRO: Circo?

MARIA: E dona Verônica contou a história dos ladrões de Bagdá outra vez.

PEDRO: Que será que ela tem contra os três porquinhos?

MARIA: Ela disse que detesta o Prático.

PEDRO: Foi à reunião de pais e mestres?

MARIA: Deixei bilhetes avisando, mas ela esqueceu.

PEDRO: E a Aninha?

MARIA: O senhor ainda não sabe?

PEDRO: *(Assustado)* O quê?

MARIA: Tá conversando com a porta, cinzeiro, privada.

PEDRO: Como assim?!

MARIA: Dona Verônica fala pra ela que as coisas têm voz.

PEDRO: A esquizofrenia completa, oficial e assumida na minha casa.

MARIA: *(No mesmo tom de Pedro)* O quê?

PEDRO: Então, as portas e os cinzeiros falam, as privadas cantam, os ladrões de Bagdá enterram tesouros que até o diabo duvida, há piratas e mares subterrâneos nessa casa. Mas raiz quadrada ninguém aprende e piolho ninguém mata.

(Congela. Black-out. Acende no set *de gravação: instantaneamente. Nestor a um canto tenta decorar um texto, mais resmungando que falando. De vez em quando tira uma garrafinha de vodca do capote e bebe olhando furtivamente para que não o vejam beber. Verônica e Ângelo discutem no primeiro plano do* set*)*

ÂNGELO: Daí choveu, não deu pra gravar em externa.

VERÔNICA: Não gravasse, porra.

ÂNGELO: Vou abrir. *(Tensão. Nestor pára pra ouvir)* Vi o meninão no elevador.

VERÔNICA: E daí?
ÂNGELO: Daí que ele pode substituir você.
VERÔNICA: Bom, e meu casamento tá por um fio. A mordomia de esposa pode acabar junto com o meu emprego. *(Ri, amarga)*
ÂNGELO: Bom, mas enquanto eu tô aqui, vamos fazer direito.
VERÔNICA: Cê tá gravando nas coxas, Ângelo. *(Desabafando)* Não tá curtindo.
ÂNGELO: Aqui não se curte, aqui se malha.
VERÔNICA: Gravar em estúdio uma cena de praça pública, vamos e voltemos. *(Nestor esconde a garrafinha. Ângelo vira)*
ÂNGELO: *(Para Nestor)* Eu vi uma garrafinha aí ou é delírio?!
NESTOR: Delírio total.
VERÔNICA: E se ele estiver bebendo? Você sempre faz ele beber pra decorar!
ÂNGELO: E aí ele decora que nem o rabo.
NESTOR: *(Debochado)* Viciei. *(Para Verônica)* Resume esse aranzel que senão não tem mais pai. Tô avisando.
VERÔNICA: Decora, Nestor, decora.
NESTOR: Porra, não sou ator, quantas vezes vou ter que repetir isso?
ÂNGELO: *(Tirando a garrafa da mão dele e atirando longe)* Merda.
NESTOR: Merda digo eu, que tenho que ser maquinista, contra-regra, cenógrafo, ator, lixeiro, tudo... e não ganho um puto de hora extra.
VERÔNICA: Vai se queixar ao bispo.
NESTOR: Por falar em bispo, por que aquela batina que vocês me arranjaram era tão miúda?
ÂNGELO: O defunto era menor.
VERÔNICA: Era uma camisa-de-força, tonto. *(Riem Ângelo e Verônica)*
NESTOR: E se eu já tinha sido amarrado em camisa-de-força, na cena do hospício, por que de novo? E por que no meio das árvores?
ÂNGELO: Foi assim: a batina ficou apertada. Te enrolei em panos de chão, te enfiei no meio das árvores pra gravar em plano médio *(Faz o gesto)* porque, da cintura pra cima, e disfarçadinho entre arbustos...
VERÔNICA: *(Continuando)*... o público não percebeu que o bispo vestia um esfregão.

(Riem os dois. Nestor continua estudando o texto com tédio. De repente explode)

NESTOR: Vou me queixar ao sindicato dos atores. Nem o Antonio Fagundes decora tanto texto.

VERÔNICA: Tem gente morrendo de inveja de você.

NESTOR: Caguei. OU melhor, exijo uma explicação.

VERÔNICA: Exige? O contra-regra? O contra-regra exige?

NESTOR: ASSISTENTE DE PRODUÇÃO.

VERÔNICA: Muito bem, "assistente". A gente resolveu gravar os últimos capítulos de novo.

NESTOR: Ah, é? Por quê? Oferta da casa? Brinde?

VERÔNICA: ...agora é outra história, Nestor. A Fernanda não morre mais.

NESTOR: E como não morre, eu tenho que fazer das tripas coração pra encarnar o pai dela, que a estação não pode contratar. E vocês vão fazer uma surpresa ao Arthur, uma surpresa em cima de mim. Caralho!

(Sinal no estúdio. Pausa longa)

ÂNGELO: Decora, decoora!

NESTOR: *(Calmo, fazendo suspense)* Pode dar o sinal, que não vai dar.

(A dica misteriosa de Nestor, que ao falar a frase fez expressão de quem sabe algum segredo, provocou uma reação explosiva em Ângelo e Verônica. Os dois correm ao mesmo tempo para Nestor, fazendo um cerco. Acuando. Nestor põe as mãos ao alto)

ÂNGELO: Que que você disse?

VERÔNICA: Buchicho com o Arthur?! Hein? Claro, você passou a manhã inteira lá em cima. Deve estar sabendo das coisas.

NESTOR: Não tenho nada a declarar.

ÂNGELO: O meninão, não é?

VERÔNICA: Você viu o meninão na sala do Arthur?

NESTOR: *(Sacudido por Verônica)* Vi. E o Arthur tomou uísque com ele. E os dois RIAM que rolavam! *(No verbo rir Ângelo e Verônica ficam ainda mais tensos)*

VERÔNICA: *(Para Ângelo)* Ângelo, você sabe o que significa quando ele ri.

ÂNGELO: E o amigo do Flávio, o diretor da Globo, tava lá?

NESTOR: Boca calada não entra mosquito. *(Pega a garrafa, outra, abre e bebe sem pudor algum agora)* Só vodca.
ÂNGELO: E daí, hein? *(Ângelo agora sacode Nestor, que esperneia de ódio)* Que que você sabe do Arthur?
NESTOR: *(Explodindo)* Que ele tá uma pistola porque vocês gravaram sem mostrar os capítulos pra ele. Que tá tudo uma bosta. Que não vai renovar o contrato da Elisa nem fodendo. Que a estação não pode gastar essa puta grana com externa. Que...
VERÔNICA: Isso ele sempre diz. *(Aliviada)*
ÂNGELO: E o que mais? *(Ângelo mais e mais tenso. Nestor explode de novo)*
NESTOR: Mais: que meu salário é uma merda, que eu trabalho até de madrugada e não ganho um puto de hora extra. Que cada dia visto uma peruca, decoro um alqueire de texto e trepar que é bom, néris, néris, meu pau tá pequenininho, ó, de tanto que eu... nunca... néris...
ÂNGELO: Você tá escondendo leite. O Arthur *contratou* o meninão?
NESTOR: *(A quem Ângelo outra vez pressiona fisicamente)* Me solta!
ÂNGELO: Disso depende o meu emprego.
VERÔNICA: E o meu.
NESTOR: Alguém tá preocupado com o MEU?
ÂNGELO: Você tá na nossa equipe, idiota. Se a gente dançar, você dança junto.
NESTOR: *Nessa* novela... *(Misterioso)* Mas graças a Deus novas novelas virão. Novas! *(Tensão nos dois)* O meninão saiu todo molinho, levinho, tipo "Ô sucesso!" *(Jingle)* Dizem que ele escreve curtinho... *(Ângelo e Verônica ficam de mãos dadas. Aflitos)* E a Elisa, sei não.
ÂNGELO: Que que "sei não"?
NESTOR: Tava enchendo a cara no bar, dizendo que ia pôr fim à vida.
ÂNGELO: *(Para Verônica)* Ontem à noite ela falou em suicídio.
VERÔNICA: *(Acalmando Ângelo)* Ela fala isso desde que a conheço.
NESTOR: Só no bar, já despediu da vida umas mil vezes. Mas como a gente nunca sabe se ela tá falando como Elisa, ou como Fernanda, então...
ÂNGELO: Vai fazer gracinha com a tua mãe.
NESTOR: Minha mãe tá morta, enterrada, e vocês foram ao enterro dela. Podiam ser mais finos, hein?

ÂNGELO: Nestor, vai lá em cima. Se informa. Descola informações concretas.

NESTOR: Passei a manhã toda fofocando naquele corredor. Periga de eu perder MEU emprego. Vai você.

ÂNGELO: Tô pedindo.

NESTOR: Nem morto.

ÂNGELO: Tô mandando.

NESTOR: Não sou teu secretário.

VERÔNICA: Vai, Nestor!

NESTOR: *(Carinhoso com Verônica)* Olha, pra você eu até ia. Mas não vou porque não tenho peito. Mas por que você não sobe assim como quem não quer nada? Passa pela sala dele, dá um tchauzinho, e, se ele te mandar entrar, respira fundo e entra.

(Interfone toca. Quando o interfone toca como sempre os três correm para atender. Congela. Black-out. *Acende instantaneamente em casa de Verônica. Prossegue cena entre Pedro e Maria)*

MARIA: O senhor, fumando bituca?

PEDRO: Esqueci de comprar cigarro.

MARIA: Eu compro pro senhor.

PEDRO: Deixa pra lá. Tomou o remédio que te falei?

MARIA: Não, senhor.

PEDRO: E por que não?

MARIA: Não era pro fígado.

PEDRO: Era pra fazer descer menstruação atrasada.

MARIA: Credo, que assunto besta, seu Pedro.

PEDRO: A Verônica me disse que você tá com medo de estar grávida.

MARIA: Imagine, ela inventa coisa.

PEDRO: Sem frescura, Maria, você foi ao médico?

MARIA: Com que roupa?

PEDRO: Vai ao meu consultório.

MARIA: O senhor atende mulher pobre?

PEDRO: Sou teu amigo. Jamais cobraria de uma amiga.

MARIA: De jeito nenhum. Eu morro de vergonha do senhor. *(Pausa)* Hein, seu Pedro, é uma curiosidade que eu tenho: o senhor atende mulher pobre, ou só madame? Tô perguntando porque essas moças, qualquer coisinha tá ligando, né? Lá onde eu moro, a gente pode rebentar a bolsa que se não tiver na boca da fila, nasce tudo morto. *(Riso amarelo)*

PEDRO: *(Perplexo, irritado com a resignação dela)* E vocês? Quando abortam, não abrem o berreiro? Não quebram tudo? Não ameaçam de morte os putos dos filhos da puta do INAMPS?

MARIA: Abortar? Deus me livre e guarde.

PEDRO: Eu disse... quando "nasce tudo morto". Aí vocês ficam quietinhas?

MARIA: Fazer o quê? Deus não quis, não quis.

PEDRO: Deus e essa medicina de trambiqueiros, Maria.

MARIA: O senhor atenderia uma mulher pobre... de graça?

(Essa ingênua pergunta de Maria desperta uma onda de nostalgia e amargor em Pedro, que fala quase consigo próprio)

PEDRO: O pior é que eu não te atenderia. Eu... *(Pausa)* Não posso cuidar de mulher pobre, Maria, só de madame. *(Pausa)* Eu tenho que ganhar muito dinheiro, pra segurar essa casa.

MARIA: *(Piedosa)* O senhor é muito sozinho, né mesmo, seu Pedro?

PEDRO: *(Nostálgico)* Sabe, quando eu era moço...

MARIA: O senhor é moço...

PEDRO: ...quando eu *era* moço eu tinha amigos. *(Pausa)*

MARIA: Ah, tá vendo, fui deixar o senhor triste com a minha conversa.

PEDRO: ...eu achava que só ia cuidar das mulheres como você. Que ia acabar com as filas do INAMPS. Que ia fazer medicina popular. *(Ri amargamente)* Que ia fazer nascer *todas* as crianças do Brasil – fossem da Silva ou de Bagdá.

MARIA: E o senhor ia fazer parto de graça?!...

PEDRO: Todos os médicos iam. Todos. Eu achava que ia ser médico de um país socialista. Onde as mulheres pudessem dar à luz na verdadeira acepção da palavra. Onde nascer *fosse* uma luz, entende?

MARIA: Entender, não entendo, não, senhor. Mas arrepio toda quando o senhor fala. O senhor fala tão bonito, seu Pedro. O senhor me permite... uma pergunta indiscreta... *(Sem jeito)* A dona Verônica, ela não cuida muito do senhor, né?

PEDRO: *(De repente voltando ao seu estado normal, frio e abrupto)* Maria, se você estiver grávida, você não vai ser louca de ter essa criança, vai?

MARIA: O senhor tá falando pra eu fazer um *aborto*?

(Black-out. *Congela. Acende no set de gravação instantaneamente. A cena onde parou entre Nestor, Ângelo e Verônica. Muito tensos todos)*

VERÔNICA: Eu preciso saber do meninão.

NESTOR: Puta susto, toda hora, esse interfone. Vamos gravar, hein?
ÂNGELO: E a Elisa, cacete, preciso saber dela...
VERÔNICA: Não sei por que a gente tá nesse estado. Nada de concreto, apenas o Nestor velho de guerra espalhando merda, como sempre.

(Nestor pouco liga. Pega outra vez sua garrafinha. Mas o sinal toca e ele vai resmungando, saindo de cena como um animal ferido)

ÂNGELO: Um revoltado!
VERÔNICA: *(Sem ouvir o sinal)* Revoltado, não, explorado.
ÂNGELO: Explorados somos nós. Não vem com paternalismo.
VERÔNICA: Se você achar que o Nestor tá na mesma que a gente, vou ser obrigada a te lembrar da tua juventude, e de todas as aulinhas que você vomitou na minha cara, anos a fio!
ÂNGELO: Não entendi.
VERÔNICA: "O homem é autor e ator da história", lembra, "professor"? *(Didática)*
ÂNGELO: Ah, a cartilha marxista! *(Irritado. Explodindo)* A gente aqui, ameaçado de perder o emprego. A gente aqui: morrendo de medo desse interfone tocar. A gente aqui: duas décadas de uma profissão que não nos deixa nem tomar um copo d'água até o fim. Duas décadas trepando pouco, dormindo mal, comendo unha. Vilma, Nestor e Elisa naufragando em vodca. Externas virando estúdio. Batinas virando esfregão. E você vem com o velho Marx de vinte anos atrás!
VERÔNICA: Tem que ter uma saída.
ÂNGELO: A saída é essa: gravar, gravar, gravar.
VERÔNICA: Pra eles dizerem: "Corta".
ÂNGELO: Pra eles dizerem que não tem verba.
VERÔNICA: E que o patrocinador está queixando do IBOPE.
ÂNGELO: Ou que a Censura andou resmungando.
VERÔNICA: "Autor e ator da história." *(Chuta um objeto de cena)* Bonito e inútil.
ÂNGELO: *(Irritado mais ainda)* Você não tem mais vinte anos. Não pode acreditar em conto de fadas. *(Verônica 2 surge gravando a cena com uma fictícia câmera de VT)* O fato é que a gente só chegou até aqui. Ninguém escreveu o capítulo da vitória. O teatro não dá camisa. E o Nestor há trinta anos morre de

medo de um interfone. *(Pausa)* Fatos não se jogam fora como *scripts*, Verônica. Você fala em história como uma lenda, cheia de sangue e chamas olímpicas. Mas a história não é o momento bonito. Dom Pedro dizendo "fico". Tiradentes dizendo " não". *(Reflexivo, caminha pelo set falando lentamente. Pausa)* A história é também esse bastidor sem a menor dignidade.

VERÔNICA: Que é só o que eu conheço. *(Pausa)* Bastidores, túneis, esgotos. Sem ninguém do outro lado pra dizer: "Alô, sou da Resistência!" *(Interfone toca)*

ÂNGELO: "...vim trazer munição"... *(Os dois se retesam. Apavorados. Juntos correm e Ângelo atende. Quando ele fala, Verônica vira de costas, curvando-se como um feto. Congela na fala de Ângelo e na curvatura de Verônica. Apaga. Acende na casa de Verônica onde prossegue cena entre Pedro e Maria)*

ÂNGELO: *(No interfone)* Sim, Arthur? *(Black-out rápido)*

(Cena em casa de Verônica, tensão e agressividade contida em Maria)

MARIA: O senhor tá querendo mandar em mim?
PEDRO: Tô tentando te ajudar.
MARIA: Me mandando abortar?
PEDRO: Te mostrando que um filho vai arrasar a tua vida. Que esse país não comporta mais uma criança. *(Pausa)* Perdão, Maria. Mas na tua barriga tem uma criança que o país não quer.
MARIA: Mas *eu* quero.
PEDRO: Pra atirar no meio do lixo?
MARIA: Pra cuidar. Pra dar carinho.
PEDRO: Um amor impossível.
MARIA: Se o Ernesto não quiser...
PEDRO: Tô falando em amor impossível entre você e a criança. O máximo que a gente pode te dar é o enxoval e deixar você morar aqui com o bebê. Isso chega?
MARIA: Não pedi nada a vocês.
PEDRO: Faz o aborto, Maria, se livra desse peso.
MARIA: De quando o senhor ERA moço pra cá, o senhor mudou muito! *(Cáustica)* O senhor falava em luz... agora quer atirar meu filho nas trevas da morte!
PEDRO: Com que roupa você vai criar essa criança?
MARIA: Com a sua é que não seria. *(Congela. Apaga. Acende no set de gravação. Pausa longa. Ângelo e Verônica se entreolham tensos)*

(Entra Nestor completamente bêbado)

NESTOR: Porra, eu tô lá de peruquinha, arrumadinho, esperando... e o Fellini picas!
VERÔNICA: É o fim, Ângelo. *(Nestor não entende mas pressente o desastre)*
ÂNGELO: O meninão FOI CONTRATADO! *(Nestor deixa cair a garrafa, boquiaberto)*
NESTOR: *(Perplexo)* O meninão... já... já?!
VERÔNICA: *(Sem ouvir Nestor)* Estamos todos demitidos por abuso de autoridade. *(Pausa longa. Nestor em pânico crescente)*
NESTOR: *Todos quem?*
VERÔNICA: Eu, tu, ele, nós, vós, eles.
ÂNGELO: Os da EQUIPE.
NESTOR: *(Desorientado)* Eu só sou um operário, um pau-mandado. Claro que o Arthur não vai fazer uma injustiça dessas.
ÂNGELO: Claro.
NESTOR: ...trabalho aqui há trinta anos...
ÂNGELO: *(Constrangido com a perplexidade de Nestor)* Eu vou falar com o Arthur, fica frio.
NESTOR: *(Começando já a demonstrar desorientação)* ...trinta anos é trinta anos, né?
ÂNGELO: Eu já disse: vou falar com o Arthur. Ninguém vai ser demitido da equipe técnica.
VERÔNICA: Esse Pinochet é bem capaz de... não só tascar a gente no olho da rua, mas... fazer o mesmo com... *(Nestor se benze e ri)*
NESTOR: ...trinta anos, Verônica...
VERÔNICA: Ele não pode...
ÂNGELO: Ele pode tudo.

(Longa pausa. Nestor entra em estado alucinatório, bêbado)

NESTOR: *(Inteiramente alucinado de repente. Bêbado também mas ainda não completamente raso)* Não precisa empurrar. *(Cambaleia como se alguém o empurrasse)* Tô morto, morri bispo e enforcado. A história acabou. Final feliz: "el día que me quieras". *(Cantarola)* Todo mundo nu, todo mundo se beijando, minha mãe aparece grávida de mim e diz: "vai, Nestor, decora tudo, teorema, texto, CIC, RG, decora, filho, que a regra da vida é decorar". *(Abraçados, os dois assistem ao espetáculo patético de Nestor)* Daqui... *(Cai)* a pouco vem o *memorando* oficial. *(Erguendo-se com dificuldade, amparando-se em Ângelo e Verônica)* E se for o atestado de óbito de Elisa?

Ela morreu mesmo, sabia? Ficou enterrada embaixo de um cenário cheio de cupim, um que caiu lá no estúdio 4. Pode ir lá pra ver. *(Sacode Ângelo)* Tua mulher chama Fernanda ou Elisa? Você ainda come ela? Que que você tem no meio das pernas? *Scripts*? Uma câmera de TV? O cadáver tá lá embaixo do cenário. Bonitinho, branquinho... *(Verônica e Ângelo se abraçam fortemente. Congela. Black-out. Acende na casa de Verônica, Pedro e Maria onde a cena parou)*

PEDRO: Você está tomando uma decisão precipitada.

MARIA: Na minha vida mando eu. Eu tô indo embora sem dizer adeus às crianças e à dona Verônica, porque o senhor me ofendeu muito.

(Entra Elisa esbarrando em Maria)

MARIA: Com licença.

ELISA: *(Para Maria)* Sabia que eu não vou mais morrer?

MARIA: *(Ríspida)* Deus é pai!!!

ELISA: *(Maria sai)* Ei... *(Embriagada levemente)* que deu nela?

PEDRO: Tá grávida. Sugeri aborto, emputeceu e se mandou.

ELISA: De vez?

PEDRO: Parece.

ELISA: E quem fica com as propaladas crianças?

PEDRO: Se você quiser, o salário da Maria não era de se jogar fora.

ELISA: Agora eu não preciso mais. Como eu disse, agora não morro.

PEDRO: Ótimo. *(Acende uma bituca. Elisa fica penalizada vendo a bituca)*

ELISA: Fumando bituca? Um homão desses? Judiação!

PEDRO: Todas as mulheres do mundo resolveram ficar com pena de mim, hoje. *(Elisa acende um cigarro seu e entrega, doce e sedutora)*

ELISA: Quer um cafezinho fresco?

PEDRO: *(Seduzido)* Agradeço, anjo. Mas tem uma garrafa cheia ali.

ELISA: Pensei que só a Verônica tivesse mania de café.

PEDRO: Verônica, Verônica! Que obsessão! Será que você não tem uma atraçãozinha por ela, hein? Que tal uma sapatilha... hã?

ELISA: Sapatilha, sapatão... eu? *(Ri)* Tá vendo essas pernas? *(Mostra as pernas)* Isso é perna de fêmea, meu amor.

PEDRO: *(Tomando café tentando aparentar indiferença)* Vai fazer o papel da mulher fatal?
ELISA: Que tal?
PEDRO: Prefiro o gênero "ternurinha".
ELISA: Como queira. *(Sentando-se no colo dele e fazendo cafuné)* Tudo bem com você, moço? Que olheiras são essas? *(Pausa. Pedro a afasta com delicadeza)* Falando sério: eu te amo.
PEDRO: É?
ELISA: Por que esse "é" desconfiado?
PEDRO: Nada me tira da cabeça que você tá a fim de se vingar da Verônica, me seduzindo.
ELISA: Por acaso seria a primeira vez?
PEDRO: É a primeira vez que você se vinga?
ELISA: Você sabe de que primeira vez eu estou falando.
PEDRO: *(Após uma pausa)* Eu preferia que você esquecesse. A gente tava de porre.
ELISA: Nem por isso deixou de acontecer.
PEDRO: *(Tenso)* Esquece aquilo.
ELISA: Não dá.
PEDRO: Tem que dar.
ELISA: *(Lânguida)* Foi bom demais. *(Pedro se retesa ouvindo passos lá fora)* Se você não pode fazer amor no santuário do teu lar, vamos àquele motel.
PEDRO: *(Após uma pausa, com desejo mas se contendo)* As crianças não têm com quem ficar.
ELISA: É só trancar a porta do quarto delas. Vem. *(Fascinado, Pedro segue Elisa para a escada mas se contém novamente)*
PEDRO: Que loucura. Daqui a pouco a Verônica estoura aí.
ELISA: Hoje é o dia do *veredictum* final. O Arthur vai dizer aos nossos cônjuges se eles dançam ou cantam.
PEDRO: ...e isso quer dizer?!...
ELISA: ...que a gente pode trepar na tua cama de casal, que nenhuma esposa e nenhum marido vai estourar por aí.
PEDRO: Tem certeza, Elisa?
ELISA: Absoluta. *(Pedro passa a mão no seio dela, os dois vão subindo a escada, abraçados. Antes mesmo de entrarem no quarto, beijam-se furiosamente. Após uma pausa, congela. Acende no* set *de gravação onde Ângelo e Verônica após um abraço que permanecera "congelado" se entreolham com desespero. Nestor de costas, curvo, trôpego, cantarola "El día que me quieras" com voz monótona, cheia de estranheza)*

VERÔNICA: Acabou?
ÂNGELO: Acabou... amor... *(Com sinceridade, ternura)*

(Abraçam-se outra vez e se beijam furiosamente. Desesperadamente. Tornam a beijar-se e se abraçam como se quisessem se fundir. Nestor, como se tivesse nas mãos uma fictícia câmera de VT aproxima-a do rosto colado dos dois)

NESTOR: Corta! *(No "corta" congela beijo entre Ângelo e Verônica. Luz sobre o beijo de Elisa e Pedro ao mesmo tempo. Luz acende em Verônica 2, que escreve fascinada observando a cena. De repente ela pára e com deboche cantarola "El día que me quieras")*

VERÔNICA 2: "El día que me quieras." *(Nestor ressurge com a câmera fictícia como se gravasse os dois beijos, trôpego, enquanto Verônica 2 apenas entoa. Ela pára de cantar e fala)*

VERÔNICA 2: "A pequena burguesia é viciada em melodrama." *(Começa a rir sem parar. Nestor também, descontrolado. Sempre com a fictícia câmera. Apaga em Verônica 2, em Nestor e nos dois beijos. Volta cena normal entre Nestor, Verônica e Ângelo. Nestor está muito agressivo, olho esbugalhado, sacudindo Verônica e apartado dela por Ângelo)*

NESTOR: É só pros cabeça, hein, moça? Vai lá, sua vaca, vai lá, e fala com o chefe! Sobe e fala! Bunda-mole! Demissão só pros cabeça, hein??

ÂNGELO: Se não encher o saco a gente quebra a tua com o Arthur.

NESTOR: E se ele não voltar atrás?

ÂNGELO: *(Irritado)* Se não voltar atrás, porra, você tá desempregado como quase toda a população do Brasil. Acaso você é o único a lamber sarjeta? É? Chega de violência, chega! *(Aparta novamente, pois Nestor recomeça a agredir Verônica fisicamente. Verônica grita por socorro. Nestor muda inteiramente de humor e comportamento, fazendo "mistério" mansamente)*

NESTOR: Vocês estão redondamente enganados. *(Alucinado)* Redondamente enganados!!! Olha, faz um *close* na minha cara. *(Pausa. Ele faz mais suspense. Ângelo e Verônica, estranhando)* O Nestor vai contar a verdade. Nesse capítulo, senhoras e senhores, a novela da minha vida vai mudar de pato a ganso. É o seguinte: eu sou filho do dono da estação. *(Ângelo e Verônica sorriem. Ainda pensam que Nestor está apenas brincando, embriagado, e relaxam no estranhamento que sentiam)*

VERÔNICA: Põe o dedo na garganta, bota essa vodca pra fora...

ÂNGELO: Tem sonrisal aí no...

NESTOR: *(Prosseguindo)* ...faz um *close*... *(Insiste)* Faz... minha mãe é a... Dorothi... do... café... Vocês pensam que é a Valquíria, que já morreu... que foi enterrada e tudo. Mas a verdade é que eu sou filho da Dorothi do café. *(Agora pelo modo como Nestor fala, Ângelo e Verônica percebem que está louco. Verônica, com infinita piedade, abraça Nestor que a afasta e continua falando)* Eu enganei vocês. A verdade verdadeira é que minha mãe, a Dorothi do café, é esposa legítima do dono da estação, ela é a dona da estação. Eu disfarçava de Nestor pra fazer suspense, só isso, agora a brincadeira foi longe demais. *(Pega o interfone. Ângelo tira da mão dele)* ...deixa eu falar com ele. Eu vou demitir ele. Você, Ângelo, você vai sentar naquela cadeirona macia. Eu vou falar assim pra ele: "no uso das atribuições que me são conferidas como filho da dona da estação, a mulher do seu Chico, eu, Nestor, mando você, Arthur, pra puta que pariu".

VERÔNICA: *(Para Nestor)* Nestor, você tá ouvindo?

NESTOR: *(Alienado)* Hein?

VERÔNICA *(Pausadamente)* Tua mãe é a dona Valquíria, e foi enterrada no...

NESTOR: *(Gritando)* É a DOROTHI! *(Segura Verônica com violência, Verônica chora)*

VERÔNICA: Nestor, você... você não... você... *(Para Ângelo)* Ele está louco! *(Ângelo aparta, com carinho e piedade, Nestor de Verônica. Nestor ergue os braços e a cabeça, gritando)*

NESTOR: Faz um *close* na minha cara. *(Grita obsessivamente. Congela Verônica, Ângelo e Nestor. Acende Verônica 2 falando do escritório de Verônica)*

VERÔNICA 2: Eu quero o capítulo que ainda não foi escrito. *(Elisa e Pedro fazem amor com uma luz romântica, nus em câmera lenta. Nestor continua falando)*

NESTOR: ...a dona Dorothi tava grávida de mim quando o seu Chico se mandou e casou de mentirinha com a outra. Mas aí um dia o seu Chico arrependeu e voltou com a Dorothi. E minha mãe, que era "a outra", ficou sendo a própria. E a mulher do seu Chico, que era legítima, ficou sendo "a outra"...

VERÔNICA 2: Eu quero o de repente. O amanhã. *(Estado alucinatório também)* ...amanhã começam as obras. Quando o padeiro vier trazer o pão, vai trazer também a notícia: VENCEMOS!

NESTOR: ...Vencemos! Vencemos, Ângelo. Vencemos, Verônica. A nossa novela vai pro ar!

VERÔNICA 2: ...Vencemos. Hoje vamos todos desfilar no Viaduto do Chá ao som da 7ª Bachiana de Villa-Lobos. *(Apaga em Elisa e Pedro. Apaga em Verônica 2. Volta cena normal entre Ângelo, Nestor e Verônica)*
ÂNGELO: *(Agarrando com firmeza)* Vamos pra casa do Lalau. *(Nestor continua delirando. Pega o interfone. Ângelo impede)*
NESTOR: Antes eu tenho que demitir o Arthur. Eu sei que ele tá aí, ele mora aí, ele mora na minha casa. *(Ângelo consegue arrastar Nestor para fora da cena, Verônica pega o interfone após um momento de amarga indecisão)*
VERÔNICA: Alô, Arthur? *(Mas não consegue falar nada e desliga, impotente. Surge Verônica 2 na sua luz)*
VERÔNICA 2: Por que não mandou ele pra puta que pariu? Por que não sobe lá e não encara? Hein? Tá com medo do "papai", tá?
VERÔNICA: Chama de pai a esse Garrastazu?
VERÔNICA 2: Pra você pai e patrão sempre foram uma coisa só.
(Música de realejo, entra o Pai, Verônica corre ao seu encontro. Abraço carinhoso entre Pai e Verônica. Verônica 2 permanece impassível)
VERÔNICA 2: Ela ganhou um concurso de datilografia aqui nessa emissora, pai. Tá orgulhoso agora?
PAI: *(Magoado, após longa pausa)* Se eu tivesse escrito *Raízes do Brasil* você não me tratava assim, não é mesmo, Verônica?
(Pausa longa. Verônica se apieda do pai. Verônica 2 permanece na sua feroz mágoa)
VERÔNICA 2: Se pelo menos não tivesse cortado o meu barato. Se não tivesse me feito passar miséria.
PAI: Que miséria você passou, minha filha?
VERÔNICA: Pergunta, ainda? Eu ia até manchada de menstruação pra escola, pai, porque tinha um uniforme só. Essa mancha guardo aqui. *(Mostra o coração)*
PAI: *(Pausa. Cansado)* Eu te dei tudo o que uma pessoa decente precisa para sobreviver.
VERÔNICA 2: Se era só pra sobreviver, podíamos ter ficado em Minas. Lá as pessoas vegetam. Lá uma pessoa e uma planta são a mesmíssima merda.
PAI: *(Nostálgico. Após uma longa pausa)* Miséria, Verônica, é não poder ir ao circo. *(Pausa)* Miséria é passar fome de

verdade. O estômago doendo. A gente sonhando com um sanduíche. *(Pausa. Sorri)* Eu entrava por baixo da lona, porque eu tinha loucura por circo, e não tinha dinheiro pra pagar ingresso. Um dia o cobrador me barrou. Me pegou. Tive que vender um par de sapatos do meu pai, pra resgatar. E um dia... eu roubei... um pão. Isso é miséria: roubar o pão e o sonho dos outros.

VERÔNICA 2: Quando eu estreei no teatro profissional, no dia do *meu* circo, onde o senhor estava? *(Cobrando)*

PAI: Na primeira fila, minha filha. *(Orgulhoso, o olho cheio d'água)*

VERÔNICA 2: *(Surpresa e com remorso)* O senhor??...

AS DUAS: ...na minha estréia?

PAI: Fui. Mas como eu estava envergonhado, pra não atrapalhar, fiquei na primeira fila. Eu vi você... com aquele moço... *(Entra Ângelo na sua figura de vinte anos atrás, quando o pai se refere a ele)* ...lá atrás... perto de onde vinha a luz... aí, eu me escondi *(Sorrindo)* na primeira fila. A Elisa me viu. *(Sorri)* Só ela me viu.

VERÔNICA: Ela sabia... ela viu o senhor...

VERÔNICA 2: Ela nunca falou nada.

ÂNGELO: Como vai, seu Soares?

PAI: Bem... bem, meu filho.

(Verônica 2 Abraça Ângelo com carinho)

VERÔNICA 2: Professor! Que saudade!

PAI: Eu vim só dar um abraço na Verônica, Ângelo... E contar um segredo.

ÂNGELO: Ah, um segredo!

PAI: Não me chamo Soares. *(As duas e Ângelo fingem entrar na brincadeira do velho)* Também não sou corretor.

VERÔNICA: Não? E qual é o seu nome, meu senhor?!

PAI: *(Fazendo suspense)* Eu sou o Palhaço Piolin. *(Verônica entra na brincadeira e ri. Música de realejo sobe de volume)*

VERÔNICA: Eu sabia. O Piolin! Sou filha legítima da alegria! *(Abraça o pai)*

PAI: Quer ir ao circo comigo? Mas é pra nunca mais voltar!

(Verônica hesita, mas quando vai sair com o pai, Ângelo se interpõe entre os dois)

ÂNGELO: Antes, eu também preciso revelar minha verdadeira identidade: Eu não me chamo Ângelo. Nem sou professor de História do Brasil.

VERÔNICA 2: E como é *seu* nome?..

(Ângelo responde no mesmo tom de Verônica)

ÂNGELO: Meu nome é Monteiro Lobato. *(As duas riem muito emocionadas)*

PAI: O senhor é um belo escritor!

ÂNGELO: Pelo menos, eu acho que consegui falar com as crianças.

PAI: O que não é fácil, hoje em dia. *(Aponta as duas)*

ÂNGELO: E como convidei a Emília... queria convidar você, Verônica, para vir comigo ao País da Gramática! *(Verônica dividida)*

VERÔNICA: Ir? De uma vez??...

ÂNGELO: Pra nunca mais voltar.

VERÔNICA 2: Eu vou com o senhor, "professor".

(Verônica 2 e Ângelo sobem as escadas. Abrem a porta do País da Gramática, que se entreabre levemente, e por ali desaparecem. Verônica fica com o Pai)

VERÔNICA: Vamos ao circo, velho?

(Abraça o Pai aliviada)

PAI: *(De repente, abandona Verônica no abraço e se distancia. Ambos de braços abertos)* Enquanto você não fizer as pazes com aquela menina, a gente não vai poder ir ao circo. *(Pai sai. Música de realejo baixa. Some.* Black-out *em Verônica. Luz em Pedro e Elisa que continuam se amando. Verônica 2 escreve. Verônica, numa terceira iluminação, como se estivesse numa rua. Ouve-se nesse caminhar, que é também uma passagem de tempo, um grito de Ângelo* off: – *"O Nestor se matoou!" Congela no grito toda a cena, pausa longa,* black-out. *Luz real em casa de Verônica, que chega cansada, aturdida. Já no amanhecer. Ela abre a porta e sobe as escadas lentamente. Abre seu quarto e encontra Pedro e Elisa dormindo. Grito sem som. Perplexidade. Dor. Nojo. Os dois acordam à entrada de Verônica. Clima muito tenso e difícil)*

(Silêncios terríveis entre os três)

PEDRO: Verônica?!
VERÔNICA: Sim...
ELISA: Verônica?!
PEDRO: A gente precisa conversar.
VERÔNICA: *(Cínica, dolorida, pega a roupa dos dois e atira na cama. Para Pedro)* E a Maria? *(Pergunta isso tentando aparentar indiferença)*

PEDRO: Foi embora. *(Verônica, após uma pausa longa...)*
VERÔNICA: ...Você trepou ao lado do quarto das crianças?

(Pedro e Elisa vestem-se rapidamente)

ELISA: Eu vou sair.
VERÔNICA: Puta!... *(Estapeia Elisa que se deixa bater. Culpada)*
PEDRO: *(Apartando)* Ela não tem culpa de nada.

(Elisa tenta se safar de Verônica, que a agarra impedindo sua saída)

PEDRO: Deixa a Elisa voltar pra vida dela. E vamos acertar a nossa!
VERÔNICA: Não tem nada pra acertar. Quero saber por que a Maria foi embora! *(Verônica oscila entre o ódio feroz e a falsa frieza. Uma objetividade que não tem... Elisa escapa)*
VERÔNICA: *(Conseguindo alcançá-la aos gritos)* Você sabe por que a babá dos meus filhos foi embora, hein, sócia?!
PEDRO: *(Descendo até o ponto da escada onde estão as duas, pega Verônica, com força, pelos ombros. E nisso Elisa consegue descer os lances de escada que faltam, e sair rapidamente)* Pára de loucura... Eu sei que tenho tudo a explicar... que talvez nem tenha explicação, eu entendo a tua revolta.
VERÔNICA: Que bonzinho você é.
VERÔNICA: *(Já no seu quarto começa a sentir repulsa pelos lençóis e às gargalhadas atira todos para cima)* Imundos! *(Cai prostrada na cama. Pedro, arrasado, senta-se ao lado dela com o rosto coberto pelas mãos crispadas)*
VERÔNICA: O Nestor se matou...
PEDRO: *(Sem entender)* Nestor?!
VERÔNICA: Cortou os pulsos na casa do Lalau. *(Riso amargo)* Ah, você também não sabe quem é o Lalau. Você não tem a menor idéia da angústia que acontece... no nosso "palco iluminado". Você é o homem realista. O que paga tudo, que sustenta todos. O sábio, portanto. O superior, portanto. Pra você, tanto faz o Nestor vivo ou morto, não é, pajé?! Um Palhaço a menos no circo!

(Pausa. Pedro tenta se aproximar. Ela rejeita com violência)

VERÔNICA: Não me toca. *(Abruptamente sensual)* Como foi? Vocês se telefonaram? Foi tudo combinadinho?
PEDRO: ...Ela chegou aqui bêbada.

VERÔNICA: ...Ele cortou os pulsos na casa do Lalau. Enquanto Ângelo esperava amanhecer o dia... pra levá-lo pro hospício. Lalau ouviu o grito do banheiro. Um grito que Ângelo não ouviu, porque estava dormindo. E aí... encontraram... a posta de sangue. *(Pausa longa. Pedro não ouve mais, mergulhado em sua própria e contraditória argumentação)*

PEDRO: ...ela queria se vingar... de você.

VERÔNICA: *(Chorando)* E você? Queria se vingar do quê?

PEDRO: Dessa solidão. *(Sinceridade)*

VERÔNICA: ...das noites que eu passei batendo à máquina?

PEDRO: Do fabricante de *shampoo*... do Arthur... das tuas personagens...

VERÔNICA: ...sabia... *(Ironia muito amarga)* ...que eu estava treinando para um concurso de rapidez em datilografia?!

PEDRO: Pára de se dilacerar. Pára. Solta essa raiva, me bate, me cospe, mas, pelo amor de Deus, não fica aí segurando, se magoando. Grita!

VERÔNICA: Ganhei um concurso, sabia? *(Aos gritos)*

PEDRO: *(Após uma pausa, passando a mão nos cabelos dela)* Você sempre vence. *(Verônica, patética)*

VERÔNICA: É. Sempre venço. *(Faz um V da vitória com os dedos)*

PEDRO: Eu não senti nada... eu, se você quer saber, eu...

VERÔNICA: *(Interrompendo)* Amanhã.

PEDRO: Tá, amanhã. Amanhã. Amanhã a gente fala, OK?

(Ela fala, prática como o "OK" dele)

VERÔNICA: Amanhã não vai dar porque eu vou pro cemitério.

PEDRO: Claro que ela tinha que falar em suicídio. Falou todos esses anos, por que agora, no legítimo papel de vítima, não falaria?

VERÔNICA: Amanhã eu vou ao enterro do Nestor

PEDRO: *(Compreendendo a dor múltipla de Verônica, segura as mãos dela)* Você gostava muito dele... não é?

VERÔNICA: *(Rindo)* Ele foi pro hospital com os pulsos enrolados em panos de chão... O destino dele era o pano de chão.

PEDRO: Vamos tomar um uísque?! Uma trégua, OK?

VERÔNICA: *(Comportada)* Eu não bebo, obrigada. *(Amarga)* Você não deixa beber, não é, "papai"?

PEDRO: *(Explodindo)* Bebeu demais. Bebeu tudo a que tinha direito.
VERÔNICA: Ela é macia? *(Fingindo uma mórbida curiosidade)* Foi bom, hein, foi bom? Ela é macia?
PEDRO: *(Cobre o rosto e grita. Segura Verônica com força)* Eu estava bêbado!
VERÔNICA: *(Se erguendo, caminhando pelo quarto)* VOCÊ QUE MANDOU A MARIA EMBORA?! *(Toda a cena daqui por diante se desenvolverá com uma complexa alternância de humores)*
PEDRO: Ela ficou irritada porque sugeri um aborto.
VERÔNICA: Preferiu parir... como a Dorothi do café pariu Nestor. *(Pausa?)* Gozou muito? Engravidou a Elisa? Rolou muita porra nessa cama? Rolou? A VOZ DELA FICA ROUCA NA HORA DE GOZAR?! *(Pausa longa. Ela, agora estranhamente calma, caminha pelo quarto como que desconhecendo esse espaço)* Tinha uma reunião de pais e mestres. E... *(Pega uma parede)* Mudou a cor? *(Animalesca de repente)* E se as crianças tivessem acordado? Se tivessem entrado aqui, como sempre fazem?
PEDRO: Eu tranquei a porta.
VERÔNICA: *(Desconfiada mas selvagem)* Qual porta?
PEDRO: *(Envergonhado)* A do quarto delas.
VERÔNICA: E se acordassem com sede? Com pesadelo? Se quisessem fazer xixi? *(Corre até o quarto das crianças, destranca, entra outra vez no seu próprio quarto. Sorrindo)* Tá tão bonito esse quarto. Iluminado. Doce! Será que eu tô bêbada? Parece até que a cor da parede mudou!

(De repente, amarga e violenta, dá uma bofetada em Pedro, que devolve. Pausa longa. Rosto a rosto, ela fala, marcando bem)

VERÔNICA: Eu também trepei hoje. Com o Ângelo.
PEDRO: *Royal straight flush!*
VERÔNICA: Pois olha aqui. *(Mostra o colo. O pescoço. A nuca. Ele olha)* Um chupão, dois, três... *(Ela começa a se acariciar num delírio sensual)* Foi ótimo. Dá pra ver pela força do chupão, não é? *(Pausa)*... Foi na estação. No estúdio. Nós também trancamos a porta. Olha que aquele interfone tocava, tocava... e a gente precisando falar com o Arthur... e o elenco inteiro batendo, telefonando... interfonando... ele tirou a roupa... foi a primeira vez. A Elisa pensa que há séculos eu como o homem dela, mas foi a primeira vez. Bonito, o corpo dele.

(Pedro começa a acreditar e vai ficando furioso)

PEDRO: É, sua puta?!
VERÔNICA: Claro que é.
PEDRO: E essa crise toda, então...
VERÔNICA: Foi encenação.
PEDRO: *(Ela, fria)* Acho melhor a gente relaxar... e conversar com calma, tentar... pelo menos... tentar... olhar um pouco pra essa relação...
VERÔNICA: É simples. *(Ergue-se e começa a falar como uma executiva)* Não vai ser necessário nenhum tipo de litígio. É só enterrar com dignidade.
PEDRO: Litígio?
VERÔNICA: ...as crianças ficam comigo, aqui, nessa casa. Você vai pra onde quiser. Por enquanto, você vai ter que continuar segurando, porque eu mais do que nunca estou desempregada. Quero ser sua amiga, sua melhor amiga. *(Pedro, revoltado)* Quanto ao Ângelo, evidentemente eu não o trarei aqui... de jeito nenhum... vou resguardar as crianças... por algum tempo. Prometo que nenhum homem vai pisar no teu pedaço. Até que ele deixe de ser teu. Até que a gente esqueça.
PEDRO: Você está brincando?
VERÔNICA: Nunca falei tão sério.
PEDRO: Eu não saio daqui.
VERÔNICA: Saio eu, meu amor. *(Pausa. Abrupta)* Vou te contar uma coisa: eu sempre soube. Sempre!
PEDRO: Não blefa, OK?
VERÔNICA: ...aqueles olhares, aqueles beijinhos, mulher saca tudo, idiota, e sei exatamente quando, onde e como!
PEDRO: Se ela falou isso, ela mentiu!
VERÔNICA: ...Aquele parto em Botucatu, lembra? *(Ri)* Pois é. *(Ele, aparvalhado)*
VERÔNICA: Me assustei, quando ela contou. Tão entusiasmada, parecia que você era assim um Robert Redford!
PEDRO: O comercial foi bom, então!
VERÔNICA: Sei o nome do motel, as juras, as promessas... ah, como foi romântico! E ridículo! Eu nunca soube que você era gostoso assim. Francamente, a Elisa deve estar numa carência!...
PEDRO: *(Após uma longa pausa. Vendo que não adianta negar)* Aconteceu, sim, uma vez. Aliás, duas. *(Ela sorri. Mais e mais. Ironia)* Sinceramente, até agora não entendi. Se eu disser que morro de tesão nessa mulher, tô mentindo.
VERÔNICA: Não foi tesão o que você sentiu pela Lúcia?
PEDRO: Foi.

VERÔNICA: E pela Alessandra, pela Denise, pela Vera?!...

PEDRO: Mas pára com essa mortificação! *(Pausa)* Encerro aqui esse assunto. Fim. Sobre nós dois eu falo quantas vezes você quiser, mas de abobrinha, eu...

VERÔNICA: O Ângelo é um tesão, sabia?

PEDRO: Escuta, essa porra dessa história... aconteceu ou não aconteceu?

VERÔNICA: *(Tentando convencer)* Aconteceu. *(Pausa)* E EU gostei. E EU sei o que me leva ao Ângelo: uma puta paixão, de vinte anos de idade. Reprimidinha... massacradinha... que, na hora do desespero, explodiu. Não dá pra segurar. E eu não vou segurar. *(Pedro, magoado. Perplexo)* Eu quero a separação, Pedro. Não gosto de triângulos.

PEDRO: *(Após uma pausa. Entra em agitação e abraça Verônica sensualmente)* Quero trepar.

VERÔNICA: *(Soltando-se do abraço, corre pelo quarto)* Comigo?

PEDRO: Vem!

VERÔNICA: *(Ele consegue pegar Verônica outra vez. Beija na "marra")* Trepar com você... *(Entre um beijo e outro, na marra)* ...é mais chato que ir à feira. *(Consegue escapar outra vez. Fria)* Você pode ir dormir na casa do Dr. Valdemar? Eu preciso descansar, providenciar coisas... semana que vem, a gente acerta os detalhes tipo dia de ver as crianças...

(Verônica 2 na sua luz de irrealidade se aproxima da cama e observa, tensa)

PEDRO: Você não agüenta viver sem mim. *(Apaixonado)* Você me ama. *(Pausa)* Pára de brincar de forte. Tira a roupa, eu perdôo, você perdoa... vem!

VERÔNICA: *(Fria)* Quero me separar de você. E é hoje, agora.

(Pedro fica de costas, o rosto coberto pelas mãos)

VERÔNICA 2: Pra que esse orgulho? É só um corno, porra.

VERÔNICA: Não é corno. É uma traição.

VERÔNICA 2: Ele explicou.

VERÔNICA: Não preciso desse homem pra nada.

VERÔNICA 2: Pra mim você vai mentir??

VERÔNICA: Não preciso, não preciso.

VERÔNICA 2: É o teu macho, quando mais não seja, o único que te transa legal.

VERÔNICA: Que vulgaridade. Cala, psssssss!
VERÔNICA 2: ...Os outros foram todos meia-foda, meia-cabeça, "saudades da mamãe", "saudades do matão". Não vem com a lenda de bem comida pra cima de mim.
VERÔNICA: Te mete com a tua vida. *(Percebe que é a sua própria)* Não me atormente, menina. *(Verônica 2 repelida observa a cena outra vez entre Pedro e Verônica comendo unhas e ansiosa a um canto. Para Pedro)* Quer um café? *(Pedro e Verônica 2 sentem esperanças de reconciliação. Mas Verônica outra vez se recompõe)*
PEDRO: Hein?
VERÔNICA: Nada. Quer? *(Pedro começa a arrumar malas furiosamente)*
PEDRO: *(Desanimado)* Você tem... certeza...
VERÔNICA: Absoluta. *(Verônica 2 meneia a cabeça, desalentada. Verônica olha para Verônica 2 em silêncio)*
VERÔNICA 2: Perdoa, Verônica, perdoa!
VERÔNICA: Psssss! *(Para Pedro, passando a mão piedosa e carinhosa nos cabelos dele. Ele ergue o rosto outra vez esperançoso)* Tem cigarro aí?
PEDRO: Estava fumando bituca quando tudo começou. *(Joga os braços, desanimado inteiramente. Verônica 2 cobre o rosto)* Vou pra casa do Dr. Valdemar. *(Continua arrumando as malas. As duas lutam, pois Verônica 2 quer agarrar Pedro. Ele acaba descendo as escadas sem olhar para trás. Sai com pressa. Elas ficam atônitas. Longo e doloroso silêncio. Abraçam-se aflitas como duas meninas órfãs. Soluçam e se abraçam fortemente. Toca a 7ª Bachiana de Villa-Lobos quando elas começam a falar, agarrando-se lentamente com agonia, duas meninas órfãs)*
VERÔNICA 2: ...você está sozinha.
VERÔNICA: ...a novela...
VERÔNICA 2: ...a gente não escreveu.
VERÔNICA: ...tão difícil, raiz quadrada...
VERÔNICA 2: ...e o porquinho Prático construiu uma casa de tijolo.
VERÔNICA: ...a gente não escreveu a peça nova...
VERÔNICA 2: ...o nenê da Maria...
VERÔNICA: ...será que as crianças estão com fome?
VERÔNICA: ...O Nestor voltou pra barriga da Dorothi do café.
VERÔNICA: ...ou da Valquíria: a barriga do planeta.
VERÔNICA 2: ...de qual novela você está falando?
VERÔNICA: ...a novela do Nestor.

VERÔNICA 2: Na televisão a gente não ouve o aplauso do público!
VERÔNICA: ...o circo, o País da Gramática...
VERÔNICA 2: ...mamãe odeia gritos.
VERÔNICA: ...a censura calou a boca da gente, não foi?
VERÔNICA 2: ...de tanto falar baixo, acabamos cochichando: "Mamãe!"
VERÔNICA: ...papai!
AS DUAS: Pedrooo! *(Verônica se ergue rapidamente saindo do clima. Verônica 2 ergue-se com dificuldade)*
VERÔNICA: Ele nunca me amou. Nenhum homem me amou, Verônica.
VERÔNICA 2: Nem o Ângelo?
VERÔNICA: *(Pausa longa)* Nem ele. Ele ama o teatro que eu já não posso fazer.
VERÔNICA 2: *(Procurando na agenda telefônica)* "Valdemar de Souza"...
VERÔNICA: *(Retirando a agenda da mão da Verônica e tapando o telefone)* Você não vai pedir água.

(Surge um homem lindíssimo, de blazer *branco, ao som de* Moonlight Serenade, *por Glenn Miller. Ele anda na cadência da música e a luz que incide sobre sua figura é altamente romântica, caricaturalmente romântica. Sorridente, ele saúda as duas Verônicas: suas fisionomias se iluminam, quebrando o clima terrível da cena anterior)*

VERÔNICA: Uau, o Roberto Redford!
VERÔNICA 2: Melhor: o James Dean.
NAMORADO IDEAL: Muito melhor!!
VERÔNICA: Quem, então?
NAMORADO IDEAL: Eu sou o homem ideal. *(As duas riem. Mas sedutor ele tira uma delas pra dançar. Depois outra. Sempre falando)*
VERÔNICA 2: O homem ideal?
NAMORADO IDEAL: Ele mesmo, ao seu dispor. Eu sou aquele com quem vocês sonham desde a mais tenra adolescência. O que manda flores-do-campo no aniversário, o que diz I LOVE YOU às três da manhã, o que toma pileques de saudade. *(Cochichando)* Por minha causa vocês fizeram muita coisa feia com a mão.
VERÔNICA: E de onde você saiu?
NAMORADO IDEAL: Dos acordes de Ray Conniff. Dos filmes da Metro. Mas principalmente daquela coisinha macia que vocês têm no meio das pernas.

VERÔNICA: Podia ser mais delicado.
VERÔNICA 2: Acho tesudíssimo esse lance de cafajeste!...

(Aproxima-se Censor. Boquiaberto ele retira seu lápis e seu caderno e começa a anotar freneticamente. As duas Verônicas percebem a presença do Censor. Namorado Ideal demonstra nem ligar para o Censor)

VERÔNICA: *(Para o Censor)* O senhor aqui???
VERÔNICA 2: Sai, desinfeta.
NAMORADO IDEAL: Justo agora que a gente ia dar uma boa foda... *(Censor se retesa, tapa os ouvidos)* Aparece essa ameba do paleolítico! *(As duas Verônicas ficam boquiabertas)*
VERÔNICA: Ameba do paleolítico???
VERÔNICA 2: Que cara culto...
CENSOR: Vou ser obrigado a chamar a delegacia de costumes.
VERÔNICA: *(Para Censor)* O senhor podia me fazer uma fineza?
CENSOR: Pois não.
VERÔNICA: Por que não vai tomar no seu cu?
CENSOR: *(Com a mão no coração simulando enfarte)* Acho que vou ter um enfarte! Ai meu coração. Ai...
VERÔNICA: Explode, coração. Encharca de sangue velho o passado! A tua cueca samba-canção! Os espartilhos!
VERÔNICA 2: O senhor não percebeu que dançou, hein, "democrática" figura?
VERÔNICA: Saíste da moda, paternal ameba!
VERÔNICA 2: A Nova República te transformou numa figura de retórica.
VERÔNICA: *Agora o senhor é a metáfora.*

(Namorado Ideal faz gestos obscenos no próprio sexo para irritar Censor. Que põe a mão no coração visivelmente dolorido. Mesmo contraído de dor retoma lápis e caderno e anota freneticamente)

NAMORADO IDEAL: Vai ter uma suruba aqui. Sexo ultra-explícito. Topas assistir?
CENSOR: *(Gritando)* Eu vou ter que cortar essa cena, sinto muito!
AS DUAS VERÔNICAS: Sente???? *(Riem. Entra o Pai. Verônica dança neste momento de rosto colado, muito sensual e provocante para irritar o Censor, com seu Namorado Ideal)*

(Pai, constrangido, pigarreia)

PAI: Verônica! *(Severo)* Quem é esse homem?
VERÔNICA 2: Aquilo? *(Aponta o Censor)*
PAI: *(Mais severo, apontando Namorado Ideal)* Estou falando, esse!
NAMORADO IDEAL: Eu sou o homem da vida dela.
PAI: Ela é casada, mineira e mãe de família.
NAMORADO IDEAL: Já tivemos a anistia, meu senhor.
CENSOR: *(Sentindo-se apoiado pelo Pai, ergue-se todo animado e fala com ele)* Eu disse a elas que isso não era correto. Faltaram me cuspir!
PAI: *(Para o Censor)* O senhor, quem é?
CENSOR: Aquele que defende a família, os bons costumes. Que defende o senhor, por exemplo. *(Pai dá de costas para o Censor com displicência)*
PAI: Sei muito bem me cuidar sozinho, obrigado. *(Censor volta para sua inútil mesa e continua obsessivamente anotando coisas. Pai fala para Verônica)* Não gostei nada disso, minha filha. Cadê o Pedro?
VERÔNICA: Ele me traiu, pai. Peguei em flagrante com outra mulher.
PAI: Bom, também você deixava ele muito sozinho.
VERÔNICA 2: Eu disse a ela.
PAI: Perdoa!
VERÔNICA 2: A santa de tua mulher perdoa todas, não é, velho? Mas eu não sou a santa da tua mulher. *(Verônica 2, ao contrário de Verônica, abraça fortemente o pai. Após uma pausa Verônica segue Verônica 2. O pai fica entre as duas, abraçado. Entra o Torturador)*
VERÔNICA: Porra, minha casa não é esgoto!
VERÔNICA 2: Primeiro, a ameba do paleolítico. Agora esse furúnculo.
TORTURADOR: *Eu estava defendendo a honra da nação, Barbarella!*
VERÔNICA 2: *(Olhando com ódio para Torturador)* Eu me chamo Verônica Soares.
VERÔNICA: *(Olhando desconfiada para Namorado Ideal. Pego em flagrante em sua verdadeira identidade, Namorado Ideal tenta escapar, mas Verônica e Verônica 2 impedem)* Aposto... que você tem...
VERÔNICA 2: ...uma pinta *(Acuado)* ...no queixo... é, eu te conheço de algum lugar! *(As duas arrancam os disfarces, e Namorado Ideal revela-se como Beto, o primeiro namorado. Apar-*

valhado, continua tentando escapar, mãos ao alto, acuado. Torturador dá as mãos a Beto. As duas Verônicas novamente impedem a fuga)
VERÔNICA 2: Beto! A "honra da nação"! Disfarçado de Robert Redford! *(Entra Maria. Verônica corre até ela. Abraçam-se carinhosamente. Pai saúda Maria com a cabeça. Formal. Os outros continuam conversando animadamente e muito tensos entre si. Beto e o Torturador continuam tentando fugir)*
VERÔNICA: Maria, você voltou...
MARIA: Se a senhora é filha de Iansã... *(Abrupta e ríspida como é)* como é que deixou seu homem escapar desse jeito? Não. Não voltei, não. Eu só vim avisar a senhora que a essa altura as crianças devem estar comendo sozinhas na copa, e quando elas comem sozinhas, elas tomam refrigerante demais e...
VERÔNICA: *(Preocupada)* Acho melhor eu ir lá ver, e...
MARIA: Por hoje passa. Mas a partir de amanhã, a senhora tira os refrigerantes, e...
VERÔNICA 2: *(Carinhosa)* Maria, aquela receita que você deu, que cura bronquite de criança, olha, a Aninha nunca mais teve nada!
VERÔNICA: *(Abraçando Maria)* Foi bom você sair desse capítulo. Que é só meu, Maria. Só meu. Mas eu sinto saudades suas.
VERÔNICA 2: Você vai ter nenê, então...
MARIA: Se a senhora tiver alguma roupinha... das crianças... sobrando... *(Terna de repente. Abraçam-se. Entra Nestor. As duas Verônicas correm a abraçá-lo. Emocionado Nestor ergue Verônica nos braços. Depois abraça paternalmente Verônica 2)*
VERÔNICA 2: Nestor, companheiro, Nestor "velho de guerra"!
NESTOR: Menina, do lado de lá é um saco. Não tem mulher, nem vodca.
VERÔNICA: Mas também não tem Arthur.
NESTOR: Nem novela. *(Riem. Entram Ângelo e Elisa, que estende os braços. Verônica hesita em retribuir ao abraço de Elisa)*
ELISA: Vem, me abraça. Eu ainda sou sua melhor amiga. Estamos numa coxia e o espetáculo ainda não começou. O pano não abriu, Verônica!
VERÔNICA: *(Decidindo-se)* Elisa! Ah! *(Abraçam-se fortemente)*
ÂNGELO: *(Que o tempo todo com uma fictícia câmera de VT na mão "gravara" toda a cena, rodando de um lado para outro do cenário com energia, grita autoritário) CORTA! (No "cor-*

ta" acontece: a. Entra Pedro numa luz de realidade, b. à entrada de Pedro todos, menos Verônica, ficam paralisados, c. Verônica olha fixamente para ele, perplexa. Feliz)

VERÔNICA: Você voltou?!... voltou?

PEDRO: Posso?

VERÔNICA: Claro.

PEDRO: Dessa vez é pra não fugir mais. *(Beijo. Afasta Verônica e fala com voz grave, após longa pausa)*

PEDRO: Cansei de entrar e sair dessa casa como se ela fosse um cenário. Eu te amo. Eu preciso, eu quero ser feliz.

VERÔNICA: Se é só do meu perdão que você precisa...

PEDRO: Não, Verônica, eu preciso que você expulse essa gente.

VERÔNICA: *(Surpresa, perplexa, após longa pausa)* Você os VÊ?! Você sabe que eles vivem comigo???

PEDRO: Sempre soube. *(Pausa)* Eles te perseguem, te torturam, te convocam. E o único jeito de você se libertar deles é um jeito muito seu: escreve. *(Pausa)* Conta! Eles são a tua carne! A tua matéria. *(Pausa)* Arranca essa memória daqui, que você só vai ter paz quando eles fizerem as pazes... dentro de uma cena. De uma peça de teatro, uma novela de TV, uma história qualquer: mesquinha e escura... mas tua. *(Pausa)* Vai, Verônica, *escreve* essa *história!*

VERÔNICA: *(Olhando longamente para os personagens e dispondo-se a subir para o escritório)* Eu vou me despedir, então.

PEDRO: *(Entregando a ela dois revólveres)* Dois deles você tem que matar. *(Pega um revólver e dá a Verônica 2. Outro a Verônica, que instantaneamente mata o Torturador. Verônica 2 mata o Censor. Risos. As duas, aliviadas, cantam "Atirei um pau no gato" em volta dos cadáveres)*

VERÔNICA 2: *(Cantarolando)* "Senhora Dona Sanja"... *(As personagens acompanham, menos Verônica e Pedro. Em câmera lenta e sempre cantando, algumas serenamente, outras muito tensas, as personagens sobem as escadas e se dirigem à porta do País da Gramática: ali mergulham por uma plataforma infinitamente azul, como suponho ser a cor da ficção. Essa plataforma é repleta de portas que se abrem e se fecham)*

VERÔNICA: *(Para Verônica 2)* E agora? Por onde a gente sai?

VERÔNICA 2: *(Com naturalidade)* Por ali. Pelo País da Gramática.

(Pedro pega o braço de Verônica. As personagens apenas entoam e cada vez mais baixinho "Senhora Dona Sanja". Com firmeza e carinho, Pedro aponta a platéia, sorridente)

PEDRO: Esse é o grande espetáculo, Verônica. A vida real.

(Verônica olha longamente para Verônica 2. "Senhora Dona Sanja" some completamente. Nesse olhar de despedida entre as duas Verônicas, entra baixinho – e vai subindo de volume – a 7ª Bachiana de Villa-Lobos. Verônica 2 percebe que é a despedida. Volta-se de costas para Verônica e Pedro e se encaminha lerdamente para a escada em câmera lenta, tirando as roupas até ficar nua. Verônica e Pedro, da boca de cena, saem pelo corredor do teatro, pela platéia, caminhando a passos largos, com naturalidade. Verônica 2 se junta à última personagem – o Pai – e nua, ao lado dele, penetra no País da Gramática. Quando Verônica 2 e o Pai chegarem ao fim da plataforma azulada, Verônica e Pedro deverão ter cruzado inteiramente o corredor da platéia e saído definitivamente do teatro)

AVISO PRÉVIO

de Consuelo de Castro

Elenco

Paulo Goulart
Nicette Bruno

Direção	Francisco Medeiros
Assistente de Direção	Marcia Abujamra
Espaço Cénico	Márcio Medina
Assistente de Cenografia	Luis Frugoli
Figurinos	Leda Senise
Música	Nando Carneiro
Coreografia	Lucia Aratanha
Iluminação	Hamilton Saraiva
Sonoplastia	Flávia Calabi
Cenotécnico	Jonas
Maquinária	Paulo Calux
Produção Executiva	Rosa Casalli
Divulgação	Carlos Augusto Carvalho
Fotografias	Alexandre de Oliveira / Marcelo Lopes (Contato Produções)
Administração	Adelina Neves de Souza
Cabelo e Maquiagem	Itamar (De la Lastra)
Camareira	Estela
Produção	Nicette Bruno Produções Artísticas

AVISO PRÉVIO

PERSONAGENS: ELA: A mulher.
OZ: O homem.

CENÁRIOS: Todos que a ação solicitar, num traço absolutamente não realista.

(Em off banda desafinada de circo. Entra Oz vestido de domador de leões, chicote em punho. Em seguida entra Ela, trôpega, caminhando numa fictícia corda bamba)

OZ: Eu vou ser simples e direto como é do meu temperamento. Dona Ela, a senhora está demitida.

ELA: Mas o que foi que eu fiz de errado?

OZ: *(Cantarolando)* "O que você fez foi o que você não fez. Os feriados que emendou, os bocejos que bocejou."

ELA: Bocejo? Mas, Dr. Oz, eu tenho boca torta de nascença. *(Entorta a boca)* Por isso parece que eu tô bocejando! Mas eu sei muito bem o que foi!

OZ: Sim??

ELA: Futrica da Evanete! *(Oz tenta apartar uma briga que Ela faz no ar, com "Evanete", compulsivamente. Ela prossegue "lutando" e falando)* Eu preciso desse emprego, você não. *(Para a platéia)* O marido dela tem dinheiro a juros, e o cunhado recebeu de herança uma fazenda de gado. Eu não tenho cunhado a gado, nem marido a juros. Mas Dr. Oz!... *(Para Oz. Humilde)* Ontem mesmo eu fiz um relatório de duzentas e trinta páginas, que a presidência da firma achou magnífico!

OZ: A senhora andava tricotando durante o expediente.

ELA: *(Para a platéia)* Evanete, sua filha da puta! ...A Evanilde me contou que te viu contando pro Dr. Oz que eu estava... fazendo uma colcha de casal na minha sala...

OZ: De quatro metros!

ELA: ...Mas é muita filha-da-putice pra uma pessoa só! Evanete, onde é que você viu colcha de casal se nunca teve colcha? Eu tricotei, sim, mas foi só um coletinho pra Dona Berenice, minha sogra! Ela estava pegando gripe em cima de gripe! E quando ela gripa, fica com febre de quarenta graus e afônica!

OZ: A senhora vem pegando gripes com uma freqüência irritante!

ELA: Todas as minhas gripes têm firma reconhecida em cartório... atestados de INAMPS. *(Pausa)* Bom, fiz um sapatinho pro nenê da Sônia Italiana... três blusas pra Cíntia, um capote pro Oz e outro pro Ozinho... Mas, Dr. Oz, eu vim trabalhar com febre de quarenta graus, afônica, e nunca reclamei. Aqui no meu pescoço tem marcas do sangue que o senhor me chupou de canudinho. O que eu dei de hora extra nessa firma nem em três reencarnações vai dar pra resgatar.

OZ: *(Bocejando caricaturalmente)* ÉÉÉ?

ELA: *(Irritada)* Já disse: é boca torta. De nascença! De nascença! Minha mãe até diz que é castigo porque eu navalhava a roupa dela quando eu era pequena. *(Para a platéia)* Ah, não foi a Evanete? *(Perplexa)* Foi a EVANILDE???? Mas Evanilde como você é falsa! Você dá duro? Ah, duro, sim, eu que sei o que é dar duro.

OZ: *(Bocejando caricaturalmente outra vez)* Sabe???

ELA: *(Para a platéia, entortando a boca)* Eu sei! Meu marido sabe! Meu marido, sim, por quê? Judas Tadeu de Oz e Souza: um homem honrado. Nós e a Rita Faxineira. Ah, não conhece a Rita Faxineira? Nem podia. Ela morreu! Faxinava o apartamento da minha vizinha, daí que o apelido dela era Rita do Sétimo. A Rita sabia o que era dar duro.

OZ: ...houve sumiço de clipes...

ELA: ...um dia, a Rita tava limpando o vidro do lado de fora...

OZ: ...sumiço de borrachas e de lápis...

ELA: ...e aí aconteceu. *(Amarga)* Não, Evanete, não, Evanilde, eu não estou dizendo pra dar a vida pelo serviço. Eu dizia pra Rita: "Você está arriscando a vida". E ela dizia: "Dona Ela, se eu não limpar do lado de fora, a patroa me demite".

OZ: ...sumiço de papel jornal e de papel sulfite.

ELA: ...*(Muita dor)* Eu vi o corpo desabando no ar... *(Pausa)* A Rita... caiu... *(Lentamente faz um gesto com os braços)* ...do sétimo. Rita do Sétimo. *(Para Oz)* O senhor... vai dar ouvido a futrica? O senhor, tão justo? *(Para a platéia)* Como trabalha, Evanilde? Ficar pendurada no telefone é trabalhar? Ah, você é telefonista! Mas telefonista da firma, e não dos seus homens. Falo o que eu quiser. Quem manda na minha boca sou eu. *(Entorta a boca. Tenta desentortar)*

OZ: ...a senhora tratou mal o representante da firma japonesa.

ELA: Não sei falar em japonês. Ele me cumprimentou em japonês, e eu respondi a única palavra que conheço nessa língua: *sayonara.*

OZ: E isso quer dizer: adeus. E aí o japonês se mandou e com ele se foram alguns milhares de dólares...

ELA: ...ah, enfia esse emprego no rabo, eu sei, é época de dissídio, toda época de dissídio o senhor fica com essa cara de vítima. *(Imitando pássaro, passa a mão no pescoço de Oz)* Olha o passaralho! Olha o passarinho do dissídio, o passarinho do caralho, o cortador de cabeças. *(Cantarola)* "Cabeças vão rolar." Olha Salomé com a baixela, olha o João Batista! Mas o senhor vai pagar caro, ah, se vai, sim, porque eu vou dar queixa na Justiça do Trabalho. O senhor será acusado de perdas e danos. A Evanete, por calúnia. Evanilde, por injúria grave. E o médico fajuto daquele convênio baratinho... por negligência médica... Me mandou trabalhar afônica e...

OZ: ...com febre de quarenta graus!

ELA: ...Vou afundar essa merda falida! Merda falida, sim. Pensa que não sei que vocês contam clipes? E que jogam no Open com o salário da gente? Por isso atrasa tanto a bufunfa. Tô cansada de ver aqueles papeizinhos riscados de preto. Sei que lá dentro tá escrito: "Se não pegar em vinte e quatro horas tás em cana". ÉÉÉ! E o Serviço de Proteção ao Crédito não pode nem ouvir o nome do senhor e de ninguém da presidência da firma. Eu tenho rede protetora *(Cai ao chão)* Não preciso da sua firma. Meu marido ganha o suficiente pra eu fazer quantas colchas de tricô eu quiser. Pra debaixo da ponte, eu??? Ah, ah, ah! *(Volta a cambalear, após ter-se erguido)* Dr. Oz, vamos conversar civilizadamente?

OZ: O último boa-noite que a senhora me deu foi tão fúnebre que pensei que alguém tivesse morrido.

ELA: Era o resfriado e...

OZ: ...febre de quarenta graus...

ELA: ...Eu acho que, na qualidade de patrão, o senhor pode e DEVE reclamar de tudo o que não estiver do seu gosto! Mas o meu bocejo é boca torta. Ah, isso o senhor pode perguntar ao meu pai, a minha mãe e ao meu marido. Eu jamais bocejaria em horário de trabalho. *(Para a platéia)* Eu te perdôo, Evanete! Eu te perdôo, Evanilde! *(Lenta)* Eu sei que vocês imaginaram uma colcha de casal na minha sala. Faz parte da natureza humana imaginar coisas. Eu não guardo rancor! *(Oz puxa a mesa. À qual ela se agarra como uma náufraga)* O senhor não pode fazer isso comigo! Ontem mesmo eu fiz um relatório de duzentas e trinta páginas que a presidência da firma... *(Para a platéia)* Não guardo rancor! *(Amarga, para Oz)* Por dez anos eu subi a Rebouças... *(Para si mesma)* Parei na barraca de frutas... peguei o ônibus às sete e trinta, bati o ponto às oito horas... apontei meia dúzia de lápis... fiz dois relatórios por dia... levei serviço pra casa... Por dez anos... subi a Rebouças...

OZ: *(Para a platéia)* ...por dez anos ela pediu a Evanete pra bater o ponto em seu lugar, porque ficava fofocando com o fruteiro na barraca da Rebouças... E pegava o ônibus, atrasada. Por dez anos ela deixou sem pontas os meus lápis... e jamais vestiu a camisa da firma... se omitindo de levar serviço pra casa, mesmo quando tivemos... uma concorrência que exigiu um pouco mais de todos nós! Por dez anos fomos uma grande família. E a única ovelha negra foi ELA!

ELA: O vidro tá lá. Limpinho. A Rita virou pó. Pó que ninguém limpa. Pó que patrão não vê.

(Reversão de luz. Ruídos de conversa de escritório e de máquina de escrever a mil por hora. Gritos e sirenes. Musica romântica cafona entra suavemente. Luz agora é diferente e ilumina Ela, como esposa, e Oz, como marido)

OZ: Ela, preciso falar com você.
ELA: Por que esse tom solene?
OZ: Porque é um assunto solene.
ELA: Alguém morreu?
OZ: O nosso casamento. Aliás, eu vou ser simples e direto como é do meu temperamento. *(Ela entra em pânico, pois já conhece o que sucede esta frase)* Eu quero o divórcio.
ELA: *(Caindo ao chão)* O que que eu fiz de errado?

(Entorta a boca)

OZ: *(No mesmo tom melodramático dela)* Mea culpa, mea culpa, mea maxima culpa. Fica calma pelo amor de Deus.

(Ela treme e entorta pés e boca)

ELA: Tô calmíssima.
OZ: Não tem nada de errado! Será que tudo tem que ter "causa e conseqüência"?
ELA: Ontem mesmo você me comeu!
OZ: E daí?

ELA: Ninguém come uma mulher morta.

OZ: Você tá morta?

ELA: *(Melodramática)* Pra você, sim.

OZ: Chega de melodrama.

ELA: Ontem mesmo eu fiz um relatório de duzentas e trinta páginas... *(Tosse. Percebe que errou o* script*)* Ontem mesmo você me comeu... a presidência da firma achou magnífico... o senhor... você esquece fácil as coisas, Oz.

OZ: Eu sempre achei que você estava comigo por interesse.

ELA: Interesse do que, se você é um fodido como eu?

OZ: Olha a boca!

ELA: Eu falo quantos palavrões eu quiser. Eu tenho um puta merda encalhado na boca que não é de hoje! Puta merda, puta merda, puta merda!

OZ: Bom, eu vou... indo...

ELA: São dez anos. Três filhos. Uma vida. *(Oz simula idêntica ação à do patrão puxando a mesa e puxa uma mala. Ela também repete o gestual, se agarrando à mala de Oz)* Eu te amo, Oz. Temos amigos em comum, fogão em comum, *filhos*!

OZ: Nada se cria, tudo se transforma.

ELA: Eu te amo mesmo, juro por Deus. Judas Tadeu de Oz e Souza, eu juro por Deus que eu te amo, Judas! JUDAS! Por que me procurou ontem à noite se queria o divórcio?

OZ: Você é... aliás, era... minha mulher.

ELA: Foi estupro!

OZ: Não dramatiza, saco!

ELA: Ou você fechou o olho e pensou na OUTRA? Ah, claro, tem outra. Só pode ser. Eu sempre cumpri com meus deveres de mulher, dona de casa e... jamais larguei minhas obrigações, nem com febre de quarenta graus, afônica...

OZ: ...Você pega gripe com uma freqüência irritante. Deve ser essa mania de vento no rosto...

ELA: ...o escritório é muito fechado! Eu preciso de vento no rosto. Oz, fiz feijoada pra Dona Berenice, cuidei dela como se fosse minha mãe!

OZ: Larga minha mãe em paz.

ELA: ...nem minha mãe eu tratei com tanto desvelo e carinho. E olha que eu devo muito à minha mãe. Você sabe: ela é surda por minha causa, eu cortava a roupa dela com navalha. E ela foi ficando nervosa... até que um dia eu dei um grito, um grito que eu tinha encalhado na boca... e ela ficou de tímpano rompido... e hoje ela não ouve nem a voz de Deus!... Você vê: eu devia tratar minha mãe muito melhor do que a tua... Mas, Oz, Dona Berenice vem de Água Verde e vira essa casa de ponta-cabeça!!!

OZ: Ela nunca pediu nada.

ELA: ...Pediu os móveis da sala e eu dei. Depois me matei pra comprar outros novos.

OZ: Eu me matei. EU comprei os móveis novos.

ELA: E o dinheiro que eu punha nessa casa pra onde ia?

OZ: Pra pagar a empregada, que só precisava porque você trabalhava fora.

ELA: Eu pagava a aula de geografia do Ozinho, a aula de piano da Cíntia, e duas feiras por mês saíam do meu bolso. Você tem coragem? *(Ela liga o aspirador e fica passando em volta de Oz. Ele, aflitissímo. Ela arma um verdadeiro "cerco")*

OZ: O teu dinheiro não dava nem pra pagar a faxineira.

ELA: Elas nunca limpam direito mesmo. *(Para a platéia)* Que adianta pagar? Quem quer faz, quem não quer manda. Eu prefiro fazer, assim não arrisco a vida de ninguém. Só a minha: que não vale grande merda. *(Para Oz)* Não é mesmo, Oz? Quer saber? Eu tava mesmo de saco cheio dessa relação. *(Ela fala com o cano do aspirador, como se fosse um microfone)* Velha filha da puta, devolve os meus móveis! E foda-se a sua bronquite! Que asfixie de uma vez! Quero uma pensão de dez milhões por mês, escola paga pras crianças, e a faxineira de volta, que eu não sou do lar. E aquela trepada de ontem à noite, já que foi sem tesão, pode pagar!... 100 na frente, 500 atrás. Estudante paga meia.

OZ: *(Amargo e irônico)* Não tô mais estudando, Ela.

ELA: ...Desistiu da Escola Superior de Propaganda? Paga inteira, então: no cacau!

OZ: Que vulgaridade!

ELA: Vulgaridade é um homem trepar com uma mulher morta. Necrófilo.

OZ: Grossa!

ELA: Eu algum dia disse que era fina?

OZ: Sua mãe fez a maior propaganda das suas prendas domésticas.

ELA: Minha mãe queria se ver livre de mim, por isso inventou esse negócio de boa esposa. E o meu pai também tava louco pra eu desinfetar lá de casa, porque eu punha desinfetante no gumex dele.

OZ: Eu... eu quero ir...

ELA: *(Agarrando-se a ele)* Oz, vamos conversar civilizadamente? É conversando que a gente se entende. Ontem mesmo eu fiz um rela... ontem mesmo você me comeu, porra não jorra de graça, porra é que nem petróleo, uma coisa sagrada.

OZ: Nosso casamento foi um negócio em família.

ELA: ...eu sei, nossos pais eram vizinhos...

OZ: ...e a gente casando, era uma feira só, uma faxineira só.
ELA: Mas há séculos estamos em São Paulo.
OZ: Não devíamos ter vindo nunca.
ELA: Por causa da tua mãe? E por que ela não fica no interior? Velho tem que ficar no interior. Eles não têm pique pra cidade grande. Fica tudo tonto, espinha curvada, não entendem sinal de trânsito, não entendem inflação, levam os mesmos mirréis na padaria pra comprar a mesma salsicha que compravam em mil novecentos e nada!
OZ: O interior é um grande asilo, com hortas de erva-cidreira, alface e porcos engordando. Eu não quero minha mãe virando uma porca de interior...
ELA: ...me lembro até hoje Dona Berenice falando com minha mãe...
OZ: ..."Se eles casarem, a gente não vai mais ter o menor problema com a manutenção das duas casas"...
ELA: ...a gente brincava de médico...
OZ: ...como dois irmãos.
ELA: ...É como irmão que eu imploro, Oz, não me deixa! É por causa da tua mãe? Ela deu queixa de mim?
OZ: Não. Minha mãe te adora. Principalmente depois que você fez os doze coletes de lã do inverno passado.
ELA: ...É outra, então! Outra mulher! Oz, pensa bem: você ronca feito serrote, você tem um gênio de cão. Ninguém vai carregar essa cruz. Tenho marcas no meu pescoço do sangue que você me chupou de canudinho...
OZ: Você é uma encostada, isso é que você é.
ELA: Encostada?????
OZ: ...uma cruz nas minhas costas.
ELA: Quem foi que economizou centavo por centavo pra comprar o fogão novo?
OZ: Eu.
ELA: Quem deixou o cabelo com três dedos de raiz preta?
OZ: Deixou porque quis!
ELA: ...andei três meses de lenço amarrado, com três dedos de raiz preta, pra comprar um fogão.
OZ: Luxo seu. O fogão velho tava ótimo!
ELA: Luxo foi a cara de faxineira que eu fiquei com aquela raiz preta... Oz, é uma vida! Eu gosto de você... sim, eu casei sem amor, mas acabei amando. A gente se acostuma até com cama de faquir. Claro, eu me iludi. Pensei que com o tempo você ia voltar a me beijar de língua.
OZ: ...Some fio dental. Some esparadrapo!.. Some tudo o que é meu nessa casa!

ELA: Pensei que com a situação de grana melhorando, você ia ficar mais delicado!

OZ: Lembra o faquir de Água Verde?

ELA: *(Decepcionada)* Eu horrorizada olhando o sangue dele escorrer! Ele piscava o olho e dizia...

OZ: "Mentira, é tinta!!"

ELA: Que cara de pau a dele, não é?

ELA: Escuta, Oz, se é outra mulher...

OZ: Tudo é tinta. Tudo é ilusão

ELA: Eu sou pão-pão, queijo-queijo.

OZ: Pão engorda e queijo incha.

ELA: Se é outra mulher, PENSA BEM! PENSA BEM!

OZ: Mulher e faquir é tudo igual.

ELA: O meu sangue escorreu da noite de núpcias ao dia de hoje, em cima dos lençóis da tua vida, essa mortalha!

OZ: Ai que trágica, que dramática, que melodramática, ai que merda!

ELA: Hoje ela é charmosa, sensual, usa cabelo comprido, vestido preto esvoaçante, perfume francês, calcinha de renda, salto oito até. Mas o cabelo dela vai ficar com três dedos de raiz preta e um dia o Chanel nº 5 vai virar... cheiro de alho. Eu sei. E o cabelo vai ficar sem brilho!

OZ: Eu também sei. Tudo é tinta.

OZ: Tudo fica sem brilho depois de dez anos.

ELA: Então, pra que mudar?

OZ: Tudo é tinta...

ELA: *(Desesperada)* Pra quê, hein, pra quê?

OZ: Tudo é ilusão.

ELA: Pra quê, pra quê?

OZ: ...enquanto a raiz preta não crescer eu vou achar essa mulher fascinante.

ELA: Raiz preta é o destino histórico das amantes que viraram esposas.

OZ: Não seja despeitada.

ELA: Eu me controlo, eu faço economia, nem rádio de pilha eu escuto pra não me distrair!

OZ: ...não agüentava mais aquele Roberto Carlos...

ELA: ...era o toca-fitas da faxineira, toda terça... só terça... Ela tem toca-fitas, eu não.

OZ: ...detesto música popular brasileira.

ELA: ...eu não ouço rádio *(Para a platéia)* porque a gente se distrai muito, e aí entorna odd! E como o odd tá caro!

OZ: Ela fala pouco e sua voz é suave como um noturno de Chopin!

ELA: ... você vai ter que trabalhar em três empregos pra manter essa sirigaita. Vai ter que botar quatro empregadas! Cinco! A mulher do meu patrão tem cinco: uma só pra abrir a porta!

OZ: *(Ameaçando sair)* Bom, eu vou "puxar".

ELA: *(Se agarrando a ele)* Eu me acostumei, eu viciei em você que nem faquir em cama de prego!

OZ: ...MENTIRA, É TINTA!

ELA: *(Para a platéia)* Todos os dias eu abri essa porta às dezenove e trinta, liguei o forno às vinte horas, e o Jornal Nacional às vinte horas e cinco, todos os dias eu subi a Rebouças... e por dez anos eu parei na barraca de frutas... *(Para Oz)* Que vai ser a minha vida sem você?

OZ: ... Você não precisa mais levantar cedo pra fazer o meu café. Faz só o das crianças. *(Sai)*

ELA: *(Abrindo os braços, libertada)* "Libertas quae sera tamem!" *(Para a platéia)* Está eliminado o café da manhã! American way of life! Cada um faz o seu, e tudo muito prático. Ovo mole, duro? Não tem ovo! Almoço? Compro um *freezer* e estamos conversados! Vou... vou... *(Examinando possibilidades)* abrir um restaurante vegetariano... um açougue... uma ponta de estoque... uma loja de roupas para pessoas muito gordas ou para pessoas muito magras... Vou navalhar toda a minha roupa... e tomar sete caixas de valium 80! AHHH *(Cai ao chão, desesperada)* Boca que me beijou de língua... língua que me chupou o seio... pau que entrou em mim até doer... braço peludo que me apertou quando eu tinha pesadelo. Pesadelo que dá ronco de serrote. Corta a minha cabeça mas não me larga, Oz! *(Reversão de luz. Ruídos eletrônicos. Vozes em uníssono rezando qualquer coisa. Gargalhadas de loucos. Luz acende, diversa da luz anterior. Agora ilumina Oz e Ela que se vestem de uniformes de internos de hospício. São mãe e filho)*

OZ: Que que eu fiz de errado, mãe?

ELA: Pôs desinfetante no gumex do seu pai.

OZ: Eu jamais faria isso: juro por tudo quanto é sagrado.

ELA: E que que é sagrado para uma pessoa que VESTE e NAVALHA as roupas da própria mãe?

OZ: Não fui eu que navalhei sua roupa. Foi a Elinha. OU a Mariquinha! Elas têm uma revolta na alma. Calúnia dá cana. Investiga antes de acusar.*(Sirene em off)* A senhora teve coragem, mãe? *(Oz caminha curvo, tapando os ouvidos, em pânico com a sirene)*

ELA: É pro seu bem. Lá no hospício você descansa.

OZ: Eu não preciso descansar.

ELA: Está à beira de um colapso total.

OZ: Nunca estive tão bem.

ELA: Ontem mesmo você disse que não se chamava mais Ozinho de Souza Filho e sim...

OZ: Eu me chamo Ozinho de Souza Filho, sim, eu nunca disse o contrário!

ELA: E a cruz, hein, e a cruz?

OZ: É VERDADE! PRONTO!

ELA: Qual é... *(Vitoriosa e terna)* seu verdadeiro nome?

OZ: Jesus. Jesus Cristo.

ELA: *(Para a platéia. Enquanto veste uma camisa-de-força em Oz)* Ele esperneia, grita, esmurra... mas depois amansa...

OZ: Judas! Judas Iscariotes!

ELA: *(Para a platéia. Enquanto Oz se curva e caminha, carregando uma cruz)* De algum tempo pra cá, sua espinha começou a curvar como se carregasse mesmo uma cruz.

OZ: *(Revoltado)* Eu fazendo vestibular. Eu noivo, pra casar.

ELA: Casar com quem, posso saber?

OZ: Com a senhora é que não seria.

ELA: *(Para a platéia, piscando olho, cúmplice)* A "noiva" é vesga e abobada. Quase menina, ainda.

OZ: Que que tem que a noiva é vesga e abobada? Não sou eu que vou casar?

ELA: *(Para a platéia)* Ele trabalhava na oficina do Dr. Jocymar. Dr. Jocymar arrumou essa boca pro Ozinho em caridade, por uma amizade de família. O Ozinho foi pra oficina consertar eletrodomésticos. Aí não movia palha!

OZ: Dizem que comecei a perseguir a moça. Que agarrei ela atrás de uma máquina de lavar roupa, que estava totalmente quebrada!

ELA: Em vez de trabalhar... ele... *(Envergonhadíssima)* Bem, ele... *(Mudando de assunto)* O Dr. Jocymar tem casa alugada, açougue, essa oficina é só um bico! *(Para Oz)* Se você tivesse trabalhado direito, podia acabar num dos negócios do Dr. Jocymar. Até posto de gasolina ele tem, sabia? Mas se nem consertar um liquidificador você sabe!

OZ: Eu sei perfeitamente bem consertar liquidificadores!

ELA: *(Para a platéia)* Tirou a máquina de lavar pra dançar uma valsa. Como ela não aceitou, começou a dar pontapés! Trouxe o moedor de carne pra casa. E... com... *ele* conversava... e cantava "nana, nenê"

OZ: *(Pausa)* Odeio calúnia. *(Repete para a platéia)*

MÃE: Odeio moedor de carne *(Pausa. Para a platéia)* ...a moça era vesga, tadinha, tá mais vesga do que nunca depois que ele...

OZ: Eu nunca estuprei a filha do Dr. Jocymar.

MÃE: Que foi que aconteceu atrás daquela maldita *máquina de lavar roupa,* então?

OZ: Eu apenas pus o meu pau no buraco dela!

MÃE: E isso o que é?

OZ: Uma trepada, nada mais!

MÃE: Pra simplificar... *(Aponta as duas figuras fictícias)* conte aos rapazes como foi a sua crucificação.

OZ: *(Estimulado e ingênuo, fala com a platéia, enrolando as palavras)* Andei... monte das Oliveiras... ladrão... Judas... trinta moedas... monte do Calvário... Jesus Nazareno... Rex Ideorum... Pilatos... MAMÃE *(Se joga no colo dela, que chora dramática como Maria)*

MÃE: Pai, para limpar as chagas do homem chagaste o teu filho!

OZ: Me liberta desse suplício, mãe! *(Oz coloca a "cruz" nas costas de Ela. Ela caminha algum tempo curva, com a "cruz" fictícia)*

MÃE: Não posso. É a história.

OZ: Muda, vira a página. Desmente. Conta outra!

MÃE: *(Dando o pano)* Limpa teu rosto, toma. *(Pondo a "cruz" no ombro dele)* Carrega, vai até o fim. Não joga pra cima de mim, não!

OZ: Minhas costas estão ardendo...

MÃE: Carregaaa! Vai até lá... abre os braços... *(Gritando de braços abertos)* ...e deixa sangrar!

OZ: Chaga no pulso dos outros não arde.

MÃE: *(Para a platéia)* Queria que ele fosse advogado com anel de rubi, que tivesse posses. Posto de gasolina, talvez.

OZ: Jesus, rei dos judeus, filho de Deus. Vocês me conduzem ao calvário, depois lavam as mãos.

MÃE: Tirou a virgindade de uma menor, uma vesga-menor! O meu filho! Um monstro!

OZ: Esse é o meu sangue: *(Para a platéia)* Bebei!

MÃE: Atrás daquela máquina de lavar tem sangue da virgem sacrificada.

OZ: Trabalhei com febre, afônico, de sol a sol, das tripas coração, não tinha mesmo conserto a máquina de lavar... juro por Deus... *(Ela faz a Pietà. Oz compõe a estátua com ela)*

ELA: Desde pequeno ele era esquisito... eu dava o peito esquerdo, ele pegava o direito. Eu dava o direito, ele pegava o esquerdo. Quando acabava o leite, mordia até sangrar.

OZ: Se você quiser eu caso com ela, mãe!

ELA: ...Já nasceu de dente, feito vampiro!

OZ: Foi ela quem me levou pra trás da máquina...

ELA: ...sangue do meu sangue...

OZ: ...Bebei! *(Para a platéia)* Bebei!

ELA: ...com dez anos pôs fogo no avental do professor de química. Com treze foi pego no bosque do cemitério puxando fumo. Com dezessete quase morreu fazendo roleta-russa. Com dezoito arrumou o primeiro emprego, mas acho que tomou drogas, porque cismou que a Terra era uma roda-gigante... E que... *(Começa "Over the Rainbow". Os dois começam a rodopiar. Ela soletra, envergonhada, enquanto rodopia)* Todos os eletrodomésticos tinham uma alma. Gostava do moedor de carne como de um filho. Mas a máquina de lavar roupas... cismou que era...

OZ: Dona Berenice, aquela velha filha da puta!

ELA: ...Tua avó, mãe do teu pai!

OZ: Meu pai é Deus, Nosso Senhor!

(Reversão de luz. Circo: agora Ela de trapezista, com a sombrinha, Oz de palhaço: colarinho duro, sapatos de bicos imensos, nariz de bolinha. Os dois caminham na "corda bamba")

ELA: Que bom que você é trapezista! Que mais você faz?

OZ: Eu sei domar leões e posso fazer o palhaço também.

ELA: Você é engraçado o suficiente??

OZ: Gozadíssimo. Sempre fui.

ELA: Eu acho dificílimo fazer o palhaço. Quanto você ganha?

OZ: Não acertei ainda.

ELA: Eu não ganho nada.

OZ: Não??????? Uma bailarina com o teu talento? *(Param de caminhar na "corda bamba". Simulam outra ação circense)*

ELA: Eu trabalho por amor à arte.

OZ: Você não tem medo do trapézio???

ELA: Não, porque tem rede protetora.

OZ: O bom é quando não tem.

ELA: Credo!

OZ: É mais excitante.

ELA: A gente pode espatifar lá embaixo

OZ: A platéia gosta assim. Se tiver rede eles não aplaudem.

ELA: Eu prefiro com rede. Mesmo que a platéia não aplauda.

OZ: Os romanos é que eram do cacete. Eles entravam na

arena, corpo a corpo com os leões. E não era de mentirinha, não, não tinha leão domado nem leão dopado. Era ali, na raça.

ELA: Mas isso era castigo! Não era *show*!

OZ: A história tá mal contada. Os romanos adoravam arriscar a vida. *(Dá uma dentada nela)* Eles curtiam os dentes do leão e a proximidade da morte.

ELA: *(Exibindo a dentada)* Aiiii! Você me machucou!

OZ: Exagerada!

ELA: Tá saindo sangue. Vou dar queixa ao Dr. Oz. Ele é o proprietário do circo. O nosso chefe! Ele... ele... *(Furiosa)* não admite dentadas na equipe!

OZ: Ele vive ocupado demais pra fofocas de empregados. E se você for se queixar eu conto tudo o que você me fez!

ELA: Você tem coraaaaagem??????

OZ: Hum... hum...

ELA: Que foi mesmo que eu nem me lembro?

OZ: Tirou minha barba à pinça, me encheu de laços de fita e disse que eu tinha que virar mulher pra ser bailarina.

ELA: E daí?

OZ: Daí que isso é pura violência. E pura ignorância sua, porque tá cheio de bailarinos muito machos, que dançam melhor que mulher. O Baryshnikov, por exemplo.

ELA: Minha mãe sempre disse que homem dançando *ballet*, dá jacaré.

OZ: Sua mãe é uma babaca.

ELA: Não fala assim da minha mãe. *(Cochichando)* Ela é Santa!

OZ: *(Acreditando)* Santa?? Santa mesmo?

ELA: Levita... cura doença de chagas, até câncer.

OZ: Como é o nome dela? *(Pasmo. Deslumbrado)*

ELA: Não posso falar. É segredo do Vaticano.

OZ: Ah, fala, vai...

ELA: Se você contar que eu contei eu vou pra Fogueira da Inquisição.

OZ: Sou um túmulo.

ELA: *Santa Ela dos Afogados*!

OZ: Meu Deus! Conheço muito de nome!

ELA/ELE: Te deram choque?

OZ: Nem imagino!

ELA/ELE: E que que são essas manchas aí nas têmporas? *(Oz cobre as têmporas com pudor)*

OZ: São as chagas da purificação. Mas a senhora podia ser mais delicada.

ELA/ELE: Desculpe. *(Para a platéia)* Senhoras e senhores,

tenho o prazer de apresentar-lhes o mais novo funcionário do nosso fabuloso Circo de Maravilhas! Jesus Cristo! *(Aplausos em BG. Oz se curva para agradecer. Reversão de luz. Ela agora é o patrão: de terno, gravata, bigode e gumex no cabelo. Oz é o empregado de Ela. Ela e Oz estão trajados igualmente, mas o terno de Oz é pobre, e ele hesita, trêmulo, humilde, com uma mala 007 na mão enquanto Ela fala autoritariamente)* Seu Tadeu, eu vou ser simples e direto, como é do meu temperamento: o senhor está demitido.

OZ: Demitido, eu??? Mas o que que eu fiz de errado?

ELA/ELE: O que o senhor fez foi o que NÃO FEZ!

OZ: Das tripas coração... *(Começa a andar como robô com a maleta tremulando nas mãos. Oz fala para as paredes, automaticamente)* De sol a sol. Hora extra de graça. Afônico, com febre de quarenta graus. Férias vencidas. Cansei de ver minha mulher se mandar pra Água Verde em julho, dezembro, carnaval, semana da pátria, páscoa! A mulher comprando bronzeador e eu aqui: esverdeando!

ELA/ELE: O senhor esverdeia de propósito, pra justificar as gripes que inventa. O senhor esverdeia de mentira. "É TINTA!"

OZ: Os clipes desse escritório estão todos enferrujados. Eu vivo cortando minhas mãos com os clipes desse escritório.

ELA/ELE: Calúnia dá cana.

OZ: ...qualquer dia minha mão enferruja, apodrece.

ELA/ELE: ...os clipes da firma são todos de primeiríssima qualidade. O senhor tanto sabe disso que os rouba.

OZ: *(Cumplicemente pisca para a platéia e vocifera)* Fascista nojento! Fascista leproso!

ELA/ELE: Que foi que o senhor disse que não ouvi direito?

OZ: *(Sem jeito)* Eu disse... quer dizer... eu disse: que dia *medonho*. *(Riso amarelo)* Que dia *horroroso*.

ELA/ELE: Ah!

OZ: Eu tenho língua presa.

ELA/ELE: E um grito encalhado na boca, aposto.

OZ: Desde menino.

ELA/ELE: Grita se for homem!

OZ: *(Grita sem som. Pausa)*

ELA/ELE: O senhor anda fazendo futrica entre os funcionários, encostando corpo no seu funcionário imediato, desrespeitando o seu chefe imediato, chegando atrasado, e tem mais: sua esposa imediata telefona de catorze a dezoito vezes por dia. E esse telefone é para uso dos negócios da firma.

OZ: Minha esposa se sente sozinha depois que perdeu o emprego. Mas Dr. Oz, vamos conversar civilizadamente?

ELA/ELE: Não tem conversa. O senhor se acomodou e a firma precisa de sangue novo.

OZ: O meu sangue apodreceu, enferrujou... no teu clipe. *(Olha para a platéia e com ela divide sua perplexidade)* Tomai, esse é meu sangue! *(Para Oz)* Eu tenho mulher e filhos. Na minha idade... é difícil... são doze anos de fidelidade... se eu fiz alguma coisa errada, a gente pode... conversar civilizadamente. Eu não guardo rancor!

ELA/ELE: Não será preciso o doloroso período do aviso prévio. O senhor pode pegar suas coisas e ir embora hoje mesmo. Assim a firma fica moralmente à vontade para substituí-lo.

OZ: *(Desconfiado)* O Evanir??? O Evanir vai me substituir?

OZ: Vai! *(Oz recua, dolorido, e fala com a platéia)* O Evanir!! *(Pausa longa)* Agora eu entendo tudo!

(Reversão de luz. Os dois voltam a ser marido e mulher. Desalentados, sentados no proscênio como se estivessem numa calçada, dialogam sem se olhar)

ELA: Também não precisa ficar assim.

OZ: E agora?

ELA: A gente se vira.

OZ: Embaixo da ponte?

ELA: Pedi uma grana pra minha mãe.

OZ: *(Reagindo à palavra "mãe")* Você falou com ela? Não falei que não era pra falar? Ela está aqui??

ELA: Está em Água Verde, por quê?

OZ: E como que você falou com ela, se ela não ouve nem a voz de Deus?

ELA: Em situação de emergência ela escuta.

OZ: Como?

ELA: Eu falo assim *(Grita)* "Mãe, me empresta algum que o Oz perdeu emprego e não tem banana na geladeira?"

OZ: Sabe do que mais? Não vou mais trabalhar.

ELA: Como, o quê, como que...

OZ: Vou ficar em casa, fazendo tricô. Aliás, não te contei, Ela... mas *(Imita homossexual)* nasci para as prendas do lar.

ELA: E dizia-se machão... *(Olham-se, finalmente: um entreolhar longo)*

OZ: ..."Erro essencial de pessoa." Está no Código Civil. Abre e lê.

ELA: ...você mentiu, então!

OZ: Sempre!

ELA: *(Para a platéia)* Alguém quer pegar essa causa? Ele jurava que era macho. *(Para Oz)* Carrega tua cruz até o fim!

OZ: *(Jogando uma fictícia cruz para Ela)* Carrega você. Eu cansei. *(Para a platéia)* Quando a gente casa dizendo que é jacaré, e é lagartixa, a gente pode ser enquadrado no Código Civil *(Para Ela)* ...por "erro essencial de pessoa". Você também me enganou, Ela!

ELA: Como, quando, o quê, quanto...

OZ: Disse que segurava todas... e que *(Com ódio feroz)* ...*gostava de futebol!*

ELA: *(Rindo)* E você, que acreditava em Nossa Senhora Aparecida!

OZ: *(Gritando)* Pelo menos abriu o restaurante vegetariano que ia abrir? Hein? Fez alguma coisa?

ELA: *(Caminhando lentamente. Melodramática) Já que ninguém quer carregar a cruz! (Joga o tricô para a platéia)* Vamos pra debaixo da ponte!

(Luz muda. Ela carrega a cruz)

ELA: Ai, como pesa.

OZ: Vai lá, abre os braços e deixa sangrar.

ELA: Mas eu sou mulher!

OZ: Por isso mesmo!

ELA: Você mentiu, você me traiu... você disse que carregava essa merda!

OZ: Somos todos filhos de Deus. Filho de Deus tem que carregar isso mais dia menos dia.

ELA: *(Joga a cruz longe e se arrepende)* Será que quebrou?

OZ: *(Para a platéia)* Perdoai, pai, Ela não sabe o que faz.

(Reversão de luz: circo)

ELA: *("Over the Rainbow". Clima de circo. Vozes infantis)* A do 354 disse que não quer mais ser pipoqueira.

OZ: E o anão, acertou com ele?

ELA: Ele disse que não tem vocação pra anão. Quer ser o comedor de fogo ou o mágico!

OZ: Saco!

ELA: *...E a Marieta Tavares disse que é COSTUREIRA, que jamais foi trapezista na vida, que odeia circo, que acha que nós estamos doidos mesmo e não quer mais nem conversa com a gente no parque. Disse que não se mistura.*

(Oz, furioso. Magoado, revoltado. A revelação de Marieta Tavares o humilhou profundamente)

OZ: Quando essa filha da puta vier pedir a boca pro trapézio... quando ela cair em si... você dá um "tapa de luva". Diz que abolimos o número. Que agora só tem o "Globo da Morte".

ELA: Ela não sabe dirigir motocicleta!

OZ: Só pra encher. *(Pausa)* O meu patrão veio me visitar.

ELA: Que que ele queria?

OZ: Diz que gosta de mim como um filho, que tem pena de mim, e que veio em respeito aos doze anos que eu trabalhei com ele. Me trouxe bolacha de água e sal! Quer? *(Oferece)*

ELA: Pode estar envenenada. E se ele pôs desinfetante aí?

OZ: ...acha que eu endoidei por causa da demissão... tá tendo até pesadelo comigo. Todo dia...

ELA: E você acreditou nas ladainhas desse Judas??

OZ: *(Cochichando, maroto, ao ouvido dela. Ela ri sem parar)* Não é fantástico?

ELA: ...*(Para a platéia)* Você teve coragem de colocar um saco plástico com merda no paletó do teu patrão??? *(Pausa)* O meu patrão não veio me visitar. *(Decepção)*

OZ: Claro que veio. Você é que não percebeu.

ELA: Como veio, se eu não vi?

OZ: O teu patrão é o mesmo que o meu, boba.

ELA: ÉÉÉÉÉ?

OZ: ÉÉÉÉÉÉ!

ELA: Então...

(Oz entoa "Over the Rainbow", entendendo) ...então ...todos os patrões do mundo se chamam Oz.

OZ: Todos.

ELA: O meu marido também se chama OZ!

OZ: Coincidência esquisita!

ELA: O teu patrão tem olho verde e cabelo ruivo?

OZ: Não. É moreno, olho castanho e cabelo nenhum. É careca total.

ELA: E como é possível que sejam a mesma pessoa?

OZ: Questão de disfarce, simplesmente. Nunca leu livro de detetive?

ELA: Como você descobriu???

OZ: Quando me crucificaram, o ladrão que tava comigo no monte do Calvário me chamou e falou ao pé do ouvido.

ELA: A tua cruz era tão longe da dele... como que deu pra falar ao pé do ouvido???

OZ: Detalhes insignificantes para uma grande história!! E aí ele disse: "Chega mais". E eu cheguei. E ele disse: "Sabe como é o nome do cara que ferrou a gente?" E eu disse: "Pra ser sincero, não!" E ele disse: "OZ!!!" *(Ela se assusta)* "Se você sobreviver, se sair dessa", disse ainda, "espalha: OZ!"

ELA: E Deus, qual é?

OZ: Apelido, nada mais.

ELA: E... esses mágicos de Oz estão em todos os lugares ao mesmo tempo? Fazem tábuas de mandamento e tudo o mais?

OZ: Tudo a que têm direito como chefes!

ELA: E se ele te puser outra cruz nas costas por causa do saquinho de merda?

(Reversão de luz na cara de perplexidade que Oz faz quando Ela formula a última pergunta. São novamente marido e mulher. Oz chega com uma mala imensa, desajeitado. Ela tricota serenamente, e, no início da ação, finge que não vê a chegada dele. Depois fala friamente)

ELA: Como tem passado?

OZ: Que frieza!

ELA: E a Rosaly, tudo bem?

OZ: Eu vim trazer a mesada das crianças.

ELA: Por que não depositou no banco?

OZ: Porque eu queria reconsiderar.

ELA: A malinha faz parte da reconsideração?

OZ: Não agüento mais viver sem você e nossos filhos! Você tinha razão: a Rosaly não tem nada a ver comigo.

ELA: ...e o perfume francês virou cheiro de cheiro-verde. E a Rosaly também adquiriu três dedos de raiz preta no cabelo.

OZ: *(Depositando a mala)* Posso??

ELA: Não! *(Oz retoma a mala: automaticamente)* Eu tenho outro homem.

OZ: *(Desorientado)* O quê? Quem? Quando?

ELA: O Jocymar.

OZ: O Jocymaar???

ELA: O Jocymar.

OZ: Vocês estão vivendo juntos, aqui na casa que eu sustento?

ELA: Estamos ajeitando devagarinho as coisas. Pra ser honesta... *(Sonhadora. Sensual)* ...eu sonho com o Jocymar desde menina... TODO MUNDO SABE... *(Para a platéia)* Casei com o Oz por um negócio de família. Crescemos no mesmo quintal. Nos desvirginamos. Ficamos em segunda época em matemática pelos... mesmos teoremas...

OZ: *(Para a platéia)* ...a gente casando, nossa família economizava na feira e na empregada. Um belo dia, sem que a gente percebesse...

ELA: *(Para ele)* ...estávamos dizendo SIM... ao pé do altar...

OZ: ...com um NÃO encalhado na boca.

OS DOIS: Por isso Oz sofre de bronquite asmática, Ela, de gases e falta de ar...

ELA: ...e por isso minha boca cada vez entorta mais...

OZ: ...com um não encalhado. E um sim...

ELA: ...grudado feito verruga. *(Oz começa a repetir o mesmo tipo de discurso de Ela quando é Ela quem "pede as contas")* O Jocymar é uma ilusão... um fantasma... uma crise... todo casamento passa por essas crises. O Jocymar é uma aventura. Eu sou pão-pão, queijo-queijo.

ELA: Pão engorda e queijo incha. *(Devaneio)* O Jocymar trepa maravilhosamente bem, coisa que você não faz desde a nossa lua-de-mel... em Água Azul. *(Pega o tricô)* Posso terminar minha colcha?

OZ: Pra que a pressa?

ELA: É para a mãe DO JOCYMAR.

OZ: *(Enciumado)* E aquela outra que eu vi na sala?

ELA: É pra nossa cama de casal.

OZ: AQUI??

ELA: O Jocymar está providenciando um duplex com piscina nos Jardins. Sossega.

OZ: *(Dando um cheque)* ...a mesada...

ELA: Eu dispenso. Sei que você está desempregado

OZ: *(Furioso e humilhado)* Você abriu o tal restaurante vegetariano?

ELA: O Jocymar não quer. Ele detesta que eu trabalhe fora.

OZ: Ele ainda tem açougue?

ELA: Aderiu ao vegetarianismo. Acha que comer carne é crime.

OZ: Crime???

ELA: ...o animal que a gente come... um bife... por exemplo: é um pedaço de vaca morta, não é?

OZ: Viva é que não seria.

ELA: ...ao morrer, a vaca na certa ficou puta da vida, não ficou?

OZ: Lógico.

ELA: E foi um crime, não foi?

OZ: É relativo...

ELA: ...um bife é um crime com revolta dentro.

OZ: ...pensando bem, é uma violação dos direitos da vaca, transformá-la em bife...

ELA: ...isso...

OZ: *(Descobrindo, enojado)* Então, eu como crime com revolta todos os dias... Mas... *(Inquieto e inquisidor)* O Jocymar... como é que ele faz com os crimes já cometidos no tempo do açougue?

ELA: Ele tem atenuantes. Comprava no matadouro. Não foi o assassino imediato. Ah, tua mãe ligou a cobrar três vezes. Eu gostaria que você contasse logo a ela que não mora mais aqui, e que quem paga a telefônica não é mais você!

OZ: Sabe do que mais????? Acho uma piada isso de vaca revoltada... *(Para a platéia)* A vaca da Rosaly... *(Para Ela)* ...me chutou a bunda quando eu fiquei sem grana. *(Para a platéia)* De tanto ficar com... raiz preta no cabelo... *(Para Ela)* ...e sem dinheiro pra comprar meia nova... *(Para a platéia)* ...e de camisola de náilon desfiada... *(Para Ela)* Ela ficou revoltada. No começo a gente trepava dia e noite. Aí, eu não arranjei emprego de jeito nenhum e entrei de sócio de uma churrascaria de um amigo meu de Água Verde, que estava tentando a vida aqui. Mas a churrascaria não pegou. *(Para a platéia)* Porque... o filho da puta do Jocymar começou a dar uma de guru indiano e a pregar contra a morte das vacas, bem na porta do restaurante. Os fregueses sentiam ânsia de vômito. Começaram, um dia, a cantar música sacra, e um deles virou a mesa no chão, fazendo um discurso místico sobre a alma do animal que paira sobre a alma humana... O fato é que... eu e meu sócio falimos! O dinheiro do fundo de garantia do outro emprego eu torrei com a bronquite asmática da mamãe... E quando a grana começou a despintar... a Rosaly me disse: *(Imita)* "Oz, eu não estou..."

ELA: ...*(Continuando: imitando Rosaly)* "...acostumada a usar chinelo havaiano."

OZ: ...e eu disse: dá um tempo pra eu arranjar um bom emprego numa multinacional! E ela disse:

ELA: *(Imita Rosaly)* "Como, se você não fala inglês?" *(Oz, furioso, dá um tapa em Ela)*

OZ: *(Para a platéia)* ...Foi a conta. *(Fala em inglês e Ela traduz)* Dei três murros na cara dela e mostrei meu diploma do Yázigi. Ela fez as malas e voou, levando junto cinco frascos de Chanel nº 5 que um outro amigo meu de Água Verde tinha trazido de um contrabandista de Água Azul e que eu ia vender pra pagar a escola das crianças... *(Para Ela com ternura)* Vamos tentar de novo, Ela?

ELA: Aposto que você tá achando que eu fiquei com o Jocymar por interesse.

OZ: Eu nem acho que você ESTÁ com ele. Você sonha com ele desde menina, mas ele é noivo da tua irmã.

ELA: *Foi* noivo da Mariquinha! Há quinze anos atrás! Mas deu-lhe o fora, *ocasião na qual* ela perdeu quinze quilos e ganhou uma tuberculose, *ocasião na qual* ela se curou, casando com o Dr. Ademir Francisco da Costa Neves, médico especializado em doenças de pulmão, doenças venéreas e dores de corno!

OZ: De qualquer forma, acho o fim você correr atrás de um cara que foi a desgraça da tua irmã.

ELA: Eu acho o fim uma porção de coisas: negar mesada de filho. Bocejar em serviço. Trepar com Rosaly na minha gestão. Provocar demissões, sabendo que a família vive do teu salário. Obrigar a esposa a ficar com três dedos de raiz preta no cabelo... *(Grita)* Vigiar o odd, comer a própria esposa na véspera de demiti-la e demiti-la sem aviso prévio. Perturbar a vida das faxineiras, passando a mão na bunda delas quando elas estão do lado de fora do vidro! *(A cada frase Ela acusa mais e mais a Oz. E fica mais e mais agressiva)* ...comer bife de vaca... devorar um crime... uma revolta...

OZ: A Rita me provocava!

ELA: ...*(Dolorida)* Ela gritava: "Dr. Oz, me larga em paz! Tenho medo de cair. Quando o senhor brinca desse jeito..."

OZ: *(Grave)* O vidro tá lá.

ELA: ...limpinho... Rita virou pó. Pó que patrão não vê. *(Curva-se)*

(Reversão de luz. Agora Ela e Oz são dois velhos num asilo. Curvos, balançam-se em dois balanços frontais, desses de parque)

ELA: Afinal, isso aqui é um asilo ou um hospício?

OZ: *(Igualmente curvo e envelhecido)* Um asilo. Nossos filhos nos internaram.

ELA: Que ingratidão.

OZ: A gente dá a mão eles querem os pés.

ELA: A gente carrega no colo, no "bebê-conforto", nas costas...

OZ: ...como uma cruz.

ELA: ...e então eles crucificam a gente. Faz tempo que estamos aqui?

OZ: Desde que envelhecemos.

ELA: Eu nem percebi, você percebeu?

OZ: Quando você começou a deixar cair sopa pela boca, eu comecei a desconfiar.

ELA: Pra dizer a verdade, eu estava desconfiando também. Aquilo de deixar a cinza do cigarro inteirinha no toco, de esquecer de pôr cinza no cinzeiro...

OZ: É arteriosclerose.

ELA: Velhice: dá na mesma.

OZ: A Cíntia disse que você usou o vestido de casamento dela como camisola.

ELA: Como jogam calúnia, essas crianças. *(Sonhadora)* Lembra, eu, grávida do Ozinho?

OZ: *(Terno)* Toda noite você tinha "desejo" de goiaba. E eu que me virasse pra achar.

ELA: ...depois vieram Cíntia e Tadeuzinho.

OZ: ...e eu na barraca da Rebouças. Toda noite procurando goiaba.

ELA: Eu preferia estar lá em casa.

OZ: Que diferença faz? Cada dia a gente ficava mais sozinho.

ELA: Mas era a casa da gente.

OZ: Era um asilo, como aqui.

ELA: ...tudo por causa de uma sopa que eu deixei cair.

OZ: ...e de uma cinza que eu não joguei no cinzeiro!

ELA: *(Gritando)* Aqui é hospício, Oz, eu sei, eu sei!

OZ: *(Grita: desesperado)* Asilo ou hospício é tudo a mesma merda!

ELA: ...que nem a casa da gente: a mesma merda!

OZ: *(Batendo nela)* Olha a boca!

(Reversão de luz. Consultório de psiquiatra. Oz é o psiquiatra e Ela, a paciente. Gritos e sirene de ambulância em off)

OZ: Qual é a última coisa que a senhora se lembra antes de vir pra cá?

ELA: *(Sincera)* Eu tava fazendo hora extra. Tinha dois relatórios de duzentas e trinta páginas cada um... por sinal... um deles, a presidência da firma achou magnífico... eu tava... sozinha... era muito tarde da noite... Eu estava sozinha... Eu e a máquina xerox! ...Tinha uma lâmpada acesa bem em cima da xerox, e uma vespa girava em volta da lâmpada.

OZ: Então??

ELA: ...então eu percebi que eu, a vespa e a xerox éramos uma coisa só.

OZ: E por quê?

ELA: Porque a gente girava, copiava, e não saía do mesmo lugar.
OZ: Copiava??!...
ELA: *(Perplexa, boquiaberta)* Copiava!
OZ: O quê, exatamente?
ELA: O próprio giro da gente, oras.
OZ: A senhora se lembra de mais alguma coisa?
ELA: Só o meu nome.
OZ: E qual é o seu nome?
ELA: *(Para a platéia)* Rita.

(Reversão de luz. Agora Ela é psiquiatra e Oz o paciente. Sirene de ambulância insiste em off*)*

ELA: E qual é a última coisa de que o senhor se lembra antes de vir pra cá?
OZ: Eu estava na fila do teste pra vendedor de produtos farmacêuticos. Já tinha feito um monte de desenhos naquele dia. Era o último teste. Eu estava indo bem. Ia pegar a vaga. Aí olhei para a cara dos outros otários que estavam na fila... e percebi que... *(Medo de estar falando algo que o comprometa)*
ELA: Percebeu???
OZ: ...que todos tinham a mesma cara! *(Desabafando)* E a mesma roupa e a mesma gravata, pronto!
ELA: Alguma coisa mais?
OZ: Nada, não, senhora.
ELA: Não havia qualquer coisa de estranho na roupa que vocês vestiam?
OZ: *(Outra vez desconfiado)* De jeito nenhum. Eu sei que a senhora está me armando uma cilada. A senhora quer me crucificar no eletrochoque. Judas!
ELA: Pense bem: e a roupa, hein? Hum?
OZ: *(Fala tudo de uma só vez)* A roupa estava colada ao corpo feito tatuagem! *(Dolorido)* Era um terno grafite, uma gravata vinho, uma camisa branquíssima!!! Todos calçavam um sapato preto!
ELA: *(Estimulando)* Sobre as estrelas com quem o senhor conversa?!
OZ: Sobre isso eu me recuso a falar: é uma questão de foro íntimo.
ELA: E elas respondem? Hein? Hum?
OZ: Claro que sim! E cantam "Nana, nenê", quando eu me sinto muito sozinho! Aí eu grito! *(Oz dá um grito sem som. Congela figura de Oz gritando. "Over the Rainbow" entra em* off, *mixada com grito e banda de circo desafinada. Reversão*

de luz. Circo outra vez: Ela de sombrinha, ele de palhaço. Após a reversão de luz, Oz sai do congelamento e grita, eufórico, para Ela) A Marieta Tavares disse que não é costureira! Assumiu que é trapezista! E topou ensaiar o número! Hoje mesmo ela vem!

ELA: O chefe vai pôr rede protetora?

OZ: Não! Ele é radical! *(À frase "Ele é radical", black-out. Reversão de luz. Luzes confusas acendem-se em focos que incidem sobre Ela. Ela tenta fugir às luzes que a caçam, insistentes. As luzes fazem um "corredor", alinhando-se em torno de Ela. Resignada, Ela caminha neste corredor. Do outro lado vem Oz, com uma roupa de médico, andando em câmera lenta)*

OZ: *(Falando em câmera lenta)* Dona Ela, eu vou ser simples e direto como é do meu temperamento: a senhora tem pouquíssimo tempo de vida.

ELA: Quanto? *(Agora Oz fala em câmera normal)*

OZ: Dois meses, no máximo. Se a senhora preferir, *eu* comunico à sua família...

ELA: Comunicar o quê? Que o senhor errou o diagnóstico? Que trocou os envelopes, como eu vi numa novela? Que o senhor é um irresponsável, um incompetente? *(Pausa)* Eu nunca me senti tão bem em toda a minha vida! *(Pausa longa. Para Oz)* É verdade? Hein? Grita, arrebenta meus tímpanos! Grita! É verdade?

OZ: No seu lugar eu ficaria em casa, cercado de meus familiares. Será inútil e penosa uma internação.

ELA: *(Revoltada)* O senhor por acaso pode se pôr *no meu lugar*?

OZ: Posso, Dona Ela. Convivo com pacientes terminais não é de...

ELA: *(Interrompendo)* Psiu! Cala essa boca! Não termina essa frase! Paciente terminal é aquele que está na boca do forno? *(Pausa. Para Oz, olhando nos olhos dele)* Tem certeza?

OZ: Absoluta.

ELA: Mas o que que eu fiz de errado? *(Congela imagem de Ela na pergunta. Luz em resistência, black-out)*

ÚLTIMA CENA – A MORTE

(Acende luz geral: Oz agora está de smoking *preto, luminoso, sensualíssimo. Ela sai do congelamento para inquirir seu mais novo visitante, que lhe sorri, cúmplice e charmoso)*

ELA: Quem é você?

MORTE: A morte.

ELA: Como "assim"? *(Aponta o traje)*

MORTE: Não tenho nariz adunco, não ando de foice, nem sou necessariamente do sexo feminino, se é isto o que você pensa!

ELA: Não penso nada. E não te chamei.

MORTE: Mas eu estou ao seu inteiro dispor.

ELA: *(Olhando nos olhos da Morte, de repente instigada e fascinada. Após uma longa pausa. Reconhecendo)* Rita!

MORTE: *(De costas, abruptamente)* ...Faxinava o apartamento inteiro e no fim da tarde... limpava o vidro do lado de fora... *(Amarga)* Toda terça!

ELA: *(Envergonhada)* Eu imploro perdão! *(Pausa. Morte continua de costas, alheia ao pedido dela)* Plantei umas coisinhas no parapeito do meu apartamento... deixa pelo menos eu viver pra ver?

MORTE: Dois meses dá e sobra pra você ver a erva-cidreira que adubou com o pavor da Rita!

ELA: Plantei aquilo pensando que não ia vingar. Era uma terra velha... não parecia fértil. Mas as folhinhas estão nascendo bonitas... um tempo a mais e eu podia...

MORTE: Nem um minuto a mais. *(Inquisidora)* Por que não deixou a Rita sair às seis?

ELA: *(Para a platéia)* Tremendo de medo ela puxava o murinho e ia para o parapeito com um balde... cheio de água e sabão! Com a voz agoniada, gritava do lado de fora: "Deixa pra terça que vem?" E um dia ela gritou um grito de pavor... feito vaca no matadouro... *(Morte grita sem som. Ela corre pela boca de cena, espavorida. Em off, sirene)* "Dona Ela, tô sentindo a cabeça girar feito vespa em volta da lâmpada."

MORTE: Judas!

ELA: Eu fingia que não ouvia os gritos dela! Pensava: "Tô pagando hora extra!" *(Para a Morte, após uma pausa)* Só mais um mês?

MORTE: Eu não faço hora extra. Eu não deixo pra terça que vem.

ELA: *(Desistindo)* E eu pensei: "Terça que vem ela inventa uma dor de barriga! E o vidro continua sujo!" Mas ela gritava tanto que eu fui lá. E ri, porque ela tava empinando a bunda do jeito que empinava quando o Oz mexia com ela! E eu sempre rio muito quando estou nervosa!! Rio e entorto a boca... E... o olho dela brilhava feito olho de vaca! E ela deu outro grito, mais pavoroso ainda!... E a mão dela escorregou... e ela ainda pediu: "Dona Ela, segura a minha mão! Me puxa!" E eu gritei: "Se eu te puxar eu vou com você!" *(Morte puxa as mãos de Ela)* ...a mão dela pesava... como a mão dos afogados. *(Morte puxa mais a mão de Ela)*

E eu fechei o olho. E o grito ficou mais forte... Depois foi diminuindo...

MORTE: *(Dolorosamente)* ...7, 6...

ELA: *(Mais dolorosamente ainda)* ...4, 3, 2, 1. *(Ruído de corpo batendo no chão)* Eu preciso de tempo pra ajeitar umas coisas, juro! Além da erva-cidreira! Coisa séria! Juro! Questão de conversar civilizadamente! Eu sei que você tem várias acusações contra mim, mas é conversando que a gente se entende, não é?

(Morte sorri com ironia e mágoa)

MORTE: O vidro tá lá. Limpinho. Rita virou pó. Pó que patrão não vê.

ELA: ...Você sabe muito bem que eu não vivi direito...

MORTE: ...talvez nem tenha nascido.

ELA: Então?

MORTE: Não tem acerto.

ELA: *(Faz gesto de suborno)* Quanto?

MORTE: Dois meses é o que tenho pra você. Tua cota.

ELA: E se eu te dissesse que minha filha e meu filho estão de segunda época em geografia, que não sabem nem onde fica a Somália? E que só eu consigo fazê-los decorar os nomes dos mares?

MORTE: ...Você conhece os nomes dos mares?

ELA: ...o mais novo tá mal em matemática...

MORTE: Nem um segundo a mais: já disse!

ELA: ...E que minha mãe é surda por minha causa e inventamos um dialeto só nosso, e que só eu entendo o que ela fala, e só a mim ela entende? Eu indo embora...

MORTE: Por isso não: levo as duas.

ELA: ...Meu pai tá cada vez pior da arteriosclerose... tá deixando cigarro aceso no chão... tem que alguém tomar conta dele... e tem um cachorro manco no sítio de Dona Berenice, e só eu sei cuidar dele também...

MORTE: Você teve quarenta anos pra providenciar tudo isso.

ELA: Você acha quarenta anos um bom tempo???

MORTE: A média da vida humana é setenta anos. Aliás, um ótimo tempo! Sabia que a luz da estrela Beta Andrômeda, da constelação de Andrômeda, leva setenta e cinco anos pra chegar à Terra?

ELA: Anos-luz é diferente de anos-Terra?

MORTE: Depende da intensidade da luz e da luminosidade do ano.

ELA: E o que é um ano-luz, de verdade?

MORTE: Uma medida de distância. *(Aproxima-se dela. Ela recua)*

ELA: Pensei que fosse uma medida de tempo. Ensinei errado pro Ozinho.

MORTE: Um ano-luz é a distância percorrida pela luz no período de um ano.

ELA: *(Iluminada por uma idéia)* Me dá um ano, hein, um ano-luz?

MORTE: A velocidade da luz é de trezentos mil quilômetros por segundo!

(Agarra-a pela cintura. Ela escapa)

ELA: Ah, quanta coisa eu podia fazer em um ano!!

MORTE: ...setenta e cinco anos demora a luz de uma estrela pra que você a veja brilhando. E se ela explodir, se apagar, se morrer... só daqui setenta e cinco anos você vai ficar sabendo.

ELA: Por que você é mais complacente com as estrelas?

MORTE: Porque elas brilham de fato. *(Pausa)* Vamos. Providencie tudo o que tem que providenciar: sogra, mãe... pai, teoremas, filhos. Não tenho tempo a perder.

ELA: Eu não tenho nem nunca tive a menor pressa.

MORTE: Por isso não pode entender o que é um ano-luz: trezentos mil quilômetros por segundo não é pro teu passo de cachorro manco.

ELA: Pelo amor de Deus, então... cinco meses? Hein?

MORTE: Como implora, que mendicância indigna... vá lá que seja: três meses, pronto.

ELA: Uma miséria.

MORTE: Nada feito, então.

ELA: Mesquinha!

MORTE: Mesquinha, eu? *(Morte pega Ela pelos ombros, encaram-se longamente. Há muito ódio e muita lucidez nesse entreolhar)* Quem se remoía dias inteiros por causa das dores de barriga da Rita? Quem proibia o Ozinho de ir ao Playcenter por causa da geografia? Quem negou a si mesma ver o sol nascer e se pôr?

ELA: Eu tinha deveres a cumprir!

MORTE: ...Quando não era no escritório, era em casa. Uma vez...*(Morte ri. Ela se encosta ternamente no peito de Morte. Por alguns instantes são aliadas)*

ELA: ... eu fiz hora extra até as oito da noite...

MORTE: *(Prosseguindo a frase dela: identificadas)*... e quando o Sol começou a se pôr... lá pelas seis... foi até a varanda da firma pra ver... mas o patrão olhou feio e você voltou pra sala.

MORTE: O sol é uma estrela bonita.

ELA: *(Fazendo média)* Lindíssima! A mais bonita do cosmos!

MORTE: *(Ríspida)* Nem tanto. É uma estrela medíocre. *(Ficam outra vez distantes)*

ELA: *(Cada vez mais tolerante. Riso amarelo)* Lá isso é verdade!

MORTE: Há muitas estrelas mais brilhantes que o Sol. *(Agressiva)* Mas é tarde pra discutir o Sol que você tapou com a peneira. Vamos. *(Agarra Ela pelo braço. Ela recua em pânico)*

ELA: *(Mostrando o cabelo)* Três dedos de raiz preta. Não posso morrer nesse estado.

MORTE: Numa tarde você tinge o cabelo e faz as unhas

ELA: Eu queria... tomar sol e ficar bronzeada como a Candice Bergen naquele Ban Bag. *(Acha uma brecha)* Sempre sonhei em deixar o cabelo crescer como a Romy Schneider em *Sissi, a Imperatriz*. Até a cintura.

MORTE: *(Beijando a testa dela)* Você pensa que eu sou trouxa? Até a cintura! *(Complacente e compassiva)*

ELA: Queria... *(Procurando)* dançar com o Jocymar... numa praia! De vestido preto... esvoaçante... ao som de Glenn Miller. Ele de *blazer* bege! Aí caía uma chuva e depois vinha o arco-íris!

MORTE: Lembra aquele dia no sítio de Dona Berenice?

ELA: *(Nostálgica)* Choveu. E teve arco-íris.

MORTE: Mas você foi correndo pra dentro de casa, costurar meias.

ELA: Um dia... eu... encostei o rosto no peito do Jocymar... você sabe...

MORTE: Faz muito tempo...

ELA: ...éramos adolescentes...

MORTE: Ele estava indo ao cinema com a tua irmã...

ELA: ...Mariquinha voltou por causa de uma dor de barriga súbita. Ele me olhou, enquanto ela tava no banheiro. E disse:

MORTE: ..."Ela, é de você que eu gosto!"

ELA: ...Senti um quentinho no meio das pernas... o coração parecia escapar... pela boca... fiquei sem ar. Sem voz. Com febre. E ele pegou na minha mão. E me trouxe pra junto do peito.

MORTE: *(Aproximando a boca de Ela)* E ele te beijou... *(Ela recua)* você recuou, porque Mariquinha...

ELA: ...fez barulho no trinco da porta...

MORTE: Por que não falou pelo menos "eu te amo"?

ELA: Não dava tempo: a Mariquinha estava saindo do banheiro!

MORTE: Dava tempo, sim!

ELA: *(Para a Morte)* Eu te amo! *(Morte segura o rosto dela com firmeza)*

MORTE: Você gostaria de trepar com o Jocymar antes... de ir comigo?

ELA: Claro!

MORTE: Então providencie isso.

ELA: Se você me der um ano... Não posso chegar pro Jocymar, depois de toda uma vida, e dizer: "Quero trepar com você". Só se eu falar: Jocymar, tô morrendo, trepa comigo, por caridade.

MORTE: Você sabe que isso não funciona.

ELA: Os fins justificam os meios.

MORTE: Não enche. Vai e fala.

ELA: Ou é assim como eu disse ou preciso de um ano. Pra preparar tudo com calma. Pequenos incidentes, pequenas coincidências, climas... e eu preciso estar mais magra... mais bronzeada... o cabelo sedoso e longo... *loooongo*.

MORTE: *(Sorrindo)* Não precisa tanto nheco nheco.

ELA: ...eu vou... planejo tudo... lentamente... *longamente*... e então trepo com ele. *(Aliviada)* E gozo! O gozo supremo. Aí é Hollywood! Aí é Glenn Miller. *(Temor)* E então, você coloca o teu "The end" por cima e pronto. *(Temor)* Xi!! A família do Jocymar é da mesma cidade que a minha e do Oz. O rebu que vai dar...

MORTE: Debaixo da terra não tem Código Civil. Nem erro essencial de pessoa. Nem ética.

ELA: *(Pensando e achando outro argumento)* Enche mais o meu copo. Dá um chorinho! Se não der um ano... que seja... sete meses... *Você não pode* ... ou não quer?

MORTE: Não posso. Eu *também* tenho um chefe.

ELA: Você também bate ponto? *(Perplexa. Solidária)*

MORTE: Hum, hum! *(Consentindo)*

ELA: E faz relatório? *(Cada vez mais animada e solidária)*

MORTE: ...ontem mesmo eu fiz um de duzentos e trinta páginas que a presidência da firma achou magnífico!

ELA: Eu sempre fui boa mãe, boa esposa, boa vizinha, boa irmã, boa funcionária... fiz tudo direitinho... paguei minhas dívidas... Por que, por que eu, por quê??? Por que não o professor de geografia das crianças ou a Rosaly?

MORTE: Eu não sou uma vingança.

ELA: *(Morte começa a puxá-la)* Não me puxa assim, tua mão é pesada, como a mão dos afogados...

MORTE: ..."Ela, tô sentindo a cabeça girar feito vespa em volta da lâmpada acesa"...
ELA: Me solta! Me solta! *(Morte solta Ela, vociferando)*
MORTE: O gumex? A colcha? O vestido de sua mãe?
ELA: *Mea culpa, mea culpa, mea maxima culpa.*
MORTE: Aí é que você se engana. Eu não quero culpas e máximas culpas. Aliás, joga essa cruz fora... senão vai ser duro carregar.
ELA: *("Jogando")* Pronto, saco.
MORTE: *(Ri e bate palmas. Ela, perplexa)* Bravooo! Agora eu te concedo... cinco meses!
ELA: Não entendi. Em todo caso, lucro é lucro. E se a gente acertasse nos sete?
MORTE: *Pra você limpar vidro?? (Ela aperta a barriga com pavor. E tentando se justificar com a Morte, fala)*
ELA: Não fui eu que matei a Rita. Foi a patroa que me obrigaram a ser. Não é assim a vida? A gente representando papéis? Não é tudo um circo, um palco, hein?
MORTE: ...Ou um asilo... um hospício... uma UTI... um jardim de infância....
ELA: ...um ônibus às seis da tarde... um porão... um esgoto.. uma Somália e uma equação do segundo grau.
MORTE: ...A Marieta Tavares...
ELA: *(Em pânico. Longa pausa. Recua e empurra a Morte. Bufando, pergunta)* Que que tem a Marieta Tavares? Hein? Você veio buscar ela? Veio? Sua filha da putaaaa!
MORTE: Ela APENAS saiu do hospício.
ELA: *(Aliviada)* Como trapezista ou como costureira?
MORTE: Como Marieta Tavares.
ELA: Que que você quer dizer com isso?
MORTE: Como uma pessoa, um pouco, uma poeirinha no meio da poeira cósmica... do grande vidro... do outro lado do vidro.
ELA: Que vidro, que vidro? *(Aflita)*
MORTE: O vidro infinito, do qual a Terra é apenas uma poeirinha também.
ELA: Não entendi porra nenhuma.
MORTE: A Terra, nosso planeta, é um dos bilhões de planetas e poeiras e estrelas de uma galáxia, sabia?
ELA: Que que isso tem a ver com a Marieta Tavares?
MORTE: Um dia você entende.
ELA: Daqui... um ano?
MORTE: Sinceramente, não sei por que você insiste em UM ANO!

ELA: Pra passar o *reveillon* na praia, dançando Glenn Miller com o Jocymar.
MORTE: Daqui até o *reveillon* não precisa um ano, sua burra!
ELA: *(Fazendo as contas)* Então... sete meses!
MORTE: *(Concordando)* Hum! hum!
ELA: Eu nunca fui boa de conta... Nunca!
MORTE: *(Concordando sorridente)* Não mesmo. O Jocymar morava numa casa depois da família do Oz. Se tua família queria fazer um negócio, casando feira com feira e faxineira com faxineira, por que o Oz e não o Jocymar? Ele também era vizinho e já não estava mais com a Mariquinha! Se você tivesse dado um único passo adiante, teria parado na porta do teu grande amor.
ELA: Minha irmã deu esse passo antes de mim. Ela sempre teve o passo maior que a perna.
MORTE: E você sempre teve as pernas menor que o giro.
ELA: O giro de uma vespa em volta de uma lâmpada.
MORTE: O giro de uma lâmpada em volta do Sol!!
MORTE: *(Pausa longa. Morte olha para ela, fascinada)* Concedido o teu ano-luz, Ela!
ELA: *(Pulando de alegria)* Agora eu entendi: você veio me convocar para a velocidade da luz. Para o giro maior que o de uma vespa copiando a si mesma.
MORTE: E se você tivesse comido pêssego em vez de goiaba?
ELA: *(Dando as mãos para a Morte: ambas brincam de currupio, rodopiando pelo palco, com as mãos atreladas mutuamente)* E se eu tivesse pego o carro do Jocymar em vez de ônibus?
MORTE: E se você rasgasse o vestido de primeira comunhão e mastigasse todas as hóstias? *(Ela larga as mãos de Morte, e vai para um canto do cenário, arrastando-se pela parede febril e inconfidente, murmurando com aflição)*
ELA: Quebrar a máquina xerox. Não copiar mais nada, que a vida é um original sem cópia. Os ratos trazem a peste, Oz! Cuidado... cuidado, Oz! Não, não, não mais enferrujar nos clipes do teu escritório. Minha mão... os ratos... a peste... ahhh... Marieta, onde está você? Eu te procuro e não te acho nesse imenso pátio de manicômio: das tripas coração. Marieta! A minha voz e o grito dela: Rita! Febre... o grito... o rato... a peste... Não, não, não, sim, sim, sim! Um ano. Agora e sempre! *(Finalmente Ela pára e abre os braços como Jesus, ofegante, exausta. Morte se aproxima debochadamente. Prega a "cruz" dos dois lados. Ela ri muito e Morte também. Morte abre seus próprios braços e fala com a platéia, como one man show)*

MORTE: Senhoras e senhores... tenho o prazer de lhes comunicar que o grande Circo de Maravilhas já não conta mais com o número da Cruz e da Paixão, pois o funcionário que o executava, o Sr. Jesus Cristo, acaba de ser demitido.

ELA: *(Debochada, anasalando a voz)* Ohhh, MAS O QUE FOI QUE EU FIZ DE ERRADO???

MORTE: Seus crimes? *(Sempre para a platéia)* Injúria grave! Abuso de autoridade! *(Ela se "contrai", brincalhona, na "cruz")* E erro essencial de pessoa! *(Entra, baixinho,* Magic Moment, *de Glenn Miller. Ela sai da postura de Cristo e lentamente veste um traje negro, belíssimo, que a Morte lhe dá. Vestindo-se)* Quando eu era menina, adorava falar palavrão!...

MORTE: ...E teu pai dizia: "Moça fina não fala palavrão!"

ELA: Eu adorava jogar futebol! E meu pai dizia...

MORTE: "Moça fina não joga futebol"...

ELA: Odeio piano: posso aprender *ballet*?

MORTE: "Moça fina não fica de perna aberta!"

ELA: E ele dizia também... *(Morte pega a nuca de Ela e acaricia. Agora ambos estão bem próximos, numa postura sensual, apaixonadamente sensual. Morte fala em voz baixa, rouca, desejante)*

MORTE: "Se um homem te pegar aqui *(Aponta a nuca)* ele quer a tua desgraça. A sentença de uma mulher se traça pela nuca." Por que *aqui* começa um arrepio que acaba na sarjeta! *Aqui* é o tesão!

ELA: Simples e direto: como é do teu temperamento! *(Beijam-se longamente. Magic Moment sobe de volume. Pausa. Ela recua e fala para os quatro cantos do cenário. Depois para a platéia, feliz, renascida. Morte assiste, sorridente)* Um ano. Um ano-luz. Acabei de nascer. Daqui por diante é lucro certo. Vida em caixa. Esse é o meu parto. O meu não encalhado na boca. Meu sim. Rita, agora a gente acerta as contas... A Somália fica em algum ponto da poeira da Terra... no caminho de Beta Andrômeda! Mamãe?? Você está me ouvindo? Você pode me ouvir? Eu amo você, mamãe! Jocymar, meu amor! Aquele sussurro... na minha nuca... Pai! É aqui que começa a vida, pai! E por toda a galáxia eu vou dançar!! Com minha sapatilha prateada! No caminho de Beta Andrômeda! Eu, a vespa libertada! Eu, Marieta Tavares! E por todo o cosmos há de se ouvir o meu não virando SIM! *(Faz ruído de sino)* SIMMM! Tinindo, SIMMM!

(Pausa. Volta-se para a Morte, que lhe oferece uma das mãos num cortês convite para dançar. Ela dá as mãos à Morte) Sim, foi um prazer conhecê-la! *(Dançam o "Magic Moment", de*

Glenn Miller, apaixonados. Luz muda: agora é azul-escura, com manchas prateadas, visão de astronauta. "Magic Moment" é mixada à "Over the Rainbow")

(*Voz de cientista em* off, *frio e didático*) A luz viaja muito rápido. Mas o espaço é muito vazio no escuro do cosmo, e as estrelas são muito distantes umas das outras. Do Sol ao centro da Terra há uma distância de trinta mil anos-luz. Um ano-luz é uma medida de distância, não de tempo. Trinta mil anos-luz, portanto, são trinta mil viagens da luz pelo espaço de um ano.

Nicette Bruno e Paulo Goulart, *Aviso Prévio*, Teatro Paiol, 1987, Dir. Francisco Medeiros.

Máscara do Musée de l'Homme (Paris).

MARCHA A RÉ

A Antonio Abujamra, o abridor de latas e a Emílio Alves, co-autor desse texto e de tantos outros sentimentos claros e fundos.

PERSONAGENS

EURÍDICE: Eurídice divide-se em duas personagens: Eurídice Alves, uma mulher corriqueira e rude, que em tudo e por tudo se refere à sua classe social – média baixa. E Eurídice de Orfeu, amante do poeta, em cuja busca ele empreende a louca façanha de penetrar no Mundo dos Mortos. Eurídice Mítica é grandiosa e veemente, enquanto Eurídice Alves é vulgar e rude. Na torturada relação com Gênio, Eurídice Alves vai se tornando Eurídice Mítica, apesar de lutar desesperadamente contra a sua versão no espelho do Trágico.

GÊNIO: Espécie de projeção inconsciente de Eurídice Mítica. Emissário de Orfeu. Fantasmagoria que invade o cotidiano de Eurídice Alves para remetê-la à sua mais profunda identidade. Gênio é cruel e terno, abrupto e imprevisível. Apaixonante e apaixonado. Como a consciência.

COREOGRAFIA

Os atores devem ser também bailarinos. E toda a ação deve ser coreografada minimamente, mesmo os mais prosaicos gestos, sendo toda a movimentação física de Eurídice referida a uma imediata reação física de Gênio e vice-versa.

FIGURINOS

Gênio usa um traje amplo, cujas mangas se assemelham – quando erguidas – a duas asas de uma ave voadora imensa. A textura do tecido deve ser levíssima, da mesma textura do telão, de tal forma que a analogia seja imediata e a sinalização claríssima.

Eurídice usa uma roupa que designa sua personagem primordial, a de Eurídice Alves, mas deve haver alguma ligação orgânica entre os trajes de ambas, Alves e Mítica, de tal forma que a transformação de uma em outra também passe pelo vestuário.

LUZ

A luz é a pontuação estrutural do espetáculo, mas seria conveniente, caso possível, que houvesse uma luz básica para Eurídice e outra para Gênio, além e aquém das *performances* de iluminação previstas pela própria interação dramática.

TRILHA SONORA

Há poucas indicações de música. A direção deve, portanto, determinar este elemento levando em conta que a trilha que indicamos tem, como a luz e a coreografia, a função geradora e/ou explicadora da ação.

CENÁRIO

– O cenário deve ser planejado em dois patamares: o da ação corriqueira – casa de Eurídice Alves – e o da ação mítica, com texturas rochosas, áridas, num visual que venha a sugerir ancestralidade, ruína e bruma.

– Um praticável baixo, aumentando à medida que se aproxima do telão ao fundo do cenário – este, por sua vez, no meio geométrico do espaço cênico –, tem, na altura do telão, uma pequena escada de degraus largos. Serve para enfatizar a interação dos dois universos. E se refere, em princípio, ao espaço específico de Gênio, do Mítico, sendo também uma espécie de portal.

– Uma tela finíssima ao fundo do cenário deve ser capaz de reproduzir, com efeitos de luz, movimentação de figuras e/ou sugestão de imagens aludidas pelas personagens, tanto de um mundo quanto de outro, bem como servir de espaço de ação: para tal, a tela deve ser vazada, propiciando aos atores um ir e vir translúcido e incorpóreo que crie a ilusão de fantasmagoria.

– Uma ou duas colunas clássicas ladeiam o praticável e o telão. Os elementos e adereços ocultos pelo praticável são: um cabide de rodinhas (que pode ser um esqueleto humano caricaturizado, simplificado ao máximo); um armário vazado dos dois lados; um fogão com rodinhas, carbonizado de um lado, normal do outro: uma carcaça; uma cabeça fossilizada (o aderecista deve

se referir à foto do Musée de l'Homme, arquivada pelos autores); um vaso chinês e outros elementos, tantos quantos forem necessários para marcar e esclarecer as ações e os múltiplos signos.
— DO URDIMENTO descem quatro espelhos: dois inteiros e dois fragmentados, estilhaçados.
— DE UM ALÇAPÃO sairão Gênio e a boneca composta pelo cabide e pelos pedaços do manequim que simboliza Eurídice.

1º quadro

A RODA DE IXIÃO

(O fogão)

(Escuro total. Eurídice está paralisada à borda de uma carcaça de fogão, "picando cebolas". Um foco flamejante e mínimo sai de uma das bocas do fogão e ilumina o seu rosto. Ela fala fria e solenemente)

EURÍDICE: O Cavaleiro apeou seu cavalo prateado à margem do Rio dos Mortos. E com seu canto comoveu o barqueiro Caronte e todos os porteiros do Inferno. Ele virá. Remando pela força do tesão. Virá. Para cessar o suplício dos supliciados. Virá. Remando pela força do ódio. Virá. Para fazer chorar o olho de pedra do Rei Hades. *(Pausa)* Deste lado do Aqueronte, o Sol é Cebola e a Lua é de Alho. Por isso, quando a Cebola se põe e o Alho ilumina o negro lodo do Aqueronte, eu sei que ele virá. Para abençoar minha santa noite. Meu santo dia!

(Luz se desloca de Eurídice e recai sobre a figura de Gênio, que entra sorrateiramente, salta sobre o fogão e o arrasta, enquanto Eurídice pica cebolas no vazio, sem ver o Gênio. Eurídice reprime o pavor que sente pelo estranho deslocamento do fo-

gão, olhando de esguelha para suas bordas e cantarolando em inglês falso)

EURÍDICE: *"Only youuuu! Can make the darkness braiforestiuuuuu!"*

(Pára abruptamente de cantar quando Gênio arrasta o fogão para outro canto do cenário: não é mais possível fingir que não viu que algo inusitado ocorreu em seu espaço. Pé ante pé Eurídice segue o fogão, que continua sendo perversamente deslocado por Gênio, e "puxa" a borda do seu lado como se puxasse a orelha de um filho. Gênio puxa mais e mais sua própria borda. Eurídice fala com a platéia)

EURÍDICE: Aí, Sebastião me tirou pra dançar, e eu falei: "Justo agora, Tião?" *(Gênio puxa com mais força)* E ele falou: "Vai me dar tábua, é, sua filha da puta?!" *(Com ódio, para o fogão)* E eu falei: "Filho da puta é você, que só faz o que te dá na telha! *(Do puxa-puxa, a ação se transforma em drible futebolístico. De drible à tourada. Trilha comenta e frisa com música flamenca. Eurídice fala com a platéia e com a vizinha, abrindo e fechando janela, num fôlego só, perplexa e desorientada)*

EURÍDICE: Eu sou Eurídice Alves. Mulher de Sebastião Alves. Só uso produtos Cica, que bons produtos indica. *(Blackout fulminante. Pára toda a ação. Acende sobre Gênio, que ostenta um balde em cujo fundo há uma mancha de luz vermelha. Eurídice olha para a mancha de luz do balde com estranhamento, curiosidade e nojo. A mancha vai para o chão, na forma de um pequeno foco de tonalidade idêntica à do fundo do balde e se desloca devagarinho. Trilha deforma jingle clássico da Cica sob perplexidade de Eurídice perseguindo a mancha, ajoelhando-se, tocando e se dando conta de que o conteúdo derramado para fora do balde de Gênio é mesmo extrato de tomate)*

EURÍDICE: *(Para a platéia)* Merda! Mancha de tomate não sai nunca mais! *(Do proscênio, sempre)* Com que limpa mancha de tomate, de graxa e de sangue?! Se vocês me disserem que é com Dynamo, eu respondo: esperem sentadas. Ou melhor: esperem manchadas. *(Gênio continua se divertindo em espalhar com o pé a "mancha de tomate" que se desloca do chão pela movimentação da luz. Eurídice vai atrás da luz-mancha, com um esfregão no pé, arrastando-se sobre o foco, tentando limpar o que Gênio sujara. Enquanto esfrega o pé sobre a mancha, irritadíssima, Eurídice fala com a platéia e com a vizinha, tentando ainda fingir que não há nada de anormal, de sobrenatural, e que apenas se trata de um dia infeliz, destes em que as coisas parecem adquirir alma, uma alma teimosa e rebel-*

de) Eu tenho um sobrenome. Um interfone. Um bidê. Uma privada. Uma pia. Um fogão. Só uso o que me pertence.

GÊNIO: *(Parando sua ação e falando "através" de Eurídice)* Devoração. Oração dos devorados.

EURÍDICE: *(Para a platéia, retomando as panelas. Sempre tentando ficar calma e retomar o trabalho como se nada houvesse acontecido)* O alho bem miudinho. Três dentões. A cebola bem miudinha. Três grandonas! Cheiro-verde ultra, hiper, supermultipicadissimamente picado! Verde legítimo! Com cheiro de cheiro-verde propriamente dito!

GÊNIO: Teu osso branco como o alho. Teus cabelos e tuas unhas. Crescendo mesmo depois de tudo.

(A esta frase, Eurídice reage com uma expressão de transcendência, de quem se recorda de algo profundo, ou vislumbra um fato futuro)

EURÍDICE: Mesmo depois de tudo! *(Reage imediatamente à memória que insiste, e volta a seu gestual corriqueiro. Coreografia deve marcar Eurídice e Gênio de costas um para o outro em movimentos idênticos e ritmos alternados, ou opostos em ritmos iguais)* Não, criatura de Deus, não suja esse fogão que meu marido tá pagando em suaves prestações mensais desde a outra encarnação! *(Outro insight. Pausa)* Meu fogão!

GÊNIO: *Teu suplício!* Suplício de Ixião, queimando eternamente numa roda de fogo!

EURÍDICE: *(Encarando Gênio "através" dele, sem olhar nos olhos. Ainda sem vê-lo concretamente: apenas pressentindo uma presença absurda, mágica)* Minhas panelas. Meus temperos. Meu carpete!

GÊNIO: Chão de lodo do Rio Aqueronte. O Rio dos Mortos. Acorda, Eurídice de Orfeu! Acorda para tua verdadeira história, tua memória. Tua tragédia.

EURÍDICE: *(Mãos na cintura, enfrentando o sobrenatural)* Muito bem, Sua Majestade Satanás. Até quando pretende permanecer em minha casa?

GÊNIO: Para sempre e até nunca mais. *(Gênio rodopia em círculos em torno de Eurídice)*

EURÍDICE: Clarisseee, chama um padre! *(Gênio sai do círculo ao lado de Eurídice e gira o fogão pelo cenário, acendendo com ele uma roda de fogo. Eurídice fala com a vizinha, correndo atordoadamente, atropelando objetos que a trilha identifica com ruídos caricaturais, exagerados, abrindo e fechando janela e falando ao mesmo tempo com a platéia)* Chama um padre! As chamas do Inferno invadiram minha casa! Chama os bombeiros. Meu tio Carlito. Minha tia Ciça. Meu tio Osvaldo. O Dr. Mendes. O delegado Faustino. A polícia montada, sentada, civil, militar, cibernética, aeronáutica, a Madre Teresa das Reencarnações Perfeitas, Amém!

(Gênio conclui o círculo de fogo com o fogão. Eurídice percebe-se cercada pelas chamas. Bate no peito com fé de crente e começa uma espécie de oração absolutamente fanática. Trilha acentua o fanatismo com acordes de tambor e vozerio de gente aglomerada em praça pública em culto evangélico. Gênio ergue as vestes, onde a luz incide também flamejantemente)

EURÍDICE: *(Fazendo "pelo-sinal")* Eurídice Alves, Eurídice Alves, Eurídice Alves, Eurídice Alves, EU! *(O "EU" corresponde ao AMÉM do "pelo-sinal")*

GÊNIO: EU trago a desordem e o incêndio. Cuidado. A vida mata!

EURÍDICE: *(Aprisionada e em pânico cada vez mais crescente, pois a roda de fogo se aproxima cada vez mais de seu corpo)* Sebastião! Entra logo por esta porta com tua cara de idiota que eu amo tanto!

(Luz incide sobre uma ausência, num canto qualquer do cenário. Eurídice olha para este foco sobre o ausente. Trilha deforma acordes ultra-rápidos de Only You, *comentando o "ausente" Sebastião)*

GÊNIO: Ele virá!

EURÍDICE: *(Para o ausente iluminado)* Vem, Sebastião, vem!

*(*Only You *e tambores cedem lugar a um silêncio total)*

GÊNIO: Virá! O punho duro revolvendo o destino no negro lodo do Aqueronte! *(Luz sobre o ausente se desloca no cenário e surge em outro canto, para o qual Eurídice olha ansiosamente, com fé. Círculo de fogo está quase em suas vestes. E o pânico agora é total)*

EURÍDICE: Aparece, homem de Deus, aparece!

GÊNIO: Virá. *(Foco vai para a platéia. Eurídice olha para a platéia procurando Sebastião. Foco desaparece)* O sexo duro apunhalando o Destino nas costas de Caronte!

(Gênio dança em volta de Eurídice num ritual canibal. As chamas tomam a parte inferior de suas vestes e vão subindo. A energia de "crente" aumenta, o fanatismo também, e Eurídice bate no peito a cada frase de sua oração. Trilha pontua com tambores)

EURÍDICE: Eu creio apenas no que posso ver com meus próprios olhos!
GÊNIO: Devorados olhos que só vêem a face primeira das coisas!
EURÍDICE: Eu creio apenas no que posso tocar com minhas próprias mãos!
GÊNIO: Devoradas mãos que só tocam a pele primeira das coisas!
EURÍDICE: *(No auge do fanatismo religioso e do desespero mortal)* Eu creio apenas em Deus!
GÊNIO: Devoração! *(Gênio vai para a coxia em câmera lenta, levando consigo o fogão, que agora é mostrado para a platéia do outro lado, até agora oculto, ou seja, uma carcaça roída, carbonizada, deteriorada. Eurídice vai caindo de joelhos no centro da roda de fogo, paralisada como uma estátua: imagem de santa devorada pelas chamas)*
GÊNIO: *(Saindo)* E Zeus amarrou Ixião a uma roda de fogo e o condenou a girar com ela por toda a eternidade.

(Acordes flamencos dolorosos. Tambor acentuando a violência das chamas. Fumaça. Eurídice acaba de cair ao chão, paralisada. Sons de flamenco e tambor desaparecem. Ruído de boneca se quebrando. De chamas crepitando. Ruínas)

Gênio sai.

Black-out

(Fim do 1º quadro)

2º ATO

A PEDRA DE SÍSIFO

(Encerando o chão)

(Penumbra. Luz silhueta Eurídice que encera o chão em câmera lentíssima. Expressão embrutecida. Dura. Entra Gênio "carregando" a pedra de Sísifo com esforço sufocante. A pedra é sinalizada por iluminação e efeitos sonoros específicos, que incidem desde a entrada do Gênio. Portanto, cada vez que dissermos "pedra" ou "pedra de Sísifo", estaremos aludindo à luz que sinaliza a mesma)

GÊNIO: *(Entrando com seu fardo)* E Zeus condenou Sísifo a carregar uma pedra até o topo de uma montanha, depois fazê-la rolar montanha abaixo, por toda a eternidade!

(Após concluir seu enunciado, Gênio joga a pedra nas costas de Eurídice. Eurídice reage com dor e espanto ao novo fardo e se curva, numa reação de extremo pesar e desorientação. Após depositar a pedra nas costas de Eurídice, aliviado, Gênio ergue os braços e se encaminha para o patamar. Suas vestes, iluminadas, fazem do gesto de erguer os braços um movimento de asas amplas, ousadas. Círculo de luz que sinaliza a pedra se instala nas costas de Eurídice e com ela se locomove

durante toda a próxima ação. A atriz passa a se arrastar pelo cenário no momento em que a pedra recai sobre seu dorso e animalescamente, com bestial esforço, tenta chegar à janela para falar com a vizinha. Tenta erguer-se para alcançar a janela, etc. Trilha mixa ruídos de pedra com vozes ancestrais, ventania, gemidos, sons de carceragem, grades pesadas se abrindo e fechando, grilhões sendo amarrados, etc.)

EURÍDICE: *(Arrastando-se penosamente na direção da janela)* Clarisse, tá me ouvindo?! Não? Você nunca ouve, mesmo, né? Mas eu falo do mesmo jeito! Menina, você não sabe o que que me aconteceu inda agorinha pouco! Fiquei completamente fora de mim! Como fora de mim? FORA é fora! DENTRO é dentro! Você nunca ficou fora de si! *(Eurídice continua a rastejar em direção à janela, com muita dificuldade, "arrastando" a pedra que trilha e luz pontuam fortemente)* Ai, Clarisse! Cada vez que eu encero o chão é como se carregasse o mundo nas costas!

GÊNIO: Você carrega a pedra de Sísifo!

EURÍDICE: *(Aturdida. Vagamente ouvindo a fala do Gênio como se ouvisse uma fala interior)* Pedra?!... Sísifo! *(Reage à consciência: começa a falar corriqueira e naturalmente. Forçando ao máximo uma espontaneidade que já não tem nesse momento)* Aqui é minha casa. Rua Lopes Melo, 356. Família Alves. Ao seu dispor. Não seja por isso. O prazer é todo meu. Fique à vontade. Como vão as crianças? Bonito dia hoje, não? Prazer. Muito prazer. Eurídice Alves. *(Sempre arrastando-se na direção da janela, ela tenta se erguer com penoso esforço, mas a presença da pedra de Sísifo, sinalizada enfaticamente agora, mais do que nunca, torna inviável o gesto. Trilha comenta a proeza impossível com barulho exagerado de pedra, em contraponto ao peso doloroso de Eurídice e seu rastejar de réptil ferido. Gênio gira em torno dela, em piruetas velozes, como um ciclone, uma nuvem de luz. Coreografia deve enfatizar os pesos – e levezas – destes contraditórios movimentos: um, "para fora", alcançando amplitude e altitude cada vez maiores. Outro, o dela, cada vez mais "para dentro", mineral, soturno, ensimesmado)*

GÊNIO: Você é Eurídice de Orfeu! E aqui é o Reino dos Mortos. A chave da tua sepultura, só o Rei Hades tem!

EURÍDICE: Eu tenho, Clarisse! Eu tenho a cebola que você pediu! Comprei da mendiga louca do farol! *(A esta frase, Eurídice demonstra piedade e muita preocupação)* Ela vende cebolas, às vezes. E às vezes, quando a gente pergunta o preço... ela pergunta o endereço de Deus! *(Pausa)* Não! Eu não sou a mendiga louca do farol!

GÊNIO: Foram as três Erínias que a enlouqueceram! *(Eurídice reage violentamente à informação)*

EURÍDICE: *(Identificando com ódio)* As três Erínias! As Furiosas e Implacáveis Erínias! *(Mergulhando no corriqueiro para escapar à consciência)* Sebastião, aquele Oficial de Justiça veio de novo fazer a cobrança!

GÊNIO: ...Alecto, Tisífone e Megera! *(Eurídice aponta para o telão, que, iluminado, mostra as silhuetas das três Erínias, cobertas por mantos negros, acendendo lentamente suas tochas. Imagem apaga fulminantemente após o olhar e a indicação de Eurídice)* Elas fazem justiça pelas próprias mãos! Clamam por vingança!

EURÍDICE: ...a louca do farol... as cebolas... o Sol...

GÊNIO: ...Em vez de cabelos, têm tranças de serpentes enroladas na cabeça!

EURÍDICE: ...Clarisse!...

GÊNIO: Em vez de olhos, têm lavas odientas de vulcão jorrando das faces!

EURÍDICE: *(Gritando, reagindo à consciência com mais força)* Elas sempre batem à porta para cobrar. *(Histérica, à boca de cena, para a platéia)* Não! Eu não vou abrir esta porta! Eu não devo nada a vocês! Detesto esse tipo de pessoa que entra na casa dos outros sem pedir licença! Ouviram bem?! Licença! Se pede, ainda! *(Desespero e grito)* Não lhes devo nada! Nada! Retirem-se! Vamos, retirem-se! *(Gênio agarra Eurídice pelas costas. Ela esperneia e continua gritando com a platéia)* Rua! Ruaaa! *(Eurídice consegue se desvencilhar de Gênio. Ele ergue uma mão para o alto, determinando* black-out *fulminante. Luz acende imediatamente em Gênio, deixando Eurídice, rastejante, no centro do palco, em franca escuridão. Gênio ergue as asas e fala poderosamente)*

GÊNIO: Não invoque as Erínias! Foi Zeus quem ordenou que você carregasse a pedra de Sísifo cada vez que encera o chão! Cada vez que se ajoelha!

EURÍDICE (EM OFF): *(Eurídice congela de joelhos no centro do palco ao ouvir esta frase de Gênio e durante sua própria frase repetida em off)* Cada vez que se ajoelha. Cada vez que se ajoelha.

(Eurídice descongela e se arrasta na direção de Gênio, pesadamente, esticando as mãos para ele, como quem se afoga num pantanal. Nessa movimentação, que deve ser trabalhada

pela coreografia, Eurídice "luta contra o lodo", enquanto a trilha sonora comenta águas pantanosas sendo cortadas por remos pesados; respirações difíceis; atmosfera de travessia sofrida; afogamento)

A mendiga do farol! *(Pausa)* ...me disse que o Sol é uma cebola. E a Lua é de Alho. *(Pausa)* Alecto, Tisífone e Megera. *(Pausa)* Não! Não! Pelo amor de Deus! Pelo amor de Zeus! Clarisse, toda vez que a gente encera o chão e sente aquela dor filha-da-puta nas costas é a pedra de um condenado que a gente carrega, você sabia? *(Pausa)* Eu sei, Sebastião, eu sei! O Oficial de Justiça com certeza errou de endereço. Quem não deve não teme. *(Ela chega ao patamar. Gênio se agacha e lhe dá as mãos)* Ele errou de endereço. *(Gênio a ajuda a se erguer do "lodaçal". Ela olha para a platéia, pasma)* O endereço de Deus!

(Gênio ergue Eurídice com dificuldade. Já no patamar, ela salva, ele aliviado, abraçam-se fortemente. Trilha enfatiza os comentários de água lodosa, salvamento, remo e barco batendo em margem de rio, respiração de afogados, murmúrios, etc.)

GÊNIO: Meu amor! *(Clima de paixão e ternura entre as personagens, que, como náufragos, se agarram e se reconhecem. Todo o diálogo seguinte transcorrerá dentro de uma coreografia que insinua migração de pássaros: Gênio e Eurídice caminham até o telão inundado por uma luz intensamente verde, misteriosa, instigante e perigosa. A trilha sonora pontua o Rio Aqueronte, com barulhos de aves selvagens, gritos de animais, ruídos de remo batendo contra pedras, etc.)*

(Obs.: Eurídice e Gênio caminham a passos largos e em câmera lentíssima na coreografia da migração dos pássaros)

EURÍDICE: Quem é você, afinal?! E por que veio?!
GÊNIO: Sou emissário do Poeta Orfeu. Vim te acordar.
EURÍDICE: Eu jamais dormi.
GÊNIO: Há um futuro. Lembre-se!
EURÍDICE: Eu recuso este futuro.
GÊNIO: Há uma noite virando dia. Um dia escuro de sangue, virando noite. Vida e morte no mesmo rio. Uma paixão louca, Eurídice!
EURÍDICE: Eu não sinto nada! *(Chegam ao telão e nele esbarram, parando imediatamente a caminhada como se ali houvesse um obstáculo farpado ou coisa assim. O telão se apaga. Gênio pega no queixo de Eurídice, apaixonadamente. Didaticamente)*

GÊNIO: A travessia de volta. O Rio Aqueronte!... *(Pausa)* O barqueiro!
EURÍDICE: *(Lembrando-se. Reagindo com dor)* Caronte, não!!! *(Cessa clima de cordialidade que se estabelecera na narrativa das Erínias, e mesmo antes, na coreografia curta dos pássaros em migração)*
GÊNIO: *(Ironizando com muito ódio. Sarcasmo aumenta na medida em que a fala transcorre. Ao longo desta fala, Eurídice carrega a pedra de um lado para outro, tapando os olhos, desesperadamente, tentando não ouvir. Mas acaba ouvindo e reagindo, com muita mágoa, às ironias de Gênio sobre sua trágica memória)* Caronte, sim! Um barqueiro vulgar como todos os barqueiros! Que se deixou comover pelo canto de um poeta vulgar! E transgrediu as leis de um rio sagrado por causa de uma emoção barata! Sim, foi Caronte quem atravessou Orfeu aos Infernos, onde ele te encontrou, "amada morta"! E onde ele conseguiu a piedade do Rei Hades e te ressuscitou! *(Pausa)* Mas com uma condição! Uma condição! Não olhar para o teu rosto antes de cruzar a zona de luz do maldito rio! E eis que Orfeu, por uma impaciência de amante, desobedece ao Hades! E te olha antes da hora!
EURÍDICE: Chega! Chega!
GÊNIO: E eis que o destino se cumpre: você volta ao Hades, em marcha a ré na barca de Caronte. E ele volta à Trácia, sua terra natal, de onde nunca deveria ter saído! *(Eurídice tenta fugir pela platéia, mas não consegue sair do lugar. Como se se afundasse num pantanal de areias movediças. Gênio continua falando com ódio crescente)*
GÊNIO: E Orfeu inventou o Canto. E com seu Canto fez prosseguir a nave de Argos, que estava paralisada por uma força misteriosa! *(Pausa)* E *Argos* continuou parada. Porque esta "força misteriosa" nada mais era que algum destino antevisto por algum oráculo cego!... Ou seria o medo, hein?! O medo, donzela trágica! O medo, "vosso irmão e companheiro", como tão bem conta nosso poeta! *(Pausa. Mais dor e ironia)* Ou seria, quem sabe, a peste da indiferença?! Essa que faz o mundo andar em marcha a ré?! E transforma o inventor do Canto num poeta menor, que gasta toda sua energia correndo atrás de mulher, enquanto *Argos* – a última nave heróica – encalha feito bosta! Poetinha de bosta!
EURÍDICE: De bosta é Caronte, aquele burocrata!!! Orfeu desafiando a Morte! E ele cumprindo ordens!

(Eurídice demonstra intensa dor sob o peso da pedra, que

lhe arqueia as costas. Congela Gênio olhando, apiedado, para Eurídice)

(Música: acorde flamenco. Guitarra apaixonada de Paco de Lucia.)

EURÍDICE: ...Na barca de Caronte eu sentia uma alegria maior que o mundo! Não via a hora de cruzar aquele rio horrível. E outra vez pisar no claro e firme solo dos vivos, os que ainda têm caminhos sob os pés! *(Pausa)* Eu saboreava sofregamente o gozo que teria, quando Orfeu se deitasse sobre o meu corpo nu e me penetrasse com seu sexo duro como um punhal! Meus seios intumesciam só de pensar! E eu cantava, cantava! *(Pausa. Mágoa)* Caronte cantava comigo, me lembro bem! *(Pausa)* Depois!... o traidor... parou a barca! Gritei! Gritei! E ele começou a voltar para o Hades. Orfeu também gritou! E tangeu a lira! Mas foi tudo em vão, pois Caronte é funcionário público de um reino sem fé! Está a serviço de uma ordem morta! E não conhece a paixão nem o desespero! É o sistema da casa! *(Desespero. Gênio, cada vez mais piedoso, caminha para Eurídice e lhe retira a pedra das costas. Ela sente alívio. Ele coloca a pedra sobre suas próprias costas e caminha na direção da platéia para ali atirar seu fardo. Eurídice corre até Gênio, tentando impedir que ele jogue a pedra ao público. Mas é inútil. Gênio atira a pedra, e trilha caricaturiza seus ruídos rolando "escarpa abaixo". Congela Eurídice à boca de cena, as mãos esticadas na direção do público, tentando reaver a pedra. Já no patamar, Gênio fala, sob imagem congelada de Eurídice)*

GÊNIO: Argos paralisada por uma força misteriosa! *(Eurídice descongela lentamente e, com ódio feroz, se aproxima de Gênio, erguendo um "punhal" nas mãos. O punhal é criado por efeitos de luz e acordes de trilha – Paco de Lucia, talvez – que enfatizam a arma fatídica. Gênio tenta fugir à fúria assassina de Eurídice, mas não consegue, andando sem sair do lugar, como se fosse devorado por um lodaçal movediço. Eurídice e Gênio se confrontam: entreolhar cruel. Eurídice ergue mais e mais a mão onde está o "punhal". Gênio grita, sem som. Há uma luta dançada entre eles. Uma luta de violência mortal: rapidíssima)*

EURÍDICE: Tinha o canto feroz como as ventanias que humilham os homens e destroem as cidades! Canta, meu amor! Canta! *(Eurídice corta as duas asas de Gênio num só golpe. Caem ao chão – por truque cênico – as duas mangas das vestes de Gênio, e ele se curva, dolorido, ferido mortalmente, murcho. Gênio anda, desnorteado, para a coxia direita, esquerda, centro do palco, etc.)*

(Eurídice começa a encerar o chão com as asas de Gênio, em câmera aceleradíssima. E Gênio, em câmera lentíssima, procura um rumo, ora entrando por uma coxia, ora por outra, encostando-se às colunas helênicas, penetrando no telão, caminhando trôpego pelo patamar, muito ferido e sem energia. Há em Gênio uma impotência vital e em Eurídice um deboche maligno. Cineticamente os dois movimentos colidem e se confrontam. Coreografia deve enfatizar esta energia contrária. E trilha sonora deve marcar os momentos de clímax de toda esta ação: o corte das asas; a marcha lerda e ferida de Gênio, desnorteado atrás de um rumo; a aflição de Eurídice, encerando o chão com as asas de Gênio, em câmera acelerada, etc.)

EURÍDICE: Porque me fez voar, se sabia que eu carregava a pedra de Sísifo?!

GÊNIO: Porque eu quis.

EURÍDICE: *Eu* quem?!

GÊNIO: Eu!*Eu!* *(Gênio imita Eurídice no primeiro quadro, fazendo "pelo-sinal")* Eu!*Eu!*

EURÍDICE: "*Eu!*" Ah, ah, ah! Você não passa de uma palavra! Pior: uma sílaba! Uma palavra decepada em sílabas! Ah, ah, ah! Eu! *(Pausa)* Eu!

GÊNIO: A escravidão aleija!

EURÍDICE: Voa, ave maldita, voa!

GÊNIO: *(Tocando o fígado com sofrimento)* Prometeu devorado. *(Pausa)* Devoração!

EURÍDICE: Voa! Alforria Ícaro e Dédalo pelos céus de Creta, que depois o Sol tudo derrete mesmo!

GÊNIO: Supliciada Eurídice...

EURÍDICE: ... *(Cada vez mais enlouquecida de ódio)* O farol! Ícaro! Dédalo! O Sol! A cebola! A mendiga louca! Ah, ah, ah!

GÊNIO: Os supliciados gozam na dor!

EURÍDICE: Voa! Saqueia o Olimpo e invade a casa de Zeus! Traz néctar e ambrosia para nós! AQUI, NESTE CHÃO!!!

GÊNIO: A escravidão cega!

EURÍDICE: *(Rastejando como réptil, em direção à boca de cena, sempre encerando o chão com o esfregão no qual se tornaram as asas de Gênio)* Na barca de Caronte! Virá! *(Gênio tomba morto. Eurídice pisa sobre o cadáver dele. Vitoriosamente, ergue os braços proclamando)* Devorado fígado de Prometeu! *(Pausa)* Derretidas asas do Ícaro! Um Deus maior que Hades vomite o Aqueronte inteiro sobre todas as aves voadoras! Malditos sejam para sempre todos os pássaros e suas orgulhosas asas! Para sempre malditos!

(Trilha sobe no ruído de migração de pássaros e silencia de vez. Abrupto black-out. Gênio desaparece no black-out. Foco mínimo acende fulminantemente em Eurídice após black-out. Foco passeia pelos traços da atriz, parando em seus olhos, onde se lê expressão de banimento, alheamento. Eurídice surge frouxa, oca, depois do black-out. Ela caminha para a platéia, e na boca de cena, pára e meneia a cabeça; barulho seco de latas. Ela meneia novamente, com mais velocidade, o corpo preso ao chão, como se fosse a base de um liquidificador. A cabeça gira mais e mais veloz. Ruído de liquidificador entra e sobe insuportavelmente. A atriz agora é um liquidificador perfeito. Frases corriqueiras mixam-se a ruídos de liquidificador, que vai a BG e desaparece pouco a pouco)

FRASES EM OFF: Mão/ Pé/ Três pagamentos sem acréscimo/ Dona Dicinha, empresta o balde?/ três de coxão mole/ Cebola/ Esmola pelo amor de Deus/ Aquela cor ali/ A mendiga do farol/ Clarisse, cê viu?!/ Pega a bola, Tião/ O fiscal voltou, meu bem/ Quem não deve/ O sono é o prelúdio da morte/ Sócio da *light*/ Uma dor nas costas/ Depois que casar passa.

(Abruptamente pára o barulho do liquidificador. Acende luz geral. Eurídice vai à boca de cena, espontânea, informal, confessando-se à platéia)

EURÍDICE: Quando eu era menina eu tinha uma vontade danada de andar debaixo de chuva. Mas minha mãe dizia: Dicinha, chuva dá gripe. Gripe dá tuberculose. E tuberculose mata! Um dia eu desobedeci minha mãe. E tomei muita, muita chuva! Cheguei em casa encharcada! Eu sabia que ela ia me bater! Sabia que podia morrer de tuberculose! Mas aquela roupa molhada em cima da minha pele era tão gostosa, que eu nem liguei pra surra que ia levar. E pra morte que eu ia morrer.

Black-out.

(Fim do 2º quadro)

3º ATO

O TONEL DAS DANAIDES

(Faxina no armário)

(Escuro. Gênio fala o enunciado da lenda das Danaides)
GÊNIO: E Zeus condenou as Danaides a encherem um tonel sem fundo por toda a eternidade.

(Acende sobre o armário, único objeto de cena presente. O armário é vazado dos dois lados: num deles Gênio deposita lentamente alguns metros de tecido negro de uma peça que está no chão. Do outro lado, Eurídice retira o mesmo pano negro, falando em tom e ritmo naturalistas, como se dali retirasse os objetos que enuncia delirantemente, e não o pano negro que desenrola, em câmera lenta. Coreografia deve enfatizar a contradição entre estes ritmos: o da fala e o da ação)

EURÍDICE: Um extrato de tomate de setenta anos atrás. Da fundação da Cica, quem sabe. O primeiro extrato de tomate da Cica! Elizabeth! Minha primeira boneca! E essa perna? De que boneca é, se não tenho filha mulher e Elizabeth tem as duas? Tiãozinho procurou tanto esse urso! Agora, com dezoito anos! Dezoito livros de história da China. Receita de regime, receita de regime. Luísa Brunet ensina a manter a forma. Jane Fonda ensina a manter a forma. Parapsicologia aplicada ensina a man... Creme pra ruga, pra flacidez, pra joelho seco, pra pau mole, pra queixo duro, pra bunda grande, pra perna curta, pra pescoço seco, pra pele oleosa, pra... espanador. Outro espanador. Ladrilho da primeira reforma, ladrilho da segunda reforma, ai que mau gosto, Sebastião, trenzinho sem roda, roda sem trenzinho, faca sem ponta, ga... *(Corta a frase. Vai falar "galinha sem pé")* Novamente espanador. Outro creme pra celulite. Barba de Papai Noel. Fantasia de pirata. De odalisca. De puta. Puta quem?! *(Eurídice olha o pano enrolado no chão. Expressa desgosto)*

(Gênio descongela e enfrenta Eurídice, que sai da agitação naturalista da cena passada e fica muito tensa, lerda. Gênio fala em tom acusador)

GÊNIO: O tonel sem fundo das Danaides! Teu armário! *(Gênio começa a caminhar para o patamar. E fala de costas para Eurídice)*

(Lentamente Eurídice estende o pano negro até o patamar. Gênio fala o texto sempre de costas. O pano negro cobre todo o patamar como uma passadeira: assim sinaliza o Rio Aqueronte. Clima de brutal agressão de olhares, gestos e tons de voz entre Eurídice e Gênio)

EURÍDICE: Orfeu me ama. Ele vem me salvar!
GÊNIO: Não virá, Eurídice! Está morto, como você!
EURÍDICE: *(Com ódio)* Não te vejo!
GÊNIO: *Não?! Não mesmo?! (Sarcasmo)*
EURÍDICE: *(Igualmente sarcástica)* Não se vê uma idéia!
GÊNIO: Desista! Orfeu está morto e acabou-se a história! Eu só vim aqui para te dar esta notícia.
EURÍDICE: Morto! *(Gargalhada histérica)* Orfeu é eterno! E me ama eternamente! Eternamente também se sabe que Orfeu sempre arranca Eurídice do mundo dos mortos! E isto está escrito desde sempre! Para sempre!
GÊNIO: Para nunca mais!

(Gênio ergue uma cabeça feminina mumificada: um fóssil de cabelos estranhos, ancestral, cheio de pátina e pó [ver foto arquivo autores: Musée de l'homme]. Gênio puxa os cabelos do fóssil num gesto inóspito e ritualístico. Trilha comenta religiosamente, deformando acordes de Bach. Eurídice fica absolutamente enraivecida e em pânico ao ver a cabeça mumificada nas

mãos do antagonista. Há uma luta entre Eurídice e Gênio pela posse da cabeça, luta que se dá na travessia do corredor, por sua vez coberto pelo pano negro recém-estendido por Eurídice na ação anterior. Luz deve criar, nesta luta sobre o rio, auxiliada pela coreografia, uma visão de duelo no pantanal. Trilha pode auxiliar essa composição com ruídos de remo em águas lodosas: alusão ao Aqueronte sendo cortado pelos remos de Caronte)

EURÍDICE: *(Na luta)* Arranca esta lenda amarga de mim!

GÊNIO: É o Destino. Não tenho nada com isso.

EURÍDICE: A culpa é toda dele, que foi impaciente. Eu sei! Mas perdoa! Perdoa mesmo sabendo de quem é a culpa!

GÊNIO: Não estou aqui pra perdoar! Meu trabalho é outro. Outro departamento.

EURÍDICE: Fale com Zeus!

GÊNIO: Fale você com ele. Eu lavo minhas mãos.

EURÍDICE: Mude a história! Estou ordenando!

GÊNIO: Ordenando, ouvi bem?! Ordenando QUEM "Dona Dicinha"??? *(Deboche e raiva)*

EURÍDICE: Eu! Eurídice! Mulher do Poeta Orfeu!

GÊNIO: O inventor do Canto, oh meu Zeus! *(Imitando Orfeu, tangendo uma lira absurda, ficcional. Encolerizado, Gênio começa a andar em câmera lenta, abandonando a luta sobre a passadeira. Gênio enrola a cabeça mumificada nos panos negros, enquanto Eurídice começa a recuar, lentissimamente, numa expressão de total pânico)* Obs.: *O gestual de enrolar a cabeça deve ser rigorosamente feito dentro desta coreografia:* a) *Gênio anda em marcha a ré, cobrindo a cabeça fossilizada com o tecido negro que vai desenrolando da peça no chão;* b) *Eurídice caminha na direção contrária à de Gênio, gritando sem som, repetindo algumas vezes o mesmo grito e o mesmo rito facial de pânico, face ao sepultamento da cabeça)*

EURÍDICE: *(Conseguindo emitir som)* Me dá minha cabeça!

GÊNIO: Tente arrancá-la de mim!

EURÍDICE: Você sabe que eu não posso.

GÊNIO: Muito menos eu.

EURÍDICE: *(Acusadora)* Caronte! Caronte!

GÊNIO: Ao seu inteiro dispor.

EURÍDICE: Piedade! Não quero morrer pela segunda vez!

GÊNIO: Não é você a donzela apaixonada que morreria mil vezes pelo terno amante?! Ohhh!

EURÍDICE: *(Dolorida)* Morri na noite do meu casamento. *(Pausa)* Envenenada por uma serpente. Ela estava ali: enrolada no monte de feno. Na relva. Sei lá! Eu corria pelos bosques, feliz. Naquela noite eu me deitaria com Orfeu. Deixaria de ser virgem para ser a mulher dele. A verdadeira mulher do poeta. E vieram as sombras depois do veneno. Traição! Uma dor desesperada... o sangue apodrecendo... E o rosto dele cada vez mais distante... *(Tendo visões)* O Monte Tênaro?! A gruta da Morte!... *(Gênio arrasta o armário até Eurídice e ali sepulta o fóssil da cabeça. Eurídice baixa sua própria cabeça neste movimento de Gênio, que arrasta o armário lentissimamente, em postura soturna de féretro. Trilha comenta o funeral. Eurídice continua "tendo visões")* Água imunda a desse rio! Para onde me leva, barqueiro? Tome sua esmola! Me deixa ver seu rosto! Vamos! Não se esconda! Não seja cínico! Que álamos roxos são esses?! E que sombras pálidas?! *(Eurídice gira a cabeça como se assistisse e fosse a projeção de uma cena em* travelling *ultra-rápido.* Travelling *onde se vê aquilo que ela narra e que se projeta no telão através de efeitos de luz, bem como de movimentação por trás da cortina. Figuras se sucedem: mulher correndo por um bosque cinzento. Sombras negras se aproximando, terríveis, etc. Trilha comenta o Hades. Gênio leva o armário para a coxia esquerda)*

GÊNIO: *(Apaga o telão)* Muito bem. Nem Eurídice morreu por Orfeu, nem Orfeu morreu por Eurídice. Foi tudo castigo de Zeus. *(Pausa)* Favas contadas: a vida e a morte! Profecias! Missões a cumprir: que banalidade! *(Tédio. Bocejo)*

EURÍDICE: *(Tenta fugir para a coxia onde foi sepultada a cabeça no armário. Gênio a impede, obstruindo a saída com o próprio corpo)* Não conte mais nada, eu te suplico. Pára.

GÊNIO: Parar nossa novela?! Impossível! Vamos ao capítulo onde Orfeu, voltando à Trácia, cerca-se de fiéis. E inventa um culto religioso, onde a alma é uma estrela que deve vagar de vida em vida, de corpo em corpo, até a hora de voltar ao céu, sua pátria de origem. Seu fim e seu começo. Bem! Os incautos acreditam em tudo o que o moço diz. E por falta de coisa melhor, divulgam suas idéias em toda a Grécia. Mas o melhor da história vem agora! *(Suspense)* Plim, plim. Tempo. *Please.* Obrigado. *(Sonorizando)* Pam, pam, pam, pam! *(Eurídice se ajoelha aos pés de Gênio)*

EURÍDICE: Ele falou coisas lindas a seus seguidores!

GÊNIO: Falou também de um futuro decepado feito cebola?!

EURÍDICE: ...Tão belo o meu amor! *(Eurídice foge para a coxia para retomar a cabeça)*

GÊNIO: ...Tão belo que as ninfas bacantes enlouqueceram de tesão. E se atiraram sobre ele. Como o caçador Aristeu se atirou sobre você, na noite das bodas de luto! Ah, ah, ah! Mas que história besta é esta que estou contando? *(Pausa)* As ninfas bacantes o desejaram! Ele não as desejou! Você o desejava! Aristeu te desejava! Conjugação do desejo! Ah, ah, ah! E então?!... Hein?! Que aconteceu depois que as ninfas o desejaram?

EURÍDICE: *(Fora de cena, fazendo enorme ruído com o armário, que arrasta penosamente)* Orfeu as desprezou. Não quis fazer amor com elas! E por vingança elas o deceparam!

(Eurídice sai de cena arrastando o armário sem sair do lugar. Gênio vai até o armário e retira a cabeça fossilizada, desamarrando-a dos panos negros, para aflição crescente de Eurídice)

GÊNIO: Elas o deceparam. *(Congela Eurídice e Gênio onde estiverem. No telão, figuras femininas nuas correm atrás de um homem nu. Repete-se a imagem algumas vezes sob figuras de Gênio e Eurídice congelados)*

EURÍDICE E GÊNIO: *(em off)* Elas o deceparam! Elas o deceparam!

(Volta ação. Em câmera lenta Gênio observa com desprezo a cabeça fossilizada e a recoloca dentro do armário, que por sua vez é reconduzido com dificuldade, como se tivesse um peso insuportável. Eurídice, também em câmera lenta, caminha na direção contrária, movimentando o corpo com fúria e fé crescentes como se súbita consciência e força a possuíssem por inteiro. Gênio reconduz o armário com a cabeça fossilizada para a coxia, em câmera lentíssima)

GÊNIO: ...Depois recolheram seus pedaços à margem do Rio Hebro. Mas nem sua cabeça nem sua lira foram jamais encontradas! *(Rancor e dor)* E *Argos* continuou encalhada, pois só o poeta pode fazê-la andar com seu canto mágico. Mas o poeta se calou para sempre!

EURÍDICE: *(Com energia feroz, Eurídice luta para dar a seu corpo um movimento para a frente, assumindo fisicamente a nave de Argos. Eurídice faz descomunal esforço com os membros, simulando movimentos de embarcação, respiração ofegante, o torso contraído em obstinação vital, fé de herói, de guerreiro. Aqui Eurídice é Jasão. Ela simula amarrar ferros da proa de Argos ao peito; e se atira para a frente, usando o peito como a própria proa da nave)* Largar! Largaaaar! *(Trilha: coro de marujos repete e dobra "Largar". Voz de Jasão, heróica. Ferozmente gri-*

tando "largar". Eurídice adquire cada vez mais ritmo e prossegue, obstinada) Anda! Anda! Anda! *Argos!* Contra todos os mistérios e forças! Canta, Orfeu! *(Gênio olha fascinado para Eurídice nesta* performance *de energia e fé possantes. Luz pontua a silhueta da atriz, que agora, com peito projetado no espaço e cabelos desgrenhados, deverá, pela coreografia, fazer em todo o corpo o gestual da embarcação desencalhando penosamente. Música. Trilha épica. Contagiantemente épica. Eurídice – Jasão: Guerreira e heroína. Loucura sonora cresce. Barulho de águas revoltosas. Maré vazante. Desastre náutico. Vozerio de marujos aumenta. Risadas fortes de homem. Argos se salva! Argos caminha! Prossegue! Pela força de Eurídice! Canto, ao longe, mistura-se a clarinete bélico)* Argooos! Argoos! *(Gritando)* Argoooos! *(Gênio salta de seu ponto e decide impedir a caminhada vitoriosa de Argos. Cessa trilha quando Gênio salta sobre Eurídice, em câmera normal)*

(Eurídice não consegue evitar ou fugir: ele a estrangula cruelmente)

GÊNIO: *(Estrangulando e baixando a cabeça de Eurídice ao chão, com violência)* Decepadas as minhas asas. Decepado o teu Orfeu. *(Gênio chega ao chão com Eurídice já morta. Confirma a morte sacudindo a cabeça que pende, frouxa. Gênio carrega Eurídice delicadamente e a deposita no armário. Depois ergue as duas asas – tecidos das mangas de sua veste que foram cortados na ação do outro quadro – e com elas cobre o "cadáver" da antagonista)*

Gênio esfrega as mãos, num ritual de "missão cumprida" e empurra o armário para a coxia direita: a cabeça de Eurídice fica acoplada à cabeça mumificada [OBS.: *Luz deve pontuar isso*] *e o corpo dela coberto pelos tecidos das "asas" decepadas. Trilha funérea entra e sobe de volume. Gênio empunha o armário com dificuldade, como se ele contivesse – agora – todo o peso do mundo. Gênio olha para trás – para o público – com muita hostilidade, como se a platéia fosse responsável por tantas decepações)*

GÊNIO: *(em* off*) (Enquanto Gênio prossegue com seu armário-esquife)*

O tonel sem fundo das Danaides. *Argos* encalhada. Teu armário infinito. E as bacantes atiraram nossos pedaços ao Rio Hebro!

(Black-out)

(Fim do 3º quadro)

4º ATO

NARCISO

(A identidade em pedaços)

(Acende luz estroboscópica. Objetos caem por trás do telão: cadeiras, eletrodomésticos, colchão, etc. Objetos bem prosaicos. Ruído estrondoso de armário sendo quebrado à marreta. Luz pára e volta, dependendo do clima das falas da personagem. Vozes femininas rudes – comentários de rua. Pânico, curiosidade. Trilha mistura estes barulhos aos de uma sirene. Choro de criança pequena. Murmúrios noturnos, ronco de homem velho. Risadas de mulher enlouquecida. Eurídice sai totalmente desgrenhada da coxia direita, correndo para a coxia esquerda, como se procurasse alguém. Ela termina às pressas de abotoar um roupão bem vulgar, desses de náilon, de cor extravagante, totalmente desorientada e furiosa, corre de um lado para outro, falando com a platéia e com a vizinha)

EURÍDICE: *(Correndo feito louca)* Quebro mesmo! Quebro o armário, o espelho, a tua cara, e a cara dessa vadia, seu filho de uma boa duma puta! *(Para a platéia)* Sebastião estava *(Gesto de ato sexual: grotesco)* comigo, quando me chamou pelo nome de *outra* mulher! *(Pausa)* Não, não de uma outra mulher qualquer! Vocês nem adivinham *quem*! *(Vai chorar)* Mas eu mato!

Eu pego! Eu acabo com vocês todos! Todos! Ahhhhhhhhh! *(Pausa)* Eu não disse o nome "dela"? *(Ódio)* Eu digo. Pronto. Fodida, fodida e meia, truco: *Clarisse! (Pausa. Soletra com ódio crescente)* Cla-ris-se. Minha "melhor amiga". Amiga, é! éééé! Muy amiga, a Clarisse! Clarisse. Aquela que eu falava pela... *(Aponta a janela e começa a chorar exagerando o drama: miúda, corriqueira. Fazendo da platéia um ombro conselheiro)* Aquela! Aquela lá. Aiii. *(Vai de encontro à janela e começa a cutucá-la com uma vassoura)* Abre ou eu arrebento! Quebrei o armário, sim! E o espelho! E a máquina de costura! E dois liquidificadores: um meu e um seu! Mais a cadeira, lógico, por que não a cadeira? Alguma coisa contra? Ah, eu fiz barulho! Coitadinha, acordou? Ficou com olheiras, é?! Judiação! Faz plástica, desgraçada! Ajeita essa pelanca! Tá precisando, sim! E foda-se o teu sono! Quebro o que eu quiser, já disse e tri-disse! *(Para a janela, cúmplice, como um padre)* Pode falar. Fale tudo. É pro seu bem, minha filha *(Pausa. Ela se ajoelha: a postura é de um padre num confessionário, iniciando uma confissão. A janela passa a ser a grade do confessionário) Falorum tudorum filhis de putis! Falorom quibus vostis fudestes maridorum Euridiçorum. Falorum, caralhorum!* Isso é latim, ignorante! Além de adúltera, de cínica, também é de uma ignorância que vou te contar! Ah *(Descobrindo) bucetorum aflitivam estis!* Eu sabia! *Caralhorum donus tendis*, sabia? É meu! Supermeu, sua *vacorum! (Gênio – agora Sebastião – entra pelo canto oposto ao que entrou Eurídice no começo da cena. Ele entra de cueca, colocando às pressas e desajeitadamente um terno cinza completo. Também grotesco, nesse seu momento de "flagrante de adultério", ele corre de um lado para o outro, com uma das pernas das calças ainda por vestir, ajeitando a braguilha, totalmente descordenado)*

SEBASTIÃO: *(Correndo)* Meu amor! Perdão! Foi um ato falho!

EURÍDICE: Vai falar difícil pras tuas putas, seu ordinário! *(Prossegue com a janela. Cutuca mais uma vez com a vassoura. Depois aponta a vassoura para Sebastião)* Eu sempre fui uma boa esposa. Uma boa mãe. Uma ótima dona de casa. Sebastião casou comigo por amor!

SEBASTIÃO: Por amor! Por amor! Juro!

EURÍDICE: ...Digamos que eu tenha me casado com ele pelo mesmo motivo, com duas *atenuantes*: minha mãe me batia muito. E meu pai me obrigava a fazer dez exercícios de equação do segundo grau por dia. É razão mais que suficiente pra uma mulher casar com qualquer Sebastião que lhe apareça, é ou não é? *(Para a platéia)* Mas uma vez casada...

SEBASTIÃO: *(Sempre colocando as roupas, desajeitadamente. Alguma coisa sempre fica por ajeitar nas vestes dele: é hilariante, patético)* Ela era tão bonitinha! Um toucinho defumado! Um chouriço! Um torresmo! Huuuuuum!
EURÍDICE: Grosso! Comilão! Balofo! Ridículo! Ah, eu fingi tanto que o amava, que acabei acreditando! Me lembro de uma poesia, escrita pelo meu professor de português no ginásio: "O poeta é um fingidor. Finge tão completamente, que chega a fingir que é dor, a dor que deveras sente!"
SEBASTIÃO: ...Dor é o que eu sinto no peito por você não acreditar em mim! Eu sempre te amei! *(Melodramático)* A Clarisse é que fica me provocando o dia inteiro com aquele sutiã de rendinhas, pendurada na sacada da janela, fingindo que estende roupa...
EURÍDICE: *(Imitando Clarisse)* "Ai, como esse balde pesa!" *(Deixa os seios à mostra)* "Pega pra mim!"

(Sebastião pega os seios de Eurídice. Ambos simulam ação com Clarisse)

SEBASTIÃO: Pesa mesmo, não é meu anjo?! Uma mulher como você, fazendo servicinho tão banal!
EURÍDICE: "Banal é aquela mulherzinha com quem você casou, Sebastião. Valha-me Deus! Que mau gosto!" *(Imitando Clarisse. Afetadamente)*
SEBASTIÃO: Não fale assim da mãe do meu filho!
EURÍDICE: Mãe do teu filho é a puta que te pariu! Sai pra lá, Judas Iscariotes! *(Pega a vassoura e cutuca a janela)* Mete os peitos, com balde e tudo! METE, se você for mulher!

(Telão: cai um penico. Depois outro. Eurídice e Sebastião param para olhar os penicos)

EURÍDICE: "Escarra nessa boca que te beija." *(Simula escarrar)*
SEBASTIÃO: *(O telão continua iluminado. Mas nada cai no momento. A luz estroboscópica que piscou mais ou menos, e até parou por segundos, incide com mais força nas próximas falas do casal. E depois desaparece dando lugar a uma luz geral fraca)* Se continuar jogando penicos, Clarisse, nunca mais um carinho meu tu terás!

(Trilha: "Only You" deformadíssimo: vira um bolerão)

EURÍDICE: *(Magoada, murcha, exausta da caminhada, senta-se à boca de cena e começa a olhar num espelho ficcional, ajeitando boca e olhos, caricaturizando os gestos, grotesca, prosaica, ensimesmada. Sebastião vem chegando de mansinho, com medo, como se ela fosse um animal que pode voltar a atacar novamente)*

SEBASTIÃO: Oi...

EURÍDICE: Não vem, não!

SEBASTIÃO: A chaleira tá fervendo.

EURÍDICE: Pois desliga, caralho. Não tem mão, não? Tudo eu! Tudo eu!

SEBASTIÃO: *(Delicado)* Eu disse que tá fervendo porque pus um chazinho pra você... Quer? Eu busco!

EURÍDICE: Aceito. *(Ele vai se levantar. Ela agarra o joelho dele)* Não, fica! Foda-se o chá.

SEBASTIÃO: Mas vai pegar fogo na cozinha!

EURÍDICE: Azar! Que incendeie tudo de uma vez! Ohhhhh! Corno miserável!

SEBASTIÃO: Deixa eu ir buscar o chá! Deixa!

EURÍDICE: *(Arregalando os olhos. Louquíssima)* Cê pôs na chaleirinha pequena?

SEBASTIÃO: Hum, hum!

EURÍDICE: *(Mais eufórica)* Aquela que tem um furinho do lado direito?

SEBASTIÃO: Aquela.

EURÍDICE: E acendeu a bocona do meio?

SEBASTIÃO: Todas as bocas do nosso fogão são iguais perante o fogo!

EURÍDICE: Você que pensa. *(Para a platéia)* Homem é de uma ignorância sobre certos assuntos! Mas diga lá. Acendeu bem forte? Hum? Um fogaréu? Ai que maravilha! Quer dizer que daqui a pouco aquilo vai estar que é uma labareda só! Hum, que beleza!!! Tô imaginando! As cebolas, os alhos, tudo fritando no fogo geral da nação! Incêndio! Bombeiro. FOGO NA CASA DE EURÍDICE ALVES! *(Lendo manchetes)* "UM INCÊNDIO, aliás, um SINISTRO SINISTROU A COZINHA DE UMA DAS MAIS DEDICADAS DONAS DE CASA DO BRASIL: Eurídice Alves! A polícia investiga o crime. Tudo indica que foi o próprio marido, o Sr. Sebastião Alves, quem deflagrou o incêndio..."

SEBASTIÃO: *(Soltando-se e correndo para a coxia. Desaparecendo)* Eu vou lá!

EURÍDICE: Que que eu tenho que ela não tem? *(Percebe que errou a frase)* Quer dizer, que que ela tem que eu não tenho?!

SEBASTIÃO: *(em off)* Aiiiiii!

EURÍDICE: *(Entusiasmada. Mórbida)* Queimou tudo! Eu sabia! Não sobrou pedra sobre pedra! Alho sobre alho, cheiro-verde sobre cheiro-verde. Sinto o cheiro de tostado.

SEBASTIÃO: *(Entrando lambendo o dedo)* Queimei meu dedo. Ohhhhh!
EURÍDICE: E o meu chá? Cadê?
SEBASTIÃO: *(Vítima)* Eu aqui, o dedo carbonizado, e você perguntando pelo seu chá! Egoísta! *(Soletrando, pomposamente)* Egocentrada! Auto-referida! Ensimesmada! Narcísica!

(Eurídice age como policial. Com um foco de luz na mão, ilumina abruptamente o rosto de Sebastião, que reage como se estivesse sendo vítima de interrogatório policial. Clima de inquérito volta-se contra Eurídice. A cada resposta, Sebastião joga, também, um foco de luz sobre ela. Na luta dos focos, um é o policial e outro, o interrogado, e vice-versa. O diálogo transcorre entre este jogo de focos, policialesco. E a aproximação cada vez maior das duas personagens. Quando ficam face a face, ambos jogam os fachos de luz sobre a platéia)

EURÍDICE: Mais uma única palavra difícil, e pode escolher: câmara de gás, guilhotina, ou o fogão aqui de casa mesmo!
SEBASTIÃO: Juro me regenerar. Juro!
EURÍDICE: E eu exijo o meu chá. Estou nervosíssima!
SEBASTIÃO: Exigir exijo eu uma explicação: quem paga as perdas e danos causados pela tua histeria?
EURÍDICE: Você, lógico.
SEBASTIÃO: E de onde eu tiro essa grana, se 13º salário tá longe, e mesmo quando tá perto não dá pra merda nenhuma?!
EURÍDICE: Pede pra tua amásia!
SEBASTIÃO: Nunca tive amásia nenhuma, saco!
EURÍDICE: Não?! E de que nome me chamou na hora da nossa santa foda? Carolina de Mônaco? Lady Macbeth? Indira Gandhi?
SEBASTIÃO: Nossa! Que cultura geral! Humilhou! *(Irritado)* Te chamei apenasmente de Clarisse! Pronto!
EURÍDICE: E por que Clarisse, se há muitos anos eu me chamo Eurídice! Eu sei por quê. Eu sei. *(Misteriosa. Melodramática)*
SEBASTIÃO: Simplesmente por causa dos peitos no balde!
EURÍDICE: Peito no balde o cacete! *(Pausa. Muito romantismo velho nessa cena. Eurídice é quase habanera aqui. A esta altura, os dois, quase face a face, jogam luz na platéia. Ela se agacha, melodramática ao extremo, murmurando, como se descobrisse um terrível mistério)* Eu sei por quê! Eu sei! *(Pausa)* Vocês estão tramando o meu fim! E não é de hoje! (Música de bolero sobe de volume. Nova pausa longa. Agora estão face a face, roçando os rostos, agressivos, vulgares. De repente, Sebastião sai*

do gesto conjunto e se distancia do enfrentamento, enquanto Eurídice permanece nele. Sebastião começa a tirar a roupa de Sebastião e pouco a pouco vai se tornando Gênio. À medida que o terno cinzento e todos os adereços de maridão vão caindo ao chão, Gênio se torna mais Gênio, mais alheio ao cotidiano. Luz incide sobre a roupa parda que se avoluma no chão. Roupa de marionete. De rato)

EURÍDICE: *(Sempre congelada. Apenas movendo a boca)* Aonde você vai, Tião?!

GÊNIO: Embora! Vou te deixar na companhia do Outro!

EURÍDICE: Pelo amor de Deus, fica! Não quero esse chato!

GÊNIO: Ele te entende melhor que eu. Adeus. *(Terminando de tirar a última peça de roupa. Pisando sobre ela)* Ele não trepa com vizinhas, porque não é desse mundo!

EURÍDICE: Por isso mesmo prefiro você! Você, meu Sebastião amado. Você, que é DESSE MUNDO! Pão, pão, queijo queijo. Falando sempre aquelas coisas! Ah, que saudade!

(Luz forte sobre as roupas de Sebastião no chão)

SEBASTIÃO: *(em off)* Tá pensando que eu sou o Banco do Brasil?! Tá me achando com cara de otário?!

EURÍDICE: Fica, fica! *(Gênio, irritadíssimo, fala com sua própria voz, Eurídice dubla Gênio na frase seguinte)* Clarisses e Eurídices. Todas são iguais na hora de cortar cebola e moer alho! Ah, ah, ah! *(Vulgar, Eurídice agarra as pernas de Gênio, desesperadamente. E se arrasta até o monte de roupas, abraçando-se a elas)*

GÊNIO: Dorme que teu mal é sono! *(Já inteiramente nu, Gênio coloca rapidamente as vestes de Gênio, mudando de expressão, tornando-se inteiramente alheio àquele cotidiano miúdo. Penumbra. Eurídice ergue-se lentamente, já na personagem de Eurídice Mítica. Gênio começa a caminhar na direção da coxia direita, lentissimamente. Eurídice o segue no mesmo ritmo. E o alcança. Docemente toca o ombro dele. O próximo diálogo é dito nesta caminhada, até este toque, e há um foco de luz sobre cada um, ao passo que os focos que eles têm nas mãos são utilizados para iluminar a platéia aleatoriamente, como se buscassem alguém ali: focos vão para colunas, coxias, telão, etc.)*

EURÍDICE: Cansaço! Dormiria por todas as encarnações, se pudesse!

GÊNIO: Pois acorde, já é tempo!

EURÍDICE: ...Futuro e presente... tanto sangue derramado... No tonel sem fundo das Danaides!

GÊNIO: Todos os tempos são um mesmo tempo. Na luz das estrelas!..

EURÍDICE: Então, você é mesmo um seguidor de Orfeu!

GÊNIO: Um filósofo órfico, às suas ordens.

EURÍDICE: E acredita que eu sou uma alma! E esse corpo nada mais é que uma prisão! Devo vagar de corpo em corpo, de solidão em solidão, até encontrar minha origem e meu fim: o céu.

GÊNIO: Mais ou menos... isso!!! Afinal, você não sabia que eu era eu?

EURÍDICE: Não sabia e não sei até agora. *(Pausa)* Quem é você?

GÊNIO: Apenas um seguidor de Orfeu. Os seguidores não têm nome!

EURÍDICE: E fora seguir... e difundir idéias de um líder... que mais você faz?

GÊNIO: Muitas coisas.

EURÍDICE: *(Adivinhando)* Ah, eu sei quem você é. Você é Ícaro. O das asas queimadas.

GÊNIO: Que tal Prometeu, que fez a raça humana da argila, só para desobedecer ao Olimpo?

EURÍDICE: O que tem o fígado devorado por uma águia imensa?!! Não. Você não tem grandeza para tanto sofrimento. Você é... Narciso... vaidoso, olhando-se num espelho de águas. Morrendo de paixão por si mesmo!

GÊNIO: Ou o corajoso Jasão? O chefe dos Argonautas? Quem sabe?! *(Pausa)* Não. Infelizmente, não sou nada disso! *(Novo confronto entre ambos, só que agora em tom mítico, grandiloqüente)* Sou alguém condenado, como você. Sou bem menos que uma lenda. E bem mais que uma simples palavra. Adivinhe, está quente! Eu não tenho forma. Nem passado nem futuro.

EURÍDICE: *(Sensual, mostrando as pernas)* Você é, pelo menos, macho?!

GÊNIO: Sou Tântalo, o supliciado! o Desejo encarnado: fome e sede eternas! *(Lúbrico)*

EURÍDICE: *(Tentando, mostrando mais)* Então, toque! Mostre o que que rola pelas tuas veias!

GÊNIO: O lodo do Rio Aqueronte. Nada mais! *(Eurídice dá um tapa em Gênio)*

EURÍDICE: Brocha! *(Gênio pega as mãos dela num golpe feroz e torce com violência)*

EURÍDICE: *(Gritando de dor)* Grosso! Você é muito grosso! Pelo menos isso está claro.

GÊNIO: Você me ama? Como amou a Orfeu?

EURÍDICE: Eu nunca amei ninguém a não ser meu marido: Sebastião Alves.
GÊNIO: Então você não amou ninguém! Porque Sebastião Alves nunca existiu!
EURÍDICE: E que mais você faz, além de torcer mulheres covardemente?!
GÊNIO: Eu digo coisas! *(Segurando a mão de Eurídice. Sarcástico e lúbrico)* Digo que todas as mulheres são iguais quando picam cebola e alho. E que todas estão mortas e a morte é sua condenação. E que é preciso impedir que Orfeu seja decepado pelas ninfas bacantes, e que a paixão não pode levar um poeta aos Infernos, porque os poetas nasceram para desencalhar a nave de *Argos*. Eu digo sempre as mesmas coisas. Como uma oração! *(Gênio a abraça. Ela não se esquiva. Gênio acaricia a cintura dela, desejante)*
EURÍDICE: Muita filosofia pro meu gosto! Eu perguntei seu ofício!
GÊNIO: E eu já respondi mil vezes: emissário de Orfeu! Seguidor das idéias dele!
EURÍDICE: E que porra tenho eu a ver com as idéias desse alucinado?! *(Eurídice se encosta sensualmente em Gênio. Depois se esquiva, recuando, arrependida)*
GÊNIO: Nada e tudo. Nada, porque você nasceu para morrer na noite de núpcias, antes de conhecer o gozo, virgem como uma rocha! E tudo, porque com essa sua cara de rocha, conseguiu gerar um amor louco em Orfeu, a ponto de fazê-lo fugir das ninfas bacantes! E ser, por elas, decepado! *(Longa pausa. Silêncio. Após a pausa, Eurídice se curva e tapa os olhos, pois no telão ressurge imagem de Orfeu decepado pelas bacantes. Pedaços do corpo de Orfeu projetam-se contra a tela, do lado de dentro, criando uma seqüência monstruosa de imagens. Eurídice recua, tenta fugir pelas coxias. Espelhos descem do urdimento. Eurídice volta-se e se reflete, horrorizada. E outra vez tenta fugir às imagens, correndo para o proscênio. Uma força misteriosa faz com que ela volte e se reflita lá e cá, e fuja de um espelho para outro, esbarrando neles, numa luta em que participam a trilha sonora e a luz. O telão insiste e repete imagem de Orfeu decepado. Os pedaços dele se projetam contra o telão do lado de dentro. Eurídice recua e se aproxima dos espelhos, fascinada e horrorizada.)*
EURÍDICE: *(Desorientada, girando na luz e nas imagens que se desdobram alucinantemente. A imagem repetitiva dos pedaços de Orfeu atirados contra o telão, juntando-se às imagens dos espelhos, que são enfatizadas pela luz, provocam um clima*

mágico e atordoante. Trilha pontua este giro enlouquecido) E Narciso apaixonou-se por si mesmo, ao ver sua imagem refletida nas águas. E definhou e morreu sozinho como seu próprio... eco! *(Eurídice pára e "morre", murchando membros e cabeça à palavra "eco". Gênio ergue Eurídice num gesto rápido e decidido. Leva-a para o mundo mítico, atravessando seu portal, ou seja, o patamar. Encostado ao telão, que agora apenas reflete o Aqueronte, verde e profundo, Gênio procede à decepação de Eurídice: por um truque cênico, ele "corta" o braço direito da atriz e em seguida retira um idêntico braço de manequim dos panos de suas vestes. Idem com todos os membros, enquanto a atriz vai se tornando um tronco decepado, de costas, por interpretação corporal. Gênio vai amontoando os "pedaços" de Eurídice sobre a parte mais baixa do patamar)*

GÊNIO: *(Durante a decepação)* E para sempre a tua boca devorou a sombra ardente da boca dele. E as mãos dele, decepadas no Hebro, para sempre carregaram um fio do teu cabelo. E o órfão pau dele, decepado no Hebro, para sempre tremeu no tremor do teu último gozo. E o teu sexo, na barca de Caronte, carregou para sempre a cicatriz da ausência do pau dele. *(Pausa longa. Eurídice permanece inteiramente quieta, prostrada, durante a decepação. Baixam do urdimento espelhos estilhaçados, fragmentados, que a cenografia pode providenciar para que sejam o próprio avesso dos espelhos inteiros, que neste caso apenas mudariam de lado. Luz incide sobre os fragmentos dos espelhos e sobre o tronco de Eurídice de costas, bem como sobre os seus "pedaços", amontoados sobre o patamar. Luz especial sobre a cabeça mumificada.)*

Gênio fica algum tempo parado. Depois, decide-se, obstinadamente, com lentidão de ritual. Empurra o cabide com rodinhas – oculto sob o patamar ou a coluna helênica – para bem perto dos "pedaços" de Eurídice.

Serenamente, com precisão, retira a cabeça do patamar numa delicadeza de quem toca uma relíquia. Apaga telão. Penumbra.

A atriz ergue sua própria cabeça – apenas ela –, mantendo o torso inteiramente paralisado. Congela a atriz com a cabeça voltada para a ação de Gênio.

Ele espeta a cabeça no lugar devido, no cabide, e novamente esfrega as mãos num aliviado gesto de missão cumprida. Exausto, senta-se ao lado da atriz, que lentissimamente se ergue e observa, espantada, o cabide com sua cabeça espetada.

Estranhamento. Perplexidade. Congela Gênio sentado, bocejando, entediado. A atriz pega um de seus membros e o espeta no local que deveria ser o do braço. Observa. Não gosta. Mas não entende por que não gosta. Meneia a cabeça. Barulho de latas, forte, entra em BG e vai subindo insuportavelmente.

A atriz troca o membro de lugar. E em câmera normal, aflita, começa a remexer seus pedaços, olhando para eles e para o cabide, para eles e para o cabide. Neste giro rápido e idêntico de cabeça, luz elimina Gênio, e fica só na cabeça da própria atriz, depois black-out *total. Gênio sai de cena na escuridão)*

(Fim do 4º quadro)

5º ATO

O SUPLÍCIO DE TÂNTALO

(O desejo)

(Ação retoma no ponto onde parou o quarto quadro: a atriz remexe em seus pedaços, próxima à boneca composta pelo cabide, o braço errado e a cabeça fossilizada, esta colocada no local devido.

Eurídice começa um ritual perplexo de recompor a boneca: sua identidade neste instante.

Ela espeta membros errados em locais indevidos, depois os retira e recoloca e assim até que a boneca fique pronta, embora monstruosa, estranha, com os membros certos nos locais certos.

Gênio sai de um alçapão atrás da boneca e assusta Eurídice, locomovendo-se como a boneca pelo cenário todo. Inicia-se uma dança entre os dois, com a boneca no meio. Nesta dança há rejeição de Eurídice para com a boneca: identificação e repulsa.

Solidão: Gênio "desaparece" atrás da boneca, e Eurídice o busca ansiosamente.

Depois é a boneca que desaparece, pelo alçapão, para susto de Eurídice, que corre para se abraçar a Gênio. Gênio, furtando-se ao consolo buscado por Eurídice, esconde-se atrás de uma

coluna e também é "devorado" pelo alçapão. Eurídice grita e grita por ele. A boneca torna a surgir pelo alçapão)
EURÍDICE: *(Roda e roda pelo palco, unhando-se toda, animalesca, desejante, ofegante e por fim deita-se no chão, onde sensualmente começa a acariciar o próprio corpo. Sob esta seqüência, vozes de Eurídice e Gênio em off, misturadas a acordes da guitarra de Paco de Lucia. Acordes veementes. Apaixonados.)*

EURÍDICE: *(em* off*)* Nasce, criança sempre adiada! Nasce!
GÊNIO: *(em* off*)* Nasce, sílaba decepada! Fala!
EURÍDICE: *(em* off*)* Emerge do Hebro! Do Estige! Do labirinto de Ícaro e dos olhos cegos de Tirésias!
GÊNIO: *(em* off*)* Assalta a barca de Caronte! Pega o pau de Orfeu e vara com ele a muralha da morte.
EURÍDICE: *(em* off*)* Ou lacra para sempre o tonel das Danaides, ou deixa rolar todo o leite derramado!

(No chão, desejante, bestial e solitária, enquanto acaricia o próprio corpo, Eurídice fala)
EURÍDICE: Onde quer que você esteja. Seja quem for. Eu te quero. Agora. Não mais que agora. *(Gênio vem subindo pelo alçapão lentamente. Ela não o vê)* Eu estava sozinha nessa casa, como estive toda a minha vida. Picava cebola e alho e veio uma voz esquisita, saída de dentro de mim, da minha língua, dos meus nervos, dos meus intestinos, a me dizer que eu não era eu. Que eu era Eurídice, mulher de um tal Orfeu. E que eu estava morta e condenada a me arrastar por este cárcere, de Sebastião em Sebastião, gozando de mentira, rindo de mentira, chorando de mentira, parindo filhos de mentira, até que o poeta me salvasse. E me levasse consigo ao Céu e à luz, como uma estrela leva à outra estrela! E essa voz dizia também que não ia adiantar porra nenhuma este salvamento, porque o Destino – traçado por mãos de implacáveis Deuses – havia de fazer o meu homem olhar para o meu rosto na hora errada, e, como tudo o que é meu, eu o perderia também! E que, como tudo o que é meu, ele seria esquartejado! E que, desavergonhada, como no fundo eu sou, eu... *(Gemendo. Gênio se esconde atrás da boneca. Eurídice se ergue penosamente, e sempre lúbrica, desejante, anda pelo cenário, erguendo a saia, baixando a blusa, mostrando os seios)* ...mostraria a todos o meu tesão insaciável! Ahhhhhhh!
GÊNIO: *(Colocando a cabeça para fora da boneca: misturando sua própria cabeça à cabeça mumificada)* E Zeus condenou Tântalo a sentir fome e sede eternas.

(Eurídice ouve a voz de Gênio. Como uma fêmea animal, persegue-o. Há um corre-corre. Finalmente ela o agarra. Gênio aproxima lentamente sua boca da boca de Eurídice)

GÊNIO: *(em off)* E Zeus mergulhou Tântalo num rio de águas puras até o joelho. Mas quando Tântalo vai beber desta água, a água foge! *(Gênio retira a boca. Eurídice o agarra novamente. Ela encosta seu corpo no corpo dele. Ele se deixa encostar uma vez, mas quando ela vai agudizar sexualmente esta proximidade, ele retira o corpo)*

GÊNIO: *(em off) (Retirando lentamente o corpo)* E Zeus condenou Tântalo a sentir fome por toda a eternidade. E colocou árvores frondosas perto de sua boca. Mas quando Tântalo tenta morder a fruta, ela foge! *(Eurídice tenta agarrá-lo com força, ele escapa)*

EURÍDICE: *(Passando a mão no sexo)* Uma fenda aberta! O instinto!

GÊNIO: *(Sarcástico, fugindo sempre ao assédio sexual)* O fogão? O farol?

EURÍDICE: A cebola? O Sol?

GÊNIO: O alho! A Lua? Ah, ah, ah! Rola o Aqueronte em tuas artérias de lodo!

EURÍDICE: Mas o Destino? Mas o remo?

GÊNIO: *Argos*. Minhas asas. O vício do suplicio.

EURÍDICE: Pedra! Peso do pesadelo! Afunda a barca de Caronte!

GÊNIO: O pau de Orfeu? Órfão pedaço do desespero?! Desejo do desejo! Vem!

(Gênio abraça a boneca. Faz gestos de sexualidade ostensiva com ela. Eurídice, cada vez mais ofegante, observa e se deita no centro do palco. Luz em Eurídice que toca o corpo cada vez mais entesada. Gênio insinua uma dança flamenca sensualíssima com a boneca, segurando-a pela cintura. Abruptamente, Gênio arranca a cabeça da boneca. Pára música. Pára ação de Eurídice, que ergue o torso, atônita. E fica de joelhos.)

Gênio rodeia Eurídice, que apenas move a cabeça. Ele gira a cabeça mumificada na mão)

GÊNIO: *(Rodeando)* A lira? O Destino?

EURÍDICE: A cabeça!!!

GÊNIO: *Argos! Argos!*

EURÍDICE: *(Ele anda com a cabeça na mão, fugindo ao círculo em torno de Eurídice. Ela se arrasta pelo chão, atrás dele)* Travessia infinita. Prometeu?

GÊNIO: *(Tocando o fígado)* Aiii!

EURÍDICE: Infinitas asas de Ícaro! Infinito fígado de Prometeu!
GÊNIO: O fogo! O fogo!
EURÍDICE: A cabeça! A barca de Caronte! Não!
GÊNIO: Sim, sim, Eurídice! O remo! Em marcha! Vamos!
EURÍDICE: Argos! Argos! *(Param ambos. Gênio encaminha-se para o telão lentamente, criando suspense com a cabeça. Pausa longa. Telão acende. Aqueronte outra vez, na textura verde móvel, pantanosa. Paco de Lucia em acordes de violino plangente. Eurídice se ergue e caminha atrás de Gênio, atenta, temerosa. A um sinal dele, ela salta para o outro lado do patamar: para o mundo mítico. Telão apaga. Trilha pára. Gênio e Eurídice riem e riem – sem som. Gênio gira a cabeça na mão, criando força para que o arremesso seja o mais distante possível. Eurídice e Gênio riem muito neste giro da cabeça mumificada, antevendo, com alívio, o momento final de seu arremesso. Gênio arremessa a cabeça com fúria e alegria. Os dois curvam-se de tanto rir. Luz estroboscópica. Ruídos de explosão à caída da cabeça. Depois, escuridão total. Eurídice e Gênio caminham rindo, no meio da escuridão. Luz tênue silhueta a ambos, que tateiam no patamar, na coluna, por todo o cenário, até que esbarram na boneca – esta já sem a cabeça. Gênio chuta o cabide, e ele desaparece por trás da coluna. Mais riso. Barulho de chuva. Eurídice e Gênio abraçam-se, deixando-se "molhar", "esparramando" pingos pelo corpo – Gênio desaparece por trás da coluna, e surge com um vaso chinês. Senta se ao lado do vaso. Molha as mãos: o vaso está cheio d'água. Ele mostra a água a Eurídice, mão espalmada. Fascinada, ela vai até ele. Senta-se ao lado. Ele deposita cuidadosamente um pouco d'água nas mãos dela. Luz incide sobre a água caindo nas mãos de Eurídice. Ela degusta a água na palma da mão. Telão: chuva ininterrupta. Trilha: barulho de chuva forte, aumentando mais e mais. Gênio e Eurídice mexem juntos no vaso chinês. Ele despeja o conteúdo todo na cabeça dela. Molhada, feliz, ela vai se despindo lentamente, caminhando na direção do proscênio)*

EURÍDICE: *(em off)* Em mim a lira e a cabeça perdidas de Orfeu! *(Pausa)*

(Trilha mixa acordes de Paco de Lucia com barulho de chuva. Luz em resistência sobre Gênio, que se despe e se molha, já completamente nu. Ele torna a encher o vaso e a jogá-lo sobre a própria cabeça, rindo sempre: feliz! Apaga completamente luz sobre Gênio, fica apenas um foco de luz em Eurídice, que fala no proscênio, nua, molhada, livre)

EURÍDICE: Aquela roupa molhada na minha pele era tão gostosa, mas tão gostosa, que eu nem liguei pra surra que ia levar. E pra morte que ia morrer.

FIM

III. PREFÁCIOS

PROVA DE FOGO

UM DOCUMENTO EXEMPLAR

Sábato Magaldi

A isenção é uma qualidade mais apreciável no ficcionista do que no crítico. Se o crítico pode submeter o objeto a uma perspectiva pessoal, que altera o valor segundo os seus critérios, o ficcionista vê cada personagem do íntimo dela, revelando sempre suas razões profundas, independentemente de como julgue, na realidade, o seu comportamento. Só é bom ficcionista aquele que consegue apresentar, com igual convicção, adversários inconciliáveis. E é esse mérito extraordinário o primeiro que chama a atenção em *Prova de Fogo*, peça de Consuelo de Castro.

Nem se chega a acreditar que seja a primeira experiência cênica da autora, que teve um êxito merecido com *À Flor da Pele*. Não se vê em *Prova de Fogo* nenhuma indecisão de quem se inicia no diálogo. O texto mostra, além da análise surpreendentemente objetiva dos acontecimentos retratados, a maturidade formal de quem tem a vocação inata do palco.

Como obra feliz, *Prova de Fogo* é uma síntese de todas as virtudes que se requerem da dramaturgia: grandeza do tema e da situação, exemplaridade das personagens, boa arquitetura cênica e eficácia do diálogo. É difícil, aliás, apontar o que mais agrada na peça, tão bem fundidos estão todos os seus elementos.

Em pleno período do movimento estudantil que precedeu a edição do Ato Institucional nº 5, de 13 de dezembro de 1968, Consuelo foi capaz de fixar, com espantosa clarividência, todos os lances da ocupação de uma faculdade pelos alunos. Um raro poder de síntese traz à cena os mais variados problemas, sem que eles se tornem superficiais ou pareçam meramente exemplificativos de reações de laboratório. Aí se acompanha o estudante na relação com o mundo, com a sua coletividade e consigo mesmo. Alinham-se, com absoluta nitidez, os mais controvertidos temperamentos, que definem as diferentes facções em que se dividiu a luta política.

Consuelo não sucumbiu à tentação de exprimir uma visão idealizada ou demagógica do estudante. Ao contrário, ele aparece em sua complexidade humana, que não omite as paixões, os ressentimentos, as mágoas, muitas vezes turvadores da pureza do impulso político. O "golpe" no líder Zé Freitas, explicado pelos adversários como discordância de sua tática "revisionista", se mistura a uma forte dose de vontade de ferir e se vingar, o que encorpa de seiva humana as motivações e os conflitos. Cada personagem está exposta na sua desnuda humanidade.

Sem preocupação de encontrar tipos representativos de temperamentos diversos, Consuelo movimenta uma extensa galeria de caracteres, que refletem com clareza todas as posições estudantis. O microcosmo cênico está permanentemente relacionado com o macrocosmo social, alimentando-se dele e ao mesmo tempo influindo em sua fisionomia. Por meio dos estudantes e de seu contato com o exterior tem-se um amplo painel do Brasil agitado de 1968.

Como a matéria era rica e de difícil resumo, Consuelo precisaria dominar como dramaturgo experiente a tarefa de distribuição dos episódios, e o que surge é uma estrutura equilibrada, num crescendo de insuportável dramaticidade até o desfecho. E o diálogo é sempre incisivo, cortante, feito de frases com freqüência lapidares.

A força incômoda de *Prova de Fogo* está em que provocou, mesmo sem ser levada à cena, as mais apaixonadas polêmicas. Estudantes acharam que a autora os havia traído, pintando-os em sua verdade. E a Censura interditou a peça por julgar que ela "contraria dispositivos do artigo 41, letras D e G do Decreto nº 20.493, de 24 de janeiro de 1946", os quais estabelecem:

"Art. 41. Será negada a autorização sempre que a representação, exibição ou transmissão radiotelefônica:

....

d) for capaz de provocar incitamento contra o regime vigente, a ordem pública, as autoridades e seus agentes;

....

g) ferir, por qualquer forma, a dignidade ou o interesse nacional".

Está claro que *Prova de Fogo* não trai os estudantes nem deve ser capitulada nos dispositivos que a Censura invocou. Compreende-se que a exaltação de ânimos do momento da luta tenha provocado o repúdio ao texto, de ambos os lados. A Censura evitou que se discutisse em público, num instante em que as feridas ainda estavam abertas, um tema tão caloroso. Mas agora, a distância de alguns anos, não há mais motivos para receios de qualquer natureza. Encontram-se na peça os motivos mais nobres do movimento estudantil, bem como não houve a intenção de subverter valores. Consuelo apenas retratou, com absoluta imparcialidade, uma situação que dizia respeito a todos.

E, a esse título, *Prova de Fogo* é um dos mais verdadeiros e importantes documentos do país. Quem deseja entender, no futuro, o que se passou no Brasil, de 1964 a 1968, precisará tomar conhecimento da peça. E ela não ilumina apenas um período, mas todo um processo. Deve ser encarada, portanto, como uma das obras que trouxeram uma contribuição efetiva à dramaturgia brasileira.

1973

AS PROVAS DE FOGO
Décio de Almeida Prado

Prova de Fogo confronta-nos com uma época próxima e remota: 1968. Os estudantes do mundo inteiro, unindo-se, como se constituíssem uma só classe política, julgaram poder destruir, nessa ordem, a estrutura da universidade, do sistema capitalista e da moral burguesa. Através de um esforço heróico e concentrado iriam realizar em poucos meses o que dezenas de gerações revolucionárias, desde 1789, não haviam conseguido: implantar a liberdade (sobretudo a sexual), a igualdade (sobretudo a econômica) e a fraternidade (sobretudo a dos jovens).

Consuelo de Castro mostra-nos apenas uma trincheira dessa vasta sublevação: um microcosmo que talvez reflita algo maior. A parte propriamente política é simples: a eterna divisão entre direita e esquerda, que se renova dentro de cada partido ou facção, o perpétuo conflito entre realistas e visionários, entre os que, como Zé Freitas, mesmo com uma granada na mão, desejam negociar, obedecer às regras do jogo político, que comporta obrigatoriamente um adversário com o qual se pode parlamentar, em especial nas situações de inferioridade, e os heróis, os desesperados, os puritanos da ação revolucionária, os de tendências já francamente autodestrutivas, como Júlia e Cebolinha.

Em torno dessas posições, dessas opções vitais – entregar-se ou resistir até a morte –, tece-se a trama das paixões adolescentes, das relações que nem por serem ostensivamente sexuais deixam de conter um inesperado conteúdo afetivo, prendendo mais do que se pretendia a princípio. A sonhada liberdade parece favorecer antes o homem do que a mulher, como se a entrega continuasse a ser uma posse, uma vitória do macho sobre a fêmea. Terminado o *brief encounter*, realizado liricamente sobre os telhados, como os gatos, ou em desertas salas de congregação, sob os olhos horrorizados dos catedráticos cujos retratos austeros pendem das paredes, resta, para ele, as lembranças agradáveis, a satisfação da conquista, a contínua disponibilidade; para ela, não raro, um vago sentimento de frustração, um apego que não ousa se chamar sentimental, quando não a carga de um filho indesejado.

O entrelaçamento desses dois planos, o afetivo e o político, o individual e o coletivo, o burguês e o revolucionário, dá à peça um caráter de tragicomédia que ela desenvolve consciente e exemplarmente, indo, com igual firmeza, da tensão dramática à distensão farsesca. O final é patético. A juventude rende-se não só ao inimigo, à polícia, à ameaça de tortura, à reação da sociedade apavorada, como às fraquezas que estavam, sem que eles pressentissem, dentro de cada um: a insegurança, o medo, a imaturidade, um resto persistente de ingenuidade infantil. São adolescentes chamados cedo demais às responsabilidades da política, revolucionários que brincam com a revolução um pouco como se brincassem de mocinho e bandido, admirando-se indevidamente quando a morte se aproxima para cobrar a sua porção. "Le jeu de l'amour et de la mort", como escreveu Romain Rolland, a propósito de outra "prova de fogo", de proporções infinitamente mais amplas do que esta.

É a mocidade, no que tem ainda de irresponsável – porque a perspectiva da peça é dura, é crítica, é implacável –, mas também com a sua generosidade, a sua inesgotável reserva de humor, mesmo em face do perigo, o seu enorme senso de solidariedade, fazendo-nos sentir vergonha da nossa estreita sensatez de adultos. A cena da mãe de Zé Freitas, proclamando, com a sabedoria do cansaço, que "o mundo nunca foi diferente", que "o mundo nunca vai mudar", enche o nosso coração de tristeza, por sua mescla de experiência e desesperança. Será essa morna resignação, no fim de contas, a súmula moral que temos a ofertar, como resposta, à indagação dos jovens? A razão estará mais ao lado de Zé Freitas, com a sua forte consciência crítica, que, como toda consciência excessiva (provou-o Shakespeare através de Hamlet), tende freqüentemente ao recuo, à acomodação, do que com Cebolinha, preferindo antes morrer que se integrar à vida vazia dos pais endinheirados e das mães amorosamente estúpidas?

Prova de Fogo não é a resposta. Não pleiteia nada, nem contra, nem a favor de ninguém. É testemunho, com todas as qualidades de um bom testemunho: honestidade, boa-fé, objetividade. O que Consuelo de Castro viu, soube transmitir, com emoção, ironia, distanciamento e imaginação dramática.

1976

PROVA DE FOGO: DA MEMÓRIA
Carlos Guilherme Mota

Como transitar da ficção à história, e fazer o caminho de volta sem perder o rumo, eis a lição de Consuelo.

Hoje, cicatrizando feridas, perguntamo-nos do sentido do processo (e ele existe), do significado da radicalização dos últimos seis ou sete anos – e desconfiamos. Que a tomada da Faculdade de Filosofia, pretexto do texto de Consuelo, significou um momento crucial, um marco histórico no processo histórico-cultural das últimas décadas, não padece dúvida. Mais difícil será descobrir se correspondeu a – apenas – uma radicalização da pequena burguesia. Algumas formas de expressão não foram revolucionárias – foram, antes, manifestações de exasperação em face da mediocridade reinante e em face da compressão político-cultural que se avizinhava. Mas teriam sido, todas, o resultado da exasperação pequeno-burguesa? Não creio. A preocupação em "domar" o processo, visível num Zé Freitas, preocupação que se sobrepõe à sinuosidade resultante das forças e opiniões em conflito, parece sugerir que, à época, houve muita lucidez e algum rompimento real.

O texto de Consuelo surge, passado tão pouco (e tanto) tempo, muito lúcido e distanciado. Lendo *Prova de Fogo*, pode-se verificar agora que a própria noção de *processo* era viva, e não uma idéia retórico-acadêmica. As salas de aula, o salão da Congregação que vetusta e nobremente assistiram a tantas defesas de tese, a tantas lutas acadêmicas sobre noções como processo, sistema, estrutura, conflito, foram surpreendidos *pelo próprio processo* histórico – em que se radicalizaram os filhos da pequena burguesia. Reprimidos, aliás, pelos seus filhos, porém uniformizados.

– "A classe média é que é dramática. Um drama!", exclamava Cebolinha. Com o que estava de acordo o seu antagonista, o líder Zé Freitas, num dos raros momentos, de resto, de concordância entre os dois líderes radicais da ocupação da "Maria Antônia".

– "A pequena burguesia tem que se estourar. Tem que se entubar.

Eta classe besta, meu Deus! Não tem refinamento para ser alta burguesia, nem sofrimento para ser proletariado. Ela vai se estourar de verde e amarelo."

Vamos fechando o ciclo em que se produziram tantas e tantas revisões radicais e surgiram não poucos impasses teóricos e práticos. Reinstaura-se a noção de processo – diminuem as reflexões, que desembocavam na idéia de descontinuidade. Diga-se, de passagem, que as teorias que valorizavam as "descontinuidades" do processo histórico, e tantas vezes se projetaram em concepções de teatro aqui, área dependente, nada mais eram que o disfarce sob o qual se apresentava a impotência política em face da própria história presente. História mais sofrida que vivida.

A pressão do processo histórico parece recolocar agora a necessidade de se recapturar, num passado não muito distante, textos como os de Consuelo de Castro para a própria fabricação da consciência histórica. Por essa razão (e o termo *razão* é bastante forte), *Prova de Fogo* provoca um "voltar atrás" e um "ir adiante" dentro de nós mesmos. Mais que uma homenagem aos que pensaram e pensam, uma homenagem aos que agiram e agem, um gesto de amor e de coragem para os que chegam agora e sentem-se áridos e solitários. Solitários porque sem passado.

1974

À FLOR DA PELE

UMA AUTODESTRUIÇÃO DESESPERADAMENTE LÚCIDA

Mario Schenberg

Consuelo de Castro surge como uma das personalidades marcantes da nova geração literária. Tornou-se mais conhecida depois do sucesso de sua segunda peça *À Flor da Pele*, sem que a primeira, *Prova de Fogo*, tenha sido levada até agora. Contudo a sua obra poética data de vários anos. Foi uma poetisa precoce. Publicou o seu primeiro livro *A Última Greve* há uns sete anos, bem antes dos seus vinte.

A Última Greve não despertou ainda a atenção que merecia, talvez pela originalidade das suas intuições, que ainda não haviam florescido plenamente. Contudo em certas páginas de *A Última Greve* já se fazem ouvir algumas das notas abismais das suas obras seguintes.

Consuelo nos faz partilhar da sua experiência vivencial tão desbordante. Não comunica idéias apenas, transmite a intensidade e a eternidade do aqui e do agora, vividos sem contenção numa entrega total. É bem da geração do agora, a *now generation*, que trouxe um vendaval purificador para um mundo atolado na ideologia tecnocrática da sociedade de consumo, dando uma nova esperança a um Ocidente de valores culturais esgotados.

Sem o fazer voluntária e pesadamente, Consuelo vai levantando aqui e ali, na comunicação das suas vivências, muitos dos grandes e novos temas universais da nossa época, tão fascinante na sua mistura caótica de uma agonia de civilização com o despertar de uma nova era. Penetram como dardos incandescentes nas consciências e nas sensibilidades entorpecidas, despertando ressonâncias obscuras e despedaçando o invólucro da semente.

As duas peças de Consuelo nasceram da sua participação apaixonada na explosão de 1968. Ano terrível e incomparável em que explodiu mundialmente a crise da nova geração, silenciosamente gerada desde o começo da década. Em *Prova de Fogo*, revivem as discussões apaixonadas e a grande esperança dos jovens estudantes procurando descobrir a essência do futuro, as ilusões sobre a linearidade da história e as suas iluminações fundamentais. A peça é um depoimento básico sobre o reflexo, no Brasil, de um dos momentos mais cruciais da nossa época, na sua amálgama de visão profética e de reconhecimento das duras condições da conjuntura momentânea.

À Flor da Pele vive o clima de desencanto e desespero que caracterizou o refluxo da explosão de esperança de 1968. Revela o começo de uma compreensão mais profunda das tremendas dificuldades do mundo contemporâneo, quando a civilização ocidental, na profundidade da sua crise, vai duvidando da sua capacidade de abrir um caminho para sínteses mais altas e verdadeiramente novas, livres de envolvimentos com um passado glorioso mas já fantasmal.

Verônica, a heroína de *À Flor da Pele*, se suicida, numa autodestruição desesperadamente lúcida, ao se convencer de que ela também estava profundamente contaminada pela decadência do mundo que pretendia destruir.

A gravidade dos problemas tão dramaticamente revividos em *À Flor da Pele* continua a mesma de 1969. Ocorreram porém fatos novos em 1970 que vieram mostrar que, se eram tremendas as dificuldades, também as forças que se erguiam para superá-las cresciam num ritmo vertiginoso. A histórica vitória obtida pelas forças pacifistas nos Estados Unidos durante a invasão do Camboja, sob a liderança dos estudantes e intelectuais, consolidada pela sua posterior vitória eleitoral alterou substancialmente o panorama mundial.

Em 1969 o teatro brasileiro teve um êxito surpreendente com o lançamento de várias peças de grande mérito de autores muito jovens, em que duas personagens dialogavam. Nelas duas personagens revelam os problemas mais profundos da nova geração: o seu descontentamento visceral, a sua perplexidade ante alguns dilemas de um mundo complexo e desumano e sobretudo a sua grande lucidez.

À Flor da Pele, de Consuelo de Castro, foi uma delas, se bem que numa posição um tanto diferente. *O Assalto* de José

Vicente, *Fala Baixo, Senão Eu Grito* de Leilah Assunção, *O Cão Siamês* de Antonio Bivar e *As Moças* de Isabel Câmara se relacionam com a peça pioneira de Plínio Marcos, *Dois Perdidos na Noite Suja* e também com a clássica *Zoo Story* de Albee, com a sua ênfase na situação existencial de hoje. *À Flor da Pele* aborda, mais deliberadamente, os grandes problemas históricos mundiais, focalizando o ambiente dos estudantes, intelectuais e artistas, um dos mais nevrálgicos de toda a estrutura social contemporânea.

A problemática de *À Flor da Pele* vai paulatinamente interessando setores mais amplos do público brasileiro. Daí provavelmente o sucesso maior da reprise em 1970. As peças de Consuelo de Castro são pioneiras de um novo tipo de teatro brasileiro, voltado para os estudantes e os intelectuais jovens, setores sociais de influência rapidamente crescente em todo o mundo. Isso se deve tanto ao aumento tremendo do número de estudantes e intelectuais nos últimos anos, como também à natureza nova da situação histórica do Ocidente. Atualmente os problemas fundamentais de valores da cultura ocidental estão no centro de todas as questões humanas, sociais e políticas, dando uma importância bem maior à intelectualidade jovem e aos estudantes. Eles são os grupos sociais mais ativos na elaboração dos novos valores e que sentem mais dramaticamente a crise dos antigos.

Verônica é uma personagem trágica de extraordinária vitalidade e profunda verdade. Além de estudante e artista, Verônica é de família burguesa rica, habituada a todos os confortos e requintes permitidos pela civilização tecnológica de hoje. Como intelectual e grande burguesa, está numa situação privilegiada para sentir com maior intensidade o esvaziamento das motivações existenciais decorrente da exaustão dos valores tradicionais da cultura ocidental. É, porém, como mulher, que o drama de Verônica atinge talvez a maior pungência, atingida pela crise da família e pelas sobrevivências de um patriarcalismo arcaico.

Consuelo teve a capacidade de criar com Verônica um tipo novo de personagem trágica, ligada à decadência do patriarcalismo e da cultura ocidental. Verônica tentou todos os caminhos. Quando chegou talvez a vislumbrar a face do futuro, sentiu que não poderia alcançar a Terra Prometida, na sua impregnação pelos valores mortos. Faltou-lhe a vitalidade para se libertar deles e nem conseguiu ser mãe. Só lhe restou o caminho da morte, num sacrifício propiciatório.

Verônica tem a grandiosidade enigmática de um símbolo

autêntico, com as inúmeras interpretações logicamente discrepantes e todas verdadeiras. Sobretudo o seu suicídio: sacrifício propiciatório, autopunição implacável e também castigo do anjo exterminador por voltar os olhos para Sodoma e Gomorra em destruição, qual mulher de Lot.

Verônica foi a grande criação trágica de Consuelo, mas Marcelo representa talvez o seu maior sucesso de penetração psicológica.

Marcelo é uma personagem multifuncional construída com incrível engenhosidade. Consuelo o montou deliberadamente como um robô desprovido de existência humana, numa sátira feroz do patriarcalismo, da pseudo-intelectualidade apegada aos valores mortos e do fetichismo pela "produção" sem sentido: o grande ídolo da decadência do Ocidente.

Consuelo teve uma bela intuição psicológica arquetipal com Marcelo, que é a projeção do *animus* de Verônica, a parte masculina da sua psique no sentido junguiano. Por isso o amava, apesar de desprezá-lo. A parte masculina da sua psique era mais primária e correspondia aos seus valores burgueses e patriarcais inconscientes, que apesar de tudo a mantinham. Quando adquiriu a consciência clara e enojada da sua contaminação burguesa profunda, perdeu o amor por Marcelo.

Verônica precisava de Marcelo para confirmar os seus valores básicos inconscientes. Marcelo simboliza o pseudo-intelectual, sem capacidade criadora, que não percebe a identidade de cultura e criatividade. Ele não sabia que as velhas palavras deviam receber continuamente conteúdos novos, para terem algum sentido e adquirirem vitalidade. Acreditava que os mortos pudessem guiar os vivos, em vez de serem ressuscitados pelos vivos.

Verônica compreendia que uma vida humana é uma existência dotada de um sentido continuamente criado pelo homem. O grande "trabalho" do homem é a criação desse sentido: a própria criação da sua "humanidade". Só nessa forma é que o "trabalho" se torna a essência do homem. Marcelo simboliza a vida subumana, que Verônica repudiou com o seu suicídio.

À FLOR DA PELE (1971)
Antonio Candido

Sempre tive certa incapacidade de ler um texto de literatura dramática de maneira a conceber o seu desdobramento em cena. Sendo assim, para mim o efeito da leitura depende das qualidades propriamente literárias, desde a fatura com que o autor constrói o desenvolvimento até o recado final, que é a mensagem. Indo ao teatro, muitas vezes fico surpreso com a diferença entre o que li e o que estou vendo. Ou, pelo contrário, me surpreende a distância entre o que vi e o que leio depois. Nesta peça de Consuelo de Castro, no entanto, sinto uma adesão total entre texto e espetáculo, entre aquilo que vi faz tantos anos e o que agora pude ler.

Em 1969 assisti à representação de *À Flor da Pele* no Teatro Paiol. Gostei tanto que voltei e assisti de novo, porque desejava refazer a experiência daquele choque dramático intenso, que mantinha o público num ritmo ofegante de catástrofe. Esta parecia ir ficando apenas na própria sucessão das réplicas, porque ir mais longe era difícil; mas de repente surgia mesmo, sob a forma convencional e no entanto lógica do desfecho sangrento, ao gosto romântico. Uma coragem indiscutível, esta de trazer para um texto modernamente anticonvencional o punhal suicida dos dramalhões. Mas ele calhava bem, como se fosse a presença imortal do desespero sem remédio, rolando por cima das épocas à guisa de solução única para tantas circunstâncias onde a angústia bloqueia o ser. A concatenação feroz das deixas agressivas durante toda a peça, ligada aos problemas da mocidade contemporânea, desfechava numa solução imemorial. Com isso, Consuelo de Castro parecia plantar a peça no subsolo onde fermentam os arquétipos.

Naquela altura eu quase nada sabia da autora. Só que era muito moça, cheia de talento, e participava da inquieta república de que a faculdade da Rua Maria Antônia era um dos centros de irradiação. Agora, a leitura do texto me levou a refazer a experiência, porque o passar do tempo atenuou o efeito da encenação e certos pormenores do entrecho tinham sumido da memória. Mas o que revivi como leitor confirmou a impressão remota de dilaceramento e poder.

Talvez o que me prenda mais em *À Flor da Pele* seja a capacidade de fazer sentir o ar geral do tempo num contexto estritamente pessoal. A capacidade de fazer sentir o que era comum a toda uma geração, mas expresso no plano irredutível do que há de mais individual em cada um. O professor maduro e a aluna juvenil formam um par doloroso, irremediável, porque a diferença de idade estabelece uma contradição entre o moço que joga tudo e o adulto que mistura insensivelmente com a paixão os sedativos do respeito humano. A mocinha acredita no fundo que o impossível é viável, enquanto o mais velho pressente que a essência do eterno é o efêmero.

Nessa moldura cheia de possibilidades dramáticas, Consuelo de Castro desenha o conflito como condição das relações, das quais ele é ao mesmo tempo a maldição e o combustível. Uma certa fatalidade parece condenar os protagonistas à destruição recíproca, que é a lei do seu entendimento apaixonado e precário – opondo o partido político organizado à aventura anarcóide das rebeliões; opondo a casa ilegal ao "lar", o pijama listado de marido ao pijama sem listas de amante. A mocinha que transborda de afeto se equilibra penosamente como síntese impossível da esposa do professor (mais velha do que ela) e de sua filha (mais moça do que ela). Sobrevoando tudo, uma Nêmesis invisível e implacável.

Essa Nêmesis é complicada. À primeira vista, parece representar apenas o que um verso admirável de Mário de Andrade chama "o trágico fulgor das incompatibilidades humanas".

Mas não é só, porque há também a força implícita do tempo, da época. A peça pressupõe o esforço feito pelos jovens, em torno de 1968, para jogar fora os tabus, que no entanto voltam e cobram. Nela perpassa um ar de esperança na liberdade infinita, que embalou a mocidade e a fez arriscar-se tanto, aceitando um sofrimento graças ao qual pôde abrir estradas com a mesma energia angustiada que anima a heroína desta peça. Ela pertence à mesma estirpe que transformou em arma de luta o fastio com as normas familiares, a impaciência com a disciplina escolar, o ódio das amarras que limitam o afeto. É notável neste texto a presença constante da mentalidade de época, do influxo daquilo que outro verso, este de Carlos Drummond de Andrade, qualifica de "tempo de arrebentação".

Em *À Flor da Pele*, as incompatibilidades humanas são vistas à luz de um momento que estilhaçou tudo. A sensibilidade com que Consuelo de Castro soube ligar de maneira muito sutil essas duas vertentes faz da peça um sinal de tempos dilacerantes, vividos em ritmo de tragédia moderna, na qual as personagens, antes nobres, são agora dois pobres amantes sem linha, e em vez de versos medidos jorra o diálogo trepidante, irregular, cujas deixas parecem estiletes furando o corpo do interlocutor. Quase vinte anos depois, continua intacta e eficiente a força desta autora cheia de engenho e generosidade, cujo texto sugere que as relações humanas são um jogo tão difícil, que a morte pode estar sempre rondando, como possibilidade final.

1988

CAMINHO DE VOLTA

UM CAVALO ESTRAÇALHADO NA HÍPICA
Fernando Peixoto

I

Men at work – mas não são operários perfurando as ruas ou construindo edifícios: *Caminho de Volta* mostra a classe média, degradada e vendida, lutando pela sobrevivência, vítima não apenas do mercado de trabalho imposto pela sociedade capitalista, mas também de uma máquina impiedosa, imposta pela desenfreada necessidade de divulgar produtos supérfluos, moldar consciências e criar necessidades falsas – o mercado de consumo. Consuelo de Castro desnuda implacavelmente o mundo prostituído das agências de publicidade, um inferno dentro do sistema, o grande bordel da capacidade criativa do homem. O túmulo onde enterra sua potência intelectual, colocando-se a serviço da mentira e entregando ao Capital o mais valioso de seus bens, justamente aquele que o transformou de ser animal em ser humano: a inteligência, a capacidade de pensar. Quer tenham escolhido conscientemente esta profissão, ou nela tenham sido envolvidos pela ingenuidade, enfrentam todos uma crise existencial que deforma seus valores e comportamentos. Vivem um estado de permanente neurose não somente os empregados mas também o patrão. Este último é um capitalista bom e íntegro (na aparência), tem uma esposa aos cuidados de um psicanalista e o filho entregue ao ácido lisérgico (o que, em última análise, tem a mesma origem e, em certo sentido, o mesmo nível mistificador de compensação para o vazio de suas existências inúteis): mas num momento de incontrolável fúria, desvelou sua verdadeira natureza oculta, seu monstro cotidianamente reprimido – estraçalhou, na Hípica, com uma navalha, um cavalo doente.

II

Uma personagem afirma que o mundo está dividido entre os hipnotizados e os que hipnotizam. Nesta perspectiva fez sua opção, assumindo a segunda classe. Frustrada em sua vida privada e profissional, enfrenta a dupla crise: desquite (há muito tempo não dorme com a mulher e dedica-se a um amor mais próximo do animal: o sexo grupal) e incapacidade de trabalho criativo ("Esse cara tá com câncer no raciocínio", afirma o patrão). Mas dentro da crise, Nildo, um pobre coitado que chora para não ser despedido, tem momentos de revolta autêntica: tem consciência de que lida diariamente com a inconsciência das pessoas, que os sentimentos foram inventados pelo cinema, pela televisão e pela propaganda, afirma que a alma é um conjunto de temas impostos pelos meios de comunicação, os sentimentos, *idem*, e a pessoa humana ("existe diferença entre uma pessoa e uma coisa?") não passa de uma criação dos temas impostos pelo mercado de consumo: hoje o sistema existe para incentivar o sonho "já que a realidade é um defunto fedido". Mas é um homem, que, ao contrário de Cabecinha, nunca abandonará a engrenagem, da qual faz parte, apesar de vociferar contra o capitalismo: "Não é lindo você depender dos clientes e os clientes dependerem do povo e o povo de ninguém?" É efetivamente Cabecinha, que passa a peça anunciando sua vontade de sair da agência (às vezes para ir morar em Londres, outras para simplesmente mudar de agência...), que num momento de desespero (que nem as personagens nem certamente o público poderão acreditar que vai durar muito tempo) faz um *drop-out*: acusa a tudo e a todos e pula o muro da vergonha, justamente no momento em que a falência da agência foi evitada, deixando seus ex-colegas (patrão e empregados mais uma vez unidos no mesmo barco). Existem ainda duas personagens: a menos importante, um cursilhista que tem fé em Deus e no dinheiro, e a principal: Marisa, cuja trajetória (da Penha, filha de um operário de tecelagem, à chefe de departamento de criação da agência, passando pela primeira relação sexual, pela ingenuidade e pureza da juventude para a experiência da vida real, conservando ainda o sonho de um casamento com aliança, ao mesmo tempo em que posa para fotos com uma roupa transparente e "sacrifica-se" para o bem da agência, encontrando-se com o homem-chave da Tecelagem Universal, ou seja, prestes a assumir sua profissão também enquanto prostituição física) é o tema de *Caminho de Volta*. Foi justamente na Tecelagem Universal que o pai de Marisa trabalhou toda a vida (e perdeu a vista): a volta de Marisa encerra a viagem no ponto onde começou.

III

O texto é irônico, brilhante sempre, permanentemente cínico e inteligente. Mostra aspectos da tragédia da classe média (no caminho de Marisa) e descreve, através das frustrações e neuroses de suas personagens, o campo de trabalho forçado da publicidade. Uma reflexão sobre a alienação do homem no trabalho, que não é satisfação simples mas meio para satisfazer necessidades externas a ele. O trabalho, exercido desta forma, inverte a relação fundamental, de forma que, enquanto ser consciente, o homem faz de sua atividade vital, de sua "essência", apenas um meio para sua "existência". E as personagens de *Caminho de Volta*, assim como os operários que perfuram as ruas ou constroem edifícios, vivem somente (e neste caso de forma extrema, levada às últimas conseqüências) suas funções animais: comida, sexo, bebida, a casa, o corpo, etc. Como afirma Marx: O animal se faz humano e o humano, animal.

Levantamento de diversos desesperos, *Caminho de Volta*, ainda que se limite à análise do fenômeno de cada indivíduo, é uma contribuição para a compreensão da complexa classe média brasileira de hoje. E sem dúvida em alguns momentos amplia seu quadro, quando, por exemplo, o capitalista Gomes afirma que o país está atravessando um milagre econômico "e por que só eu não ganho nada nesse milagre?" Naturalmente Gomes não sabe o que significa o "milagre", mas tem um culpado: a crise pessoal de seu melhor empregado...

1974

O GRANDE AMOR DE NOSSAS VIDAS

DIGNIDADE E INDIGNIDADE
Décio de Almeida Prado

O Grande Amor de Nossas Vidas, em outras circunstâncias, poderia ser o quadro de uma família modelo: o pai manda, ancorado em sólidas razões de fato (é o mais forte) e de direito (é o *pater familias*); a mãe obedece, com uma dupla passividade sexual e social; o filho mais velho secunda o pai, enquanto não lhe toma o lugar; e as filhas submetem-se ou fingem submeter-se. É o patriarcalismo em todo o seu esplendor.

Ou não será, ao contrário, a sua perversa caricatura? Porque este quadro marcadamente conservador coloca-se num meio e num nível econômico em que não há exatamente nada o que conservar, exceto a pior espécie de pobreza, que é a pobreza envergonhada de si mesma.

Durante milênios a humanidade foi paupérrima sem o saber. Hoje, nas grandes cidades, confrontada diariamente com a ostentação da riqueza alheia, a miséria parece não apenas uma penosa privação como escândalo moral que não é mais possível suportar.

O problema não é propriamente a fome – não estamos neste plano elementar – mas a desproporção pungente entre os sonhos de grandeza que a sociedade estimula e as miseráveis realidades que efetivamente oferece.

Vemos, assim, em *O Grande Amor de Nossas Vidas*, o avesso do patriarcalismo e do conservadorismo – o patriarcalismo e o conservadorismo pobres.

O pai refugia-se, enquanto pode, nos seus supostamente

altos padrões morais, na crença (desmentida insistentemente por sua própria história de operário paralítico e desempregado) de que a sociedade é justa, o trabalho recompensado, os patrões compassivos, o governo honesto e eficiente.

A mãe escapa pela via das religiões populares, que lhe aconselham como norma de conduta precisamente aquilo que de qualquer forma ela teria de fazer. A filha mais velha escorrega lentamente para a neurose, sob a forma degradante da promiscuidade sexual, sonhando sempre com um patrão mítico, rico e doutor, que a transformará da noite para o dia de modesta datilógrafa numa bem-sucedida Cinderela suburbana. E a mais jovem busca nos ídolos da televisão as recompensas afetivas que o seu próximo casamento, celebrado para salvar financeiramente a família, não lhe poderá proporcionar.

Consuelo de Castro constrói o seu drama numa chave, entre cruel e compassiva, que se enquadra perfeitamente em todo um setor de ficção brasileira, que vai desde Nélson Rodrigues até Dalton Trevisan, desde Plínio Marcos até Rubem Fonseca. Essa literatura não registra, como a de outrora, os heróis nobres, as ações dignas. O indigno, o ignóbil, é freqüentemente a matéria com que tece os seus contos ou as suas peças, despertando em nós, espectadores às vezes também envergonhados, ao lado de um certo riso não destituído de perversidade, a compaixão, a certeza de que ninguém desce tão baixo porque quer.

Os próprios palavrões, que na alta sociedade podem exprimir somente um modismo, um requinte *snob* a mais, não significam aqui outra coisa senão válvulas por onde escapam aos borbotões a terrível agressividade que a um só tempo une e separa os membros dessa família ameaçada pela decomposição, tornando-a, apesar de tudo, uma pequena comunidade que ama e sofre em conjunto, uma humilde constelação humana que luta com as armas que tem para não se desintegrar de todo econômica e socialmente.

Isso é o que se vê no palco. Fora dele, acena-se com outras possibilidades mais otimistas. Algumas pessoas, lá fora, ao que parece, estão lutando contra semelhante estado de coisas, e os ecos de seus protestos chegam esporadicamente aos nossos ouvidos.

Quando o filho mais moço da família, sempre ausente de cena e apenas mencionado pelos outros, morre na polícia, aos dezoito anos, atacado por uma estranha moléstia chamada "parada cardíaca", que por sua freqüência na história recente do Brasil mereceria um estudo médico especializado, até o pai, até o irmão mais velho, ficam abalados. O pai confessa à esposa, num momento de desespero, que o demônio interior que o atormenta e o obriga a atormentar os outros chama-se, na verdade, "ódio da miséria". E o filho tem, pela primeira vez, os olhos abertos para certos fatos que ele teimava em não enxergar.

Quem sabe algum dia a realidade evocada fora de cena acabe por liquidar a sórdida realidade mostrada no palco.

O teatro poderá voltar, então, com a consciência tranqüila, à sua antiga missão de nos contar histórias dignas ou amenas.

1977

LOUCO CIRCO DO DESEJO

DO SEXO E DO AMOR
Décio de Almeida Prado

> Mariquita, dá cá o pito,
> no teu pito está o infinito.
>
> Carlos Drummond de Andrade

Em *Contraponto*, uma das bíblias literárias da minha geração, Aldous Huxley referiu-se a certos fatos da vida humana "que uma convenção misteriosa decretou impossível de imprimir". O entrecho do romance institui-se todo ele a partir de uma série de ligações amorosas, lícitas ou ilícitas, estas mais numerosas ou menos encobertas desde que a década de 20, aproveitando o terremoto moral ocasionado pela Primeira Guerra Mundial, substituíra a velha hipocrisia vitoriana pelo cinismo moderno. O que se fazia outrora às ocultas, nas altas-rodas britânicas, passara-se a praticar abertamente. Mas o centro de toda essa agitação – o ato sexual – permanecia estranhamente ausente, apenas aludido ou subentendido, na ficção escrita.

Estávamos em 1928. Exatamente naquele ano, um escritor inglês, David Herbert Lawrence, por coincidência modelo de uma das personagens de *Contraponto*, rompia de vez essa "convenção misteriosa". *O Amante de Lady Chatterley*, enfrentando as leis literárias e as leis propriamente ditas (sofreu por isso vários processos), não só descrevia com minúcias líricas o que se passava de mais íntimo entre um homem e uma mulher, como erigia a sexualidade na base sobre a qual devia erguer-se a personalidade humana. Resolvia assim, de passagem, um dos problemas suscitados por Huxley em seu romance, o da união entre o espírito e o corpo. O espírito já falara muito. Dava-se a palavra agora ao corpo, representado pelo que ele porventura possui de mais corpóreo, de mais próximo da pura animalidade: o sexo.

A frase pitoresca de Huxley não era, contudo, rigorosamente exata. Toda biblioteca que se prezava – lembro-me de ter visitado uma, a mais afamada de São Paulo, pertencente a um jurista ilustre – comportava então um canto discretamente dedicado ao que os bibliófilos chamavam de "inferno". Eram livros editados em papel finíssimo, ilustrados por célebres pintores e desenhistas, onde se lia – e se via – tudo aquilo que supostamente não se podia imprimir.

Mas nenhuma das obras ali contidas assemelhava-se, pelos métodos e pelos propósitos, a *O Amante de Lady Chatterley*. Nem os grandes poetas escatológicos (um Aretino na Itália, um Bocage em Portugal), nem os libertinos franceses do século XVIII, os dois pilares dessa literatura marginal dentro da civilização cristã, arvoravam-se em exemplos morais. Ao contrário, ou espojavam-se na sujeira, como uma espécie de protesto desesperado, talvez infantil, contra o silêncio reinante sobre assuntos de tanto interesse para os homens em sua existência diária, ou celebravam deliberadamente o Mal, em termos às vezes até mesmo metafísicos.

Lawrence queria o oposto – e por isso chocou tanto. Ambicionava nada menos do que abolir "o inferno", ou transformá-lo em paraíso, incorporando à literatura nobre essa parte até então rejeitada como sumamente baixa. *O Amante de Lady Chatterley* parecia intolerável porque, descrevendo o sexo, não se propunha a vê-lo nem com olhos científicos, à maneira naturalista, nem com o frêmito de quem se dispõe a pisar pela primeira vez em território proibido. Infringia, desse modo, um dos fundamentos da vida civilizada ocidental. O sexo existe, sim. Mas não o contemplemos. Revela a fraqueza, não a força do homem. Se não é, merece inteiramente a sua fama de pecado original, por dar origem ao homem e por desvendar a nossa imperdoável materialidade, fonte de todos os nossos males. Felizes os que, como Jesus, e talvez Maria, escaparam dessa maldição terrena.

Fábio e Selly, o par de *Louco Circo do Desejo*, beneficiam-se sem o saber do atentado ao pudor literário cometido em 1928 por Lawrence. Como personagens dramáticos provavelmente não existiriam sem a coragem de uns tantos pioneiros. E se fossem pessoas de verdade, ainda assim estariam colhendo uma liberdade de atos e de palavras cujas sementes foram plantadas há mais de meio século. Poderíamos até dizer que corremos agora o risco contrário ao do apontado por Huxley – que os livros não contenham senão aqueles fatos "que uma convenção misteriosa decretou impossível de imprimir". Depois da escassez, o excesso. Depois da pudicícia, a escabrosidade admitida como norma.

Não creio que a peça de Consuelo de Castro incorra neste último tipo de condenação. O seu ponto de partida está expresso lealmente no título – é o desejo carnal. A princípio não há outro elo entre Fábio, um próspero homem de negócios, e Selly, uma jovem prostituta, ainda com traços de amadorismo e provincianismo, mas já com muita astúcia feminina. Tudo os afasta um do outro. A idade, a educação, o dinheiro, o nível social, os hábitos adquiridos, o temperamento. Ela nada tem a perder e ele nada a ganhar com uma relação que se estenda por mais de uma noite. Se continuam unidos, após meses de separações e reencontros, mentiras e confissões (lembremos a "toada do amor" evocada por Carlos Drummond de Andrade: "briga, perdoa, perdoa, briga"), é que prevalece, de parte a parte, uma fortíssima atração sexual. E será através dela, por causa dela, que cada um reconstituirá a sua personalidade. Selly realizando uma ascensão não apenas social mas também moral a que sempre aspirou. E Fábio refazendo, mais dolorosamente, com maiores dificuldades, as suas relações com a carreira, com a ex-esposa, com os filhos e consigo mesmo. No final, ambos se tornaram mais autênticos, mais eles próprios, subindo do desejo a um patamar mais elevado que não faríamos mal em chamar de amor.

Mas *Louco Circo do Desejo* não é a *Dama das Camélias* dos nossos dias. No teatro do século XIX, tanto o romântico quanto o realista, a prostituta só sai de sua condição na medida em que se espiritualiza, negando o sexo, seja pela morte (Dumas Filho), seja pela abstinência (José de Alencar). O requisito primordial era aquele, estranho, prescrito por Victor Hugo em *Marion Delorme* – que a mulher refaça de algum modo a virgindade perdida.

Na peça de Consuelo o sexo permanece até o fim como razão de ser do casal. É por ele e para ele que Fábio faz os sacrifícios que lhe são exigidos ao tornar-se amante permanente de Selly. A castração sexual, por seu lado, é associada na peça a outra espécie de castração: a daquela parte de nossa personalidade não suscetível de ser aproveitada economicamente pela sociedade. Refiro-me à vasta área que vai do simples devaneio, do gosto pela brincadeira, das nossas fantasias noturnas e diurnas, a essa forma suprema de ludicidade que é a obra de arte, que contém em si mesma, como sabemos, a sua finalidade.

Louco Circo do Desejo é somente esta história: um homem e uma mulher que, apoiando-se corporalmente um no outro, chegam juntos a um longínquo picadeiro infantil, perdido na memória, habitado por dois palhaços amadores cujo refrão é dos mais simples:

> Então, fica combinado assim.
> Eu gosto de você e você gosta de mim.

Através do sexo a vida tornou-se também aventura, gratuidade, prazer. Que tenham a platéia que merecem esses dois circos, o grande circo do desejo e o pequeno circo da imaginação, tão louco às vezes quanto o primeiro, mas já não tão sujeito ao sexo. Que a sexualidade seja sempre liberação, não uma nova servidão.

1984

SCRIPT-TEASE

DESNUDAMENTO ÉTICO
Yan Michalski

Para todos nós, que fazemos da palavra escrita nosso meio de expressão e nosso ganha-pão, a sedução desta peça de Consuelo de Castro começa pelo título: o criativo trocadilho *Script-Tease* é um belo rótulo para o projeto de vida de quem, dia após dia, noite após noite, se dispõe a desvendar-se, a mostrar sua nudez diante de uma anônima platéia, não tirando uma por uma das peças que lhe cobrem o corpo, mas arrancando uma por uma, da sua máquina de escrever ou da sua caneta, as palavras que desnudam a sua relação com o mundo. Em todo caso, é um perfeito rótulo para o projeto de Consuelo de Castro.

Neste sentido, cada uma de suas peças é, em maior ou menor grau, um *Script-Tease*. Só que esta o é mais do que a maioria das outras, porque, mais do que a maioria das outras, esta se constitui num mergulho profundo na autobiografia da autora, num balanço de deveres e haveres, num acerto de contas consigo mesma.

Este aspecto autobiográfico, sem dúvida presente em vários conflitos secundários da ação, é mais abertamente assumido naquilo que talvez possamos considerar o seu conflito principal: o sofrido encontro entre Verônica e Verônica 2, dois flagrantes de uma mesma protagonista, colhidos em momentos diferentes da sua história pessoal e da história do país: o primeiro no presente, quando o país e a personagem começam a quebrar a cara no confronto com as ilusões e as impossibilidades daquilo que se convencionou chamar de período de transição democrática; o segundo na década de 60, quando o país está afundado na ditadura, e quando a personagem, na flor dos seus vinte anos, participa da perigosa mas inebriante euforia da resistência. Em ambos os flagrantes, a protagonista, uma escritora, executa o seu ato de *Script-Tease*: Verônica 2, recém-saída da adolescência, acaba de estrear sua primeira peça de teatro, com um resultado que lhe permite depositar esperanças no seu futuro como artista e como indivíduo: Verônica, vinte anos mais tarde, agarra-se com unhas e dentes ao único e melancólico espaço que lhe sobrou para o exercício de seu ofício, tentando a duras penas escrever um roteiro de novela para uma emissora de televisão de terceira categoria.

Entre as duas estabelece-se um inevitável conflito de cobranças recíprocas. Verônica jovem não perdoa a Verônica adulta aquilo que lhe parece ser sua acomodação, traição dos seus sonhos e ideais, aburguesamento, troca do essencial pelo acessório. Verônica adulta não aceita, na Verônica jovem, o seu ingênuo romantismo, as suas utopias, o seu quixotismo, a sua irresponsabilidade. Com uma imparcialidade digna de nota, que não exclui uma enorme dose de paixão por cada um dos seus dois alter egos, a autora atribui a cada um deles excelentes argumentos de ataque e defesa. Fica claro que esta é uma batalha pela difícil conquista de uma coisa chamada "maturidade", que só chegará a um desfecho com a aceitação mútua das duas Verônicas, surgindo dali uma equilibrada síntese de ambas, uma hipotética Verônica 3, ou seja, provavelmente aquilo que Consuelo de Castro aspirava a vir a ser através do obviamente catártico ato de escrever *Script-Tease*.

Apesar de centralizada nesse corpo a corpo da autora consiga mesma, a peça não se confina nos limites do memorialismo mais ou menos psicanalítico que se constituiu numa das tendências dominantes na dramaturgia brasileira dos anos 80. Mais, talvez, do que qualquer outro texto teatral escrito nesta década, *Script-Tease* me parece ser uma bem-sucedida tentativa de balanço analítico do que foi até agora, e do que continua sendo, a atual fase da nossa história, chamada, agora já podemos dizer que ironicamente, de Nova República. Tentativa de balanço algo premonitória, considerando que a peça, na sua versão aqui publicada, foi terminada em 1985, quando a Nova República estava ainda nos primeiros passos. Mas está tudo aqui: todo o doloroso processo de progressiva perda de ilusões, de reversão das expectativas, de fechamento das perspectivas, de compulsiva busca de sobrevivência de cada um, num plano estritamente individual — quer se trate de sobrevivência no sentido material, profissional, afetivo, ético ou intelectual –, diante da pulverização das soluções coletivas, comunitárias, que se afiguravam potencialmente tão sólidas e atraentes no tempo de Verônica 2.

Dois ambientes básicos servem de cenários a este lucidamente crítico processo de análise do que está em torno de nós. O primeiro deles é a televisão. Escolha particularmente oportuna: poucos campos de trabalho traduzem tão cristalinamente quanto esse o fenômeno tristemente característico da nossa atualidade, que é o esfacelamento de valores confiáveis e a sua substituição por outros e falsos valores. E, por estranho que pareça, a dramaturgia nacional ainda não se debruçou, com a curiosidade que seria de se esperar, sobre esse fascinante assunto. Os bastidores das gravações da telenovela que Consuelo de Castro colocou em cena apresentam uma peculiar contradição: enfocada com feroz espírito de sátira, quase caricata, a paupérrima emissora que aqui vemos não se parece, à primeira vista, com os estúdios dos quais saem as exemplarmente produzidas novelas que determinam modas, modismos e mentalidades que serão adotados até nas mais remotas vilas do país. Neste sentido, Consuelo flagrou, como se fosse ainda atual, um momento da nossa televisão que já pertence ao passado.

Mas no que diz respeito à essência dos problemas abordados, ela "acertou na mosca". Se a primitiva emissora que nos é mostrada tem, na sua paisagem e nos seus esquemas de produção, pouco a ver com o que sabemos das Globos e das Manchetes da vida, o posicionamento dos profissionais que ali atuam em relação ao seu trabalho tem, pelo contrário, tudo a ver: eles agem como se o seu emprego fosse um universo mítico, fora do qual não haveria sobrevivência possível, nem prestígio, nem auto-estima, nem *status*, nem segurança. Não ser alijado desse universo é uma autêntica questão de vida ou morte, em nome da qual não há concessão ou humilhação que não valham a pena, e não há armas nem esperteza indignas de serem usadas. Esse campo de "lutas de foice" que as pessoas travam por minúsculas migalhas de um poder grotescamente ilusório acaba sendo um microcosmo tragicomicamente simbólico do mundo que está lá fora, de igual modo caracterizado pelo esvaziamento da fé em qualquer tipo de códigos éticos.

O outro cenário no qual Consuelo situa aspectos da ação, essenciais para a análise dos impasses que nos atormentam, é o espaço das relações afetivas. Verônica, a personagem-escritora, recebe dos seus amigos a dura observação de que ela não sabe escrever convincentemente sobre o amor. Crítica esta que, em sã consciência, não se poderia fazer à escritora Consuelo de Castro.

As personagens de *Script-Tease* são cheias de tesão, de compulsiva vontade de dar e receber amor. Neste sentido, *Script-Tease* chega a ser, quase literalmente, um *Strip-Tease*: a sensualidade está à flor da pele; todo mundo está "a fim" de todo mundo, e quem não está, gostaria de estar.

Um caloroso erotismo permeia as relações entre as personagens, infiltra-se até mesmo naquelas que normalmente não se colocariam num plano explícito da sexualidade, e sim no de carinho e amizade.

Inseguros, carentes de um porto-seguro, eles tendem a achar que é na cama que poderão encontrá-lo. Mas, aqui está: também a sua intimidade afetiva acaba envenenada pelo vazio de valores que os cercam, emocionalmente exauridos pelas "barras" sem sentido que enfrentam fora da cama e de casa, eles acabam "transando" mal, com ansiedade e desencanto que transformam o impulso da paixão num gosto amargo de culpa na boca.

Pode ser um pouco ridículo formulá-lo assim, mas Consuelo nos mostra que o Brasil de hoje não propicia condições favoráveis nem sequer para uma vida sexual e afetiva prazerosa e gratificante.

Do ponto de vista formal, *Script-Tease* apresenta significativas inovações em relação aos textos anteriores da autora.

Pela primeira vez, ela rompe aqui com uma estrutura dramatúrgica linear – ruptura que ela irá aprofundando nas suas obras subseqüentes – sem abrir mão, porém, dos seus grandes trunfos de sempre: um temperamento cheio de paixão, um dos diálogos mais brilhantes e precisos da dramaturgia brasileira e uma teatralidade inata que já me fez constatar, anos atrás, que ela escreve teatro como respira.

O rompimento com o enredo linear já começa pela idéia de fazer contracenar as duas Verônicas, dois "tempos" diferentes da mesma personagem; e se completa com uma reprodução, *mutatis mutandis*, do mesmo esquema estrutural através do qual Nélson Rodrigues, em 1943, revolucionou a dramaturgia brasileira com *Vestido de Noiva*: a ação é uma espécie de quebra-cabeça que se desenvolve em três planos diferentes, o da realidade, o da memória e o da alucinação (em Nélson) ou da fantasia (em Consuelo), que precisamos fundir em nossa leitura para alcançar o sentido global da proposta.

Em termos de dramaturgia brasileira, o esquema dos três planos não é hoje tão revolucionário quanto foi há quarenta e tantos anos atrás. Em termos da dramaturgia de Consuelo de

Castro, a opção formal de *Script-Tease* é uma experiência inovadora e corajosa.

O mais importante é que é através da inovação formal, que a autora consegue formular o recado final do conteúdo da obra. Se ela mantivesse toda a ação no convencional plano único da realidade, dificilmente escaparia de um desfecho profundamente pessimista, por motivos que as minhas considerações até aqui desenvolvidas devem ter deixado perfeitamente claros. Com isso, ela estaria correndo o risco de, deixando as suas personagens num funil de falta de perspectivas, estar endossando involuntariamente a falta de perspectiva da sociedade brasileira que se propunha a criticar.

O plano da fantasia permite-lhe deixar, como imagem final, um aceno de serenidade e esperança, sem quebra de coerência e sem prejuízo do saudável ceticismo crítico que define o clima geral da obra.

O Brasil de hoje é o que é. Mas se podemos sonhar em atravessar a fronteira do País da Gramática, talvez não seja de todo impossível um futuro até mais promissor do que aquele que espera os que decidem emigrar para a Austrália ou o Canadá...

1988

AVISO PRÉVIO

CONSUELO, SEM REDE PROTETORA
João Roberto Faria

Aviso Prévio é, antes de tudo, uma peça ousada. Consuelo de Castro deixou de lado os manuais de *playwriting* e substituiu o velho esquema da peça bem feita – exposição do conflito, desenvolvimento e desenlace – por uma forma fragmentária, livre de amarras, em que importam as *situações dramáticas*, não o enredo tradicional, a história. Não creio que a autora seja discípula de Sartre. Mas é impossível não lembrar que foi ele quem um dia defendeu a idéia de que a peça teatral deve alimentar-se preferencialmente de *situações*. Quais? As que sejam simples e humanas, universais e extremas, as situações-limite que revelem a totalidade do homem.

Tudo isso podemos encontrar em *Aviso Prévio*. O que compõe o todo da peça são situações paradigmáticas de crises que o ser humano enfrenta neste circo louco da vida: a perda do emprego, a perda do amor, a perda da razão, a perda da juventude e, principalmente, a perda da vida. São apenas duas personagens em cena; um homem e uma mulher, que se desdobram em vários outros, a cada reversão de luz. Eles podem ser marido e mulher, patrão e empregada, mãe e filho, velho e velha, Jesus e Maria, psiquiatra e paciente. Por fim, a personagem masculina encarna a Morte, no último e belo diálogo com a personagem feminina.

A forma fragmentada dá dinamismo à peça. As cenas sucedem-se sem encadeamento causal, já que apenas indiretamente ligam-se umas às outras. Não existe, portanto, o tempo cronológico, organizando a ação dramática em fluxo contínuo. A estrutura é caótica, mas no sentido de preceder e propiciar a geração de um mundo ficcional regido por leis próprias. É a forma fragmentada que permite também a saudável mistura de tons realistas e expressionistas, na medida em que as personagens preocupam-se com problemas tão corriqueiros como o preço do odd ou o pagamento da escola dos filhos e, ao mesmo tempo, estão às voltas com problemas vitais como a iminência da morte ou a repressão dos desejos sexuais.

Desse mundo ficcional autônomo emerge com incrível força dramática a personagem feminina cuja trajetória sugere uma possível linha de enredo. Apesar de se desdobrar em outras personagens, Ela é principalmente a mulher que, sem aviso prévio, é "demitida" do emprego, do casamento e da vida.

As qualidades de *Aviso Prévio* são evidentes. Em plena maturidade, Consuelo dá mostras de ter aprimorado a enorme facilidade que possui para criar situações de interesse dramático. Veja o leitor apenas um exemplo, para ter uma idéia melhor do que quero dizer. Trata-se do início de um diálogo entre o marido e a mulher:

OZ: Preciso falar com você.
ELA: Por que esse tom solene?
OZ: Porque é um assunto solene.
ELA: Alguém morreu?
OZ: O nosso casamento.

Pronto! Sem literatice, com a maior economia de palavras possível, a situação está criada e o ritmo teatral assegurado. O que se segue é uma das passagens mais inspiradas da peça, desenvolvida com equilíbrio perfeito entre o humor e o patético.

A metáfora do circo é outro recurso bem empregado pela autora. Nas situações de crise em que as personagens são colocadas, a vida adquire os riscos da arte do trapezista e do equilibrista. Quem não tem rede protetora não tem segunda chance. Assim é simbolizada a fragilidade do ser humano, impotente diante de perdas irreparáveis. "Que que eu fiz de errado?", perguntam Ela e Oz nesses momentos. E o pior é que não há resposta, porque não há erros. O que há é a vida, com seus incontáveis mistérios. Daí o dilaceramento das personagens, atingidas na essência do existir. Daí a emoção e a revolta que transmitem em suas falas, principalmente Ela nos monólogos do início e no diálogo com a Morte. Apesar dessa visão um tanto dramatizada da existência humana, em nenhum momento a peça é piegas. Em primeiro lugar, porque Oz e Ela são personagens capazes de nos divertir, além de nos emocionar. Em segundo, porque os diálogos, embora tensos, são muitas vezes irônicos, mordazes e bem-humorados. Consuelo conhece seu ofício. E dá seu salto sem rede protetora, tranqüilamente.

Aviso Prévio inaugura uma nova fase da obra dramática da autora. Suas peças anteriores, escritas no final dos anos 60 e durante a década seguinte – *Prova de Fogo, À Flor da Pele, O Porco Ensangüentado, Caminho de Volta, A Cidade Impossível de Pedro Santana* e *O Grande Amor de Nossas Vidas* –, são realistas e retratam, com intenção de denúncia, vários aspectos da vida brasileira oprimida pela ditadura. Consuelo, como a maior parte dos dramaturgos de sua geração, fez um teatro crítico, no qual a realidade era ponto de partida e de chegada.

Felizmente, os tempos mudaram. Agora, ainda que não estejamos vivendo no paraíso, respira-se um ar mais puro. Por isso, o teatro deve ser posto novamente a serviço da imaginação e da poesia. Nossos principais dramaturgos estão demorando para se adaptar à nova realidade. Apenas alguns poucos deram seu grito de libertação. Entre eles, Consuelo, que, em dezembro de 1985, pôs em cena uma peça sobre o desejo, o tesão, se permite o leitor.

Louco Circo do Desejo foi uma primeira amostra da dramaturga à procura de novos caminhos, embora a forma não apresentasse inovações.

Aviso Prévio, no entanto, já é a experiência corajosa e bem realizada, o salto perfeito do trapezista, o equilíbrio no arame.

1986

QUEM GOSTA DE ABISMO PRECISA TER ASAS
Antonio Abujamra

"A vida é trânsito, é dia útil, não é um domingo." Isso é Consuelo de Castro: um vulcão de inquietude que sabe que a qualidade nunca é acidental e que a carne e a alma dos homens e das mulheres entram humilhadas na morte.

Aviso Prévio fala de tudo do relacionamento vivo e eterno entre masculino e feminino. É um duelo que nenhum diretor de teatro deve impedir, sob pena de ficar obrigado a sofrer a constante estética de paróquia dos nossos "autores-salvadores-do-mundo".

As lágrimas de Consuelo de Castro se esborracham no

chão, com a sabedoria de quem sabe que não há abismo: tudo é abismo.

É uma das melhores devoradoras de palavras. Sabe ver as coisas claras, nas nebulosas que sempre nos impingem.

1985

UM DEPOIMENTO IRADO SOBRE A CONDIÇÃO HUMANA
Alberto Guzik

Consuelo de Castro despontou no teatro brasileiro no bojo do grupo de nossos *angry young men*, em fins dos anos 60.

Ao lado de Antonio Bivar, Leilah Assunção e José Vicente, Consuelo representava uma nova consciência, vigorosamente contestária e independente, que despontava num quadro então dividido entre dramaturgos burgueses e engajados.

A escrita teatral desses jovens lançava ambigüidade, turbava a limpidez aparente de um panorama que parecia estratificado entre as forças do "bem e do mal", do "justo e do injusto". Nossos *angry young men*, que não chegaram a constituir um movimento e, na verdade, não eram tão *angry* assim, contribuíram para romper essa postura artificial, colorindo-a com cores radicais, mais próximas da multiplicidade, da variedade confusa da vida.

Ao longo dos vinte anos que nos separam da interdição de *Prova de Fogo*, sua excepcional peça de estréia, onde focalizava a literal "guerra" da Rua Maria Antônia, travada entre universitários direitistas do Mackenzie e liberais democratas e esquerdistas da Faculdade de Filosofia da USP, Consuelo de Castro acostumou-nos à sua escrita visceral nervosa, onde pisou e repisou obsessivamente fatos básicos da história brasileira recente. *À Flor da Pele, Caminho de Volta, O Grande Amor de Nossas Vidas* discutem facetas de uma realidade absurda e asfixiante.

Sempre elogiada por sua dramaticidade intensa, pela dialogação impetuosa, Consuelo sentiu, nos últimos anos, que as formas dramatúrgicas que empregava já não satisfaziam mais seu empenho de retratar outros ângulos da realidade. Em peças como a inédita *Script-Tease* e a encenada e bem-sucedida *Louco Circo do Desejo*, ambas sobre crises, a primeira de uma escritora, a segunda, de um executivo, nota-se o início de uma busca de linguagem cênica onde a autora não rompe com o realismo, mas busca perceptivelmente ampliar seus horizontes, de modo a conquistar mais liberdade de ação.

Aviso Prévio é o primeiro trabalho onde Consuelo de Castro rebenta efetivamente os parâmetros do realismo e aventura-se por um universo delirante. Na mulher sem nome da peça sintetiza-se a condição feminina. O homem, significativamente batizado de Oz (e qualquer referência ao mágico do mesmo nome não é mera coincidência), é o pai, o marido, o amante, o opressor, a vítima.

A linguagem é a mesma de outras peças a que a autora nos acostumou. Prolixa, verborrágica, obsessiva. Mas seu emprego ganhou a liberdade da indefinição estrutural e reveste-se do poder do símbolo.

Aviso Prévio é um depoimento irado sobre a condição humana, escrito com a força e o ímpeto da paixão. Uma peça pungente, que busca surpreender o sentido da vida, não de uma circunstância sócio-política.

A existência vista como uma seqüência de rituais exacerbados, desprovidos de nexo, é transposta para o palco como um grito de dor e inconformismo. Mas *Aviso Prévio* abre também para o sensorial, o prazeroso, o epidérmico. Signo de outros trabalhos que virão, onde o Rito e o Mito passam a ser vistos como absolutamente inerradicáveis do cotidiano, esse novo escrito de Consuelo de Castro é a flecha indicadora das direções abertas por que ela se aventura. É um texto tracejado pela mão da emoção.

1987

MARCHA A RÉ

MITO E COTIDIANO NUM PROJETO DE PURO TEATRO

Elza Cunha De Vicenzo

Mais do que apenas um texto dramático, Consuelo de Castro – avançando na linha iniciada em *Aviso Prévio* (e na verdade já ensaiada em *Script-Tease*) – escreveu desta vez um espetáculo. Escreveu um texto integralmente teatral, no mais amplo sentido que possa ter a expressão para referir-se àquele momento da criação que antecede a subida da obra ao palco.

Em *Marcha a Ré* há a concepção de um espetáculo total. "Espetáculo" no significado primeiro daquilo que é literalmente "dado a ver" e pensado a partir de todos os elementos significativos que lhe dão existência como fenômeno específico. O que habitualmente se designa como "rubrica" vem a integrar-se ao texto na constituição de uma narrativa tão completa quanto complexa. Aí verdadeiramente convivem e se explicitam ou reiteram mutuamente, procurando um sentido global para entregá-lo ao leitor (esse espectador sempre possível), não apenas a ação e as falas das personagens, mas a luz, as cores que ela pode gerar, o som, os objetos, os corpos em movimento. Nesse último item, aliás, colaborou intensamente o coreógrafo Emílio Alves, que assina o texto em co-autoria com Consuelo.

Não há dúvida de que a imaginação de Consuelo de Castro funciona aqui, no mínimo, como a de um encenador em pleno trabalho. Imaginação algo febricitante, fundamentalmente plástica, imagens sempre a pique de encarnar-se na matéria concreta da cena; elaboração imaginativa que faz surgir como que de um golpe tudo aquilo que é conatural ao impulso primeiro da criação, tudo o que com esse impulso é concomitante: os meios que ele mesmo busca para tomar forma e manifestar-se como objeto estético.

O texto de Consuelo permite detectar os sinais desse processo, uma vez que o registra com surpreendente precisão. E o faz de forma ordenada, lúcida – racional se poderia dizer – como o trabalho de um artesão que tem inteira consciência de seus fins e o domínio seguro dos instrumentos para atingi-los.

A atenção inteligente e o empenho voltado para o artesanato que lhe exige seu ofício de escritora, bem como o aprendizado que lhe proporcionaram não poucos anos de trabalho com o texto e de proximidade com o próprio teatro, sugeriram à autora a ousadia da experiência: um texto que, a partir de uma idéia poética de fato bastante exigente, pudesse acolher ao mesmo tempo o registro dos movimentos constitutivos de sua elaboração formal.

No rumo de uma das vertentes mais ricas e instigantes do teatro de hoje, Consuelo opta por ampliar verticalmente o espaço do universo teatral. Não apenas o espaço físico de cena – o que é aqui também uma proposta evidente – mas o do universo teatral como um todo. Por meio da despsicologização da personagem (pois é essencialmente de uma única personagem desdobrada, multiplicada que se trata) e da desrealização do "real" na conjuntura dramática, na verdade procede a um aprofundamento dessa psicologia e dessa realidade. No total, há um enriquecimento tanto de uma como de outra, e há um desvelamento de estratos mais fundos e mais antigos dos seres e da vida.

No entanto – e isso me parece um dado importante – se reconhecem nesta peça traços que foram sempre a marca de Consuelo de Castro: a impetuosidade – ia dizendo a paixão – que se manifesta no tratamento de idéias e personagens; a forma cerradamente pessoal de manipular temas e motivos; a utilização de um diálogo fluente e vivo, atravessado por um humor irreverente e liberado; o olhar sempre atento ao que a vida tem de mais trivial e risível, às vezes grotesco, tanto quanto ao que têm os seres de mais frágil e humano e, portanto, de mais tocante.

Desta vez, porém, para além da representação do mundo imediatamente próximo, aflora um mundo outro – uma realidade primeira – que se vai desenhando por sob o real corriqueiro a que assistimos. Dele emana talvez o sentido daquela realidade segunda, aparentemente desprovida de sentido. A fantasia da autora procura extraí-lo do modelo inesgotável do mito. Esse mito, cujas estruturas parecem para sempre entranhadas na alma, no imaginário e até mesmo no corpo da humanidade, de tal modo que "a marcha a ré" que os poetas de vez em quando nos propõem fazem sentido para nós e se nos apresentam sempre como possibilidades legítimas.

Assim, utilizando-se de alguma coisa análoga à noção da memória bergsoniana – a qual "antes de ser representação do passado é, primeiramente, imanência do passado ao presente", como diz Dufrenne –, Consuelo pôde conferir densidade poética à representação de um presente corriqueiro, às vezes vulgar, em muitos momentos abertamente cômico.

Eurídice Alves, que lida com suas panelas e está apenas preocupada com as pequenas coisas do dia-a-dia, é uma mulher perfeitamente comum. A princípio se recusa a tomar conhecimento do Gênio que surge de uma das bocas de seu fogão e parece atormentada somente com a penosa tarefa de picar temperos, os quais devem ser sempre "multipicadíssimos"...

Porém, mais que um Gênio de histórias de fada, este é um "*dáimon*", como o que costuma apoderar-se da alma dos heróis para que, à custa de sofrimento, cheguem a conhecer-se a si mesmos como mandam os deuses. Mas Eurídice Alves não é uma heroína trágica – longe disso – e resiste à estranha experiência. Insiste em manter os pés no chão: apela para a vizinha, pede o testemunho e o apoio da platéia, chama em seu socorro Sebastião, o marido tão terra a terra, tão de verdade, que a trai sem imaginação alguma com "a melhor amiga", como qualquer marido... Recusa-se a reconhecer-se nessa outra Eurídice, prisioneira de um reino de sombras, que o Gênio afirma ser ela mesma. Afinal, porém, é obrigada a transitar de um mundo para o outro, a reconhecer e assumir o drama de que foi-é personagem.

Tendo como fundo o destino da Eurídice Mítica, irremediavelmente perdida para o amor de Orfeu por esse mesmo amor, os cinco quadros da peça vão entrelaçando a história dos suplícios que Zeus impõe aos seres marcados por sua divina ira, à história da vida comum, mesquinha só na superfície, da mulher de Sebastião. Em cada um deles se revê Eurídice Alves: na roda de fogo a que foi condenado Ixião, tal como ela própria a seu fogão, nas dores de Sísifo carregando indefinida e inutilmente para o alto da montanha a pedra que vai de novo rolar a fim de que ele torne a carregá-la – as mesmas dores presentes no gesto repetido de Eurídice quando se ajoelha para encerar o chão. O armário que ela se esforça por arrumar é outro tonel das Danaides, impossível de encher.

Em meio a tudo a mulher procura a própria identidade em

pedaços, como Narciso no espelho das águas, que só lhe devolve a imagem de um prisioneiro do Mesmo. E, como Tântalo, também ela é torturada pela fome e pela sede, fome e sede de seu desejo sempre expectante, o do corpo que busca tornar-se pleno no encontro de outro corpo, que no entanto lhe foge quando vai tocá-lo, o desejo do sonho feito vôo, como o de Ícaro.

Mas não deve um simples prefácio roubar ao leitor o prazer de montar no espaço livre de sua própria imaginação um espetáculo como esse. O máximo que lhe compete fazer é convidá-lo a entrar na ante-sala e apanhar os elementos que para isso lhe são oferecidos de forma tão generosa. Porque efetivamente se o estatuto do teatro é o desse ser que só existe no espaço ambíguo entre o real e a ficção, na medida em que toma a realidade palpável do corpo como ficção, tomando igualmente o impalpável dos sonhos e dos mitos como realidade, *Marcha a Ré* não pode definir-se senão como projeto do mais puro teatro.

1989

IV. PANORAMA CRÍTICO

À FLOR DA PELE

1ª montagem paulista (estréia nacional)
1969 – Teatro Paiol
Elenco: Miriam Mehler e Perry Salles
Direção geral: Flavio Rangel
Cenografia: Tullio Costa
....

2ª montagem paulista
1976 – Studio São Pedro
Elenco: Wanda Stefânia e Geraldo Del Rey
Direção geral: Roberto Lage
Cenário e figurinos: A equipe
...

Montagem carioca
1971 – Teatro da Praia
Elenco: Cidinha Campos e Nélson Caruso
Depois: Íris Bruzzi e Nélson Caruso
Direção geral: Jorge Dória
Cenário: Cyro Del Nero
...

Montagem gaúcha
1972 – Teatro de Arena de Porto Alegre
Elenco: Marlise Saueressig e Jairo de Andrade
Direção: José Rubens Siqueira
Cenário e figurinos: José Rubens Siqueira

Com *À Flor da Pele*, Consuelo de Castro surpreendeu um dos conflitos palpitantes de hoje, o confronto de duas maneiras de querer modificar a sociedade: a paciência de quem raciocina com o peso de milhares de anos de história e a pressa de quem só vê saída na supressão da história.

Um radicalismo irracional, que é a perspectiva dominante na peça, teria forçosamente de conduzir as personagens à derrota.

...Na aparência algo solta e alucinada, *À Flor da Pele* faz um surpreendente processo objetivo de análise de grande parte da intelectualidade brasileira.

É quase inacreditável a maestria que demonstra em desenvolver uma história de três atos, com apenas duas personagens. A teatralidade do conflito, a segurança em manter a contínua atenção da platéia, o domínio da narrativa, o ritmo no desvendamento dos problemas e a linguagem objetiva, sem falsa literatura, mostram a escritora dotada espontaneamente para o palco. E ela não escamoteia, não obedece as linhas de conveniência, não torce suas criaturas e a verdade em função de uma idéia anterior à peça. As personagens vivem a liberdade total, naquele momento em que tiram as máscaras para enfrentar o seu mundo interior.

... Essa intransigência, essa integridade selvagem, esse rigor autêntico, podem ser incômodos aos princípios estabelecidos de qualquer sistema, mas são reveladores para quem sabe que apenas com eles se constroem as grandes obras. Consuelo tem a intratabilidade dos artistas verdadeiros. Talvez o anarquismo fundamental crie nela a nostalgia da ordem, e por isso a fatura de *À Flor da Pele* obedeceu aos padrões tradicionais.

... Essa inteireza crítica é outra virtude de uma ficcionista mergulhada nas contradições de seu tempo, expondo-se com uma coragem e um despudor que anunciam as grandes obras.

Sábato Magaldi, *O Estado de S. Paulo*, 1969

... Nenhuma obra de nossa dramaturgia vai mais longe na análise da inteligência nacional, descobrindo-a nas suas contradições e insuficiências. Imagino como a direita, o centro e a esquerda devem ter ficado irritados com *À Flor da Pele* (como aconteceu com *Prova de Fogo*), e penso que é de criaturas assim, intratáveis e insubmissas a cânones, que podem nascer verdades mais duradouras. Precisa ser ouvido e meditado esse violento grito de rebeldia.

... Uma pungente sondagem das fraquezas humanas e uma quase inacreditável intuição das zonas mais secretas do indivíduo. Os problemas dos protagonistas são postos a nu e se entende perfeitamente que aquela jovem encontre no suicídio o mais veemente protesto contra um mundo que não aceita.

Sábato Magaldi, *Jornal da Tarde*, 1969

... A autora, com uma profundidade prodigiosa para sua juventude, surpreende o instante decisivo em que se rompem os liames e cada um defronta o próprio destino solitário.

... Consuelo surge com uma teatralidade franca e um espírito veemente e arguto. À Flor da Pele tem muito do documentário imparcial, feito por alguém que não se poupa em omissões autocomplacentes.

... O desfecho do suicídio mostra que a autora não vê no anarquismo uma saída. Ela testemunha a perplexidade dos nossos dias com uma paixão e uma falta de cálculo que estão na essência das grandes obras.

Sábato Magaldi, *Veja*, 1969

Há alguma razão para que *À Flor da Pele*, estreada há sete anos, se desdobre em sucessivas montagens... Será o valor do texto de Consuelo de Castro? A circunstância de estar em cena apenas duas personagens? A permanência do debate travado? Qual o motivo desse interesse, se outras peças preenchem esses mesmos requisitos e deixaram de freqüentar as salas de espetáculo? Não há dúvida de que as razões, em parte enumeradas, justificam o apego de intérpretes e encenadores ao texto, que já produziu até uma versão cinematográfica. Mas talvez o fascínio da obra venha de outra fonte, que atinge o íntimo do espectador e o confronta com a própria vida. A colocação de duas posturas fundamentais: quem frui a existência com inteireza, assumindo-a com radicalidade, e quem se acomoda em face de ponderações várias, conduzindo-se por compromissos e acordos...
...*Ele*, afogando nela o equilíbrio insatisfatório da razão... *ela*, agarrando-se a ele por uma necessidade de ordem...
... O diálogo demonstra, desde a primeira cena, o corte inteligente, o rebate vivo do pingue-pongue... O texto resulta enxuto e dinâmico, eficaz na sua pura teatralidade...

Sábato Magaldi, *Jornal da Tarde*, remontagem de 1976

... Esta é uma iniciativa séria, escrita e realizada com sangue, suor e lágrimas, e que nos apresenta uma autora cujos passos merecem ser acompanhados com interesse e respeito.
... O conflito tem um tal fundo de verdade, uma tal capacidade de observação e uma tal carga de sinceridade no desespero existencial... que o público não pode deixar de se comover com a emoção das duas personagens.
... O talento, o instinto teatral e uma comovente paixão humana estão claramente presentes na peça.

Yan Michalski, Rio de Janeiro, 1971

Proibida pela Censura Federal desde sua escrita em 1968, esta minha primeira peça teatral foi montada clandestinamente por estudantes de todo o país ao longo de mais de vinte anos.

Mas em São Paulo ela estreou em 1975, na Cidade Universitária, no sequer inaugurado prédio da História, com direção de Tim Urbinatti, que coordenou, para o projeto, os estudantes de ciências sociais e de biologia da USP.

Sabotada por toda espécie de pressões (ameaças de bombas a serem colocadas no interior do prédio; ameaças de invasão policial; roubo de refletores e objetos de cena; espionagem nos ensaios, etc.), a peça atraiu, em um mês, mais de dezessete mil pessoas, entre estudantes, artistas em geral, professores, críticos, intelectuais e políticos.

Aos grupos que efetivaram a montagem, a Tim Urbinatti e a estas dezessete mil pessoas, que enfrentaram a repressão policial e o desconforto de um prédio que sequer possuía escada, a minha gratidão para sempre.

                          Aplauso algum foi mais sonoro.

... A coragem de Consuelo de Castro está no despudor com que trata esse tema, resultado de sua própria experiência como estudante, já que escreveu *Prova de Fogo* quando cursava Ciências Sociais na USP. A carga pessoal e emotiva que Consuelo imprimiu ao texto é conseqüência direta dessa experiência...

Prova de Fogo é um depoimento apaixonado, comprometido com essa paixão em cada diálogo, em cada personagem. A coragem de Consuelo está ainda no fato de não transigir, qualquer que seja o ponto de vista do observador, com a sua necessidade de contar. E, nesse processo de fabulação, Consuelo não falseia ou camufla, já que mostra os estudantes em plena ação, destituídos de qualquer heroísmo ou sobrecarga de intenções escusas. Os estudantes são personagens de um processo social, dentro do qual procuram se exprimir politicamente. *Prova de Fogo* fixa o momento em que a classe estudantil lançou pelas avenidas e pelas ruas das grandes cidades (do Brasil e do mundo ocidental) sua visão política da sociedade em que vivia. As formas de sua atuação, anárquicas e contraditórias, são o tema de Consuelo de Castro...

... A estrutura de *Prova de Fogo* supera todas as outras peças de Consuelo, não só pela agilidade dos diálogos, como pela construção da maioria das cenas.

... À segurança com que manipula o diálogo, acrescente-se uma carga suplementar de velocidade às personagens de *Prova de Fogo*.

Macksen Luiz, *Jornal do Brasil*, 1977

O PORCO ENSANGÜENTADO

Estréia: 1975
Teatro Glaucio Gill — Rio de Janeiro
Direção: Carlos Murtinho
Elenco: Myrian Pérsia, Aimée, Jacyra Silva, Lícia Magna, Regina Viana, Nena Ainhoren
Cenário: Juarez Machado

Quatro senhoras da alta burguesia paulista debatem-se angustiadamente no vazio criado pela falta de valores que marca suas vidas pessoais, e é agravado pela selva competitiva em que seus maridos se acham engajados. Para fugir das suas inseguranças, recorrem à macumba, mais por modismo que por autêntica opção místico-religiosa. Essa escolha as leva, de repente, a terem de encarar frente a frente a podridão de suas vidas, que lhes é jogada no rosto pela empregada que serve de intermediária entre elas e os "exus" de terreiro. Incapazes de enfrentar a impiedosa verdade, que lhes é assim servida, elas preferem assassiná-la ritualisticamente.

Consuelo de Castro não brinca em serviço. As intenções fundamentais de sua peça são violentamente críticas, cheias de ardente indignação moral contra o egoísmo, a corrupção e a curta visão existencial das castas dominantes. Ela conhece o campo humano sobre o qual escreve e, embora o distorça conscientemente para efeito de argumentação, sabe colocar o dedo, com exatidão, nas feridas gangrenadas que pretende expor. As forças e os mecanismos em jogo na sociedade verdadeira em que as Sandra, Luísa, Berta e Judite da vida circulam são, em ampla medida, efetivamente aqueles que movem os fantoches Sandra, Luísa, Berta e Judite que a autora colocou em cena.

Yan Michalski, *Jornal do Brasil*, 1975

Benjamin Cattan, *O Porco Ensan-güentado*, TV Cultura, 1988

Miriam Persia, *O Porco Ensan-güentado*, Teatro João Caetano, RJ, 1979, Dir. Carlos Murtinho.

A CIDADE IMPOSSÍVEL DE PEDRO SANTANA

Esta peça foi apresentada em Leitura Pública Nacional no Teatro Ruth Escobar, em 1977, com direção geral de Celso Nunes e elenco do projeto "leitura pública" o qual destinava-se a promover o conhecimento, por parte do público, das peças que a Censura sistematicamente soterrava.

Consuelo de Castro, a cada peça que escreve, mais contribui para o enriquecimento da dramaturgia brasileira. Dona de um estilo que vem se firmando e corporificando a cada obra, Consuelo segue a trilha do chamado "novo teatro brasileiro", surgido em fins da década de 50.

Integrada em sua realidade, não dissocia o homem da sociedade em que vive, retratando-o não como um ser isolado, na procura absoluta do "a que vim" e "por quê?", mas condicionado pelas relações de produção e pelo sistema social, econômico e cultural que o conformam. Surgindo como autora teatral em uma época de obscurantismo, quando todos os obstáculos se antepunham à honesta realização artística, Consuelo soube driblar os incentivos ao fácil desnudamento psicológico e posicionar-se solidamente ao lado de um teatro social, de um realismo crítico, buscando, através de sua experiência de vida, a expressão das contradições em que se debate a sociedade brasileira.

Não é por acaso que a censura vem impedindo sistematicamente a montagem das obras de Consuelo de Castro. Existe uma razão evidente: elas incomodam. O teatro da moça é inquietante: questiona, indaga, denuncia e, mais que tudo, propõe. Evidentemente um teatro inaceitável para uma censura que tem por mister impedir que a obra de arte escancare o que na realidade é, mas que deve ser minimizado em nome da Segurança, da Moral, dos Bons Costumes e de uma Bela Imagem do País no Exterior.

... E *A Cidade Impossível de Pedro Santana*, Prêmio Leitura Pública do Serviço Nacional de Teatro do ano de 1975, foi interditada, no mesmo ano, pela Censura Federal, quanto à LEITURA, MONTAGEM, TRANSMISSÃO RADIOFÔNICA, ou ADAPTAÇÃO CINEMATOGRÁFICA. Fica, portanto, o público brasileiro impedido de assistir à montagem teatral dessa peça. Deve contentar-se com sua publicação. ... Mas vivemos um momento em que público/leitor e autor unidos devem vencer essa impossibilidade de realização. Conclamo a consciência dos leitores no sentido de vencer a censura. Que cada qual leia o texto pensando-o em um palco, seguindo as rubricas da autora e dando-lhe corpo e alma definitivos: com sua criatividade, sensibilidade e imaginação, que são dons de cada um, fazendo assim seu próprio espetáculo interior – este o único incensurável.

Consuelo, de nossos autores, talvez seja, em linguagem desportiva, quem tenha o maior *punch*. É tal a força de sua batida que, às vezes, nem mesmo consegue dominá-la. Seu teatro é de indignação. Consuelo vocifera, investe, chora, sem jamais ter piedade – que no fundo é autoconsoladora. Ela pede contas. Cobra. Por vezes perplexa, nunca deixa de observar os dados da problemática apresentada. Ela se pergunta, demonstrando. Refuta. Exige. Não se coloca como o dramaturgo de janela: o que vê a vida passar como "a banda" e sobre isso emite opiniões, sensações, sei lá. Ela está no interior de tudo o que põe em um palco. Vive seus dramas com uma generosidade acima de qualquer suspeita. Na sua indignação, na sua forma de suportar a vida, temos vontade de dar-lhe a mão e sermos conduzidos ao éden da tarefa concluída, quando o que resta é a comemoração.

... É sábia a repressão. As palavras deste livro sobre um palco, por ser o teatro um veículo "quente" de comunicação, talvez sejam realmente insuportáveis para um regime político autoritário, antidemocrático, castrador. Acreditamos, porém, que em nosso país de tradição democrática, em breve tempo a censura seja coisa do passado, e que as obras maiores de nosso teatro não sejam mais escamoteadas. Resta, por ora, o texto impresso, que não é literatura, é *teatro proibido*. A cidade que queremos construir não é impossível. Todos nós sabemos, ou teremos de saber, que em verdade "a cidade de Pedro é uma tarefa de todos nós".

Gianfrancesco Guarnieri, 1977

Como Platão, os filósofos estóicos e Santo Agostinho, o herói de Consuelo sonha com uma cidade ideal, com homens justos e livres.

Mas por ser deste século e desta década, o brasileiro Pedro Santana é considerado louco, enquanto os que perseguiram a realização da mesma utopia, no século passado, eram chamados sábios ou santos.

Que terá levado à mudança tão radical no enfoque de atitudes semelhantes? Por que a sabedoria de ontem é hoje considerada insânia ou subversão? Que ordem estabelecida é esta em cuja defesa são sufocados os reclamos legítimos de justiça e de igualdade para todos?

À Polimatéia – Constituição que atende ao bem de todos, sem exceção – substituíram-se os Atos Institucionais. Ao trabalho como realização de todo um povo, optou-se por uma semi-escravidão disfarçada pelos múltiplos planos previdenciários. À cidade justa, livre e ampla, na qual os espaços urbanos possibilitam também a convivência, a solidariedade e a ampliação das consciências, preferiram-se os conglomerados urbanos coalhados de guetos, o imenso *gulag* da prisão global. Essa é a denúncia da peça de Consuelo de Castro, cuja ira santa não conhece medidas.

...A autora aborda *A Cidade Impossível de Pedro Santana* como um cruzado investindo contra o Mal.

... Concretiza o inimigo nos empecilhos que o protagonista encontra para realizar seu projeto, não só a planta arquitetônica da vila operária de Rio Verde, como principalmente o projeto maior de uma vida não alienada.

... O tema da alienação, presente ao longo da peça em todas as personagens e em todos os níveis, do existencial ao social, da realidade à fantasia, tem um reforço inesperado na própria atitude de Pedro: de fato, não se distancia ele do real, na medida em que faz um projeto impraticável dentro do sistema em que está inserido?

Qual a atitude mais eficaz: opor-se ao real que aí está com as armas de um idealismo vulnerável, ou depor o escudo iluminado dos cavaleiros andantes e aceitar as regras do jogo, sujo como é, e combater no mesmo terreno do adversário?

São todas perguntas que Consuelo de Castro lança no ar, sem respondê-las de imediato, enquanto mergulha suas personagens num torvelinho de contradições: já no primeiro ato da peça, elas nos são apresentadas em situações limite, degenerando todos os encontros em conflitos exasperados. A exasperação é a tônica dos diálogos: Consuelo escreve com ferro e sangue. Suas criaturas não falam, vociferam quase sempre.

A única pausa de lirismo surge na relação de Pedro e Ordália, retardada mental cuja candura e beleza trazem de volta a Pedro a paz da infância.

É a única faísca de amor entre as labaredas do ódio que informa a visão pessimista que a autora tem do relacionamento humano: suas personagens são agressivas, ferem a torto e a direito, não poupam ninguém nas críticas ferinas, viperinas, caudalosas; revoltadas umas contra as outras, não há conciliação possível entre elas e o mundo. Parece que a autora quer deixar bem clara a impossibilidade de um relacionamento "humano" entre suas criaturas, enquanto perdurar o tipo de relação de trabalho que preside suas ligações sociais e afetivas.

... Nesse universo de desesperança é mesmo impossível a cidade de Pedro Santana. Mas a matéria final da peça – quando os *slides* do projeto da cidade ideal devem recortar a abóbada celeste acesa sobre o palco e a platéia – sugere que há um caminho nessa "selva escura": aquele que nos leva a construir juntos a cidade de Pedro como tarefa comum.

... Essa construção passará então a ser a tarefa mais digna de uma humanidade renovada na essência e na forma, pela atividade mesma à qual haverá por bem dedicar-se.

Ilka Zanotto, 1975

CAMINHO DE VOLTA

Estréia nacional – Outubro de 1974
Teatro Aliança Francesa de São Paulo
(São Paulo – montagem paulista)

Elenco: Antonio Fagundes
　　　　Martha Overbeck
　　　　Othon Bastos
　　　　Oswaldo Campozana
　　　　Armando Bogus

Direção: Fernando Peixoto
Cenografia: Gianni Ratto

....
Estréia gaúcha
1976 – Teatro de Arena de Porto Alegre

Elenco: Marlise Saueressig
　　　　Jairo de Andrade
　　　　Sapiran Brito
　　　　Marcos Schames
　　　　José Gonçalves

Direção: Mário Masetti
Cenário e figurinos: Sílvia Guerra Machado
　　　　　　　　　　e Luiz Antônio Carvalho da Rocha

　　De repente, o palco apresenta uma realidade nossa sem simbolismo ou alegoria, e parece impossível que isso tenha acontecido. De repente *Caminho de Volta*, em cartaz na Aliança Francesa, traz de novo o Brasil para dentro do palco e é quase estranhável testemunhar esse sopro de vida e autenticidade. A peça de Consuelo tem uma história que se sustenta de pé nos seus componentes e está elaborada com uma visão de certos mitos da classe média.

É fácil reconhecer a matéria-prima verdadeira de cada personagem e ao mesmo tempo o significado exemplar da análise. ... o individual e o social se comunicam o tempo inteiro, sem prejuízo do contorno humano das personagens ou do quadro coletivo que se levanta. Daí a sensação de se participar de uma aventura real, que se abre para um universo mais amplo.

Quaisquer que sejam as implicações de *Caminho de Volta*, o mais importante é o clima de ficção legítima que se respira. Quando, em nossa recente dramaturgia, as pesquisas sociológicas tendem a tornar tão falso o resultado artístico, aqui o diálogo se mostra vivo, espontâneo, cheio de réplicas inesperadas e de humor. O concreto das situações facilita o desenvolvimento da trama, que por sua vez leva ao aguçamento do raciocínio.

Mais que pelo exame da alienação ou pela crítica da sociedade de consumo, o texto vale pela experiência humana que transmite: a fidelidade ou não à vocação profunda das criaturas, o fôlego para ir até o fim ou a transigência na metade do caminho; a existência como criatividade, ou capitulação aos compromissos menores; o homem como projeto transcendente ou mero apego a valores convencionais. Se a engrenagem parece tragar as melhores aspirações, Cabecinha, o louco, o irresponsável, é quem recusa esse mundo e parte para a procura do Absoluto.

Sábato Magaldi, *Jornal da Tarde*, 1974

O texto é descendente direto do melhor tronco da dramaturgia brasileira, que, em tempos recentes, se dedicou a investigar e analisar nossa realidade. A linguagem é forte, clara e jovem. Consuelo tem a sabedoria de não defender tese ou pregar moralidade. Mostra fatos e conhece a maneira de fazer com que estes falem por si mesmos. Sua maturidade só pode surpreender quem não conhece o trabalho da escritora. Sensível e atenta a tudo que a cerca, transformou sua obra numa espécie de registro de experiências.

Disso resultam peças características pela objetividade e incisividade mas enriquecidas por uma visão pessoal lúcida e estimulante.

A inquietação de Consuelo a levou da *Prova de Fogo* ao testemunho da dilacerante relação afetiva de *À Flor da Pele*, à observação perplexa do misticismo de *O Porco Ensangüentado* e agora até esse depoimento cáustico de *Caminho de Volta*.

... O fim do ano está perto. É quase hora de olhar para trás e pensar em tudo o que aconteceu ao teatro paulista nesta temporada de 74. ... A maré, sem dúvida, esteve baixa. Mas o profundo suspiro de desânimo fica menos desolado por causa de alguns espetáculos, entre os quais *Caminho de Volta*. Consuelo, Fernando, Ratto, os produtores e os atores perceberam que não era a publicidade que estava em causa, mas sim a propaganda que faz parte de um esquema determinado. Num esforço comum arrancaram a máscara dessa instituição e descobriram (ou nos fazem descobrir) o rosto de um cadáver em decomposição. Mas o gesto é tão firme e decidido que o que poderia ser morbidez é feito com alegria e humor. Se a dor é inevitável, ao menos está cercada de esperança e coragem.

Alberto Guzik, *Última Hora*, 1974

Consuelo de Castro escreve para teatro como outras pessoas respiram. O diálogo dramático é a sua forma de expressão espontânea, que ela maneja com notável intuição, traduzida pela permanente adequação dos recursos verbais empregados aos objetivos almejados. Seu diálogo tem variedade de ritmo e colorido, espírito de síntese, exatidão de vocabulário, senso de humor, noção de impacto na estrutura das falas. Acrescente-se a isto um rigoroso senso de observação, filtrado por um ponto de vista sempre crítico.

... A peça é capaz de manter sempre viva a atenção do espectador, graças sobretudo à força do seu diálogo e ao interesse despertado por sua temática. Como resultado final, fica consignado com clareza o generoso inconformismo da autora para com o sistema de valores representado pelas forças em jogo no microcosmo-agência de publicidade. E, mais ainda, para com as pressões sociais de toda espécie, que desencadearam essas forças. Num certo sentido, não apenas a propaganda está em julgamento, mas também o conjunto das atividades criativas – artísticas, intelectuais, econômicas, etc. – que se confrontam nos últimos anos com a mesma e mal definida palavra "crise", sintomaticamente o vocábulo mais usado pelas personagens de *Caminho de Volta*.

Yan Michalski, Rio de Janeiro, 1975

Finalmente emerge no palco uma obra teatral coerente com o momento brasileiro. Um teatro vital que transborda de impaciência e de rebeldia frente à maré do adesismo comercial e da desorientação que se abateu sobre parcela considerável da intelectualidade local. Uma dramaturgia que não se contenta na expiação de probleminhas meramente existenciais e grita contra a alienação do indivíduo, de um povo. A responsável por esse sopro vivificador é Consuelo de Castro, que já em *À Flor da Pele*, sua peça de estréia, deixou a marca de uma inquietação face ao colapso político e moral de representantes da cultura dos quais se esperavam atitudes mais firmes quando a realidade é adversa.

Caminho de Volta desvenda um ângulo aparentemente restrito da vida urbana, mas que tem implicações mais amplas: o mundo da publicidade. O surto industrial sem planificação, a ideologia de consumo levada ao extremo e as campanhas de formação de opinião, abriram um campo ilimitado para a publicidade. Com seu amoralismo mecânico, essa invenção da era industrial consome consciências e conduz as massas bovinamente.

Nada de novo até aqui. Era necessário, porém, que alguém viesse mostrar a vida dos nossos falsos gênios publicitários em pleno funcionamento. Consuelo de Castro mostra o mecanismo: como se faz a campanha de vendas, como se cria o condicionamento para o consumo e como se mascara de grandeza uma atividade sujeita a distorções graves. As personagens representam a tipologia da profissão, do executivo ao servidor menor.

... A peça termina com a libertação do jovem inconformado. Interligando esses casos pessoais, a autora introduz comentários extremamente sarcásticos sobre a realidade brasileira. O mundo da publicidade não é apenas a central forjadora das falsas necessidades, mas ainda a instigadora de estranhas euforias populares. São algumas das considerações que a peça sugere em seus diálogos ferinos e cortantes.

No palco, e fora dele... a nota dissonante de um teatro que não se rendeu.

Jefferson del Rios, *Folha de S. Paulo*, 1974

O GRANDE AMOR DE NOSSAS VIDAS

Montagem paulista (Estréia em São Paulo)
1978 – Teatro Paiol
Elenco: GALVÃO – Leonardo Villar
         MARTA – Miriam Mehler
         HELECI – Wilma de Aguiar
         VALDECI – Mauro de Almeida
         IFIGÊNIA – Vera Cruz Lima
         ESTRANHO – Rubens Rollo
Direção e cenografia: Gianni Ratto
Produção: Miriam Mehler, Consuelo de Castro, Gianni Ratto, João Roberto Simões

Montagem carioca – 1979
Elenco: GALVÃO – Dionísio Azevedo
         HELECI – Monah Delacy
         MARTA – Susana Fainy
         IFIGÊNIA – Tessy Callado
         VALDECI – Carlos Gregório
         ESTRANHO – Jorge Gouveia
Direção e cenografia: Gianni Ratto
Produção: Moisés Zichenblat e Bibi Ferreira

Poucas peças brasileiras foram escritas nos últimos anos com o mesmo grau de exaltação.

... A autora sai dos ambientes universitários e da publicidade, abordados nas primeiras obras, e desce as ruas melancólicas da Moóca, penetrando nas casas de homens fracos, derrotados e dispostos às piores covardias e abdicações em troca de sobrevivência. A peça recolhe esse cotidiano medíocre com muita violência e nenhuma piedade.

... Consuelo avançou decidida na linha temática de Nélson Rodrigues repleta da adultérios, prostituição e uma visão mórbida da sexualidade.

Por outro lado, Consuelo foge da mera lembrança de Nélson Rodrigues porque introduz o elemento político na questão.

A obra escapa ao naturalismo envelhecido graças à agressividade dos diálogos e à coragem de Consuelo em abusar de imagens distorcidas, quase um delírio verbal que pega o espectador de surpresa.

Jefferson del Rios, *Folha de S. Paulo*, 1978

O Grande Amor de Nossas Vidas retoma as virtudes essenciais do teatro de Consuelo e leva suas características ao paroxismo.

... Se já era legítimo considerar Consuelo a mais autêntica *angry young man* da nossa dramaturgia (e por que não *angry young woman*? e não como o postiço Osborne de *Geração em Revolta – Look back in Anger*), a nova peça irrompe com uma violência, uma amargura, uma dureza e uma crueldade que assustam. ... Mas não há gratuidade: tudo se revela profundamente humano.

... Uma virtude palpável na autora é a vigorosa autenticidade com que tudo chega ao palco. Ela não falseia as personagens, incutindo-lhes discutíveis "reconhecimentos".

... Não me lembro de outro texto que, sem desfraldar a bandeira feminista, reivindique com tanto mérito a causa da mulher.

... Concebida com compacta unidade, a obra se vale de um diálogo vigoroso e de cenas que sempre oferecem o essencial, em cerrada sucessão rítmica.

Sábato Magaldi, *Jornal da Tarde*, 1978

Com *O Grande Amor de Nossas Vidas* Consuelo de Castro dá mais um passo para a frente na sua caminhada de indignado protesto contra os desequilíbrios de nosso sistema sócio-político...

... Esta família é analisada sob um enfoque talvez nunca dispensado pela dramaturgia nacional a personagens de semelhante extração social. A autora nos mostra como a ignorância, os preconceitos e a assimilação passiva de convenções e de mensagens oficiais podem transformar um grupo familiar da espécie enfocada num minilaboratório onde são cultivados os germes de uma potencial explosão do fascismo.

Yan Michalski, *Jornal do Brasil*, Rio de Janeiro, 1978

Existe um tipo de artista que não consegue fazer nada que fique no meio do caminho entre o bem e o mal. Esse tipo de artista é o que se atira de corpo inteiro ao oceano de uma proposta apaixonada sem antes olhar as nuvens negras, a proximidade das rochas onde as ondas arrebentam e toda espécie de perigo que sua aventura vai inegavelmente correr. Ou chega, junto com o sol, ao horizonte distante, ou desaparece com seu sonho no leito profundo.

De um modo geral os grandes artistas assumem os grandes riscos de suas obras. Eles não titubeiam, não se utilizam de ninguém como muleta, e, menos ainda, jamais se servem das pessoas que os cercam como nos servimos do limão que jogamos ao lixo depois de feita a limonada.

Um artista medíocre se contenta com o morno, com o pequeno, com a segurança, e, embora alimente apetite voraz, ele se contenta com a esmola obtida não importa como – mesmo em prejuízo dos demais. Este outro tipo de artista jamais se afogará, pois não alimenta sonhos nem paixões (não confundir com raiva mesquinha), que o lancem ao mar. Ele fica no raso, na margem. E não olha para cima.

Consuelo de Castro pertence de corpo e alma ao primeiro tipo.

... Ela não faz nada pela metade. Suas peças são erupções de vulcão, montanhas que explodem no topo quando menos se espera.

A Cidade Impossível de Pedro Santana já lida pelo Serviço Nacional de Teatro, ja editada, já premiada, e também ironicamente já proibida, é a única peça que Consuelo de Castro considera, desde 1974, em permanente fase de elaboração. Neste caso temos a edificação de uma catedral imensa: o reconhecimento e a proibição de sua primeira etapa se devem apenas ao edifício já levantado. Quem editou, aplaudiu, premiou e também aqueles que a proibiram, talvez nem reconheçam aquela catedral no dia em que a jovem e surpreendente dramaturga abrir as imensas portas do templo, dando-o como terminado, se chegar a terminá-lo, um dia.

As colunas e as paredes significam muito pouco numa catedral. O importante, para o poeta, são os vitrais por onde chegam as cores delicadas e sutis, sempre mais ricas e mais vivas do que a luz dos dias medíocres. Que ninguém se iluda: Consuelo de Castro pertence à estirpe dos grandes artistas que se comprometem por inteiro com o que fazem e é bem capaz de ir buscar um raio de sol no horizonte impossível para iluminar e dar vida à catedral dos seus sonhos.

... *O Grande Amor de Nossas Vidas* junta, num plano melodramático crítico e irreal, a pequenez bem real e cotidiana de uma família de bairro operário dominada por um pai tirano e violento. Curiosamente, este homem está preso definitivamente a uma cadeira de rodas, única recompensa por sua subordinação incondicional ao patrão. Além disso, a cadeira é usada como arma para agredir os filhos.

Pela primeira vez no teatro brasileiro um operário vai ao palco como carrasco, como opressor. Ele está sincera e ativamente ao lado dos patrões, da polícia e de tudo o mais. A lucidez e a oportunidade de tal imagem, por si só, constituem o primeiro trunfo da autora. Aqui, a vítima aplaude e se identifica com quem é o seu verdadeiro carrasco e a oprime.

... Texto primoroso, tratamento inédito, corajoso, atualíssimo.

Fausto Fuser, *Última Hora*, 1978

O Grande Amor de Nossas Vidas é um dos melhores trabalhos de Consuelo de Castro. Jogando em cena com cinco personagens – ainda outra invisível, mas de grande importância para o que acontece – ela estabelece um relacionamento de poder e opressão com rara capacidade de síntese.

... Um dos maiores trunfos com que Consuelo conta em sua nova peça é o fato de ter conseguido expor suas personagens sem o maniqueísmo fácil que poderíamos esperar de tal discussão. Mesmo o filho mais velho, Valdeci, muito usado na divulgação do espetáculo como "Valdeci torturador", embora prometa vir a ser um déspota ainda pior que o pai, tem no final um momento de emoção, de fraqueza, deixando despontar o ser humano atingido pela notícia da morte do irmão. O mesmo poderíamos dizer sobre a mãe e as duas filhas. Alienadas, egoístas, elas são tão culpadas quanto Galvão pela situação de opressão em que vivem. E isso a autora deixa claro, sem qualquer contemplação.

Tânia Pacheco, Última Hora, Rio de Janeiro, 1979

A CORRENTE

(escrita em parceria com Lauro Cesar Muniz e Jorge Andrade)
Estréia: 1981
Teatro SENAC – Rio de Janeiro
Elenco: Rosamaria Murtinho e Mauro Mendonça
Direção: Luis de Lima

Para o trabalho a seis mãos foram convocados três dramaturgos respeitáveis de gerações diferentes: Consuelo de Castro, Lauro César Muniz e Jorge Andrade. ... O espetáculo propõe excelente exercício para os atores, obrigando-os a mudar de personagem em poucos minutos...
... O resultado é uma comédia divertida, feita com perícia técnica.

Clóvis Garcia, *O Estado de S.Paulo*, 1981

Personagens já familiares na cena brasileira atual, o desemprego, as greves, o desacerto entre empresários e governo começam a ocupar lugar nos palcos. *A Corrente*... abriga esses fantasmas, que anunciam que, entre o ser e o não ser da recessão, há muito mais tragédia que comédia...
... É a partir da escolha de um ponto de vista muito feliz para seus objetivos, o da situação de opressão da mulher, que os autores se voltam para a realidade brasileira...
... Empregada doméstica, mulher de classe média ou burguesa aristocrata, elas têm, para além de suas diferenças de classe, alguma coisa em comum, a de serem propriedade do marido, e assim, negociáveis em momentos de crise...
... O operário, que ignora a iniciativa de sua mulher para livrá-lo do desemprego, não deixa nunca de dar a ela a consciência de que é sua parca propriedade...

... *A Corrente*, do operário ao patrão, é feita pela "infidelidade" salvadora dessas mulheres submissas.
... O espetáculo garante uma perfeita articulação cênica dos episódios, ressalta o irônico do texto e tem muita comunicação com o público...

Katia Muricy, 1981

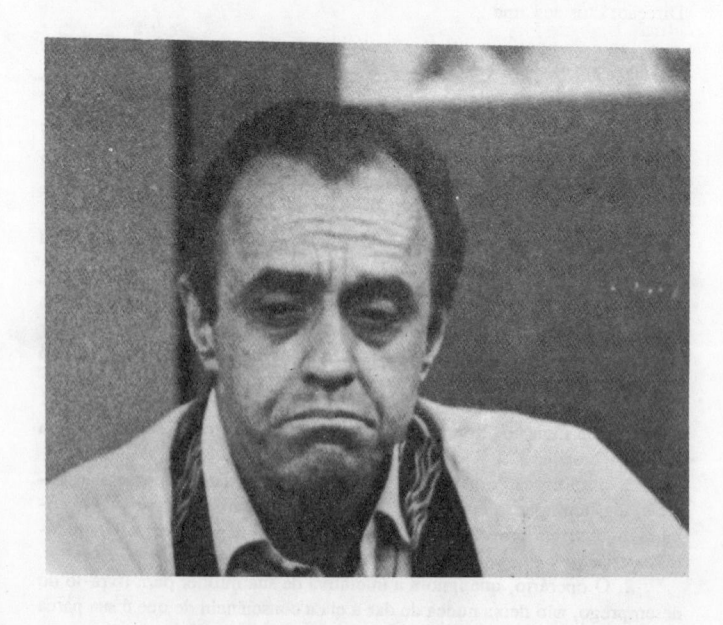

Mauro Mendonça, *A Corrente*, 1981, "1º Elo", Dir. Luís de Lima.

LOUCO CIRCO DO DESEJO

Montagens

São Paulo

1985 – Teatro Macksoud Plaza
Elenco: Umberto Magnani e Mayara Magri
Direção: Vladimir Capella
Cenário: Gianni Ratto

Rio de Janeiro

1986 – Teatro da Praia
Elenco: Maria Zilda e Nélson Xavier
Direção: Marcos Paulo
Cenário: Tadeus Kantor

    Essa autora sempre revela um agudo senso do ridículo das pessoas e é especialista no diálogo de mútua provocação. Neste texto, o exercício da ironia ferina tem o efeito de estabelecer um antagonismo que por variação qualitativa faz mais doce o embalo romântico.
    ... A habilidade do diálogo aplicada à leveza da trama mantém a peça sempre interessante.

Luís Carlos Cardoso, Visão, 1985

    O mérito da abordagem limpa de um tema geralmente desvirtuado pela grosseria chula.
    ... O diálogo é fluente, as situações oscilam de tênue dramaticidade à

insinuada comicidade e, apesar de a cama ocupar sugestivamente o centro do palco, é o lirismo da enorme carência afetiva das personagens que marca fundo o coração do espetáculo.

Ilka Zanotto, O Estado de S. Paulo, 1985

... Consuelo começa por surpreender o espectador. Em vez da costumeira abordagem da realidade brasileira... a autora fala de amor.

Esse sentimento não está ausente de sua obra anterior, mas nunca Consuelo colocou-o num plano tão central.

... As duas figuras mais ferem-se do que se amam, mas o elo sexual cimenta um desejo que à sua revelia evolui para o amor.

... O melhor de *Louco Circo do Desejo* é o diálogo de Consuelo de Castro: preciso, contundente. Escrita em ritmo de relativa comédia, algumas tiradas brilhantes, características da autora de *Caminho de Volta*, temperam e amenizam parcialmente o amargor que se pressente sob o fundo falso da paixão. O texto ostenta algumas das marcas de Consuelo também na madura caracterização das personagens, nitidamente traçadas por mão experiente, habituada a esse delicado ofício.

Alberto Guzik, Jornal da Tarde, 1985

... Consuelo de Castro já produziu alguns dos textos mais importantes do teatro brasileiro. Com *Louco Circo do Desejo* a autora parece dar uma guinada na temática central de suas peças. Até agora, o interesse principal se destacava em torno dos problemas sociais. ... No novo texto, esse aspecto não deixa de estar presente, na história narrada pelas duas personagens, mesmo que essas histórias possam não ser verdadeiras – e uma das qualidades do texto é essa ambigüidade, já que nunca sabemos quando as personagens estão sendo sinceras ou estão inventando para impressionar o parceiro.

... Poder-se-ia falar em amor, ainda que este seja negado pelas personagens e até pelo título, com um indicação do desejo como elemento fundamental. ... Na verdade trata-se mais de atração física, ainda que, sendo dois carentes, isso possa ser mais um elemento de afinidade.

... O texto traz as características de Consuelo de Castro, o jogo dos contrastes, um conflito que não se resolve e, principalmente, um diálogo fluente e brilhante.

... Se a peça nos parece interrompida antes do final é porque a situação não parece ter uma solução possível e apenas pode ser mantida enquanto suportável. A referência ao circo, destacada na cena das personagens-tipo, o palhaço e a bailarina, não somente revela o caráter satírico, mas a amplitude simbólica da situação.

Clóvis Garcia, O Estado de S. Paulo, 1985

... Consuelo mostra, e bem, a presença forte do preconceito no amor. O homem tem vergonha de estar envolvido com uma prostituta e nunca lhe ocorre levar a sério esta relação, embora ela praticamente lhe salve a vida e o ajude a reconstituir seu casamento. Ele fica mais humanizado porque amou...
... Um amor que fica no patético, sem solução. Um intervalo leve na vida de duas pessoas...

Carmelinda Guimarães, *Diário de Santos*, 1985

Nesta nova peça, alguns traços que marcam sua individualidade estão presentes: os contrastes sociais, a sensualidade que interrompe normas ou desfaz relações endurecidas, personagens interioranas que tentam a vida na cidade grande, comportamentos de fachada e incursões combinadas pelo mundo da infância.
... Consuelo domina o artesanato do ofício. Seus diálogos são claros, diretos, evitam o palavrório. Suas imagens cênicas são preciosas, seu ritmo está apurado.

Edélcio Mostaço, *Folha de S. Paulo*, 1985

Estréia: 1986
TBC – São Paulo
Elenco: Thadeu Aguiar
Direção geral: Jandyra Martini
Cenário: Renato Scripilitti
Figurino: Lu Martan

Uma das nossas melhores autoras teatrais, Consuelo de Castro conheceu este ano um duplo sucesso com *Louco Circo do Desejo* (em cartaz simultaneamente no Rio e em São Paulo). A sua peça mais recente, *Ao Sol do Novo Mundo*, em cartaz no TBC, em São Paulo, retoma um tema que percorre toda a sua obra teatral: o confronto do jovem com o mundo adulto.

... Atormentado pela obrigação de ser aprovado no vestibular (por problemas éticos levantados pelo pai e pela tia), pretendendo afastar-se da namorada robotizada e afugentado por um psiquiatra simiesco que só vomita receitas banais, Lélio encontra refúgio na amizade de um distante primo-anão, candidato a jogador de basquete, e de um ser extraterrestre que lhe oferece a liberdade das estrelas. A autora não perde tempo em introduções à personagem: Lélio já surge em cena perdido diante do vestibular que se aproxima. E desde o início ele se torna porta-voz tanto dos jovens vestibulandos quanto dos adultos todos e suas depressões (em geral mantidas em segredo), diante de enfrentamentos desestabilizadores.

... *Ao Sol do Novo Mundo* torna-se uma encantadora peça para jovens (eles deliram na platéia), suficientemente madura e poética para confirmar Consuelo de Castro em seu lugar destacado na moderna dramaturgia brasileira. ... Um espetáculo obrigatório para pais e filhos.

Fausto Fuser, *Visão*, 1986

Um texto de Consuelo de Castro é sempre uma garantia para um bom espetáculo.

... Consuelo de Castro declara no programa que não escreve por encomenda e aceitou esse pedido porque foi contagiada pela idéia de criar um texto para jovens. De qualquer modo, o ponto de partida determinou a forma da peça, um monólogo. ... Defrontamos com um jovem, Lélio, que se debate com todos os problemas que afligem a juventude: a repressão, a insegurança, os complexos, as dúvidas, o medo do futuro, a frustração diante de um mundo que não corresponde aos seus desejos.

... Para que o conflito se concretize cênicamente, outras personagens, o pai, a tia, a namorada, o psiquiatra, são apresentadas em forma de bonecos, que o ator manipula ou assume, numa sugestão de transferência, com eles dialogando ou com o público, que, dessa forma, também passa a funcionar como personagem. O texto tem a qualidade das peças de Consuelo, que é especialmente feliz quando trata da temática dos problemas da juventude.

Clóvis Garcia, *O Estado de S. Paulo*, 1986

... Pensada para adolescentes (a montagem já tem vasta carreira de apresentações em escolas), *Ao Sol do Novo Mundo* retrata com sensibilidade e um angustiado toque lírico o momento da opção do garoto. Lélio entende muito bem o que todos querem que ele faça. Só não sabe direito o que ele mesmo deseja para si. Dinamizando a estrutura do monólogo, a autora faz com que a personagem encarne em cena não apenas o protagonista mas também os antagonistas. Com a cadência, que é uma característica de todo o seu teatro, Consuelo fixa um retrato colorido da personagem, perdida entre a realidade asfixiante e um universo fascinante de sonhos.

Alberto Guzik, *Jornal da Tarde*

Thadeu Aguiar, *Ao Sol do Novo Mundo*, TBC, 1986, Dir. Jandyra Martini.

AVISO PRÉVIO

Estréia nacional: outubro de 1987
Teatro Paiol

Elenco: Nicette Bruno e Paulo Goulart
Direção: Chico Medeiros
Cenário: Márcio Medina
Figurino: Leda Senise

Aviso Prévio é um texto de evidentes qualidades. Mais uma vez Consuelo prova que é aguda observadora das relações humanas, especialmente da comédia que preside a relação homem-mulher, com algum *partis pris* em favor d'Ela.

... Sabe surpreender o ridículo e denunciá-lo com uma técnica implacável, dessas que põem o dedo na ferida e volta a pôr quando a ferida começou a doer menos. Um dos seus pontos fortes, a veemência sarcástica, cedeu lugar neste texto à ironia bem-humorada que não deixa de ser igualmente eficaz. O quadro dos velhos é primoroso e tudo o mais é bem escrito, sensível e inteligente, com a marca diferenciada de Consuelo.

Luís Carlos Cardoso, Visão, 1987

Tecelã de diálogos tensos, de climas de confronto, Consuelo de Castro pôs em cena a degradação do homem brasileiro.

... Em *Aviso Prévio* altera seu curso e avança por espaços sujeitos a regras menos rígidas. Seu novo trabalho tem muito de expressionista (personagens sem nome ou com nome emblemático, indefinição do espaço cênico, linguagem fragmentada, cenas descontínuas, juntadas aparentemente ao acaso) e toques de simbolismo (a busca de uma linguagem teatralmente poética, mesmo quando apela para a expressão mais corriqueira).

A autora abandona o posto de vigilância do homem brasileiro, visando a alvos mais amplos. Busca a apreensão de verdades que dizem respeito à condição humana, não apenas aos reveses de uma nacionalidade específica.

... São dois oponentes presos dentro do círculo strindberguiano da luta macho *versus* fêmea. Mas revelam-se também como o *yang* e o *yin* do *I Ching*: dessemelhantes em tudo, entretanto de tal forma complementares, que um não sobrevive sem o outro. O texto não desenvolve uma trama, mas gira caleidoscopicamente por cenas que levam Ela e Oz a percorrerem todo o calvário de uma relação a dois.

... Com diálogos enérgicos, e uma fascinante aderência à linguagem cotidiana...

Alberto Guzik, *Jornal da Tarde*, 1987

O KOTÔ

Estréia: outubro de 1988
Espaço Off – São Paulo
Elenco: Cherry Taketani e André Fonseca
Direção deles mesmos

O Kotô é uma *performance* que mistura teatro e dança: ...justapõe sonoridades ocidentais e orientais.
...Confrontam em *O Kotô* Oriente e Ocidente, convenção e inovação...
Uma criação de câmara, onde é posto em destaque o aspecto da técnica.
O trabalho não conta exatamente uma história. Ao contrário, fragmenta-se em episódios, em situações que sugerem antes sensações e emoções que um discurso lógico e encadeado... tanto pela música executada quanto pelo texto de Consuelo de Castro, que liga várias situações, o que perpassa é uma sensação de dúvida e perplexidade, de busca de sentidos. A contribuição da autora de *Caminho de Volta* caracteriza-se menos como um monólogo que como uma poesia, composta por imagens fortes, soltas, que reforçam o angustiado clima de *O Kotô*.

Alberto Guzik, *Jornal da Tarde*, 1988

UMA CAIXA DE OUTRAS COISAS

(escrita em parceria com Antonio Abujamra)
Estréia: outubro de 1986
TBC – São Paulo
Teatro-dança
Elenco: Clarisse Abujamra, Lu Grimaldi, Mariana Muniz, Leila Garcia, Geraldo Loureiro
Trilha sonora: Maestro Juglio Medaglia
Coreografia: Antonio Abujamra e Vall Folly
Direção geral: Antonio Abujamra

...*Uma Caixa de Outras Coisas*, espetáculo de dança-teatro, com texto de Consuelo de Castro e Antonio Abujamra, que estréia hoje no TBC, com direção geral de Abujamra e trilha sonora de Juglio Medaglia.
"...é um espetáculo onde a eloqüência se reduz ao mínimo possível..."

O Estado de S. Paulo, 1986

"Uma caixa para as emoções cotidianas..."
"...Apresentação rigorosa... Há humor no meio de tudo... As personagens não são fixas e vão se definindo em função dos quadros."

Folha de S. Paulo, 1986

Clarisse Abujamra, Lu Grimaldi e Mariana Muniz, *Uma Caixa de Outras Coisas*, 1986, TBC, Dir. Antonio Abujamra.

Clarisse Abujamra e elenco TBD, *Uma Caixa de Outras Coisas*, TBC, 1986.

TBC, 1986, *Uma Caixa de Outras Coisas*, Dir. Antonio Abujamra, Elenco: TBD.

HAIR – Versão 1987

Adaptação.
(Argumento e texto letras das 36 músicas)
Estréia: 1987
Teatro Jardel Filho – São Paulo
Direção: Antonio Abujamra
Coreografia: Clarisse Abujamra
Cenários: Campello Netto
Figurinos: Domingos Guschini

(Obs.: *Hair*, musical norte-americano de autoria de Gal Mac Dermot e Gerome Ragni, foi integralmente vertido, tendo seu entrecho modificado, bem como a dialogação, e mesmo a estrutura das personagens e da fábula primordial. O mesmo com as músicas, que embora continuem a obedecer a melodia que as consagrou mundialmente, tiveram suas 36 letras radicalmente reescritas.)

IMPLOSÃO

Estréia: 1976
Teleteatro do Canal 2
Peça escrita para o Teleteatro da TV Cultura
Direção: Antunes Filho
Elenco: Maria Eugenia Di Domenico e Tony Ramos

ÚLTIMO CAPÍTULO

Estréia: 1976
Teleteatro do Canal 2
Peça escrita especialmente para o Teleteatro da TV Cultura
Direção: Vignatti
Elenco: Raul Cortez e Joana Fomm

Joana Fomm e Raul Cortez, *Último Capítulo*, TV Cultura, 1975, Dir. Roberto Vignatti.

Tony Ramos, *Implosão*, TV Cultura, 1975, Dir. Antunes Filho.

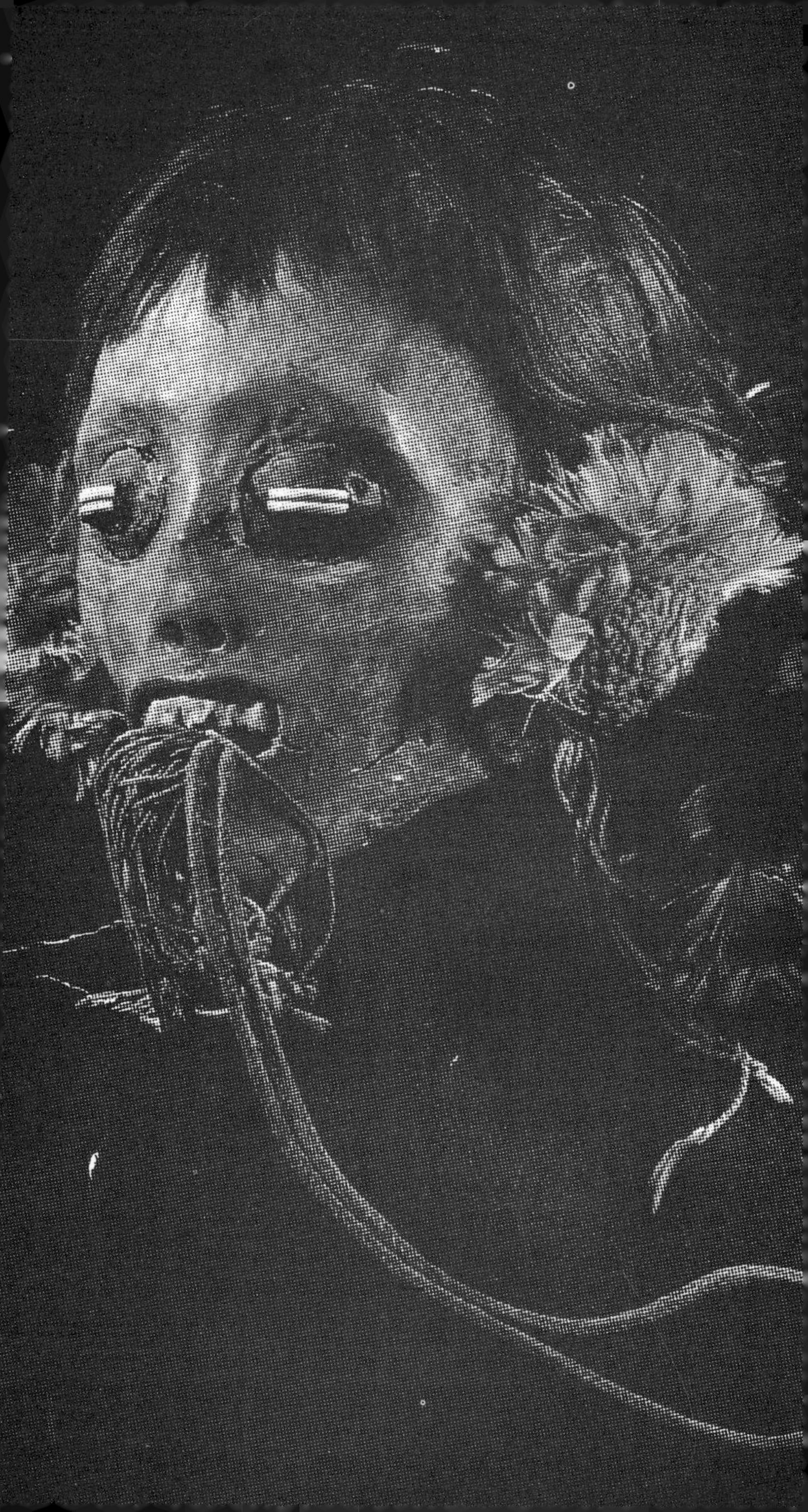

TEATRO NA PERSPECTIVA

A PERSONAGEM DE FICÇÃO – Décio de Almeida Prado e outros (D001)
O SENTIDO E A MÁSCARA – Gerd A. Bornheim (D008)
A TRAGÉDIA GREGA – Albin Lesky (D032)
MAIAKÓVSKI E O TEATRO DE VANGUARDA – Angelo M. Ripellino (D042)
O TEATRO E SUA REALIDADE – Bernard Dort (D127)
SEMIOLOGIA DO TEATRO – Org. J. Guinsburg e J. T. Coelho Netto (D138)
TEATRO MODERNO – Anatol Rosenfeld (D153)
O TEATRO ONTEM E HOJE – Célia Berrettini (D166)
OFICINA: DO TEATRO AO TE-ATO – Armando Sérgio da Silva (D175)
MITO E HERÓI NO MODERNO TEATRO BRASILEIRO – Anatol Rosenfeld (D179)
NATUREZA E SENTIDO DA IMPROVISAÇÃO TEATRAL – Sandra Chacra (D183)
JOGOS TEATRAIS – Ingrid D. Koudela (D189)
STANISLAVSKI E O TEATRO DE ARTE DE MOSCOU – J. Guinsburg (D192)
O TEATRO ÉPICO – Anatol Rosenfeld (D193)
EXERCÍCIO FINDO – Décio de Almeida Prado (D199)
O TEATRO BRASILEIRO MODERNO – Décio de Almeida Prado (D211)
QORPO SANTO: SURREALISMO OU ABSURDO? – Eudinyr Fraga (D212)
PERFOMANCE COMO LINGUAGEM – Renato Cohen (D219)
JOÃO CAETANO – Décio de Almeida Prado (E011)
MESTRES DO TEATRO I – John Gassner (E047)
MESTRES DO TEATRO II – John Gassner (E048)
ARTAUD E O TEATRO – Alain Virmaux (E058)
IMPROVISAÇÃO PARA O TEATRO – Viola Spolin (E062)
JOGO, TEATRO & PENSAMENTO – Richard Courtney (E076)
TEATRO: LESTE & OESTE – Leonard C. Pronko (E080)
UMA ATRIZ: CACILDA BECKER – Org. de Nanci Fernandes e Maria T. Vargas (E086)
TBC: CRÔNICA DE UM SONHO – Alberto Guzik (E090)

OS PROCESSOS CRIATIVOS DE ROBERT WILSON – Luiz Roberto Galizia (E091)

NELSON RODRIGUES: DRAMATURGIA E ENCENAÇÕES – Sábato Magaldi (E098)

JOSÉ DE ALENCAR E O TEATRO – João Roberto Faria (E100)

SOBRE O TRABALHO DO ATOR – Mauro Meiches e Silvia Fernandes (E103)

ARTHUR DE AZEVEDO: A PALAVRA E O RISO – Antonio Martins (E107)

TEXTO NO TEATRO – Sábato Magaldi (E111)

TEATRO DA MILITÂNCIA – Silvana Garcia (E113) (No prelo)

DO GROTESCO AO SUBLIME – Victor Hugo (EL05)

O CENÁRIO NO AVESSO – Sábato Magaldi (EL10)

A LINGUAGEM DE BECKETT – Célia Berrettini (EL23)

IDÉIA DE TEATRO – José Ortega y Gasset (EL25)

O ROMANCE EXPERIMENTAL E O NATURALISMO NO TEATRO – Emile Zola (EL35)

DUAS FARSAS: O EMBRIÃO DO TEATRO DE MOLIÈRE – Célia Berrettini (EL36)

MARTA. A ÁRVORE E O RELÓGIO – Jorge Andrade (T001)

O DIBUK – Sch. An-Ski (T005)

LEONE DE' SOMMI: UM JUDEU NO TEATRO DA RENASCENÇA ITALIANA – Org. J. Guinsburg (T008)

URGÊNCIA E RUPTURA – Consuelo de castro (T010)

TEATRO E SOCIEDADE: SHAKESPEARE – Guy Boquet (K015)

EQUUS – Peter Shaffer (P006)